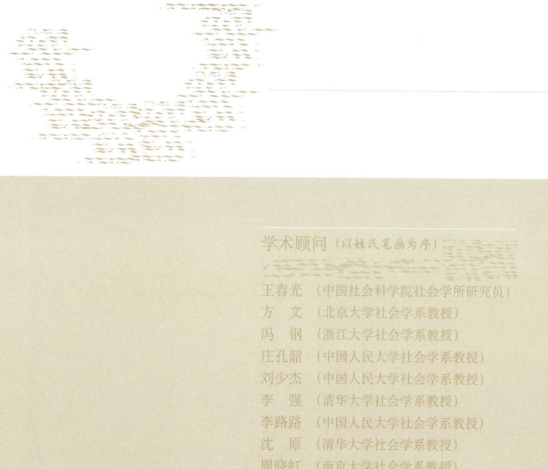

社会学译丛

[美] 约翰·J·马休尼斯
John J. Macionis
文森特·N·帕里罗
Vincent N. Parrillo
著

姚伟 王佳 等译

# 城市社会学

## 城市与城市生活

第6版

6th Edition

Cities and
Urban Life

中国人民大学出版社
·北京·

献给我的导师、挚友和见解独特的社会学家 E·迪格比·波茨尔（E. Digby Baltzell）

——约翰·J·马休尼斯

献给我的导师、挚友和给我灵感与鼓舞的唐纳德·L·霍尔斯特德（Donald L. Halsted）

——文森特·N·帕里罗

# 前　言

2008 年是人类的一个重要里程碑，因为在这一年，世界城市人口比重跨越 50% 这一 大关。对于我们这些人类成员来说，城市生活正在迅速成为主流和常态。这显然也是本书之所以要以城市与城市生活作为研究主题的重要原因。

## 基本视角和方法

本书坚持跨学科的研究视角与方法，但主要是运用社会学的研究视角与方法展开研究。本书将介绍诸如马克斯·韦伯（Max Weber）、卡尔·马克思（Karl Marx）、斐迪南德·腾尼斯（Ferdinand Tönnies）、格奥尔格·齐美尔（Georg Simmel）、埃米尔·涂尔干（Emile Durkheim）等欧洲经典社会思想家，以及诸如罗伯特·帕克（Robert Park）和路易斯·沃思（Louis Wirth）等北美早期社会学先驱的相关思想。当然，后来还有很多学者，站在这些巨人的肩膀上，为我们开拓出新的理解和思想。因此，本书也将介绍大量当代城市研究者，包括曼纽尔·卡斯特（Manuel Castells）、迈克尔·迪尔（Michael Dear）、赫伯特·甘斯（Herbert Gans）、简·雅各布斯（Jane Jacobs）、亨利·列斐伏尔（Henri Lefebvre）、林恩·洛夫兰德（Lyn Lofland）、约翰·洛根（John Logan）、凯文·林奇（Kevin Lynch）、哈维·莫罗奇（Harvey Molotch）、艾伦·斯科特（Allen Scott）、爱德华·索亚（Edward Soja），以及迈克尔·索尔金（Michael Sorkin）等人的相关思想。

然而，正如上述这一长串著名学者的名字所显示的，城市研究有赖于众多学科的研究和理论。因此，本书是一本跨学科的教材，综合了历史学家（第 2 章 "世界各地城市的起源与发展"、第 3 章 "北美城市的产生与发展"）、社会学家（第 4 章 "今天的城市与郊区"、第 5 章 "城市社会学：经典与现代思想"、第 10 章 "分层与社会阶级：城市与郊区生活方式"、第 11 章 "种族、族群与性别：城市的多样性"、第 12 章 "住房、教育与犯罪：直面城市问题"）、地理学家与城市生态学家（第 6 章 "空间视角：理解空间的内涵"）、政治经济学家（第 7 章 "批判城市社会学：城市与资本主义"）、社会心理学家（第 8 章 "社会心理学：城市经验"）、人类学家（第 9 章 "城市比较研究：城市与文化"、第 13 章 "发展中国家的城市"），以及建筑学家和城市规划师（第 14 章 "规划我们的城市"）的研究与思想。

## 本书的组织安排

本书一共包括四大部分。第一部分分析"城市的起源与发展"，包括三章。其中第2章和第3章着重介绍本书所关注的主要概念和主题，回顾城市的历史发展过程，指出历史上城市生活的绝大多数方面都与我们现在习以为常的当代城市生活存在极大的差异，第4章则主要探讨城市边沿不断扩张的趋势，以及有门禁的封闭社区正在重构城市与郊区的趋势。第二部分则是回顾关于城市的"诸学科视角"，内容包括第5章到第9章，重点介绍不同学科关于城市的不同路向的探讨，并指出这些视角共同促进了我们关于城市的理解。第三部分则分析"城市的社会结构"，内容包括第10章到12章。其中第10章主要分析今天北美的城市社会是如何组织和运转的，特别强调指出在当今城市生活中，社会分层与社会阶级仍是一种十分重要的现象。第11章分析了城市生活中存在的诸如种族、族群和性别等十分重要的问题。第12章讨论在城市生活中诸如住房、教育和犯罪等我们不得不面临的棘手问题。第四部分主要探讨"全球城市发展状况"，共包括两章。其中第13章描述拉美、非洲、中东和亚洲这四个重要地区的城市化进程，指出目前正是这些地区的城市化速度最快，其城市人口规模可以说是空前的。最后的第14章，则从建筑、社会、政治等层面，探讨加强城市规划以及提高城市改善个人生活的潜在能力的各种方法。

xx

## 本书的四大核心论点

本书将详细叙述关于城市的故事，以使我们思考各种广泛的论题，直面无数的问题。但是我们的探讨主要围绕一些核心论点展开，并竭力澄清这些核心论点。对于刚刚步入城市研究这一领域的学生来说，不管他学过和研究过何种城市现象或理论，都必须关注如下四大论点。

（1）城市与城市生活因时空而异。大约在一万年前，我们的祖先产生了城市的观念，认为城市情景基本意味着娱乐与闲暇；但是，世界上不同的城市，具有无数不同的娱乐与闲暇方式。本书的两位作者先后去过65个国家，在本书中，他们将竭力描述和展现这种让人惊叹的多样性。

（2）城市反映并强化社会和文化。尽管各地的城市在很多方面都存在惊人的差异，但是它们都是作为人类文明化的物理符号而矗立的。例如，世界上没有其他任何地方，能比中世纪那高墙深垒的城堡使我们更好地理解中世纪那内省的世界。同样，现代美国城市则强有力地彰显了当代工业资本主义的威力。

（3）城市既体现了人类状况最好的一面，也体现了人类状况最坏的一面。我们"阅读"城市的另一种方式，就是把城市作为某种生活方式的成功与失败的证据来理解。因此，纽约以其宏伟的建筑、让人心旷神怡的公园、生气勃勃的艺术长廊、歌声嘹亮的音乐厅为荣，但是它也迫使我们必须面临其中存在的根深蒂固的偏见和难以根除的贫困。

（4）城市提供了一种让我们过上更好生活的希望，但是这些希望并非总能成为现实。

至少从古希腊时期开始，人们就已经意识到，城市许诺我们可以过上一种"好的生活"，然而所有的城市在某种程度上都使这种理想落了空，即使在今天的很多城市中，人们也不得不竭尽全力才能生存下来。城市美好生活的诺言虽然伟大，让人充满希望，但却伴随着城市中那些实实在在的、可怕的问题。这促使我们思考，如何才能够有意识地、理智地使城市地区变得更加美好。我们对于这些问题必须持有现实主义的态度，但是我们也应对未来的可能性持有一种乐观主义的态度。

## 本书的编排特色

本书有两大编排特色，以引起读者的注意。

**专栏** 本书每章都会包括数个专栏，其中有一些内容介绍。这些专栏又可以分成三种类型。其一是"城市趋势"专栏，主要描述过去或者现在影响人们生活方式的某种城市模式。其二是"城市生活"专栏，主要提供一种"市井层次"的城市图片，使我们能够近距离观察真实的城市生活。其三是"城市风光"专栏，主要是对城市生活的某些重要维度进行文学说明或学术分析。

**案例研究** 本书包括八个案例研究，这些案例研究对世界各地的重要城市展开了一种社会—历史角度的分析，并把这些城市作为说明本书核心观点的例子。在这些案例中，我们剖析的城市主要包括英国的伦敦（第 2 章）、美国的纽约（第 3 章）、美国的波特兰（第 4 章）、中国的明北京（第 9 章）、希腊的雅典（第 9 章）、社会主义—资本主义的北京（第 9 章）、美国的芝加哥（第 11 章），以及加拿大的多伦多（第 14 章）。

## 本书第 6 版新在何处

本书第 6 版与以往各版相比，又有了诸多不同，其中包括：

（1）进行了全面的更新。本版坚持了以往各版一以贯之的原则，那就是新的一版要对所有的数据与信息进行全面的更新，不仅要体现社会学的，也要体现相关各个学科的最新相关研究进展和成果。

（2）采用美国 2010 年的全国人口普查数据。本书各章主要采用美国 2010 年的人口普查数据，反映了城市、郊区、大都会区和非大都会区新的人口变动信息，并反映了美国各个地区少数族群或次要群体日益增多的情况。

（3）更新了相关图表。在第 3、10、11 章中，我们征得数字图书馆"社会探险家"（Social Explorer）[①] 的同意，收入了该馆基于 2010 年美国人口普查数据的各种新的人口统计图表。

---

① "社会探险家"是美国国家科学基金 (NSF) 资助的数字图书馆之一，是一个涵盖美国 1790 年至今的人口普查数据，并拥有上万张主题地图和数百份报告的交互式制图数字图书馆。——译者注

（4）新增了与加拿大相关的内容。本书是第一本全面涵盖加拿大城市经验的城市社会学教材，并包括了加拿大最新的人口统计资料，以鼓励学生探讨美国以外的城市状况，培养他们的国际视野。

（5）使用了一个新的术语。本版第3章在讨论那些重要的人口密集与增长区域——在这些区域，大城市与大城市相互重叠——时，使用了"超级区域"（megaregion）这个更受欢迎的术语，来代替以前我们使用的"巨大城市带"（megalopolis）一词。我们制作了一张新的地图，展示了美国八个重要的超级区域，这使我们可以更好地把握最新近的城市已经发展到了什么程度和状况。同样，对于这些在大城市郊区高速公路交汇处新建的、现在已经完全形成的城市中心，用"卫星城"（edge cities）一词来描述已经显得太不合时宜了，所以第4章在讨论这些城市中心时，选择使用"新城"一词来描述它们。

（6）新增加了与大萧条相关的内容。房地产市场的崩盘、房产抵押赎回权危机①以及大萧条产生了广泛的影响，并对中产阶层以及次要群体的房产所有权、共同利益开发小区的偿付能力、城市建设项目带来了消极的后果。本书第5、8、10、11和12章讨论了这些消极后果，及其对民众和地方产生的各种影响。

（7）更新了研究案例。我们对一般放在章末的那些城市案例研究——以及章中其他城市简况，特别值得注意的是克利夫兰和底特律这些城市——进行了更新，以体现大萧条的影响，并指出正如新的人口普查数据所揭示的，这些城市随着亚裔与拉美裔人的日益增多、低级住宅的改造升级（gentrification），以及旅游业的兴起而日益复兴的新情况。

（8）对于城市与郊区的无序扩张②进行了更多的描述。第4章更新并拓展了关于城市与郊区无序扩张对环境的影响的讨论，讨论了提高油价对于经常乘公共交通上下班的通勤者（commuter）的影响，讨论了规划者试图把诸如弗吉尼亚州的泰森斯角（Tysons Corner）之类的新（边锋）城市转变成更宜居的城市的各种努力。

（9）对环境问题做了更多的讨论。我们新加了关于城市绿化这一部分，并在第一部分讨论了城市宜居问题，使学生知道现在有很多城市正在努力降低能源的消耗和温室气体的排放。

（10）新加了关于共同利益开发小区的材料。第4章还新加入了来自理性选择理论家、新城市主义者、批判城市理论家等不同视角关于共同利益开发小区的讨论。本章还提及和讨论了私人治理（private-governed）的共同利益开发小区由美国向世界其他国家扩散的情况。

（11）对城市社会运动进行了更多的讨论。我们拓展了第8章对社会运动和城市生活的讨论，并讨论了2011年突尼斯、埃及、利比亚、叙利亚和也门等国发生的"阿拉伯之春"系列示威。

（12）对种族与城市主义进行了更多的讨论。第12章进一步讨论了种族不平等、经济不平等与犯罪之间的关系，并加入了对代际紧张理论、社会解组理论的评论，认为这两

---

① 指房子被抵押出去后，如果没有钱及时赎回抵押房屋，就会丧失赎回权。——译者注
② 对于郊区无止境地大幅度扩张的现象，美国人专门称之为"郊区的无序扩张"（Suburban Sprawl）。这种现象引起不少环保工作者、城市规划师和政府官员们的忧虑和批评。一些学者认为这种现象犹如病毒、噩梦、癌症的扩散。

种理论可以帮助我们理解这种关系。我们对居住隔离的作用也进行了新的讨论，同意关于犯罪零容忍政策的正反双方之间争论的结果，认为居住隔离是一种促进犯罪的因素。

（13）介绍了很多新的问题与趋势。第 13 章介绍了发展中国家自本书第 5 版出版以来所发生的急剧变革：撒哈拉沙漠以南的非洲发生的饥荒、中东特别是阿拉伯联合酋长国那壮观的新城（迪拜等）的赫然崛起、在那里以及整个亚洲那些世界最高的摩天大楼的修建等。

（14）对改善公共空间做了更多的论述。第 14 章根据简·雅各布斯和威廉·H·怀特（William H. Whyte）的思想，对场所营造（placemaking）进行了讨论，这是一种相当新的改善公共空间的方法。对于这一材料，我们结合了一处图片和文字说明，来说明社会学的视野或智识对于在物理上改善城市生活质量能够提供事前事后的帮助的可能性。

（15）加入了一些新的特殊的专栏。本版还加入了一些新的特殊的专栏：第 7 章加入了关于把城市品牌重新塑造为消费主义者实体的专栏（"如果你建起它，它们就会来"），第 11 章加入了关于公共空间中的女性的专栏（"街头骚扰的目标"），第 12 章加入了芝加哥市学校改革的专栏（"新的城市学校"）。而对于那些原有的专栏，只要需做修改，我们都进行了更新。

xxii

（16）加入了新的图片说明。最后，本版加入了新的图片说明，包括在第 14 章加入了一幅新的图片，并配以文字说明，为读者和教师加入了一系列新的补充材料，以丰富和加强本版的内容。

## 本书的补充材料

《指导手册和试题库》（*Instructor's Manual and Test Bank*，书号 0205206417）。本书配有教辅资料《指导手册和试题库》，可以为助教备课与测验学生学习状况提供帮助。《指导手册和试题库》为本书每章提供了各种额外的资料，包括每章知识要点、学习目标、讨论问题、班级活动等内容。

《指导手册和试题库》还包括一个试题库，每章试题由多项选择题、判断题、论述题组成，读者只要登录 www.pearsonhighered.com，注册后即可获得《指导手册和试题库》的相关内容。

《我的测试》（*MyTest*，书号 0205206417）。通过培生公司电脑化测试系统"MyTest"，读者也可以获得试题库。教师可以利用该系统生成个人化的试题试卷并测试学生，也可以给系统加入新的试题。这个系统的程序可以随机生成考试试卷，教师可以就这同一门课程的同一次考试生成不同的试卷，可以打乱试题的顺序，在打印试卷之前可以对试卷进行预览。该系统程序还提供搜索和分类的功能，你可以快速找到你所要的试题，并按自己的意愿对它们进行编排。你只要申请一个免费的用户账户，就可以在任何地方进入这个试题库。该系统也不需要你下载任何程序或文件到你自己的电脑中。

《PPT 课件文稿》（*Powerpoint Presentation*，书号 0205206395）。我们还提供本教材

的 PPT 课件，这些课件概括了每章的主要内容，可以帮助你以一种虚拟而生动的形式表述社会学的基本原理。这些课件同样可以在网站 www.pearsonhighered.com 中免费获得。

## 相关网站

请关注网站商标 Mysearchlab。具体网址是 www.mysearchlab.com。利用这个网站，可以事半功倍。

Mysearchlab 是一个动态的网址，可以帮助学生自学课程。该网站资源相当丰富，可以让学生参与其中，为每个学生的学习提供个性化的服务，使学习过程更加生动有趣，效果更好。该网站还提供各种工具，鼓励学生阅读教材、改进写作技能，提高他们的课程成绩。

## Mysearchlab 网站的功能

（1）指导写作。对整个研究与写作过程提供循序渐进的细心指导。

（2）提供研究与案例资源。教师与学生都可以通过 EBSCO① 的 ContentSelect 数据库、"社会探险家"的人口普查数据库、美国联合通讯社（Associated Press）的新闻推送，以及培生公司的网上书架获取相关资料。Pearsom SourceCheck 还可以帮助学生与教师防止抄袭，避免剽窃。

（3）提供电子文本等资源。本书的培生电子文本——《城市与城市生活》（第 6 版）的电子版在 Mysearchlab 中可以找到。学生在线阅读这种交互式文本时，与阅读纸质教材一样，可以勾画要点和添加自己的注释。

网站提供章节小测验和教学抽认卡片——在线提供每一章及其重要术语的复习回顾，并提供即时测验反馈。

网站还提供基本资源文档（primary resource document）——Mysearchlab 逐章提供各种文档，这些文档包括了眉批和关键的思考题。

网站可以生成成绩单——每次小测验之后，系统会自动生成成绩，以帮助教师与学生监控整门课程的教学与学习结果。

## 致 谢

本书作者要感谢培生出版社的编辑，没有他们的努力付出，本书就不可能出版。我们要特别感谢出版商南希·罗伯茨（Nancy Roberts），是他最先倡议和筹划出版此书，并

---

① EBSCO 是一家大型文献服务专业公司，总部位于美国，提供期刊、文献定购及出版等服务。——译者注

推动了本书的出版，也感谢发行人卡伦·汉森（Karen Hanson）对本版的支持，感谢编辑项目经理梅达·博斯科（Mayda Bosco）、制作经理梅根·德梅约（Meghan DeMaio）的付出，感谢黛安娜·卢卡斯·多瑞吉（Diahanne Lucas Dowridge）为本书收集各种图片。我们要感谢"完整芝加哥"（integral-Chicago）项目经理克里斯汀·乔布（Kristin Jobe）、集成软件服务部（Integra Software Services）项目经理阿比那亚·拉京德兰（Abinaya Rajendran）的辛勤工作，感谢他们在本书从撰写到出版过程中提供的各种指导。

我们要感谢霍巴特·威廉·史密斯学院（Hobart William Smith College）的詹姆斯·L·斯佩茨（James L. Spates）对本书在20世纪80年代出版的各版中所发挥的重要作用。当时本书名叫《城市社会学》，是由斯佩茨和马休尼斯共同写成的。尽管后来帕里罗和马休尼斯在各种层次上对该书作出了重大的修正，但是仍然保留了斯佩茨的一些思想要素。

我们要感谢本书本版以及以前诸版的审稿人和评论员们对本书全部或部分手稿进行的审读或评论。他们是美国亨特学院的布莱恩·萨德（Brian Sahd），密西西比州立大学的罗伯特·L·博伊德（Robert L. Boyd），埃丁顿大学的伊万·查普林（Ivan Chompalov）、李·L·威廉姆斯（Lee L. Willams），代顿大学的帕特里克·唐纳利（Patrick Donnelly），亚利桑那大学的马修·格林（Mathew Green），蒙莫斯大学的理查德·S·穆勒（Richard S. Muller），波士顿大学的小丹尼尔·J·蒙蒂（Daniel J. Monti, Jr.），北卡罗来纳大学夏洛特分校的斯蒂芬妮·穆勒（Stephanie Moller），克拉克大学的罗伯特·J·S·罗斯（Robert J.S. Ross），康涅狄格大学的马克·亚伯拉罕（Mark Abrahamson），布鲁克林学院的杰罗姆·克莱斯（Jerome Krase），加利福尼亚州立理工大学-圣路易奥比斯珀分校的利奥·皮纳德（Leo Pinard），鲍德温·华莱斯学院的大卫·普诺克（David Prok），北埃里克社区学院（Eric Community College-North）的詹姆斯·D·塔沙（James D. Tasa），威斯康星大学的罗纳德·S·埃达里（Ronald S. Edari）。

约翰·J·马休尼斯

肯阳（Kenyon）学院

俄亥俄州甘比尔市（Gambier）43022 信箱

E-mail：Macionis@Kenyon.edu

http://www.theSociologyPage.com

文森特·N·帕里罗

威廉·帕特森（William Paterson）大学

新泽西州韦恩市（Wayne）07470 信箱

E-mail：Parrillo@wpunj.edu

http://www.wpunj.edu/cohss/departments/sociology/faculty/vincent-n.-parrillo.dot

# 目　录

## 第一部分　理解城市：城市的起源与发展

**01**

探索城市　1

**02**

世界各地城市的起源与发展　21

**03**

北美城市的产生与发展　48

# 04

**今天的城市与郊区　77**

# 第二部分　城市研究的诸学科视角

# 05

**城市社会学：经典与现代思想　104**

# 06

## 空间视角：理解空间的内涵　130

# 07

## 批判城市社会学：城市与资本主义　149

# 08

## 社会心理学：城市经验　172

**09**

城市比较研究：城市与文化　197

# 第三部分　城市的社会结构

**10**

分层与社会阶级：城市与郊区生活方式　221

**11**

种族、族群与性别：城市的多样性　247

## 12

**住房、教育与犯罪：直面城市问题 273**

# 第四部分　全球城市发展状况

## 13

**发展中国家的城市　298**

## 14

**规划我们的城市　325**

# 第**1**章
## 探索城市

*1*

当天空被夜色弥漫，犹如手术台上那被麻醉的病人时，

我们就出发吧，你和我；

我们走过那些快要荒芜的街道，

那些人声喋喋、夜夜不得安宁的下等歇夜旅店，

还有那些锯末铺地、蛎壳乱扔的饭馆：

连那些街道也好像一个乏味的论点，带着阴险的意图，

要把你引向一个无法抗拒的问题……

哎呀，不要问："它是什么？"

我们只管去做客。

——［英］托马斯·斯特恩斯·艾略特（Thomas Stearns Eliot）：

《J·阿尔弗瑞德·普鲁弗洛克的情歌》

# 一、为什么要研究城市？

当一说到城市时，我们大多数人都会同艾略特一样，对城市这种地方十分着迷——它充满了各种强烈刺激，极其神秘，各色人等千奇百怪。我们大多数人可能也都同诗人艾略特一样，认同城市是我们爱去做客和拜访的地方（伦敦就是艾略特爱去的地方）；但是，我们中的大多数人当然也不愿意长期生活在城市中。不过，到诸如纽约、多伦多、芝加哥或旧金山这样的大城市做客，仍是一件有意思和让人十分激动的事情。

当我们来到城市时，我们常常会看到一家接着一家的商店，卖着各种各样我们家里没有的东西。各种各样的人——老人与小孩、富人与穷人、时髦的新贵与失魂落魄者——都从我们身边走过，来来去去，川流不息。人们说，在大城市中，万事都有可能，一切皆会发生——他们不需要在城市待太长的时间，就会意识到他们确实是对的。

在整个北美，超过80%的人都生活在城市地区，甚至更多的人都是围绕城市谋求自己的生活，建设自己的生活，度过自己的一生。我们生在城市（或城市附近），长在城市（或郊区），稍微大一点，就会到城市或城市郊区的大学读书（可能与家有一点距离），最终在某个城市或接近某个城市的地方成家立业。在整个北美，我们的很多娱乐爱好——包括参加各种俱乐部、音乐演唱会或观看体育比赛——都是以城市为基础的。我们也许还不得不承认：我们的民族主要由城市人口构成，在加拿大和美国，城市生活才是常态，才是最普遍的生活方式。因此，研究城市，也就是研究我们自己。

然而，与我们的个人经验所揭示的相比，城市显然有着更多的东西。城市本身就是一个动态的、充满各种活动的实体，它是人类历史中最有吸引力的一张名片。在1900年，世界城市人口比重仅为9%，但到1950年已经上升到30%，而到2009年已经超过50%。如果继续保持这一上升趋势，到2030年，城市将成为地球上60%的人的家园（UN Population Division 2012）。

因此，城市是所有各种人间"戏剧"的集合：受到最高水平教育的人与最粗鲁无知的人彼此冲撞，超乎想象的富有与最最悲惨的贫穷一同存在。在历史上，大多数迁移到城市的人，都试图实现过上更好生活的梦想，并且常常会梦想成真；但是，现在那些来到墨西哥城、里约热内卢、新德里以及东京等新兴的特大城市的追梦人，也会梦想成真吗？这些城市的人口正在以每年数百万的速度快速增加，以致其中很多人难以获得最基本的公共服务（水、住房和电等）。如果不尽快加以研究、检讨和解决，那么这种人口扩张将会加剧城市贫困，甚至导致史无前例的生态灾难。因此，研究城市，也就是研究一种独特而强大的人类居住方式：一种既可能满足又可能挫败人类所有需要的物理与社会环境。

本书的重要主题之一，就是指出城市并非完全可以自足自立的存在，它们是其所在的更大社会的不可分割的、无法逃脱的部分。数个世纪以来，城市已经成为各种文明的心脏和血液——经济、政治与文化的中心。在城市中，我们既可以看到整个人类的巨大成就，也可以看到人类的悲剧。例如，我们把希腊雅典、文艺复兴时期的佛罗伦萨和伊丽莎白女王一世时期的伦敦视为人类精神的伟大成就，而把古罗马、纳粹德国的柏林与人类的野蛮、丑陋联系在一起。在这两种情况中，都是某种文化背景塑造了城市的品格和特征：在公元前（Before Common Era①）4世纪，希腊雅典把人类成就提升到一个新高度，而一战后德国纳粹的出现，却导致柏林一度声名狼藉、臭名远扬。

在今天，城市与其文化环境的联系同样明显和密切。在美国的那些城市中，存在着使美国之所以伟大的文化：科技发达、政治自由和文化昌盛。当然，同样是那些城市，也体现了这个国家巨大的失败，包括令人难以忍受的贫穷和不时发生的暴力犯罪。那么，要研究城市，也就要检视城市得以存在其中的社会。特别是在今天全球经济一体化时代，经济的影响可能与文化的影响一

---

① 我们使用的是"Before Common Era"，而不是"Before Christ"来表示"公元前"，以避免宗教偏见，体现北美的宗教多元性；出于同样的目的，我们在文中也使用"Common Era"而非"A.D."（我们的主诞生之年）来表示"公元"。

样重要和巨大，因此我们也必须深入探讨全球化对城市的结构和命运的影响。

因此，我们要把握现代人类的存在状况，理解城市就显得十分关键。但是我们选择如何研究城市也十分重要。城市是一种复杂的实在，因此我们对于城市的研究很少会得到简单的结论。如果我们只看到城市生活的各种事实，那么我们会错失城市生活动态的、充满活力的灵魂，城市也将显得无趣、昏暗而死气沉沉——由水泥建筑、官僚机构（科层组织）、失业率构成的集合。但是，如果我们也问一些"怎么样"的问题——把这些事实性要素与人类生活联系起来——城市就立马鲜活起来，具有各种充满活力的重要力量。

那么，我们在研究城市时，就不能仅仅问"它是什么"，还必须如艾略特在他的诗中所建议的一样，"我们只管去做客"。我们的研究与探索，必须超越描述与统计，而去揭示城市生活那更广泛更深刻的实在。本书正是希望帮助人们这样来研究城市。

## 二、界定"城市"的标准

"城市"（urban）概念看似简单、很好理解，但实际上人们对它有着很多不同的理解和解释。城市的词源是拉丁语的"urbanus"，后者的意思是城市的特征或者与城市相关——实质的含义是"大多数人的联合体"，即城市是基于普遍性关系的社会。

然而，要说复杂的话，"城市"一词理解起来也很复杂，世界上将近 200 个具有城市人口的国家，对城市地区有着各自不同的界定标准。这些标准包括行政功能（一个全国性的或者区域性的首府）、经济特征（一半以上的居民属于非农职业）、基础设施运行功能（有铺设好的道路、自来水供应、排污系统和电力燃气系统），具有一定的人口规模或人口密度（每平方公里所居住的人口数）。全球有 89 个国家，其城市设计都只基于行政功能，但是有 20 个国家把行政功能与其他标准结合在一起来进行城市设计。同样，只有 27 个国家把经济特征作为衡量是否是城市的几个标准之

一，有 19 个国家把城市运行功能视为城市的几个界定特征之一。有 5 个国家只把运行功能作为是否是一个城市地区的标准，有 46 个国家只把人口规模或密度作为界定标准，而有 42 个国家在考虑人口规模时也同时考虑其他的界定标准。有 24 个国家根本没有对什么是城市进行过界定，而安圭拉、百慕大、开曼、直布罗陀、香港地区、澳门地区、瑙鲁和新加坡等地区和国家则相反，把它们的所有人口都界定为城市人口。

加拿大与美国都根据人口密度标准来界定城市地区，而不考虑地理边界。在加拿大，只有那些人口密度在每平方公里 400 人以上，并且人口总数超过 1 000 人的地区，才能算得上城市地区。美国则把城市地区界定为毗连的社会人口集聚区域，并且人口密度必须在每平方公里 1 000 人以上，这与加拿大的标准相同。美国人口统计署使用"城市群"（urban clusters）这个术语，来描述这些毗连的城市地区的结合状态，而这些城市地区可能延伸和跨越市、郡甚至州的边界。有些社会科学家用"城市群"或"组合城市"（conurbation）一词，来指称这些因不停地建设与发展而相互连接在一起的地区（而不被美国人口统计署归为城市地区的所有地区——往往是总人口少于 2 500 人的那些地区——被界定为乡村地区）。

世界各国界定标准存在的这些差异，使我们进行国家间的比较分析变得十分困难。例如，在冰岛，城市地区人口最低标准是 200 人，而在希腊则是一万人。而一种共同的标准——如取这两种极端的中间值 5 000 人作为标准——对于人口众多的国家如中国和印度就不太合适，在这些国家，很多农村村落的人口何止 5 000 人，但这些村落却没有任何城市的特征。联合国人口司根据每个国家自己的标准进行计算后报告说，整个世界有 50.1% 的人口生活在城市地区，是城市人（UN Population Division 2012）。但是，世界各大洲的城市人口比重存在很大的差异：非洲为 40%，亚洲为 42%，欧洲为 73%，拉丁美洲和加勒比地区为 79%，北美洲为 82%。世界各国的城市人口比重差异也很大，最低的是布隆迪，只有 11%，而最高的为 100%，就是上文提到的安

*4*

圭拉、百慕大、开曼、直布罗陀、瑙鲁和新加坡等国家和地区。

对整个世界人口的各种统计和预测，都显示世界各国城市人口比重一直在不断增加（见表1—1）。表1—1描述了在1975—2011年之间，生活在世界上六大地区的城市人口比重，并显示了城市化是一种十分明显、不可否认的普遍趋势。事实上，整个世界的城市人口，在以每周100万的速度增长。这种十分迅速和急剧的增长模式意味着，到2050年，地球上超过2/3的人口都将成为城市里的定居者。

然而，城市人口的增长则有着各自极为独特的地方性或区域性的模式。如果我们研究一下表1—1中1975年与2011年之间的增长百分比，我们就会看到，最近这些年来，世界上那些更加工业化的地区——北美和欧洲——城市人口的增长相当缓慢。现在城市人口增长最快的地区，是发展中国家或发展中世界——拉美、非洲、中东和亚洲。事实上，当我们以国家为单位来查阅城市人口增长率的数字时，我们发现，城市人口增长率最高的10个国家全部都在这四个地区。而城市人口增长率最低的那些国家，几乎都在北美、欧洲和日本——只有古巴、乌拉圭以及一些小的岛国是值得注意的例外。而且，看一看世界各国城市人口增长率排名，我们就会看到，前87位都是发展中国家，之后才会看到第一个发达国家——爱尔兰（UN Population Division 2012）。

# 三、城市的转型

如果有什么事情让我们吃惊的话，那就是城市在整个世界都已经占据如此重要的支配地位并如此受到人们的欢迎。作为人类的一种创造，城市在一万年前就出现了，但在最近几个世纪以来，城市变得越来越大，数量越来越多。例如，在1800年，只有北京这个城市的人口达到了100万，而现在世界上已经有392个城市的居住人口已经达到甚至超过100万（UN Population Division 2012: 9）。仅仅用世界人口不断增长这一原因，并不能完全解释这一现象。因为一旦人们知道了城市的好处或优势——有各种保护、更高的物质生活水平、更加刺激的精神与社会生活——他们大多就不愿意生活在其他地方了。然而，因为城市的增长与发展会以不同的方式实现，在不同的层次或水平上发生，因此我们如果要深入理解城市的增长与发展的话，就需要知道一些关于这些过程以及它们的影响和后果的基本概念。

## 1. 作为一种过程的城市化

人们进入城市以及其他人口密集地区所导致的变迁，就是我们所说的城市化，"城市化"一词就是指的这种变迁过程。这种人口逐渐集中的过程，可能是出于人为的安排和规划，如巴西首都巴西利亚的形成就是如此，该城始于1960年的人为规划与建设。当然，这一过程也可能是自发的和无计划的，很多发展中国家人口迅猛增长的城市就是如此。然而在人口逐渐集中的过程中，城市化会改变土地用途，使土地从农业用地改变为城市经济活动用地，并因此往往改变了具有良好透水性和吸水性的地表，而使之变成毫无渗透性的沥青与水泥的地表。另外，城市中越来越高的人口密度，改变了各种社会生活模式，也改变了城市的社会结构与社会组织。正如我们将

表1—1 世界六大地区的都市人口比例（%）

| 地区 | 1975年 | 2011年 | 2050年 |
|------|--------|--------|--------|
| 非洲 | 25.7 | 39.6 | 57.7 |
| 亚洲 | 25.0 | 45.0 | 64.4 |
| 欧洲 | 65.2 | 72.9 | 82.2 |
| 拉美与加勒比 | 60.7 | 79.1 | 86.6 |
| 北美洲 | 73.8 | 82.2 | 88.6 |
| 大洋洲 | 71.9 | 70.7 | 73.0 |
| 世界 | 37.7 | 52.1 | 67.2 |
| 发达地区 | 68.7 | 77.7 | 85.9 |
| 欠发达地区 | 27.0 | 46.5 | 64.1 |

资料来源：From *World Urbanization Prospects*, 2011 Revision. Copyright © 2012 by the United Nations, Population Division.

要简要讨论的，城市化的变迁过程还包括更加复杂的劳动分工、社会分层、亚文化的滋生以及更加正式的社会控制。

美国旧金山市就经历了大量的变迁，因此我们可以把它作为城市化的一个例子进行分析。今天的旧金山，已是一个完全现代化的美国城市，以其山冈和丘陵、电缆车、多雾和美丽的自然风光而闻名于世。游客常常注意到，这个城市有着悠闲、松懈的生活方式，以及悠闲自在的生活氛围。除了上下班高峰期外，这里街道上的人们大多悠闲自在，而与曼哈顿或伦敦之类的商业中心城市完全不同，在诸如曼哈顿和伦敦之类的城市中，到处是熙熙攘攘的人群，人们大多步履匆匆，连推带挤，显得十分忙碌。

然而，旧金山并非从来如此。我们从旧金山的历史中可以看到，从其最初产生以来到现在，一直都在发生着深刻的变迁。理查德·亨利·丹纳（Richard Henry Dana）的《七海豪侠》（*Two Years Before the Mast*，2006，初版于 1862 年），就是可资佐证的众多文献之一。《七海豪侠》是 19 世纪最伟大的航海日记之一，下页的"城市风光"专栏，就是摘录的其中一小段。[①]

就在理查德·亨利·丹纳对旧金山进行的两次访问之间，旧金山发生了一件事情，那就是在 1849 年发现了黄金。耶尔巴布埃纳这个沉睡的小山村，由于是离内华达山脉金矿最近的港口，几乎在一夜之间就变成一个狂热而喧嚣的城市。然而，还不到 70 年，旧金山又成了一个外来者眼中的"闲散的"城市。

## 2. 城市化水平

当城市化过程发展到前所未有的人口集中程度和土地规模时，我们就需要用另外一些概念来研究和来理解这种复杂的、大规模的人类组织和互动形式了。本书后面各章还会深入地介绍关于城市的理论研究，这里只是先对相关概念做一简单的介绍。

---

[①] 本书每章都会加入各种专栏，来说明我们的关键要点和主题。当你遇到我们提到的某个具体专栏的文献时，请先花个 1～2 分钟来阅读该专栏，然后再阅读本书正文。

### 大都会区

如果某地有一个积聚了大量人口的中心、很多相互毗连的社区、高度整合的经济与社会，那么这个地方就是一个大都会区（metropolitan area）。这类地方我们又称为"城市群"（agglomeration）。大都会区往往以一个大城市（常住人口通常在 10 万以上）作为中枢，并包括其可能影响和辐射的周围社区。这些社区本身可能具有城市的特征，但通过交通（道路和公共交通运输系统）、就业（通勤者）、媒体（城市新闻报纸、广播站与电视台）、休闲活动（俱乐部、餐饮、娱乐和职业体育）等而紧密联系在一起。

### 小都会区

另一种地理实体就是小都会区（micropolitan area），是常住人口为一万人以上、五万人以下的城市中心。与大都会区一样，它包括了核心城市区域所在的县郡，以及邻近的、与该核心城市区域具有高度社会和经济整合度的数个县。这种整合度主要以周围县郡的人口流动到城市核心来工作的程度来衡量。

### 超级区域

当两个或者多个大都会区扩张、拓展而相互融合，形成连续的（或几近连续的）城市联合体时，一个超级区域（megaregion）就出现了。社会科学家以前把它称为"巨大城市带"（megalopolis），但是我们选择使用"超级区域"这一术语。这种合并在一起的城市集群往往拥有数千万人口，例如沿着美国东海岸（Eastern Seaboard）形成的城市群就是如此，只不过那里的城市（波士顿、纽约、费城、巴尔的摩、华盛顿特区）仍然保持各自的名字。世界最大的超级区域，也许是印度和巴基斯坦的德里—拉合尔，总共拥有 1.2 亿人口（Florida 2008）。

### 巨型城市

如果大都会区的行政区划所包括的人口在 1 000 万以上的话，那么这个大都会区本身可能就是巨大城市带。在过去 35 年中，巨型城市（megacity）的数量已经从 1975 年的 3 个，迅速增加到 2011 年的 23 个，预计 2025 年将增加到 30 个（见表 1—2）。今天全世界 11 个人中就有 1 个人生活在这种巨型城市中（UN Population

## 旧金山的巨变

理查德·亨利·丹纳 1835 年从纽约坐船出发，第一次来到旧金山，当时这里叫做耶尔巴布埃纳（Yerba Buena，又称芳草地，意为放牧的好地方）。下面是他记录的所闻所见：

在接近海湾入口的地方，有一处高地，是军事要塞，上面建有墨西哥军队的哨所。在高地背后，有个小海湾和小港口，叫做耶尔巴布埃纳。人们把船停泊在港口中，进行各种交易，而德洛莉丝布道所（Mission of Delores）就在港口附近。在海湾的这一边，除了一个叫理查森（Richardson）的人用粗糙的木板搭建的一处棚子外，再也没有其他的房屋和居所，这个人在商船与印第安人之间做一些小生意。……我们在海湾入口处附近一处斜坡边抛锚靠岸，山坡很高也很美丽，成千上万的红色小鹿正在吃草，其中那些雄鹿顶着高大多枝的鹿角，到处跳跃，时不时看我们片刻。看到它们那美丽而高贵的神态，我们禁不住欢呼感叹。而它们因为受到我们的惊吓，应声逃遁了。

然而，仅仅一个世纪之后，旧金山的景象就已经大不相同了。

甚至在 1859 年理查德·亨利·丹纳第二次到该地时，他发现该地的景象已经发生了很大变化。他在日记中记下了第二次到该地的感受：

我们在那处高地下面徘徊，几经努力才找上次抛锚停船的地方。但是，这个地方从大海边到山脚下，从墨西哥人的军事哨所到那个布道所的小丘和山谷中，已经到处堆满了沙子，被沙子覆盖，街灯和房屋里的灯光闪烁，显然这里已经躺着一个有着十万居民的城市。……我们的船驶入船坞，然后我们进入街道，发现船坞和街道挤满了运送货物的快运马车、手推车，运送旅客的四轮大马车和出租小马车。还有，到处都是人。……我努力穿过这些拥挤的人流和车流，沿着宽敞而明亮的街道前行，这些街道到了晚上也与白天一样繁华，报童扯着嗓子叫卖最新的纽约报纸；在凌晨 1—2 点的时候，我已经惬意地躺在东方酒店（Oriental Hotel）一间宽敞客房的大床上，但我十分清楚地记得，该酒店坐落的地方，以前是一个小海湾，离我们的船靠岸的地点和那个哨所并不远，但现在已经被填海成

陆了。

当我在清晨醒来，眺望窗外旧金山整个城市时，看到它有市政公所，有高耸的楼房和尖塔，有法院、剧院和医院；我看到这个城市还有自己的日报，人们各得其所，各安其业；我还看到它的军事堡垒和灯塔，码头和港口，看到一艘艘千吨级的快速帆船，其数量比当时伦敦或利物浦的还要多……当我的目光扫过港湾向东望去，我看到了位于康曲柯士达县（Contra Costa）那肥沃富饶、树林茂盛的海岸边上的美丽城镇〔即现在的奥克兰和伯克利〕，看到了康曲柯士达县的大大小小的汽船、渡船，以及宽敞的货船和客船，在这个伟大的海湾里穿梭，有的消逝在遥远的地平线。当我看到所有这一切，再回想我第一次来这里时看到的样子和所见所闻，我差点都觉得这不是真的。面对这一切，我就如一个置身"梦幻世界"的人，感到不可思议。

资料来源：Richard Henry Dana, *Two Years Before the Mast* (New York: Library of America, 2006), pp. 196, 203, 320-322.

Division 2012：8）。

#### 8    全球性城市

也称为世界性城市。全球性城市（global city）在全球经济系统中，往往具有重要的影响和地位，

吸引着全世界的投资，在全世界拥有相当大的经济权力和影响。伦敦、纽约、巴黎与东京这些城市，因为在世界金融与贸易体系中具有各自重要的作用，因而处于城市等级的顶端（Abrahamson

表1—2　　　　　　　　　　　　　　世界上巨型城市的人口（百万）

| 2011 年 | | | 2025 年 | | |
|---|---|---|---|---|---|
| 排名 | 都市群 | 人口 | 排名 | 都市群 | 人口 |
| 1 | 日本东京 | 37.2 | 1 | 日本东京 | 38.7 |
| 2 | 印度德里 | 22.7 | 2 | 印度德里 | 32.9 |
| 3 | 墨西哥墨西哥城 | 20.5 | 3 | 中国上海 | 38.4 |
| 4 | 美国纽约—纽瓦克 | 20.4 | 4 | 印度孟买 | 26.6 |
| 5 | 中国上海 | 20.2 | 5 | 墨西哥墨西哥城 | 24.6 |
| 6 | 巴西圣保罗 | 19.9 | 6 | 美国纽约—纽瓦克 | 23.6 |
| 7 | 印度孟买 | 19.7 | 7 | 巴西圣保罗 | 23.2 |
| 8 | 中国北京 | 15.6 | 8 | 孟加拉国达卡 | 22.9 |
| 9 | 孟加拉国达卡 | 15.4 | 9 | 中国北京 | 22.6 |
| 10 | 印度加尔各答 | 14.4 | 10 | 巴基斯坦卡拉奇 | 20.2 |
| 11 | 巴基斯坦卡拉奇 | 13.9 | 11 | 尼日利亚拉各斯 | 18.9 |
| 12 | 阿根廷布宜诺斯艾利斯 | 13.5 | 12 | 印度加尔各答 | 18.7 |
| 13 | 美国洛杉矶—长滩—圣安娜 | 13.4 | 13 | 菲律宾马尼拉 | 16.3 |
| 14 | 巴西里约热内卢 | 12.0 | 14 | 美国洛杉矶—长滩—圣安娜 | 15.7 |
| 15 | 菲律宾马尼拉 | 11.9 | 15 | 中国深圳 | 15.5 |
| 16 | 俄国莫斯科 | 11.6 | 16 | 阿根廷布宜诺斯艾利斯 | 15.5 |
| 17 | 日本大阪—神户 | 11.5 | 17 | 中国广东广州 | 15.5 |
| 18 | 土耳其伊斯坦布耳 | 11.3 | 18 | 土耳其伊斯坦布耳 | 14.9 |
| 19 | 尼日利亚拉各斯 | 11.2 | 19 | 埃及开罗 | 14.7 |
| 20 | 埃及开罗 | 11.2 | 20 | 刚果（金）金沙萨 | 14.5 |
| 21 | 中国广东广州 | 10.9 | 21 | 中国重庆 | 13.6 |
| 22 | 中国深圳 | 10.6 | 22 | 巴西里约热内卢 | 13.6 |
| 23 | 法国巴黎 | 10.6 | 23 | 印度班加罗尔 | 13.2 |
| | | | 24 | 印度尼西亚加尔各答 | 12.8 |
| | | | 25 | 印度马德拉斯（金奈） | 12.8 |
| | | | 26 | 中国武汉 | 12.7 |
| | | | 27 | 俄国莫斯科 | 12.6 |
| | | | 28 | 法国巴黎 | 12.2 |
| | | | 29 | 日本大阪—神户 | 12.0 |
| | | | 30 | 中国天津 | 11.9 |

资料来源：*World Urbanization Prospect*, 2011 Revision .Copyright © 2012 by the United Nations, Population Division.

2004）。关于城市的世界体系分析视角认为，大多数城市的经济福祉或水平，取决于其在整个世界等级中所处的位置。第7章在介绍批判城市社会学时，将对这种视角进行深入分析。

## 3. 作为一种生活方式的城市主义

正如前文所言，与城市化（人口增长和集中）相伴而生的一个概念，就是城市主义

（urbanism），即城市居住者的文化或生活方式。这个概念不仅涉及特定的价值观、生活态度、规范、风俗习惯的变迁，也涉及生活方式和行为适应受到人们工作或居住环境的影响。通常来说，在城市的不同区域中，生活方式是不同的。例如，在市中心，我们更有可能看到穿着打扮极为讲究的商人，其中很多都生活在套房公寓中。而老一点的居民区，可能提供异国情调的、文化多样性的风景，口音腔调甚至食物风味都不同。当然，还有一些居民区，可能住着一些穷人，他们每天挣扎求生。而在很多郊区，大多数人都拥有单门独户的住宅，每家每户都有自己的小孩和小车。

当然，生活方式在很大程度上往往是个人的选择。它反映了各个维度的社会差异，常常体现了某种社会不平等。美国与加拿大实际上与所有其他社会一样，存在惊人的社会分化，人们由于拥有的有价值的资源的差异，而存在垂直的等级分化。贫富差距在某种程度上是这种社会分化的重要维度，在北美城市中，那些衣着考究、物质生活条件优越、温文尔雅的富人，与其他那些每天只能勉强糊口的人之间，存在惊人的对比。

这种差异往往与种族、族群、性别等维度的社会差异存在密切的联系。女性在城市公共领域一度被普遍忽视，但现在更有可能占据公共的职位，至少在人口超过 25 000 人的城市中是如此（Wolbrecht, Beckwith & Baldz 2008）。然而，从历史与现实的角度看，妇女的城市生活与经验都反映了两性之间的实际分化，并交织着社会阶级、种族与族群的实际分化。北美的城市现在仍然继续着传统的历史模式，吸引着不同种族与族群的移民；很多移民在到达之初，都会发现自己处于城市等级的最底层。经过一段时间后，其中一些人会改善他们的地位，但另外一些人则要继续遭受贫困，以及由偏见导致的各种问题。

社会权力——实现自己的目标和影响各种事件的能力——是不平等的另一重要维度。对于那些相当富有的人而言，城市生活常常就是一种经验，一种能够影响和实现他们自己的生活的经验（并且实际上也是一种能够影响他人生活的经验）。相反，对于贫穷的城市人——他们大多是处于次要地位的少数种族和族群成员——来说，城市生活则是一种必须竭尽全力来应对那些难以抗拒的力量的严酷之事。

当然，所有这些社会结构模式，绝非只在城市中存在。美国北卡罗来纳州小乡镇的社会分层，与该州首府罗利一样明显；俄亥俄州乡村的人们，与哥伦布市的人们一样，能够强烈地感受到种族隔离的存在；"权力政治"是怀俄明州乡村游戏的名称，而在该州首府夏延，情况同样如此。不过，这些社会结构模式如此强烈地影响着我们的城市，使得我们很难无视它们。

然而，在另一个层次上，城市又强化了阶级、种族、族群、性别和权力的影响，因为它把所有事情都集中到一个狭小空间中的人们身上。如果我们仔细观察，就可以找到富有与贫穷的例子、有权力与没有权力的例子，甚至某些几乎难以理解的极端例子。北美所有主要的大城市几乎都存在贫民区，我们只要到这些贫民区走上一遭，就能发现大量让人麻木的贫困。但是实际上，数百万贫民的存在，只不过是始终困扰城市的诸多重要问题之一。

# 四、城市的复杂性：各种视角

城市也许是人类创造的最为复杂的事物。因此，如果我们只通过某种单一的视角，往往很难理解它。本书的基本视角取向是社会学的，但也会利用来自各个相关学科——包括历史学、考古学、心理学、经济学、政治学——的理论和观点来理解城市。正如我们现在所解释的，所有这些视角对于理解当代城市这一生活实体都十分重要。

## 1. 历史上的城市

今天，城市是我们生活中非常重要的一部分，城市生活似乎是自然的和不可避免的。但当你知道在更大的人类历史图景中，城市只是一种相当新近的现象时，你也许会感到惊讶。尽管"现代"人类已经在地球上至少存在了大约 20 万年，但城市是不到一万年前才出现的。并且直到 3 000 年前，城市数量才相对多起来，才有大量的人口生活在城市之中。而且直到 2009 年，我们才跨越世界上一半的人口生活在城市这个关键点。

因此，我们可以看到研究城市历史的重要性。如果不对城市历史进行回顾，我们就很有可能错误地，甚至愚蠢地认为城市虽然在过去可能小很多，但大概与我们今天所知道的城市没有多大的差异。

幸运的是，我们对于过去城市的理解，并非只能依赖于历史文献，诸如理查德·亨利·丹纳对早期旧金山的记载。相反，最近数年来，城市考古学对那些没有或者很少文字记载的城市环境的研究，已经取得了长足的进展。

那些被遗弃的城市，或者在以前的基础上重建的城市，仍然包含着其先前存在状况的轨迹或痕迹，并为那些专门发掘和深入分析史前古器物的考古学家们提供了重要线索。从这些线索中，考古学家们可以逐渐还原过去某个城市中人们的生活图景：他们如何修建他们的房子，如何组织他们的家庭，他们认为重要而画入绘画中的那些事物，他们所应用的科学技术达到了何种水平，他们通常吃什么或喝什么。通过发掘诸如之类的众多线索，考古学家们可以使那些已经消失很久的城市重新在我们的头脑中鲜活起来。

近年来最为重要的考古发现之一，就是 2001 年对南美古代圣城卡拉尔（Caral）的碳 14 年代测定，其因拥有据说比埃及金字塔更古老的金字塔而闻名。该城位于秘鲁首都利马北约 62 英里处，面积约 160 英亩。人们通过测定，发现该城建立于公元前 2600 年。想一想，这是一个多么让人激动的发现，它把西半球人类已知最早的城市定居史向前至少推进了一千年！这个定居点比印加文明早了 4 000 年，更让人吃惊的是，它的六座金字塔建筑使人印象深刻，比古埃及的吉萨金字塔还要早一个世纪。其附近出现的定居点甚至更老，不过卡拉尔是这个地区的中心，大约生活着一万人。

考古学家们认为，卡拉尔是自 1911 年发现秘鲁古城马丘比丘（Machu Picchu）——该古城

位于其南方数百英里处——以来，人们所发现的最为重要的前哥伦比亚人遗址。卡拉尔遗址是如此的古老，甚至比陶器时期还要早，这解释了为什么考古学家们在这里没有找到任何陶器碎片。卡拉尔的重要性在于，它表明人们已经开始种植作物，特别是棉花，还有豆类、瓜类和石榴类（guava）作物。该文明知道如何使用纺织技术，并围绕那些金字塔修建住房。在这里发现的史前器物中，有 32 支由鹈鹕和其他动物骨头制成的笛子，上面雕刻着各种鸟类和猴子。因此，这些器物表明，尽管这些居民生活在太平洋沿岸，却知道亚马逊流域的动物（Isbell & Silwerman 2006）。

考古学还在当代城市研究中发挥着重要的作用。许多城市都建立在他们自己过去的废墟之上。以伦敦为例，在其整个 2 000 年的历史过程中，该城已经抬升了大约 30 英尺，建立在其对自己的拒绝之上，不断推倒重建。2007 年，伦敦东部规划建设奥林匹克水上运动中心，在施工挖掘时发现了铁器时代和罗马人定居点（Reuters 2007）。而十年前，在伦敦桥（London Bridge）及其周围的挖掘点中，发现了建立于公元 1 世纪的"罗马人的伦敦"（Roman London）。考古学家们在这里发现了两种罗马建筑，其中一种建筑是木材框架，有黏土墙和黏土地面，另一种是坚固的石质建筑，其中一些还有用灰浆涂抹的地面以及石膏墙面。这两种建筑都是手工艺人的居所，前半部分用作商店和作坊，后半部分用作生活场所。考古学家们还发现了很多日常生活器物，包括家庭照明用的油灯，做饭和饮水用的各种器具（Jubilee Line Extension 1997）。

在美国，考古学家们在 1979—1980 年完成了一项关于纽约华尔街的发掘，并发现了来自 1625 年荷兰人定居点的各种器物。在 1991 年，人们对位于曼哈顿下区百老汇大街与杜安（Duane）大街之间的一处新联邦建筑进行了发掘，发现其下有一个 18 世纪非裔美国人的坟场。通过这样的发现，我们逐渐知道了过去更多的情况，特别是在过去那些时代中人们是如何生活的。

本书将用两章来阐述人类历史上的城市。第

◎ 马丘比丘由印加人在 15 世纪中叶修建，直到 1911 年才被人们发现并为世人所知。现在，它是一个很有吸引力的景点，每年吸引了 40 万游客。它也是世界上最有影响的考古遗址之一。它是城市规划、公共服务工程、石头材质建筑的杰作，其中很多建筑除了茅草屋顶不见了外，其他部分仍然保存完好。

2 章将回顾主要的城市发展过程，从大约 1 000 万年前城市发端一直追溯到 21 世纪城市发展中的大事件。我们将会看到，城市史是一个持续不断的，但充满惊人变迁的历史。第 3 章将着重分析美国与加拿大的城市是如何发展起来的，又经历了何种变迁。在本章，你也将读到一些让人震惊的变迁——就如理查德·亨利·丹纳关于旧金山的记载所表明的那种变迁。你将会读到其他一些例子，例如你将看到随着城市从 17 世纪小而孤立的殖民地中心，成长为一种通常具有数百万、上千万大量人口的恣意扩张的大环境的过程，北美城市生活所出现的巨大变迁。然后，第 4 章将介绍影响我们城市与郊区生活方式的最新近的诸多变迁趋势：无序扩张、卫星城、封闭社区和共同利益开发小区的发展。

## 2. 城市社会学的兴起

本书的核心目标之一，就是介绍社会学关于城市的研究。历史学家已经研究了城市数个世纪，但社会学家对城市的研究要晚得多。正如本书第 5 章所指出的，19 世纪晚期的经典社会学家生活在激烈的城市剧变时期，他们自然把注意力转向了城市。他们试图理解工业革命是如何把欧洲和北美的小乡村变成巨大的、看起来混乱不堪的大城市的。

很多经典社会学家都对城市持有悲观的看法。他们的著作把城市描绘为一种危险的地方，在这里，传统的社会生活价值——一种共同体和关怀他人的意义感——被系统地粉碎和撕裂了。然而，最近的社会学研究则指出，害怕城市具有这些破坏性的忧虑，是建立在错误的证据之上的。当代的社会学研究则认为，城市是一种更加中性的现象。城市究其本身而言，无所谓好与坏，是在具体的时间地点起作用的文化因素决定了城市的走向。因此，我们现在大多把 19 世纪伦敦那些让人恐怖厌恶之处，视为在资本主义社会中发生和存在的宏大工业化的产物，而不是城市本身内在的结果。

## 3. 地理与空间观点

首先，为什么人们要聚集在一起而形成城市？古希腊哲学家亚里士多德提供了一个永恒的、永远正确的答案：人们之所以要聚集到城市中来，是为了获得安全保障；而他们之所以来了之后选择继续待在城市中，是为了生活得更好。对于古希腊人来说，城市可以满足一种安全需要，因为在一种缺乏法律、更少约束的时代中，群体之间常常互相掠夺。为了获得保护，人们汇集于某处，当然常常是汇集于某个自然的要塞，诸如亚里士多德生活的雅典卫城。而在自然防卫条件缺失的地方，人们则筑起城墙。但是一个要塞要成为城市，还必须有其他的地理条件或优势：水、接近交通要道，能够生产或输入足够多的物品以满足城中人口的需要。

然而，一旦一个城市开始形成，人们也就完成了一个杰出的发明。大量的成员混居在一起，不仅可以提供保护，也产生了更加有利可图的贸易，激发了人们的知识与精神生活。人们开始称赞城市，认为它为我们提供了亚里士多德所说的"美好生活"的潜在可能性。

一个城市的地理位置的重要性，以及在城市区域中人们如何逐渐懂得安排和组织他们自己的重要性，导致城市研究者开拓出了两个相关的研究领域：（1）城市地理学，其主要关注城市位置和自然资源的重要性；（2）城市生态学，主要分析人们如何在城市区域中扩展开来。让我们对这两个研究领域进行举例说明。

一个城市的地理位置直接关系到人们在那个城市中如何生活。以美国两个最大的城市纽约和洛杉矶为例。纽约市主要以曼哈顿岛为中心，并为数条河流所环绕，纽约市有着基岩地基，因此从地质上看可以支撑高层建筑。相反，洛杉矶散落在一个半干旱的盆地中，从地质角度看，这使得修建高层建筑和摩天大厦成为一种高风险的事情。这种不同的地理环境也会反映在十分不同的日常生活习惯中。例如，在纽约，人们也许会与另一个租客一起，从走进电梯开始，花半个小时乘车上下班。人们也许要与一个门卫或看门人、一个邻居在大街上相遇，也许要与某个角落的报贩乘坐同一趟地铁，然后在一家星巴克停下来喝上一杯咖啡，再与工作同事乘坐另一架电梯到办公室。而在洛杉矶，与要进行这样一系列的互动相反，一个工人可能驾驶着私家车，听着收音机或者 CD，沿着高速公路前进，并且如果交通状况良好，他可能会安静地陷入沉思。换言之，纽约市的空间使人们在一起，而洛杉矶的环境使人们分离开来（Giovannini 1983：147）。

地理因素并非使各个城市具有不同的社会状态和发展状况的唯一原因。不同类型的人会界分出城市中的特定区域，而随后某些特定的活动又会支配这个街区——这些不同的人群及其活动还可能随着时间的流逝而变迁。城市生态学对这些变迁很感兴趣，试图理解在城市空间中人们如何选择某个地方居住下来并且重新安排和组织他们自己。有一个得到了很好研究和记载的生态学过程，就是侵入—替代（invasion-succession）。通过这个过程，一个城市的所有部分都会发生改变。在毗连城市的郊区，可能会相当突然地出现

一个新的"高技术"区，并使旧的工业区相形见绌。或者几乎就在一个晚上，城市老区开始显得廉价而俗丽；二手店、"绅士俱乐部"以及色情书店代替了更旧的、更值得尊敬的行业和生意。不久后，这个地区的收入水平下降了，那些少数几家仍然做原来生意的公司也关了门。在那些经理人员和工人行走过的城市人行道上，现在只有妓女、毒贩和为非作歹的违法犯罪者。随着这种替代的进行，变迁过程得以完成。这种侵入—替代也可能发生在居住区，特别是当一种新的人群进入了一个已经建立的社区时，这个过程就有可能发生。

不过，当代很多社会科学家不再赞成和持有这种生态模型观；相反，他们强调和赞成我们先前提到的批判城市社会学。特别是在今天，后现代主义的城市研究影响很大，这种后现代主义最初反对"理性、客观的研究可以确定地、明确地解释现实"之假定。为什么他们说理性、客观的研究并不能解释现实？后现代主义者坚持认为，不同的人是基于个人的、具体的经验，而不是基于"专家"的抽象原则来理解现实实在的，所以对于同一种现实有着多重的理解。因此，城市规划尽管仍然应反映传统的看法和视角，但这有一个前提，那就是只能通过对社区概念的表达性、多样性、诸微观的视角，保留与恢复更老的城市组织，创造能够使用现代技术和物质材料的新空间（Dear 2001）来实现这一点。而本书第6章的主题，就是回顾对城市物理安排或组织的各种新旧研究，阐述诸种空间视角或理论，探讨城市生活的社会动态发展。

## 4. 批判城市社会学：城市与资本主义

与一个城市的地理环境和文化框架同样重要的，是城市的生产和促进贸易的能力——这将决定其经济上的繁荣程度。正如前文所提到的，在公元前4世纪，亚里士多德说人们最初进入城市是为了获得安全。这完全是正确的，特别是在他所处的时代更是如此。但是，在整个历史过程中，人们是基于诸多原因汇集到城市中的，其中

非常重要的原因，就是他们认为在城市可以大大改善他们的物质生活。例如，出于对一种更好的生活的渴望，无数的移民在19世纪晚期20世纪初期从农村和贫穷落后地区来到美国和加拿大的城市。这些人就包括我们之中很多人的曾祖父母，他们在这两个国家的各个城市中定居下来，以寻求他们的财富、运气和机会。

通过比较中世纪的城市与当代的城市，我们可以看到，数个世纪以来，城市的经济功能一直都在强化。在中世纪，尽管城市也是重要的贸易中心，但城市生活的其他领域也很繁荣。我们只要看一看中世纪城市的地理布局——它们的中央大教堂是最高的建筑——就可以明白宗教在当时人们生活中的重要性。然而，工业革命改变了这一切。城市成为一种更为重要的财富中心。为了满足数百万人的经济需要，在新的"中央商务区"，摩天大楼如雨后春笋纷纷涌现，高入云端，其高度远远超过了曾经支配老城区天际线的那些教堂。

*14*

◎ 在布拉格提恩（Tyn）广场前方的圣母教堂，有着显眼的哥特式尖塔，支配着捷克共和国首都布拉格的城市景观。布拉格的旧城区保留了很多中世纪的特征：从视觉上就看得出是由大教堂支配，没有中央商务区，街道狭窄，那些建筑往往临街一楼是商铺，而住户通常住在楼上。

新一代的城市研究者看到了城市制造业的衰败、向郊区和美国南部阳光地带迁徙的移民，以及贫穷国家和发展中经济体的城市的快速增多和繁荣，他们认为这种变迁并非一种自然的过程，并对城市经济产生了重要的影响和后果。他们认为，往往是数千英里之外的政治与经济组织的决策，对一个城市产生着重要的经济、政治、社会甚至地理上的影响。一部分城市政治经济学的支持者，以及批判城市社会学者，都属于新马克思主义传统。尽管他们具有意识形态色彩和取向，但都强调投资决策决定了城市的福祉和经济趋势。

最近，这一领域中最新的分析和思考，主要是后现代理论，其强调碎片化的要素和非传统的要素。而世界体系理论——把城市作为全球整体中的一个相互依赖的层面来研究——是另一种值得关注的当代思想。我们将在第7章探讨这些强制性规则结构及其衍生的城市贫困。

## 5. 社会心理学：城市经验

由于北美4/5的人都生活在城市中，任何关于城市的研究，都不得不探讨城市经验。城市怎样和为何会如此吸引我们？城市在以此种或者彼种方式改变着人们吗？

我们知道，城市在拨动着我们的情感，只不过对于某些人来说它是以积极的方式，而对于另一些人来说它是以消极的方式来实现这一点。尽管这样的情感反应肯定是个人化的，但从如下两种社会意义上看，它们也是社会性的。其一，正是城市本身的社会环境引起了这些情感反应。其次，因为它们是共同的和普遍的，因此它们也是社会性的；它们通过那些方式之一与我们进行实质上的共鸣共振。

*15*

我们的分析也会论及城市经验的这些社会维度。城市主义——这个概念指的是生活受到城市影响的那些人的社会—心理学层面、个人性格模式、行为适应——是本书第8章所关注的焦点。

◎ 与布拉格那些中世纪的、以教堂为中心而周围低矮房屋环绕的老城区不同，北美的城市往往包括一个中央商务区，以及与之相连的居民区，还包括高速公路，以及供汽车行驶的更宽广的街道，高耸的商业建筑占据着天际线。本图所示的佐治亚州亚特兰大市的情况就是如此。

## 6. 比较城市研究：城市与文化

正如我们已经指出的，城市并非存在于真空之中。城市因为生活于其中的人们而变得"强大和有力"，而这些城市往往会表现出一种特定的生活方式或者文化。我们使用的"文化"一词，指的是能够体现一个城市在特定历史时期的特征的那些基本信念、价值观以及技术。任何城市都会再生产和强化其社会之文化。

技术对此提供了一个很好的例子。如果我们在一个半世纪之前去拜访伦敦，那么我们会因为看到其与今天是如此的不同而震惊不已。是的，我们会发现那时的伦敦，有一个繁忙而杂乱的商业区，也有很多的人；但是，二者的相似仅此而已。我们看到的，远非一个不断扩张的、有着大量的郊区和购物中心、来回交叉着超级高速公路、装点着摩天大楼的大都会区；相反，我们看到的是一个相对局促的城市，那些极其污秽肮脏、狭窄而弯曲的街道，总是那么的繁忙和杂乱。查尔斯·狄更斯就生活在这里，他的小说《荒凉山庄》（*Bleak House*）描述的就是这种景象：

伦敦。……让人难以忍受的 11 月份的天气。街道是如此的潮湿，就好像大水刚刚从地面退去。……烟子从烟囱中降下来，撒下一层软的黑色的灰尘，其中也夹杂着一片片烟灰，大如鹅毛——你甚至可能会想，这是不是在为太阳之死表示哀悼。那些小狗，陷在泥淖之中，不注意简直看不出来是一只狗还是泥巴。那些马匹，似乎也好不了多少；连眼睛都被溅起的泥巴糊住而看不见道路。步行的路人，相互推挤着对方的雨伞，个个情绪暴躁，过十字路口时，由于没了把扶之处而不断跌倒。在这个地方，自黎明以来（似乎天总是在黎明时分），成千上万的行人因为路滑而不断倒地，人们还不断向层层烂泥地面再加上各种垃圾……就如利滚利一样不断积累（Charles Dickens 1853：1）。

那些看起来似乎是当然的现象，那些干净、铺砖的街道，洁净的空气，摩天大楼，超级高速公路，宏大的、不断向外扩张的郊区，只不过是十分晚近才出现的城市现象——所有这一切都是技术发展到某一水平的产物。直到 19 世纪后半期，随着钢架结构建筑和电梯的出现，摩天大楼

◎ 这是 19 世纪 70 年代的伦敦木板画，刻画了当时伦敦那拥挤、杂乱的活动场面，有助于我们想象该市的场景和吵闹，富丽堂皇与肮脏邋遢，那些被吸引到城市来生活、工作、游玩或游览的数百万人，以及这些人是如何遭受这个城市所提供的一切的。

**14** 第一部分 理解城市：城市的起源与发展

在技术上才可以实现。同样，如果没有把城市与郊区联结起来的超级高速公路和大众公共交通，不断向外扩张的公共交通也是不可想象的。而所有这些又要依赖于技术的创新，诸如钢材、铁路、电力和私家小汽车等。最后，直到20世纪，铺砖的道路在城市才变得普遍起来。直到20世纪50年代和60年代，清洁空气立法在美国才获得通过，并控制了诸如狄更斯所描述的过度废物排放。因此，特定的技术发展水平与人们的城市经验存在很大的相关性。

与此同时，文化信念在城市生活的形成中起着很重要的作用，包括对如何利用技术也具有重要的影响。以移动电话为例，尽管在数十年前，那种更大的、更加笨拙的电话就已经出现了，但是在20世纪90年代，蜂窝式的移动手机才为人们广泛使用。电话曾经是一种人们在家里、办公室或者封闭的电话亭通过有线方式进行的、十分私密的沟通方式和手段，但是在今天，移动电话已经重新界定了我们的私人与公共空间感和意义。

一方面，移动电话完全是私密性的。一个人的移动电话号码只有他小圈子中的人知道，很少有公共电话簿会列出私人电话号码，机主通过使用实际上是一种"临时准备的户外无线电话亭"，比在家打有线电话还要少受打扰或偷听（Lasen 2003：1）。然而另一方面，移动电话也侵入了公共领域，特别是它的铃声会被附近所有人听到，使得其他人不得不听打电话者的对话，特别是当打电话的人声音很大时更是如此。

无论在什么地方，特别是在剧院、博物馆、教室、教堂、候车室、候诊室、饭店，无论在社交还是工作，突然有电话响起，而人们又不得不受到他人通话的打搅时，都会认为这是一种令人讨厌的事。当人们在公共汽车、火车上，或者在酒吧、咖啡店、商店中，或者在他人的房间中时，听到别人突然接打电话，虽然很少会发怒或生气，但可能会认为这是一种让人讨厌的事情（Hoflich 2006：63）。在这些情景中，人们对于移动电话的反感常常是存在的，但是文化的差异以及教育和社会阶层的不同，常常会影响人们的电话使用行为以及人们对这种行为的接受和认可程度。

约阿希姆·赫夫利希（Joachim Hoflich 2006）通过对欧洲人的比较研究指出，意大利人比芬兰人、德国人、西班牙人更可能通过移动电话来维持与家庭成员的交流，但是当有陌生人在身边时，自己打电话会感到不舒服。而南欧人（如希腊人、葡萄牙人、西班牙人，甚至具有讽刺意味的是意大利人）往往比北欧人（如芬兰人、德国人和斯堪的纳维亚人）更可能在公共场所大声打电话。特别是芬兰人强烈要求别人尊重自己的私人空间，而意大利人和西班牙人在公共场合与他人面前使用电话的现象极其普遍。

上述只不过是文化信念在城市环境中发挥重要作用的一个例子。而在第9章中，我们将集中讨论文化对城市生活的影响，这是城市研究中十分重要的主题。

# 五、现代北美城市剖析

从第2章到第9章，我们将提出一个分析当代世界中的城市的基本框架。下面，我们的注意力将回到北美，并对北美城市进行详细的分析。美国和加拿大的城市人口增长已经很缓慢，但这绝不意味着今天北美的城市就是停滞不前和毫无变化的。实际情况远非如此。最近数十年来，北美城市一直发生着巨大而多样的变化。

在美国，人口向南方和西南方阳光地带的大张旗鼓的迁移运动，就是今天北美城市的一种变化。正如表1—3所示，过去十年来，除了少数城市外，大多数阳光地带城市的人口增长明显，特别是在与中西部和东北部城市相比时更是如此。诸如沃斯堡、夏洛特、奥斯汀、圣安东尼奥和拉斯维加斯之类的城市，人口都有显著的增长，而所有这些城市都位于美国南部和西部。底特律、巴尔的摩、孟菲斯和芝加哥的人口都在下降，而这些城市大多位于中西部和东北部。不在上表中的、人口正在减少的其他更大的北方城市，包括俄亥俄的亚克朗、纽约的罗契斯特、宾夕法尼亚的匹兹堡、纽约的布法罗，以及俄亥俄的克利夫兰。目前正面临这种趋势威胁的城市，

18

19

表 1—3　　　　　　　　　　2000—2010 年美国最大的 30 个城市的人口

| 2010 年排名 | 城市 | 2000 年 | 2010 年 | 2000 年排名 | 人口变化（%） |
|---|---|---|---|---|---|
| 1 | 纽约 | 8 008 287 | 8 175 133 | 1 | +2.1 |
| 2 | 洛杉矶 | 3 694 820 | 3 792 621 | 2 | +2.6 |
| 3 | 芝加哥 | 2 896 016 | 2 695 598 | 3 | −6.9 |
| 4 | 休斯敦 | 1 953 631 | 2 099 451 | 4 | +7.5 |
| 5 | 费城 | 1 517 550 | 1 526 006 | 5 | +0.6 |
| 6 | 凤凰城 | 1 321 045 | 1 445 632 | 6 | +9.4 |
| 7 | 圣安东尼奥 | 1 144 646 | 1 327 407 | 9 | +16.0 |
| 8 | 圣迭哥 | 1 223 400 | 1 307 402 | 7 | +6.9 |
| 9 | 达拉斯 | 1 188 580 | 1 197 816 | 8 | +0.8 |
| 10 | 圣何塞 | 894 943 | 945 942 | 11 | +5.7 |
| 11 | 杰克逊维尔 | 735 617 | 821 784 | 14 | +11.7 |
| 12 | 印第安纳波利斯 | 721 870 | 820 445 | 12 | +4.9 |
| 13 | 旧金山 | 776 733 | 805 235 | 13 | +3.7 |
| 14 | 奥斯汀 | 656 562 | 790 390 | 16 | +20.4 |
| 15 | 哥伦布斯 | 711 470 | 787 033 | 15 | +10.6 |
| 16 | 沃斯堡 | 534 691 | 741 206 | 27 | +38.6 |
| 17 | 夏洛特 | 540 828 | 731 424 | 26 | +35.2 |
| 18 | 底特律 | 951 270 | 741 206 | 10 | −25.0 |
| 19 | 埃尔帕索 | 563 662 | 731 424 | 22 | +15.2 |
| 20 | 孟菲斯 | 650 100 | 713 777 | 18 | −0.5 |
| 21 | 巴尔的摩 | 651 154 | 620 921 | 17 | −4.6 |
| 22 | 波士顿 | 589 141 | 617 594 | 20 | +4.8 |
| 23 | 西雅图 | 563 374 | 608 660 | 23 | +8.0 |
| 24 | 华盛顿特区 | 572 059 | 601 723 | 21 | +5.2 |
| 25 | 纳什维尔—戴维森 | 545 524 | 601 222 | 25 | +10.2 |
| 26 | 丹佛 | 554 636 | 600 158 | 24 | +8.2 |
| 27 | 路易斯维尔 * | 256 231 | 741 096 | 66 | +189.2 |
| 28 | 密尔沃基 | 596 974 | 594 833 | 19 | −0.4 |
| 29 | 俄勒冈州波特兰 | 529 121 | 583 776 | 28 | +10.3 |
| 30 | 拉斯维加斯 | 478 434 | 583 576 | 32 | +22.0 |

\* 在 2000 年后的人口普查中，路易斯维尔与杰斐逊县的人口是一起统计的。
资料来源：U.S. Bureau of the Census.

还有亚拉巴马的伯明翰（人口下降了5%）、路易斯安那的新奥尔良。其中新奥尔良市自卡特里娜飓风发生后，城市人口下降速度更是惊人，减少了13万。

现在美国还出现了另一种全国性的变迁，就是人们日益倾向于去较小的城市或离中心城市较远的地区居住。例如，相关人口统计显示，美国各个城市郊区附近地区的人口在迅速地增加。人们迁移出城市中心到郊区居住这种情况，十年前就出现了，但现在人们还在进一步从城市中心迁移出去。

这种显著的变迁是由什么原因导致的呢？如何解释这些变迁呢？人口学家认为，首先，尽管很多年龄较大的美国人喜欢选择生活在他们成年后已经长期居住的社区之中（在这些地方逐渐变老），但是"退休磁铁地区"吸引着很多富裕的老年人。诸如美国佛罗里达的戴德郡［迈阿密的家郡（Home County）］、得克萨斯的奥斯汀，或者亚利桑那的（接近凤凰城的）日光城之类的退休之家，都已成为非常吸引人的地方，数以百万计的老年人对这些地方都钟爱有加。其次，最近数十年来，工商业不断地从中心城市向外迁移，而之所以出现这种外迁，主要是为了逃避高税收、拥挤的交通、陈旧的工厂、高度工会化的工人的高工资要求，以及过高的取暖费（在北方，后两种费用是导致这种外迁趋势的主要因素）。在很多情况下，公司都迁到南方和西部。即使不是迁移到南方和西部，它们也会迁移到中心城市的边缘地带。但是无论哪种情况，它们都把它们的员工一起带走了。而雇员之所以选择生活在小城镇和乡村地区，部分是出于他们想要生活在更接近商业和工业的地区，部分是由于他们长期以来渴望逃离那拥挤的交通和生活，希望拥有自己的"生活空间"，并且能够买得起自己的房子。那些修建于20世纪五六十年代的较早的郊区，是这种文化价值观的最先体现，而去中心化的趋势自那时起就开始了。

不管人们对于这种人口变迁的解释有何不同，这种人口变迁的影响都十分深远。那些人口日益下降，或者人口增长率相对较低而输给其他城市的城市，会失去联邦的资金和政治上的代表

性。其结果之一是，这样的城市必然会削减预算和服务，资助穷人和老年人，以进一步增加其作为生活之地的吸引力。因为失去了税收收入，城市近郊（inner suburb）随着人们的外迁而开始衰败。而那些"获得人口"的城镇，则可能"很快变富"。然而这种成长好坏参半——很多在边远地区长期居住的居民，习惯于较低人口密度和更安静的生活方式，现在却发现自己日益陷入城市化的生活方式。

那么，在诸如我们这些城市中的生活，到底是什么？谁在这些城市中生活？为什么他们要生活在这里？这些城市到底面临一些什么问题？本书第10、11、12章将讨论北美城市的社会结构，进而讨论这些问题。

## 六、全球视野中的城市

正如前文所提到的，成长最快的城市都在发展中国家。而这又为什么会与我们相关呢？不断成长的城市是一件好事情吗？毕竟，城市可以提供工作岗位和更好的医疗保健，以及促进技术和文化的进步。然而，关于这个问题的答案是，城市是一把双刃剑：城市有时确实会提供这些好处，但并非总是如此；而更常见的情况则是，城市有时只会向特定的城市人群提供工作岗位和医疗保健。

事实上，在世界上绝大多数的发展中国家中，城市的情况都是有点铤而走险、孤注一掷的——并且在有些地方，情况甚至更糟糕。拉美、亚洲、非洲和中东最近数十年已经见证了成千万甚至上亿的人，受到期望过上一种更好生活的诱惑而迁移到城市之中，但其中绝大多数城市都不能跟上这种人口迁入大潮，导致很多人陷入贫穷、营养不良和疾病。下页的"城市生活"专栏，提供了更为糟糕的、结果具有悲剧性的例子。幸运的是，这些灾难并非经常发生，但从整个世界来看，这样的状况在很多棚户区中仍然存在。

这样严峻的形势在世界贫穷国家中是常见的情况。第13章将探讨拉美、非洲、中东和亚洲

*20*

## 发展中国家的棚户区

在非洲、亚洲、加勒比和拉美的各个大城市的郊区，存在着由那些擅自占用城市土地的流浪者构成的社区，他们是如此的贫困，以致难以支付任何租金。在发展中国家，数百万乃至上千万的人生活和居住在极不健康而危险的棚户区，其中大多数没有室内自来水管道和下水管道，也没有电。那些棚屋由甚至没有听说过建筑法规的人用淘汰的木材废料和废弃镀锡薄钢板搭成，并且往往建在面临河水冲击的河滩或低洼的海岸地带——在这些地方，涨潮引起的洪水十分常见——或者建在山坡的山腰——在这里时常会出现致命的泥石流，把它们连根卷走。泥石流总是会经常发生。人们在山腰清除杂草和灌木，用来建立棚户区，还会导致对环境的破坏，使这些社区在大雨时更容易发生地质灾难。

几乎在每年的雨季，都会发生悲剧性的事件，成百上千的人死于泥石流。例如，在2001年5月，倾泻的大雨导致了巴西里约热内卢的洪水，使在该市边缘那些陡峭、地质不稳定的山腰棚户区中生活的居民有229人死于泥石流。2012年，菲律宾的一次山体滑坡导致了棚户区27人死亡。2010年的另一次山体滑坡杀死了里约另一处山腰棚户区中的大约200人。2007年，在孟加拉国港口城市吉大港，一块巨大的土坡突然从被雨水浸透的山腰滑落下来，冲入一个棚户区，导致约100人死亡。在埃及开罗，2008年发生的一次山体滑坡，也导致了生活在简陋的棚屋中的100多人死亡。

在所有这些地区以及在很多其他地区，救援救济机构试图提供食物、存粮以及临时避难所。政府与这些机构一起合作，建起新的房子，并保证不让居民再住在那种地质条件不稳定的住所中。但是，这种救济努力，对于那些不断增加的、流动的、放弃农村到城市来寻求更好工作而又不能找到租金足够低廉的房子或买不起房子的人口来说，可谓杯水车薪。相反，他们不断涌入发展中世界的棚户区。如果这些国家不解决他们的经济困难，仅仅改善居住条件并不是办法，因为人们仍然不能支付哪怕是最少的房租。因此棚户区还会出现，那些生活在相互堆叠得如此紧密的棚屋——它们的边缘常常相互重叠——中的流浪者还会出现，希望下一次大雨来临时，他们能够免遭厄运。

的城市，并对它们的城市问题与成就进行深入的分析。

# 七、城市生活质量

城市是一个有生命的、动态的实体。人们常常试图聚集到城市中去，这意味着城市之地包含着改善人们生活质量的最大潜能。

数千年来，人们带着过上一种"美好生活"的希望与梦想不断来到城市。然而，当所有的都说了、所有的都做了后，城市兑现了它的诺言吗？的确，很多城市夸耀说，其物质生活标准比以往任何历史时期都要高，但是具体到每一个人来说，情况并非如此。而且，在很多发展中家的城市中，物质生活标准低得让人吃惊——在很多城市中，贫困和匮乏不是一种例外，而是一种普遍现象。还有，再仅仅关注物质标准可能会犯错误。例如，安全保障状况如何？亚里士多德所强调的城市能给人们提供安全保障的功能现在又实现得如何？最近数年来，虽然城市犯罪率在稳定下降，但很多城市中的一些地区是如此的危险，以致人们不可单独出门，特别是在晚上更是如此，人们总是担心被抢劫、强奸或杀害。强大的、社区化的邻里情况又如何？它们曾经是城市的一个基本要素，但是在最近数十年来也已经日益弱化，甚至在一些城区已经彻底消失了。

我们需要理解所有那些促进一种更积极向上

◎ 正如纽约时代广场新年狂欢这一情景所显示的，纽约这个城市是一个动态的、充满活力的实体，但是其活力不仅仅止于这种特别的场合。一个城市的夜生活——极其刺眼而明亮的氛气灯、巨大的数字屏幕、各种活动、拥挤的人群以及惊险的情景——引诱着所有年龄段和各种背景的人们到来，并成为与其同时发生的很多偶然事件的一部分。

的、更令人满意的城市生活的条件和状况。关于城市的消极和积极要素的证据，本书会在不同的地方不时呈现。在我们行文和讲述的过程中，我们会评论其中某些证据，并在本书最后一章讨论城市规划时，对这些思想做一次全面的总结和陈述，对城市的未来做一些深刻的思考和预测。

因为城市对于未来人类文明的重要性在不断增加，所以对为了满足人们需要的城市地理空间进行评价估量，显然十分重要和必要。城市会像一些人所担心的那样，成为一种异化、疏离、危险、非人化、剥削之地，还是会成为历史学家刘易斯·芒福德（Lewis Mumford，1895—1990）下面这段话所暗示的一种理想之地？

城市的使命就是促使［人类］有意识地参与

宇宙的（cosmic）和历史的过程。城市通过自己的复杂而持续的结构，可能极大地扩大和加强［人类］理解这些过程的能力，并在这些过程中发挥积极和建构性的作用。因此，其每一个阶段上演的戏剧，都将在最高程度的可能性上，阐明意识、标示目的、使爱多彩。所有生活维度的重要性，通过情感共享、理性交流、技术掌握，特别是戏剧性的呈现，在城市历史中一直占据最高的位置，而且其仍然是城市持续存在的首要原因（Mumford 1991：576；初版于 1961）。

为了找到这些问题的答案，我们最好像艾略特所说的那样，"去做客"，去亲自看一看。

## 关键术语

| | |
|---|---|
| 文化 | 社会分层 |
| 全球性城市 | 城市群 |
| 侵入—替代 | 城市生态学 |
| 巨型城市 | 城市地理学 |
| 超级区域 | 城市政治经济学 |
| 大都会区 | 城市主义 |
| 后现代主义 | 城市化 |
| 社会权力 | 世界体系分析 |

## 网络活动

如果要探索纽约市时代广场地区，可以登录 http://maps.google.com，在搜索栏键入"1500 Broadway New York NY"，然后在地图的中部出现的气球中，点击"street view（街景）"。在街景出现时，点击照片右上的全屏图标。接着，在左上角，点击左翻或右翻箭头。当你看完后，试试你可以找到多少城市要素。

# 第**2**章
# 世界各地城市的起源与发展

你能够想象美国如果没有诸如纽约、芝加哥或旧金山之类的大城市，结果会怎样吗？这就如同想象埃及没有开罗，日本没有东京，法国没有巴黎或者英国没有伦敦。为什么这些国家都是如此紧密地与城市捆绑在一起？正如本章所解释的，答案就是人类的大部分历史故事或经历，都主要是以城市为中心在发生着。事实上，"城市"和"文明化"等词语，都起源于拉丁语的同一个词根——civitas。的确，如果要文明化，就要生活于城市之中或城市附近。

情况并非总是如此，但大多数有见地的人们，都承认城市的重要性，因为在我们的时代，城市不仅是人类交往合作的支配性形式，而且在我们当今的日常生活中变得更加重要。不过从整个人类更长期的历史角度看，城市只不过是一个"新生的婴儿"——一个刚刚进入人类图景的新来者。

# 一、城市的起源

最早的城市是在什么时候、什么地方出现的？它们看起来是什么样子？它们又是如何演变的？我们在此将对这些重要而关键的问题做出简要的回答。然而，在能够如此做之前，我们必须先回溯过去，看看人们是如何最近才开始在地球上创造历史的。

为了更好地明确我们正处于人类历史的何处，让我们借用天文学家卡尔·萨根（Carl Sagan）的"宇宙年历"概念和思想。萨根（Sagan 2005）认为，我们可以设想把我们这个星球的历史压缩为一部年历。即，在宇宙"大爆炸"过程中地球产生时，就是地球年历的1月1日，而在宇宙历史之初，人类这个物种并不存在。事实上我们这个物种——智人——大概是在20万年前，即卡尔·萨根年历中的11月30日才出现在地球上的。第一批城市以及我们通常所谓的"文明"的生活方式，则是在1万年前到公元前8000年之间产生的，相当于是在卡尔·萨根年历的最后一分钟才出现的。又过了数千年后，大约是在公元前3000年，城市才成为寻常现象。然而，即使在城市出现之后，它们所能容纳的人口也只占世界人口中的很一小部分。

直到数个世纪之前，相当于卡尔·萨根年历中的最后一秒钟，世界上才出现了相当规模的城市人口。晚至20世纪50年代，生活在城市中的世界人口比重才达到29%。而在2010年，这个数字已经上升到52%。换言之，城市的出现，以及我们如此熟视无睹、视若当然的城市生活方式，只不过是整个世界历史过程中相当晚近的重大变迁。

## 1. 考古学：发掘早期的城市

人们对于早期城市的了解，一直是一个渐进而充满困难的过程。城市研究者需要高度依赖考古学，来获得对早期定居点的了解。通过发掘人工器物并借助年代鉴定技术，我们可以了解那些对于自己的存在很少留下正式记载的人们的社会生活。然而，就连发现早期城市的地址也往往是一件困难的事情，并且还需要一点点的运气，因为它们常常被掩埋在地表之下，被茂盛的植物所遮盖，甚至是被现在的大城市所覆盖。考古学家在发现了某个古代城市后，还必须小心发掘，以免损坏遗物。最后，甚至即使成功地发掘了某个城市，但对同一地点的发现，考古学家们有时也并不能够获得一致的看法和理解。

而且，我们对早期城市定居点的理解，会不断地修正。对以前发现的城市遗址的不断调查，对新发现的遗址的发掘，诸如最近对秘鲁卡拉尔古城的发掘，都会提供很多新的数据链条。另外，分析技术的不断改进，常常也会导致城市研究者重构那些在仅仅数年前他们还坚持视为当然的思想与看法。

我们现在需要知道的仍然很多。不过，对于早期城市我们现在已经有了相当多的了解。本章将概述这些知识。首先，我们检视城市的出现，指出它们在古代世界中就存在和成形了；然后，我们讨论在数个世纪的进程中，城市如何反映人类文明不断变迁的性质。

## 2. 第一个永久定居点

正如我们已经提及的，人类是在大约20万年前第一次出现在地球上的。在接下来的19万年中，我们的祖先作为狩猎者和采集者而存在——他们在很大的地域范围内，狩猎动物和采集果实。大多数人都追逐动物和随着季节而迁移，并没有永久的定居点，人们往往组成25～50人的小群体共同生活。那些通过家庭连带构成的群体，会在某个地方驻足和扎营数周，狩猎那里的各种动物，采集那里丰富的植物作为食物。当猎物迁徙或植物果实因季节变化而消失，人们也就迁移到其他地方去了。

大约在一万年前，也就是最后一次冰川期快要完结了的时候，一个变迁发生了。它是缓慢地发生的，而且没有任何明显的戏剧情节。不过，它是人类历史上最重要的、划时代的变迁之一：人们开始在某个地方定居下来，并开始演化和衍生出较为复杂的社会结构。正如我们所知道的，文明开始出现，但是为什么会发生这种变迁呢？

随着时间的过去，狩猎者和采集者的部落数量开始增多。渐渐地，他们开始耗尽他们数千年以来赖以生存的自然资源。猎物开始变少，植物开始耗尽。这些非定居者如何解决他们的食物短缺问题呢？他们可能会游荡到更广大的区域去，但是这是困难的，可能使他们直接面临与其他群体进行竞争的危险。他们似乎也可以从其他资源丰富的地区携带特别多的食物剩余，但是如果没有畜力的使用——动物在那个时候还没有被驯化——这又是一个沉重的负担。一种更好的可能选择，就是在最富饶的地方定居下来，饲养和培育他们自己的食物。而这种选择最终获得了成功。很多专家认为，植物的驯化——有时他们称为农业革命——在人类历史上是一个十分重要的事件（Mumford 1991：55；初版于1961）。人们第一次可以长期待在一个地方，并且食物一旦有了剩余，群体中的一些成员不用把所有的时间都用来寻找食物，而是可以从事一些自己感兴趣的事情，诸如从事手工艺和科学研究活动等。

大约又过了5 000年的漫长时期之后，村庄开始出现，并且成倍地增长。人们不断建立永久定居点，在那里培育作物，学习驯化动物用来耕地或者生产肉类食物。永久定居点还改变了社会结构模式。极其重要的是，所有这些定居点都有一个共同的特征，即劳动分工更加复杂。人们为了"谋生"，开始各自做一些不同的、专门化的事情。这是从在狩猎—采集部落中占支配地位的社会结构向新的社会结构的急剧转型。在游牧部落群体中，每个人对每件事情都知道一点，但没有人会在这些事情上是一个全能的专家。只有永久定居点为人们提供了专门化的机会，人们不仅在食物生产方面出现了专门化，而且在宗教、军事、贸易以及很多其他行业方面都出现了分工和专门化。

专门化为所有人都带来了好处：农民获得了军队的保护以及牧师的信仰指引，而战士和牧师又从农业劳动者那里获得了水果等食物。简言之，这些早期定居点使人们在生活中可能有更多的选择，而非仅仅遵循传统的生活方式。男人不再只能当农夫或猎人，女人也不再只能看家和生孩子。现在更多的选择出现了，这使得人们可以进行自己的选择，而不是仅仅跟随父母的足迹。这种机会所具有的诱惑力，在几千年前可能与在现在同样强大。

与较为复杂的劳动分工相联系的，是早期定居点社会结构中的第二个要素：垂直权力结构。狩猎与采集社会往往是平等主义的，也就是说，尽管社会成员在日常生活中要同时承担和履行各种任务，但这些任务的种类很少，人们认为所有任务对群体的福祉而言是同等重要的。例如，狩猎往往由男人来完成，并不会被认为比采集和照看孩子更为重要，而后二者常常由女人来完成。而且，由于狩猎者和采集者的生产技术低下，所以获得的资源除了满足日常生活必需之外，不能再供人从事其他事情；在这种社会中，任何人都不能比其他人积累更多的财富。

在较为复杂的劳动分工与垂直权力结构出现后，对城市的出现而言第三个必要的要素——产品剩余又逐渐出现了。前文已经指出，考古学家认为农业的出现是人们放弃狩猎和采集而选择永久定居的主要原因。在从村庄向城镇和城市的逐渐转变过程中，一种类似的过程也在起作用。特别是日益增多的人口需要越来越多的食物剩余。人们在世界各地早期城市遗址中所发现的驯化植物和动物遗迹，就可以确证这种"农业首位"观点——食物剩余是城镇这种永久定居点得以出现的前提。

概而言之，大约在公元前 8000 年，狩猎与采集社会的规模开始扩大。为了应对人口增长，人们开始定居下来，把农业生产作为一种生活方式。这些永久定居点的特征，就是日益围绕劳动分工而组织起来的日益复杂的社会结构，以及垂直权力结构。这样的定居又需要产品剩余。当所有这些要素相互结合在一起时，它们就会相互促进：劳动分工促进人力与自然资源的更加有效的利用，而这反过来又促进劳动分工的深化和更加复杂的权力结构的形成，循环往复并不断向前发展。随之而来的是村庄变成小镇，然后小镇变成最早的一批城市。

# 3. 城市的出现

对于这些早期的城市，我们知道些什么呢？我们就从专家所认为的第一座城市——耶利哥（Jericho）——开始讨论。现代城市耶利哥及其古代的废墟位于死海之北，如今的以色列国内。

### 耶利哥

经过考古学家的潜心发掘，人们发现了很多关于耶利哥的证据，最终认定耶利哥是世界最古老的城市，而人们在世界其他地方还没有发现比它更古老的城市。现在我们知道，耶利哥是一座修建于大概一万年前的、带有城墙的围城。换言之，当埃及人还在建造金字塔的时候，耶利哥就已经是一座古老的城市了。

然而，人们在研究耶利哥时出现了一个争论，即在什么情况下我们才可以把永久定居点叫作"城市"。一些考古学家主张，考虑到那个时期人口总量很小，而公元前 8000 年时耶利哥就拥有 600 人口以及大量的建筑，因此我们可认为耶利哥就是一座城市。另一些考古学家则不同意此种看法，并认为根据今天的标准来看，耶利哥的规模显然太小了。不过，规模并非唯一重要的因素。如果考虑到它的人口密度很高，人们社

会生活的程度十分复杂——这里的人们从事着各种各样的活动，并存在等级制权力关系——那么我们可以认为耶利哥处于一种城市状态。

使耶利哥不同于其同一时期的其他定居点的地方，还在于耶利哥出现了用日光晒干的土砖块修建的房子、环绕的城墙、一处高塔，以及一条大壕沟。所有的这些都表明，这里出现了发达的劳动分工以及监督大规模公共工程的等级制社会秩序。城墙则进一步表明，耶利哥的人们认识到必须加强防卫，以保护成员不受敌人侵害。这些城墙甚至在历经万年风雨之后，其废墟仍然有 12 英尺高，底部还有 6 英尺厚。那条大壕沟更是通过开凿坚硬的岩石而建成，约有 27 英尺宽，9 英尺深。尽管考古学家不能确定其用途（蓄水之用？），但是要创造出这样的大壕沟，肯定需要复杂的分工合作。

解释耶利哥后来的发展历史，是研究城市定居点历史中值得探讨的课题之一。显然，耶利哥最初的定居者在大约公元 7000 年后并没有继续保有它，因为此时另一个群体占据了该地，并成为它的居民。第二个群体比最初的定居者技术更先进，能够用砖、灰浆修建矩形的房屋，这些房屋具有灰泥石膏墙面和地面。大约在这个时候，其居民与外地人之间的贸易已经明显发展起来，并造就了耶利哥人开放流动的（cosmopolitan）的新特征。然而，大约在 1 000 年后，即约公元前 6000 年时，这个地方被放弃了，并且被放弃了大约 1 000 年。现在人们对此还无法解释。

但到公元前 5000 年，又有人在这里定居下来，使得耶利哥的历史变得更加复杂曲折。后来的这些定居者在技术上明显没有以前的定居者先进，他们只是挖掘出一些简单而原始的洞穴作为房子，而且这一时期的定居者似乎也没有留下任何公共建筑的遗迹。然后，随着青铜时期——大约公元前 3000 年——的到来，一种更加先进的文化开始在这里盛行。其艺术品可能与东边的美索不达米亚文明或西南边的埃及文明存在明显的联系。到大约公元前 1500 年的时候，耶利哥的定居者走向终结，其他各种群体开始来到这个城市中生活。

耶利哥的居民在历史上出现的不断变化，使我

们认识到不能把城市历史简单化。城市的人口并非总是稳定地增长，技术能力并非总是持续地进步。本章也将多次表明，历史的中断以及出乎预料的事件，可能一次又一次地改变城市的发展模式。

### 加泰土丘

人们根据发掘耶利哥时获得的证据，把城市生活开端确定为公元前8000年到公元前7000年之间。到公元前6000年，诸如加泰土丘（Catal Höyük）之类的古代城市又出现了，它们比之前的城市发育得更好。加泰土丘位于今天的土耳其境内，最初是一处面积为32英亩的定居点，面积比耶利哥大三倍，人口最多时达到6 000人。它是一座奇怪的、没有街道的城市，那些泥砖结构的住所就如蜂窝的蜂巢一样聚集在一起，外墙没有窗。内墙很高的地方开有窗口用来透光，而唯一的入口则开在房顶上，需要借助梯子才能上去。这种建筑设计是如此的安全，以至于我们找不到任何证据，可以表明在这座城市存在的将近1 000年内，曾经存在盗窃、抢劫和屠杀。下页的"城市风光"专栏，描述了这个早期城市的生活。

## 二、第一次城市革命：城市—国家与城市帝国

虽然从公元前7000年到公元前4000年之间，诸如耶利哥和加泰土丘之类的城市在世界各地都出现了，并且一度十分繁荣，但直到公元前3500年，城市的发展才开始加速，很多地方城市开始大量涌现和繁荣，这是城市发展史上的一个关键点。

诸如耶利哥这类最早期的城市，都明确地显示出它们具有为大量人口提供安全保障和生产财富的能力。因此，越来越多的人来到城市，想分享这些好处。城市的观念在人们当中开始生根发芽。很多人们不再满足于过那种相当落后的部落生活、乡村生活和小镇生活。他们想要获得城市的好处：更多的选择、更

好的经济机会和持续的激情。

因此，城市在数量方面和拥有的人口规模方面都在增长。但是，这种增长也会带来各种问题。日益增多的人口，需要更多的商品和服务，需要更多的方法来在一定程度上满足城市居民的需要。有一些城市通过创建国家（state），建立更加复杂的社会结构，来应对这种挑战。

国家的核心特征，就是其能够向众人行使其权力——其实际上有权规定每个人的权利和责任：谁必须生活在哪里，谁必须到军队中服役，等等。有了这些权力，城市领导者可以做很多他们想做之事，来解决（或制造）城市问题。例如，他们可以重新组织生产，决定谁得到教育；也许更重要的是，他们会组成同盟，发动战争，以攘夺土地，掳掠人口和资源。

随着作为一种社会组织形式的国家的出现，

◎ 对新石器时期的城市加泰土丘的部分发掘，为考古学家提供了其居民社会生活状况的许多线索。该遗址在20世纪50年代晚期被发现后，很快就因为其规模大，定居房屋密度高，墙面没有门洞，特别是墙壁绘画以及其他室内人工器物和艺术品而闻名于世。

# 公元前 6000 年古城加泰土丘的日常生活

在公元前 6000 年的一个春天的早晨……黎明的天空刚刚破晓，露出的第一缕亮光轻轻拂过那些紧密相邻、修建牢固的泥砖房子的平屋顶。……这些房子有着空荡无门的外墙。人们平时需要借助梯子，从房顶的木门或茅草门进出其中。如果把门开在墙面上，洪水和野兽就可能进入屋内，所以人们把门开在屋顶上，并通过梯子进出，这提供了一种安全保障……

在这些房子的一间屋子中，父亲来回走动……从他的皮革小袋中，抓出一团淡黄色的、晶体状的硫黄——这是他上次去山丘上收集来的——以及一块打火石，来制作他需要的东西。……

这个男人，用一把史前简陋的"童子军刀"，刮出木削刨花，打出火花，并用硫黄喂在火上，在几分钟内就打燃了火。……在这个男人把火炉生好火的同时，他的妻子穿过泥砖内墙没有门扉的开口，进入家中那依墙而建的贮藏食物的粮仓。在其中，有一个大约一码高的、用黏土做成的非常干净的粮仓，她从这个粮仓底部的一个小孔中接出一些谷物。粮仓总是从顶部装满，从底部取空，因此最陈的谷物或受潮的谷物总是先被吃掉。妻子行走缓慢，因为她背上还背着一个孩子，显得有些吃力。另外，她的年龄也不小了，将近 28 岁了。

在那个神秘的早晨，这一家人吃了由谷物和牛奶做成的稀粥，还有上顿剩下的一点肉作为补充。母亲一边为婴儿喂奶，一边用牛筋骨做成的匙子喂最大的孩子吃饭。……

然后，就是干活。……

这对夫妇可能要去照看庄稼或畜群，但是从事农业的城市家庭并不多——任何挤满了 6 000 人的社区共同体，都不可能自己种植足够多的食物来满足自己，而必须做加泰土丘居民所做的那些其他事情。这个城市必须用商品与服务交换来自周边地区的物品，以获得物质供应。我们可以想象，家中的女人可能编制篮子用于交换；或者男人可能作为手艺人成天出去做工，因为虽然在他家中没有发现特殊的工具，但从这个城市编织精巧的织物、制作精良的陶器和精美的艺术品中，我们可以发现关于这一点的充分证据。

资料来源：Dora Jane Hamblin, *The First Cities: The Emergence of Man*（New York: Time-life, 1978），pp.43-46, excerpts.

第一批城市—国家产生了，这种城市—国家的实际含义是控制了周边地区，包括一定数量的其他小镇、乡村和农村地区的城市。在历史的进程中，其中一些城市—国家征服了其他城市—国家，或者结成同盟，从而形成世界上第一个城市帝国——拥有更大的疆域，通常由唯一的中心城市统治和支配。世界各地——美索不达米亚、埃及、印度河流域、中国、中美洲和南美洲——都出现过这种早期城市帝国，它们把作为一种人类居住形式的城市"推升"到前所未有的复杂程度和人口规模。

这就是第一次城市革命时期（Childe 2003）。从大约公元前 4000 年到公元 500 年，城市成倍增多，其人口总量也增长到人类历史上前所未闻的规模，如鼎盛时期的罗马城，人口总量超过了 100 万。第一次城市革命具有双重的后果。这些城市最大的进步特征，就是能够促进人们提高生活水平，为人们提供更多生活机会和活动选择，并激发人们的想象力。但是，这些城市也有着严格的社会阶级和等级区隔，使只有小部分城市人口能够获得城市的好处。随着城市—国家和城市帝国的出现，人类福祉与杀戮流血也同时上升到空前的水平。

我们需要时刻牢记这些城市所具有的两重性。下面，我们简要描述其中某些早期城市帝国。

## 1. 近东：美索不达米亚与埃及

第一个城市帝国出现在今天伊拉克南部底格里斯河和幼发拉底河的肥沃月湾（Fertile Crescent）。这个地区在古代叫做美索不达米亚或苏美尔，早在公元前4000年就开始出现了重要的城市，诸如乌鲁克（Uruk）、埃利都（Eridu）和乌尔（Ur）等，体现了世界城市化的一种重要的进展。这不仅是因为它们比其他早期城市更大，也是因为它们有着更加复杂的社会结构。小麦和燕麦是这一地区非常重要的驯化农作物，城市居民享受着诸如牛拉犁和车轮等重大技术进步带来的好处（Schomp 2005）。

**美索不达米亚城市的出现**

大约在公元前2800年，这一地区的城市取得了长足的发展。乌鲁克的面积达到了大约1 100英亩，人口最多时达到了5万人（Liverani 2006）。美索不达米亚人（苏美尔人）的所有城市都是神权政治，由祭司王统治。统治精英控制并保卫着城市周围的地区，包括比较边远的农业地区，同时抽取一定比例的农业剩余作为贡赋，并贮存在宏大的庙宇之中（Schomp 2005：17）。

乌鲁克以及其他的美索不达米亚城市有着高度复杂的社会结构，包括权力等级制度和明显的劳动分工。考古发掘也证实，这里存在宏大的公共建筑，包括下部为金字塔上部为庙宇的神庙（宗教圣地或神殿）；还存在各种贸易体系、一种书面文字系统（楔形文字），以及一部法典。从苏美尔人的纺织品中，我们可以看到，那时那里人们的日常生活中心仍然是生存问题。他们的账本，记录了诸如计数、征税，以及绵羊、山羊、牛群的交换等情况。与今天的情况一样，父母们也会望子成龙，把他们的孩子送到学校上学，并且父母有时也会违背孩子的意愿，把自己的愿望强加给他们。这里还有老人会，不时召开会议以讨论和处理对邻近的城市—国家居民的不满和抱怨。这里还有政治家，他们试图通过许诺减税来赢得人们的支持（Wenke 2005）。显然，这些城市已经发展到很高的文明程度，我们甚至可以把它们与我们今天所经验的城市进行系统的比较。

然而，早期美索不达米亚的城市生活，主要围绕神庙和宗教信仰而展开。连一般的民众都能够认识数千个神，神庙与宫殿一样，十分宏伟壮丽。社会地位不那么高的民众，则生活在混乱的、没有规律地修建起来的房子中，这些房子沿着十分狭窄、起伏不平、弯弯曲曲的街道而分布。这种复杂的社会结构也导致了军事强人的出现，使得他们越来越具有发动战争的能力。由于面临被敌人攻击的威胁，美索不达米亚的城市都有十分坚固的护卫城墙。

在大约公元前3500年后，这里的城市日益被组织成在政治上具有独特性的城市—国家，每个城市—国家都会对其周围广大的地区施加影响。虽然这些城市—国家相互独立，并常常处于交战状态，但它们也体现出了一种共同的文明。它们共享一种文化遗产，自视为一种独特的、优越的文化拥有者（Wenke 2005）。到了公元前700年，亚述人帝国开支配这个地区，在大约公元前500年，波斯帝国又取代前者成为这个地区的支配者。

这些城市支配着贸易并保证其持续进行，从而为刺激城市的发展起了重要作用，也增加了它们在整个近东的影响。每一轮新上台的统治集团，为了维持自己对帝国的控制，都试图尽可能地使城市、文化和技术得到进一步的发展。这些发明、创新，以及从贸易和来自不同背景中的人们那里吸收的新的思想观念，使这一地区的城市出现不断的更新。

说这些城市包含了其所处时代文明的所有层面，似乎有些言过其实，但它们无疑是重要的文明中心。它们是两种意义上的"容器"：从表面上看，它们的围墙把人口和有价值的商品围住；从更抽象的层面看，它们为美索不达米亚文化的所有主题的存在提供空间和基础。

**埃及的城市**

吉萨（Giza）大金字塔是让我们这些现代人想起另一个古代帝国的重要遗迹，一个在美索不达米亚城市出现之后不久产生和日益繁荣的帝国。根据考古学，埃及的城市历史至少可以追溯到公元前3100年，但是它们没有像同时代的美索不达米亚那样，留下如此详尽而丰富的遗迹。为什么早期的埃及城市没有那么清晰的遗留信息呢？其中有如下几个原因。其一，早期埃及人的建筑多用未经火烧的砖块等材料建成，这些材料经过一定时间后容易腐烂和分解。其二，早期埃及人更加频繁地修建、放弃又重建他们的城市，造成这些城市即使是埃及文明的重要中心，也没有一个能够维持足够长的支配时期并达到非常大的规模（Kemp 2006）。

虽然埃及的城市也经历了我们现在所认为的一般早期发展过程，即从乡村到城镇，最后到城市，但是与同时代美索不达米亚的那些城市相比，存在相当大的不同。埃及文明以统治者法老为中心，每个法老都拥有自己的城市，他们修建城市，并把其作为体现其权力的宗教与政治中心。这种权力在公元前2500年往往是绝对性的。平民大众不仅把法老视为世俗的领导者或牧师，也视为神，因此法老拥有对尼罗河流域的绝对统治权，这使尼罗河地区的历史相对和平。

这也是我们在早期埃及城市很少发现城墙遗迹的原因。每个首府城市都是法老的行政管理中心，城市中的手工艺人的大部分工作，就是为法老建造宫殿供其活着时穷奢极欲，以及建造豪华陵墓供其死后安眠。埃及城市虽然没有美索不达米亚的城市大，但保持着独特的城市特征，具有明显的权力结构、劳动分工、社会不平等，还有行政管理组织（使用象形文字、纸莎草纸和墨水进行书写）来监督和管理公共需要，并维持法老的统治。

然而，如果说早期埃及城市相对和平的话，那么接下来的那些埃及城市就并非如此了。通观埃及后来的历史，我们发现其与美索不达米亚一样，帝国内部与帝国之间都冲突不断。在后来我们所说的古王国时期（the Old Kingdom，公元前2700—公元前2180），各代法老侵入邻近地区掳夺财物。这些侵略行为有很多大获成功，法老们利用掠夺来的财富和奴隶建造城市和宫殿。这一时期有两位法老，基奥普斯（Cheops）及其儿子基夫拉恩（Cephren），在公元前2600与公元前2500年之间建造了吉萨大金字塔，该建筑至今仍然是人类曾经修建的最庞大的古迹，而基夫拉恩还修建了吉萨的狮身人面像。

再后来，大约在公元前2180年，这个古

老王国瓦解了，饥荒蔓延，城市骚乱日益无法控制。在接下来的600年里，埃及经历了几个混乱动荡和重新统一的交迭更替时期。新王国时期（the New Kingdom，公元前1500—公元前1100），伟大的城市再一次出现。这是法老图坦卡蒙（Tutankhamun）和法老拉美西斯二世（Ramses Ⅱ）统治的时期，前者是埃及帝王谷中唯一一位墓地没有被掠夺成性的盗贼发现的法老，后者是一位为埃及征服了大片近东地区的法老，他是一直想把犹太人从埃及的奴役下解放出来的摩西（Mose）的死敌。拉美西斯二世重建了埃及的很多城市，在地中海地区新建了一个首都，即古皮拉美西斯城（Pi-Ramesse）。为了为自己歌功颂德，他还在卡尔纳克（Karnak）、卢克索（Luxor）和阿布辛贝（Abu Simbel）修建了十分宏伟的庙宇。

在大约公元前1100年，埃及人失去了他们在亚洲的土地，在接下来的300年中，法老统治的埃及最终走向了衰落。从公元前800—公元前671年，非洲古什（Kush，大致在今天的埃塞俄比亚）的一个统治者——一个跑到南方的前埃及哨兵——控制了埃及。而其东边相邻的帝国，则消灭了这个国家最后的一点尊严。亚述人在公元前671年征服了埃及，在大约20年后又被逐出了埃及，但在公元前525年波斯人又控制了埃及。波斯人对埃及的控制，一直持续到大约公元前332年。在这一年，亚历山大大帝控制了这里，并自封为法老，在尼罗河入海口建起自己的城市，即今天的亚历山大。从这时起，埃及一直任由外来最高领主或霸主摆布宰割。

城市在尼罗河地区的出现，向我们提出了一个十分值得研究的问题，那就是城市的影响从美索不达米亚地区扩散开来的可能性问题。历史文献记载常常把这两个地区联系在一起。埃及人的城市是独立地发展的呢，还是输入外来思想的结果？关于这个问题的争论一直存在，但是现在占主导地位的看法则是，来自美索不达米亚早期城市的商人或游牧民族，至少把城市的影响向西扩展到了埃及，向东扩展到了印度河流域（Rice 2004）。然而，在所有这三个地区，城市生活显然都具有各种独特的表现形式和面貌，体现着地方文化的烙印和影响（Sjoberg 1965：49）。

## 2. 印度地区

在美索不达米亚的东边，沿着今天印度与巴基斯坦的印度河一带，是第三个从生态环境上看适宜于早期城市出现的地区。印度的城市与美索不达米亚的城市，通过一条商路以及诸如叶海亚（Tepe Yahya）之类的前哨和两地之间的中转站联系在一起。而可能是玉石翡翠之类的货物贸易，又把这一地区与东边的中亚联系起来（Magee 2005）。

印度地区有很多的古代城市，其中有两个城市是这个地区的文化中心，它们始于公元前2500年，并且于公元前1500年左右成为世界上重要的城市，有着高度发达的文明。通过对这两个城市的考古发掘，人们获得了一些遗物。其中之一是摩亨佐－达罗（Moenjo-Daro），位于印度河上的距阿拉伯海175公里处；另一个城市是哈拉帕（Harappa），位于摩亨佐－达罗北350公里处的印度河支流上。这两个城市的人口曾经多达40 000人，具有十分独特的城市文明。例如，与美索不达米亚和埃及的城市都不同，摩亨佐－达罗似乎并不存在至高无上的、拥有绝对权力的领导者。这两个城市也不会完全围绕寺庙或神像来组织人们的生活，但是，我们也没有找到这里的民众享有一种"美好生活"的证据。

摩亨佐－达罗的物理布局，类似于今天西方大多数城市普遍具有的那种网格模式。这个城市用泥土焙干而成的砖块和烧焦的木头修建建筑物，建筑物往往有两层楼高，质量非常好，设有装修精致的洗浴区域，地面甚至铺有一层天然沥青以防止渗漏。更引人注目的是，该城中的一处建筑，甚至带有一个地下火炉——就像古罗马的火坑供暖系统（hypocausts）——为浴室供暖。该城还有其他的一些特征，例如有一个中心市场，有一圈很大的共同的围墙、一座堡垒或行政管理中心，可能还有谷仓以贮存食物剩余。

关于这个城市最为重要的发现，也许就是其建设得很好的卫生系统。沿着街道分布的是砖衬的、开放的家庭排污下水道。考古学家发现有几处卧室甚至有带坐便的卫生间，表明在公元前2500年，这里就存在城市的奢侈品，而欧洲城市直到19世纪，这种设施才较为常见。

在这些城市中，精通各种手工艺的工匠——包括制陶工、缝纫裁缝、砖瓦匠、铜匠和青铜金属工——在操持着各行各业（Possehl 2003）。这种具有统一风格的泥砖房屋、街道和污水系统的居住区的广泛存在，表明这里的生活标准实际上

◎ 印度河流域古摩亨佐－达罗的考古遗址，显示这里存在具有相当现代的框架结构的两层砖房，以及砖衬的、开放的下水道卫生系统。不过，从下图中我们不能清楚看到的是，其南北走向的大街是如此的统一，有30英尺宽，东西走向的大街甚至达到200码宽。

普遍较高。这使得摩亨佐－达罗成为第一批为其市民提供如此广泛的国家福利——这简直算得上是一种中产阶层生活方式——的城市之一。

直到 20 世纪中期，考古学家仍通常认为美索不达米亚、埃及和印度河流域孕育的城市，是后来城市的模仿典范。然而自那以后，考古学的研究提出了不同的看法。世界各地的城市有很多都是相对独立地发展起来的，中国与美洲这两个地区的城市就是独立发展起来的。

## 3. 向东看：中国

中国的城市至少可以追溯到 4 300 年前。2006 年的一次考古发现，中国已知最早城市是浙江余杭的良渚。该城面积达 3 100 万平方英尺，地面经过硬化，有一条宽 131 英尺的护城河，还有厚达 13～20 英尺的城墙。人们在其贵族墓穴中发现了宝石与丝绸，而在平民墓穴中只发现了陶器碎片。这说明其社会存在明显的分化。宗教在那里也占据着十分重要的地位，因为存在十分发达的宗教建筑，设置祭坛的地方是经过精心挑选，还有精巧的石塔（Stark 2006）。

我们对中国商代的第二、三个首都城市比较了解，而对其第一个都城亳（今商丘）知之甚少。第二个都城郑州在大约公元前 1600 年达到顶峰，有一圈矩形城墙，长达 4.5 英里，高达 30 英尺，包围着约 1.5 平方英里的整个城市，该城还设有城市行政管理中心与举行仪式的中心。在防卫严密的城市中，居住着政治和宗教精英，当然也有一般民众，但二者往往分别居住在不同的区域。在城墙之外，则居住着手工艺人，如青铜工人和工匠等。

安阳是商代的第三个都城，考古发掘已经发现了它的城市遗址（殷墟），规模还比较大，作为中心的城市与周围地区存在密切的联系。与郑州城一样，手工艺人和工匠也只能居住在城墙之外。在紧靠城墙的外侧，无数村庄形成的贸易网络，为城市供应各种农产品和手工产品（Thorp 2006）。

当时中国存在的城市定居模式，与前文所述其他地区的城市相比，更为分散。中国人并不把

所有的政治、宗教、手工制造活动都集中在城市的某一个中心区域，神职人员和统治者与城市平民分开居住。村庄居民住在离统治阶层防卫严密、城墙高耸的围城较远的地方，拱卫着后者，但会参与作为一个整体的城市生活。

## 4. 向西看：美洲

最后一个出现早期城市的重要地区，就是离美国更近的地方——中美洲，特别是现在的墨西哥中部地区、尤卡坦半岛、危地马拉以及南美洲，尤其是中美洲大陆的西部。这些地区存在同样的发展历史和模式：先是农业技术生产力的提高，然后是比较复杂的社会结构的形成和发展，随之而来的就是城市的出现。不过，中美洲的城市发展情况，也具有一些与其他地区不同的特征。

与世界其他出现早期城市的地区相比，这一地区的人们似乎出现得更早，他们至少在公元前 2 万年就生活在这里了，在公元前 7000 年左右就开始培育农作物。但这一地区并不太适合于农业生产，不能产出大量的食物剩余。这部分是因为这里多岩多山的山脉地形，部分是因为这里的居民缺少驯化的动物。这里的人们数千年来沿袭用棍棒戳洞播种的传统耕作方式，刀耕火种一直没有被犁耕方式取代。从这种意义上看，中美洲从来就没有拥有其他地区那样发达的农耕文明。而且，这一地区的部落群体形成了一种混合经济，在这种经济形态中，狩猎与可食用的野生植物始终扮演着重要的角色。不过，这里人们培育和耕种了玉米，它一直是这一地区的主要食物和营养来源。

到了公元前 1500 年，早期的黏土墙房屋以及由这些房屋构成的村庄开始出现，但因为狩猎在经济中仍然占有重要地位，所以这些村庄迁移比较频繁。在一些村庄中，奥尔梅克人（Olmec）和玛雅人部落雇用大批手工艺人来设计和修建复杂的仪式中心，并为大量的人口提供服务。这些仪式中心最初只是作为少数牧师的永久居住地，但后来规模逐渐扩大，社会结构日益复杂，功能日益综合。在耶稣诞生之前，这些城市就已经成熟和丰满起来了。

同样的过程也发生在今天南美秘鲁和玻利维亚的西海岸。第1章所讨论的古代城市卡拉尔，是美洲最古老的城市，但是这一地区最有名的城市帝国则是印加人的城市帝国，其首都是库斯科（Cuzco）。还有一个城市帝国奇穆（Chimor），尽管没有那么出名但也很重要，位于秘鲁北海岸，其首都陈陈（Chan Chan）是在印加人的城市中心演变和发展的同时——大约在公元800年——逐渐成长为一个城市的。陈陈在公元1450年左右达到鼎盛时期，并成为印加的重要挑战者，统治了大片的内陆腹地。

陈陈是一个庄严的王城，一个仪式性城市，拥有近3万人口。所谓庄严的王城或仪式性城市，就是说其主要是为统治阶级所用：陈陈的统治者终年生活在这里的宏伟宫殿中，并且其绝大多数的城市建筑也是为了满足他们的享乐以及奇穆文化中的仪式需要。只有很少量的工匠、奴仆和农民能够分享其中部分的城市环境。而这个帝国的所有其他人口，被迫生活在周围的乡镇或农村地区，遵照统治阶级的命令行事，包括生产食物、纳贡以及为修城而服劳役。

在公元1470年，奇穆的主动挑衅激起了印加人的反击，后者成功征服了奇穆帝国及其子民，但是印加人的统治也没有持续多久。到了该世纪末，哥伦布开始登陆这个"新世界"。随后，在西班牙人以及葡萄牙人的猛烈攻击下，这个曾经骄傲的城市帝国就如多米诺一样倒下了，而另一种类型的城市又将兴起——第13章将要描述这一过程。

尽管美洲的自然地理条件独特，特别是离其他大陆很远，但其本地的城市还是发展起来了，并且其复杂程度丝毫不亚于其他地区所发现的城市。例如，在阿兹特克出现的1 000年前，特奥蒂瓦坎（Teotihuacan）就是墨西哥的宗教首都。它是一个城市中心，拥有大规模的建筑，鼎盛时期大约是公元600年，当时这个城市承载的人口可能已达到20万人，比整个罗马帝国的人口还要多（Austin & Lujan 2006：106）。它有8平方英里大，并按照严格的设计而展开，其南北方向的街道排列着雕梁画栋的宫殿和金字塔形的庙宇。该城的住房往往是综合性的建筑，结构和规模非常大，包括大量的房间，门都朝向露台开设。其中一些建筑，如金字塔，是用开采自本地的红色火山岩石建造的。那座高耸于整个城市之上的太阳金字塔，底部周长达720～760英尺，高达216英尺，墙面十分陡峭。据专家估计，太阳金字塔可能建造于公元1世纪，为了修建这座金字塔，大概征用了数千个劳动力并花了50年时间才最终完成（Braswell 2004）。

## 5. 小结：早期城市的特征

人们大约是在一万年前第一次设计了城市。正如图2—1所显示的，这些城市在中东是在公元前4000年出现的，在美洲是在公元前2600年出现的，在印度河流域是在公元前2500年出现的，在中国也是在那不久以后就出现了。

各种有利的生态条件的结合，各种贸易或食物剩余以及复杂的社会结构（相当复杂的劳动分工和权力等级制），是所有这些早期城市的共同特征。除了这些共同的重要特征之外，我们还可以归纳出这些城市的一些相似之处和不同之处。

首先，早期城市的历史并不是一个平顺发展和进步的过程。一方面，从早期的永久定居点向完全成熟的城市的转变，花了很长的时间——大约是从公元前8000年到公元前3000年。另一方面，整个世界的城市历史，都体现出某种非连续性、变迁性以及兴衰更替。有时同一个群体在整个历史时期中会一直占据某个城市，就如特奥蒂瓦坎那样；但是有时很多群体会在同一个城市逐鹿角力，不断更替，耶利哥就是如此。

其次，作为人口中心，早期城市人口规模非常小。其中绝大多数按照今天的标准来看都只能算是镇。人口规模通常只有10 000人左右，甚至最大的定居点的人口也最多不过25万人。

再次，很多早期城市都存在神权政治权力结构——宗教与政治合一的精英阶层，国王或皇帝同时也是宗教牧师，甚至有时（但不常见）某些帝王自称"神"。这种政教合一导致对城市人口以及相关问题的双重控制。王庭能够以神的名义强制征税，甚至强制人们服苦役。当然，这种精英结构的特征会因时因地而异。在埃及、中国和

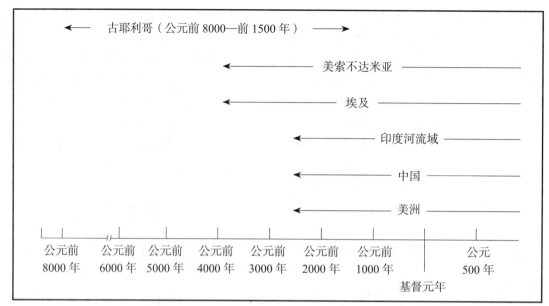

图2—1　世界各地最早城市的出现时间表

特奥蒂瓦坎古城中，这种精英结构十分明显；而在印度河流域的摩亨佐－达罗，这种精英结构要隐蔽得多。不过，各地出现的所有这些早期城市都有一个共同特征，那就是权力与物质财富的不平等：通常的情况是，越不繁荣的城市，精英们越是会尽其所能攫取更多的权力和财富。

最后，早期城市的生活质量又如何呢？与现代西方城市相比，其生活质量可能不是很高——生活常常很艰难，人的寿命相对较短，人们会面临相当多的不确定性；不过，这些城市之间也存在重大的甚至根本的差异。摩亨佐－达罗的多数民众似乎都能够过上一种较高水平的生活，而在其他的早期城市中，各个阶级之间的生活水平差距悬殊。

其他的因素，诸如战争与奴隶制度，也会在很大程度上影响早期城市中居民的生活质量。城市，特别是达到国家和帝国阶段的城市，常常是一种死亡与破坏的工具，一种试图征服其他中心城市的中心城市。在某种程度上看，诸如此类的城市并不会因为这种血腥暴力的增加而受到谴责。相反，系统地使用战争，似乎与原始农业和公元前8000年第一个永久定居点的到来更相符合。显然，农业技术第一次产生了产品剩余，而这种剩余反过来又吸引人们到定居点，并诱惑他们中的一些人去征服其他群体，以获得更多的剩

余。然而，在公元前4000年，当城市成为一种普遍现象时，人们征服他人的欲望达到了历史上前所未有的水平。

简言之，城市的出现在人类历史上是一个最具决定意义的事件。早期城市在所有维度上都拓展了人类的活动。人们知道得越多，做得越多，就越会发现他们面临更多的可能性。提供更好的生活，一直都是城市给人们许下的诺言。下面将要讨论的西方早期城市，也主张这种"好生活"的许诺。尽管这些城市确实沿着这条道路出现了某些进步，但是与早期城市相比，它们也似乎具有一种悲剧性的（tragic）能力，来容纳强制性的不平等、军事扩张与战争等人类的卑污。

## 6. 克里特与希腊

西方的城市——欧洲与北美的城市——在城市史中是相对的后来者。在地中海北部区域的克里特岛（Crete）出现城市之前，其他地区的城市已经存在了数千年。

大约在公元前1800年，克里特岛上出现了定居点，它们可能是由来自美索不达米亚城市定居点的商人或移民建立的。对于这些城市，人们所知甚少，但据记载，它们是十分繁荣的海外贸易中心。这里的人们用青铜锯制作石砖铺设道

路，而这些道路把各个城市联结在一起。城中的街道同样铺设了石砖，设有下水道可以排污，而沿着这些街道分布的是二到三层的建筑，这些建筑都有用平铺的瓦管排水的房顶，并且有由横梁支撑的天花板。它们的庭院建筑包括了反转回还的楼栏，上宽下窄。由于某些原因，这些城市在公元前1400年前后日益走向衰亡（Castleden 2005）。到底是什么原因导致了克里特岛上这些城市的衰亡，我们不得而知，但很可能是由于自然灾难或者外部入侵。直到7个世纪后，在欧洲特别是在希腊才再次出现了城市。

早期希腊城邦（polis）或者说城市国家，并没有遵循美索不达米亚和埃及的那些城市模式——推崇精英权力而以牺牲公民的权力为代价。这些具有相当独立性的希腊城邦国家——其中包括雅典、科林斯（Corinth）和斯巴达——经历了战争，也经历了和平竞争以及相对和平的敌对状态，后者可以奥林匹克运动会为证。与近东那些有着极权统治者的早期城市相比，古希腊城市虽然只有少数符合资格的雅典人能够拥有其大部分的自由民权利（希腊还有奴隶），但更为平民化，自由民可以直接参与立法和决策。

那些拥有从西西里一直到北非的强大商业影响的阶层，统治着这些城市。希腊人在西西里建立墨西拿（Messina），在法兰西建立马赛等城市，并作为据点。不幸的是，这些希腊城邦最后彼此陷入了毁灭性的伯罗奔尼撒战争（公元前431—公元前404），不过还是给我们留下了一笔宝贵的遗产，这种遗产凸显了城市文明的积极潜能，其中包括杰出的绘画、油画、雕塑和建筑，以及政治制度和哲学思想，而这些东西一直影响着当今的世界（Waterfield 2006）。

# 7. 罗马

在古希腊文明日渐衰落的同时，另一个伟大的西方文明却正在获得和积累其力量。这一文明系统主要集中在一个单独的城市之中，这在历史上也许真的是前无古人、后无来者；的确，这个城市与其文明本身是同名的。埃利乌斯·阿里斯蒂德斯（Aelius Aristides）在其经常被后人引用的演说《致罗马》（To Rome，写于公元前2世纪中期）中声称："罗马，所有的事物都可以在这里找到，所有现在存在的或者曾经存在的技能、所有能够制作的或者已经制作的东西，在这里都可以找到。如果有什么在这里找不到的话，那就是这样的事情根本不存在！"

阿里斯蒂德斯是对的。在公元前的最后一个世纪中，罗马是西方世界中的支配性力量。到基督诞生之时，作为罗马帝国之根基的罗马城，从以前的所有城市标准来看，无疑都是巨人，其人口当时可能已达100万以上。

罗马也体现出与早期城市同样的特征：拥有有利的生态环境，具有生产经济剩余的能力，以及具有复杂的社会结构。还有，与古希腊的城市一样，罗马的艺术与科学也十分繁荣，公共的纪念碑、纪念馆以及各种建筑是整个城市风景中不可分割的一部分。然而，罗马也是一种完全基于军事力量扩张和表达之上的城市文明。在这个城市繁荣的数个世纪中，罗马把整个城市的资源几乎完全集中用于权力与财富的积累，并由此导致了各种后果。 39

◎ 在其鼎盛时期，帝都罗马是这个巨大的、军事化的帝国的中心。在这个城市中，高大宏伟的建筑与肮脏低矮的贫民窟并存，有着精心规划的宽阔大道和使人印象深刻的供水与排污系统。在罗马广场——这个城市的仪式生活中心——矗立着大量的庙宇、拱门、雕塑和公共建筑。

如果希腊的"美好生活"概念，就是一个城市要建立在适度的、平衡的、人人参与的诸原则之上，那么罗马的"美好生活"概念，则取决于完全过度、无休无止地追逐对其他地区的支配和统治。在其鼎盛时期，这个帝国以罗马为起点向南，经过地中海一直扩张到北非，向北一直扩张到现在的德国，向西扩张到英格兰和苏格兰之间的边界（即哈德里安墙），向东扩张到美索不达米亚。其拥有当时世界几乎一半的人口，并且罗马统治这一广大区域并使之成为一个不可分割的整体的时间，长达惊人的 450 年（Heather 2007：13–14）。

对于作为这个巨大帝国之心脏的罗马城，我们能够说些什么呢？在物理设计方面，罗马与我们先前讨论过的城市是相似的。在其中心，有一个市场，一个辩论广场，以及一处综合性的纪念建筑。那些宽广的大道，都是精心规划和修建的，从这个城市的中心以有序的方式通向四面八方，并跨越了整个城市的地域，当时这个城市的面积总共约为 7 平方英里。的确，道路是罗马城最伟大的成就之一。罗马的修路工人总共修建了 5 万多英里的道路。这些道路质量极好，起着把罗马与帝国巨大的腹地联系起来的作用，而这个城市正是借此也从这些地方征收贡赋。今天欧洲的很多重要城市，包括伦敦、约克、维也纳、波尔多、巴黎和科隆等，都曾经是罗马行省的驻地。

也许最让人吃惊的还是这个城市的水渠系统，这是古代世界最伟大的工程设计成就之一。在公元前 312 年与公元 222 年之间，罗马修建了 11 个独立的水渠系统，为其 100 多万居民供水，能够给每个居民运送多达 264 加仑的水。这种运送能力超过了今天大多数的城市。由于得益于这种慷慨的供水，罗马人沿着主要街道修建了大型的公共浴池、喷泉、消防龙头。并且，早在公元前 6 世纪开始，罗马就有了一种污水排泄系统。另外，罗马人还为他们在整个欧洲建立的大约 200 个行省城市修建了水渠系统（Carcopino 2008）。就如今天的供水系统从远至 120 英里的地方为纽约市带来新鲜的水，或者加利福尼亚从数百英里的地方取水一样，这些溢流管从远至 59 英里的地方送来新鲜的水，其中一些至今还在使用。

不过，罗马之所以设计和修建这些使人印象深刻的工程，最终的动机是为那些统治军人与政治精英的利益服务。精英阶层拥有令人难以置信的财富，而罗马贫穷的居民，则生活在大片毫无规划、杂乱肮脏的房屋中，只能从那不断涌入这个城市的财富中分得一点残羹。与现代的贫民窟一样，这些廉价的出租屋往往十分拥挤，污秽不堪，让人窒息，疾病流行，到处充斥着野蛮行为，而人们对之麻木不仁，司空见惯，使得这里的生活是那么的卑贱不堪。罗马的这种下层生活，还有着更深的层面——在这里人们很难找到希腊那种理想的人类尊严，相反，与之形成了鲜明的对比。如果我们要继续深入分析这种消极层面的话，我们还会看到罗马那可怕的、非常不雅的一面，其例子之一就是圆形大剧场（Circus）中虐待狂式的娱乐活动，下页的"城市风光"专栏对此进行了描述。

不过，从总体上看，罗马就是一系列鲜明的对比，特别是杰出的工程设计和技术成就，与人性的卑贱堕落和军事上的残酷形成的鲜明对比。最终，罗马帝国扩张得太远了，以致它再也不能够控制自己的大本营，并且随着从内部开始的腐朽，罗马也日益走向衰亡。公元 476 年，在北方入侵者的冲击之下，这个帝国最终土崩瓦解了。到公元 6 世纪，罗马变成了一个只有 2 万人的小镇。

# 8. 中世纪：城市的衰落

随着罗马的崩溃，那种维持遍及整个欧洲大部分区域的城市生活的帝国也随之瓦解了。随着这种崩溃和衰落而来的，是一个大约为期 600 年的时期，在这一时期中，欧洲的城市或者沦落为最小限度的定居点，或者完全消失了。商业贸易曾经是这个帝国及其城市的生活来源，后来也急剧萧条了。那些人口曾经超过 10 万的大城市，甚至变成了一个个孤零零的小村庄。野蛮人的抢掠危险大大增加，导致人们极为担忧他们的安全。在那些有幸存留下来的城市中，剩下来的人

40

## 古罗马：死亡表演

数个世纪以来，不仅罗马政治系统发生了变迁，已经与早期罗马共和国的政治制度存在明显的不同，而且就连罗马普通的劳动阶层的生活方式也发生了巨大变迁。人们首先不得不持续进行各种日常活动，以满足自己的基本生活需要和各种价值追求。但是，娱乐活动在某种程度上也成了生活的一部分，尽管人们的时间和精力主要还是用于谋求生存。

随着罗马帝国的扩张和依靠被奴役者的劳动，一种寄生经济逐渐形成。那些作为罗马公民的工人，往往在拂晓起床，但在中午就完成了他们的工作。其余时间似乎难以打发，不过他们不久就找到了各种可供观赏的活动，来打发他们下午和晚间的闲暇时光，他们的统治者渐渐提供日趋奢靡的观赏项目来娱乐他们。于是一种城市制度出现了，并且不久就变成了消耗一切而极端残忍的娱乐形式。

双轮战车竞赛是最初阶段的娱乐项目之一，这种竞赛有时十分血腥。稍后，把杀戮作为娱乐又成了一种常规。再后来，人们把水引入竞技场，形成人工湖，在其中进行规模宏大的海战；当然还有狩猎、用剑进行角斗的项目，人们模仿耶稣受难，表演对野兽执行钉死或烧死的仪式，或者把战役搬到舞台上进行重演。各个社会阶层的公民都十分期待和欣赏这类娱乐。成千上万的人涌入竞技场来观赏这些死亡表演。在帝国皇帝克劳迪亚斯（Claudius）统治时期（公元41—54年），人们会安排大量时间来观看这些表演，其天数甚至占到一年的1/4。

我们公开惩罚罪犯的目的，也许在于警示他人，但在罗马却变成了"取悦和娱乐人们"的表演活动。公众的需要是如此的强烈，以至于罪犯与囚犯不敷使用，导致罗马统治者决定把那些被征服的人——士兵和非军事的平民——送到竞技场，让他们与动物、各种可怕的装置或者专业的角斗士进行格斗，加以折磨、伤害和杀害。而所有这些都只是为了娱乐这个城市的公民。

斗兽表演可以为参加观看的罗马公民提供肉食，因为在这种表演中，大量的动物会被杀死，而其中的很多公民——特别是穷人——的日常食物中很少有蛋白质。这些表演与娱乐可以使帝国统治者与其子民进行互动，以获得和维持子民的支持，并因此实际上延续了它的统治。这些表演与娱乐的另一个作用，就是作为"面包和马戏团"项目，有效掩盖了很多处于寄生状态的人的空虚与意义缺失，并因此也有助于维持帝国的统治。

这种血腥的运动游戏、死刑执刑、对动物的大规模屠杀，不管对文明有着什么样的贡献，都使后人觉得罗马帝国实在十分残暴。

们开始深沟高垒，以保护和巩固自己。这是古代城市特征的一种再现，而在罗马控制欧洲大陆的时候，这种措施是完全没有必要的。

由地方庄园、村庄和小城镇构成的马赛克，是公元5世纪到11世纪典型的定居模式。这种模式在很多方面都可以说是本章开头所讨论的早期定居模式的再现。古希腊、罗马那种以某个城市控制大片周围腹地为特征的居住模式完全消失了。曾经繁荣的艺术与科学也消失了。这就是"黑暗时代"（Dark Ages）一词所表达的真正图景。

在这一时期，一种封建制度开始出现。在这种制度下，地方领主向其土地上的农奴提供安全保障，并换取农奴的服务。然而，在大多数情况下，庄园处于乡村之中，弱化了城市影响的扩散。尽管一些高度堡垒化的小城市和庄园城镇幸存了下来，但由于中世纪的技术状况，只有极少数人能从它们那里获得保护。人口规模小必然导致生产力水平的相对低下，而这反过来又导致城市陷入停滞。

## 9. 中世纪和文艺复兴时期：城市的复兴

到公元9世纪，欧洲城市生活的衰退达到了其最低点（Holmes 2002）。然后大约到11世纪，城市总体上又开始"苏醒"。这种变化是在数个世纪中逐渐发生的，其原因是多重而复杂的，但城市贸易与手工艺生产的发展，则是其关键原因之一。

在公元1096—1291年之间，发生了十字军东征，这是欧洲基督教徒团体对"圣地"伊斯兰占有者的武装长征，在多数情况下，欧洲人发现自己在这里是失败者。但是，随着地方贸易的增加，十字军东征促进了连接欧洲与近东的贸易路线的新生，而地方贸易与长途贸易的开始，又激活了长期休眠的城市劳动分工。

41　　在这些贸易中心，出现了复杂而具有竞争性的商业阶层，自公元11世纪以来，他们就借助手工业行会而处于支配地位，并促进了一种新的充满生气的城市生活。然而，商人并没有支配这些城市。诸如教会、拥有大量土地的贵族，以及封建皇族等团体，为了统治地位而激烈争斗。那些自给自足的、功能齐全的中世纪小城，再也无法以支配罗马的那种军事与政治力量来支配城市生活（Nicholas 2003）。

42　　无论是与罗马人的城市（其中很多都能够承载10万以上的人口）相比，还是与后来将要出现的工业城市相比，中世纪的城市人口规模都很小。虽然诸如巴黎和威尼斯之类的城市面积也很大，但大多数的中世纪城市面积都很小。这些城市占地往往只有数百英亩，人口只有5 000人左右，只相当于今天小镇的人口规模。正如我们在图2—2中看到的，这些城市常常有护城河和城墙环绕。城市中的主要街道，把城门口与城中心联在一起，而城中心往往有天主教大教堂、市场，或行会总部、市政厅等重要建筑。

其中最重要的建筑往往是天主教堂，它们高高耸立于整座城市之上。教堂对中世纪欧洲社会生活的重要性，如何估计都不算夸张。中世纪所有主流社会成员——包括城市的与农村的——都是罗马天主教徒。天主教会是一种不可挑战的支

配性力量，如果某人被其排斥在外——或者被逐出教会，或者只是某个次要宗教的成员（特别是犹太教），那么就意味着他处于被社会遗弃的边缘地位。

中世纪的城市并不会让人产生敬畏感，也不具有今天西方城市那样巨大的规模。这些城市除了那些天主教堂以及某些宫殿外，根本不存在高大的建筑，街道也十分狭窄曲折，一点也不像今天的街道那样宽敞平直。罗马帝国时期那种常见的石头铺面的街道，在中世纪欧洲的城市中并不常见。这种情况直到12—13世纪才有所改变。中世纪城市的房子往往以横排方式建在一起，带有开放的空间，屋后会种一些作物。尽管缺少诸

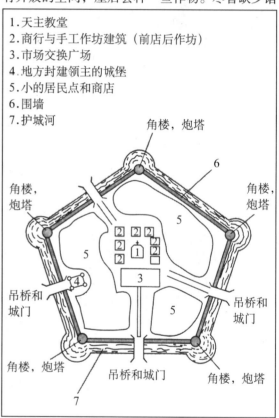

1.天主教堂
2.商行与手工作坊建筑（前店后作坊）
3.市场交换广场
4.地方封建领主的城堡
5.小的居民点和商店
6.围墙
7.护城河

**图2—2 中世纪城市**

注：上图是大约1350年的中世纪城市，它是为了适应新的贸易模式和防卫的需要，而在一个新的地方形成的。这个地方位于河流与道路的交叉点上，是一个自然的交通要冲，能够提供丰富的水源、天然的防御，也能够从河流附近的农业地区获得充足的食物供应。这个城市是一个贸易与商业中心；各种手工业者为贸易而生产，并与周边地区的农民交换食物以及很多其他物品用于远方贸易。城市中的交通方式主要靠步行，如此狭窄又拐弯抹角的街道，使得城市布局一点也不紧凑。一些稍宽的、更开放的街道则允许从事长途贸易的马车通行。

◎ 法国卡尔卡索纳（Carcassonne）市也是中世纪围城的一个典型例子。与图2—2不同，在这里，地方领主的城堡要塞在右边，天主教堂稍微偏左，并在其上方。这类城市体现了罗马帝国瓦解（公元479年）后将近1 000年内欧洲城市的特征。

如室内下水管道这样的便利设施，但这些城市较小的人口规模和较低的居住密度，使得其生活条件比现今发展中国家的许多城市要健康得多。

43 　　不过，这些欧洲城市的人口规模和密度在逐渐增加。首先，在后来的年代中，建筑在不断地扩张，当没有建筑空间后，它们的建筑就向空中发展，一层一层地向上加（Pounds 2005）。从12世纪到大约16世纪，新的城市大量出现，老的城市也普遍复兴。这首先明显的体现在诸如威尼斯、佛罗伦萨、巴勒莫、米兰等意大利城市的出现，这种复兴和重生，再次把人们与那些兴盛于大约1 500年前的雅典城市生活的人文思想联系起来。在文艺复兴时期，城市逐渐重新关注艺术、文学和建筑艺术等。

　　虽然这些城市再一次提出了全人类的发展理想，但这个时代的真正矛盾，就是大量公民或市民很少有机会实现自己的理想，而财富仍然高度集中。例如，在1545年的法国里昂市，10%的人口就占据了超过一半的财富（Hohenberg & Lees 1996：147）。

# 三、第二次城市革命：现代城市的出现

　　在文艺复兴时期的城市围墙之内，另一种"城市"也随之一起出现了。旧的封建权力结构被打破，人们越来越可以自由选择居住地。贸易变得日益重要，增加了人们获得财富的可能性，城市的重要性持续而迅速地凸显出来。

　　在整个欧洲，商业开始慢慢取代农业而成为 44 支配性的谋生方式。一个新的中产阶级开始出现在政治舞台上并逐渐掌握了权力。该阶级——资产阶级（bourgeoisie，法语的字面意思是"城镇中的人"）——包括了商店主、贸易商、官僚、政府职员，以及所有在各种商业中投机冒险的人。随着这些城市财富的积累和增加，它们开始吸引越来越多的、希望分享该过程的物质好处者的到来。

　　到17世纪中叶，封建主义差不多已经消亡，中世纪以农业为中心的生活方式的最后残余也随之消亡了，取而代之的是资本主义，城市生活方式已经建立在贸易能力的基础之上。到18世纪，工业革命过程开始了，这个过程又使以城市为基础的市场经济的支配地位更加牢固和强大。这种变迁是惊人的，特别是欧洲各地城市人口都出现了爆炸式的增长（见表2—1）。如果说一万年前当城市出现时发生了第一次城市革命的话，那么第二次城市革命始于大约1650年，在这个过程中欧洲日益成为一个城市的大陆。

前工业时代与早期工业时代的特点，就是技术效率低下，医疗卫生条件简陋，人口出生率高但死亡率也高。换言之，人们往往会生很多孩子，但只有一些能够长大成人。而即使是那些侥幸长大成人者，预期寿命往往也只有不到40岁，比今天短得多。其结果之一就是人口自然增长率（出生率与死亡率之差）很低，人口总量增长缓慢，而且还不时因灾荒和瘟疫大量死亡，从而抑制了人口总量的增长。例如，从14世纪40年代到50年代早期，黑死病肆虐整个欧洲，并总共导致了欧洲1/3的人口死亡，整个欧洲大陆的城市人口死亡率达60%（Kelly 2005）。

幸运的是，瘟疫的威力在下降。经过一段时期之后，城市人口比重日益提高，积累的财富日益增多，生产方式更加高效，医疗卫生条件日益改善。死亡率急剧下降，而出生率仍保持高位，导致了人口专家所说的"人口过渡"的实现。整个欧洲开始出现了一次重要的人口爆炸，但这种人口爆炸主要出现在城市中。虽然城市人口的增长很大程度上是从农村来到城市的农村移民的结果，但城市人口自然增长率本身也极高。这两种因素叠加在一起，给城市带来了古代人做梦也想不到的巨大人口规模。伦敦的人口在1900年已经达到650万，而且还在进一步增加。

在欧洲和北美各国中，这种城市人口过渡持续了很长时间，一直持续到20世纪。然后，出现了第三阶段也是最新阶段的人口过渡。那就是生活标准的日益提高，使得为了"生产的目的"而生育更多小孩的做法已无必要，加之有效的避孕方式，都导致出生率日益降低。在大多数工业化国家，人口增长都很缓慢，而且在一些欧洲国家以及日本，人口总量现在实际上在不断下降。在很多发展中国家，虽然人口出生率也已有所下降，但仍然保持高位，导致人口迅速增多以及人口过多导致的各种问题（见图2—3）。

本章最后一部分主要讨论伦敦这个城市，并对其进行案例分析和研究。很多人都认为，伦敦——也许还有巴黎和罗马——是欧洲最大的城市中心。在我们回顾伦敦的国王、王后、莎士比亚、狄更斯、丘吉尔的过程中，我们将会看到前文所讨论的那些体现城市发展各种阶段的要素。

表2—1　1700—2010年欧洲各大城市的人口规模（万）

| 城市 | 1700年 | 1800年 | 1900年 | 2010年 |
|---|---|---|---|---|
| 阿姆斯特丹 | 17.2 | 20.1 | 51.0 | 78.0 |
| 柏林 | — | 17.2 | 242.4 | 346.0 |
| 汉堡 | 7.0 | 13.0 | 89.5 | 178.6 |
| 里斯本 | 18.8 | 23.7 | 36.3 | 49.0 |
| 伦敦 | 55.0 | 86.1 | 648.0 | 762.0 |
| 马德里 | 11.0 | 16.9 | 53.9 | 326.5 |
| 那不勒斯 | 20.7 | 43.0 | 56.3 | 94.8 |
| 巴黎 | 53.0 | 54.7 | 333.0 | 223.4 |
| 罗马 | 14.9 | 15.3 | 48.7 | 261.2 |
| 维也纳 | 10.5 | 23.1 | 166.2 | 172.4 |

## 四、案例研究：伦敦——一个世界城市的历史

如果一个人厌倦了伦敦，他一定是厌倦了生活。因为伦敦拥有生活所能赋予的一切。

——塞缪尔·约翰逊博士
（Dr. Samuel Johnson）[1]

萨斯基娅·萨森（Saskia Sassen 2006: 50）认为，有一些大城市在整个世界最重要的工商业中起着不成比例的重要作用。这样的城市就是"世界城市"，例如伦敦就是一个世界城市。

大约1 000年来，伦敦一直是欧洲城市生活的焦点和中心，并一直是世界最重要的四五个经

[1] 塞缪尔·约翰逊（1709—1784），常被称为约翰逊博士，是英国历史上最有名的文人之一，集文论家、诗人、散文家、传记作家于一身。——译者注

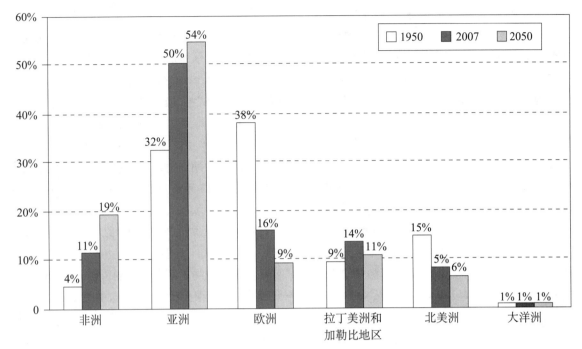

图2—3　1950 年、2007 年、2050 年世界各大洲城市人口分布

济中心之一。其市区人口大约为 760 万人，是世界重要的旅游目的地之一（2010 年达到了 1 460 万人次）。旅游业为伦敦 13% 的劳动者提供了就业机会，每年给伦敦带来 140 亿美元的收入，但是这个相对沉静的、典型的英国城市所具有的因古老而受尊敬的形象，现在已经不复存在（London & Partners 2011a）。

随着伦敦中产阶层的逐渐逃离，以及种族和族群多样性的日益增多，这个城市的社会结构也在改变，那些老人或念旧的人，悲叹伦敦生活质量的变迁。例如，2011 年，将近 2/5 的伦敦工人都是外国人，这些人占据了这个城市 1/3 的高级技术工作职位、2/3 的低技术工作职位（Bentham 2010）。更严重的是，在最近数十年来，这个城市已经有 100 多万的工作岗位消失了。不过，即便如此，2010 年伦敦各种项目获得的海外投资，比欧洲任何其他城市都要多，这部分是因其将主办 2012 年奥运会，从而改善了投资者的预期（London & Partners 2011b）。然而，伦敦有很大一部分中产阶层已经迁到郊区，使这个城市正在丧失其传统的税收基础，并渐渐使社会分化深入到家庭层次，一些家庭十分富有，而另一些家庭十分贫穷。在白人与少数族群之间，现在虽然没有出现 20 世纪 80 年代中期那样的暴力冲突，但关系依旧紧张。

因此，正如约翰逊博士所指出的，伦敦仍然是一个良莠共存，任何人"都能立足和谋生"之地。为什么呢？是什么力量使一个城市成为世界性的城市？要回答这个问题，我们首先需要看看伦敦的历史。

## 1. 公元前55年—公元1066年：伦敦的开端

伦敦的历史始于罗马和恺撒大帝（Julius Caesar）时期。恺撒在公元前 1 世纪征服高卢之后，了解到在北边还有一个大岛，岛上有重要的自然资源。于是在公元前 55 年，他向这个大岛派出了远征军，但是没有取得多大的成功。他遭到了当地凯尔特人（Celtic）部落激烈而顽强的抵抗，不得不退回罗马，去征服其他的地方并享受在这些地方所取得的胜利。

在大致 100 年之后，即公元 43 年，恺撒五世即克劳迪亚斯大帝终于征服了这个岛屿。克劳迪亚斯在泰晤士河上游最重要的地方（first point）扎下大营，他的军队在此架起一座大桥，并渡河南下。罗马人称这个地方为"朗蒂尼亚姆"（Londinium，即后来的伦敦），意思是"野外"或险要之地，并取代凯尔特人对这个地方的叫法。伦敦是一个深水港，处在把货物通过河运送到英格兰内陆腹地的有利位置上。罗马人以此为中心，在各个方向上修建大道，并筑起城墙把它包围起来严加守卫。到了公元60年，伦敦日益繁荣起来。罗马历史学家塔西佗（Tacitus）在其《编年史》（The Annals，公元110—120年）中指出，这个城市"因为商业和蜂拥而来的商人而闻名"。

47　　罗马人占据这一地区长达近400年。到公元5世纪初，残余的凯尔特人部落（很久以前就被罗马人赶到康沃尔、威尔士和苏格兰的边远地区）不断挑战罗马人的统治；同时，来自北欧的部落也不断入侵和挑战罗马人的统治。最后，罗马人维持不列颠群岛统治的费用不断增长，加之罗马人不得不加强那些与帝国更接近的地方的防守，使得他们在公元410年放弃了这些岛屿。而重新控制这些地方的本地部落，从根本上消除了罗马占领者留下的一切痕迹，包括在伦敦留下的那些痕迹。不过，罗马人还是留下了两份遗产，

◎ 古罗马对欧洲的支配和统治，在物理上和文化上都对欧洲城市的发展产生了深远影响。在今天很多欧洲城市中，我们可以发现巨大的建筑、道路、桥梁、浴池、渡槽、庙宇和剧院的遗迹，例如下图就是位于伦敦、修建于公元前200年的罗马墙。

并对伦敦以后的历史产生了十分重要的影响。其一是修建了伦敦这座城市，其二是修建了把伦敦与其内陆腹地联系起来的高级道路系统。

从罗马人退出之时起，直到1066年诺曼征服之前，英格兰上演着诸侯争霸。凯尔特人、丹族人（Danes）、盎格鲁人（Angles）、撒克逊人（Saxons）和维京人（Vikings）等部落，为控制这个岛屿而长期逐鹿，易主频繁。这里仅举其中一例。在1013年，丹族人征服了伦敦城，驱逐了撒克逊国王埃塞雷德（Ethelred）。后来埃塞雷德与挪威国王奥拉夫（Olaf）结盟，又很快联手夺回该城。他们知道伦敦桥是伦敦南部供应线的要冲，于是用绳子套在巨大的桥桩上，用船牵引顺流直下从而把该桥拉塌（这也是11世纪的歌曲《伦敦桥塌了》的起源）。但是，在撒克逊国王和挪威人联手占领伦敦之后不久，丹族人在1016年又打了回来，重新占领了这座城市。总之，在这一时期，伦敦城头大王旗如走马灯般地不断变换。

尽管伦敦的政治命运如此多舛，但总体上一直十分繁荣。伦敦的商人们为了维持他们的成功，通常是不管谁上台当政，都与之合作，因此保持并强化了伦敦作为英格兰经济中心的重要地位。

## 2. 公元1066—1550年：中世纪的伦敦

从1066年起，伦敦的政治形势开始稳定下来。诺曼底公爵、"征服者威廉"（William the Conqueror）经过黑斯廷（Hastings）战役，打败了撒克逊国王哈罗德（Harold），并成为这个地区的征服者。那么，威廉·哈特利（Hartley）是如何攻占伦敦的呢？他发现伦敦城防坚固，与其他地方之间的贸易关系对于伦敦又极其重要，于是他攻入位于伦敦桥另一边的萨瑟克（Southwark）部落，并在这里留下一支精锐部队，然后用其余部队攻打防守设施相对薄弱的西部城市和北部城市。他每攻取一个地方，就彻底地摧毁它，并把这

种消息不断送往伦敦，目的是使伦敦清楚地认识到：要么投降，要么彻底毁灭。因此，伦敦人最后不得不打开城门，欢迎威廉成为他们的国王。于是他兵不血刃地占领了伦敦，获得了丰厚的战利品。威廉禁止士兵抢掠这个城市，因为他知道，如果屠杀商人，就不会再有人与他做生意了。但是他不仅实质上得到了这个城市的所有财富，也确保了其在将来为他生产更多的财富。

在威廉征服英格兰的25年前，撒克逊国王"忏悔者爱德华"（Edward the Confessor），一个虔诚的基督徒，决定在伦敦老城（从技术角度看，"伦敦城"最初是罗马墙包围的一平方英里面积的区域，而且今天也是如此）的西边、泰晤士河的大转弯处，修建一处更大的大教堂，这就是后来的威斯敏斯特大教堂（Westminster，意思是西边的教堂）。而威廉正是在威斯敏斯特大教堂加冕英格兰国王的。他后来还选择离该大教堂不远的、由撒克逊国王爱德华修建的宫殿作为他的王宫。

威廉的加冕典礼及其宫殿的选择，对于伦敦的历史十分重要，这主要有三个原因。其一，这个政治宫殿位置紧邻金融首都，使伦敦具有"双重的吸引力"——既作为金融中心又作为政治中心的吸引力。其二，伦敦西部的威斯敏斯特市的设立，意味着那些即将到来的人们，会充满二者之间的这片土地，并因此"使伦敦变得更大"，使其向西扩张，超越了最初罗马墙的界线。其三，英国王庭选址伦敦，把伦敦的地方史和国家史紧密联系在一起。从此以后，伦敦的历史在很大程度上就是英格兰历史的不可分割的一部分。

48　在后来中世纪的五个半世纪中，伦敦稳定发展。不过，在这一时期，伦敦是欧洲的一个偏僻的地方，一个重要但非主要的城市。然而，特别是随着"地理大发现"的到来，这种情况很快得到改变。到1550年，伦敦已经成为一个世界性的城市。

## 3. 公元1550—1800年：伦敦成为一个世界性城市

有三个原因可以解释伦敦为什么会逐渐成为一个世界性的城市。其一，随着美洲的发现，伦敦突然之间就成为北欧最先西去美洲远征队的中转站。来自各个国家的货物在这里卸船，并重新装船运到其他国家，伦敦也因此成为各国海上航运的货物集散地和交通要冲。

其二，英格兰由于孤悬海外，与欧洲的其他国家在地理上相互隔离，又缺乏自然资源，所以逐渐成为一个航海民族，并拥有当时世界上速度最快、效率最高的海上舰队。

其三，这里盛产羊毛。数个世纪以来，英格兰远离欧陆战争并免遭破坏，比欧洲其他国家能够生产更多的这种昂贵原材料。随着对羊毛需求的不断增加，伦敦迅速成为最重要的世界羊毛贸易港口。实际上，伦敦商人确立了在世界羊毛贸易中的实质垄断地位。

所有这些因素加在一起所导致的结果，就是伦敦的人口、财富和权力影响急剧飙升。到16世纪中期，英国的再次复兴开始了——这种复兴可以与佛罗伦萨和威尼斯的复兴相提并论，不仅商业兴盛起来，而且艺术、文学、音乐与戏剧也发展起来。这是亨利八世（Henry Ⅷ）、托马斯·莫尔（Thomas More）、伊丽莎白一世（Elizabeth Ⅰ）、罗杰·培根（Roger Bacon）、沃尔特·罗利（Walter Raleigh），当然还有莎士比亚（Shakespeare）叱咤风云的时代。

事实上，莎士比亚是这个城市为人类创造增光添彩的伟大例子之一。在16世纪晚期，莎士比亚来到伦敦，当时伦敦是严肃的戏剧作家们的作品能够上演的唯一地方。他在这里找到了资助人，也找到了竞争者，他们把莎士比亚推向了最高峰。他的所有伟大的作品，都是在伦敦写就的。正如英国19世纪最伟大的诗人和剧作家奥斯卡·王尔德（Oscar Wilde）所指出的："城市生活提供了使人类更加文明的所有要素——莎士比亚在来到伦敦前，写的全都是些拙劣的打油诗，而在他离开伦敦之后，再也没有写出一行剧本。"（Keyes 1999：126）

文化思想观念的进步，与一个繁荣的城市之间存在密切的联系。首先，一个充满活力的城市，会吸引来自不同背景的人们。随着人口的增长，各种思想观念和生活方式的转变、扩散与融合的可能性也日益增加。其次，一个兴盛的城市积累的财富，为文化思想观念的长期繁荣提供了基础。简单说来，有了财富，人们才会进行休闲活动，创造性的艺术家们才会得到有钱人的赞助，才会有人购买他们的作品，并能够供他们发展他们的艺术，而如果没有这种休闲时间，文化的进步是不可能的。另外，富有的人们会欣赏戏剧、建筑艺术和音乐，又会使创造性的艺术更加繁荣。

人们成群结队，不断涌入复兴的伦敦。在1500年，这个城市的常住人口已经达到7.5万。到1600年，人口又增长了3倍，达到22万。到1650年，伦敦人口再次出现翻倍，达到45万。然而，伦敦并未进行有意识地规划，为如此巨大的人口提供居住条件和各种基础设施。因此住房日益稀缺，居住日益拥挤，街道实际上已经无法通行。河流被严重污染，毫不奇怪的是，其街道本身也被严重污染。正如一位历史学家所写的：

> 整个官员网络，从市长到每个病房所属的四个［官员］，要不断地与街道清洁问题作斗争。诸如英国政治家威廉·沃德（William Ward，1553—1563）这样的人，也会由于对公众产生威胁而受到处罚和起诉。他把那些可怕的污物扔到大街上，臭气是如此的可怕，以致他的邻居无人敢打开自己的商店，他对邻居造成了损害和不适，成为邻里极其讨厌的人，并因此受到责罚。但很多人还是会违反管理规则，径直把污水倒到大街上，或者，像有个"颇具创造性"的小伙子那样，把自己的污水用管子引到邻居的地窖中（Gray 1997: 133-134）。

终于有一年，伦敦连续发生了两次巨大的灾难，并遭受重挫。第一次与我们刚才所描述的不卫生的条件直接有关。1665—1666年暴发了大瘟疫——黑死病，在短短8个月内就夺走了10万居民的生命。而结束这场黑死病的重要贡献者，就是始于1666年9月2日晚上的伦敦大火（Great Fire）——其通过烧死被感染而传播这种病毒的跳蚤和老鼠而结束了这场瘟疫。但是，这场大火整整烧了4天，等大火熄灭之后，4/5的伦敦化为了灰烬。大约有13 200处房屋、87座教堂、50处行会公所被烧毁，被烧毁的面积达436英亩。但

是，就像神话中的凤凰涅槃，伦敦不久后又浴火重生。在大约短短40年后的1700年，伦敦地区的人口又已经超过了50万，整个城市得到重建，甚至比以前更加辉煌，更加活跃和强大。到1750年，伦敦人口达到67.5万，到1800年，人口到达85.1万，而这已是同期巴黎人口的1.5倍。

## 4. 公元1800—1900年：伦敦的工业化与殖民

18世纪晚期，工业革命的产生使伦敦出现了前所未有的发展。此时伦敦已经成为英国商业贸易的中心：这个城市并不生产商品，而是买卖商品；只要是人类能够消费的商品，它都会进行贸易。为了给其难以餍足的工业机器增加燃料，伦敦需要廉价而巨量的原材料。与同一时期的许多欧陆国家一样，伦敦本身并不能生产所有这些原材料，因此其竭力在世界各地进行殖民。而大英帝国随之升起，成为一个日不落帝国，并且这个帝国以伦敦为中心，控制了地球上1/4的人的命运。

为了给这个正在资产阶级化的帝国及其产业提供基础设施的支撑，这个城市在无限制地扩大。东伦敦的船坞和码头扩大了，并提供了大量的工作岗位；政府公务员的数量大大增加，用以监管整个帝国；不断成长的工业，也在不断提供更多的工作岗位。伦敦成为了张开的大嘴，吸纳着数以百万计的人口。到1861年，伦敦人口总量已经达到300万，到1901年已经接近650万。也就是说，在短短40年内，伦敦人口就增加了300多万。

这个城市也逐渐出现了数以百万计的贫困居民，而这种现象在以前从来没有出现过。很多人——包括查尔斯·狄更斯、卡尔·马克思和弗里德里希·恩格斯——都对19世纪伦敦穷人的悲惨遭遇进行过描述，但是很少有人能如法国插图画家古斯塔夫·多尔（Gustave Doré）那样如此敏锐地捕捉到这种现象。

## 5. 公元1900年—现在：现代的伦敦

在1900年以后，伦敦人的生活得到改善。第一次世界大战使整个国家联合起来共同对敌，而

◎ 工业革命使数以百万计的人口来到伦敦这样的城市。正如法国艺术家古斯塔夫·多尔在20世纪70年代所绘的《伦敦哈罗胡同》（London's Harrow Alley）一图尖锐地表现的，这个城市的许许多多人，都生活在悲惨和肮脏的贫民窟中，境况凄惨，陷入绝望。

且具有讽刺意味的是，20世纪30年代的大萧条对这个国家的中等阶层与中上阶层产生了严重的冲击，使它们与低收入阶层一起遭受了这种苦难，产生了拉平社会分化的效果。然后，在1940年，阿道夫·希特勒的纳粹德国空军对伦敦进行持续的轰炸，再一次使这个城市的很大部分遭到破坏。

　　在第二次世界大战后，伦敦再一次实现了自己的重生。在这个被战火毁灭的城市，重建办公室纷纷设立，成百上千万的游客也来到这个城市。不过，伦敦城市的人口却在下降，这部分是因为其把贫民窟人口迁入新城的政策，部分是因为其工业的衰落。位于伦敦东区的港口地区，面积为8.5平方英里，曾经是世界上最大的封闭船坞和货栈综合体所在地，但也在急剧衰落，因为集装箱航运的发明以及其他技术变革使这些船坞过时了（参见下面的"城市风光"专栏）。随着英国的海外殖民地的纷纷独立，这个帝国不复存在，随之而来的是促进其形成和发展的巨额财富也不复存在。

*50*

## 伦敦的东区与西区

　　位于伦敦中央区两端的东区与西区似乎没有什么共同之处。西区及其邻近的怀特哈尔地区（Whitehall）和威斯敏斯特地区，是政府机关、皇室贵族和资产阶级新贵集中的地方。这些地方分布着英国大多数重要的现代旅游景点，以及那些使人联想起帝国时代、前殖民时代与中世纪时代精英们的纪念碑与各式建筑。而伦敦东区长期以来一直是贫穷集中的郊区。在19世纪，这个地区迅速扩大为工人阶级居住区，充斥着大量的极度贫困的民众。直到20世纪早期之前，这里的居民都被排除在政治与社会权力中心之外。在这个因职业、族群、种族和性别隔离而被彻底隔离开来的地带，为了生存的斗争总是不断上演。

　　伦敦苏豪区（Soho）有很多与东区相同的特征，但它是一个较小的飞地，孤悬于总体上更为繁荣的伦敦中央区内。苏豪区成了中层与上层阶层来访者在伦敦中央区内可以轻易找到"下流生活"娱乐的一个地方。在东区，严重的社会与经济问题，及其占绝对优势的工人阶级人口，往往会使来自伦敦西区以及其他更繁荣地区的所有访客望而却步，即使有人真的去这个地方，恐怕也需要下很大的决心。

　　"西区"与"东区"这两个词，因此也分别与伦敦两种截然不同的形象——基于经济与社会不平等所建构的不同形象——相联系。然而，伦敦中央区两端之间存在的鸿沟，最近随着港口邻近地区的重新开发，已在逐渐缩小。

资料来源：John Eade, *Placing London: From Imperial Capital to Global City*（London: Berghahn Books, 2000），p.123.

城市风光

在 20 世纪 60 年代以前，伦敦实质上并不存在长期失业，人们甚至根本没有听说过这种现象；而在 20 世纪 60 年代和 70 年代，大英联邦成员国家大量移民的到来，使大量的少数族群与种族（主要是印度人、巴基斯坦人和孟加拉人）进入这个城市日益衰落和危险的内城区。一个被遗弃的群体开始形成，他们的失业率是整个城市平均失业率的 2 ～ 3 倍。1981 年和 1985 年发生的种族骚乱，表明这个城市陷入了日益严重的社区分裂和区隔。伦敦人开始担心这个城市再也不能整合多样性社会的要素，并难以避免社会剧变而破碎为各种片段。

还有，伦敦的经济结构出现了急剧的变革。在 20 世纪 80 年代以前，伦敦的金融与工商服务行业仅仅雇用了其大约 1/10 的劳动力，而制造业则雇用了大约 1/3 的劳动力。到 2001 年，随着工作性质与工作地点的改变，这些数字完全反转过来了。工厂日益减少，而办公室日益增多，以满足诸如银行、咨询机构、法律和市场营销之类职业的扩张。为了满足新的需要，城市进行了重新开发，在金丝雀码头（Canary Wharf）和国王十字区（King's Cross）等地区，新的办公大楼大量修建，随之而来的是，人们对于接近工作地的住房的需求日益强烈。大家开始重新选择居住在城市中心，导致低级住宅大规模的中产化改造；在内城区，出租单元房和公共住房日益衰落，私人住房又有了存在的空间，并得到了恢复和发展。开发商把多家合租的出租房改造成单一家庭住房，把老旧的货物仓库和工厂改造成阁楼式的高级和奢侈公寓，并沿着河边与老港口区修建新的居民小区（Hamnett 2003；O'hanlon & Hamnet 2009）。

随着以前更老的内城社区那些非常廉价的房产价格的上升，这个城市的改造和升级逐渐向外扩散。一个新的富有职业群体——"国际性的富人"，占据了伦敦的居民区，并把其标价强加给内城的房产市场。然而他们与传统的中产阶层或传统的城市上层阶层不同，对参与公共事务或社

◎ 伦敦把其过去和现在有效地融合在一起，它的现代建筑就是 11 世纪伦敦塔的一种背景，二者沿着泰晤士河融合在一起。该城市为了保持竞争力而不断地追求现代化并取得了成功，但是丰富的传统与过往岁月的魅力，仍然是伦敦的一个重要部分，那些重要的景点，每年吸引着成百上千万的游客。

区连带的兴趣极低（Butler & Lees 2006；Butler 2007；Hamnett 2009）。而且，那些高薪的专业与管理人员，与那些半熟练的、纯体力的工人之间的收入差距在迅速扩大，导致伦敦日益成为比20世纪很多大城市都更加不平等的城市（O'hanlon & Hamnet 2009：212）。

国际性移民导致的结果，除了加剧社会阶级区隔之外，也使伦敦的少数族群人口比以前任何时候都要多。在20世纪60年代，少数族群人口在伦敦只有几十万，但是现在已经达到250万，占整个大伦敦人口的29%。在伦敦内城区，少数族群基本上是拉美—加勒比人、撒哈拉以南非洲人、印度人、巴基斯坦人、孟加拉人，现在他们已经占到整个伦敦内城人口的34%，并且有三个自治市的少数族群人口比例已经超过50%。伦敦以前白人占绝对多数，并且人口构成在总体上相对同质，但现在伦敦已经成为一个多族群、多种族的城市。

今天，这种人口多样化的趋势仍然十分明显。金丝雀码头尽管现在正在衰落，但仍然是最繁忙和最重要的商业区之一。这个繁荣兴盛的社区位于港口居民区，在泰晤士河最为著名的"U"形转弯处，恢复生气的仓储建筑，以及历史纪念性建筑、当代大型居民公寓、办公建筑——很多采用了可以荣膺建筑大奖的玻璃钢结构设计——在这里比肩而立。在短短20年内，这个地区的城市面貌就已经发生了巨大变化，实现了大规模的开发，出现了高耸的摩天大楼，包括英国最高的建筑——50层高的金丝雀码头大厦，以及设计独特的41层高的瑞士再保险大楼，伦敦人称之为"小黄瓜"。在其附近，则是泰晤士河南岸那很受欢迎的步行区，这里有伦敦的新景点"伦敦之眼"，它是目前世界上最大的观光摩天轮，高达443英尺，每天吸引大约1万名游客。

同时，外来移民的涌入使公共服务面临很大的压力，导致学校中越来越多的学生英语水平降低。由于原来的伦敦人因为拥挤和高昂的生活成本而逃离，伦敦的外国人比重比英国其他城市都要大，而且构成成分越来越多样化。伦敦经济上的两极分化也日益严重，高昂的生活成本使得那些人更难以获得经济保障，也更难在伦敦建立自己的家，从而难以在伦敦安身立命。因此，即使伦敦在不断改善和进步，也并不能保证每个人都会过得更好。

也许约翰逊博士最终是对的。由于同时存在几种趋势，我们难以概括出伦敦的某个统一的特征，描绘出一幅统一的肖像。当前的伦敦，仍然是约翰逊博士生活时的伦敦：一个世界性城市，必然"拥有生活所能赋予的一切"。

# 五、概要

城市已经伴随我们存在了一万年。它们始于最后一次冰川期，因为这个时候全球各地出现了很多生态宜居的自然环境。它们在产品与物质剩余的支持和推动下，缓慢地、试探性地确立起来，或者是由于农业和贸易的发展而出现，或者是出于军事和统治的需要而出现。随着它们的发展和成长，它们衍生出复杂的社会结构——特别是专门化的劳动分工和垂直权力结构。所有这些要素都使城市慢慢地支配了人类事务，并因此开始了第一次城市革命。

诸如耶利哥、加泰土丘之类的最早城市，是在世界各地零星地出现的，它们相对独立地存在，但也往往通过贸易而联系在一起，不过它们之间的联系也仅此而已。然后，在公元前4000年后的某个时刻，第一个城市帝国开始出现了。其首先出现在美索不达米亚，然后出现在埃及、中国与印度河流域，以及美洲。这时，大量的城市系统开始出现，它们不仅成为文化中心，也是地区控制中心。城市与帝国之间的紧密联系，是将近5 000年的文明进程中一个关键要素。城市帝国把各种民族、思想观念、巨大的财富和权力都吸入其领域空间。无论是北美的特奥蒂瓦坎，还是中东的埃及，概莫能外。

早期的西方文明也是以城市为中心的——最初是希腊的城市，后来是罗马帝国的城市。当后者在公元5世纪最终瓦解时，欧洲大多数的其他城市——罗马帝国扩张链条上的前哨站——都失去了存在的理由。接下来的500年——大约是从公元500年到公元1000年——是一个极为反城市的时期，一个极其不利于城市发展的时期。很多城市完全消失了，即使是少数幸存的城市，也匍匐在它们过去曾经拥有的辉煌的阴影之下。

在人类历史公元后的第二个千年的前数个世纪中，一直踌躇不前的城市开始复活。贸易也慢慢兴盛起来，而随着新的商人阶层获得权力，旧的封建体制瓦解了。随着文艺复兴时期那些城市——最典型的代表就是意大利佛罗伦萨、威尼斯和米兰等城市国家——的出现，这种复兴在1400年到1600年之间达到了顶点。

然后，在大约1600年，随着旧的封建社会秩序的日益弱化，一个转折点开始出现了。通过日益成功的商业冒险而获得了更大的财富的商人阶层，开始控制整个欧洲的城市生活。整个欧洲大陆的人们，由于看到城市存在改善物质生活的可能性，纷纷涌入城市。这种人口流动和涌入，加上技术的进步和医疗卫生条件的改善，导致人口过渡的出现。在整个欧洲，特别是在城市中，随着死亡率的急剧下降、高出生率的保持，以及成百上千万移民的到来，出现了人口爆炸。自1650年开始，城市在整个欧洲和北美大量出现和不断发展——其中很多人口规模与支配力量都很巨大。这就是第二次城市革命，它主要是资本主义与工业化共同作用和刺激下的产物。

今天，在地球最偏远的地方也存在城市。在很多情况下，城市的发展带来了各种成就，但是其中也存在大量的问题以及各种苦难。现在，在那些最先出现城市人口过渡的地区（特别是欧洲与北美），城市的发展已变得十分缓慢。但不幸的是，在其他一些地区——如第13章所解释的那些地区——还没有实现城市的发展。

我们关于伦敦的案例研究，说明了城市中的生活，也说明了这些过程的各个方面。伦敦最开始是作为罗马帝国的一个前哨据点而出现的，并获得了最初的发展，然后随着罗马帝国在公元410年的撤离，伦敦开始进入了它自己的黑暗年代——默默无闻长达数个世纪，并成为各种入侵者争夺的目标。在1066年，征服者威廉胜利地征服了这个地方，伦敦又开始恢复过来。在后来的五个世纪中，伦敦确立了自己作为英国人生活中心的显赫地位，并且大约自1600年以来，日益兴盛和壮大，成为历史上最伟大的复兴城市之一。其成功的首要原因，在于国际贸易。在接下来的两个世纪中，伦敦又进一步发展，甚至获得了对世界市场更大的控制权。然后，随着19世纪和20世纪初期的工业革命以及英国在海外进行的广大殖民，伦敦的人口又产生了爆炸，出现了一次重要的人口过渡。伦敦尽管有着令人难以置信的生产财富的能力，但也遭遇了大量的问题，而这些问题至今也没有得到完全的解决。伦敦与许多西方工业城市一样，现在面临着人口统计特征不断变化的未来，以及经济活动类型的转型。

# 六、结论

作为人类事务的一种支配力量的城市的出现，是历史上十分关键的事件之一。在很多情况下，城市都是文明进步背后的驱动轮。它们以新的方式把各种思想观念整合起来，产生巨大的财富，（常常是不公正地和不人道地）挥舞和行使着令人难以置信的权力，并成为世界上越来越多的人的家园。

然而通观整个历史，并非每个城市都必然具有同样的特征。正如我们在本章开头就指出的，城市在很大程度上本身就是文明的同义词。因此，在人类文明故事中的每一章节，都会产生独特的城市：早期帝国的城市、中世纪的城市、文艺复兴时期的城市，以及最近的工业资本主义的城市。

因此，在城市的历史中，恒定性与流变性是共存的。这些过程共同创造了城市生活。在北美城市的发展过程中，这二者同样十分明显。我们下一章将讨论北美的城市。

## 关键术语

资产阶级

城市—国家

宇宙年历

劳动分工

垂直权力结构

产品剩余

庄严的王城 / 仪式性城市

## 网络活动

54

1. 登录 http://www.goldenageproject.org.uk/294jericho.php，了解关于古代城市及其结构的更多信息。第一个网页显示的是耶利哥遗址的图片。在该网页下部，你会看到一些索引，点击后可以看到世界各地古代城市遗址的图片。

2. 登录 http://www.worldheritage-tour.org/asia/south-asina/pakistan/moenjodaro/map.html，你可以看到摩亨佐‐达罗考古遗址。点击任何一张小图片，就可以对这个遗址的每个部分进行 360 度的观察。

# 第**3**章
# 北美城市的产生与发展

55

到这里来吧，我会向你展示一种令人敬仰的景象！这是一个天堂般的城市……一个无数天使栖居的城市，伟丈夫的精神和灵魂栖居的城市……噢，美利坚，您穿着华丽的外袍，简直就是一座神圣的城市！

——17世纪牧师，科顿·马瑟（Cotton Mather）

56

美国城市的历史始于小镇——拓荒过程中出现的五个村庄……而每个小镇都像"暴发户"，没有过去，没有确定的未来，却有着让人困惑的千奇百怪的问题。

——《美国城市史》编者，小亚历山大·B·卡罗（Alexander B.Callow, Jr.）（1982：37）

对于来自伦敦的访客而言，北美城市的历史似乎远没有那么源远而流长。例如，北美城市任何一处单体建筑的历史，都无法与修建于11世纪"征服者威廉"统治期间的伦敦塔相比。即使是伦敦那些相对晚近的建筑，如可以追溯到19世纪中叶的英国国会大厦和白金汉宫，也比美国和加拿大的绝大多数城市建筑都要古老。的确，在整个欧洲和非西方世界的许多地方，人们可以找到在加拿大和美国建国之前修建的大量精美古建筑，我们从这些古建筑中可以看到充满活力的城市史。

尽管北美城市是在世界城市历史进程中相当晚近的阶段才出现的，然而它们也有一段自己精彩的历史，大概跨越了五个世纪。早在17世纪，当工业化改造中世纪的欧洲城市的时候，欧洲人就在北美建立了第一个殖民地。因此，毫不奇怪的是，"新世界"的城市，开始完全是作为贸易和财富掠夺中心而出现的，而这些贸易与财富推动了欧洲城市的发展。中世纪之后的文明——商品贸易以及此后不久的工业生产——是这些城市定居点的主要塑造者。这些新的城市，与这些新的国家本身一样，都是背负着人们最伟大的希望而出现的。科顿·马瑟坚信，城市的出现就是《圣经》所许下的"人间天堂"诺言的实现。这一诺言真的已经实现了吗？为了找到这个问题的答案，本章从殖民时期、发展和扩张时期、大都会时期和当代时期这四个阶段来考察北美城市的发展。

# 一、殖民时期：公元1600—1800年

诸如波士顿、查尔斯镇（查尔斯顿）、新阿姆斯特丹（纽约）、新港、费城、魁北克之类的北美早期城市之所以能够建立起来，主要是由于这些地方濒临河流或大海，是贸易的战略要冲，具有极大的发展潜能。其中除了新港在19世纪急剧衰落并被普罗维登斯市吞并外，所有这些殖民者定居点后来都成了北美重要的大城市。

## 1. 殖民城市的特征

无论从面积还是从人口规模看，北美这些早期殖民城市都非常小。例如，那时的新阿姆斯特丹，只占据了曼哈顿岛的最南端，与1898年组建的、包括五个区的巨型城市纽约完全不能相提并论。直到18世纪，无论是新阿姆斯特丹，还是其他任何北美城市殖民地，其人口规模甚至都没有超过一万。直到美国独立战争之后，这些地方才逐渐具有了我们今天称得上是城市的最低人口规模。

早期的波士顿、蒙特利尔、纽约、魁北克，主要是一些石头房子，街道布局也杂乱无章，使这些殖民定居点看起来就像中世纪的城镇。即使在今天，我们还可以看到这种原始的模式，在那些古老的社区，街道狭窄、毫无规律。而且，在这些殖民定居点建立多年后，也难看到有硬化的路面。只有比其他殖民定居点晚建半个世纪的费城，一开始就是按照我们更熟悉的那种网格模式来修建的，今天我们在很多北美城市都可以看到这种方格网状模式。

殖民者建立这些城市的主要目的，是要把它们作为向欧洲宗主国输送原材料的中心。例如，殖民者修建波士顿是为了向英国皇家海军船只供应木材，修建查尔斯镇（查尔斯顿）是为了将大米和靛蓝运回不列颠，修建新阿姆斯特丹（纽约）和蒙特利尔则为了进行可以获取丰厚利润的毛皮贸易。

然而随着时间的推移，这些城市尽管在地理上远离欧洲，但还是日益繁荣和独立。殖民地的商人开始和英国（在1760年取得魁北克控制权）展开竞争，并同西印度群岛甚至欧洲各国单独签订贸易条约。

不久后，许多稍后到来的新移民开始向内陆迁移，又促进了第二批城市的建立，诸如纽黑文和巴尔的摩就是这样产生的。虽然当时只有一小部分人住在城镇，但是城市社会在东部沿海出现了，并很快形成一个新的民族国家。到18世纪60年代晚期，13个殖民地已拥有至少12个大城市，城市和乡村人口大大增加，其中200万具有英国背景，50万具有欧洲其他国家背景，还有

57

BROADWAY. NEW-YORK.

◎ 北美很多前工业化时期的城市，都是繁忙的贸易港口。这些城市所聚集的大量人口和繁忙的商业活动，给当时的游客留下了深刻的印象，不过，那时候所有这些城市的人口总和仅占总人口的5%。上图是19世纪30年代的纽约百老汇大街。直到19世纪，北美才有一些城市的人口达到10万人这一界定大城市的最低标准。

近40万奴隶（几乎都在南方）。

## 2. 城市发起的独立战争

尽管美国城市与乡村都存在争取独立的斗争，但美国独立战争在很大程度上确实是由城市发起的，因为绝大多数的殖民贸易主要是在城市进行。来到美国的商人和殖民者需要自由，去追求他们认为合适的各种生活利益。当然，在他们的头脑中，主要还是追求经济利益。而北方海港城镇的产生和发展导致了很多变迁，影响劳动关系、财富分配、社会群体的重组，导致劳动阶级开始出现在政治舞台上参与独立革命（Carp 2009）。

在独立战争后，新的国家美国建立了，这个新国家仍然以城市作为领导的中心。1789年，美国定都纽约，1790年又定都费城。这时候，尽管城市处于支配地位，但大多数人口还生活在乡村。1790年美国进行了第一次人口普查，发现只有5%的人居住在城市（2 500人以上的地方），而且这样的地方只有24个，当时费城是人口最多的城市定居点，但是人口也只有区区42 000人。

# 二、发展和扩张时期：公元1800—1870年

在美国独立战争爆发时，北方殖民地的西部边界临近哈德逊河，南方殖民地则延伸到阿巴拉契亚山脉。然而，新建美国的领土很快拓展到密西西比河。这片新的地区具有巨大的经济潜力，吸引着城市中的那些工商业资本家，到19世纪早期，他们开始实施各种计划和项目，把这些土地与东部城市联结在一起。

第一个把西部联结在一起的项目，是1818年修建的"国家大道"（National Road，现在的

58

40 号州际公路），其以巴尔的摩市为起点，穿过了阿巴拉契亚山脉。这条内陆贸易路线的建成，以及巴尔的摩大型造船业的发展，使该市规模迅速扩大，经济快速增长。为跟上时代前进的步伐，费城一方面向西开凿运河，另一方面修建收费公路，不过其取得的成功很有限。纽约也不甘示弱，1825 年开通了伊利运河。这条运河不久就使纽约在 19 世纪中叶逐渐支配了东海岸的城市贸易。这条运河始于休斯敦河，贯穿纽约北部地区，并开辟了一条通往整个大湖区和加拿大诸地的水路。巴尔的摩无畏艰险，在 1828 年修建了到达俄亥俄州的铁路，并开启了城市之间又一轮新的竞赛。其他城市纷纷效仿，于是很快有很多铁路线向西延伸，将沿海城市与内陆腹地联系起来了。

到 1830 年，纽约、费城和迅速发展的巴尔的摩，成了美国主要的沿海城市，这在很大程度上是因为它们控制了与俄亥俄流域的商业贸易的大部分份额。我们从表 3—1 可以看到，与东部海岸依然集中于烟草和棉花生产的城市查尔斯顿相比，纽约、费城、波士顿、巴尔的摩等城市表现出惊人的发展速度。随着美国向西部的扩张，很多新的城市先后建立起来，特别是在 1821—1880 年之间，这种西进运动达到了顶峰（见表 3—2）。

加拿大的城市也受益于新的交通线路的修建，特别是在 19 世纪 50 年代，随着"大干线"（Great Trunk）和"大西部"（Great Western）等铁路的修建，以及与美国签订贸易条约，多伦多获得了快速的发展，其人口从 19 世纪 30 年代的 9 000 人激增至 1861 年的 45 000 人。同样，随着蒙特利尔修建了通往多伦多的铁路，开启了对欧航运服务，蒙特利尔市的人口到 19 世纪末已经上升到 27 万。在 1850 年，魁北克市及其周边地区的人口增长到 100 万，这主要是因为快速的人口自然增长，这里是以农业经济为主体的地区。但是自此以后，由于气候适宜的地方缺乏更多的肥沃土地来支撑这种农业经济的发展，许多法裔加拿大人移民美国，去那里的新兴工业产业中工作。

## 1. 工业化的开端

就在北美工业革命取得标志性成功前不久的 1792 年，美国财政部部长亚历山大·汉密尔顿（Alexander Hamilton）大力推动在美国大瀑布——宽度和高度仅次于尼亚加拉大瀑布——地区建立新泽西州的帕特森市。在法国出生的工程师，曾经规划过华盛顿特区的皮埃尔·朗方（Pierre L'Enfant）为帕特森市设计了一个河水滚道系统，使其工厂可以利用水力进行生产。作为第一个人为规划的工业城市，帕特森迅速成为美国的棉纺中心，后来又成为美国的火车制造中心。不久后，随着内陆新城市的出现和发展，新

表 3—1　　　　　1790—1870 年美国东海岸主要城市的人口增长

|  | 1790 年 | 1810 年 | 1830 年 | 1850 年 | 1870 年 |
|---|---|---|---|---|---|
| 纽约 | 33 131 | 100 775 | 214 995 | 515 500 | 942 292 |
| 费城 | 44 096 | 87 303 | 161 271 | 340 000 | 674 022 |
| 波士顿 | 18 320 | 38 746 | 61 392 | 136 881 | 250 526 |
| 巴尔的摩 | 13 503 | 46 555 | 80 620 | 169 054 | 267 354 |
| 查尔斯顿 | 16 359 | 24 711 | 30 289 | 42 985 | 48 956 |
| 美国城市居民总数 | 202 000 | 525 000 | 1 127 000 | 3 543 700 | 9 902 000 |
| 城市人口比重（%） | 5.1 | 7.3 | 8.8 | 15.3 | 25.7 |

资料来源：Statistics derived from U.S. Censuses in 1850,1860, and 1910（Washington, D.C.: U.S. Government Printing Office）.

表 3—2　　　　　　　　　　　　不同历史时期北美重要城市的成立时间

| 1776 年以前（4 个） | 1776—1820 年（7 个） | 1821—1860 年（28 个） | 1861—1880 年（8 个） | 1881—1910 年（10 个） |
|---|---|---|---|---|
| 魁北克（1608） | 纳什维尔（1784） | 波士顿（1822） | 丹佛（1861） | 卡尔加里（1884） |
| 纽约（1685） | 巴尔的摩（1797） | 圣路易（1822） | 图森（1864） | 温哥华（1886） |
| 费城（1701） | 代顿（1805） | 底特律（1824） | 明尼阿波利斯（1867） | 弗吉尼亚滩（1887） |
| 夏洛特（1774） | 新奥尔良（1805） | 孟菲斯（1826） | 西雅图（1869） | 长滩（1888） |
| | 圣安东尼奥（1809） | 杰克森维尔（1832） | 凤凰城（1871） | 俄克拉何马城（1890） |
| | 匹兹堡（1816） | 蒙特利尔（1832） | 沃斯堡（1873） | 迈阿密（1896） |
| | 辛辛那提（1819） | 哥伦布（1834） | 弗雷斯诺（1874） | 塔尔萨（1898） |
| | | 多伦多（1834） | 印第安纳波利斯（1874） | 埃德蒙顿（1905） |
| | | 克里弗兰（1836） | | 檀香山（1909） |
| | | 芝加哥（1837） | | 拉斯维加斯（1909） |
| | | 休斯敦（1837） | | |
| | | 托莱多（1837） | | |
| | | 奥斯汀（1840） | | |
| | | 密尔沃基（1846） | | |
| | | 亚特兰大（1847） | | |
| | | 阿尔伯克基（1847） | | |
| | | 堪萨斯城（1850） | | |
| | | 洛杉矶（1850） | | |
| | | 艾尔帕索（1850） | | |
| | | 萨克拉门托（1850） | | |
| | | 圣地亚哥（1850） | | |
| | | 旧金山（1850） | | |
| | | 圣何塞（1850） | | |
| | | 波特兰（1851） | | |
| | | 奥克兰（1854） | | |
| | | 渥太华（1855） | | |
| | | 达拉斯（1856） | | |
| | | 奥马哈（1857） | | |

资料来源：Based on data from Statistics Canada and the U.S. Census Bureau.

英格兰逐渐成为美国的棉纺中心。到 19 世纪 30 年代，在波士顿周围，大量工厂城镇纷纷涌现；在马萨诸塞州和新罕布什尔州东部，也出现了劳伦斯、洛厄尔、费奇堡、曼彻斯特、林恩等工业城镇。"每一个有瀑布的村庄，都建立了纺织厂、造纸厂、鞋厂或铸造厂。"（Brooks 2005：4；初版于 1936）慢慢地，由私人投资推进的工业化改变了发展中的北美大陆，特别是北边变化最大。但是，在这个过程中，各种新的紧张和冲突

60

也在不断增加。

## 2. 城乡与南北紧张

美国文化中一直存在一股反城市化的思潮。在早期，北美殖民定居点规模一直很小，且具有相对同质的特征，城市和农村之间并不存在多少紧张和冲突。然而，美国的一些创立人，非常担心不断产生和发展的城市将使这个新国家出现什

么样的改变。从小在弗吉尼亚乡村贵族传统中长大的托马斯·杰斐逊（Thomas Jefferson），就谴责城市是"这个新国家身体上的脓疮"，认为城市的产生和发展会招来大西洋彼岸旧世界中的一切腐朽与邪恶。杰斐逊在1800年给本杰明·拉什（Benjamin Rush）的信中，谈到黄热病爆发时说：

> 每当巨大的不幸和灾难发生时，我都习惯于希望这些不幸和灾难能给我们带来某些教益，作为我们的安慰。上帝事实上已经如此为万物确定了秩序，因此大多数的不幸和灾难都是产生某些教益的方式。黄热病将使我们认识到，我们应抑制大城市的发展。我认为，大城市就是道德、健康和人类自由的瘟神（University of Virginia Library 2011）。

不管杰斐逊的意愿如何，城市规模一如既往地扩大，城市的重要性也在不断增加。而且，西进运动又使新的城市不断产生和发展，而随着它们而来的是工业时代的更高程度的机械化。到1850年，许多农村居民对这些开发和发展深感震惊和忧虑，而很多农业杂志经常鼓吹，比起具有欺骗性的城市生活方式来，乡村生活要优越得多。

这种关于城市生活利弊的争论，很快演变成强烈的地方对抗，即南方与北方之间的对立和敌视。造成这种冲突的原因，是1820—1860年间美国城市发展的空间布局失衡，城市发展主要集中在北方。诸如纽约、费城、巴尔的摩之类的城市，完全超越了诸如查尔斯顿和萨凡纳之类保守的、发展迟缓的城市。北方城市由于拥有通往西部的水路和铁路，因此经济财富和人口数量都得到了显著提高。此外，它们还控制了地方市场和全国市场越来越大的份额，特别是随着工业化的扩散，北方城市所有产品的生产都超过了南方。

1861年，内战终于爆发。虽然导致美国内战的因素很多（包括奴隶制），但很多历史学家认为，其根本原因在于城市价值观与农村价值观、工业价值观与农业价值观的对立和冲突。北方的胜利是一个标志性的转折点，杰斐逊的世界则奄奄一息，美国从此无可阻挡地投入了城市工业扩张的怀抱。与一个世纪前震惊欧洲的那次城市大爆炸相媲美的又一次城市大爆炸在北美开始了。

# 三、大都会时期：公元1870—1950年

在1820—1870年为期50年的时期内，北美地区建立起来的那些有记录的小城镇，尚未具备现在大家熟悉的那些城市特征，诸如高耸的建筑物、数以百万计的人口和灯火通明的市中心等。但有两次重大的历史事件，即工业技术的进步和数以百万计的人口迁入北美城市，推动着这些小城镇向现代大都会转型。

## 1. 技术进步

工业化不仅是工厂在正在扩大的城市及其周围区域的扩散，更是工业化进程中的几大技术创新和发明改变北美城市的面貌。人们先是采用铁、然后采用钢来修建楼房，使城市不断向空中发展。1848年，纽约一座铁质框架结构的、五层高的工厂的建成，引起了轰动。而到1884年，芝加哥用钢质框架结构修建了一座10层高的建筑，从而开辟了城市的摩天大楼时代。进一步确保这些高大建筑得以成功的另一个发明，就是19世纪50年代伊莱莎·格雷夫斯·奥的斯（Elisha Graves Otis）发明的安全电梯。到19世纪80年代，这种电梯已被普遍使用。到19世纪末，一些建筑已经达到30层高，到1910年已经达到50层高。到1913年，纽约已有61幢建筑超过20层高，其著名的城市天际线开始形成（Still 1999：206-207）。

在城市向高处发展的同时，在街道交通新技术的辅助下，城市也在向外扩张。内战前，行人只要能坐上马车就已经很满足了。然而，到19世纪70年代，蒸汽动力火车已在纽约的高架轨道上运行，其他大城市也很快采用了这种交

61

通工具。

在19世纪80年代，有轨电车开始运行，大大增加了城市及其郊区的人口流动性，导致了"电车郊区"的出现，也导致了一种每天乘车到城里上班的新通勤人群的出现。今天，有轨电车仍然在诸如波士顿、小石城、孟菲斯、新奥尔良、费城、波特兰、圣地亚哥、旧金山、西雅图和多伦多之类的城市中运行。许多城市还开通了无轨电车，这是一种使用弹簧拉杆从架空电线输入电源的电车（Webb & Tee 2011）。

## 2. 郊区和镀金时代

火车和电车使得超越市区边界的快速交通成为可能，而且费用低廉。房地产投机商马上看到了大发展的潜在可能性，于是在郊区建起成片的住宅待价而沽。例如，从1850年到1900年，在多尔切斯特郡的罗克斯伯里郊区，以及位于中央波士顿南边的西罗克斯伯里，人口从6万增长到大约22.7万（Warner 1978：35）。对于那些新兴的中产阶层来说，他们终于可以逃离城市的肮脏和喧嚣了。在郊区，他们可以重新定居在一个安全而清洁的环境中，住在他们自己的房子里，住在由与他们一样的中产阶层构成的社区中。那些暂时无力购买这种单门独户住宅的人也深受鼓舞，相信只要自己努力工作，挣足够多的钱来支付定金和分期付款，总有一天也会过上如此舒适和时髦的生活。

促进人们从城市中心日益外迁的关键，是前文提到的有轨电车，它把人们运进运出波士顿那老的"步行城市"，也使得郊区住房很快以频繁停靠的车站为中心修建起来。萨姆·沃纳认为，郊区生活人口和有轨电车服务是"相互促进的"——其中的一个越多，另一个也会越多。再后来，城镇间的服务产业，又填满了原来郊区和市中心之间的区域（Sam Bass Warner 1978：49）。到1900年，老的"步行城市"已经被由无数"电车郊区"构成的马赛克包围，而这种郊区马赛克已经容纳了大波士顿大约一半的人口（Warner 1978：3）。

这一过程在北美不断重演。在20世纪初，无论城市地铁和高架系统扩展到多远的地方，其所处之处都会很快有郊区出现。因此，技术催生了人们到郊区生活的梦想，使中产阶层能够迁出城市中心，把他们的工作地与居住地分离开来。与以前的"步行城市"各阶层混合居住和多功能融合的社区模式不同，新的郊区住宅区创造了同质性的经济和社会社区，并通常把穷人排斥在外。这种社会阶层隔离模式以及许多人想逃到郊区的意图，一直是北美城市发展过程中十分重要的两个内容。

然而，没有什么东西能够比汽车更能鼓励人们向外迁移。在私人汽车普及之前，郊区往往呈长条形的走廊形状，沿着从城市中心出来的有轨电车轨道两边分布。不过，随着私家车保有量的增多，更多居住在城里的人向外迁移，那些通勤者也可以住到远离主要道路和铁路线的空地上修建的住宅中。随着越来越多的道路的铺设修建，生活在郊区的人口比重不断上升。不过，在1900—1940年之间，郊区人口的增长速度还比较缓慢。直到20世纪50年代，才真正出现了"郊区热"。

## 3. 大迁徙

从1870年到1920年，美国的城市人口从不到1000万上升到5400万，加拿大的城市人口从390万上升到880万。到1920年，这两个国家都成为以城市为主体的国家，超过50%的人口都居住在城市地区。那些最大城市的人口增长速度快得惊人。到1920年，芝加哥的人口已经是其1870年的12倍多，并很快接近300万大关。纽约在1870年人口还不足100万，到1920年则接近600万大关。多伦多的人口从1871年的5.6万上升到1921年的52.2万，增长了将近十倍，同期蒙特利尔的人口也增长了将近五倍，从13.3万上升到61.8万。

这一时期城市人口之所以出现惊人的增长，主要原因之一就是农村地区人口大量迁入城市，而农村地区人口相应地大量减少。促进这种人口大规模迁移的力量，是随着机器取代传统手工劳动形式而出现的自动化，以及人们对于来到城市

◎ 也许没有哪里比纽约的下东城能够更好地体现大迁徙过程中向城市社区的移民。正如这张摄于1907年的照片所显示的，街道上满是汽车、孩子、手推车和街边小贩，街道两边则是极其拥挤的房屋，居住在那里的移民们生活在如此恶劣的条件中，以致大大小小的疾病和死亡总是伴随着他们。

会更富有的预期。由于无法继续在乡村生存，加上城市的诱惑，无数的人放弃他们的农场和土地，到其他地方去寻求他们的财富。

在这一时期，从外国移入的人口数量——美国为2 000万，加拿大为530万——略低于美加本国离开农村移入城市的人口数量。但是，外国移民带来的变化则要大得多。这些移民包括数十个民族和种族，把惊人的文化多样性带入了那些大城市。格拉布（Glaab）和布朗（Brown）对美国的这种转型进行了如下的描述：

在1890年，纽约……比世界上任何其他城市都拥有更多外国出生的居民。这个城市的意大利人，相当于那不勒斯的一半；这个城市的德国人，与汉堡的一样多；这个城市的爱尔兰人，是都柏林的两倍；这个城市的犹太人，是华沙的2.5倍。在1893年，芝加哥居住着世界上第三大波希米亚［捷克人］群体；到第一次世界大战的时候，芝加哥的波兰人数量，仅次于波兰的华沙和罗兹市（Glaab & Brown 1983：138-139）。

这些族群类型繁多的群体，一起聚集在城市各个独特的区域，赋予了城市一定程度的多样性，以及十分新鲜的刺激，也因此影响了城市的特征。人们在芝加哥、纽约、克利夫兰、匹兹堡或者多伦多这些城市间旅行，过去会、现在仍然能够体验到一连串不同的世界，每个城市都因为自己的商店和产品、自己的声音和气息、自己的语言而独具特色。除了向空中、向郊区扩张以及人口暴涨外，文化异质性成了北美新的大城市的第三个重要特征。

美国1921年和1924年的移民法，开始限制外国移民规模。但是，不断发展的工业机器非常需要来自其他地方的廉价劳动力，而南方的非裔美国人都十分渴望更好的生活方式。于是在1920—1929年之间，超过60万的南方非裔美国人迁入北方的各个城市。最后，芝加哥的南区和纽约的哈莱姆区成为世界上规模最大的黑人聚居地。在哈特福德、巴尔的摩、华盛顿、费城、辛辛那提和底特律等城市，黑人人口也在迅猛增长。很多北方城市很快就出现了种族紧张，有时甚至引发了骚乱。

许多城市还通过合并来实现发展。例如，多切斯特、罗克斯伯里和西罗克斯伯里原来是相对独立的郊区，现在已经成为波士顿的一部分。在加拿大，多伦多在1883年到1900年间吞并了邻近的很多村庄和城镇，使面积增加了一倍，后来通过进一步的合并，在1920年规模又扩大了一倍。1930年的多伦多大都会区，已经包括一个中心城市、四个城镇（利塞德、米米科、新多伦多和韦斯顿）、三个村镇（森林山、朗布兰奇和斯旺西），以及五个乡镇（埃托比科克、东约克、北约克、斯卡伯勒和约克）。蒙特利尔也吞并了城市外围的几个城市、城镇和村庄，极大地拓展了自己的行政区域边界。

## 4. 政治与各种城市问题

如此巨大的变迁在重塑城市的同时，也引发了严重的问题。只有城市政府被赋予了向这些数以百万计的移民提供水电、工作和免受非法剥削保护的权力。然而，保守群体强烈反对公平地提供公共利益服务。各种公用事业公司，要求获得街道的特许经营权，例如自来水公司和天然气公司要求铺设管道，电力公司要求架设电线杆，运输公司要求铺设铁轨。本城的或外地的企业家都争先恐后地支付大笔资金来购买这些服务的特许经营权，以便攫取丰厚的利润，他们甚至有时会贿赂并腐蚀城市官员。

于是，那些拥有权力的政治人物——被称为"老板"的那些人——逐渐获得了对许多城市政府的控制。他们提供城市公用事业服务，但在这一过程中，他们的口袋里常常塞满赃款和回扣。20世纪初，许多城市官员与所有的有组织犯罪人物同样的腐败。

另一个问题就是，大规模移民的到来，导致城市原居民对新来者日益反感。然而，这并不仅仅是移民数量问题。到1900年，移民往往更多地来自东欧和南欧，主要是罗马天主教徒和犹太教徒，而不是新教徒，更可能是有着深色眼睛、头发和肤色的有色人种而不是北欧和西欧的白人后裔。还有，这些新来者往往有自己的行为风格和着装特点，这使得他们显得"格格不入，与众不同"。这些"不太受欢迎的"移民，显著地助长了原居民反城市的情绪，因为这些人种不同的移民，甚至比先前的白人移民还要多，其中大多数又选择在美国城市谋生。事实上，到1910年，美国八个最大城市的人口中超过1/3的居民都是在外国出生的，另外只有1/3才是土生土长的美国人。而与此形成鲜明对比的是，居住在农村的美国人中，只有不到1/10是在外国出生的。其结果是，城镇往往具有一种明显的反族群主义和反种族主义的色彩（Muller 1994）。

## 5. 新都会的生活质量

那些在这一经济大扩张时期获益巨大的人，赚取了惊人的财富，并建立起各种工业帝国。不过，就在城市边缘不断出现那些靠残酷剥削发家的"强盗式资本家"的豪宅寓所的同时，内城的廉租公寓却出现了越来越明显的拥挤。随着人们持续不断地进入北方大城市，业主们以最赚钱的方式来利用建筑空间，应对住房需求的上升。曾

被查尔斯·狄更斯（Dickens 2010：135；初版于1842）痛斥为"丑恶"现象的纽约廉租房，在1900年变得更加拥挤，简直到了无以复加的程度。到了世纪之交，纽约大约35%的人口都住在这样的廉租房中。而在其他大多数的工业城市中，情况也好不了多少。

不幸的是，在迅速扩展的工业城市中，生活质量问题并不仅限于住房紧张。在排污设施不足、总体上卫生条件不佳的那些人口高度密集的居住区，人们还面临极大的健康威胁。所有的城市都曾经伤寒流行。《芝加哥时报》十分坦率地指出了这一问题：

> 芝加哥的河水都发出恶臭（stink）。空气也恶臭。人们的衣服由于被肮脏的空气污染也发臭。没有其他任何词语能比"恶臭"二字更好地表达这个问题了。"腐臭"（stench）一词只能形容有限的事物，而"恶臭"可以形容所有的事物，并且讨人厌的程度更高（转引自Morris 2008：36）。

城市活动家的确进行了一些尝试，试图帮助移民改变经济状况和改善生活条件，但是数十年来，这场战役日益艰巨，城市正在逐渐变得难以控制。随着第二次世界大战（1941—1945）的结束以及紧随其后的郊区住房建设的繁荣，这种趋势才最终得到抑制。

# 四、北美城市：1950年—现在

今天的北美城市仍然在经历着三种重要的变迁。其一，很多民众和工商企业还在不断地放弃城市中心，始于大约100年前的郊区化趋势仍在继续。这一过程常常被称为去集中化或去中心化。其二，大量的人口增长主要发生在那些环境已经面临相当大的压力的地区。在美国，这些地区主要是南方和西部城市（所谓的阳光地带扩张）；在加拿大，这些地区主要是多伦多和温哥华等城市的周边地区。其三，随着加拿大和美国的城市逐渐适应全球化后工业时代，城市中心的绝大多数工作岗位都日益白领化，高技术和服务

行业日益成为产业主体。

# 1. 去中心化

很多城市以前都是以城市人口内爆为特征，也就是说，越来越多的人口不断汇集到城市本身的中心地区；但是自20世纪50年代以来，这些城市一直在经历着城市人口外爆，也就是说，人们从城市中心地区不断搬到其周边地区。表3—3是1910—2010年间北美主要城市的人口普查数据，说明了这种去中心化现象。表中的城市在1910年都已经是大都会，并且在后来的数十年里发展迅速。然而，到1950年，这些城市中心的人口增长放缓，而到1970年人口都出现了不同程度的下降。十年后，这些城市中心的人口出现了大规模的外迁。不过到2010年，其中少数几个城市如纽约和波士顿又出现了相反的趋势。然而，那些外迁的人口并不会离开大都会区，只是迁往中心城市的附近郊区。我们根据表3—4中的北美大陆大都会区中人口变化状况，再结合表3—3中的城市人口变化状况，就可以明确这一点。除了少数例外，大多数大都会的郊区人口都在增长，并且这种增长趋势已经持续了50多年。

**经济原因**

到20世纪60年代，许多行业和制造业企业不断地搬离城市工业区。高昂的租金，加之老建筑空间狭小不能适应扩张需要，导致城市中心的地理位置的吸引力大大下降。而且，新的生产程序要求面积大的低层建筑，而不是过去那种曾经合适的多层建筑。财产犯罪率上升、税收高和交通拥堵，也是导致城市外新工业园日益增多的原因。工人们为了离在郊区的新工作地点更近，往往也从城市中心搬到郊区，又导致了郊区人口增长和城市中心人口的下降。

**技术原因**

正如前文所指出的，对于19世纪一个大城市中心城市的形成而言，能源（蒸汽动力）和建筑（钢质框架结构的摩天大楼、电梯）等技术变革十分重要。自那时以来，州际高速公路，电话、电脑和远程通信技术的发展，在城市区域的去中心化过程中发挥了同样重要的作用。

技术也改变了城市空间的内涵。因为我们跨越空间更加容易——乘小汽车或公共交通工具可以分钟为单位，而远程通信则以毫秒为单位——地理位置上的邻近性，就不再是在城市地区把所有的活动都联系起来的必备条件了。事实上，我们大多数人通常考虑的是时间（"我们住的地方离机场大约40分钟"）而不是距离，我们甚至都不知道距离机场到底有多少公里。

**战后时期：1945—1970 年**

二战后，北美城市的郊区急剧扩大。数以百万计的美国军人从战场回到故乡，建立了新的家庭，并带来了婴儿潮。其结果是城市住房日益短缺，这些新建家庭开始寻求实现自己的郊区梦，即告别拥挤的城市，到空气清新的郊区，住上更大的房子，并在这种环境中养育自己的孩子，送他们去更好的学校，而不用担心犯罪和其

表3—3　　　　　　　　　　1910—2010 年北美部分城市人口（万）

| | 1910 年 | 1930 年 | 1950 年 | 1970 年 | 1990 年 | 2010 年 |
|---|---|---|---|---|---|---|
| 巴尔的摩 | 58.8 | 80.5 | 95.0 | 90.6 | 73.6 | 62.1 |
| 波士顿 | 67.1 | 78.1 | 80.1 | 64.1 | 57.4 | 61.8 |
| 芝加哥 | 218.5 | 337.6 | 362.1 | 336.7 | 278.4 | 269.6 |
| 克利夫兰 | 56.1 | 90.0 | 91.5 | 75.1 | 50.6 | 39.7 |
| 底特律 | 46.6 | 156.9 | 185.0 | 151.1 | 102.8 | 71.4 |
| 纽约 | 476.7 | 693.0 | 789.2 | 789.5 | 732.3 | 817.5 |
| 费城 | 154.9 | 195.1 | 207.2 | 194.9 | 158.6 | 152.6 |

资料来源：U.S. Census Bureau.

| | 2010 年人口（万） | 2000 年人口（万） | 人口变化（%） |
|---|---|---|---|
| **加拿大大都会区** | | | |
| 卡尔加里 | 124.3 | 95.1 | +30.7 |
| 埃德蒙顿 | 117.6 | 93.8 | +24.7 |
| 汉密尔顿 | 74.3 | 66.2 | +12.2 |
| 蒙特利尔 | 387.0 | 342.6 | +13.0 |
| 渥太华—加蒂诺 | 123.8 | 106.4 | +16.4 |
| 魁北克城 | 75.3 | 68.3 | +10.2 |
| 多伦多 | 574.2 | 468.3 | +22.6 |
| 温哥华 | 238.9 | 198.7 | +20.2 |
| **美国北方大都会区** | | | |
| 巴尔的摩—陶森 | 271.0 | 255.3 | +6.1 |
| 波士顿—剑桥—昆西 | 455.2 | 439.2 | +3.6 |
| 芝加哥—内珀维尔—乔利埃特 | 946.1 | 909.9 | +4.0 |
| 克利夫兰—伊利里亚—门托 | 207.7 | 214.8 | -3.3 |
| 底特律—沃伦—利沃尼亚 | 429.6 | 445.3 | -3.5 |
| 纽约—北新泽西—长岛 | 1 889.7 | 1 832.3 | +3.1 |
| 费城—卡姆登—威尔明顿 | 596.5 | 568.7 | +4.9 |
| **美国南方大都会区** | | | |
| 亚特兰大—桑迪斯普林斯—玛丽埃塔 | 526.9 | 424.8 | +24.0 |
| 伯明翰—胡佛 | 112.8 | 105.1 | +7.3 |
| 夏洛特—加斯托尼亚—康科德 | 175.8 | 149.9 | +17.3 |
| 达拉斯—沃斯堡—阿灵顿 | 637.2 | 516.2 | +23.4 |
| 休斯敦—糖城—贝敦 | 594.7 | 471.5 | +26.1 |
| 迈阿密—劳德代尔堡—迈阿密海滩 | 556.5 | 500.8 | +11.1 |
| 新奥尔良—梅泰里—肯纳 | 116.8 | 131.7 | -11.3 |
| 奥兰多—基西米 | 213.4 | 164.5 | +29.7 |
| 坦帕—圣彼得堡—清水湾 | 278.3 | 238.6 | +16.6 |
| **美国西部大都会区** | | | |
| 洛杉矶—长滩—圣安娜 | 1 282.9 | 1 236.6 | +3.7 |
| 凤凰城—梅萨—斯科茨代尔 | 419.3 | 325.2 | +28.9 |
| 波特兰—温哥华—比弗顿 | 222.6 | 192.8 | +15.5 |
| 盐湖城 | 112.4 | 96.9 | +16.0 |
| 旧金山—奥克兰—弗里蒙特 | 443.5 | 412.4 | +7.5 |
| 西雅图—塔科马—贝尔维尤 | 344.0 | 304.4 | +13.0 |

资料来源：Statistics Canada and the U.S. Census Bureau.

他城市问题。在整个北美，新一轮的房产开发又出现了。然而，没有任何其他房产开发比纽约长岛的莱维城（Levittown）能够更好地说明这种"郊区热"了。

大约在曼哈顿以东 30 英里的地方，莱维城从一片菠菜和土豆地中拔地而起。开发商亚伯拉罕·莱维（Abraham Levitt）和他的儿子从 1947 年开始修建这个项目，该项目原计划修建 2 000

◎ 从19世纪90年代到20世纪中叶，有轨电车成为城市内部或城市之间的最佳交通工具。通用汽车公司、费尔斯通轮胎公司和一些石油公司形成合作伙伴关系，共同成立了一家控股公司，相互勾结并收购了那些有轨电车公司，拆除了它们的轨道交通系统，而用公共汽车取而代之。左图是2008年拍摄的、以20世纪20年代洛杉矶为背景的电影《换子疑云》（*The Changeling*）中正在使用的有轨电车的一幕。

套，但在一年之内就把计划调高到修建6 000套。1951年，这个项目的最后一套房子终于完工。莱维城总共包括了17 447套房子。这些乡间别墅房屋面积都很小（约32乘25英尺），外观几乎一模一样。其售价为7 990美元，首付90美元，月供58美元，有五种不同的户型，但彼此之间只是外观颜色、屋顶和窗户的位置不同。房子是水泥地板，里面安有电热辐射地暖，没有车库，但附带一个可以扩展的阁楼（Matarrese 2005）。不久后，很多开发商又以莱维城为样板，在其他地方建起大量类似的住宅小区。

而零售行业也很快跟随人口的流动，来到这些只是供人们夜间睡觉的社区，郊区逐渐建起本地购物广场，并成为郊区人们生活的一部分。巴尔的摩的郊区早在1907年就破土动工修建这样的购物广场，紧接着堪萨斯城乡村俱乐部区（Country Club）又修建了一个购物广场，但到1946年，整个美国只有8个郊区购物广场。不过到了1960年，郊区购物广场数量已经猛增到3 800个，到1970年又增加到13 000个。因此，在1970年，在郊区工作的人与在城市中心工作的人已经一样多（Kowinski 2002），就一点也不值得奇怪了。

由于白人中产阶层的搬离，城市失去了更多的税收基础，而正在离开的行业也在侵蚀这种税收基础。留下来的往往是一些少数族群和穷人，他们往往无法找到工作。城市面临着不断增长的服务需求，而它们提供这种服务的能力却日益萎缩。到20世纪60年代中期，一场真正的城市危机席卷了整个美国，而这种危机在很大程度上就是由去中心化引起的。城市贫困在加剧，少数族群和次要群体有理由对他们的生活水平感到愤怒，城市服务越来越糟，许多城市都濒临破产。

### 大城市统计区①

由于去中心化的快速进行，加之在中心城市无法找到足够住房的工人向周边城镇和小城市的分流，城市化也随之扩展。例如，波士顿的工人开始到韦克菲尔德和林恩以北、韦尔斯利和纳蒂克以西、昆西和布伦特里以南定居。这些居民尽管在统计上属于地方社区，但因为工作而与波士顿仍然存在联系，并生活在波士顿的影响之下。

美国人口统计署注意到了这一趋势，并意识到需要更准确地测量这些城市正在扩张的情况。如果仅仅计算中心城市——如本例中的波士顿城——的居民，那么得到的人口数量会小一些，并看不到居住在布伦特里和韦克菲尔德的人中，有如此之多的人与波士顿存在密切联系这一事实。因此，人口统计署决定在调查中，必须统计中心城市及其周边城镇的人口，以及与中心城市相互依存的那些城市的人口。因此，大都会区的

---

① 美国人口统计署和其他联邦政府机构出于统计目的，将人口超过5万人的核心城市及其辐射区域，定为大城市统计区。——译者注

统计概念就诞生了。

于是，美国人口统计署改变了1959年到1983年一直使用的"标准城市统计区"（standard metropolitan statistical area，SMSA）的统计概念，而使用"大城市统计区"（metropolitan statistical area，MSA）概念。一个大城市统计区，至少要有一个居住人口达到5万及以上的中心城市，加上这个城市所处的一个或数个郡县，以及周围那些人口密度高且其大部分居民通过通勤方式来往于中心城市与自己居住地的郡县。美国人口统计署认为，2010年美国有366个这样的大城市统计区，其人口占美国总人口的4/5左右。美国人口统计署还把那些相邻的大城市与大都会区，或者相邻的大城市与小城市区，称为联合统计区（combined statistical area，CSA）。到2010年，官方认定美国及波多黎各[①]共有128个联合统计区。

#### 多伦多大都会区

1953年，多伦多创建了一个北美独有的联合政府形式，以应对大城市化这种现象。这一举动超越了仅仅给这些地区贴上大都会区的标签，而是创建了一种综合治理系统。然后各城市领导人确立了一种共同的财产评估标准和税率，以处理诸如自来水供应、污水处理、公共交通、校舍建设、养老院建设、公园维护以及城市开发等区域性问题。许多欧洲国家也存在这种大城市治理方法，但是美国几乎不存在这种治理。第14章末尾的案例研究，将详细介绍多伦多的大城市系统。

#### 非都会区的发展

城市人口去中心化，不仅把人们从城市中心向外分散到附近郊区，也分散到偏远的农村腹地。随着大都会区的扩张，那些先前认为是农村的地区，日益受到大都会区的影响，被纳入大都会区的范围。在21世纪前十年里，被纳入大都会区的农村面积增长了11%，是大都会区郊区面积增长率的两倍（Mather, et al. 2011：14）。现在，已经有超过2/3的加拿大人（69%）生活在大都会区，很多大都会区的人口增长率高达31%，卡尔加里大都会区的人口增长甚至远远超过了这一速度，而非都会区的人口则在下降（Statistics Canada 2011a）。

---
① 目前是美国的自由邦。——译者注

毫无疑问，交通和通信技术的进步，是这种变迁的重要基础之一，而人们对更安全、更宁静、步调更缓和的生活的渴望，同样是这种变迁的重要基础。不过，进入大都会区的这些新来者，绝对不是传统的乡下人。他们大多数都受过良好的教育，具有国际化的品位，在附近的城市工作。而当地的各种商店也大量出现，出售诸如美味的葡萄酒和深奥的书籍之类的物品。

## 2. 阳光地带的扩张

我们看一看表3—4，就知道当前影响城市的其他趋势。虽然每个郊区的人口都在增长，但是加拿大西部、美国南方和西部城市的郊区人口增长最快。在2000—2010年之间，落基山脉以西，梅森—迪克森一线以南的美国各州人口几乎都出现了明显的增长。

美国东北和中西部地区及其城市曾经一度主导了这个国家的各种事务，但是，现在这种情况似乎发生了巨大的翻转。表3—5比较了2010年美国前十大城市与其1950年的人口的比较，说明了这一戏剧性的变化。纽约、芝加哥和费城仍排名前十，但后两个城市居住人口已经没有1950年多。如果当前这种趋势继续下去，那么

表3—5　2010年美国前十大城市与其1950年的人口的比较（万）

| | 2010年 | | 1950年 | |
|---|---|---|---|---|
| | 人口 | 排名 | 人口 | 排名 |
| 纽约 | 817.5 | 1 | 789.2 | 1 |
| 洛杉矶 | 379.3 | 2 | 197.0 | 4 |
| 芝加哥 | 269.6 | 3 | 362.1 | 2 |
| 休斯敦 | 209.9 | 4 | 59.6 | 14 |
| 费城 | 152.6 | 5 | 207.2 | 3 |
| 凤凰城 | 144.5 | 6 | 10.7 | 99 |
| 圣安东尼奥 | 132.7 | 7 | 40.8 | 25 |
| 圣地亚哥 | 130.7 | 8 | 33.4 | 31 |
| 达拉斯 | 119.8 | 9 | 43.4 | 22 |
| 圣何塞 | 94.6 | 10 | 9.9 | — |

注：只是中心城市的人口数据。
资料来源：U.S. Census Bureau.

只有纽约和洛杉矶有可能还会保持前十名的位置。此外，不知从何时起，休斯敦、达拉斯、圣安东尼奥、圣地亚哥、圣何塞，特别是凤凰城居然进入了前十。

# 五、超级区域的演变

在整个20世纪下半叶，随着大都会区的不断扩大，它们之间的边界日益模糊。各大人口聚集中心通过共享生态系统和自然资源，以及相互联系的交通系统和相互渗透的经济系统而融为一体，从而形成超级区域。法国地理学家珍·戈特曼（Jean Gottmann 1966），是最先注意到在日益扩张的都会区中，许多独立城市行政区划之间日益密切联动的城市研究者之一。戈特曼把这样的区域称为特大都会，而第一个这样的区域是沿着美国东海岸出现的联成一体的都会地区，戈特曼称之为"波士华走廊"。下面的"城市风光"专栏，就是戈特曼对于这种发展的描述。

## 美国东北超级区域（特大城市群）

今天美国的东北海岸是一个相当发达的地区——一块由城市与郊区构成的几乎不间断的都会区域，从新罕布什尔州南部一直延伸到弗吉尼亚州北部，从大西洋海岸一直延伸到阿巴拉契亚山脉……

……当你沿着波士顿和华盛顿特区之间的各大高速公路或铁路前行，你满眼看到的几乎全是充斥着各种建筑物的地区，那紧密地联结在一些的居民社区，以及规模庞大的制造工厂群。但是，如果你沿着相同的路线飞行，你会发现在交通大动脉沿线的那些被高度利用的建筑密集地带后面，以及在老中心城市周边的郊区集群之间，仍然存在大片森林和灌木丛，以及精心耕种的片片农田相互交替的土地。然而，当你近距离地观察这些绿色空间时，你就会发现这些地方存在大量零散但巨大的建筑，其中大部分是住宅，也有一些是工业建筑。也就是说，其中许多建筑看起来好像是农村建筑，但实际上在很大程度上正围绕着某个城市的市中心而发挥着郊区的功能……

因此，以往我们关于农村和城市之间的区分，在这里已经不再适用。我们即使草草浏览一下超级区域那广袤的地区，也会发现存在一种土地利用的革命。那些生活在所谓农村地区、最近的人口普查也仍然归为"农村人口"的人，其实大多数都已经与农业没有多大的关系。就他们的兴趣和工作而言，他们是我们过去所界定的"城市人"，但他们的生活方式和他们的住宅周围的风景，又与城市过去的内涵不符。

那么，对于这种区域，我们必须放弃城市就是一种紧凑居住与有组织的单元，人口、活动和财富都聚集在一个很小的区域内并与其周边非城市地区明显隔离的想法。在这种区域中，每个城市都在其原有基础上向周围扩张，在农村和郊区不规则的混合地区发展；这些城市在各个领域都与其他在结构上具有某种程度的相似性但绝对不同的、属于其他城市的郊区社区的混合体相互融合。沿着连接纽约和费城的交通大动脉，我们就可以看到这样的联结与合并。这里有许多社区，可以同时归属于多个不同的城市范围，因为它们在同时围绕着不同的城市运转。我们很难说它们是不是费城、纽约、纽瓦克、新布伦瑞克或者特伦顿的郊区或"卫星城"。后三个城市本身在很多方面都属于纽约郊区这种角色，不过特伦顿也属于费城的范围。

这种区域的确让人想起亚里士多德说过的一句格言，即诸如巴比伦之类的城市"是一个国家而不是一个城市的指南针"。

资料来源：Jean Gottmann, *Megalopolis:The Urbanized Northeastern Seaboard of the United States*（New York:Twentieth Century Fund,1964），pp.3,5-7.

城市风光

"波士华走廊"是第一个北美特大城市群，现在人们称之为东北超级区域。在加拿大，魁北克—温莎走廊（包括蒙特利尔、渥太华和多伦多）也是这样的特大城市群。今天，人口统计学家和城市学家偏爱用"超级区域"一词来描述这种大规模的人口增长现象。而美国其他的城市群，还包括卡斯卡迪亚城市群、北加利福尼亚城市群、南加利福尼亚城市群、亚利桑那阳光城市群、前山城市群、德州三角城市群、墨西哥湾海岸城市群、佛罗里达城市群、皮埃蒙特城市群，以及大湖超级区域等。

确定各郡或各县是否是某个特大区域的一部分的标准，主要有：（1）人口密度超过每平方英里 200 人；（2）2025 年预计增加人口要超过 15%，至少要新增 1 000 个居民；（3）在 2000 年到 2025 年之间，每平方英里人口密度要增加 50 人以上；（4）到 2025 年，就业增长率要超过 15%，新增就业岗位要超过 2 万个（Hagler 2009）。

## 1. 东北超级区域的特征

尽管美国的南方阳光地带在不断地扩张，但是东北超级区域（也称为"东北城市群"）仍然是美国城市生活的重要组成部分之一。该区域有 5 000 万人，将近美国总人口的 1/5（18%），预计到 2025 年还将增加 900 万人。该区域对美国国内生产总值的贡献为 21%，超过了其人口在美国的比重（America 2050 2011）。该区域还有 40 家世界 500 强企业，拥有将近全球一半的对冲基金投资资本（Fortune 2011）。

为什么该区域仍然吸引着那些能够创造工作岗位的投资？该区域只占美国 2% 的面积，却拥有美国将近 1/5 的人口，是美国市场最集中的区域。一个制造商可以用卡车在 24 小时内把自己的产品送到美国和加拿大超过一半的工业企业和零售网点。而且，位于这一走廊上的 11 个州，通过空中和海上交通，可以与欧盟各国近 5 亿人保持密切联系。此外，在由这些州构成的超级区域内，高等教育机构的密集度为美国之最，每年有大约 300 万学生被送入区域内的 875 所学院和大学。高科技公司在选址时，也更愿意接近那些顶尖的大学。马萨诸塞州著名的第 128 号公路（现在被称为"美国的技术高速公路"），就位于麻省理工学院和哈佛大学附近。新泽西是美国人口倒数第三的州，其人口不到全国 3%，但用于创建新的快速成长的公司的风险投资额，却位居全美各州第六，其 IT 专业人员数量位居全美各州第二（Innovation NJ 2011）。

## 2. 阳光地带的问题

正如东北冰雪地带（Snowbelt）[1]并非全是消极和负面的一样，美国的阳光地带也并非一切都是那么美好。美国联邦调查局报告说，阳光地带的暴力犯罪占美国所有犯罪的 65%（其中 42% 在其南部，23% 在其西部）。相比之下，美国中西部的犯罪案件只占全美的 20%，而整个东北地区更是只有 15%（FBI 2010）。在全美 12 个空气污染最严重的城市中，有 8 个位于阳光地带（American Lung Association 2011）。阳光地带的污染越来越严重，水资源越来越短缺（尤其在西南部更是如此），而其中的许多地区人口增长极快。其中许多人口快速增长的城市，都急需投入更多的费用修建足敷使用的基础设施，包括道路、桥梁、供水和污水系统等。

## 六、后工业城市

在 20 世纪 60 年代，美国很多中心城市似乎都陷入了不可逆转的自我毁灭过程，先后发生了数十起重大的骚乱，而中产阶层白人大量"飞离"，纷纷搬到郊区。随着那些老工厂日益落伍，各种行业纷纷倒闭。那些留下来的，都是别无选择的穷困潦倒者，而其中又有很大一部分是少数族群。这些城市似乎已经末日降临，将成为我们所知道的历史上已经消失的城市的一部分，很多人都怀疑美国的城市永远也不会复兴了。但是，与这种情况形成鲜明对比的是，加拿大诸如多伦

*70*

*71*

---

① 指冬季严寒的美国东北和中西部。——译者注

◎ 与阳光地带的城市不同，位于冰雪地带的诸如明尼阿波利斯—圣保罗之类的城市，土地使用密度非常高。建筑物紧紧簇拥在一起，商店、办公室和餐厅之间也紧紧相邻，更别说那些更加密集的公寓住所了。所有这一切使人们能够把很多活动都安排在步行就能到达的空间距离之内，但又导致更多的人群、更加的拥挤以及对公共交通的严重依赖。

多之类的城市，更有效地处理了它们的那些问题。多伦多是一个多种族或族群杂居的大都会，美国城市学家简·雅各布斯（Jane Jacobs）称之为"一个运行良好的城市"。

## 1. 衰败与重生

在 20 世纪 60 年代末，当城市中心日益衰败或恶化之时，学者、政治家和几乎所有的民众，都想知道我们是不是应做点什么。有一种声音认为，我们什么也不需要做，因为随着时间的推移，城市将会实现自我救赎。这种声音来自爱德华·C·班菲尔德（Edward C. Banfield 1970），其颇具争议的《城市不是天堂》（*The Unheavenly City*，显然是针对本章开头引文之作者科顿·马瑟关于"天堂般的城市"的愿望而取的书名）一书，一度引起了极大的轰动。他的观点是，城市是一种太过强大的经济机器，以至于不能长时间地维持。他认为，只要等待足够长的时间，新的工业企业和人们会明白，他们应返回中心城市，以享受其廉价的巨大交通便利。他们应尽量购买土地，翻新那些破败的厂房、住宅和公寓大楼，以利用城市本身的诸多好处。

但是，班菲尔德的批评者则认为，他面对城市贫困却"什么也不做"的立场，似乎过于冷酷和卑鄙。然而 40 年后，他的许多预言都变成了现实。美国各地的城市都在复兴之中，尽管这些城市并没有得到多少联邦政府的帮助。后工业城市已经到来，虽然由于近几年的经济衰退，其步伐明显放缓，但有研究表明，经济振兴和城市改革的总体趋势仍在继续（Teaford 2006）。

如果把今天的许多美国城市与以前那种年久失修的老旧城市图片进行对比，那么结果绝对会让你大吃一惊。新城市建设在美国各地——从匹兹堡到西雅图，从纽约到凤凰城——都正在如火如荼地进行。承包商们竭尽全力地快速修建起一座座多层的复合办公大楼。随着年轻的城市专业人员——"雅皮士"的迁入和翻新旧建筑，或者住进新的综合公寓大楼，城市的许多居民区都正在被彻底地改造。虽然很多较老的城市，特别是较小的城市继续在衰败，但城市经济又重新活跃起来。目前随着美国城市完成向后工业经济的转变，该国大多数地区城市复兴都正在真真切切地进行之中。

而城市情况好转的原因，主要在于与新的计算机技术相联系的白领行业的增长，以及很多产业经营方式出现的重大转变。高科技企业更乐意接手、翻新或重建由离去的重工业所留下的那些建筑。这些企业需要城市中心的位置，以最大限度地提高它们的工作效率，并因此促进了新技术白领行业在城市中心的增长。而许多企业都进行了激进的改革，调整了它们的组织结构和运行方式。在 19 世纪，各种重要的产业都信奉"从开始到结束"的过程；也就是说，它们自己管理和控制从原材料购买到成品生产，再到市场营销的整个生产和经营过程。绝大多数的公司"巨人"，诸如卡内基钢铁公司和福特汽车公司等，都是如此。福特汽车公司甚至自己养羊、生产羊毛并用来制造自己的汽车内饰材料。

不过，在今天，那些巨型企业逐渐剥离自己的那些不再有利可图的经营部门，把一些业务外包给其他公司甚至外国公司。通用电气公司已经不再生产微波炉或其冰箱所用的新制冷装置，而是由美国、韩国、日本及其他地区的企业为它生产和提供这些零部件。企业以更加灵活的方式，决定哪些零部件自己生产可以盈利，哪些零部件通过外包更为有效（Duesterberg & Preeg 2004：45；Whitford 2006）。

这样的变革在北美各地普遍出现，并对城市产生了重要的影响。一方面，企业不再需要以前重工业生产所需的那么多的蓝领工人，也不再需要那么多的建筑。另一方面，这些在我们城市场景中发挥十分重要作用的公司，又创造了更多的白领工作岗位——这些工作岗位有赖于这些公司与美国或者海外其他公司保持常规性的联系。

74　　　那些受雇于后工业和高技术产业的人，自然想住在靠近他们工作地点的地方，而一些来自郊区的通勤者（特别是那些有家庭的人），许多都倾向于选择居住在中心城区。低档住宅中档化和改造升级（gentrification）的过程，可以说明这种过去几十年一直存在的趋势，在低档住宅升级改造的过程中，白领专业人员迁入并改造了许多陈旧破败的城市街区。本书稍后将再次讨论这一话题。

## 2. 未来

后工业城市将有可能主宰北美的未来，但这将以什么样的形式实现呢？一个重要的世界范围

性的趋势，就是全球化。这是我们将在第 7 章进行探讨的主题。而在北美大陆，还同时出现了另外两种趋势，而且我们尚不能确定这两种趋势在未来是否都可以流行开来。其中一种趋势就是卫星城或边缘城市（edge city）的出现（第 4 章将对其进行更充分的讨论）。这种在旧城市区边缘出现的新城市，是非大都会区人口出现增长的重要原因。约耳·加罗（Joel Garreau 1992）认为，北美已经完全重新改造了城市，这些新的城市就是我们的未来。在加拿大和美国，这些新的城市已经有 200 多个，它们有自己的购物中心和办公园区，现在已经主导美国的零售业、电影院，成为美国各级政府的主要所在地。

第二个趋势是老城市的振兴，这一重要的过程现在还没有停下来的迹象。我们知道，现在人们是更多地而不是更少地接纳国际大都会的生活方式。而卫星城并不能给那些年轻人提供在中心城市的上流住宅、阁楼公寓、舒适的餐厅和商店中能够找到的居住氛围，所以许多城市老区的升级改造仍在继续。不过，尽管在 2011 年许多城市仍在兴建办公建筑，但日益停滞的经济以及极高的房屋空置率，大大减缓了这种建设的速度（Downs 2011）。

对此，克利夫兰就是一个很好的例子。在 20 世纪 60 年代和 70 年代，这座俄亥俄州的城市，就是城市绝望的一种象征。在 1966 年和 1968 年，克利夫兰存在严重的社会问题，并最终演变成种族骚乱。这里的空气污染十分严重，在 1969 年，流经克利夫兰的凯霍加河（Cuyahoga River）居然因为其中的污染物而燃烧了好几天。克利夫兰的重工业也陷入了严重的危机，中产阶层逐渐逃往郊区。到 1979 年，这个城市的经济已经处于崩溃的边缘。

到了 20 世纪 80 年代，克利夫兰市政府和商界领袖形成公私合作伙伴关系，试图给城市注入新的活力。其振兴的关键，就是把克利夫兰那著名的，但已经被放弃的地标——终端塔

（Terminal Tower）恢复为商业综合体，包括一个轨道交通车站、一处拥有多家高档商店的多层购物中心、一家拥有 11 个放映室的电影院、一家丽思－卡尔顿（Ritz-Carlton）酒店，以及几幢高层办公楼。这个城市中心综合体创造了3 000 多个工作岗位，在 20 世纪 90 年代，因为有诸如"香蕉共和国"（Banana Republic，内衣品牌）、"美国运通"（American Express）、"大峡谷"（Gap，童装品牌）、"水手"（J. Crew，服装品牌）之类的专卖商店而吸引了更多的人。可悲的是，这些商店现在都不见了，整个建筑物没有大规模的购物商场，那些喜欢进行一次性购物的人往往会抱怨这里的购物中心衰落了（Yelp 2011）。

但是，20 世纪 90 年代，克利夫兰修建了系列旅游景点，主要包括了 6 层高的摇滚音乐名人堂和博物馆、两个体育场，以及附近的投资很大的雪松岬（Cedar Point）游乐园——拥有 17 处过山车，超过了世界上任何其他公园的过山车数量。雅皮士把废弃的仓库变成阁楼和公寓，城市居民可以在凯霍加河边的湖畔公园和时尚的餐厅内享受美好的时光，人们还可以坐上大型游船和游艇在凯霍加河航行，并坐在露台上欣赏沿岸风光。

不过，克利夫兰城中心的复兴最后失败了，这部分是因为那些孤立的新项目相互分散。由于景点之间彼此缺少联系，游客的活动不能相对集中，导致城市的所有景点都化为乌有。克利夫兰的中央商务区尽管十分宽阔，但缺乏波士顿和费城那种通过步行就可以到达的魅力和吸引力。然而，一些新的道路项目以及克利夫兰市中心联盟推荐的一些措施（包括修建一座步行桥、一条自行车车道，关闭不必要的街道并重新设计，改进公共广场等），可能会加强各个景点之间的联系，从而使中心城区对于居民和游客更具吸引力（Piiparinen 2011）。

显然，克利夫兰还需要更多的努力，以使自己重新振作起来，并快速恢复活力。这个城市在

1990 年至 2010 年间丧失了 20% 多的人口，从505 615 人下降到 396 815 人。2006 年，在美国最穷的 10 个大城市中，克利夫兰排第 4 位（位列底特律、布法罗、辛辛那提之后）。为了弥补以前工业基地的消失，克利夫兰市的领导者把改造升级和土地的综合利用作为重要的经济战略。"战略"是一个十分恰当的术语。因为随着全国中心城市的重生，许多人都正在参与一种竞争，这种竞争让人联想到 19 世纪中叶城市间的竞争，而此时正值北美城市突飞猛进、跨越式发展的时期。越来越多的城市政府开始聘请营销专业人员，来营造城市的形象，以吸引更多的企业和游客。

## 3. 人们因为经济重组而付出的代价

不幸的是，后工业化的过程并没有惠及所有城市居民。因为低级住宅升级改造，很多城市街区的贫困居民被赶走。他们无力承担房租上涨，不得不另觅他处。同样，尽管城市内的某些区域是富人的天堂，但是后工业化经济使身处困境的城市穷人和没有技能者境况进一步恶化。

随着我们城市的经济变得越来越白领化，这种职业的重构，造成了一种"技能错配"。它们渐渐从制造业和产品加工行业中转型，消除了许多非技术性的工作岗位，而这些工作岗位一度是数百万低教育水平的国内外移民向上流动的第一步。如今的城市就业市场，要求的是受过良好教育的员工，能够在信息处理工作岗位中同文字和数字打交道，对技能的要求越来越高，也使得穷人难以获得这些新的工作岗位。因此，尽管一些城市社区在改善，但是无技能者的失业率仍然很高，依靠政府救济者的比例也仍然很高（Samuelson 2011）。低档住宅的改造升级进展顺利，但这种变化并没有使所有人都受益。

有两种劳动力市场充分体现了后工业城市的

特征，这两种劳动力市场培育了完全不平等的两种生活方式——高薪白领职业与低薪服务工人的生活方式。现在不是土生土长的黑人，而是移民填补了白人搬离城市中心后留下的空缺职位（Waldinger & Lichter 2003）。

这就是北美城市的动态发展过程，其从17世纪的拓荒过程中产生的那五个社区，发展到现在的状态，城市面积已经相当巨大，且仍然发生着快速而重大的变迁，包括去中心化、阳光地带城市的发展、后工业化城市的发展等。本章最后一部分是关于北美世界性城市纽约的一个案例分析，这个案例很好地说明了这一动态发展过程。

# 七、案例研究：纽约——"大苹果"

长期以来，美国纽约①一直是一座伟大的城市。它是美国在世界面前的重要符号，并且在许多方面也是外部世界与美国交流的桥梁。纽约不仅体现了北美城市史的独特进程，也是到底什么是城市生活的永恒展示。纽约之所以如此卓越，是因为其拥有众多的特征。下面列举了其中的少数几个特征。

第一，纽约是巨大的，聚集了巨大的人口。大约有820万人生活在这个城市范围内，而且还有三倍之多的人口居住在这个城市周围不断扩张的都会区域。第二，纽约是美国重要的金融、保险、地产、媒体和艺术中心。其拥有46家世界500强企业、大量的外国公司（提供了1/10的私营部门工作岗位），其电视和电影产业仅次于好莱坞。第三，纽约是美国第三个最繁忙的港口（货物吞吐量仅次于南路易斯安那和休斯敦）。第四，世界上所有种族和族裔群体，在这里几乎都

可以找到，各色人等说着将近200种地方语言，超过1/3的居民是在外国出生的。生活在这个城市的华人，比亚洲以外的任何城市都要多；生活在这个城市的西印度群岛人，比加勒比地区以外的任何一个城市更多；这个城市中说西班牙语的拉美裔，比美国任何其他城市都多。第五，纽约有许多地方都举世闻名，包括华尔街（金融）、麦迪逊大道（广告）、服装区（美国制衣中心）、中央公园（可以说是世界上最大的城市公园）、第五大道（时尚购物和生活）、格林尼治村（长期以来就是一个吉卜赛人、学生以及反文化群体飞地）、百老汇（世界上最有活力的戏剧中心）等。第六，纽约还是重要的艺术、音乐和出版中心。

从街道层次上看，纽约的街道平时充满了人流、车流、音乐艺人和商贩，各种各样的风景和声音轰炸着人们的感官。事实上，纽约给人的第一个体验，就是许多人过着漂泊流浪的生活。但从另一个层次上看，纽约这个城市又具有欺骗性。正是它那如此之大的规模，欺骗着我们无视事实本身，而总是认为情况更好，产生幻觉。下页的"城市生活"专栏，就揭露了宏大的无线电城音乐厅，是一个幻觉的制造者。

我们无法逃避纽约生活的各种巨大矛盾、贫富悬殊、各种不协调和无常多变性。这个城市既是北美最富者的家，也是北美最穷者的家。在其最值得骄傲的文化成就背后，存在一些最严重的社会问题。简言之，在纽约你可以发现一切美好的东西，也可以发现一切丑恶的事物。它是最卓越的世界性城市之一。还有，自2001年9月11日以来，纽约已经成为美国人联合起来坚决打击恐怖主义的象征，其他地方的美国人则表达了与纽约之间存在的一种特殊关联。

纽约一直是美国生活的中心，有着无常多变的历史。因为它的变迁可以说明北美城市总体历史这个主题，所以下面简要讨论纽约形成和发展的四个历史阶段。

① 在20世纪20年代，纽约的一位记者发现，一些来到纽约的美国人认为纽约是一个遍地黄金且充满机会的地方，在这些人眼中纽约简直就是一个"大苹果"（Big Apple），意思是既好看又好吃，人人都想咬上一口。因此，纽约从此又被称为"大苹果城"。——译者注

## 整个纽约就是一个大舞台

我告诉你一个老笑话，与纽约的无线电城音乐厅有关。一个男子和他的妻子在星期天下午进入了这个音乐厅。电影快要结束了，接下来是舞台演出。在舞台演出开始前，屋子的灯光会亮几分钟。当灯光亮起时，该男子站起身来，向他的妻子嘟哝道："我要去上厕所。"他来到他所在楼层的出口，找遍了乐队演奏处、包厢、夹楼、楼厅以及第二层阳台（second balcony），但就是找不到男厕所。他又来到下一层楼继续寻找，但还是没有找到男厕所，于是又走下另一处楼梯。他沿着走廊走去，推开一扇扇门，沿着黑暗的通道行走，不停地上下台阶，渐渐迷了路，越来越抓狂。正当他内急得实在难以忍受时，他推开一处沉重的大门，发现自己在一条小街上，两旁排列着房屋、树木和灌木。他发现这个地方没有人，于是就在灌木丛中解决了问题。

这一切都需要时间，他又花了更多的时间才回到自己所在的那层楼，找到自己的走道和区段。当他终于到达他的座位时，舞台表演已经结束了，电影又开始放映。他悄悄溜回他的座位，轻声问妻子："刚才的舞台表演如何？"他的妻子说："你应该知道，你就在里面。"

资料来源：Helene Hanff, *Apple of My Eye*（New York: Moyer Bell, 1995），p. 129.

**城市生活**

## 1. 殖民时期

纽约是最早的五个北美殖民定居点之一，其最早始于1624年荷兰殖民者在曼哈顿岛最南端建立的一个小定居点，而荷兰殖民者在这里建立定居点的目的，主要是进行毛皮贸易。当时其名字叫新阿姆斯特丹，是荷兰殖民者在北美建立的新尼德兰的中心。在随后的几十年里，这个地方逐渐繁荣起来：大量的房子被建造起来，大量的农田被开垦出来。当时的殖民者为了保护这个殖民定居点的北部边界，在边界上打下了一排垂直的木桩，这个地方后来成了著名的华尔街。1638年，新阿姆斯特丹开通了到布罗伊克伦（后来称为布鲁克林）的渡轮服务，而第一批殖民定居者开始到达史泰登岛（Staten Island）。

1656年，这个"城市"进行了第一次人口普查，发现这里大约有1 000人，分别居住在17条不规则的街道和120所房子之中。在其后的几年内，一些街道铺上了石头，一个镇警戒所（这是纽约警察部队最早最直接的前身）建立了起来，并向人们提供治安保障。它的北边是荷兰人称为"鲍厄里"（Boweries）的农场。那些不规则的街道的终点就在这个地方，人们长期称之为"鲍厄里"（The Bowery，即今天的休斯敦街）。1658年，荷兰殖民者建立了一个农业村庄，他们称之为"哈勒姆"（Haarlem）；而一条长长的土路尽头、北边较远的地方，他们称为"百老汇"（Broadway）。

17世纪50年代，第一个犹太人来到这里，并建立了一种长期的传统，这种传统影响了这个城市后来的整个历史。1657年，第一个贵格会教徒在此定居。1664年，英国人夺取了这个城镇的控制权，并将其更名为纽约（新约克），以纪念英国国王查尔斯二世的弟弟、约克公爵詹姆斯。此后英国人在此推行一切族群宗教自由的政策，恢复了荷兰人开创的宗教宽容传统。

在1680年，纽约垄断了精加工面粉的出口，经济开始迅速爬升并取得巨大的成功。码头数量成倍增加，贸易日益繁荣，各种辅助性的工商企业纷至沓来。人口也稳步增长，从1703年的4 000人增长到1723年的7 000人，并在1737年突破了一万大关。1725年，纽约发行了第一份报纸；1730年开通了通往费城的公共马车；1731年，纽约公共图书馆建成并对外开放。

与其他殖民地一样，纽约随着这种增长和发展，也开始强烈抱怨英国对纽约的贸易强制。1765年，英国政府制定了印花税法案，规定所有交易都要征税。但是在纽约的英国殖民者强烈反对这一法案。英国议会最后不得不松口，于1766年废除了该法案，并导致纽约一个名号为"自由之子"的团体，在该城竖起一根象征胜利的"自由旗杆"（Liberty Pole）。英国政府动用武力要拆除这根旗杆，于是引发了冲突，"自由之子"的一些成员在冲突中被杀害了，为美国革命流下了第一滴血。

在美国独立战争爆发时，英军已经占领纽约长达7年。独立战争迫使许多纽约人暂时离开了城市，人口从最多时期的2.15万下降到仅数千人。然而，随着战争的结束，纽约再一次复苏并得到迅猛发展。在1789年，乔治·华盛顿（George Washington）在位于华尔街和拿骚街交汇处的联邦大厅宣誓就任美国第一任总统，一年后，纽约成为美国首都。

## 2. 发展和扩张时期

到1800年，纽约城市人口已经超过了6万人，并且仍在以惊人的速度继续增长。到1810年，人口已达9.6万，1830年又达到20.2万。然而，这只不过是即将到来的发展与扩张的前奏。1792年，一群商人聚集华尔街商议谋划，其结果就是后来的纽约证券交易所。1811年，该城实施了著名的街道开发的网络模式规划。1825年，连接哈德逊河与大湖区的伊利运河竣工，又为纽约提供了超越东海岸其他城市竞争者、让人垂涎的贸易优势。这座城市由于可以直接进入北美内陆腹地，因此迅速成为美国的经济中心。

1838年，把美国与欧洲连接起来的海外船队建立起来了，从而真正为移民开启了进入美国的大门。例如，在1840年，就有5万多外国人来到纽约港，其中大部分都定居在这个城市。1846年，纽约和费城之间的第一条电报线路开始营运。1848年，一家高达五层的工厂开始投入生产（这也是纽约即将到来的发展与扩张的一个前奏）。1850年，纽约引入了轨道式马车，改善了这个城市的交通，也使曼哈顿岛北部乡村地区日益"郊区化"。人们只需要一枚镍币，就可以到达这个岛上的大多数地方。1853年，纽约举办了美国第一次博览会，体现了一种极大的乐观主义，而这种乐观主义现在已经成为这座城市的特征之一。1858年，美国政府批准修建中央公园——这是美国最大的城市地标之一——的计划，这个公园直到南北战争结束后才基本建成。在1860年，纽约市的正式行政区划只包含曼哈顿岛，但人口已经达到81.4万，而在附近的布鲁克林、史泰登岛和泽西城还居住着25万人。

## 3. 大城市的形成

当美国内战结束后，纽约已经成为一个成熟的大城市。在1870年到1930年之间，其城市人口出现了前所未有的增长，以前所有时期的人口增长与之相比都相形见绌。表3—6表明，在1870年后的60年里，整个纽约市的人口增长了4倍。然而，直到1898年1月，由五个城区构成的纽约，才获得了法律上单独设市的行政区划地位。

从1870年到1920年，是外国人大量移民进入美国的时期，而纽约是这些移民到达美国的主要港口。1884年，出现了唐人街；1885年后，意大利移民急剧增多；1890年后，犹太人开始通过埃利斯岛移民机构大量移民到曼哈顿的下东区。许多新增城市人口直接进入各种行业工作，其中最明显的是服装行业。

表 3—6　　　　　　　　　　1870—2010 年纽约各大城区的人口（万）

| | 1870 年 | 1900 年 | 1930 年 | 1960 年 | 2000 年 | 2010 年 |
|---|---|---|---|---|---|---|
| 纽约 | 147.6 | 343.7 | 692.9 | 778.2 | 800.8 | 817.5 |
| 五大城区 | | | | | | |
| 曼哈顿 | 94.2 | 185.0 | 186.7 | 169.5 | 153.7 | 158.6 |
| 布朗克斯 | 3.7 | 20.1 | 126.5 | 142.5 | 133.3 | 138.5 |
| 布鲁克林 | 41.9 | 116.7 | 256.0 | 262.7 | 246.5 | 250.4 |
| 皇后区 | 4.5 | 15.3 | 107.9 | 181.0 | 222.9 | 223.1 |
| 史泰登岛 | 3.3 | 6.7 | 15.8 | 22.2 | 44.4 | 46.9 |

注：这五大城区直到 1898 年才正式合并为纽约市。
资料来源：U.S. Census Bureau.

到 1890 年，纽约地区超过 4/5 的居民或者是在外国出生的，或者是在外国出生的父母的子女（Claghorn 2011）。与其他美国大城市一样，纽约的移民定居模式也呈现出"族群马赛克"的特征，下页的"城市风光"专栏就是社会改革家雅各布·里斯（Jacob Riis）对此进行的描述。尽管在 1900 年整个纽约的平均人口密度为每平方英里约 9 万人，但是在移民集中的区域，人口密度可达平均密度的 5 倍（Demographia 2011）。今天，纽约市的人口密度已下降到每平方英里约 2.7 万人（Census Bureau 20llc）。

有时候，当移民杂居在一起时，会出现爆炸性的结果。其中大致从西 15 大街至西 50 大街与第八、第九和第十大道之间的城市中心区，是黑人、白人等不同族群共同的家园。在每周的工作时间范围内，很少出现麻烦和问题；但是，特别是在夏天的周末，一些人会饮酒过度和举行狂欢，不同族群之间经常发生暴力斗殴。这一区域的族群之间的紧张和对峙是如此的严重，以致警察都将其称为"地狱厨房"（Hell's Kitchen），这个名字保留至今。

要治理这一规模极其庞大且还在不断增长的人口，是一件十分困难的事情。各种利益集团由于都想获得政府签约、资助和订单，于是贿赂政府官员，导致市政府越来越腐败。政治腐败的最大标志就是"老大"威廉·特威德（William "Boss" Tweed）。1870 年，他和他的团伙花了 100 万美元来贿赂纽约州议员一干人等，从而完全获得了对这座城市的政治控制权。他们从市财政资金中盗用了大约 2 亿美元的资金，还攫取了更多的回扣和酬金。1871 年《纽约时报》把这件事捅了出来，特威德东窗事发，遭到逮捕并受到审判。刚开始他是如此的自信，认为自己会被无罪释放，当审判人员指控他盗用公款时，他傲慢地回答说："是的，那又怎样？"然而，他的信心放错了地方，1872 年他还是进了监狱。不过，纽约市政府中的贪污渎职行为仍然广泛存在，这种情况直到进入 20 世纪之后才有所好转。

与技术进步相关联的物理变迁，也促进了城市的发展。1881 年，布鲁克林大桥建成通车，这所大桥与旧金山的金门大桥一样，一直是世界上最美丽的地方之一。1903 年，威廉斯堡大桥建成通车，使人们又多了一条通往布鲁克林的道路。1904 年，贯穿哈德逊河的第一条地下隧道又把纽约与新泽西连接在一起。1906 年，宾夕法尼亚铁路也通过地下隧道穿过了哈德逊河，在曼哈顿心脏地带与宾夕法尼亚车站之间建立了一条重要的铁路运输线。很快，地铁又出现了。人们现在可以住在远离市中心的地方，并便捷又快速地到达市中心。

在曼哈顿的南端，纽约那使人眼花缭乱的天际线开始形成，在 1966—1972 年之间修建的世界贸易中心以及那后来遭遇悲剧性命运的双子塔，又占据了纽约天际线的最高点。如今，人们已经很难想象没有摩天大楼林立的纽约了。然而在 1890 年之前，中央公园以南的曼哈顿，几

## 1890 年纽约百衲被模式

如果画一张纽约地图，用不同颜色表示居住在这里的不同族群，那么你会看到，这张地图将呈现出比斑马还多的条纹，比彩虹还多的颜色。……绿色表示爱尔兰人，他们主要分布在西城分租合住的经济公寓区；蓝色表示德国人，主要分布在东城。……这些颜色混合在一起……将是一幅光怪陆离的多彩图画，这使得整个纽约就像一张十分特别的百衲被。从第六区以下……我们会看到代表意大利的红色，强有力地沿着桑树街向北延伸到布利克大街和南五大道上的代表法国

的紫色地区。……在西城，我们看到，代表意大利人的红色会蔓延到汤普森非洲（Africa of Thompson）这条老街，而使代表黑人的黑色迅速远离闹市中心地区。

……俄罗斯人和波兰犹太人，已经蔓延到文顿街与迪威臣街之间，包厘街之东，并且在这些方已经达到饱和，开始向外溢出，占据了老第七区与水滨之间的经济公寓区。……在这张地图上，我们还可以看到，在代表犹太人的暗灰色（暗灰色是犹太人最喜欢的颜色）与代表意大利的红色

之间，突然挤进了一条明显的黄色，表明这是狭窄的唐人街区域。地图上各处的圆点和连线，指出了……芬兰水手、希腊小贩以及瑞士人等所分布的地方……长长地列在地图的一侧，而所有的这些人，都一起生活在经济公寓区中，景况尴尬、生活局促。

资料来源：Jacob Riis, *How the Other Half Lives*, 2nd ed.（New York: Bedford/St. Martin's, 2010）, pp. 76-77.Originally published in 1890.

乎全部是不足 5 层的低矮建筑。1889 年，纽约出现了第一座钢架结构建筑，有 11 层楼那么高，这在当时已经是"高耸入云"了，但现在根本算不上什么高楼。似乎天上的白云已经变成了巨大的磁铁，在吸引着纽约不断长高。纽约市 20 层及其以上的高层建筑的数量，从 1913 年的 61 座增加到 1929 年的 188 座。实际上，这一时期全美国一半的高层建筑都在纽约（Douglas 2004）。

在大萧条使办公建筑的修建日益停滞之前，纽约见证了三处著名的新型建筑的修建和完工，而这三处建筑至今仍然屹立不倒。其一是 1930 年建成的克莱斯勒大厦。它是一个奇妙的、高达 77 层的建筑，其顶部以不锈钢为材料的、高达 6 层的华丽拱弧尖顶轮毂罩，一直是建筑装饰艺术的典范。其二是 1931 年建成的帝国大厦。它是纽约的另一个地标性建筑，高达 102 层，至今仍然是纽约的象征。其三是同年建成的洛克菲勒中心。其设计理念是要在同一地方把"一切事物"都包含在内，因此它是一个大型的城市综合

建筑，集办公楼、商店、咖啡馆、广场、雕塑于一体，并把商业与文化融为一体以吸引人们的到来。洛克菲勒中心取得了巨大的成功，并成为美国许多城市中心的开发模板，诸如亚特兰大的桃树中心、哈特福德的宪法中心，以及旧金山的内河码头中心等，都是在洛克菲勒中心的启发下建成的。

## 4. 今天的纽约

到 20 世纪 50 年代，纽约已经从一个大城市，发展为一个巨大的东北超级区域。2010 年的人口普查，把纽约城市划为一个巨大的大城市统计区的中心，这个大城市统计区覆盖了大约 4 000 平方英里的面积，而人口达到 5 000 多万。大概在每 14 个美国人中，就有 1 个人生活在纽约大都会区。自 1980 年以来，这个城市的人口一直在稳定增长，主要是由于大量移民不断涌入。人口学家预计，纽约的人口将从现在的 820 万人

增长到 2030 年的 910 万人（NYC Department of Lity Planning 2006：1-2）。

## 5. 纽约前几年的经济困难

20 世纪 90 年代早期结束的萧条，对纽约地区产生了重大影响。因为在此次经济萧条中，纽约丧失了 77 万个工作岗位，而萧条过后所恢复的工作岗位仅为其 1/3。然后，2001 年"9·11"恐怖袭击造成了世界贸易中心及其附近高楼的倒塌，对下曼哈顿的公司与邻里社区的经济造成了严重的打击。在灾难中，多达 2 000 万平方英尺的办公空间被摧毁或受到严重破坏，丧失了无数的工作岗位，这种损失比失去一个小城市的整个中央商务区还要大。而且，这种灾难性破坏，还直接影响了附近 1.4 万家企业的经营状况，因为这次灾难使来这里的旅游者与消费者大量减少（Ploeger 2002）。

## 6. 超越灾难

在 2001 年 9 月 11 日这著名的一天，纽约遭受了其历史上最为严重的悲剧。的确，我们需要再次指出的是，这次灾难除了造成如此之多的人无辜死去这种让人悲痛的损失外，还造成了严重的经济损失。这些损失包括数十亿美元的私人资本和公共基础设施损失或破坏、成千上万的工人失业、由于业务中断而导致的数百万上千万美元的损失，使纽约成为全球保险与金融市场之都的金融服务产业也受到严重破坏。

但是十年后，纽约城市中心曼哈顿已经从废墟中挺立起来了。主营银行投资与保险业务的高盛投资公司（Goldman Sachs）那 43 层楼高的全球总部已于 2009 年建成开业，并且在原世界贸易中心的对面，一个全国性纪念馆也已经建成并对外开放。两座新的摩天大楼——世界贸易中心 1 号和 4 号大楼——也在世界贸易中心遗址（Ground Zero）上升起，并于 2013 年建成。在 2014 年，纽约名为"帕斯"（PATH）的轨道交通枢纽也投入使用。曼哈顿的居住人口已经翻了一番，而且更加多样的工商企业——包括传媒公

◎ 2012 年 2 月，以前被叫作自由塔的世界贸易中心 1 号大楼，已经赫然耸现于纽约大多数其他办公建筑之上。这是在"9·11"悲剧遗址之上计划修建的四座高层办公建筑中的第一座，当其在 2013 年完工时，以 1 776 英尺的高度耸立于天空，并成为西半球最高的建筑。

司、法律公司以及非营利组织——现在都把总部设在这里（Bagli 2011）。

诸如纽约之类的大城市，总是在不断地变迁。尽管那些对未来悲观失望的专家说这个城市的死亡丧钟已经响起，但正如在其整个历史中移民总是重新塑造这个城市一样，这个城市的经济命运正在开始好转。纽约以及其他的城市都生存

下来了，尽管其间也出现了萧条，但是它们还是一直在努力恢复经济实力。随着后工业经济的发展，波士顿、巴尔的摩和其他城市日益恢复，而纽约也因为同样的原因正在恢复——后工业经济正在重新塑造着纽约市。特别是信息处理和金融部门，正在向那些受过高等培训的专门技术工人提供新的职位；与此同时，食品、旅游和运输行业，也正在向人们提供很多工资相对较低的工作岗位。这个城市的各个地区，诸如市中心等，也是繁荣的白领服务中心，在这些中心，工商业专业技术人员彼此之间可以保持密切的接触，共进午餐，在工作之余还会去迎合其口味的各种地方进行社交活动。

与在其他城市中一样，纽约市那些工作在后工业工作岗位上的人，所占的比例还很小——也许不到 10%。很多人都在饭店、旅馆、零售商店等服务部门工作，或者是诸如教育、警察、消防、公共交通、卫生和社会服务等公共部门的雇员。虽然这个城市在 1990—2000 年之间失去了一半多的制造业公司，但其食品加工业在 2007—2010 年之间以 14% 的速度增长（NYC Economic Development Council 2011a）。在 2006 年，这个城市确立了 16 个工业区，并推出税收抵免和一些其他的刺激措施，以鼓励对所有五大城区中的制造业、仓储业和其他工业的长期投资（NYC Economic Development Council 2011b）。

在 2010 年，到纽约的旅游者出现了暴涨，并创造了 4 880 万游客的历史纪录，为纽约带来了 315 亿美元的收入。同样，来自外国的游客也创造了新纪录，达到 980 万人次。那些乘坐飞机的游客来了，他们占据了宾馆，去观看百老汇的演出，诸如帝国大厦、埃利斯岛和自由女神像之类的旅游景点的门票也销售出去了，而零售业也得到了大大的改善（City of New York 2011）。2010 年，整个纽约的暴力与财产犯罪指数，在美国人口 10 万以上城市中属于最低的行列，纽约因此也成为美国常住人口 100 万以上的城市中最安全的城市（FBI 2011）。现在这个城市每年拍摄的电影和电视剧，比自 20 世纪 50 年代以来的任何时候都要多。同时，纽约还是世界上第二大动画制作中心。

在纽约市的各个地方，你都可以找到各种俱乐部、咖啡屋、酒吧、精品时尚商店、不断涌现的时尚饭店；你还可以参加音乐会、参观博物馆、去剧院看戏、到体育馆现场观看体育比赛；一些特殊的节日和事件也正在形成和出现。由于人口众多、经济繁荣，纽约的出租房十分稀缺、价格高昂，特别是曼哈顿地区更是如此，在这里有两间卧室的公寓平均月租高达 3 750 美元（MNS 2011）。

## 7. 纽约的改造升级

纽约现在到处可见正在开工建设的楼宇。在 2010 年，纽约建筑局审查和通过了 45.7 万个由建筑师与工程师提交的修建计划（NYC Office of the Mayor 2011）。在 2011 年中期，曼哈顿的开发商规划了自 20 世纪 80 年代以来的最伟大的十年办公建筑建设项目。用于城市开发的最主要的地区，是纽约的最西区（Far West Side），位于宾夕法尼亚车站与哈德逊河之间的地块。这些在伟大的地方（超过 60% 的建筑至少在 50 年以上）修建的崭新的、体现最新技术的办公建筑，可以满足公司对舒适、高效、节能和技术性能的最新需要（Levitt 2011）。

巴特利公园城，是一个耗资 15 亿美元、占地 92 英亩的商业和居住综合体，也是纽约商品期货交易所、商品交易所、美国联邦快递公司的总部所在地。这个综合体还有 8 幢住宅建筑，共 2 000 套公寓，一家豪华的丽嘉酒店，4 条渡轮引道，一家有 15 张屏幕的多路传输剧院。这里还有一处博物馆、数处公园、一处广场、数处操场、一些公共艺术，以及数家学校。

2004 年竣工的华纳公司（Time Warner）新世界总部，就位于纽约曼哈顿的哥伦比亚圈，是纽约市有史以来最大的建筑之一。除了办公区域，这个综合体还有两幢高楼、一处购物广场（是这个城市最大的购物广场之一，其售货商场占据了 4 层楼）、一家有屏幕的剧院、五家饭店、一家能够观看中央公园美景的咖啡屋。

哈莱姆区（Harlem）曾经是美国城市黑人的人格化象征，现在已经历了急剧的转型。在这

里，黑人不再是大多数，而其他的年轻家庭已经迁入，被吸引到修葺一新的维多利亚风格的上流建筑以及新建的井然有序的公寓建筑中。99%的杂货店和自助洗衣店都不见了，取代它们的是大型的熟食店、销售进口啤酒的商店、迎合高层次消费者的上流商店和饭店。在东哈莱姆，出现了一个耗资 3 亿美元修建的购物广场，以及在那些 6 层楼的出租房群附近，出现了一家耗资 100 万美元的玻璃墙面的托管公寓。这些都是这个区域改造升级的明证（Williams 2008）。东纽约曾经是被称为"纽约市的杀手之都"布鲁克林的犯罪重灾区，正在被改造成回迁家庭的宜居之地，还有 2 300 个新的家庭建在新盖特威购物广场附近的盖特威庄园（Gateway Estates），而这家购物广场的雇员多达 1 500 人（Hevesi 2005）。

纽约复兴的另一个形象的象征，就是南布朗克斯（South Bronx）的重建。南布朗克斯曾经是一个无法无天的、放荡的、毒品泛滥的地区，其极高的犯罪率一度无法控制，并刺激人们在 1981 年拍摄了电影《布朗克斯，阿帕奇要塞》（*Fort Apache, the Bronx*），但是这种形象现在早已被颠覆了。自从纽约开始美国最大的城市重建计划之后，这种情况就改变了。1986 年以来，超过了 10 亿美元的公共支出被用于南布朗克斯的重建，总共整修了 1.9 万套旧公寓，新修了 4 500 套住宅，以供工人阶层家庭购买。以前被废弃的建筑超过了 50 处，它们一度如烂牙一样耸立于这个城市的布朗克斯（Cross Bronx）和迪根（Major Deegan）等主干道上，但是现在都已经改造成多层和高层公寓住宅。

城市复兴的其他标志和迹象，在纽约也处处可见。诸如皇后西街、曼哈顿区南河岸区之类的大规模居住飞地建设（二者都以巴特利公园城为样板），以及纽约各地大量涌现的星巴克风格的咖啡馆等，都是城市复兴的表现。还有，第 42 街以前曾经是一个色情淫秽中心，现在已经被改造成以迪士尼为核心的家庭娱乐中心。这也是城市复兴的一个极好的例子。还有，纽约中央车站也进行了革新，开设了一家高档饭店和商店，这同样是城市复兴的积极信号。

公园的新建或恢复，也是纽约生活质量改善

的一个例子。位于曼哈顿岛运河街以南、百老汇以西的三角地带的特里贝卡（TriBeCa）25 号码头，克里斯托夫大街的 45 号码头，切尔西港的 64 号码头，都修建了户内与户外的娱乐区。哈德逊河公园是美国仅次于中央公园的第二大公园，从巴特利公园一直延伸到第 59 街，长达 5 英里，公园中有游憩场、水滨活动区、自行车道和轮滑道、遛狗场、健身设施、花园和雕塑。布赖恩特（Bryant）公园，曾经是毒贩猖獗的危险而孤立的地区，现在已经成为纽约最繁忙的城市公共空间之一，无论是白天还是黑夜，都有成千上万的人来此就餐、参加音乐会和户外运动，或者仅仅是从事社交活动。纽约公立图书馆后面那片地方以及北美第一个无线上网区域公园，对于

◎ 关于美国很多城市正在复兴的最好例子之一，就是纽约市的时代广场。这里曾是色情商店、黄色剧院和一些肮脏企业的聚集之地，但后来经历了一种比化妆程度更高的"整容手术"。现在，新的酒店、剧院、家庭企业、步行街，甚至是户外座椅已经支配了这一地区。

年轻的成年人来说是一个热点地区，起着曼哈顿的小镇广场的作用，具有奇特的小镇传统。曼哈顿西区 10 街的高线公园是一个具有创新性的、十分成功的公园，是由旧的高架货运铁路改造而成的空中绿色通道，把曼哈顿西区的三个社区联结起来，形成一个整体的景观。现在这个空中绿色通道已经跨越 19 个街区，当其完工后，将有 1.5 英里长（High Line 2011）。

而另一方面，在这个城市从哈莱姆区到布鲁克林区的布莱顿海滩的各个片区中，还分布着 64 个商业促进区（Business Improvement District，BID）。北美各个城市共有 1 200 多个商业促进区，其中包括多伦多的 71 个。但是，它们最大的影响还在于使纽约（特别是时代广场和联盟广场）干净起来。商业促进区是居民自税区（self-taxing district），建立的目的是促进社区的清洁、治安巡逻以及升级社区，提供以前只由市政府负责的各种服务。很多城市由于面临预算问题，都欢迎这种市政服务的私人化。经某个指定街区内的大多数业主同意后，他们就会制订一种服务计划。而在市政委员会审批这种服务计划后，城市就会从所有业主那里征收一种（财产税之外的）年度资产税，并把这笔税金转移给指定的街区。这个街区用这笔钱来提供服务并在各个方面进行改善，包括修建新的人行道，安置新的标志、街灯、花盆、垃圾桶、旗标和横幅，购买新的街道洒扫器，设置统一制服的非武装保安巡逻等。这些努力已经促进了犯罪率的下降，而街道也更清洁，在商人与公众当中恢复了一种自豪感（Gould, et al. 2007）。

## 8. 不断变化的人口

1950 年，在纽约五个城区的总人口中，白人为 87%，黑人为 9%，拉美裔为 3%。到 2010 年，该城市人口构成已经变成 33% 为非拉美裔白人，23% 为非拉美裔黑人，29% 为拉美裔人，13% 为亚洲人（Census Bureau 2011c）。虽然 60 年间的人口结构变化十分明显，但 2000 年到 2010 年之间的变化相对较小。布鲁克林和曼哈顿的白人青年及其小孩的数量都有所增加，但

这种增加主要集中在那些升级改造过的社区中（Roberts 2011）。

在这个城市中，虽然有很多来自少数族群的人在信息处理与服务行业中工作，但非裔和拉美裔美国人社区的失业与贫困程度更为严重。美国人口统计署报告说，2009 年纽约城市居民大约有 1/5（19%）都处于贫困状态。而且，在美国所有城市中，纽约的贫富差距排在第一位。布朗克斯区还是美国最贫穷的城区，而曼哈顿中存在三个工资收入最高的邮区（Mongabay 2011；Roberts 2010a）。

因此，纽约会继续前行，会带着它的成功也带着它的失败继续前行，它将继续成为所有城市伟大一面的象征，也将继续成为所有城市悲惨一面的象征。对于很多人来说，纽约是城市的典范。如果纽约失败了，那么其他地方的城市在某种程度上也失败了。而如果纽约获得成功，那么它也就为所有城市提供了希望。

# 八、概要

北美城市的产生和发展，一直以来与欧洲的城市一样充满活力而多样，但又是以其自己的方式在产生和发展着。无论是加拿大还是美国，一开始都不是城市国家。实际上，这两个国家的建立者一直都十分反感和厌恶城市国家这种思想。不过，到最后这两个国家依然成了城市国家。

北美殖民地刚开始是欧洲人追求宗教与政治自由之地，但是殖民者很快就把它们确立为重要的贸易中心。到 1700 年，美国东海岸的一些村庄，逐渐成为繁忙的小镇。到 18 世纪晚期，这些小镇已经发展成大都会区。它们进行沿海贸易，也与欧洲人进行贸易，并通过联结美国巨大内陆腹地而日渐富有。内陆城市也随之出现。到 19 世纪中期，工业化又改变了美国北方的城市，也在某种程度上改变了加拿大和美国中西部的城市，使它们都成了制造业中心。美国南方则仍然以与农业相关联的小城镇的模式运行，并逐渐落后。随着美国北方在内战中取得胜利，关于美国应走小城镇道路还是大城市道路的争论也

*84*

尘埃落定。

在1870年之后，北美的城市，特别是美国北方、中西部和下加拿大的城市，逐渐成为数百万人口以上的大都会区的中心城市。在这种发展的背后，贸易与工业起了重要的推动作用。北美贸易的发展和工业化产生了越来越多的工作岗位，进而创造了越来越多的物质财富。在这些机会的吸引之下，成千上万的海外移民来到这里，他们由于种族、族群或宗教信仰的不同，形成了北美城市小聚居大杂居的人口居住马赛克分布状况，而这成为很多美国城市的重要特点。随着这种人口流动而来的是许多巨大的问题，特别在美国更是如此。人们的生活质量开始下降，贫困与剥削逐渐变得难以控制。技术的进步特别是有轨电车的开通，则使很多人能够逃离到郊区。相应地，城市开始向乡村扩张。由于这种城市人口外迁导致了税收的流失，加上大萧条的严重阻碍，很多城市开始依赖联邦的资助。

二战后，美国城市人口的去中心化日益加速。人口与各行各业都逐渐离开城市中心，城市最中心的地方也日益被那些贫困与次要群体或少数族群占据，以及被那些服务导向或专业化的工商企业占据。巨大的大都会区开始成为常见的现象，并取代了早期的中心城市。

在北方冰雪地带的那些美国老城市中，去中心化导致了极其灾难性的后果。当这些城市失去了人口与工商业时，数十亿上千亿美元的税收和销售营业额以及成千上万的工作机会也一起失去了。很多城市长期面临破产威胁。然而，南方与西部则经历了一种城市繁荣。阳光地带的城市则是人们躲避北方城市问题（老旧的工业系统、内城不利于生产的差劲的交通、日益恶化的服务）的直接受益者。这些阳光地带的城市建起新的工厂，有高效的高速公路包围，并提供质量极好且崭新的公共服务系统，更重要的是成本低廉——特别是能源与劳动力成本低廉。一些阳光地带的城市，扩展了它们的物理边界，例如在得克萨斯市——美国最大的城市扩张地区之一——郊区几乎刚一出现，就很快被并入城市之中，与城市融为一体，并因此把税收与工商业基础都保持在了城市辖区内。

今天，北美的城市正在快速发展，并形成以高科技、白领工作岗位及服务业为基础的后工业经济。它们也在重建以前几十年留下来的那些破败的办公与住宅建筑，并改善了很多事关城市生活质量的宜居性设施。更老的大城市一度处于经济灾难的阵痛期，现在也正在反弹，尽管很多问题仍然存在，特别是这些问题仍然在影响着更为贫穷的居民。那些白领职位居多的服务中心城市，已吸引了年轻的、相对富有的专业人员，他们的出现和存在产生了极大的影响。另一个趋势就是在已经确立的大都会区边缘，新的卫星城市在不断形成。

有证据显示，上述所有三种趋势——去中心化、向阳光地带的迁移、后工业经济的发展——将会持续下去。其结果是，诸如纽约之类的北方城市，会继续调整并适应正在变革的经济结构和新的人口结构。同时，阳光地带的图景将不再如其曾经的那样充满玫瑰色。在很多情况下，人口繁荣已经导致南方城市基础设施紧张，犯罪率上升，而随着拉美人从墨西哥和拉美向北移民，以及非裔美国人向南方回迁，种族紧张也将日益上升。还有，甚至是在那些后工业化已经完全处于支配地位的城市中，那些正在享受大城市生活方式的少数人新获得的财富，并不会扩散给所有的城市居民。相反，城市富人与城市穷人之间的鸿沟，似乎正在扩大而不是缩小。

# 九、结论

在城市化在新世界扎根下来的三个世纪中，北美人实际上并没有建立科顿·马瑟所盼望的"天堂般的城市"。不过，各种迹象显示这些城市正在改进。然而专家们并不能确定这种复兴到底会持续多久。如果我们继续把城市看作为我所用和实现自己的利益追求之物，那么前景可能并非十分的光明。但是，如果我们视城市为一种人类的创造，并因此要从属于人类的理解力和受人类的控制，那么我们也许有理由对这种人类创造物保持更为乐观的态度。

## 关键术语

| | |
|---|---|
| 联合统计区（CSA） | 超级区域 |
| 去中心化 | 大城市统计区（MSA） |
| 全球化 | 阳光地带的扩张 |
| 工业园 | 城市人口外爆 |
| 特大都会 | 城市人口内爆 |

## 网络活动

1. 登录 http://www.world-heritage-tour.org/america/canada/eastern-provinces/quebec/ma p.html，浏览老魁北克历史区的各个部分。点击小图片并放大图片，360 度地观察每个地方。

2. 登录 http://geology.com/satellite/，查看加拿大、美国以及世界各国城市的卫星图片。点击"初学者陆地卫星图像指南"，根据其中的颜色编码表，仔细地察看这些图片。

# 第**4**章
## 今天的城市与郊区

第一部分　理解城市：城市的起源与发展

我们并非总是能够预测未来，但我们可以干预未来。今天的决策可以影响明天的现实，正如我们现在生活在先辈决策导致的现实生活之中。例如，公众从偏好城市生活转向偏好郊区生活，在很大程度上是由于 20 世纪 40 年代晚期和 50 年代的联邦立法，向建筑商与购买者提供低息贷款，以及由于始于 20 世纪 30 年代的大规模高速公路建设——使人们可以在郊区生活而在城市中心工作和活动。中产阶层住宅建筑的增多，以及很多工商业外逃到郊区工业园区或购物广场，侵蚀了城市经济活力以及税收基础，这反过来又使城市中心学校质量恶化，使仍然坚持住在城市中心的居住者生活质量下降。大多数北美人今天仍然热衷的郊区生活方式，以及仍然困扰美国城市的诸多问题，都是前两代人释放的社会力量的产物。而最近的那些决策，也会影响将来数代的城市人与郊区人的生活方式。在这方面，有四种模式——无序扩张、新城、有围墙有门禁的封闭社区、共同利益开发——值得我们关注。

# 一、城市与郊区的无序扩张

我们必须明确无序扩张与发展之间的区别。随着美国与加拿大人口的增长，需要修建更多的居住区和开办更多的工商业来满足更多人口的需要。而且，绝大多数人生活在城市的时代已经过去。现在，更多的人选择在郊区购置他们自己的一小块土地，并在上面修建自己的房子。因此，对郊区空地的开发已在所难免，但是当缺少规划，导致土地利用得不到有效管理时，这种开发就成了问题，对环境会产生负面影响，并且会增加每个人的生活成本（参见下页的"城市趋势"专栏）。

## 1. 什么是无序扩张

"无序扩张"一词，指的是在城市既有服务与就业区域之外，修建住宅区，形成低密度的外向开发。它把人们生活之地与工作、购物、休闲娱乐以及上学之地分离开来，因此使得人们在日常生活中必须开车或乘车在不同地方之间往返。这种开发类型，源于无计划的、快速的增长，以及土地利用管理水平的低下。无序扩张与开发导致人们高度依赖于汽车，同时造成对自然资源的低效利用和浪费。

人们日益远离城市中心，进入城市边远郊区，而城市生活的所有诱惑以及陷阱——购物商场、工作职位、工厂、医院以及交通拥挤、污染——也如影随形，随之而来。随着人口的增长和分散居住，越来越多的土地被开发出来。各个城镇千人一面，外表十分相似，高速公路边上的商店树立起各种旗子，向那些快速驶过的车辆夸示它们的商品。而且，一切活动都必须依靠乘坐汽车才能完成。

无序扩张无处不在，比比皆是。然而，在美国南方与西部快速发展的地区中，这种无序扩张尤为明显、规模尤为宏大。放眼望去，整个北美——从西海岸到东海岸，从多伦多到迈阿密，从温哥华到托斯卡纳——的大都会区都在不断地扩张，融入一系列的超级区域。那些长条形的广场和广阔的郊区，正在吞噬着未开发的土地，处处是一个模子制成的、极其相似的住房，以至于产生了无处不相似的景况，模糊了不同区域间的传统差异。当身处如此巨大、同质的连片景象中，无论你身处这个大陆的何种地方，都无法找到显眼的线索，来判断自己到底身处何处（参见 80 页的"城市趋势"专栏）。

这种郊区无序扩张的开发模式消耗的土地要比城市密集开发模式多得多，宾夕法尼亚、亚利桑那和佐治亚就是其中三个让人吃惊的例子。在 1982—1997 年之间，宾夕法尼亚开发了 1 800 平方英里的开放空间和自然土地，尽管其人口只增长了 2.5%，但其城市化所覆盖的区域却增加了 47%（Brookings Institution 2003：47）。凤凰 *89* 城现在覆盖面积是 520 平方英里，占罗德岛土地面积的一半。2008 年，有 13 个郡的亚特兰大地区，成为美国发展最快的大都会地区之一，共投入了 100 多万英亩未开发的土地用于开发，而比起 2011 年来，2014 年亚特兰大地区又新增 300 万常住居民。因此亚特兰大的人口虽然少于达拉斯和休斯敦，但在面积上已经超过了后二者，

## "像苹果派一样具有美国特色"（As American as Apple Pie）

那些批判城市无序扩张的人坚持认为，无序扩张造成城市各个片段之间被分割开来，那些办公用的停车场、广场、长条状的购物中心都不断向外扩张，逐渐突破既有城镇的边界，威胁和阻碍城市公共交通的发展，把穷人与富人分离开来，导致人们不必要的长途奔波，消耗了稀缺的土地，导致公共补贴支出的过度增长。而争论的另一方则认为，无序扩张像苹果派一样具有美国特色，市民们正从中获得他们想要的东西：一小块自有土地以及修建其上的单门独户的住宅，拥有良好学校教育系统的安全社区，不受限制地使用汽车，远离城市地区的空间，远离城市地区的各种问题。他们认为，无序扩张带来的诸如此类的好处，意味着生活是美好的……

事实上，无序扩张已经被大多人高度接受，以至于一流的居住与非居住开发项目的选址日益远离城市而不是在城市之内，也因为这种土地利用模式而日益片段化而不是整合在一起。有围墙和门禁系统的封闭社区、小农场、

研究园区、律师事务所、医药集团、大型硬件和家居商场、戏剧和喜剧俱乐部、新旧汽车场、饭店等，现在都试图寻求到边缘性的地方落脚，寻求占有郊区的市场。向大都会区边远郊区的迁移，最先始于每个单独家庭分散到郊区居住，然后是购物中心与花园公寓在郊区出现了，然后是研究与产业园区的跟进，再然后是饭店和娱乐设施的到来，最后则是各种形式的折扣与降价吸引人们去消费。

所有这些开发的独特面相，就是很少有经济实体会因为外迁决策这种方向性错误而遭受失败。偶尔有某个零售商或居民住宅开发项目会失败，但那是因为州际或环形公路的出口，没有按照它原先的设计开设，美国很少有经济实体的开发项目因为远离城市而遭受失败。

如果无序扩张是如此的称心合意，那么为什么美国公民还要接受其他的事物？其答案在于，他们再也不能承受在大都会地区越来越边远的地方的开发所需要的基础设施费用。在那些新的无

序扩张的开发区，公共设施与服务的供给成本，比起人口相对集中的同样人口规模的开发区来，要高得多。无序扩张的、"青蛙跳跃式"（leapfrog）开发，要求修建更多的公路、供水与排污管道，才能实现市政服务……

无序扩张造成了成本无休止地螺旋上升。郊区人口增加使道路负荷过度，人们又不得不对道路进行改造升级，城市政府又不得不为新开发区提供公共服务。这种无序扩张式的开发，也使治安、消防与教育支出增加。但是，这种新区开发往往是在数年之内慢慢地、不知不觉地提高市政当局的支出。郊区开发又不太可能产生足够的财产税来支付其所需要的服务。还有，道路、各种新的基础设施，最初是由开发商出钱修建，但后来都需要政府出钱来维修。

资料来源：From *Sprawl Costs: Economic Impacts of Unchecked Development* by Robert Burchell, et al. Copyright © 2005 by Island Press.

不得不面临土地利用开发方面的挑战（Atlanta Regional Council 2012）。甚至出现了这样的情况，某个城市的人口总量在减少，但其大都会地区的人口往往由于土地的开发在继续增多。例如，2000—2010年之间，辛辛那提市的人口下降了10%，但其大都会区的人口却增加了6%（U.S. Census Bureau 2011a）。

## 2. 为什么我们要无序扩张

无序扩张就如卡通片中的雪球从山上滚下来，越滚其体积和冲力越大，到最后变得不可阻挡。在过去的两代人中，在奉行自由放任主义的整个社会的支持下，政府实施的交通、税收和住宅政策，实际上助长了无限制的低密集开发。这

## 某些事情出问题了

美国人开始感觉到，在他们生活与工作的地方，以及日常外出完成各种事务等方面，某些事情出问题了。从诸如"无意义之地"、"社区的丧失"等短语中，我们可以听出人们在表达着的这种不快。我们驱车往返于那可怕的、悲剧性的郊区商业"林荫大道"，被满眼的让人迷惑、可怕、麻木的丑陋事物——各种炸坑（fry pits）、大盒子商店、办公单元、管道接头、地毯式的仓库、停车场、假的塑料联排别墅群、骚动而喧嚣的招牌、本身挤满汽车的高速公路——击倒。似乎整个事情都是由某些邪恶力量设计的，这种力量就是要使人类更加可怜和悲惨。这样一种体验，自然使我们对我们文明的性质与未来感到失望。

我们驱车四顾，总是会看到这些卡通式的建筑和其他废弃物，它们已经使整个城市风光面目全非，我们认为它是丑陋的。这种丑陋是一些深层次的问题——与我们的民族性相关联的问题——的直接表现。那些高速公路地带不仅仅是一系列难看的事物，它们代表的发展模式不仅会导致经济灾难，还会导致环境灾难、社会灾难以及精神的倒退。

……我们拒绝过去，也拒绝未来，这种拒绝体现在我们那些丑陋的建筑中。我们的居住、商业、公共建筑，表达了我们对它们会在数十后解体的预测。这种状况甚至有一个名字："设计寿命"。各种广场和小学校，设计寿命都很短暂。人们预期其在 50 年内就会被拆除。既然这些建筑和事物被认为只会与我们自己这一代相关，而不代表任何其他的时代，那么我们似乎不太愿意花钱和精力去把这些建筑修得更加永久。我们似乎也不关心那些解决天气与光照问题的传统方案，因为我们有技术——也就是说，中央空调系统与供电照明系统——来缓解这些问题。因此，在很多新建办公建筑中，连窗户都没有。在诸如沃尔玛超市之类的特别恶劣的建筑中，甚至连所有的窗户都免了。这是一种割裂过去与未来的设计，也是割裂自然有机的空气与光照的设计，因此完全是一种权宜之计，它最终会侵蚀我们的精神，使我们的社会苍白无力，甚至使我们称为文明的各种累积性的文化模式日益退化。

资料来源：James Howard Kunstler，"Home from Nowhere," *The Atlantic Monthly* 278（September 1996），46-66.

种开发进行得越多，人们就越是呼吁要支持它们。

对于很多人来说，能在郊区拥有一处住宅，就是过上了理想的生活。围绕汽车而规划的大规模道路项目和社区规划，鼓励人们放弃城市而追求更加绿色的郊区草地。随着这些郊区人口的增长，购物中心也随之出现。来自城市的大型购物商店，在这些郊区购物中心的室内走廊中开设分店，使之成为各种零售企业的落脚点。办公园区与产业园区又随之而来，它们或者是由于受到郊区税收刺激的诱惑，或者是由于受到管理偏好的诱惑，或者是由于竞争者重新选址的推动。不管是出于什么原因，这种滚雪球效应导致了人们越来越多地进入城市偏远郊区生活和工作，改变了美国与加拿大很多城市周边的自然风光。

导致这种无序扩张的原因之一，就是政治片段化，一个大都会区内存在的各种地方市政区划的治理结构碎片化，使人们不能实施土地综合利用规划来控制区域扩张。这种状况——是后现代主义者的分析出发点——导致每个城镇都根据自己的分区规划条例，以及可能获得的可新征税收的房产，来各自应对某个开发商的建议。政府领导者对这种不断扩张的居住模式会使人们进一步依赖汽车来克服不断扩大的距离，以及对环境产生影响，则很少考虑，甚至根本没有考虑。

# 3. 无序扩张的后果

人们喜欢拥有一小块土地以及建筑于其上的一处住宅,喜欢享受超级广场一站式购物的便利,但是这样的生活方式偏好,存在一些消极的后果。通过在大片土地上的某个区域扩展住宅区、医药与商业办公楼、各种产业,我们日益增加了居民对汽车交通的依赖。所有事物和所有的人都过于向外分散,以致公共交通在经济上变得不可行。这种超低密度的开发模式,现在已导致美国家庭平均每年要比以前多开车行驶 4 400 英里。甚至更为严重的是,每个美国司机在过去 25 年中年平均开车里程的增长速度,是美国人口增长速度的三倍多。例如,在科罗拉多,2005 年每个司机平均要开车行驶 1.43 万英里,而 1980 年这个数字只有 1.09 万英里,增长了 31% (Levy 2008)。因此人们乘车上下班的距离更长,这占用了更多的家庭生活时间,增加了汽油费以及汽车的磨损,导致交通拥挤,也增加了公路暴力的数量。

但是并非所有人都能够开车外出,要求拥有一辆汽车的生活方式,对于穷人家庭、老人和残疾人以及少年儿童们都是一种歧视和不公。例如,郊区的少年儿童,在他们自己的小镇上往往缺少充分的活动,但又无法去具有更多娱乐活动的地方,因为那些地方很远。他们的父母因此也不得不花更多的时间来充当司机,送他们去商店、影院、青少年活动中心以及参加其他活动,或者只是把他们送到广场,在那里他们可以与其他小孩一起"闲逛"。

环保主义者一直反对这种无序扩张。而最近又有其他的一些个人、团体和组织也认为,这种无序扩张的成本与后果,可能已经超过了它给我们带来的好处。那些试图限制和阻止无序扩张的人,常常把他们之所以这样做的理由,归结于他们担忧无序扩张对环境的损害、所导致的交通问题、对城市的伤害以及给每个人所带来的经济负担。

### 环境破坏

新的建筑在整个乡村分散出现,常常会干扰野生动物的栖息地,使过去到处是农田、田野、森林、湖泊、池塘的乡村地区日益被破坏。关于

◎ 上图是从空中俯瞰拉斯维加斯,显示城市扩张现象正在美国的阳光地带发生。与阳光地带那些因为气候适宜与工作机会多而吸引了很多人到来的其他城市一样,拉斯维加斯的快速扩张使现有的基础设施与供水能力承受着很大的压力,并且土地也不断被吞噬,其无序扩张的开发模式,严重增加了人们对汽车的依赖。

后者的一个例子,就是来自街道、停车场、草坪和农场的地表径流,席卷各种污染物和沉淀物,并把它们携带到河道之中,从而导致水质下降,使动物的栖息地变得致命的危险。例如,在西雅图,专家指责来自普吉特海湾(Puget Sound)的表面径流污染了海水,破坏了蛤和牡蛎以及各种大鳞大马哈鱼的栖息地,使这些物种濒临灭绝的边缘(Le 2011;Ltiffler 2011)。

另外一个例子就是切萨皮克(Chesapeake)海湾地区,在这里,无序扩张正在迅速吞噬公共的空间、农场和森林。切萨皮克海湾基金会(Chesapeake Bay Foundation 2011)称,现在这里每个人所使用的土地是 40 年前的 4~5 倍。由于更多的人造地表(房屋、道路、商场中心和停车场)都是硬化的不透水的地表,阻止了雨水向地下渗透。结果就是暴雨形成的城市径流,直接通过河流或通过城市排洪系统,把各种有毒物质和沉淀物卷入切萨皮克海湾,并且其数量越来越大,从而打破了流域内生态系统的脆弱平衡。那些通过合作管理来净化切萨皮克海湾的努力,尽管已经做得十分优秀,但成效十分有限,海湾的水质仍然处于中度和较差状态,2010 年切

萨皮克海湾的健康状态评级是 C-（Chesapeake Ecocheck 2011）。

无序扩张还产生了其他的灾难性后果，包括湿地破坏、在洪泛区修建房子等。我们知道，湿地起着天然海绵的作用，吸引和贮存降水与径流。而当农业、商业和住宅区的开发占据了这些湿地后，降水不会被吸引，径流也不会被减速，而是自由汇集和快速形成大洪水。那些失去了绝大多数湿地的郡县，几乎无一例外都洪水频发，生命财产损失巨大，近 40 年来更是如此。自 20 世纪 70 年代以来，路易斯安那、密西西比、阿肯色、佛罗里达、南卡罗来纳、北卡罗来纳等州都出现了大规模的洪灾，导致了极大的损失（U.S. Environmental Protection Agency 2001）。

暴雨和冰雪融水之类的自然过程会导致洪水，大坝垮塌、大堤决口也会导致洪水，而排水能力不足同样会导致城区洪水。美国地质勘探局（U.S. Geological Survey）的科学家认为，洪水的首要原因是规划缺失或太差，以及不明智的开发对社区具有保护作用的湿地和公共空间的破坏。在美国，洪水平均每年导致 140 人死亡和 60 亿美元财产损失。2005 年卡特里娜飓风引发的可怕洪水，给新奥尔良和墨西哥湾沿岸其他一些城镇造成了高达 2 000 亿美元的损失，这是美国历史上代价最高的自然灾害（U.S. Geological Survey 2006）。

但有时候，无序扩张导致的后果不是水太多，而水太少。例如，拉斯维加斯是美国发展最快的城市之一。从 2000 年到 2010 年，这个中等规模的城市人口增长了 22%，总共新增了 105 322 个居民。其城市人口以平均每月新增 8 800 人的速度增长，导致这个城市面临十分严重的供水问题，使其不得不采取各种措施鼓励节约用水，包括如果居民每减少一平方英尺的草坪，政府就向其支付 1.50 美元的费用等。而如果减少 6 平方英里的草坪，就可以节约 180 亿加仑的水。尽管政府采取了这些措施，但密德湖（Lake Mead）的水位在过去 10 年中还是下降了 100 英尺，已经接近取水极限。虽然 2011 年春落基山脉巨大积雪场的融水，补充了该湖的水量，使水平面提高了 30 英尺，但 2012 年落基山山脉的积雪减少了很多，到

2013 年 1 月，虽然积雪融化，但密德湖的水平面还是下降了 13 英尺。

根据美国野生动物联盟（the National Wildlife Federation）、美国精明增长联盟（Smart Growth America）和公益自然（NatureServe）三个环保团体的预计，在将来的 25 年中，美国增长速度最快的 35 个最大的都会区，将有 2.2 万英亩的自然资源和野生动物栖息地因开发而消失。它们急切地呼吁人们注意，在 1 200 个濒临灭绝的物种中，有多达 553 种物种只生活在这些地区（Heilprin 2005）。

**交通拥挤**

因为无序扩张本身是低密度的开发，那些离工作与服务中心遥远的人们，必须依赖汽车才能实现工作与消费活动，这导致了大量长距离通勤者的出现，以及更加严重和规模更大的交通拥挤。在高速公路上飞驰的汽车——也许更坏的情况是交通高峰时段滞留在公路上的汽车——每年把数百万吨的二氧化碳和其他温室气体排放到大气之中。

2011 年的《城市流动报告》（Urban Mobility Report）则说，在美国所有 439 个都会地区中，交通拥挤状况都在日益恶化，使每个出行者每年平均要多花 34 小时、14 加仑汽油。在 100 万及其以上人口的都会地区，交通拥挤甚至更为严重，平均每人每年要多花 44 小时、20 加仑汽油。"高峰时段"这个词实际上从来都并不表示某个准确的时间段，以往是指上午 7—8 点以及下午 4—5 点这两个小时，但是在今天，交通高峰时段已从上午 6 点开始，10 点结束，下午 3 点开始，直到晚上 7 点才结束（Schrank, et al. 2011）。

在南加利福尼亚州，这个问题最为严重，20 年来这里的交通迟滞已严重了三倍。现在这个地区的人口是 1 800 万，但预计在下一个 20 年中，还将增加 600 万新居民——等于芝加哥人口的两倍，所以其交通拥挤问题还会更加严重。如果其人口与交通以当前的速度增长下去，交通拥挤导致的日常迟延，会变得更加的严重（Southern California Association of Governments 2008：67）。而在美国的其他所有地方，类似的故事都正在上演。例如，亚特兰大人均需驱车 37 英里去上班，

达拉斯人均需驱车 30 英里去上班，洛杉矶人均需驱车 21 英里去上班。

美国的通勤者比加拿大的通勤者需要驱车行驶更长的距离上下班。根据美国交通统计署的数据，美国工人平均需要单程走 16 英里去上班，其中 22% 需要单程走 16～30 英里去上班，11% 需要单程走 30 英里以上去上班。相反，加拿大的工人每天只需要走 4～5 英里去上班（Statistics Canada 2011a）。

提高油价可以有效改变这种模式，2008 年和 2011 年的油价上涨就是如此，当时每加仑汽油价格超过了 4 美元。油价上涨会使美国成千上万的通勤者放弃自己开车，而选择乘坐公交车或火车。美国南方和西部的乘坐公共交通的通勤者数量增加最多，而这些地区的汽车文化却是最强大的，可见提高油价会取得显著的效果。而促使人们放弃开车、乘坐大众交通工具的其他因素，还包括昂贵的停车费，以及技术的进步，例如无线计算机使通勤者能够把出行时间转变成生产和工作时间（Hargreaves 2011；Krauss 2008）。然而，燃油价格是促进人们逐渐依赖公共交通运输最重要的因素，如果燃油费用再一次上升，乘坐大众交通工具的人也会逐步增加，并影响将来的居住模式。

### 对城市的损害

无序扩张可能首先是一种郊区现象，但它也给城市地区带来了严重的后果。工商业和居住的离心化并进入边远郊区，也把人们从已成型的中心城市、老城中心、城市社区吸引走了。而在美国与加拿大，这些老地方往往都是丰富遗产的集中之地。人口外迁侵蚀了税收基础，迫使城市提高对仍居住在城市者的税率，以获得资金来维持城市市政服务。

无序扩张还毁灭了城市中心的商业，因为它把城市中那些曾经繁荣的、当地开设的商店和饭店的顾客，都吸引到那些更大的区域性购物广场中去了。这些城市地区的经济也就日益恶化，那些标志城市地区繁荣昌盛的建筑和其他历史遗产逐渐失修，无序扩张使老城市失去了以往的特征，被遗弃的厂房、被栅木板围起的房子、日益破败的零售中心逐渐支配了城市中心的风景。

美国东北部那些更小和更老的城市，受无序扩张的伤害更大。北卡罗来纳州吉尔福特县县府所在地格林斯博罗市就是一个很好的例子。格林斯博罗从 20 世纪 50 年代到现在一直经历着向郊区的大面积开发。自 1950 年以降，其城市人口密度下降了一半多，但城市边界却比旧城扩大了一倍：

格林斯博罗的无序扩张，一直与购物和娱乐向城市边缘的移动有关，也使城市曾经充满生机活力的中心日益衰败。格林斯博罗市中心在 20 世纪 60 年代还是一个购物、娱乐中心，有很多的工商企业。但是，在后来几十年中，零售商、工商业雇主和娱乐设施都跟着居民去了郊区，市中心日益空心化，各种建筑设施被空置。空置的建筑所交的税很少，中心再开发计划又会花费纳税人的大量金钱。最近几年来，市中心的活动出现了逐渐上升的趋势，但空置建筑与商店问题远远没有得到解决（Doss & Markham 2004：7-10）。

同样，在美国历史上发挥了重要作用的华盛

◎ 上图体现了亚特兰大市通勤者所说的"多层式立交桥"——位于 85 号与 285 号州际公路的交叉处——下午高峰时段繁忙的交通状况。图中开车者很多都是从工作地下班，要赶回他们在郊区格威纳特县的家。30 年来，格威纳特县的人口增长了将近 5 倍，现在已超过 80.5 万人，亚特兰大人口的明显增长，而有效的大众交通方式的缺少，是这个地区遭受交通拥挤、空气污染、城市无序扩张的主要原因。

顿斯波坎市，曾经被称为"美丽的城市"，但现在日益衰败，面临发展的压力，该城市人口在将来20年中预计只会增加不到5万人。城市中的很多居民，认为无序扩张与依赖汽车正在侵蚀和消除城市的魅力，于是团结起来并提出了一个名叫"斯波坎的地平线"的项目，主张通过综合规划来处理诸如停车、修路、提高基础设施承载能力等问题，同时号召建设一个健康的市中心和健康的周边社区。2001年，斯波坎市采纳和实施了一个为期20年的规划，设计了21个综合用途的中心和走廊，它们都在城市之中或与城市毗连的地方，并维持城市中心在这个城市的核心地位以及在这个地区的文化与经济核心地位（City of Spokane Planning Services Department 2011）。

### 财政成本

根据以往的经验，发展会增强市政的税收基础。这种看法在数十年前可能是正确的，但现在情况变了，日益增多的税收岁入，往往很难赶得上向那些生活在离既有基础设施很远地方的人们提供新的市政服务所需的费用，包括修建新的供水和排污系统、修建学校和提供教育、治安与消防以及道路建设等，都需要大量的财政支出。

一项关于马里兰的规划研究预测，21世纪头20年的无序扩张，将会花费该州居民大约100亿美元的税金来修建新的道路、学校、给排水设施，而如果人们居住更集中的话，这些支出就完全没有必要。然而，马里兰的市民十年来一直反对花10亿美元在波拖马可河上修建一座新的大桥以及修建高速公路的计划，而研究显示这样一座新桥会促进无序扩张的发展（Shultz 2011）。在加利福尼亚、佛罗里达等地进行的类似研究，也显示在无序扩张与政府不断上涨的财政支出之间存在高度的相关性。

相反，有一项为新泽西州——美国人口最为密集的州——制定的更加精明的规划指出，与无序扩张模式相比，如果采取综合性的、高密度的、集中化的"填实空隙"的开发模式，政府的费用开支就要低得多。充实的和高密度的开发模式可以节约道路、供水和卫生排污等建设费用11.8亿美元，相当于该州每个家庭每年少支出1.2万余美元，每年可为地方政府直接节约4亿美元，而在15年内总共可以节约78亿美元。这还不算因为充实发展而节省的其他公共基础设施费用，包括排洪、校车、父母用车、消防队、救护车、垃圾处理和其他服务费用的节省（ANJEC 2011）。

## 二、精明开发

对于无序扩张的替代方案，就是精明开发。新泽西的精明开发规划，部分地体现了这种替代方案，其强调土地的综合利用，以激活和建设紧凑的、对环境敏感的社区，这种社区强调以公共交通和步行为导向，并设置和建设各种居住、商业和零售空间。其焦点是在已经城市化的面积内实现区域性增长，以及以新的方式来对土地进行城市化（Duany, et al. 2009）。

另一个日益增加的趋势，则是坚持对大规模建筑项目的分散分布的环境影响进行评估。社会影响分析是一种跨学科的努力，要在项目修建之前对其可能的各种后果进行判定。这一路径包括了环境社会学这一新学科领域，其研究的是物理环境、社会组织、行为之间的相互作用（Sydenstricker-Neto 2011）。

实际情况是，人口的增长和土地的持续开发在一直不断地进行。数十年以来，美国每5年就要增加1 000万到1 200万的人，并因此每5年要增加500万套住宅。在未来30年中，美国还可能新增9 000万人，其中大多数都将生活在大都会区。这意味着不仅需要额外的居住空间，还需要额外的工作岗位与商业空间。显然，这个国家采取何种开发模式，将是一个十分重要的问题（Burchell, et al. 2005：6）。

这里我们列举一个与无序扩张相对立的紧凑开发的例子。根据美国区域规划协会——一个有志于改善纽约大都会区生活质量的非营利组织——的统计，如果每增加500万人口所需要的办公空间，完全建在郊区的办公园区中，那么会占用半英里宽和54英里长的庞大面积。然而，在摩天大楼林立的大城市中，200英亩就可以满足同样的需要。原因是在郊区，每100万平方英尺的办公空间平均需要占地80英亩，其中25%

用来停车；而在大城市中，平均只需占地 1 英亩，其中一半是办公大楼的占地面积。在小城市中，同样是 100 万平方英尺的办公空间，包括修建一幢 25 层的大楼以及附带景观与停车场，需要占地大约 6 英亩（Regional Plan Association 2011）。

无序扩张本身就是一种区域性问题，如果要解决这个问题，就需要使人们相信，通过综合的、理性的规划策略来克服这个问题，符合他们自身的利益。以"精明开发"为目标的公共政策，会寻求各种方式防止推平农场与森林，鼓励对城市进行重新投资，以及通过可持续的、密集度更高的开发，大力发展公共交通，修建行人友好的街区，来使城镇城市化。越来越多的社区领导者、相关的公民、环保团体、政府官员正在探索各种方式和途径，以实现对无序扩张开发模式的替代，其中一些努力具有一定的冲击力（见表 4—1）。

96 ## 1. 政府购买土地

在 20 世纪 60 年代，美国联邦政府开始从近海石油钻探和开采税收中预留一定比例的财政收入，用来购买或扩张娱乐休闲的土地或公共空间。今天，通过全民公决和地方或州政府的推动，保护公共空间和降低郊区无序扩张速度的努力正在日益增多。1998 年，新泽西的选民们赞成并通过了一项预算为 10 亿美元的全民公决，

在未来 10 年内通过提高汽油税，筹集 10 亿美元来保留该州 200 万英亩的公共空间中的一半。同样，在宾夕法尼亚州门罗县的选民们，也通过了一项 2 500 万美元的提案公决，在未来 10 年内用于购买还未开发的土地。得克萨斯州奥斯汀的选民们，也通过提高水费的决议，以筹集资金来保护城市周边成千上万亩的环境脆弱的土地。马里兰州还通过其精明开发和社区保护计划，支出了 3.02 亿美元购买那些正面临开发威胁的农地、森林和自然区域。另外，宾夕法尼亚州支出 2.06 亿美元，弗吉尼亚支出 2.32 亿美元，在两年之内购买土地以防止被开发（Kobell 2011F）。总之，在 1998 年和 2006 年之间，选民在进行的 1 550 次公决中，超过 75% 的决议是要保留公共空间。

## 2. 划定城市发展边界

俄勒冈和华盛顿要求城市规划出官方正式的边界，以把大都会区与其周边的绿化带的公共地，包括农场、水域和公园分离开来。其意图就是把开发集中到既有公共设施的地区，同时保护这些人口中心周边的自然资源的多样性。俄勒冈的波特兰——本章的案例研究将对其特征进行概括——自 1975 年以来就划定了城市发展的边界。自那以后，波特兰大都会区的人口虽然增加

表 4—1　　　　　　　　　　　　　　　　无序扩张与精明开发

|  | 无序扩张 | 精明开发 |
|---|---|---|
| 定义 | 在城市边缘已有服务和就业区域之外的地方无控制、无规划、不负责任地进行低密度的开发。 | 资源高效利用，有助于经济发展和增加工作岗位，创造健康、安全的社区和街区，保护绿色空间和农地。 |
| 特征 | 设计和修建宽大的街道以使汽车能够高速行驶，而不是方便人们步行；<br>土地功能利用单一，人们居住的地方与工作、购物、休闲娱乐的地方以及小孩上学的地方相距很远；<br>强调私人空间：独门独户的院落、汽车和有围栏门禁的社区。 | 设计的道路对行人与公共交通更加友好，使人们能够安全地步行，并方便邻里之间的互动；<br>对于土地进行综合利用，包括人们能够在同一地方购物、上学和工作，并且不用开车就可以到达这些地方；<br>强调公共空间：公共设施、公园、对行人友好的环境。 |
| 后果 | 生活质量下降，因为其损害了环境和可能导致健康问题；<br>对于纳税人是高成本的，因为其需要建设新的基础设施。 | 保护那些环境敏感的区域、农场，并减少空气污染；<br>为社区成员和利益相关者提供合作机会，共同进行开发决策。 |

资料来源：*The Dark Side of the American Dream*，Copyright © 1998 Sierra Club™ Books.

了50%，但只多消耗了2%的土地。建筑商支持这种设定的开发边界，因为在指定的发展区域内，官僚作风造成的延误更少，不同功能区的设置也更灵活。其结果是，波特兰成了美国最健康和最宜居的城市之一（Tammemagi 2008）。在这些方面也取得了成功的其他城市，还包括科罗拉多的波尔得市、弗吉尼亚的弗吉尼亚海滩市、肯塔基的列克星敦市、加利福尼亚的圣约瑟等。在加拿大，渥太华、多伦多、温哥华和滑铁卢，都设有绿色空间和严格的开发边界限制，但是卡尔加里、埃德蒙顿、温尼泊等市地处平原，则没有这些限制，持续地向外扩张，一直到侵占农地。

## 3. 复兴既有城镇

那些曾经繁荣的城镇的公共交通、基础设施、高密集的居住模式可以承载新的发展，如果让它们重新焕发青春，将吸引新的居民和限制城市开发的大跃进。很多社区通过恢复和保持它们的独特性，并通过良好的规划来恢复社区的共同

◎ 把城市复兴并与城市历史重新联系起来的例子之一，就是得克萨斯州圣安东尼奥的河滨步行公园，它是世界最大的城市线型公园之一。商店、饭店和旅馆呈线性排列在圣安东尼奥河两岸，在这里人们可以乘坐观光船和脚踏船，然后通过步行桥或台阶上到街面上游览其历史景点。

体意义感，提高宜居性，最终增强经济活力。通过创新公—私合作的再开发策略，它们正在创造充满生机与活力的城市环境，并重新把它们的历史与文化身份认同联系起来了。田纳西州的加塔努加市，对污染一度十分严重的田纳西河进行了整治，并建立了滨江公园和散步广场，现在吸引了很多小型野生动物和人们来这里散步。加利福尼亚州位于旧金山海湾区的萨松市，把以前到处是污水横流的河流、破败的仓库和高犯罪率的破旧住宅区改造成充满魅力之地，现在这里商店林立，住宅价格适中，还有一条可以划船的运河。马里兰政府还向那些在其工作单位附近购买住宅者，提供至少3 000美元的财政补助，以鼓励他们居住在城区。其精明开发规划的内容之一，就是通过吸引人们进入内城来促进城市中心的复兴。

另一种促进城市复兴的颇具争议的方法，就是地方或州政府使用国家征用权来强行把私人财产转变为公共用途，不过政府会以公平的市场价格给私人财产所有者提供一定的补偿。这种法律行动的主要依据是美国宪法第五修正案，在2005年引起了广泛的关注，而美国最高法院就凯洛（Susette Kelo）诉新伦敦市政府一案所做出的"5—4"判决，也遭到了尖锐的批判。大约有2.5万人的小城康涅狄格已陷入经济困难时期，产业、人口与税收基础都正在消失。为了通过刺激经济发展来复兴这个城市，该市政府购买了老特朗布尔堡（Fort Trumbull）社区中115处住宅和商业地块。

然而在此过程中，有15个业主拒绝出售他们的地块，整个城市都行动起来非难这些业主保持这些地块的产权，这些业主则起诉城市政府滥用国家征用权。高级法院的裁决驳回了这些业主的起诉，理由是政府征用私人财产的目的是发展经济，而这是法律允许的"公共用途"。批评者指责这一裁决曲解美国宪法第五修正案，是对私人财产权利不受侵犯这一原则的粗暴践踏。一些政治家、公众团体以及众多支持团体，都指责说这会开启危险的先例，导致大公司为一己私利而不惜牺牲处于弱势地位的私人房主的利益。

自从凯洛诉新伦敦市政府一案裁决以来，几

乎所有的州都完善了它们的法律，以支持和保护私人财产，防止滥用国家征用权。同时，在新伦敦，业主们获得了额外的补偿，但是到 2012 年，那些地块仍然空置，没有带来税收效益。城市再开发项目也四分五裂，因为开发商面临严重的资金短缺。在整个美国，国家征用权一直以来都有强大的支持者，也有强大的反对者。但在通过改革立法限制国家征用权的 43 个州中，该案的裁决影响非常广泛。

## 4. 各种以公共交通为导向的方法

人们提出了很多人为有意识地缓解交通拥挤的建议，其中一些解决方案主要强调：（1）修建更多的高速公路，使用带有同步化的交通信号灯的"巧妙回廊"，以促使交通工具更顺利地通过拥挤的区域；（2）增加汽车合用率或增加高乘载率的道路；（3）沿着连接城市与郊区的高速公路修建更多的轨道交通线路。这些建议在某种程度上都可以缓解交通拥挤，但它们的确无助于减少相反可能加剧无序扩张。因此，规划者应该反而寻求促进人们利用与乘坐公共交通工具，特别是鼓励或要求人们围绕公共交通线路进行更密集的、更综合的开发。一些担心交通拥挤和长途通勤会损害自己雇用和保持员工能力的公司，则采取了一些其他步骤。贝尔南方公司（Bell South）把 75 个分散的工厂、共 1.3 万工人整合到 3 个工厂中，而这 3 个工厂都靠近亚特兰大市的快速公共交通系统。西雅图的机动车辆保险记录公司（Safeco）则提供多种方法，如用通勤房来解决员工住宿问题，使 90% 的员工不再需要每天乘车上下班。微软公司则用安装有无线 Wi-Fi 设备、环境舒适的班车接送员工上下班，受到了员工的广泛欢迎（Conlin 2008）。

在加拿大英属哥伦比亚省的温哥华，随着开发向东无序扩张和在弗拉塞河谷的展开，出现了十数处郊区。其结果是高峰时期的交通常常从温哥华就开始拥堵，并经过狮门大桥连续长达 3 英里。由于无法停止这种无序扩张，规划者只好要求降低交通拥挤。该地领导者拒绝修建更多高速公路来作为地方交通运输网络支柱，以防止进一

◎ 在 2008 年 12 月，凤凰城结束了公共交通只有汽车的最大大都会区的历史，修建了第一条长 20 公里的轻轨系统，有 28 个毗连的人行道和公交车站。轻轨列车在高峰期每 12 分钟一班，非高峰期每 20 分钟一班。该城希望这种公共交通系统可以极大地缓解交通拥挤和空气污染。

步"洛杉矶化"。相反，他们建立各种公共交通系统，主要是火车和渡轮，并辅以 1 000 辆公共汽车（其数量是亚特兰大地区的 20 倍）。

显然，随着越来越多的郊区居民和通勤者汇集到温哥华大都会区，区域规划者倾向于选择在东部郊区建立自主创业园区，使城市向外扩张。他们通过在世博线和千禧年线的天铁（SkyTrain）——一种自动的轻轨铁路系统，在技术上每个小时可双向输送 3 万人——沿线建立自主创业园区来实现这一点。其空中电车呼啸着进入郊区，来回地接送乘客上班和回家，这比通过拥挤的高速公路上下班少花很多时间。温哥华的铁道镇曾是一个日益衰败的郊区仓库区，现在已成为最繁忙的天铁车站，其周围环绕着办公建筑、公寓、电影院以及一家购物广场（Wolinsky 2004）。

综上所述，对于复兴城市中心、保护公共空间和户外生活，实际上主要有四种方法：政府购买土地、划定城市开发边界、复兴既有城镇和发展公共交通。当然也应重视其他的草根努力。如

果公共政策把资金、努力和视线都直接投到社区中，而不是通过资助修建新的道路、设施和开发而投向无序扩张并以城市中心的衰落为代价，那么公众就有越来越多的机会去选择那些对环境负责的生活方式。

## 5. 绿化我们的城市

以公共交通为导向的各种办法，是一系列环境创新措施之一，有很多城市都采用这些方法来减少能源的消耗和温室气体的排放。要绿化我们的城市，除上述提到的加强公共交通外，其他措施还包括用混合动力汽车取代燃油汽车，大量使用混合动力出租车或电力出租车，改进自行车道和人行道路天桥等基础设施。为了减少热岛效应，也就是为了改变城市在夏天比周边地区都要热的状况，诸如芝加哥和纽约之类的城市开始鼓励用绿色房顶取代黑色沥青房顶，鼓励人们在高层建筑的屋顶种植草皮、灌木甚至小树，以降低建筑降温的能耗，而且这些措施还可以储蓄降水，减少流入已超负荷运转的排水设施中的地表径流量。还有，街道使用更高效节能的照明，对商业建筑式样进行革新，都能够提高能源的利用效率；更多地使用可循环的产品，以减少进入垃圾处理填埋场的垃圾数量，用颜色鲜艳的多孔砖重新铺设各种小街小巷，减少太阳热量滞留，使降雨更多地渗入地下而减少地表径流直接进入下水道，也是一些切实可行的措施。

积极地探索诸如此类的促进环境友好的措施的城市，还包括奥斯汀、休斯敦、洛杉矶、新奥尔良、费城、波特兰、旧金山以及西雅图等（Economist 2011）。

2011 年，人们用一种新的测量工具——美国与加拿大城市指数——测量了 27 座城市，对它们的碳排放量、能源、土地利用、建筑、交通、水、废物、空气和环境治理等方面进行了评分。得分最高的是旧金山，其次是西雅图和丹佛。得分最低的是匹兹堡、凤凰城、克利夫兰、圣路易斯和底特律（Siemens 2011）。

# 三、外郊

A.C. 斯佩克托斯基（A.C. Spectorsky）创造了"外郊"（exurb）一词［意思是超越城市之外（extra-urban）］，以描述在大都会边缘新居民区开发的面貌。他的这个术语表达了在纽约市大都会区边缘存在的繁荣居民社区，但并没有对其进行系统的解释。他注意到，这些外郊人的生活方式，是高科技、高教育和乡村质朴魅力之复杂结合。虽然他们生活在乡村地区，但他们（1）通过通勤到中央商务区工作，（2）既喜爱旧事物又对新电子产品感兴趣，（3）并保持了对书本、戏剧和艺术的浓厚兴趣。

A.C. 斯佩克托斯基在《外郊城市人》（The Exurbanites，1957）中所指出的那种趋势当时还很小，但在 20 世纪 50 年代以后，其已经变成一种强大趋势。外郊城市人主要集中居住于诸如康涅狄格的费尔菲尔德县、纽约的罗克兰县和韦斯切斯特县、宾夕法尼亚的巴克斯县。今天，由外郊城市人集中居住的县郡，围绕在每个大城市的周围，从靠近旧金山的缅因州部分地区，到靠近亚特兰大的达丘拉（位于佐治亚州），都存在这样的外郊（参见下页的"城市风光"专栏）。现在，新兴的外郊城市人更有可能是从郊区而不是从中心城市搬出来的，并且他们很少在某个中心城市工作（Eiesland 2000）。

在过去 20 年中，购物广场的发展、高层办公建筑的发展、静静矗立的饭店等，已经拓展了大都会区域，使其远远超越了中央商务区以及传统的郊区（Teaford 2006）。现在，构成大都会边缘的，是一个由大都会范围内的郊区、郊区的卫星城、办公园区、零售中心、被"俘虏"的小镇，甚至低密度的乡村所构成的多样化的复合体：

工商业都被吸引到不那么拥挤的大都会边缘，开发商许诺，工商业在这里经营不会受到交通拥挤的影响，并能够接近未充分开发和利用的乡村市场与劳动力。无论它们被称为"卫星城"、"郊区技术园"、"外城"还是"转型郊区"，那些相对新近开发的地方，都改变了大都市生活模式，

## 亚特兰大的卫星城

他（开发商查理）的目光从这些建筑物移开，并远眺那些林海。亚特兰大不是港口城市，实际上远离海洋，身处内陆，树木在四面八方扩散开来。它们是亚特兰大最宝贵的自然资源。人们喜欢在它们的树荫下生活。近40万人生活在亚特兰大的划定边界之内，而他们之中近3/4是黑人。如果说在过去10年中这个城市的人口有什么变化的话，那就是人口不是增加而是下降了。但是过去30年来，几乎所有不同阶层的人——其中大多数都是白人——都迁移到了这些森林之中，进入这些快乐的、树叶茂盛的、充满活力的乡村社区之中，这些社区已经完全包围了城市。来自佐治亚各地、南方各地、美国各地，甚至世界各地的成千上万的人，进入了那些森林之下的小山、高地、幽谷、林间空地的各个地方。尽管整个亚特兰大的人口现在已经超过了350万，但是他们仍然在不断地渗入其中。这里出现了建筑高潮，它是神话般的那么让人难以置信！查理在堆积而成的G-5向下看……正如大家所知道的，这里是斯帕盖蒂，85号高速公路和285号调整公路在这里交汇，形成了14个由水泥筑成和沥青铺面的巨大弯道，以及12座巨大的天桥综合体。……还有，现在，他会看到普来米特中心（Perimeter Center），佐治亚400号公路与285号公路在此交汇。普来米特中心是由马克·泰勒（Mack Taylor）和哈维·马修斯（Harvey Mathis）修建的一处办公公园，它处于这些森林之中。这在那个时代被认为是冒了很大的风险，因为这个中心远离了市区；但是现在普来米特中心已经是一个核心枢纽，周围形成了全新的卫星城，名字也叫普来米特中心……

卫星城……查理闭上了他的眼睛，希望自己永远不曾听到这个该死的术语。他很少阅读书籍，但是早在1991年，另一位开发商乐奇·普特尼（Lucky Putney）给了他一本书的复印件，名叫《卫星城》，是一个名叫约耳·加罗（Joel Garreau）的人这么称呼的。当时他打开了它，匆匆看了一眼，就再也不能放下，尽管它的厚度有500多页。他从这本书中获得了惊喜（Aha！）。这本书把他和其他开发商一段时间以来感觉到的那些事情，用话语表达了出来：从现在开始，北美城市的发展将不会发生在大城市的中心，也不会在老城中心或镇中心发生，而是在边缘发生，在有高速公路提供服务的巨大工商业集群之中发生。

资料来源：Excerpt from "Atlanta's Edge Cities", in *A Man in Full*, Copyright ©1998 by Tom Wolfe.

城市风光

也改变了那些现在已经属于大都会范围内的小城镇和乡村地区的生活模式（Eiesland 2000：5）。

一度被其居民视为在地理上和社会上都远离城市的小城镇，现在往往已经并入了正在无序扩张的大都会中；而外人认为它们是历史地形成的小片区，与新近开发的具有高密度住宅、办公、购物、服务中心的城市相毗连，并在经济上存在联系（Eiesland 2000：6）。外郊化的展开和小城镇被纳入大都会的过程，是有其成本的。那些最初吸引新来者的小城镇的传统和价值观，已经被改造成大都会价值观，导致新旧居民之间的社会紧张（Siskind 2006）。另外，这些过去是乡村的地方和小城镇，随着地价、税收和生活总成本的增加，而日益成为更加昂贵的地方。

因此，小城镇成了新城市的新郊区，并剧烈地改变了这些区域。这种广泛出现的城市与乡村重构的模式，在空间上与社会上都导致了人口、社会组织和生活方式的重大变迁（Eisland 2000：6）。下面就探讨对小城镇产生如此重要影响的新城这一社会现象。

# 四、新城

在一个世纪之前，小城镇就逐渐扩张成巨大的大城市，但是我们没有发现，这是我们城市世界发生的一种深刻的变迁。卫星城（edge city，又译为边缘城市）——无序扩张的、以中产阶层为主体的、依赖于汽车的、往往位于老城边缘的新中心——已经在主要的高速公路交汇处出现了，而这样的地方在数十年前绝大多数都是乡村和农场。在今天，大多数的卫星城都不再那么"边缘"了，而是已经成为新的中心城市。虽然"卫星城"这个术语现在仍然比较流行，但我们在本章不再使用该词，而是使用"新城"一词，并加以更加详细的讨论。我们的讨论就从承认最近几十年来的新城发展开始，这有助于解释我们在前一章中所讨论的非大城市人口的增加。

102

在 20 世纪的后半期，北美经历了三波老城去中心化的运动。首先到来的是郊区化，特别是二战后人们迁移到城市边界之外的新家居住。接踵而至的是北美的购物广场化，特别是在 20 世纪 60 年代和 70 年代，商人把他们的商店迁到有很多潜在购物者生活的地区。随后，公司纷纷改变它们的经营方式，城市生活方式的实质——工作——纷纷外迁到人们现在生活和购物的地方。这导致新城的出现，导致人们生活、工作和休闲方式的深刻变革。这些新城在美国和加拿大的数量已超过 200 个，现在这些新城的办公园区已经成为国家最主要的办公设施，其购物广场也在零售贸易中取得了支配地位。

新城的出现，在加拿大与美国有着各自不同的原因。与美国不同，加拿大政府并不提供促进郊区化的住宅抵押减税。加拿大对开发规划具有更严格的控制，更加强调公共交通，相对缺少高速公路以及活跃的、繁忙的城市中心，种族问题也相对较少。不过，诸如马卡姆、米西索加和沃恩等新城正在出现和日益繁荣。多伦多通过扩张，合并了埃格林顿—唐米尔斯、怡陶碧谷、北约克和斯卡布罗等行政区域，现在这些地方都已经整合成大多伦多的一部分。

## 1. 特性与共性

新城具有与旧城相同的很多特征：大量的各种办公与零售空间，每周早上大规模的上班人流，综合性的工作、商店和娱乐中心等（Garreau 1991：425）。但是，你很难发现新城有清楚的边界和明确的城市中心区域；在地图上也找不出它们始于何处，终于何处。与那些老城相比，新城散得更开，需要使用汽车；它们没有紧紧毗连的建筑所形成的紧凑性，没有人行天桥。而且，很多新城并没有市长、城市委员会或市民法庭；它们缺少政治组织与民选官员，往往只有共享的治安巡逻，这恐怕是新城唯一具有统一作用的要素。

新城的共同特征之一，就是它们从远离城镇中心的地方出现和发展起来，那些地方在数十年前还仅仅是村庄和农场。它们往往在接近两条或更多高速公路交汇的地方演化出来，并且常常是在有购物广场的地方，然后新城围绕这个购物广场逐渐形成。

◎ 弗吉尼亚的泰森斯角（Tysons Corner）——这是一个批评者长期以来认为存在问题的边缘城市（edge city）的典型——没有明确的边界，没有明显的中心，其各式建筑都不相邻，给人们带来很多不便。这里有所有的商业活动，但没有城市的任何魅力（行人、吸引人的建筑、文化景点）。2013 年该城设有四个站台的轻轨系统建成运营，以减少汽车的必要性和缓解可怕的交通拥挤。

## 2. 新城的类型

这些新城可以划分为以下三种主要类型：（1）住宅区新城，修建于前汽车时代的定居点，诸如加利福尼亚的帕萨迪娜、弗吉尼亚的阿林顿；（2）生育高峰期出生的人通过在新地方安家形成的安家新城，这种典型的新城往往位于两条主要高速公路的交叉口，并且几乎总是以一个较小购物广场为中心；（3）绿地新城，一种由开发商在数千亩农场土地上精明规划和建造的城市，诸如加利福尼亚的埃尔文、得克萨斯临近达拉斯—沃斯堡机场的拉斯维加斯。第二种新城是最常见的新城类型，并且这类新城最有可能形成政治组织。它们往往又可以分为三个亚类（见图4—1）：

（1）长条状的安家新城，常常只有数百码宽，但是沿着高速公路可能延伸数公里。其中最具代表性的，就是沿着普林斯顿1号线的新城，在波士顿之外的、邻近马斯派克县的128号公路的新城，以及华盛顿特区马里兰蒙哥姆利县的I-270。所有这三个新城，因为带状的延伸形状，都遭遇了严重的交通拥堵。（2）节点形的安家新城，人口相对密集，包括诸如休斯敦附近的佳丽雅地区、弗吉尼亚的泰森斯角、多伦多的市中心—约克维尔和北约克—北央地区。（3）猪在蟒腹式（pig-in-the-python）安家城市，这是上述两种新城的混合，是一种条带的城市，但在这种条带上会"鼓"出一个或几个节点，诸如底特律西北的绍斯菲尔德的洛奇高速公路、宾夕法尼亚费城西北的普鲁士王城（Garreau 1991：115）。

## *106* 3. 正在演变的中产阶层中心

大多数的北美大都会区的人们，都在200多个"我们文明的新壁炉"中或周边工作、购物和生活（Garreau 1991：3）。对于这些新城中心，购物广场起着乡村广场的作用。其附近是旅馆酒店、办公建筑、公司总部。这些高大建筑并不像市中心那样一处紧接一处，相反是分散于处处树木与草地、类似校园一样的环境中，它们从一种

相对尊敬的距离彼此相视。围绕这些工作中心和购物中心的，则是单门独户的郊区家庭住宅，其所有者和居住者比那些现在居住在更接近老城中心的地方的人要多得多。

新城的出现，实际上深受社会阶层的影响，而不是种族的影响。它们出现在诸如丹佛、明尼阿波利斯、西雅图和多伦多等黑人人口很少的大都会地区，也出现在黑人人口很多的大都会区。而在后一类地区，中产阶层的非裔美国人（现在大约占整个美国黑人的1/3），与中产白人一样都可能成为新城的一部分。正如各种肤色的人——棕色、黑色、黄色人种和白人——都可能成为北美中产阶层一样，新城也表现出同样的情况。那些批判者常常抱怨新城尽管具有种族多样性，但往往"缺少宜居性、文明、社区和邻里，简言之，它们没有多少'城市的灵魂'"（Garreau 1991：8）。

尽管如此，它们那还未成形的城市轮廓，仍将进一步发展和演化，因为那些领导者和规划者现在说，要把新城变成"真正的城市"（Barnett 2002）。诸如得克萨斯州的艾迪生新城等，已经采取步骤要在空间上进行部分转型，以重新组建一个真正的城市，使其设有人行道、屋前要有台阶，要有与地面水平的商店与饭店、各种公寓建筑，并将在艾迪生环形公园修建一座交通枢纽（Dillon 2003）。

新城在整个世界范围内都存在。它们现在是曼谷、北京、伦敦、墨尔本、墨西哥城、巴黎、首尔和悉尼这些城市边缘的重要标志。在整个世界范围内，人们的日益富裕、对更加个性化交通方式的需要、计算机和远程通信的日益普及，以及很多世界金融中心的出现等，都是影响城市地区新城发展的重要因素。

## 4. 新城的三种状态

并非所有新城都是相似的，各地之所以演化出新城，其原因也不尽相同。下面的例子说明，一个新城如何可能实现其自己的目的和发挥自己的作用——或者是作为解决某个问题的方案而出现，或者其本身就是一个问题。

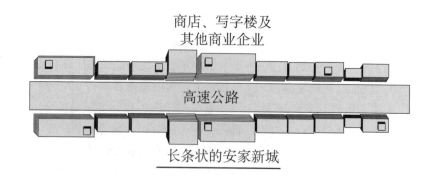

商店、写字楼及
其他商业企业

高速公路

长条状的安家新城

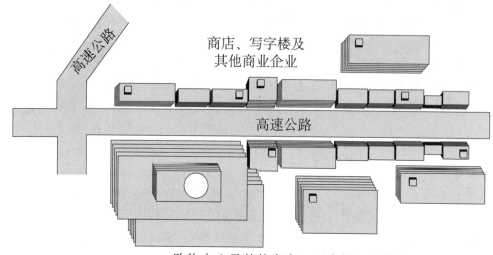

商店、写字楼及
其他商业企业

高速公路

购物中心及其他商店、写字楼及其他商业企业
节点形的安家新城

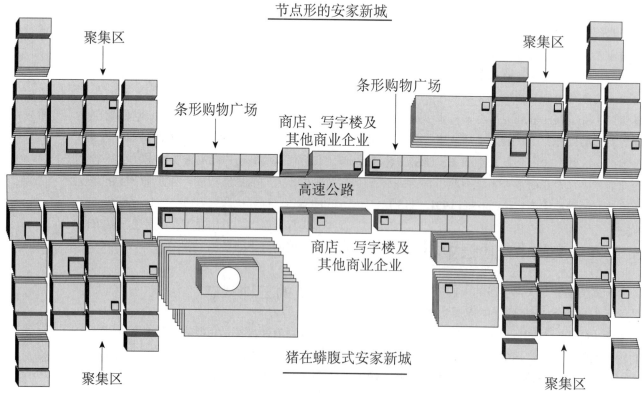

图4—1 三种安家新城类型

### 作为一种推进器的新城

在 1990 年，加拿大的奥沙瓦中心（Oshawa）——加拿大安大略最老的购物广场之一——似乎正在变老。其最初是为了该镇的蓝领人口而修建的，因此这个地方黑暗而肮脏。其中的一些商店面向户外的窗口和门，贴着厚厚的一层报纸和纸板，售价与租金都日益下降。但是，现在的情况不再如此了。以多伦多为基地的剑桥购物中心，在 1991 年以 1.45 亿美元的价格买下了奥沙瓦中心。其之所以这样做，就是约耳·加罗在《卫星城》一书中所写的，因为购物广场常常起着新城中心的乡村广场之作用。坎布里奇的市场战略信息主任罗纳德·夏蓬（Ronald Charbon）说："因此，如果接受加罗的那个理论，那么我们会问：'下一个卫星城会出现在哪里？下一波卫星城会出现在大多伦多大都会区的什么地方？我们的所有购物中心，都是位于那些使卫星城能够高效资本化和营利的地方吗？'"（转引自 Berman 1997：74）

坎布里奇购物中心利用人口普查小册子和各项调查，收集这个地区的人口概况，发现奥沙瓦周围地区是白领集中区，而且预计这个地区人口增长速度将是整个大多伦多地区的三倍。因此，这个公司放手一搏，投资 4 000 万美元对这里进行重大的改造升级，并招募和补充规模以上的购物商店。然而，这仅仅是把奥沙瓦中心转变成加罗所描述的乡村广场的复杂策略的一部分。坎布里奇还获得政府批准，在 25 年内建设 6 幢中等规模的高层办公建筑。奥沙瓦中心因此经历了从一个粗线条的郊区广场向综合开发利用的巨大转型，现在这个地方包括 200 多家零售商店，还有政府和社区服务，所有的这一切，都受到加罗的启发。

### 作为解决办法的新城

伊利诺伊州的绍姆堡自从 1956 年并入以来，已成为"最没有脸面的战后郊区"（Pasternak 1998）。这个小镇位于芝加哥以北 26 英里处，从 1970 年的约 1.9 万人增长到 2010 年的将近 7.4 万人，其中大多数人都生活在联排别墅中，以及供出卖而分成的小块土地上，有 65 家商店。这个小镇的玻璃镜面的办公建筑，沿着其高速公路而分布，提供了一处固定的就业基地。绍姆堡是摩托罗拉公司总部的所在地，是伊利诺伊州最吸引人的旅游地之一，有多达 285 家商店的伍德费尔德购物广场（Woodfield Mall），经济十分繁荣而失业率很低。绍姆堡所缺少的是中心，它没有市中心，没有地方供人行走，也没有地方让人们聚会。事实上，绍姆堡自 1875 年以来，一直没有一个中心城镇。

但是现在情况已经有所改变。地方政府拆除了一个长条形的面积达 30 英亩的老广场，取而代之的是一个名叫"镇广场"的中央商务区。然而，这个商务区不再像数十年前沿着火车站发展起来的老郊区，不过也对 19 世纪晚期 20 世纪早期修建的老城的历史特征给予了足够尊重。这个商务区设计了与公园一样的环境，而不是零售商店排列在主要大街上，目的在于鼓励步行和购物。实际上这里没有主要的大街，相反是一个大的停车场，四周分布着咖啡店和零售商店，并使这个地方看起来似乎是一个购物中心。在它的附近，有一座新图书馆、一家连锁饭店、一座砖砌的钟楼、一处绿色的铸铁凉亭、一片池塘、几处很长的曲线型的长凳、一处公共的圆形露天剧场。在 3 英里之外，则有一家于 2006 年开业的旅店和会议中心综合体，占地 45 英亩，人们希望它能进一步促进绍姆堡的工商业和旅游业的发展。

### 作为问题的新城市

弗吉尼亚的泰森斯角——位于华盛顿特区西 8 英里处，是约耳·加罗的主要例子之一——在经济上越是持续地发展，就越被建筑师、城市规划者、设计评论家和城市研究者当成批判和嘲弄的对象。的确，一些学术机构、行业团体和弗吉尼亚费尔法克斯县已经发起和资助了几个规划研究，目的是找到某种方法来"修理"泰森斯角。

泰森斯角是一个巨大的购物广场所在地，这里还有两个购物中心，是很多名声显赫的高科技公司的总部所在地，并且还有很多大公司。今天的泰森斯角很大，在面积与从业人口规模方面，比很多美国中心城市都要大。它实际上是费尔法克斯县的中央商务区，根据美国人口统计署的报告，泰森斯角白天的人口流量日均超过 10 万人，而其夜间居住人口不到 2 万人，前者是后者的 5 倍。

令人难以置信的是，这个地方现在只有公路交通，在周末高峰期和购物时间，交通堵塞状况简直可怕。不过，杜勒斯走廊地铁项目于2013年建成通车，为弗吉尼亚泰森斯角最大的就业中心服务。这个项目设有4个车站，可以为汽车交通提供可行的替代方案，将极大缓解交通堵塞（Metropolitan Washington Airports Authority 2011）。

不过，即使泰森斯角的交通拥堵可能得到缓解，并鼓励人们采取更多的步行方式，但是这个地方反美学的视角缺陷、视角混乱和无序无格，仍将存在下去。费尔法克斯县的一个特别任务小组，为了让泰森斯角看起来更有秩序，提出了一项整理街容、人行道，制订建筑规划和公共空间的计划。泰森斯角没有市政中心或者说没有心脏，因此规划者提出建设一个密集的城市中心，以解决批评者常说的泰森斯角"没有灵魂"这一问题。而另一个"泰森斯视觉"计划，呼吁修建适宜于人步行的综合中心，要求中心沿大众交通线路分布，并能够促进生活方式的多样性，增加人们的流动机会（Washington Post 2009）。让泰森斯角从汽车支配的办公、广场和自动销售机并存的混乱状态转变成一个宜居的城市，是一项耗资巨大的艰巨任务。这个建议包括修建数英里布局紧凑、两旁高楼密集排列的新街道，以及足够多的公园、学校、警察站、消防站等，来为这个全新的地方提供市政服务（Gardner 2008）。

但是在此之前，泰森斯角还将持续充当美国自二战结束后对其城市周边地区的规划、区划、开发是如此之差的重要象征。

# 五、封闭社区

那些设有大门的封闭社区，在美国可以追溯到1853年西俄勒冈卢埃林公园（Llewellyn Park）第一个规划的设有围墙的社区。在19世纪晚期，随着富有的市民试图"把他们自己与快速工业化的城市出现的诸多问题隔离开来"，封闭社区日益兴盛起来，特别是在纽约的塔克西多公园和圣路易斯的富有的私人街区，有围墙的住宅区的开发如雨后春笋般出现（Blakely & Snyder 1999：4）。然而，这些由东海岸和好莱坞的贵族在20世纪修建的社区和有栅栏的综合建筑，不同于今

天有门禁的封闭社区。它们建在独特的地方，为的是特别的人群。虽然还有一些禁止外人进入的社区开始出现，诸如1957年南加利福尼亚州希尔顿黑德岛上的海松社区（Sea Pines），但在20世纪60年代晚期和70年代，这样的社区数量仍然很少，此时精明规划的退休者社区开发最先出现了。这些社区是普通美国人把自己与社会其余部分用围墙隔离开来的第一批地方。

自20世纪80年代开始，封闭社区快速增多——不仅在退休者生活的乡村是如此，在度假胜地和乡村俱乐部开发的小区中也是如此，然后又出现在中产者居住的郊区，导致一种无声而重要的趋势，而这种趋势一直持续到今天。在20世纪80年代中期的纽约长岛，这种封闭社区还很少见，但在90年代中期已是普遍现象，每个由50来个单元构成的连片住宅，都会设有一个门卫室。在其他一些地方，各自独立的市政区划也存在，其特征就是设有安保的入口；位于加利福尼亚州奥兰治县的峡谷湖区，就是这种封闭社区的例子。

大约有1 080万美国家庭生活在这种有栅栏或围墙的开发小区中。这些家庭中又有超过60%居住在入口有诸如门卫和电子门等控制系统的社区中（U.S. Department of Housing and Urban Development 2011：25）。拉美裔比起其他少数族群，更有可能租住在有门禁的封闭社区中。特别是在有大量拉美裔人口生活的西部与西南部，拉美裔集中居住在封闭社区中的程度最高（Sanchez, et al. 2005）。

尽管这些封闭社区大多在郊区，但是老城中心的社区，也出现了这种情况。美国各大都会区，包括洛杉矶、凤凰城、达拉斯、休斯敦、芝加哥、纽约、迈阿密等，都出现了很多封闭社区。在加拿大的城市中，这样的庇护所也大量存在。在多伦多，就有三个老的门禁社区——帕默斯顿大道、锦绣大道以及威驰伍德公园，这三个封闭社区中的不动产价格极高，是这个城市的宝地。

这种安全社区与典型的现代郊区有什么不同？是什么原因导致这种封闭社区的出现并不同于典型的现代郊区呢？我们知道，典型的现代郊区往往也存在经济与社会分割。正如上文所述，

◎ 封闭社区正在快速增多。通过围墙、栅栏、电力运行的大门，甚至24小时的安保，居民把自己与外部世界隔离开来，他们实质上过着一种街垒生活。这种社区往往迎合了一种强调声望、独特生活方式或安全区域的住宅市场需要，其给人一种共同体感，满足的是社区成员排外、私人控制公共服务、同质化和稳定性之类的要求。

封闭社区有围墙保护，进入其中要受到电子门或24小时安保的控制，地面上也有私人保安四处巡逻。人们可以各种方式来寻求和实现安全有保障的生活，但居民选择这种封闭社区的原因，常常主要是出于对犯罪的担忧，追求人身财产安全，以及为了躲避交通事故与噪音等问题。在这种社区中，居民们享受着他们自己的按需付费的服务。他们共同承担在同一地方实施各种规则和规制的责任，常常是通过户主协会来履行和实现这些责任，而不是通过传统选举产生的地方政府来获得各种共同服务。

然而，比起那些最排外的郊区管辖权所能够做到的，有门禁的封闭社区能在更深的层次上把生活在其围墙之内的人与其他人分隔开来，从而特别凸显了各种种族隔离模式。这样一种生活方式，减少了来自不同背景的人之间进行积极互动与共享经验的机会，并促进了更大社区的片段化（Vesselinov 2008）。

## 1. 封闭社区的类型

有门禁的、受到保护的封闭社区，可以分为如下三种类型：（1）生活方式社区；（2）声望社区；（3）安全区社区（Blakely & Snyder 1999）。这种分类对于我们理解和分析这些社区很有帮助，但三种类型之间也存在诸多相互重叠之处，

因为在这种封闭社区中发现的要素，在那种封闭社区中也存在。当然，每种封闭社区类型迎合的是不同的住宅市场需求，具有各自不同的方法来在其围墙之内形成一种共同体感。而且，每种封闭社区都促进了如下四种社会价值的特殊结合：（1）一种共同体感（社区团结的保持与增强）；（2）排外（与外部分隔开来，并不受外部侵害）；（3）私有化（要求对公共服务进行私有化和内部控制）；（4）稳定性（同质性和可预测性）。

在社区，共同体感是一种激励和驱动封闭社区居民的重要价值观的因素，这种共同体感体现了社区的所有五大层面：共同地域、共同价值观、共同公共领域、共同支持结构和共同命运。排外则是通过把社区成员与外部人分隔开来，有助于确立共同的地域。私有化体现了通过强化地方控制来保护共同命运的需要。稳定性表明的是，共同的价值观、支持结构以及维持稳定性也是预示共同命运的一种方式（Blakely & Snyder 1999：122）。

### 生活方式社区

生活方式社区体现的是新的休闲阶层及其炫耀性消费。这类社区强调舒适宜居性，并包括了退休者社区，诸如全国范围内的休闲世界（Leisure Worlds，又译悠然）连锁，所有这些都

*110*

为老年市民提供参与家附近的各种活动的机会。另一种就是高尔夫和休闲社区，一扇大门把休闲资源隔离起来，只供社区成员使用。在旧金山附近的黑鹰乡村俱乐部，以及加利福尼亚州的科切拉峡谷的兰乔幻境（Rancho Mirage），迎合的是那些具有诸如高尔夫或者网球等特殊爱好者。这种生活方式社区，吸引了那些想在一个同质的、可预测的环境中，获得单独的、私人化的服务和舒适性的人。

### 声望社区

声望社区是以社会地位为导向的居住者的飞地，诸如圣克利门蒂（San Clemente）那富有的太平洋帕利塞德（Pacific Palisades）和康涅狄格州格林尼治县的科尼尔斯农场（Conyers Farm），主要居住的是美国最富有的20%的富人和名人。这些社区强调排外性与外在形象，那些大门象征着其居民优越的地位。声望社区也吸引试图寻求房产价值稳定性的那类人，在由他们构成的这种社区和街区中，房产能够保值。对于这些居民来说，对与外部相分离和服务私有化的关注则处于第二位（Gregor 2012；Romig 2005）。

### 安全区社区

安全区社区是那些首先关注安全和保护的"胆小者的飞地"。这种社区就是一种安全保卫措施，体现了居住者的堡垒心理和意识，具有围墙、门禁、封闭的大街和各种安保系统。在这些飞地——常常位于老城中心与低收入社区——中，居民们相互团结并把他们附近的邻里排除在外，希望那扇大门可以保护他们不受犯罪、交通和外来者的侵害。安全区社区寻求保有和增强一种共同体感，但是其首要目标是排除那些其居民认为对于他们的安全与生活质量产生威胁的那些人。

## 2. 一种共同体感

数十年来，社会观察家们已经发现并指出，在现代生活中，共同体在日益消失，从而导致现代社会生活存在"巨大的空白"（Maciver 2011；初版于1962）。与小城镇中的那些传统社区不同——在传统社区，个人具有终生的情感纽带和联系，今天人们之间的关系常常有赖于诸如消费方式或休闲兴趣之类的比较表面的相似性（Bellah, et al. 1985）。这些作者主张，今天那些隔离的、孤立的飞地中的生活，不再存在不同类型的人——尽管这些人属于同一社区中的人——之间的互动，实际上是消除了社会生活。飞地中的居民有可能做的所有事情，都是把自己的物质获得与邻居进行比较，并以此弄清"自己活得怎么样"。随着这些小康者用围墙把自己围在有私人警察维持治安的堡垒社区中，他们在情感上就从社会的其余部分中退了出来，并导致了一个片段化的和两极化的社会。

具有城邦性质（civitas）的社会组织、对于公共或公众生活的忠诚，已经开始瓦解……随着共同体的片段化和向内看，各种隔离边界正被设立和日益僵化，而封闭社区的边界，正是这种状况的扩散的象征（Blakely & Snyder 1999：176）。

在社区在寻求安全和其他社会需要的驱动下日益具有内部取向的过程中，这些居民们发现他们找到了什么呢？批评者指出，他们没有得到任何东西，封闭社区表明社会片段化和公民社会萎缩，已经成了当下社会的普遍问题。因为这些设置了屏障的社区，不仅（通过过高的居住费用）把收入比其社区居民更低的阶层排除在社区生活之外，也通过有效地限制社会中的不同成员与群体之间的互动，而使他们彼此之间不能相遇。这样的阶层区隔，往往也是种族隔离。这种社会距离又会进一步弱化社会成员之间的公民纽带。这些私人的、自治的和封闭的社区在草根层次上重新界定了公共和私人领域之间的边界（Stark 2002）。

尽管这种门禁化的开发小区给人们带来了某种希望，但其共同体质量并不会得到改善。即使居民迁移到那些他们认为可以实现共同体怀旧理 *111* 想的地方去，他们也往往并不会这样做。事实上，这些社区促进了私密性：由于没有前门廊供与他人互动，居民往往待在自己的后院，不会彼此串门。其结果是，设置门禁常常不能提供人们寻求的东西。调查发现，尤其是在高收入的封闭社区中，居民共同体感明显更低。与生活在开放社区中的成员相比，封闭社区成员之间并不存在更强的社会联系（Wilson-Doenges 2000）。

然而，共同体似乎没有比安全更重要。在封闭社区中，成员们可以共同使用社区娱乐休闲设施（俱乐部、水塘、网球场等），因此这可能增强门禁化的生活方式，但是无论是在门禁社区还是在非门禁社区中，邻里满意度都是影响人们关于安全的理解的显著因素。门禁社区通过设计大门和进行出入控制，使生活于其中的居民认为它在物理上与心理上会阻止犯罪。门禁与栅栏的这种效应，可能有赖于住宅的性质和生活在这些住宅背后的人们，但是较高收入者——特别是更年长的居民——所认为的安全，才是对生活在这种受到严密保护的飞地中产生积极情感的重要原因（Chapman & Lombard 2006）。

# 六、共同利益开发小区

封闭社区常常被称为共同利益开发小区（common-interest developments, CIDs）。很多共同利益开发小区都是封闭社区，但是并非全部如此。同样，大多数封闭社区都是共同利益开发小区，但并非全部如此。封闭社区与共同利益开发小区两种现象之间存在密切关联，但它们并非同一事物。共同利益开发小区要求户主在自治协会中具有成员资格，包括了郊区单门独户的规划单元开发小区、城市每户产权归居住者私人所有的公寓，以及住宅合作社等。共同利益开发小区住宅建设的快速扩散，也是北美历史上地方政府功能最严重和最急剧的私人化。现在，北美这类共同利益开发小区十分常见，美国共存在31.4万多个这样的开发小区，共涉及2 510万个住宅单元，居住着6 230万人（Community Associations Institute 2011）。

修建者们发现，修建共同利益开发小区住宅有利可图，因为它是一种大规模、批量生产的商品，在更少的土地上能够汇集更多的人口。购买者愿意接受更小的地块、更狭窄的街道，因为这样的开发小区包括开放空间，具有人们想要的舒适性，以及所有居民共同拥有的便利设施，诸如

游泳池、体育馆、公园、高尔夫球场、社会中心等，甚至还有外人不能进入和享用的购物中心和小区自己的学校。官方也愿意为修建这种高密度的、有规划的、有自己基础设施的社区发放许可，因为它们以最小的公共成本增加了纳税人的数量。

在这种社区中，居民必须参加户主自治协会，按月支付会费，并生活在居民私人的治理之下。在这种社区中，诸如警察治安、垃圾处理、街道维护和灯光照明等以前属于地方政府的职责，现在都由社区私人治理组织来履行，为社区成员提供这些服务。在某种意义上，这些社区的设计符合主张"地方控制"的郊区意识形态（住宅市场分割、单用途区域、不能获得的大众交通以及死胡同）的进一步演化。在理性选择理论视角的社会研究者看来，这种共同利益开发小区更为民主、有效，是比市政府行政管辖更好的选择（Nelson 2005）。

新派的城市研究者往往支持这种私人社区的开发，认为它们是无序扩张的解毒剂，因为它们的建设是有规划的，对环境是友好的（Duany, et al. 2000）。然而，有些批评者认为，这类新的城市文化损害了城市的多样性与活力。因为共同利益开发小区实际上是相对同质的人组成的小团体，这种有目的地规划的开发小区，会导致种族隔离和阶层分割（Putnam 2001）。批判性的城市理论家则更进一步，断言这种治理的私人化，使富人可以创造一种私人领域并与社会的其余部分分离开来，脱离了国家的常规政治图景，而在这种私人领域中，富人可能控制他们的社区及其资源。但是，很多官员则喜欢这种分离，因为只需居民交财产税，而不用地方政府负责向其提供与辖区内其他地方同样的服务。社区中的居民也很满意，因为这种社区能够保证他们安全和获得更好的服务，他们认为这是一种稳定的社区。

然而，在获得这种独立性的过程中，共同利益开发小区的居民也付出了沉重代价，因为他们放弃了其他的自由与私密性。他们生活在小区合作指导委员会的统治之下，这个由小区居民选举出来的群体，实施一系列由开发商创造的限制，以确保精明规划永远不会被改变。委员会制定了

# 共同利益开发小区对个人自由的限制

城市生活

下面的故事不仅仅反映孤立社区的邻里冲突，这些社区存在于有围墙的、私有的城市与郊区飞地，因此说明了共同利益开发小区中的控制。很多人志愿牺牲私密性和个人自由来换取共同利益开发小区生活模式，但一些人最后发现自己正在为了权利而与其中的某些居民斗争，这些居民运用个人权力对他们的社区施加规则和统治——而拒绝政府官方介入。

在新泽西的门罗公园社区，户主自治协会起诉社区中的一对已婚夫妇，认为妻子年龄只有45岁，低于社区规定的最低入住年龄（48岁）。法官做出了有利于该协会的裁决，命令60岁的丈夫出售或出租其住房——否则就只能自己住在社区，而妻子必须搬出去。

在马萨诸塞的亚什兰，一个共同利益开发小区委员会通知一位越南老兵，他不能在美国国旗纪念日飞到美国。于是他叫来记者，当地报纸头版报道了这个事情，在公众压力之下，这个委员会做出了让步。

在佛罗里达的波卡拉顿，有一社区户主自治协会起诉一位户主养了一只体重超过30磅的狗，这违背了社区规则。法庭最后对这只狗的重量进行了鉴定，结果显示其重量超过社区限制一盎司。然而，该协会并不因只有一点点超重就放弃起诉，并不惜花钱打官司通过法庭把这只狗逐出了小区。

在宾夕法尼亚州费城附近的一个开发小区中，一对夫妻购买了一处住宅，并把他们儿子的金属秋千一起带来安在了社区中。一年后，户主自治协会告诉他们必须拆除秋千，但小区对安秋千并没有什么明文规定。当这对夫妻挑战这一命令时，协会通过了一项规定，要求安装的秋千必须是木质的，以保持"整个社区统一的风格"。这对夫妻于是发起签名活动，成功地使社区3/4的户主

签名支持他们的金属秋千，并援引了美国环保局的数据——这一数据显示用压制的木材做成的户外秋千包含有毒化学物质，会威胁小孩的健康，而他们的小孩一个2岁，一个4岁。但是，这个协会仍然坚持自己的立场，对他们开出每天10美元的罚款，并说必须拆除秋千，绝不接受其他妥协措施，包括把秋千涂上与小区风格一致的颜色也不行。

在佛罗里达的劳德代尔堡，一个分户产权归居住者的私人公寓的管理方，命令一对夫妻停止从他们的后门进出家门，指责他们走捷径开车进入停车场，破坏了草地中无法照到阳光的小路。这对夫妇求助于律师，正式提出法律诉讼，请求法院许可他们使用自己的后门。

资料来源：Evan Mckenzie, "Trouble in Privatopia," *The Progressive* 57（October, 1993），30-36.

很多规定，诸如禁止假期节日装饰窗户，强制规定入户花园规模与种植内容，甚至前门油漆颜色等，并且在日常管理中有权罚款，直到违反规定的户主屈服和遵守为止。正如上面的"城市生活"专栏所显示的，这种私人治理在宪法和地方政府的限制之外运行，即使这些小区中的一些规则并非居民协商制定的，而是由开发商的律师们起草和施加给所有居民的，法院的裁决也坚持认为这些小区实施的规则和制约是个人之间私人的和志愿的安排。

而且，2008年以来的住房与就业市场的崩溃，对共同利益开发小区产生了重大的影响，因为它们只有高度依赖于户主才能获得小区维修与服务资金。加之地方政府预算的削减，很多共同利益开发小区现在都是挣扎求存。任何不能生存的共同利益开发小区，都会对更大的社区造成额外的负担，而再也不是后者的意外之喜，因为地方政府又将不得不为这种社区提供基本公共服务，诸如林荫道的维护等，从而可能减少地方政府对其他小区的投入（Mckenzie 2011）。

美国私人治理社区的思想，已经扩散到世界的其他地方。在非洲、亚洲（包括有数亿庞大城

市人口的中国）、欧洲、拉美各国，我们都可以发现无数的人现在生活在这种共同利益开发小区之中（Atkinson & Blandy 2006）。随着这种社区的扩张与演化，它们在产生某些积极的影响的同时，也产生了很多消极的后果。规划者、无序扩张的支持者和城市社会学家往往列举俄勒冈的波特兰作为成功控制无序扩张和这种小区的发展的例子。因此，波特兰是一个很好的研究案例，我们可以围绕这个案例进行各种主题和问题的研究。

# 七、案例研究：俄勒冈州波特兰市

北美西部的所有城市实际上都经历了一个飞速扩张的时期，大量土地被侵占，基础设施变得十分紧张，交通日益拥挤，空气污染严重，修建学校系统的开支日益增多。不过，波特兰则是一个健康的、活力十足的城市，没有出现其他城市地区常见的那些问题。数年前，这个城市就坚决抵制急速扩张，并有意识地规划自己的未来，这种努力体现了波特兰对城市生活质量的长期关注，以及对共同利益的长期承诺（Sbbott & Margheim 2008）。

## 1. 物理环境

波特兰所在的地方周围风光绮丽、资源丰富，给其创建者们深刻的印象，于是他们精心选择在这里修建了波特兰。这个城市离太平洋 100 英里，位于哥伦比亚河与威拉米特河的汇合处。因此，波特兰被水面与绿地包围，这样的城市环境可是很难得的。终年积雪的胡德山是俄勒冈的最高峰，高达 11 235 英尺，离波特兰只有 48 英里。从这个城市还可以远眺华盛顿的雷尼尔山、圣海伦斯山、亚当斯山。波特兰附近还有规模宏大的哥伦比亚峡谷和摩特诺玛瀑布群（高 850 英尺）。因此，这个城市使人们能够在大城市生活的同时，也可以到附近参加各种户外活动，诸如野营、漂流、钓鱼、滑雪、打猎、登山、攀岩和

滑冰等。

在波特兰城市边界内但距离城市中心较远的郊区，就有这样的美景。这个城市拥有一个很大的国际性的玫瑰试验花园，有超过 500 种各类玫瑰花，因此又被称为"玫瑰城市"；还拥有美国第二大植物园，仅次于帕萨迪纳市的玫瑰花车竞赛园。波特兰拥有很大的花园系统，包括大约 200 个绿色空间。这个城市说自己拥有美国最大的市区森林公园（5 000 英亩），也拥有世界最小的专用公园，即米尔斯公园（Mills End Park，24 英寸大小）。这个城市还有三个重要的区域，即市中心的榆树参天的南公园区、麦考尔水滨公园，以及华盛顿公园。华盛顿公园是玫瑰试验花园、俄勒冈动物园（因其再造了非洲雨林而闻名）、日本花园的所在地。波特兰还是美国唯一一座在城市边界之内拥有死火山——塔波尔山——的城市。

## 2. 历史

美国历史上出现的几次淘金潮，吸引人们沿着"俄勒冈小道"迁移，并促进了早期波特兰的产生和形成，波特兰最初就是这种淘金者的定居点。由于具有天然的深水良港以及丰富的自然资源，这个定居点很快就成为颇受欢迎的繁荣海港和商业中心，加工和处理喀斯喀特山脉、威拉梅特谷和哥伦比亚盆地的农业与林业产品。

与很多西部老城一样，波特兰有其阴暗的一面，是以罪恶和暴力的形象进入 19 世纪的。然而，从 20 世纪开始，波特兰成了一个温顺之地，消除了大部分繁忙水滨区域中那些低级肮脏的营生。大致在这个时候，西蒙·班森（Simon Benson），一位绝不饮酒的木材巨商，一天中午在经过他的一个工厂时，闻到了工人身上散发出来的酒气。他问工人们为什么在中午饮酒，工人们回答说，在城市中心找不到新鲜的饮用水，所以以酒代之。为了解决这一问题，西蒙·班森在市中心修建了 20 处水龙头，供应新鲜饮用水。据说这些水龙头安装后，啤酒消费减少了 25%。这些水源被称为班森的喷水式饮水口，现在仍然在为波特兰市中心街道的当地人和来访者提供

水源。不过波特兰人仍然热爱他们的啤酒，在其他城市流行喝啤酒很久之前，波特兰实际上就已经出现了小啤酒厂，并且在今天，波特兰说它仍有 40 家啤酒厂，这比世界上任何其他城市都多（Oregon Brewers Guild 2001）。

## 3. 城市衰败与反盲目扩张的规划

在 20 世纪 60 年代，波特兰也成了折磨美国其他城市的那些问题的牺牲品。随着城市中各种产业的关闭，其经济急剧衰落。水滨区到处是关闭的工厂和空置的货栈。人们开始迁走；失业率上升，那些没有迁走的人发现他们自己的生活水平大大下降。随着中央商务区陷入严重的经济萧条，市中心的商店一家接着一家倒闭。公共汽车系统失去了很多生意，以致也不得不破产了。

然而，1973 年俄勒冈州州长汤姆·麦考尔（Tom McCall）签署了一条新州法，要求俄勒冈所有城市都必须制定规划，限制城市无序扩张，保护农场、森林、公共空间，此时波特兰复兴的步伐开始了。波特兰的反应，就是实施美国最严厉的规划法律。波特兰的领导者克服来自商业和开发利益集团的压力和起诉，为他们的城市设定了开发的边界，规定任何开发都不得越界。其做法与英国伦敦二战后重建的做法一致。规划城市

发展边界（Urban Growth Boundary，UGB）的目的，就是要迫使工作、家庭和商店相对集中到城市中那些有轻轨、公交和汽车提供交通服务的地区。

当然，汽车是困扰大多数城市无序扩张的重要原因之一。波特兰撤除了其市中心水滨的高速公路，然后把这里以及废弃的仓库区，改造成利用率最高的公园之一，从而缓解了对汽车的依赖和无序扩张。这个公园的名字取自州长麦考尔。波特兰也限制了市中心停车空间规模，创建了北美最早的现代有轨电车系统——马克斯（MAX）轻轨和波特兰捷运（TriMet）公交系统，并通过各种奖励措施鼓励市民使用大众交通系统。这些公共交通系统全是联运方式，这意味着出行者可以轻松地从一种大众交通工具转乘另一种大众交通工具。市中心 330 个方形的街区范围，都是"免费广场"，一年 365 天 24 小时乘车免费。

在 2010 年，波特兰平均每天上下班都乘坐公共汽车或火车者达到 31.55 万人次，成为美国第八个人均使用公交系统次数最多的城市。波特兰没有强迫任何人坐公共汽车、火车或轻轨，但拥有小汽车的 81% 波特兰人都选择公交而不是开车上下班。马克斯轻轨系统是如此成功，以至于这个系统现在不断扩大。波特兰拥有 52 英里的马克斯轻轨系统、14.7 英里的维斯（WES）通

◎ 波特兰很受欢迎的麦考尔水滨公园，全天都吸引了很多行人。它是各种节日活动和特殊活动的举办地，诸如玫瑰节、龙舟赛和年度狂欢节都在这里举行。很多美国城市都重新发现和复兴了它们的水滨区，吸引居民和旅行者，因此提高了生活质量和城市的宜居性。

勤火车里程、79条公交线路，因此其市民在利用公交出行方面处于美国前列，在过去22年中，除了一年外，利用公交出行的市民都在不断增长（Trimet 2011）。这个城市也鼓励自行车出行，在城市各个角落都修建自行车道，放置色彩亮丽的自行车供人们使用；而且，汽车和火车都允许自行车上车。

1972年，在简·雅各布斯、奥古斯特·赫克舍（August Heckscher），威廉·H·怀特以及詹姆斯·W·劳斯（James W. Rouse）等人思想的启发下，波特兰也加强了对其市中心的规划（他们的思想将在第14章中讨论）。1988年，波特兰又进行了新的中心城市规划，更新和扩大了上次规划的目标，开始采取各种措施努力维持和增强波特兰的特殊身份认同和活力。规划规定所有新建建筑包括车库，在街道这个层面上都必须对行人友好。规划禁止空白而没有窗户的墙面，以促进商店、办公和餐馆更加生态宜人。而且，波特兰还预留了1%的公共建设资金，以资助户外公共艺术，增强城市的吸引力。

由于预计20年内将会新增50万新居民，相当于将在现有城区边界之内——面积为369平方英里——再增加一个波特兰的人口，该市在1996年对其三个县的大都会区实施了更加严格的规划，包括把先前单门独户的社区，改造成更多的公寓建筑和联排别墅。为了防止那些"大盒子"商店在工业区出现，波特兰的规划还限制零售分店不能超过60 000平方英尺，并进一步鼓励使用大众交通，限制新商店拥有的停车空间数量。规划者和官员预计到2060年大波特兰区的人口会增长到385万，所以他们现在正在加强乡村土地储备，保护农地和城市用地，防止扩张城市发展边界，以控制预计的人口增长（Hlman 2008）。

在日益成为美国发展管理模范的过程中，波特兰总是遵从那些有远见的指引——特别是1938年刘易斯·芒福德为波特兰城市俱乐部设定的指引。当时他说："在我的一生中，我已经看过许多的风景，但是我还没有看到，作为人类家园，有比俄勒冈的乡村更吸引人的地方……在这里你有理由相信文明已达其高峰……你们有足

够的智慧、想象以及能够进行密切的合作来最好地利用这些机会吗？"（转引自City of Portland 2011：1）。

## 4. 波特兰的今天

在从一个木材生产与交易的小镇转变为一个具有诸如批发、公司管理、高科技公司、保险、运输等各种专门行业的现代城市的过程中，波特兰成为一个模范城市，一个媒体常常赞誉为最佳示范居住地的城市。今天，波特兰具有美国最好的工作市场，甚至在最近的萧条年代中也是如此。它还是1 500多家公司的总部所在地，包括英特尔这个雇佣规模最大的私人企业，以及耐克公司、PHS公司、富国银行等。此外，这里还有数十家小型软件公司（Portland Development Commission 2010）。

波特兰市中心人口密度很大，其现在所容纳的就业人口，是30年前的三倍。不过，尽管人口在不断增长，但波特兰始终保持着19世纪那种小规模的街区设计，这种设计形成的是一种行人友好的市中心。中央商务区实质上是一个行人的乐园，召唤着漫步者在砖块铺设的人行道和林荫大道上行走，并沿途停下脚步欣赏各种喷泉，也可以坐在长椅上休息，在小公园中散步。行人可以在多达1 100多家零售商店中购物，在质量上乘的咖啡屋和饭店中度过美好的时光，参观这座城市中的某家小啤酒厂，或者在众多书店中徜徉，鲍威尔书城就是其中之一，这是世界最大的单体书店，占据了整整一个街区。

这个城市的经济之所以是健康的，在很大程度上是因为受益于区域中众多的校园和工厂为人们提供高科技职位，其中工厂包括英特尔和惠普等。诸如诺德斯特姆公司和萨克斯第五大道精品百货店之类的大百货商店，使其中央商务区充满了活力。人们的娱乐活动也很多，包括参加戏剧俱乐部，观看芭蕾舞、歌剧、交响乐、现代舞、电影等。这里还有一处天文馆。另外，波特兰还有曲棍球队和棒球队，以及著名的开拓者职业篮球队。

而在美观、宜居、经济、土地使用方面，大

多数人都称赞波特兰为"一个极好的城市"，以前这个称号人们只给了多伦多。波特兰成为一个极好的城市的另一个原因，则是其实用、效率和对自行车友好的公共交通系统，鼓励居民乘坐公共交通，并使他们成为这道亮丽风景线的构成部分。事实上，波特兰的很多区域，都是随着大众交通而形成的。劳埃德街区就是一个很好的例子，该区的住宅、高层办公建筑和工商业，都是随着经过该区的轻轨的开通而涌现出来的。在劳埃德，工作岗位的提供和住宅的提供实现了平衡，在这里人们徒步出行十分方便，也可以骑自行车自由出入。

2010 年，波特兰大都会区范围内的人口已达到 220 万，那么它会控制其城市的增长以保护周围的乡村吗？至今为止，这座城市呈现出双重的趋势。一方面，这个城市在规定的城市发展边界之内，努力增加城市密度；另一方面，整个大都会区用于城市化的土地数量也在增长，2000 年比 1980 年增长了 36%，从 349 平方英里增长到 474 平方英里，这个速度在美国所有 32 个面积增长最快的大都会区中排名第九（Jun 2004: 1337）。波特兰所规划的发展边界，主要是抑制了毗邻的县郡特别是华盛顿的克拉克县的进一步郊区化。将来这个地区的人口状况，一定会检验波特兰的解决方案到底是否有效，及其能够在多大程度上平衡大城市的激情与小城镇的魅力。

## 八、概要

到 20 世纪末期，无序扩张、新城、封闭社区和共同利益开发小区这种四种土地开发模式变得如此的广泛，以至于它们将在未来数十年里既影响城市又影响郊区数代人的生活方式。无序扩张是指超出城市服务和就业区域边界的土地低密度开发。这种无序扩张会用尽大量的土地，甚至当城市人口下降时反而会用去更多的土地，增加居民对汽车的依赖，导致交通拥挤和环境污染，浪费自然资源。而解决这种无序扩张的办法，包括购买和预留公共空间、采纳精明的发展方式、为城市开发设定边界、复兴既有城市和城镇，以

及加强以公共交通为导向的各种交通建设。

在过去的三十年中，我们见证了 200 多个新城的产生和演变，无论是在北美还是在其他的地方，这些新城大多位于老城的边缘。这些新城对于土地的无序利用，对于汽车的依赖，与"步行可达的老城市"对于土地的密集利用之间，存在鲜明的对比。新城没有明确的地域边界，但常常位于两条主要高速公路之间，存在三种类型：住宅区新城、安家新城以及绿地新城。目前第二种新城数量最多，并且又可以分为以下三种亚类：长条状的安家新城、节点形的安家新城和猪在蟒腹式安家新城。新城是由中产阶层构成的实体，而各个族群的中产阶层都可能居住其中，因此与老城之间并不存在种族居住隔离。新城往往以某个购物广场为锚定点，能够提供更多的工作岗位、购物和娱乐设施。

虽然封闭社区最初出现在 19 世纪晚期的美国，20 世纪 50 年代开始少量出现，但在 60 年代和 70 年代晚期，普通的美国大众都开始把他们与社会中的其他人用围墙隔离开来。在 80 年代，封闭社区快速增多，这种情况无论在城市还是在郊区中都是如此，到今天大约有 1 100 万个家庭生活在这种社区中。这种封闭社区又可以分为生活方式型、声望型和安全区型门禁社区。批评者指责这些居住模式加剧了社会隔离，又不能真正防止犯罪，也不能提供更坚实的共同体感。

共同利益开发小区可能属于也可能不属于封闭社区。这些精明规划的社区，要求成员每月交费才能共享社区的舒适，才能具有户主自治协会成员资格，而这种户主自治协会拥有各种权力来规制其中的居民。批评者指责这些权力干涉了个人的私事，也侵犯了个人的法定权利。

## 九、结论

加拿大与美国相比，虽然中央政府对土地使用有更大的限制，但这两个国家都经历了无序扩张、新城的发展、排他性社区的增多。其中一些区域已经更成功地遏制了这些发展模式，而另外一些区域则没有，但不论是在哪里，这些模式都

处于支配的地位。这些大众流行的选择，对于老城以及对于加拿大和美国社会的聚合性又预示着什么呢？

在数代之前，加拿大和美国全国各地流行对城市的范围划定边界，并出现了关于建筑与人口密度方面的各不相同的地方法规，不过阶层与种族隔离绝对不是什么新的社会现象。然而，封闭社区在排外程度方面更是有增无减，因为它直接设置了物理性的进入障碍。共同利益开发小区的做法则更过分：它们把市政责任（警察保护）私人化，也把公共服务（街道维持、娱乐和休闲）私人化。这种新的开发小区创造了一种私人世界，导致其居民与障碍物之外的其他人难以共享这些服务，甚至更大的政治系统也难以介入和干预。新城和排他性共同体的演化还将继续下去，这些城市形式在北美的支配性是显而容易见的。

然而，这只是城市图景的一部分。本书的接下来五章，将研究社会学、地理学、政治经济学、心理学和人类学等社会学科领域如何分析作为生活和居住实体的城市。在阅读这些章节时，你将发现城市的故事会变得越来越有趣。

118

## 关键术语

| | |
|---|---|
| 安家新城 | 新城 |
| 共同利益开发小区 | 政治片段化 |
| 卫星城 | 声望社区 |
| 国家征用权 | 安全区社区 |
| 环境社会学 | 精明开发 |
| 外郊 | 社会影响分析 |
| 封闭社区 | 无序扩张 |
| 绿地新城 | 住宅区新城 |
| 生活方式社区 | |

## 网络活动

1. 登录 http://mobility.tamu.edu/ums/congestiondata，了解美国交通拥挤的状况。

2. 登录 http//www.commutesolutions.org/commute/cost-calcualtor，了解美国民众的汽车费用。

# 第5章
# 城市社会学：经典与现代思想

119

人类一旦学会使用和驾驭机器，就会导致社会迅速而急剧的变迁，使一切事物都发生实质性的改变。再也没有其他地方比欧洲城市能够更好地表明这种变迁了。日益出现和兴盛的工厂系统，吸纳了历史空前的大量人口，使城市人口出现爆炸。例如，在1816年，德国城市人口已接近250万；而到1895年，这个数字又超过1 300万。在整个19世纪，伦敦人口从86.1万人上升到非常庞大的650万。

我们可以想象一下这种急剧的变迁：由于淹没在不断涌入的移民浪潮之中，城市不能提供充足的食物、安全的住房、医疗保健和卫生设施，以及充足的工作岗位。因此，毫不奇怪的是，贫穷、疾病、营养不良、犯罪日益增加，城市的街道也更加的混乱。而这正是城市社会学产生的背景。在下面的"城市风光"专栏中，恩格斯（Friedrich Engels，1820—1895）生动地描述了工业化导致英格兰曼彻斯特的那种骇人的贫民窟状况，而这种贫民窟在其他任何地方也都存在。

# 1844年曼彻斯特的工人阶级

恩格斯，一个德国富有制造商之子，在1842年来到英格兰的曼彻斯特学习从事纺织生意。在来到这个城市的最初几年里，他为他的第一本书、1844年初版的《英国工人阶级状况》收集材料。这位专家在书中生动地描述了曼彻斯特骇人听闻的贫民窟状况：

这里才真正是一个几乎毫不掩饰的工人区，甚至大街上的商店和酒馆也没有人想把它们的外表弄得稍微干净一些。但是这一切和后面那些只有经过狭窄得甚至不能同时走两个人的过道才能进去的胡同和大杂院比起来简直就算不了什么。像这样违反合理的建筑术的一切规则而把房子乱七八糟地堆在一起，弄得一所贴着一所地挤作一堆，实在是不能想像的。而且这不能只怪建筑物是旧曼彻斯特时代保存下来的。这种杂乱无章的情形只是在最近才达到顶点，现在，在任何地方，只要那里的建筑方式比较古老因

而还保留下那么一点点空隙，人们就在这里补盖起房子，把这个空隙填起来，直到房子和房子之间连一小块可以再建筑一些东西的空地也没有为止。……

……大街左右有很多有顶的过道通到许多大杂院里面去；一到那里，就陷入一种不能比拟的肮脏而令人作呕的环境里；……这里的住宅无疑地是我所看到过的最糟糕的房子。在这里的一个大杂院中，正好在入口的地方，即在有顶的过道的尽头，就是一个没有门的厕所，非常脏，住户们出入都只有跨过一片满是大小便的臭气熏天的死水洼才行。……下面紧靠着河的地方有几个制革厂，四周充满了动物腐烂的臭气。要到杜西桥以下的那些大杂院里去，大半得从一条狭窄而肮脏的台阶走下去，而要进入屋内就必须跨过一堆堆的垃圾和脏东西。……

……从桥上看到的这幅景象……就是全区的一般面貌。桥

底下流着，或者更确切地说，停滞着艾尔克河，这是一条狭窄的、黝黑的、发臭的小河，里面充满了污泥和废弃物，河水把这些东西冲积在右边的较平坦的河岸上。天气干燥的时候，这个岸上就留下一长串蹶蹶透顶的暗绿色的淤泥坑，臭气泡经常不断地从坑底冒上来，散布着臭气，甚至在高出水面四五十英尺的桥上也使人感到受不了……

……沿着坑坑洼洼的河岸，从上面拉着晒衣服的绳子的那些木桩旁边走过去，就走进了这一堆乱七八糟的矮小的平房中，这些房子大多数都是土地，地上没有铺任何东西，每一家都只有一个房间，厨房、起居室、卧室，什么都是那一间唯一的房子。在这样一个长不到6英尺宽不到5英尺的洞穴里，我看到了两张床——这算什么床铺呵！——另外再加上一张梯子和一个炉灶，正好填满了整个房间。在其他许多小屋里，**我根本就什么也没有**

城市风光

看到，虽然门是敞开的，而住的人就站在门口。门前到处是脏东西和垃圾；垃圾下面似乎是铺了石头的，但是看不见，只是时而在这里时而在那里用脚踏下去才感觉得到……

这已经够了！整个艾尔克河河岸的房屋都是这样建筑的。这是一些毫无计划地胡乱堆在一起的房屋，全部都已经或多或少地接近于倒塌了；房屋内部的肮脏零乱和周围的肮脏环境完全相配称。住在这里的人怎么能够讲究清洁呢？要知道，他们就连大小便的地方也没有。这里的厕所是这样少，每天都积得满满的；要不就离得太远，大部分居民都无法使用。附近只有艾尔克河的脏水，而自来水和抽水机又只是那些"体面的"市区里才有，人们怎么能够洗澡呢？现代社会中的这些奴隶的住屋并不比杂在他们小屋之间的那些猪圈更干净些，这实在是不能怪他们的！苏格兰桥以下沿岸有六七间地下室，室内的地面和离它不到 6 英尺远的地方流过的艾尔克河水浅时的水面比起来，至少要低两英尺，对岸桥以上离桥不远的街道拐角上有一幢房屋，最低一层没有门，也没有窗，根本不能住人（而这种情况在这一带并不少见）；还应当指出，由于没有更适当的地方，附近居民经常用这种敞开的最

低一层房子做公共厕所……

……在其他方面，如脏东西、垃圾堆、灰堆和街道上的死水洼，却是两个地方都有的……一种极其有碍居民的清洁的情形，这就是成群的猪在街上到处乱跑，用嘴在垃圾堆里乱拱，或者在大杂院内的小棚子里关着。这里，正像曼彻斯特大多数其他工人区一样，腊肠制造商把院子租下来，在那里盖起猪圈；几乎每一个大杂院里都有一个或几个这样的隔开的角落，院里的居民把一切废弃物和脏东西都往里扔，结果猪是养肥了，而这些四面都有建筑物堵住的大杂院里的本来就不新鲜的空气却由于动植物体的腐烂而完全变坏了……

曼彻斯特旧城就是如此。重读了一遍自己对它的描写，我应当说，我不仅丝毫没有夸大，而且正好相反，对这个至少住着两三万居民的区域，我还远没有把它的肮脏、破旧、昏暗和违反清洁、通风、卫生等一切要求的建筑特点十分鲜明地表现出来。而这样一个区域是在英国第二大城，世界第一个工厂城市的中心呀！如果想知道，一个人在不得已的时候有多么小的一点空间就够他活动，有多么少的一点空气（而这是什么样的空气呵！）就够他呼吸，有什么起码的设备就能生

存下去，那只要到曼彻斯特去看看就够了……属于旧曼彻斯特的那几百所房子老早就被原来的住户遗弃了，只有工业才把大批的工人（就是现在住在那里的工人）赶到里面去；只是工业才在这些老房子之间的每一小片空地上盖起房子，来安置它从农业区和爱尔兰吸引来的大批的人；只是工业才使这些牲畜栏的主人有可能仅仅为了**自己**发财致富，而把它们当做住宅以高价租给人们，剥削贫穷的工人，毁坏成千上万人的健康；只是工业才可能把刚摆脱掉农奴制的劳动者重新当做无生命的物件，当做一件**东西**来使用，才可能把他赶进对其他任何人都是太坏的住所，而这种住所工人得花自己的血汗钱来享用，直到它最后完全倒塌为止；所有这些都只是工业造成的，而如果没有这些工人，没有工人的贫困和被奴役，工业是不可能存在的。

资料来源：Friedrich Engels, *The Condition of the Working Class in England*, trans. by Florence Kelly Wischenewetsky（Springfield, MA: Seven Treasures Publications, 2009），pp. 43-47. Originally published in 1844.

# 一、欧洲传统：公元1846—1921年

社会学产生于欧洲，是工业革命的产物。社会学是由奥古斯特·孔德（1798—1857）创立的，孔德本人及其后来的学者，包括卡尔·马克思、弗里德里希·恩格斯、斐迪南德·腾尼斯、埃米尔·涂尔干、格奥尔格·齐美尔、马克斯·韦伯等，都试图解释城市化与工业化所引起的巨大转型。

## 1. 卡尔·马克思与弗里德里希·恩格斯：从野蛮到文明状态

马克思（1818—1883）在德国长大，并在英格兰度过了他的大半生，而此时正值工业革命的全盛时期，他是分析欧洲社会转型的经典社会学家之一。

马克思充满激情地主张，社会的经济结构是基础，而社会生活、政治生活和精神生活等领域，要依赖于这种经济基础。也就是说，他认为，经济系统是家庭、宗教等社会制度的基础，也是政治系统得以形成的基础。他认为，虽然社会变迁的原因是多重的，包括技术的进步等，但社会转型主要是源于那些控制经济生产过程的人（资本家）和那些供应必要劳动力的人（无产者）之间的冲突。因此，说诸如贫困和失业等社会问题是个人原因导致的，乃是一种虚假的意识形态，因为正如马克思所看到的，资本主义的缺陷才是此类问题的原因。

不过，马克思及其亲密伙伴恩格斯坚持认为城市特别重要。他们说，在前工业化的传统社会中，人们作为"普通的、整体的部落"而存在。只有随着城市的出现，生产专门化才开始把人们解放出来而使他们成为他们自己。还有，正是在城市之中，国家才得以出现，人们才可能获得一种作为市民的政治角色，有意识地设计他们自己的环境和使用新的科学技术。因此，对于马克思与恩格斯而言，城市的出现也就是从野蛮向文明的转型。

> 物质劳动和精神劳动的最大的一次分工，就是城市和乡村的分离。城乡之间的对立是随着野蛮向文明的过渡、部落制度向国家的过渡、地方局限性向民族的过渡而开始的，它贯穿着全部文明的历史并一直延续到现在……（马克思、恩格斯 1976：143；初版于 1846）

即使如此，马克思和恩格斯明确地指出，并非每一个城市都在以这种方式得到解放或获得自由。在他们所说的"亚细亚生产方式"中，某些城市仍然被禁锢于原始的共同体纽带——这种共同体的劳动分工程度十分有限，实行共有财产制

度，缺少个人主义。其结果是，这些城市——无论是军事性城市、宗教性城市还是政治中心城市——完全依赖于农业剩余，其运行也因此缺少商品经济的强大驱动力。

然而，马克思和恩格斯坚持认为，甚至在工业城市中，人类的社会进化也还没有完成，因为资本家精英控制了经济。他们亲眼目睹早期工业资本主义的破坏性，因此认为历史过程还会进一步演化，对资本主义的世界性反抗将把人类引入社会主义。只有在这个演化阶段，工人才能意识到和懂得他们的困境与问题的真正原因，并采取共同的行动使社会转变并进入一种正义的新秩序。

## 2. 斐迪南德·腾尼斯：从共同体到社会

德国社会学家腾尼斯（1855—1936）在《共同体与社会》（Tonnies 2003；初版于 1887）一书中，描述和比较分析了"共同体"与"社会"这两种人类社会生活方式。共同体又称为社区，以小乡村为特征，而社会以大城市为特征。腾尼

◎ 美国小城——如图中的缅因州卡姆登镇（Camden）——常常被理想化为今天最接近于"共同体"的地方。即使是在这种地方的银行与零售业等商业活动最为集中的主要街道上，相互碰到的人们之间都彼此认识和相熟相知，并且常常相谈甚欢。

斯说，在乡村之中，社会生活形成的是一种"有生命的有机体"，在其中人们有着一个实质性的统一目标，为了共同的利益而共同工作，并被家庭与邻里纽带联结为一个整体。而在城市中则不是这种情况，在城市中，社会生活是一种"机械的聚合"，"简单的加总"，其特征是非统一性（disunity）、个人主义占绝对优势、人们自私自利甚至相互敌对。他认为，在城市的居民之间，人们很少考虑共同的利益，家庭与邻里纽带也不再具有多大的重要性。

关于共同体与社会的分类，对城市社会学产生了十分持久的影响，因为这种类型学划分是通过一种连续体的方式来理解人类居住方式的早期理论之一。在这个连续体的"一端"，是关于人们的居住方式的一种具体、特殊、"纯粹"的理念类型。使用这样一种理论模式，我们可以区分这个连续体上的某些点上的任何实际的居住方式，具有何种程度的共同体特征，以及具有何种程度的社会特征。

在腾尼斯的共同体或社会概念中，我们可以发现马克思的影响。这也是腾尼斯公开承认的事实，他公开承认自己受到了马克思的影响。事实上，腾尼斯的共同体思想，可以在马、恩先于其约40年讨论的"原始共同体"与"原始生产方式"中找到思想根源。

### 共同体

腾尼斯的共同体概念，概括的是农业乡村及其居住者共同劳作于附近土地的特征。他们社会生活的特征，就是彼此"亲密地、私人地和排他地生活在一起"，说同一种语言，具有共同的传统。他们认为有"共同的善和共同的恶，共同的朋友和共同的敌人"，并携带"我们"、"我们的"之类的共同意义感。桑顿·怀尔德（Thornton Wilder）在其戏剧《我们的乡镇》（*Our Town*）中表达了美国人对"乡村一体性"的看法（参见下页的"城市风光"专栏）。

### 社会

腾尼斯从现代城市特征中看到了一种完全不同的生活方式，而在这种生活方式中，人们存在的意义从群体性的变成个人性的。共同体表达的是一种"我们性"意义感，社会则更加理性，更

具计算性。但从其本质上讲，社会给人们提供了首先关注他们自己个人利益的条件，用当代的话说就是使人们能够"寻找最优、第一的东西"。在共同体中，亲属、邻里、友谊等"自然性"的社会制度处于支配地位；而在社会中，这些社会团结形式都趋向衰落。

我们根据人们问"你好吗"的内在含义，就可以很好地把共同体与社会分别开来。当人们说，"你好吗"，他们是不是真的想知道你到底情况好不好呢？在腾尼斯的共同体中，问候者会真心关切对方，问寒问暖，真正把对方当人对待，他的问候远远超出了习惯和礼貌性的程度，因此人们之间形成的是密切相关的（communal）关系。而在社会中，情况则完全不同。我们根据人们承担的具体角色，诸如教师、计算机程序员或销售员等来对待他们。在城市中，我们也常常问"你好吗"，但这仅仅是礼节性的，我们不知道对方好不好，而且更通常的情况是，我们也不想知道对方到底好不好。

### 历史中的共同体与社会

腾尼斯认为，我们通过对欧洲历史的研究，可以发现一种社会在不知不觉中逐渐替代共同体的过程。他认为，19世纪欧洲城市的快速形成和发展，不可避免地导致作为一种支配性的生活方式的社会的出现。虽然他认为这种转型是不可避免的，但他明确指出这种转型并非完全是好事，也有其负面的后果。他认为在社会中，共同体中的那种团结性和人文关怀已经渐渐消失了。

腾尼斯的上述思想是城市社会学的萌芽。他是指出城市生活乃独特的并值得研究的最早学者之一。他使用的纯粹类型比较分析，是后来很多城市社会学家遵循的研究范式。

## 3. 埃米尔·涂尔干：机械团结与有机团结

与腾尼斯一样，法国社会学家涂尔干（1858—1917）见证了19世纪的城市革命。与腾尼斯提出共同体与社会这类相互对立的成对概念一样，他也提出了两种用来分析和比较的理论概念：机械团结与有机团结。

## 我们的乡镇：共同体精神

桑顿·怀尔德的戏剧《我们的乡镇》之所以被人们视为经典之作，有很多原因，其中包括它对日常生活圈子中的事件进行了深刻而辛辣的描述。然而，对于很多人来说，其真正的魅力在于对一个典型的小镇所提供的深刻洞见，而在这个小镇中人们生活在一种我们可以适当地称为社区的"共同体"之中。

这个戏剧是从"舞台管理者"向观众介绍"我们的小镇"——新罕什布尔的一个小村庄"格罗弗的角落"（Grover's Corners）开始的。他请观众想象这个小镇的布局及其居民的生活。

为了引导我们进行想象，他指出了——例如，在波兰移民生活的地方——什么事物会首先出现并导致分化。他告诉我们，与一些法裔加拿大人一样，他们迁入"格罗弗的角落"，并在工场中工作。接着，他又告诉我们各种各样的教堂在哪里，包括天主教的、公理会的、长老会的、卫公理会的、浸礼教的教堂在哪里。他并不告诉我们这样的分化会在某种程度上把人们分割开来，只是因为它们根本不会把他们彼此分割开来。然而，我们几乎凭直觉，就可以知道这一点。并且，我们通过了解那里的每一个人都十分熟悉其他任何人，可以再次证实这一点。他们并非必然喜欢每一个人，或者总是赞成某些人的行为——诸如过度饮酒——但是在人们之间肯定存在一种封闭性、一种亲密性。这就是为什么它也是一个中世纪的城镇——韦伯的社区的理想类型，阶级分化、异议甚至冲突仍然存在于一种由传统价值观和持续统一性所支配的封闭组织的共同体中。

为了帮助我们理解其中的一些传统与连续性，"舞台管理者"告诉我们这个小镇最早的墓碑——可以追溯到1670年——上刻有诸如格罗弗（Grover）、卡特莱特（Cartright）、赫西（Hersey）和吉布斯（Gibbs）等名字。上面的一些家族的名字，在1901年该戏上演时仍存在。他强调了小镇的日常生活中人们稳定的社会关系，并告诉我们"从整体上看，在那里一切事情都不会发生多大的改变"。他还提供了一些其他信息——不存在偷盗，附近的人们日常会光顾梅恩大街上那些平价水果店和药店。人们相互信任、遵守日常惯例、相互熟悉、进行有规律的社会互动等迹象，都表明存在一种社区内聚性，而这是共同体的实质。

随着这个戏剧关于这个平凡小镇——生活在这里的人都几乎没有走出小镇——的情节的展开，我们了解到乔治·吉布斯（George Gibbs）和艾米丽·韦伯（Emily Webb）生活中的某些事件以及其他的一些内容，或者他们的家庭、朋友、邻里——健在的或已逝的——生活琐事。我们见证了在北美小镇中那些更单纯的时代中的生活方式——那种在不管什么样的小镇中，只要是小镇都仍然存在的生活方式。然而，对于我们这些生活在社会之中的大多数人而言，它都是一种过去的事情了。它已经不属于我们了。

城市风光

机械团结指的是基于人们的相似性、共同信仰与习惯、共同仪式与符号的社会团结和连带。诸如家庭联盟、部落或小乡镇等这样的团结是"机械的"，因为生活于其中的人们在各个重要方面几乎都是相同的，几乎是自然地而非有意识地联结在一起的。每个家庭、部落和小镇都是相对自足的，能够不依赖其他群体而满足自己所有的生活需要。

相反，有机团结描述的是一种基于个体差异的社会秩序。现代社会的特征，特别是城市的特征，就是有机团结，其有赖于复杂劳动分工，不同的人们分别专门从事不同的职业。现代社会与人的身体这种有机体相似，人们更多地依赖于彼此，以满足各种不同的需要。一个律师需要依赖他人——例如饭店老板和水果杂货商人——提供食物，才能够专门从事法律活动。当然，基于同样的原因，饭店老板与水果杂货商也不需要自己学习和研究法律，而会寻求律师的帮助。

涂尔干发现，在这种复杂的劳动分工之中，社会的所有居民具有更多的自由和选择的可能性。虽然涂尔干也认为，城市的确会产生非人格化、异化、异议、冲突等问题，但是他最终认为有机团结比机械团结更为优越："我们在［现代社会］中承受的不同形式的负担，比当整个社会完全压在我们头上时——乡村社会就是如此——要小得多，这为我们自主自由地发挥作用提供了更多的空间。"（1997：85；初版于1893）

**涂尔干与腾尼斯的异同**

涂尔干认同腾尼斯如下看法和结论：历史的特征就是从强调某一种社会秩序向强调另一种社会秩序的运动——从机械团结（或共同体）向有机团结（或社会）的运动。但是，他们的思想也存在很大的差异。涂尔干反对把部落或乡村环境完全视为"自然的"，相反，他认为更大社会中的生活与小群体、小圈子中的生活都是自然的。

可见，与腾尼斯相比，涂尔干对现代社会的看法并没有那么的悲观或消极。涂尔干反对腾尼斯的类型学划分，而把"共同体"标定为机械的、把"社会"标定为有机的。虽然腾尼斯认为在城市中很难看到真正的人类生活希望，但涂尔干更为乐观。涂尔干认为，现代城市日益深化的劳动分工特征，正在侵蚀传统社会的整合，并创造一种以相互依赖为基础的新的社会内聚形式。个人或群体之间的契约共识，可以清楚地表明这种相互依赖。还有，涂尔干警告说，没有一个社会能够完全以契约为基础而存在：所有社会必须存在最低限度的道德基础，以使人们对如何公正地签订与执行所有契约达成共识。

因此涂尔干提出了与腾尼斯十分不同的看法。虽然这两位理论家都承认，城市与社会分化、个人化存在密切的关系，但腾尼斯担心的是城市使社会生活的必要团结纽带解组或失去整合，而涂尔干则认为在城市中，社会内聚会持续下去，人类会获得更大的发展可能性。然而，这两种看法都没有完全考虑到城市对个人的影响。

## 4. 格奥尔格·齐美尔：大城市的精神生活

腾尼斯与涂尔干讨论的都是产生或导致现代城市的那些较为宏观的过程。虽然他们都简单提及城市定居者的精神特征——更个人化、更理性与更自由，但是他们没有对城市生活进行系统的社会心理学分析。而德国人齐美尔（1858—1918）则承担起了这一任务。

与他的同辈一样，齐美尔看到，在现代世界的出现过程中，有一个问题值得关注：在城市"各种起支配作用的社会力量中"，个人如何保持一种精神的自由？在其著名论文《城市与精神生活》（1905）中，齐美尔认为个人应学会"使自己与城市情景相适应"。

**城市的特征**

齐美尔认为，现代城市的独特特征，就是城市定居者必须应对精神紧张刺激的强化。在乡村背景中，"生活的节奏和知觉意象十分缓慢，具有习惯性，往往平静无奇"（转引自 Farganis 2007：130），但是在城市中，各种景观、声音和气味构成的万花筒不断地轰炸着每个人。为了避免被压制或不知所措，个人必须学着仔细区分这些刺激——接受那些重要的，拒绝那些不相关的和不重要的刺激。于是城市人很快比他们的农村同辈变得更为世故、更有见识、更理性和更具计算性。

这样的理性意味着，城市人高度遵守时间观念。齐美尔发现，城市以经常存在的钟和手表为标志。他继续指出："如果柏林所有时钟和手表突然间因为各种原因都坏了，即使只坏一个小时，那么城市的所有经济生活与交流都会长久地被打乱。"（转引自 Farganis 2007：131）除了时间的理性化组织，齐美尔还看到了体现在城市先进的劳动经济分工中的城市理性（对此问题，他同意涂尔干的观点）。城市中的社会生活，就是专门职业者们的互动。

然而，也许表达城市理性色彩最有力的方式，就是齐美尔对货币重要性的讨论。他说："大城市长期以来已经成为货币经济的场所。"（转引自 Farganis 2007：130）为什么在城市生活中

126

◎ 无论在什么时候，只要我们沿着城市街道行走，我们都能够得到大量的甚至是过多的刺激，多得我们都不能吸收。齐美尔说，来自各种广告标志、声音、运动和拥挤的人群的精神刺激的日益强化，迫使我们不得不进行仔细的辨别和接收那些重要的东西，忽视那些不重要的东西。

货币是如此的重要？原因之一是，先进的劳动分工要求一种普遍的交换手段。货币承担和履行了这种关键的功能。正如齐美尔（1964：414）所写道的："货币只与大家共同的东西相关：货币寻求的是交换价值，它把所有品质与个人性都降低为'多少钱'这个问题。"

<sub>127</sub> **个人的反应**

齐美尔问道，在这样的强力刺激之中和对这些刺激的理性回应的无休止的要求中，城市居民应如何行事？或者从一种更为实践的层次上看，在大街上，你真的不能停下来帮助一个你看到的陷入困境或遇到麻烦的任何人吗？齐美尔认为我们不会这样。相应地，他推论道，城市人通过形成他所谓的一种"不在乎"（blasé）态度，一种社会缄默（reserve）或冷漠（detachment）来适应城市生活。简单说来，在城市中，我们通过我们的头脑而不是内心来应对这些刺激。我们学着用一种讲究实际的态度来应对我们周遭的一切事物。我们只是无须留意。我们不想被"卷入"，下页"城市生活"专栏中的例子就生动地表明了这一点。

甚至更糟糕的是，齐美尔推论道，这种对生活在城市而言是必要的、有教养的冷漠，可能固化为或者确立为一种拿捏适度的对立。他写道："实际上，如果我们不自欺欺人，那么我们看到这种外在的缄默或内在的自我克制不仅是冷漠，也是一种轻微的讨厌（aversion）、一种相互的冷淡（strangeness）和排斥，然而是由一种更紧密的接触导致的，这种对立会突然变成仇恨和战斗。"（转引自 Farganis 2007：133）对于城市中你不了解的某个人的行事方式，你可能感到某种愤怒——例如，某个人在你前面插队，或者逼近你并索要小费。

与涂尔干一样，齐美尔在城市生活所培养的分离性中能够看到自由。他认为，城市人能够超越日常惯例的琐碎和卑微，达到个人与精神的新的发展高度。不过，齐美尔也发现了在城市的自由中有一个四处徘徊的幽灵。"它显然只是这种自由的对立面。"他写道，"在某种情况下，再也没有比在大城市那拥挤的人群中更让人孤独和迷失的地方了。"（转引自 Farganis 2007：134）

在城市中，某些人感觉就如一部巨大机器上的一个齿轮，需要通过做某些"奇特"的事情、通过"与众不同"来引人注目，从而维持他们在城市中作为一个个体的意义。这种异化感就是齐美尔用以解释在如此多的城市中都存在的涂鸦狂热——一种污损建筑、标志符号、地铁火车和公共纪念碑的过程——的动机。对于这些蓄意破坏者中的很多人来说，他们的这一"标签"把他们从匿名状态中突显出来，并大喊"我并非只是百万他人之中的另一个人的面孔。我存在，我就在这儿"。

因此，对于城市的评价，齐美尔似乎与腾尼斯更为接近，而与涂尔干更为不同。虽然齐美尔

<sub>129</sub>

把城市描述为人类自由与异化之间伟大而历史性的竞争得以发生的真实背景，但他的分析使人们更加确定他认为异化更有可能获得胜利。

## 5. 马克斯·韦伯：关于城市的历史与比较研究

腾尼斯、涂尔干和齐美尔三人都分析了城市的特定类型。换言之，他们是通过"阅读"欧洲城市历史的主要趋势和他们所知道的城市生活的主要要素而提出他们的理论的。

然而，德国社会学家马克斯·韦伯（1864—1920）认为，任何只局限于世界某一地点或某一时间来解释城市的理论，获得的研究发现的价值都是有限的。正是这种担心，使他最终对城市社会学研究的方法论做出了重要贡献。

### 《城市》

韦伯在他的著名论文《城市》（Die Stadt）一文（1968；初版于1921）中指出了他的方法论。通过对欧洲、中东、印度和中国城市的研

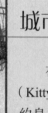

城市生活

# 城市冷漠：对暴力攻击视而不见

在1964年，凯蒂·吉诺维斯（Kitty Genovese）夫人在位于纽约皇后区的克佑花园的住宅附近被谋杀。《纽约时报》报道，吉诺维斯夫人的数十位"邻居"看到了攻击者在半个小时之内不断刺伤她，却没有向她提供任何援助，甚至直到她死去都没有报警！于是，这个案件迅速演变为一次重大的争论。在第二天的社评中，《纽约时报》提出了一个让人害怕的问题："居住在大城市摧毁了一个人对于他的邻居的所有责任感吗？"因此，吉诺维斯夫人之死，使人们认为城市是一种不健康的环境，甚至缺少一种最基本的、最起码的人类共同体感。

2007年，有位美国心理学家的文章指出，媒体夸大了目击者的数量，其中一些邻居并没有看到攻击过程，并且在攻击发生期间至少有一个电话打给了警察。不过，城市暴力和冷漠的可悲结合，并不会因为吉诺维斯夫人的死就不复存在。在1984年，同样的事情在布鲁克林发生了。一位妇女在纽约

市的一处住宅项目哥万努斯公寓（Gowanus）受到攻击。因为她遭到暴打，于是开始尖叫。她的叫声持续了20分钟。很多人都听到了她的叫声，但没有一个人去营救。最后，那个攻击她的人，把她拖到公寓建筑的门厅，开枪打死了她。直到这个时候，才有人屈尊想起报警（《纽约时报》，1984年12月3日）。

在1983年，对城市犯罪的牺牲者的冷漠，又在圣路易斯发生了。有个人被抢匪抢劫，而数十人目睹了这一案件。当那个人后来走近这些旁观者，问他们为什么不帮他一下，他们回答说只是"不想卷入其中"。另一案件发生在博斯克（Busch）纪念运动场，时值卡尔迪纳（Cardinal）棒球比赛期间，三个男子攻击一名女子。没有人做出任何反应。后来，她说："我受到的打击不仅仅是罪犯攻击带来的伤害。我坐在那里、尖叫，没有一个人站出来制止。我看到的是所有的腿在走过，并且我想伸出手去抓住某个人，但是他们都唯恐避之不及。"（《纽约

时报》，1983年8月18日）

这样的事件现在仍然会不时发生。2009年10月，旧金山一个15岁高中女生离开学校参加一个舞会，在舞会上被一群十多岁的青年挑逗、打骂并被轮奸。在长达两个多小时的蹂躏中，声音扩散开来，舞会上很多人都围过来看；有的人在旁边嬉笑、起哄，一些人甚至拿出手机来拍照。这个女孩后来被送到医院，四个青年随后被拘捕。为什么没有任何人站出来呢？

很多犯罪学家与心理学家认为，诸如此类的攻击——以及大学生暴动、处私刑、白领犯罪——由于是一种"是不是问题还不确定"的社会现象，所以没有人进行报告，这就是一种旁观者效应。实质上，这种理论认为，卷入某个情景中的人数越多，群体中的责任问题就越难分清。目击者则更不可能报警，因为他们彼此之间强化了报警没有必要的观念，或者认为群体中的其他人已经报警了。

究，韦伯对他所说的"完全的城市共同体"做了如下界定：

> 要构成一个完全的城市共同体，一个定居点必须显示出一种贸易—商业的相对支配性，并且作为一个整体，这个定居点必须显示出如下特征：（1）地理位置处于重要战略地位；（2）有一个市场；（3）有一个自己的法院，并且至少要有部分的自治性法律；（4）有一种相关的社会联结形式；（5）政治上必须有部分的自治（Weber 1968：80-81）。

这个界定说明了韦伯称之为"理想类型"的东西，一种模型，建构自对真实世界的观察发现，突出强调某些社会现象的关键要素。韦伯也清楚，很多城市并不包含他的界定中的所有要素。在这种情况中，城市就不是他所说的"完全的城市共同体"。

让我们更加深入讨论一下这种共同体的特征。首先，韦伯的城市共同体，要依赖于贸易或者商业关系。在农村地区，人们或多或少是自足的，自己种粮食、生产衣服等。尽管贸易与商业在农村也是重要的，但其重要性是有限的，远不如在城市中重要。韦伯完全同意腾尼斯、涂尔干、齐美尔，认为在城市，这种经济上的自足性几乎是不可能的；在城市中，人们在经济上必须相互依赖，通过涂尔干所说的有机团结而联结在一起。的确，城市生活的经济层面是如此的重要，以至于一种独特的交换机制——市场——会演化出来并增进城市生活。

其次，城市共同体是相对自治的共同体。韦伯特别指出，一个真正的城市有一个法院，有其自己的法律，并在政治上至少存在部分的自治。它在军事上也必须能够自我有效防卫，有一种堡垒防卫系统，有自卫的军队，如果有必要就可以进行自卫。如果这个城市的居民要把这个城市界定为他们的城市，界定为需要他们以一个小镇获得其居民的忠诚的方式来效忠的城市，这样的自治就是实质性的。

最后，韦伯说，城市共同体必须有"一种相关的社会联结形式"。他的意思是说，城市生活

◎ 如果你在校园或郊区广场的停车场遇到一个陌生人，躺在地上失去知觉，你极有可能向他提供帮助，他也极有可能获得帮助。但是，在城市中，流浪汉、醉酒者或吸毒者经常会躺在大街上，你很有可能如图中的那几个人一样，对之视而不见，避免卷入是非。

必须涉及社会关系和组织，通过它们，城市人获得一种有效参与他们城市生活的意义感。

**历史上的"完全的城市共同体"**

与涂尔干一样，韦伯相信城市是人类生活中的一种积极而解放性的力量。但与涂尔干又不同的是，韦伯对20世纪的城市并不抱有如此大的希望。事实上，他认为只有中世纪那种堡垒化的、自足的城市，才符合"完全的城市共同体"这一称号。他认为，只有在这些城市中，才存在商业关系、自治、社会参与等他所说的城市生活方式的界定性特征。

韦伯声称，随着在17世纪、18世纪和19世纪作为一种政治实体的国家的出现和突显，城市已经失去了军事自治性，在很大程度上还失去了法律与政治自治性，而这些都是把城市界定或等同于一种心理学上的"家"或精神家园的必要要素。人们日益使自己认同于其他的社会单元——民族、国家或企业，或者如腾尼斯和齐美尔所说的，只是认同于他们自己。

韦伯把中世纪的城市作为"完全的城市共同

体"的例子，意在指出"美好的生活"存在于城市之中，并且可能再次繁荣。然而，韦伯暗示城市文化的高峰已经在历史上实现了，而后来出现了倒退，表明韦伯可能认为历史并非一定是直线进步的。

### 城市与文化

韦伯与其同时代学者的立场是不同的，这些学者往往认为城市本身是城市生活具有独特品质的原因。相反，韦伯的分析，由于是以对其他文化中以及历史上不同时期的城市的广泛理解为基础的，所以他认为城市最终是与更宏观的过程——例如特定的经济或政治趋势——相联系的。如果一个社会的特征是不同的，那么其城市的本质也是不同的。因此，在封建社会或传统中国社会，不会出现与欧洲工业资本主义社会同样的城市生活。

## 6. 欧洲传统：一个评价

马克思、恩格斯、腾尼斯、涂尔干、齐美尔与韦伯的思想，构成了经典城市社会学的核心内容，并至今对该领域的研究产生着重大的影响。然而，我们在看到他们的贡献和优点的同时，也

必须看到他们的不足之处。

### 贡献

这些经典理论家最重要的贡献，也许就是他们坚持城市是社会学研究的重要对象之一。马克思、恩格斯、腾尼斯、涂尔干都明确地分析了城市与乡村生活之间的差异。齐美尔和韦伯则更进一步，实际上提出了城市是如何运行的。

另外，所有这六位理论家都承认，城市以及城市所创造的生活方式都存在某些独特之处。他们都认为城市增加了人们的选择，突出了理性，会利用复杂的劳动分工，并为其居住者创造了独特的经验。正如下文将要指出的，城市的独特品质，至今都是这个学科的关注焦点之一。

综合起来看，所有这些理论家都揭示了这个学科的主要关注点。马克思与恩格斯强调经济层面以及不平等和冲突问题。腾尼斯、涂尔干和韦伯思考的是城市的社会结构。齐美尔则认识到城市经验的重要性。

最后，这六位欧洲学者都把城市作为他们研究的一个基本要素。他们都清晰地指出了城市能够为其居民提供高尚的生活，但城市的某些层面是有益的，而有些层面又是有害的（见表5—1）。

表5—1　　　　　　　　　　　　理论家们关于城市的观点

| 理论家 | 主要概念 | 态度 |
| --- | --- | --- |
| 马克思 恩格斯 | 城市本身能够使个人更自由，但工人必须克服它们的剥削 | 绝大部分时间是乐观的 |
| 腾尼斯 | 社会的出现是不可避免的，但将导致共同体关系的丧失 | 悲观的 |
| 涂尔干 | 城市复杂劳动分工基础上的有机团结，能够为生活提供更多自由和选择 | 乐观的 |
| 齐美尔 | 城市可能是解放性的，但也可能导致异化。过多的刺激促进了一种冷漠、置身事外的生活方式 | 中和的，绝大部分时间是否定的 |
| 韦伯 | 城市与更大的社会背景相联系；中世纪城堡而非现代城市才是"完全的城市共同体"的最好例子 | 中和的 |
| 帕克 | 城市有增强人类美好生活体验的潜能，我们对城市及其人们要进行实地调查 | 乐观的 |
| 沃思 | 城市人口规模、密度和异质性会导致片段化的、去人格化的关系，以及反社会的行为 | 悲观的 |
| 甘斯 | 城市实际上是由很多生活方式所构成的马赛克拼图，因此个人的城市经验是因时因地而异的 | 中和的，绝大部分时间是肯定的 |
| 费希尔 | 大城市能够容纳和支持很多亚文化，并因此强化内群体关系 | 乐观的 |

**局限性**

在四代人之后，我们可以轻易地看到这些理论家的中心思想，实际上是他们所生活的时代和城市的产物。城市很快取代了村庄和乡村，成为主要的生活舞台。然而，除了它们所有让人激动之处外，我们很难说这些快速成长的城市为其居民的大多数提供了一种美好生活。因此，一点也不奇怪的是，其中有三位理论家——腾尼斯、齐美尔和韦伯——认为他们时代的城市，是对人们长期以来珍视的价值观的一种威胁。涂尔干承认城市中存在的异化与冲突，但他也看到了新的工业时代的最终优势，以及超越这些问题的可能性。马克思和恩格斯认为，资本主义经济而非城市本身才是社会的恶。

当然，我们也只能猜测，如果这些理论家能够目睹后来郊区的扩张、各种城市规划的努力、19世纪20世纪之交城市中那种最公然的剥削实践（诸如童工）的改良、工会的出现、公民权利运动、苏联的经济破产和东欧数十年的共产主义实践的终结，那么他们的理论将会有什么样的调整或改变。

还有，在这些理论家的理解和阐述之间存在一些分歧。腾尼斯与涂尔干之间的对立，最有教育意义。腾尼斯认为共同体是合乎人性的，而社会则是残暴的。而涂尔干使用机械团结和有机团结这些术语，颠倒了腾尼斯的理解，指出部落或乡村生活过于压制个人，是不发展的，而城市生活才具有解放性和充满了各种发展的可能性。

在另一个层次上，齐美尔认为他所研究的社会心理适应是大城市本身的一种产物，他似乎认为所有大城市都会产生相似的心理过程。然而，韦伯不同意这种看法。他主张只有某种历史和文化条件，才会产生齐美尔所观察到的那种城市类型，特别是现代资本主义城市，并认为其他历史和文化条件会产生十分不同的城市社会—心理适应过程。

同样，马克思和恩格斯坚持认为，城市中的人类状况是经济结构之结果。因此，不同的经济制度会产生不同的城市，并有着不同的社会互动模式。

由于仅仅依靠在他们所生活的时代可以获得的证据，我们不可能判断这些相互矛盾的主张谁对谁不对，不过本书以下各章会显示，韦伯关于这个问题的立场更接近真理。

# 二、北美城市社会学：公元1915—1970年

大约在一战期间，城市社会学在美国开始发展起来。在美国，该领域从一开始就与大西洋彼岸的欧洲存在不同的特征，美国的研究者更强调走出书斋去探索城市。不过，欧洲城市社会学传统中的很多研究主题，仍然出现在北美城市社会学中。

北美城市社会学得以形成的时代很值得关注。北美与欧洲一样，在20世纪早期就进入城市化进程，城市得到快速成长。从农村向城市的移民热情日益高涨，并使美国到20年代成为以城市为主导的社会。这一时期北美的乡村小镇快速让位于日益扩张的工业大城市。

芝加哥是北美城市中体现这种爆炸性增长最佳的典型。芝加哥在1830年还是一个简陋的、未成熟的殖民前哨，但是到了1900年，其人口已经达到了200万，城市变得越来越高、越来越大。芝加哥1884年建成的第一座钢架结构建筑是那个时代的奇迹，高达10层，耸立于地面之上。这种高度在当时是十分让人惊叹的。到一战结束的时候，芝加哥的人口已近300万。来自欧洲与本国农村的移民，充斥该城市的各个角落。与数百座人口正在急剧扩大的北美城市一样，芝加哥的工厂正在喷出象征繁荣的"旗帜"——黑色的烟雾四处弥漫，在发展过程中也出现了各种共同的严重问题。并且，美国城市社会学的主要要素正是在芝加哥这个城市中形成的。

## 1. 罗伯特·帕克与芝加哥大学社会学

虽然美国各所大学早在1865年就开设了各种"社会科学"课程，但是社会学在知识界首

次获得认可和尊重，则是在1892年，此时芝加哥大学先后邀请阿尔比恩·斯莫尔（Albion W. Small，后来成为科尔比学院的院长）来创建社会学系（Calhoun 2007）。在接下来的三十年中，该系吸引了多位著名学者的到来，其中最杰出的著名学者之一，就是罗伯特·帕克（Robert Ezra Park，1864—1944）。

1915年帕克辞去新闻记者的工作，加入了芝加哥大学社会学系，并在这里建立了美国第一所城市研究中心。他之所以对于城市问题如此感兴趣，是因为他深受欧洲与北美相关学者思想的影响。帕克早年师从俄国社会学家博格丹·克斯特亚科夫斯基（Bogdan Kistiakowski），而后者持有与腾尼斯和齐美尔相同的社会变迁观。帕克还深受美国杂志作家林肯·斯蒂芬斯（Lincoln Steffens）所写的《城市耻辱》（*The Shame of the Cities* 2009；初版于1904）一书的影响，该书认为对于严重的城市问题，我们每个人都有责任。下面的"城市生活"专栏是对他的这一评论的摘录。

尽管帕克肯定清楚芝加哥市的好与坏，但他对这个城市仍然无限着迷。帕克不仅让他的数代学生来探讨这个城市的各个方面，还担任了芝加

城市生活

## 城市耻辱：谁该受到谴责？

当我开始我的一连串的旅行时，一个忠诚的纽约人告诉我，他发现爱尔兰人，特别是天主教爱尔兰人，在任何地方都处于最下层。我到达的第一个城市是圣路易斯市，一个德国移民居多的城市。第二个是明尼阿波利斯市，一个斯堪的纳维亚移民居多的城市，市长是一个新英格兰人。然后我到了匹兹堡，拜访了苏格兰人的长老会，我的那个纽约朋友也是长老会成员。有人说："呀，但是他们都是外国人口。"我到的下一个城市是费城，有着所有城市中最为纯正的美国人社区，但也是最让我失望的城市。然后我又到了芝加哥、纽约，二者都是人口混血杂居的城市。但是，其中有一个改造成功，另一个是则是我曾经见过的善治的最好例子。"外国的因素"这种借口，是伪善的谎言之一，这种谎言使我们自认为十分干净、高尚。

当我开始描述某些典型城市的腐败系统时，我想简要地揭示人们是如何被欺骗和被背叛的。但是，就在我的第一个研究对象——圣路易斯，惊人的现实就赤裸裸地摆在那里，即这种腐败不仅是政治腐败，也是金融、商业、社会的腐败；贿赂现象到处滋生和扩散，形式之多样，影响之恶劣，简直超乎我的想象……

并且，这种腐败完全是一种道德弱点和局限；我们认为最强大的地方，恰恰是我们的弱点。唉呀，我们是好的——在星期天，在七月四日（美国国庆日），我们是让人害怕的爱国主义者。但是，我们贿赂住房的看管人，以优先选择好房间，而不管房东的利益。开发商向总督行贿，以购买和开发一条城市街道；生产减速板救生产品的企业老板贿赂铁路公司总裁，以使自己的产品能够被铁路采用。这些贿赂性质不一，有大有小，但都十分常见。我们对我们的民主制度和共和制统治形式是如此的自豪，这是多么的可怜。我们有自己伟大的宪法，我们有自己公正的法律。我们是自由的、独立的人，我们自治，政府是我们的。但关键的是，我们必须是负责任的，但我们不是自己的领导人，因为我们要跟随他们。他们把我们的忠诚从美国转移到某些政党；我们让他们控制和指挥政党，并把我们的参与民主变成独裁统治，把我们的共和国变成一种富豪统治。我们欺骗我们的政府，我们让我们的领导人劫掠它，并且我们被他们的甜言蜜语迷惑，从我们这里收买主权。……因此，我们人民并非是清白无辜的。

资料来源：Lincoln Steffens, *The Shame of the Cities* (Charleston, SC：BiblioBazaar, 2009), pp.11-12, 14. Originally published in 1904.

哥城市联合会（Chicago Urban League）的第一任主席。他把一生都献给了对这个城市的不懈探索。帕克后来还写道：

我希望能够比生活在这个城市中的其他人，考察这个城市更多的角落，我也希望能够跋涉于世界各地的城市。我从中获得的最重要的东西，就是关于城市、社区和地区的理解，我认为它们不只是一种地理现象，更是一种社会机制（Park 2005；初版于 1964，p.viii）。

### 一门系统的城市社会学

帕克在其经典论文《城市：对城市环境中的人类行为的研究建议》（Park 1984；初次发表于1916）提出了一项研究计划，用来指导芝加哥大学的城市社会学。首先，他主张城市研究必须通过训练有素的观察来进行——要完全像人类学家研究其他人的文化那样来研究城市。其次，他把城市设想为一种社会机制，即通过各种内在过程而把不同的独特部分捆缚在一起的机制。城市生活不是混乱和无序的［尽管在"混乱的 20 年代"（Roaring Twenties）的芝加哥是如此］，相反，"其人口与组织"日趋"有序和整合"（Park 1984：1）。他写道：

每个大城市都有少数族群集中的侨居地，如旧金山和纽约的中国城（唐人街）、芝加哥的小西西里，以及其他一些不那么有名的侨居地。除此以外，大多数城市都有被分隔开来的邪恶街区……它们成为各种犯罪分子藏身的集中之地。每个大城市都有专业化生产的郊区如芝加哥的牲畜围栏（stockyards），以及居住飞地如波士顿的布鲁克林、芝加哥所谓的"黄金海岸"、纽约的格林尼治村，所有这些都是被完全分离的镇、村庄或城市，它们自成规模并有自己的独特性，而且其居住人口也是有选择性的（Park 1984：10）。

"城市有序性"这一观念，导致帕克敦促其学生对城市人口所有构成片段——产业工人、不动产拥有者、官员、重要人物，以及移民、流浪者、音乐人、妓女、舞女——都要进行详细的研

究。而城市的"所有部分和过程"相互联系的看法，在帕克的新社会科学中处于核心地位，帕克称之为"区别于植物和其他动物的人类生态学"（Park 1984：2）。最后，帕克还认为，城市"既是道德的组织，又是物理的组织"（Park 1984：4），并且他把对城市生活的这种评价和判断带入了他的社会学，并产生了深远的影响。

### 帕克的城市图景

城市到底有什么东西让帕克如此着迷？首先，与韦伯一样，帕克在现代城市中看到了一种商业结构，这种商业结构又是"围绕城市形成的市场的产物"（Park 1984：12）。与马克思、韦伯和涂尔干一样，帕克在现代生活中看到了一种由产业竞争驱动的复杂劳动分工。与腾尼斯一样，帕克认为这种市场支配性，将导致对传统生活方式深刻而持续的侵蚀。而过去对"家庭关系纽带、地方社团、出身种族、等级地位"的强调，肯定会导致一种类似于共同体、"基于职业与地位利益的保守系统"（Park 1984：13-14）。

其次，帕克认为城市具有正式社会结构的特征，其最好的例子就是大规模的科层组织，诸如警察局、法院和福利机构。他认为，它们会取代不那么"正式的"的诸如邻里互动等方式，历史上人们是通过这些互动方式来组织日常生活的。同样，在城市中，政治会形成一种更加正式化的品质。帕克坚持认为：

那些根源于小镇的会议，适合于以初级关系为基础的小共同体的统治形式，肯定不适合用来统治拥有三四百万人口，且人口不断流动和异质性高的城市（Park 1984：33）。

城市的居住者无力为复杂城市运行中存在的那些危急和重大的问题负责，而不得不依赖由政党老板们所操纵的政治组织或公民组织，或者不得不依赖于相关公民来获得信息与采取行动。

作为一个曾经从事新闻报道的记者，帕克关于城市生活正式化的描述，不可能看不到媒体的作用。在城市中，我们更多依赖于非个人的大众媒体，而不是乡村中那种面对面的口耳相传的信息网络——闲谈。先是城市的新闻报纸日益重

要，后来不久又出现了广播、电视，现在又出现了互联网，它们在城市信息交流中日益重要。

帕克所描述的城市图景的第三个维度，就是城市生活的心理维度。他关于城市生活的心理分析，深受齐美尔思想的影响。帕克认为，城市生活较少情感性而较多理性。乡村中根深蒂固的情感偏向，在城市中让位于自利的计算性。然而，与此同时，帕克清楚地指出，城市中传统情感联系纽带的弱化和消失，可能导致以利益集团的形式出现的新的社会联系纽带。帕克的这一主张，与涂尔干的思想十分相近，后者认为在城市中基于相似性的连带（机械团结）会让位于基于分化的社会各部分之间的相互依赖（有机团结）。

### 城市的自由与宽容

作为社会改革家，帕克承认现代城市问题层出不穷，但与涂尔干一样，帕克也十分坚信城市中存在自由与宽容的可能性。他写道：

> 大城市的吸引力，部分在于如下事实：在城市生活千差万别的表象中，每个人最终都可以找到合适的地方，在这里他可以感到放松，并不断地拓展自己。简言之，他会找到道德的风土或精神上的特殊气候地带，在其中他个人特殊的本质会被激发，这种激发导致他的先天性情能够完全地和自由地得到表达。我猜想，这类动机不在利益或情感之中，而是基于某些更为基本和原始的事物，而这些事物促使这个国家中即使不是绝大多数也是很多年轻男女从他们安全的房间中走出来，进入城市生活更宏大的、更繁荣的斑驳与激情之中（Park 1984：41）。

简言之，腾尼斯认为在城市化过程中很多事物在不断解组，而帕克在这种解组中看到了人类获得更多经验的潜在可能性。他继续写道：

> 在小共同体中，正是那些循规蹈矩的、没有创造性或墨守成规的男人，最有可能成功。这种小共同体往往也会宽容那些特立独行者，但城市更能给那些特立独行者带来回报。无论是犯罪者、有毛病的人还是有天赋的人，在小乡村中同样没有机会发展其天赋，而在大城市中，他肯定会实现这一点（Park 1984：41）。

总而言之，我们在帕克的思想中，看到了他 *136* 强调城市研究必须对城市进行现场调研。这是他与腾尼斯、涂尔干、齐美尔的抽象理论研究，以及马克思、恩格斯和韦伯的历史研究十分不同之处。帕克的主要贡献在于，他要求我们走出书斋去考察城市实际上是如何运行的。

## 2. 路易斯·沃思及其城市理论

如果说欧洲理论家侧重于提出各种理论，但相对疏于或较少开展实际研究的话，那么早期芝加哥学派则刚好相反，相对忽视理论研究。1916年，帕克发表了他的城市研究计划大纲。在此

◎ 正如帕克所指出的，城市人对他人的古怪、特立独行、违反常规，往往会表现出极大的宽容，有时人们即使感到不悦，最多也只不过是不予理睬，并宽容之。图中的"裸体牛仔"——他的毡帽上是这样自我标榜的——是纽约时代广场常见的一幕。无论天气如何，他都会以图中的样子出现，摆出各种造型，唱着歌曲并弹着他的吉他。

后的 20 年里，芝加哥大学社会学家进行了大量的描述性研究。直到 1938 年，路易斯·沃思（Louis Wirth，1897—1952）发表了他的著名论文《作为一种生活方式的城市主义》后，这种失衡才得到纠正。在这篇文章中，他把城市主义界定为"与城市发展相联系的一种独特生活模式"（Wirth 1938：1）。对沃思来说，城市通过迫使人们以另一种特殊的方式交际而发挥其魔力：在城市之中，大量异质的人们走到一起，在人口密集的环境中相互接触，产生一种新的行为与意识——一种城市生活方式。城市的居民变得理性、自利、专门化，对他人在某种程度上保守而冷淡，并有高度的包容性。

沃思对城市社会学的伟大贡献在于，他吸收了先前城市社会学家们的洞见和思想，并把它们耐心而系统地梳理和重新组织，使之第一次真正成为城市社会学理论。沃思主要是通过分析他所认为的作为城市普遍社会特征的几大因素而提出他的城市理论的。他系统地探讨了这些因素对城市社会生活特征的影响。实际上，与当时所有优秀的理论家一样，他认为如果出现了此种状况，就会导致彼种状况和结果。也就是说，他进行了系统而深入的因果分析。

沃思一开始就把城市界定为：（1）人口规模大而（2）密集的、（3）在社会与文化上具有异质性的永久定居点。让我们看一看这些要素分别会导致什么样的城市生活状况。

### 人口规模

首先，沃思认为，巨大的人口规模本身会导致文化与职业的极大多样性，而这种多样性正是城市的重要特征之一。这种多样性部分源于（1）各种不同的人迁入城市，部分源于（2）更多的人聚集在一起，自然会增加他们之间的潜在的差异和分化（沃思写作时的芝加哥就是如此）。其次，他指出，更大量的人口导致的文化多样性，又导致了人们对正式控制结构和诸如法律体系的需要。再次，更大量的、差异化的人口，会促进专门化分工扩散，以及基于不同的、具有分化作用的职业之结构，诸如艺术家、政治家和汽车司机等随之出现。最后，专门化又会导致人们以"利益特殊性"为基础来组织人类关系，从而导致"社会的分裂或片段化"。对此，沃思描述如下：

城市人以一种高度分化的角色产生联系，是城市的重要特征。请相信，他们与乡下人相比，需要更多的人来满足他们的生活需要……但是，他们较少依赖于某个具体的个人，他们对他人的依赖，限于他人活动范围中某些高度片段化的层面。这就是城市以次级关系为主而非以初级关系为主的实质含义。城市中的人际互动也可能是面对面的，不过更加非个人化、表面性、暂时性，而且互动时所涉及的内容是片段性的或部分性的（Wirth & Reiss 1981：71）。

换言之，城市人不是根据他人是谁而理解他人，而是根据他人的所作所为来对待他人，特别是根据他人的角色以及他人的行为是否能够促进自己的结果来对待他人。理性与世故的品质，只不过表明了城市人之间的关系实质上是功利性的。最后，帕克认为，尽管正式控制与行为的职业化法典能够起到稳定作用，但是人口规模大也使城市存在解组和失去整合的可能性。可见，他与所有其他欧洲理论家存在同样的担心。

### 人口密度

城市人口密集强化了大规模人口对社会生活的影响。乡村往往与相似性、一致性相关联，而城市往往并不会体现出某种相似性，相反会分化为特征分明的不同街区，使整个城市变成一种马赛克拼图（可见，沃思的这种看法深受其老师帕克的影响）。诸如具有分化作用的不同土地价值之类的经济因素，以及诸如同族相互吸引、异族相互回避等，都会导致相当独特的城市街区和邻里。

例如，美国很多城市中都有一个以意大利人为主体的地区，诸如波士顿的北城等；而在旧金山，有一个中国城；芝加哥的北岸，则是一个高收入者聚集区。同样，大城市往往都有一个服装区和一个金融区，诸如纽约的华尔街等。沃思把城市分化为不同区域的过程，称为"生态学的专门化"。而现在人们常常用"自然区域"来形容这一情况，以揭示这类区域分化或演化是一个无计划的人口同类聚集的过程。

人口密度也会产生社会—心理层次上的影

响。沃思指出，城市居民由于接触到辉煌与破败、富有与贫穷等惊人的对比，心理上受到影响，并形成一种心理上的速写，即在大脑中对城市、城市起源及其居住者绘制出一幅暂住图。这种思想源于齐美尔，有助于我们理解城市居民日益定型化和类型化的思维趋势，以及她或他为什么会通过可见的符号诸如衣服、汽车、时尚街道来理解城市。总之，沃思认为，人口密集导致人们对他人"较个人的层面"不再那么敏感，是城市中的人有时候显得"冷酷无情"的原因之一。

正如涂尔干、齐美尔一样，沃思也认为城市中"各种个性以及生活方式的并存"（Wirth 1938：15），导致了人们对差异性更加宽容。另外，城市人身体上的接近，反而会导致他们之间社会距离的增加。城市居住者不得不在身体上更为接近，但往往更为拒斥他们周围的那些人。这种情况在由相识者构成的小群体中会出现，在城市的一小群人中更会出现。例如有一小群人，原本正叽叽喳喳地闲聊，突然进入了拥挤的电梯，那么他们绝对会安静下来，并盯着电梯指示的楼层号。

沃思坚持和继承了齐美尔的一些思想，认为人口密度高可能导致反社会行为的增加。沃思说："在一个拥挤的居住区中，如果存在大量的个体，那么他们之间必然会来回走动，而这种动作可能引起摩擦和愤怒。"（Wirth 1938：16）

**异质性**

在提出和完善其城市生活方式理论的过程中，沃思指出社会分化或人口的异质性会产生如下几个后果。第一，"在城市环境中，这些各种类型的人之间的社会互动，往往会打破社会等级之间的严格界限，使城市的社会阶层结构复杂化"（Wirth 1938：16）。相应地，这会使城市的社会流动水平变得更高，因为个人地位的自致性会增加，并削弱家庭背景的固化作用。

第二，人口的空间运动往往伴随人口的社会流动。"绝大多数城市居民都没有自己的房子，属于暂住居民，而这样的居民从来都不会产生具有联结作用的传统和情感。这样的居民真的很难说会成为真正的邻居。"（Wirth 1938：17）前文曾经提到过的吉诺维斯夫人案就说明了这一点。

◎ 在城市中，我们可能永远都不会一个人独处某地，但我们可能感到十分孤独。城市中大多数面对面的互动或接触都是非个人化的、表面的、片段性的或暂时性的。然而，有研究显示，虽然城市居住者所拥有的社会关系大多都是次级社会关系，但他们与非城市居民也拥有同样多的初级社会关系。

第三，异质性的人口聚集在一起，必然进一步导致非个人化。沃思认为，在商品大批量生产的背景中，对金钱的强调会侵蚀个人之间的关系。因此，在这个问题上，他与齐美尔对城市具有相似的看法，并且相互应和。

沃思认为，他所强调的三个维度——人口规模、密度和异质性——相互作用，从而产生了一种独特的生活方式，他把这种生活方式称为城市主义。显然，沃思对作为一种生活方式的城市主义持有一种乐观的态度。在他看来，城市是一种逐渐腐蚀和溶解传统价值观，破坏各种传统组织以及有意义关系形成的酸液。与帕克一样，他拥护城市，因为在城市中人们可能拥有更大的自由，但他也担心城市生活方式的积极层面会因他在混乱的芝加哥看到的那种解组而削弱。沃思认

*138*

为，我们必须大力推进城市规划，创造一种人道的、高尚的城市环境。

沃思认为，他那个时代的城市生活，实际上日益是世界主义的，即"属于整个世界"。罗伯特·默顿（Robert Merton 1968：447-453）区分了"地方性"与"世界性"生活方式。他认为，地方性的生活主要集中于最近的地区，往往是人们出生在哪里，就在哪里生活，这些地方性的居民被社会关系和生活承诺密切地包围和联结起来，被压缩和封闭于特定的地域范围之内。而世界性的居民更具无根性，思考和行事都是为追求更广泛的可能性。他们更可能四处迁移，目的是获得新的工作或更好的居住条件。无论贫富，世界性居民都显示出某种程度的淡漠性，对他们身边的环境具有某种程度的厌烦态度或漠不关心的态度，不愿意深度依附于这种环境，在品位和朋友关系上显示出一种世故或老道，而地方主义者往往不会如此。默顿认为世界主义者与地方主义者在城市与乡村都可能存在，但世界主义态度在城市居住者中更加常见，而地方主义态度在小城镇或乡村地区更加常见。

然而，世界主义与地方主义之间，真的如默顿所认为的那样是截然相分的吗？首先，世界主义者在很多只能说是一个小镇的大学城，诸如俄亥俄的甘比尔中也能找到。芝加哥、多伦多以及大多数的其他大城市中也会存在居住飞地——拉美裔社区、越南人共同体、中国城，或者老派的上层阶层区域——在其中存在很多的地方主义者。如果情况确实如此，那么城市就根本不可能产生独特的生活方式。而沃思的最坦率和直接的批评者赫伯特·甘斯就是这样认为的。

## 3. 赫伯特·甘斯与城市马赛克

赫伯特·甘斯（Herbert Gans 1991）主张，城市是由各种生活方式拼成的马赛克，而这些生活方式中只有一部分类似于沃思所描述的世界主义生活方式。他还进一步指出，沃思的关键变量——人口规模、密度和异质性——并不能解释其中大部分的生活方式，他的宏观分析没有解释大多数的城市居住者是如何看待他们自己的生活的。

甘斯在探索北美城市中的生活方式多样性的过程中，界定了四种城市生活方式：（1）世界主义者；（2）不婚或不育者；（3）城中族群村落居民；（4）被剥夺者或陷入绝境者。世界主义者是那些受过高等教育者，是城市的高端人员，他们因为城市广泛的活动、经验和社会互动而选择在城市生活。他们包括知识分子、艺术家、音乐家、作家、求学的学生。第二种城市生活方式，不婚或不育者，常常与世界主义者这种类型重叠。它包括了单身成年人、无子女夫妇，或子女已经长大而自己单独生活的夫妇。族群村落中的村民，常常是第一代或第二代工人阶层，几乎不具备沃思所说的那些典型的城市特征。相反，他们在城市中占据某个地方，强调传统的宗教信仰和家庭关系，对族群村落之外的人往往持怀疑态度，并在城市保留了很多农村生活方式。被剥夺者或陷入绝境者，则包括穷人、残疾人、来自破碎家庭背景者，以及那些希望从正在恶化的邻里社区迁出但缺少金钱来实现这一目标的非白种人。

## 4. 沃思与甘斯的异同

我们不要贸然地接受沃思和其他芝加哥大学社会学家们的否定性判断。与其欧洲同行一样，芝加哥大学社会学家当时对正处于高度工业化进程中的北美城市进行了研究。但是他们的著作缺少历史的或跨文化的比较，因此存在严重的缺陷，学术影响也大打折扣。如果他们能够像韦伯那样，研究一下历史上的其他城市，使用一种跨文化的视角进行分析，那么他们对城市环境的评价肯定会有所不同。

另外，芝加哥城市社会学还存在另一个偏差。那就是因为帕克坚持田野研究，过于强调城市解组等诸多问题，导致以他为首的芝加哥学派主要探讨城市生活的"阴暗面"。该学派的经典著作包括《流浪汉》（*the Hobo*，Nels Anderson 1923）、《家庭解组》（*Family Disorganization*，Ernest Mowner 1927）、《黑帮》（*the Gang*，Frederich Thrasher 1929）、《青年沉沦的社会因素》（*Social Factors in Juvenile Delinquency*，Clifford Shaw &

Henry Mckay 1931）、《出租舞广场》（*The Taxi Dance Hall*，Paul Cressey 1932）、《旅居生活》（*Hotel Life*，Norman Hayner 1936）、《惯偷》（*The Professional Thief*，Edwin H. Sutherland 1937）等，这些著作不乏杰出精彩的篇章，但都具有只关注城市阴暗面的偏向。城市生活有很多层面都值得我们研究，但沃思却把理论完全建立在仅关注城市阴暗面的研究所提供的证据上，必然会对城市得出过于否定的看法。

尽管芝加哥学派的缺陷是不可否认的，但他们的确也做出了重大贡献。帕克因为拒绝待在书斋进行纯粹的理论研究而支持收集城市的第一手资料，获得了长久的名副其实的声望。他还因为第一次提出了真正的城市理论而享有盛誉，这种理论已经成为经典文献，影响了这个领域后来20年的研究。总之，芝加哥社会学家对美国城市社会学的早期形成和发展做出了不可磨灭的、他人难以比肩的贡献（Bulmer 1986）。

而甘斯的贡献，则在于使我们注意到城市生活的复杂性。甘斯关于各种城市生活方式"典型"的上述讨论，只是其理论贡献的一小部分。不过，他使我们认识到生活方式存在无数的变异这一关键的事实，也使我们认识到，由于存在如此之多的城市生活方式，沃思关于城市导致了一种相对统一的人类存在的观点，是站不住脚的。

在城市中，确实出现了相当实际的、计算性的理性人，这是沃思所说的城市居民典型，而且大多数的世界主义者和不婚或不育者，都是这样的理性人。然而，沃思所说的人口规模、密度、异质性等变量，对于这些人的影响甚至也很有限。例如，很多世界主义者能够购买他们需要的住宅空间，以逃避他们所认为的人口过度密集的环境，而在社区人口高度密集的族群飞地中的成员们却与他们不同。甘斯认为，在这些族群飞地中，人口规模确实会增加次级关系或小宗派的数量，但大多数成员都与乡下人一样维持同样多的初级关系。而且，因为他们的社会关注点在于他们的邻里、家庭、工友以及共同宗教信仰者，所以人口密度的增加，并不会增加他们之间的社会距离或疏离感，他们也不会因为人口异质性增加而变得非个人化。因此，这种情况与沃思的看法相反。甘斯指出，同阶层的城市定居者在家庭这种更小的社会世界中活动、工作、玩乐，与在其他环境中具有同样的生活满意度。

因此，城市可能会以沃思所说的方式对我们产生很大的影响，但是我们必须对这种看法做出几点保留。其一，在城市中，很少发现仅存在于城市中的某种生活方式，其二，决定这些生活方式的因素，在很大程度上是人们的社会阶层特征，而不是城市本身（关于这一问题我们将在第10章进一步讨论）。也就是说，世界主义者之所以要过他们所过的生活方式，是因为他们是流动的，并且教育程度高；同样，那些被剥夺者或陷入绝境者的生活，只不过反映了他们的贫困、技能和教育的缺失，以及种族和族群歧视。对于另外两种生活方式，我们也应持有同样的看法。

沃思的错误在于，把从他根据所处时代的城市状况得出的结论，过度地推广到其他时空的城市。沃思看到20世纪初北美和欧洲城市出现了令人难以置信的迅猛发展，于是认为城市将是支配人类生活的强大力量之一。但在一代人之后，甘斯等人根本没有看到这种情况的发生，而城市的多样性仍然十分繁荣。今天，我们可以得出如下定论，那就是城市化——在某些地区出现的人口聚集——并非必然会导致城市主义，即这些地区的生活方式单一化。

## 5. 克劳德·费希尔与亚文化理论

还有第三种视角，既继承又扬弃了沃思与甘斯提出的各种理论要素，这就是克劳德·S·费希尔（Claude S. Fischer 1975，1995）提出的城市生活方式的亚文化理论。他在赞同沃思关于城市及其居民确实具有一些特征的同时，又拒绝了沃思的主要观点，并提出城市环境不是破坏而是强化了群体关系。费希尔也不同意甘斯关于不同城市生活方式具有偶然性的看法，因为特定的群体——如少数族群、先锋艺术群体和专业人员——在选择生活于城市之后，他们的生活方式就会成为一种城市生活方式（Fischer 1995：544）。

费希尔反对沃思的决定论立场，并认为城市

的人口规模、密度和异质性是促进城市内聚的积极因素，不是导致异化和疏离、解组或非个人化的消极因素。那些具有相似性的，甚至非传统的利益和价值观念者或行为者，一旦进入城市后，就会寻找他们自己的聚集和居住地。随着他们聚集到足够的规模与密度，他们的人口就达到了关键规模，达到了产生自我维持动力的水平。这些基于共同特性的亚文化，在大城市中十分繁荣，并继续吸引更多的具有类似思想和愿望的人的到来（Fischer 1995：545）。其例子包括好莱坞的娱乐业共同体、纳什维尔的乡村音乐人群体、费城的男同性恋共同体。这类特殊群体和区域，在非城市地区很少存在，因为在非城市地区，这类特殊群体很难达到关键规模（他们往往会迁入某一城市，以寻求费希尔所说的那种群体关键规模所带来的好处）。

既然城市比其他地方更为异质和拥有更多的人口，那么城市就比不那么城市化的地方，更容易形成亚文化，也更容易见到亚文化；并且城市越大，这种亚文化也越强大。大城市还以一种特殊的方式扩大了这种效应和影响。大城市的多样性使城市居民与来自不同亚文化的人能够进行更多的接触，而在自给自足的小城镇，人们很少能够接触到其他的亚文化。在非城市地区中，那些具有非传统或正统追求的人们，由于不能达到关键规模，更有可能处于零散状态，不能形成亚文化，并因此遭受沃思所说的在城市发生的消极后果。

费希尔说，有意思的是，城市人日益增加的接触，还会促进文化的扩散——例如嘻哈文化和说唱音乐从城市黑人文化中流出，并进入主流的城市文化中——进而相互影响。随着非典型的亚文化要素向更广泛的城市社会渗透，城市会日益走向非传统，而乡村地区由于没有这种亚文化而总是处于传统状态（Fischer 1995：545-546）。

简言之，费希尔的理论继承了沃思关于城市人口规模、密度和异质性是导致社会动态发展以及强大亚文化的重要因素的思想；而且，正如甘斯所概括的，这种亚文化反过来又会扩散和渗透到城市居民的一般特征中。

# 三、经典理论与现代研究：神话与现实

城市是天堂，还是地狱？它是人类生活最好的特征得以呈现之地，还是使人必然"堕落"之地？17世纪英国诗人亚伯拉罕·考利（Abraham Cowley）认为自己知道答案。他写道："上帝创造了第一座花园以及第一座城市——该隐（Cain，杀亲者）。"他是对的吗？欧洲与北美的经典传统似乎支持考利的看法；这些学者除了认为城市生活质量更好和更有希望外，只有极少数是完全的乐观主义者。沃思的理论就是如此。一方面，他认为城市中的人们更为宽容；但另一方面，他断言城市人是非个人化的，对意义关系保持淡漠。沃思的结论是，城市很容易出现社会问题（犯罪、暴力、精神疾病），随着城市人口密度的增加，这种趋势似乎只会更加恶化。

这些观察发现或结论是否正确？自沃思的城市理论发表之后，70多年已经过去了。自那以来，已经有大量其他的社会科学家研究了城市和城市生活，并收集和获得了其他的证据。

## 1. 城市的宽容

早期城市理论主张城市具有人际非亲近的特征和社会多样性的特征，并产生了一种具有宽容性的空间和氛围，而农村和小镇则相反，有着让人嫉妒的乡土观念。很多研究者都对城市生活与宽容之间的关系进行了深入研究，发现城市人对他人的生活方式与态度常常比农村人具有更大的宽容性。这些发现在不同时期都是站得住脚的，而用不同的方式来测量这种宽容时，也会得出这种发现，即使把教育与收入等相关因素考虑进去，也是如此（Carter, et al. 2005）。

导致城市人具有更大的宽容性的因素之一，就是移民。有研究发现，那些移入城市的人，宽容性会增加，不管其移入的目标共同体的规模多大，都是如此（Wilson 1991）。也许地理空间的流动——移入一个更加异质的地方——也会增加一个人相对于陌生人在精神上的流动性。

◎ 对于城市居民而言，街道就是"生命的河流"，在此人看人和社会互动每天都在上演，十分常见。私有化的公共空间——坐在街边的凳子上、门前台阶或椅子上，在公共场所玩游戏或摆小摊——对于城市居民来说，就相当于郊区居民房那紧连着的前后院，往往十分吸引人。

## 2. 城市中的非个人化

　　大多数的经典理论家都认为，城市人际关系的根本特征就是分离、冷漠和匿名。这种主张基本上是建立在数字统计和分析的基础上的。随着一个群体成员之间互动的增加，成员的注意力逐渐分散，因此非个人化必然会增加。这种看法是沃思总结出来的，他说："如果一个社区居民的数量增加到几百人以上，那么社区中的每个成员就不太可能通过个人化的方式知道和认识其他所有成员。"（Wirth 1964：70）

　　然而，"城市匿名性"这个命题，没有认识到很多城市人并没有沃思和其他学者所说的那么孤独。例如，早在 1940 年，威廉·F·怀特的《街角社会》（Street Corner Society，William F. Whyte 1993；初版于 1943）就研究了波士顿贫民区中的意大利移民聚居区，指出那里存在强的家庭、邻里和朋友关系。不久后，其他的研究（Bell & Boat 1957；Bruce 1970；Greer 1998）又再次确认了初级关系并非与城市生活水火不容。的确，在城市的某些地方——例如族群社区——这样的关系似乎与乡村同样强烈和亲密。这种自我隔离但关系紧密的社区，能够使居民相互依赖，并避免针对他们的种种族群偏见或歧视，而

这类关系在说英语的非少数族群中并没有那么有效（Bouma-Doff 2007）。

　　同族群性并非城市居住者之间唯一的纽带。亲缘、职业、生活方式和其他个人特征也是群体纽带的形成基础。例如，很多城市都包括了大学生区、老人区、同性恋区、艺人与音乐人区以及富人区。更一般地说，具有共同兴趣的人，不管他们生活在何处，都可能通过诸如互联网、电话、饭店、酒吧和特别的会面场所等互动网络彼此保持密切的接触。

　　然而，也许也存在一些例外的情况。一群各自孤立的人，生活于那些高耸的建筑之中，又会怎样呢？这些人会彼此不认识自己的邻居吗？沃思的理论实际上描述的就是这样的人吗？最近的研究表明，这种看法似乎也有些夸大。一个人没有必要知道（或想要知道）他的城市邻居这个事实，并不意味着城市居住者就没有个人关系或人际交往。的确，对于城市环境而言，似乎更有意义的是研究这些纽带是如何变异的，而不是指出缺少依附或归属关系。也就是说，城市环境似乎比其他环境更加有利于建立替代性的关系类型。还有，理解邻里情景对于邻里关系的影响也很重要（Guest, et al. 2006）。例如，一个富区中的居住者，他们从事相似的活动——如遛狗、健身或

购买和收藏艺术品——与邻里更可能形成密切的关系，至少与那些生活在低收入区的人相比，更容易与邻里形成更密切的关系，而后一种人较少可能参与共同的活动。

然而，在城市中，有意义的个人关系并不取决于有限的地理区域，比如一个小镇等；一种共同体感可以通过社会网络而演化出来，这种网络把他人整合进去或隔离出来，包括进入有意义的个人关系、进行交流和交换，或者被排除在外（Piselli 2007）。想想你所知道的那些城市人，他们大多数都有朋友和亲人，但他们并非总是生活于同一建筑之中，甚至不是生活于同一社区之中。非正式的强联系可能源于持续的、面对面的、与任何地方的朋友与亲人的互动，因此从心理健康的角度看，在城市、郊区和农村居民之间，往往并不存在真正的差异（Mair & Thivierge-Rikard 2010）。

143

然而，城市中的邻里关系，存在十分惊人的多样变化——从积极的、强烈的关系，到非个人化的点头之交，这是因为社区邻里中的人口类型本身就是多样化的（Talen 2006a）。例如，工人阶层群众常常生活于"更加紧密"的社区中，而中上阶层的人们往往拥有一个空间散布很广的朋友网络。同样，有子女者的常常更倾向于"地方化"，而单身者则倾向于"不断迁移"。这些具有分化作用的互动模式，支持和巩固了甘斯（Gans 1962）的观点。他以激烈的批评口吻，指出沃思认为城市的"非个人性"是城市的整体特征是错误的，这种非个人性最多不过体现在城市居民中那些最为贫困潦倒者身上。社区状况——包括居住稳定性、富裕程度、土地综合利用情况、这个区域的历史保持程度——对城市生活中流行的这类邻里关系而言，是一种相当重要的因素（Guest, et al. 2006）。

建立城市人际关系的其他方式还有很多。电话与网络使不通过面对面的互动就实现广泛的接触成为可能。还有，自愿性的协会——诸如电影协会、歌会、健康与天然食物中心、空手道俱乐部、瑜伽中心以及保健中心——在城市日益扩散，生活在整个城市地区的参与者们，常常会在这样的组织中建立起次级关系。城市因此往往鼓

励人们建立各种非亲缘的社会关系，这些关系尽管可能是片段化的，但也是通过选择和根据共同兴趣而发展起来的（Curtis, et al. 2003）。

沃思以及其他一些经典理论家的错误，就是把城市生活中最可见的那些层面、城市公众的行为举止，作为他们关于城市生活的一般理论的基础。尽管沃思跟随帕克，承认城市生活中存在邻里关系，但他往往关注的是"街头行为"，他所看到的是那些奔忙、竞争、显得孤独的人群。然而，他并没有深入地研究城市公众的私人生活，所以他不经意间把城市生活歪曲为一种非个人化的现象。

144

那么，我们可以得出如下结论：早期分析者们往往采取抽象的、概括的概念，诸如共同体与社会，或者机械团结与有机团结，来分析和比较诸如城市与农村之类如此具体、丰富的事物。城市的总体社会秩序可能更体现为与共同体相对立的社会，而乡村更倾向于共同体，但认为共同体与社会绝对相互独立地存在，则是不正确的。在城市中，一个人通常能够看到更多的陌生人，但这绝不表明城市就更加非个人化。这种看法在某些方面是正确的，但是在另一些方面又是不正确的。

◎ 毫无疑问，移动电话的扩散和普及，对我们的互动产生了巨大的影响。由于不存在有线电话的那种使用限制，手机能够使人们进行更为经常和频繁的对话，并使人们之间具有更高程度的联系。这种社会网络化的强化，是消除城市潜在的非个人化的重要因素之一。

## 3. 人口密度与城市问题

也许，经典理论家们——特别是齐美尔、帕克和沃思——提出的最具煽动性的思想，就是人们对日益增加的人口密度做出的反应就是心理失调，诸如精神病以及犯罪、攻击等反社会性的行为。

支持这种假说的一个根源，就是我们自己的常识。也许我们所有人在拥挤的人群中都经历过某种程度的挫折和侵犯——在一个体育馆中会试图推开人群通过十字转门，或者在一次大规模交通拥堵中，看到几百辆车前后堵在一起而怒不可遏。我们很容易认为，发生这类情况的地方——城市——会直接影响我们的情感。但是，我们是正在对城市的这种拥挤状况做出反应，还是仅仅在体验一种与我们的车子在某条偏僻的乡村道路上抛锚时同样的挫折感？

人口密度与城市问题之间存在所谓的相关性的第二个根源，与一项似乎特别强调城市生活质量问题的研究有关。例如，约翰·卡尔霍恩等人（John B.Calhoun 1962；Ramsden 2011）发现，在过度拥挤的老鼠群中，老鼠会出现一种他所说的"行为消沉"反应——在这种情况下，孕鼠会流产，幼鼠死亡率更高，会出现同性性行为以及大量同类相食现象。卡尔霍恩并没有说人们会以相似的方式来应对过于拥挤的环境，但爱德华·哈尔（Edward Hall）认为，这样一种联系不仅是可以设想的，而且也准确地描述了城市生活。哈尔写道："世界上每个地方都出现了人口纷纷涌入城市并导致城市人口暴涨的现象，这种现象正在导致大量的破坏性和解构性的行为消沉，其比氢弹更具毁灭性。"（Hall 1990：165；初版于1966）

哈尔意识到不同的人种群体——例如白种人或黑种人群体——对空间中的行为具有不同的文化期待。然而，他似乎认为所有这些不同的反应，都有着一种生物学基础；从遗传学的角度看，各个人种与老鼠一样，都需要一定的空间。他说，对别人已经确立的边界——例如，一处拥挤的公寓或一处密集的城市街区——做出任何的越界行为，都可能导致反常的行为。

不过，这种主张存在的一个问题，即没有学者能够定位人类空间行为中的任何遗传密码。如果没有相关的证据，把我们关于动物病理学与过度拥挤的关系的理解，类推到生活于城市中的人类头上，似乎是很成问题的。例如，人类对空间的主观需要完全是习得的，他们对侵犯其习得的空间期待的消极反应，与他们对侮辱他们所习得的宗教信仰的反应存在密切的相关性。这样的看法似乎更为恰当。

哈尔也指出，在人口密度大、收入低的城市中存在的"各种社会问题"（沉溺于毒品与犯罪）发生的概率更高。不过，吸毒、犯罪与人口拥挤可能都是诸如贫困、失业或种族歧视之类的原因导致的。而且，后来的研究考虑了这些因素，发现没有或者很少有证据能够表明人口拥挤会导致哈尔所说的那些消极后果（Evans, et al. 2001；Lepore & Evans 1991；Rousseau & Standing 1995）。 *145*

城市人并不满这种拥挤状况，对于塞满了人的电梯和地铁车厢、粗暴的汽车司机、交通堵塞，甚至会为了停车位而激烈争斗等，都不会满意。然而，人相对于老鼠有着独特的优势，那就是具有优秀的适应能力。首先，我们在不同的空间层次中生活与工作，因此我们并不会如老鼠那样不断地在地面上乱转。其次，我们有城市行为律令，指导我们等候公交车时要排队，靠右行走，或者当我们开车时遇到红灯要停下来等候。城市有自行车道、人行道以及汽车道，把停车场与开放的空间联结起来，这使得行动更安全，更舒适。高速公路使我们能够更快地在不同城市之间穿梭，而在拥挤的区域，有转盘路、单行道、交通信号灯，使交通更加通畅。

还有，某些研究者对在拥挤的人群中人的侵犯性是否会增加进行了研究。我们也许可以用听音乐这件事情来类推并解释。当你听喜欢的音乐时，会把音量开大，以增强自己的体验。然而，如果你不喜欢听某首音乐，音量的加大会使你获得更不愉快的体验。对于那些拥有良好支持系统和高满意度的人们来说，拥挤也许除了暂时会影响他的情绪和心情外，并没有多大其他的影响。另一方面，如果人们已处于不愉快的环境中，有着侵犯的倾向，或者格格不入，或者受到挫折，那么拥挤可能会引起更进一步的消极反应。关键的问题是，拥挤本身并不会导致问题行为；更准确地说，是把人们带入这种情景的其他因素，可能导致了那种心理反应（Bonnes 1991；Franklin 2006；Tartaro & Levy 2007）。

最后，在全球性的背景中，文化也会影响我们的城市生活经验，影响我们对人口密度的反应。例如印度孟买，城市人口拥挤程度极高，但人口自杀率却极低。另一个例子就是土耳其的城市——其文化支持更密切的个人间互动——不会消极地应对人口日益拥挤的状况，但是如果考虑到伊斯兰教关于公共场合中女性的相关律令，这些城市中的人们确实有关于性别与共享城市空间方面的对抗策略（Mills 2007）。

## 4. 城市不适

大多数经典理论家提出的最后一个假定，与城市不适（malaise）有关。他们认为，除了人口密集这一状况外，城市环境比起其他居住形式，更容易产生孤独、压抑和焦虑。然而，过去 40 年的调查研究，并没有发现城市人与非城市人的精神健康状况之间存在明显差异。相反，诸如教育、收入、自致性资源等变量，与精神健康和压抑存在更高的相关性（Bagby, et al. 2008；Eshbaugh, et al. 2006；Link & Phalen 1995；Roxburgh 2009；Srole 1972）。

还有，正如前文所言，社区环境——诸如人们的健康、社会内聚——对于我们理解各种问题来说是关键的因素（Pampalon, et al. 2007）。如果城市居民在社会经济上没有优势或者处于劣势，他们就更有可能不信任他人，特别是当他的社区出现衰落、失序，如涂鸦、故意破坏、建筑废弃、噪声、犯罪或吸毒时更是如此（Kruger, et al. 2007；Mair, et al. 2010）。例如，研究者发现，在巴尔的摩，社区暴力犯罪直接导致了居住者的压抑症状（Curry, et al. 2008）。

那么，很显然的是，城市就其本身而言，并不会造成更大的心理苦恼和精神问题，而是本身有问题的邻里社区会产生这种苦恼和问题。控制其他因素后，我们发现城市人口密度越高，越有可能产生某些积极的影响，例如使更多的人在社会上彼此更接近。至于说到城市人如何应对他们的环境，那么正如下页的"城市生活"专栏所指出的，绝大多数的城市人都做得很好。

总之，没有多少证据支持经典理论家们关于城市生活的大部分具体主张。城市显然不是天堂，但也不是某些人所认为的地狱。城市比其他居住形式更为宽容，但并非如某些人所认为的那样非个人化，也不会导致更多的社会疾病或者其他问题。现在由于我们对城市知道得更多，我们有理由比大多数经典理论家更为乐观。简言之，现实比神话要更为复杂，但也更有希望。

## 5. 城市社会学的新趋势

上述所有这些研究，都使很多城市研究者改变了处理主题—事件的方式。而齐美尔、沃思等人关于城市的经典假说和命题，在我们的仔细审视之下都显得有些苍白。到 20 世纪 80 年代，人们的研究推翻了其中的某些理论，并要求对其他一些理论进行严肃的修正。从这种推倒重建之中，出现了最初人们所说的"新城市社会学"（Walton 1981），而现在人们常常称之为"批判城市社会学"，不过无论哪种叫法都存在一定的争议。

这种新的理论视角不再以技术或城市生态为重点，而是直接关注社会冲突、不平等和变迁，认为它们正在影响着城市；并且，这种新的理论视角是从全球背景来进行研究的。没有哪种单独的理论，可以完全代表或体现这种城市社会学传统，但新马克思主义者与冲突理论家在其中处于支配地位。我们将在第 7 章进一步探讨这一理论。而下一章主要讨论在批判城市社会学之前出现的城市生态学理论。

# 四、概要

巨大的社会变革是城市社会学得以出现的背景。的确，与工业革命相关的躁动不安，导致欧洲经典社会学家与北美传统社会学家关注城市，并视之为最重要的研究对象。我们从他们那里能够学到些什么呢？

首先，他们为城市社会学指出了城市需要研究的各种具体层面。其次，他们试图分析城市的一般性质。以后者为例，他们既取得了很多成功，也遭受了一些失败。在积极的方面，他们正确地看到了城市中社会生活的独特要素。他们看到了更为专门化的职业、更为正式化的互动模式、更为理性和更为快速的生活节奏。在消极的方面，他们关于城市性质的一些具体主张是错误的。他们认为城市存在更多的宽容性，这是正确的，但是他们夸大了城市的非个人化。还有，他们关于城市病理的概括显然是错误的。这些社会学家写作时所处的背景，对他们得出这样的错误理解有着重要的影响。他们看到城市随着数百万居民的到来而变大，并且认为其存在一些不可克服的问题，从而推论城市本身一定是这些疾病的原因。

这些学者的另一个局限，就是各自的理论都存在某种狭隘性。马克思与恩格斯研究了东西方城市中文化是如何演化的，并看到了不同文化间的差异，但是他们集中强调的是经济系统，认为它们是一个城市社会所有特征或属性的基础。腾尼斯与涂尔干运用成对的概念来进行比较分析，但是并没有把城市放入具体的历史背景中去考察。齐美尔增加了社会—心理学维度，但他也只是考虑某一地方或时间中的城市。韦伯主张以跨文化和历史的视角来探讨城市的重要性，但是他对现代城市着墨不多，只是轻描淡写地说了几句（他与除了涂尔干以外的其他经典学者一样，敏锐地指出了城市存在的问题，并具有一种消极悲观的态度）。

帕克与沃思都做出了突破性的贡献。帕克要求对城市进行实地研究，并认为这是城市社会学不可分割的一部分，因此提供了一种研究机制，使我们对城市环境获得了超越表面印象的了解。

## 城市居住者如何应对环境，并且应对得很好

城市生活

如果考虑到城市生活的快节奏和明显的压力，那么与乡村民众相比，城市人有多大的可能维持精神的健康呢？专家们提出了一种解释：压力与心理或精神疾病之间的关系，并不是那么高度地取决于个人对压力性质的理解。大脑长期以来被认为是一种刺激—还原系统——是一种简化还原的工具，其目的是为了理解、抓住刺激的不确定性的大致次数，并在给定的某一时刻获得意义感知。似乎人们的大脑的某一个层面正在被裁剪以适应城市的生活。

例如，在曼哈顿市中心交通高峰时段，一个外地人身陷其中，可能会经受无数的压力和紧张，

但是纽约人由于他们的刺激—还原机制在全速运行，所以很少甚至根本不会感到任何特别的压力。就这同一例子而言，大城市居住者可能无视那些高声者、不敬神者、世俗者、醉酒者、发狂者——而所有这些现象，都可能危及初来者脆弱的心理平衡。

相关的统计分析也支持这样的看法，并发现乡村男性比城市男性具有更严重的精神焦虑和情绪失序，这也许反映了城市人特别是白种男人——乡村居住者也主要是白种男人——资源的日益减少（高工资、稳定薪酬的工作岗位的减少），或者经济紧张的日益增加（Diala & Muntaner 2003）。

从居住空间角度看，女性之间并不存在差异，她们的心理状况基本并不受其影响。美国健康统计中心（2007）搞了一个全国性的自陈法调查，调查的是有哪些因素对城市、郊区和农村居民的焦虑、压抑和压力产生了消极影响。结果显示，大都会区与非大都会区之间消极情绪的流行程度或存在比例没有多大的差异（二者分别为7.7%和7.9%）。不过，城市居民比起乡村居民来，存在消极情绪者的比例稍微要高一些，前者为8%，后者为7%，但我们完全不能据此就说城市人比那些生活在城市之外的人，在生活中遭受了更大的压力。

然而，具有讽刺性的是，他关注城市问题，却缺少比较历史的分析框架，从而使他与其他学者一样对城市得出了一些悲观结论。后来沃思试图通过把他的同事们的理论、看法联系起来，而提出一种关于城市的理论。但他存在的一个重要问题，就是把理论建立在帕克那扭曲的数据之上，以及在某种程度上建立在欧洲传统那种具有误导性的评价基础之上。沃思的假设是城市的独生态特征——巨大的人口规模、高度的人口密度和社会异质性——导致了一种唯一而独特的生活方式。甘斯则反驳沃思的假设，主张阶级、年龄、性别、种族等社会文化特征是影响和形成人们生活方式的真正因素。

费希尔又反对这种主张，说沃思完全错了。在他看来，城市的生态学特征确实会影响人们的生活，但并非完全是以沃思所说的那种方式产生影响。他主张，人口的大规模、高密度和异质性远非直接地产生其影响，而是强化了其他特征并进而产生独特的生活方式。

最近的研究又驳斥了沃思及其同事们所提出的很多具体主张。早期的著作认为城市本身就是更高程度的非个人性、更差的精神健康、各种形式的压力紧张以及问题行为的原因。现代的研究则揭示，这种空泛而笼统的概括是错误的，社区邻里背景才是其居民的态度与想法的最好指示器。新城市社会学则紧随经典城市研究者们的理论失败而出现，并认为城市存在于复杂的历史、文化与经济全球化背景之中。

# 五、结论

148

我们能够从经典传统中获取的，就是其对城市研究本身的关注及其综合性的城市研究模式。一种有用的城市分析必须做到：（1）既要讨论和研究城市的社会—文化结构，又要讨论其心理维度；（2）要从历史的与比较的角度来对城市进行田野的研究；（3）要清楚没有任何一种包罗万象的理论可以解释城市生活的所有方面；（4）要根据人们的生活质量来评价城市。我们只有在阅读后面各章后，才能够获得对经典传统的全面评判。

# 关键术语

| | |
|---|---|
| 世界主义者 | 理想类型 |
| 关键规模 | 机械团结 |
| 族群村落 | 自然区域 |
| 虚假的意识形态 | 有机团结 |
| 社会 | 城市主义 |
| 共同体 | |

# 网络活动

1. 关于经典与当代城市社会学的一个清晰、简明的列表解释，请参见 http://stmarys.ca/~evanderveen/wvdv/Urban-sociology/urban-sociology-theories.htm/。

2. 关于芝加哥社会学派的全面而易读的介绍，请参见 http://userpages.umbc.edu/~lutters/pubs/1996-SWLNote96-1-Lutters, Ackerman.pdf。

# 第6章
# 空间视角：理解空间的内涵

149

如果你刚好天生就喜欢探索各个地方的地形，那么旧金山的那些小山一定能够满足你的好奇心，在这里你会忍不住想要爬上这里的每座山头。当你爬上山头，你会看到，这座城市的那些规划者根本不考虑地球的引力法则，完全参照的是棋盘式的传统街道模式，把这些街道平铺在陡坡和沙丘混杂分布的不规则半岛上。结果是使人高兴的。无论你在哪条街道上走一走，都会看到不同方向的山头。而在每个山头，你环顾四方，又会看到更多的小山，而前方的视野仍然比较开阔。在你向前走的过程中，山色不断变化。你会不怕路途艰辛去到每个山头，就是为了看到想看到的……

这里有一座诺布山（Nob Hill）……在我面前，这座小山升得更高，并且突入那淡蓝色的天空。阳光洒落在山顶一片白色房子上。一辆小电缆车，耀眼如刚从圣诞树上摘下的一个玩具，正在慢慢地爬上来。在我的后面，靛青色的薄雾，覆盖着屋顶和街道，而那些高大的建筑与雾连成一体；再远一点的地方，旧金山大桥那长长的桥面，向前延伸，逐渐消失在雾气中……

150

现在最好回去做自己的事情了。顺着小山下到右边，我突然看到了深绿色的房顶和弯弯曲曲的山墙，漆着翡翠绿和朱红色。那一定就是中国城了。当然，我只要转过弯，通过中国城，就可以去到商业区了……

——约翰·多斯·帕索斯（John Dos Passos）:《从旧金山向西看》
（San Francisco Looks West）

从根本意义上说，城市是复杂的物理实体。任何城市都存在于特定的地理和气候环境之中，这些环境自然会影响着所有的城市。当然，人们的双手与大脑也会起重要的作用，因为人们对城市的物理环境会做出主动的反应和加以改变。旧金山就是一个很好的例子——人们以这里优越的地理位置与舒适的气候为基础，然后进行大量的创造（多样性的邻里、咔嗒响的电缆车、生机勃勃的中国城，以及跨越了那些闪闪发光的水面的一座座大桥），产生一种具体而特殊的十分诱人的城市经验。不仅仅是旧金山有自己的特征，实际上所有城市都有独特的"个性"，这种个性至少部分是源于特定的物理布局。

# 一、城市地理学

诸如旧金山之类的城市，坐落于群山之间。而圣路易斯、图森或俄克拉何马等城市，则伸展于平原之上。然而，不管地形如何，一个城市的设计规划都会反映其所处的物理环境。

例如，与旧金山相邻的大城市、南边的洛杉矶就是如此。洛杉矶最初是西班牙宗教使团的前哨，数十年来一直是分散的社区，这些社区往往位于四面环山的相对平坦的低地，并接近加利福尼亚州西南的沙漠。

然而，在 20 世纪 20 年代，与电影工业的出现相一致，洛杉矶开始快速发展。随着人口的暴涨，这个城市日益成为一个碗形的聚集地，四周分布着郊区化的社区。首先，公共交通——电力火车和有轨电车——把这些新的定居点与洛杉矶连在一起。然后，随着小汽车的大批量生产，公共交通乘客迅速下降；远距离通勤者宁愿选择便利的私人交通工具，驾车进出城。对于小汽车的高度依赖，促使城市在这个地区不断向外扩张，并使洛杉矶出现了令人难以置信的高速公路。简·莫理思（Jan Morris）说：

这些高速公路一直是这个城市最宏大、最让人激动的人工产物。它们如蛇般蜿蜒，逶迤起伏，遇山开路、遇水搭桥，时而在空中穿行，时

而切开山坡。它们如繁多的触须，缠绕于每个街区，每个城区，开掘、侵入、攀爬和紧扣这个大都会的每一角落，似乎要把这个大都会挤到一起，以使其各个部分粘在一起。它们总是进入我们的视野，我们在情感上也难以摆脱它们。它们总是不断出现，往往隔几个街区就可以看到。它们进入了我们每个人的生命，并似乎支配了所有的安排（Morris 2003：230）。

随着洛杉矶的扩张，人们开始居住于山坡之上，使街道"总是呈肋状分布，并进一步伸入周边小山，如不断上升、盘旋并达到前所未有的高度的山泉，深入小山的溪谷，有时候甚至闯入沙漠之中"（Morris 2003：229）。

具有讽刺意味的是，这个城市人口日益增加，对汽车高度依赖，以及在地理上相互联结在一起，产生了一种出乎意料的但非常严重的环境问题：雾霾。虽然洛杉矶无论如何不是受到这一问题困扰和人们健康面临威胁的唯一城市，但其雾霾问题一直十分严重。因为它的四周小山包围，把有毒的雾霾滞留在碗形地区中，而大多数市民都居住在这里。2010 年，洛杉矶再一次成为美国最严重的环境污染地区（Huffington Post 2010）。不过，尽管洛杉矶的空气质量存在严重的问题，但仍然在不断扩大，从 1980 年的大约 300 万人增长到 2010 年的 380 多万人，并且小汽车仍然是绝对主要的交通工具。

## 1. 城市的地理位置

因此，城市居住者必须适应地理与气候等物理条件。实际上，某些物理特征常常从根本上决定了某个地区是否能够成为城市。

北美人口最多的城市绝大多数与水为邻，或者是海港（如洛杉矶、纽约和温哥华），或者是湖港（如芝加哥、多伦多和密尔沃基），或者位于大江大河边上（克利夫兰、孟菲斯和蒙特利尔）。这些地理位置拥有巨大的通商优势。然而，即使诸如达拉斯、丹佛、沃斯堡和凤凰城等城市并不位于重要水道上，但最初至少也是因为那里有着充足水系和湖泊以支撑其人口，从而能够在

那里建立重要的城市。

大城市大多临近大江大河，其中亚特兰大是个例外。但亚特兰大的选址也是出于地理位置的考虑：在19世纪40年代，由于处于南方各地的中心位置，它被选择为美国横跨西部与大西洋的铁路的南端终点站。因此，即使是亚特兰大也说明了地理环境对城市选址具有重要影响。我们首先必须明确和时刻记住这一点。然后，我们将简要讨论休斯敦、迈阿密、蒙特利尔、盐湖城和华盛顿特区这五个城市的地理位置，这种地理位置对于这些城市最终形成何种产业、具有什么活动有着十分重要的影响。

### 休斯敦

该城位于东得克萨斯油田附近，自20世纪50年代以来就兴盛不衰。在1970年到2011年之间，其人口增长了57%，从120万增长到210万。因为出产石油和经由墨西哥湾的石油运输成本低廉，这个城市成为美国仅次于纽约的最繁忙的港口，基本上所有大石油公司都在休斯敦设有分部。这个城市也是美国国际船舶吨位最大的港口。休斯敦被很多人视为"世界能源之都"，是5 000多家与能源有关的公司的总部所在地。它还是世界最大的医疗器械中心所在地（有5.2万职员），拥有《财富》杂志世界500强公司总部的数量，仅次于纽约而居第二位（Houston 2011）。

### 迈阿密

迈阿密虽然是一个港口，但这个城市最有名的是它的旅游业，并且是退休者的"麦加"（圣地、天堂）之一。冬天气候十分理想，温度总体保持在27摄氏度左右，而且几乎总是阳光明媚，有着一望无际的沙滩。"阳光下的乐趣"是这个城市的座右铭。然而，最近数年来，迈阿密已成为各种专业产品的重要市场，这主要是因为这里有着巨大的古巴移民或古巴裔社区。由于古巴人在经济上取得了成功，这个城市已经成为富有的拉美裔美国人旅游的首选之地，具有很大的吸引力。他们飞到迈阿密，待在小哈瓦拉里或者附近，只说西班牙语，从古巴商人手中以远低于他们在家乡愿意支付的价格扫购美国商品——衣服、电脑和立体音响等。这样的访客对于维持这个城市的经济而言十分关键（Miami 2011）。

### 蒙特利尔

蒙特利尔市建在魁北克省西南角圣劳伦斯河和渥太华河流域交汇处的一处山坡及其周围地区，是北美第十五大大都会区，有390万人口（Statistics Canada 2011a）。尽管蒙特利尔拥有强大的、多元化的工业基础，但是在经济上处支配地位的还是服务业。很多国内与国际性的服务业公司，特别是银行业、文化产业、金融业、远程通信业和运输业公司，都把总部设在这里。蒙特利尔用于公司合作研发的经费支出，占整个加拿大的1/4，人均研发经费是整个加拿大人均支出的两倍。这里的冬天漫长而寒冷，因此日益形成了地下商店、剧院网络，这些地方趣味横生、令人舒适，人们终年在这里享受购物和生活的乐趣。蒙特利尔还是六家专业运动特许经营公司、一家芭蕾舞公司、一家歌剧院公司和一家交响乐管弦乐队的所在地（Montreal 2011）。

### 盐湖城

盐湖城位于犹他州那令人难以亲近的、可怕的不毛之地大盐湖附近的一处山脚下，这里原本似乎不太可能成为城市。然而，那些摩门教徒却不这么想。在19世纪中期，摩门教徒为了寻找一处能够自由践行其宗教教义之地而向西迁移，其领袖认为盐湖区就是上帝专门为他们挑选和预留的地方。从某种意义上看，该教派的遁世是这个城市得以建立的关键。这个地方实际上要比表面上看起来的样子更适合于人居住。后来，盐湖城成为向西移民的中转站，移民们往往在这里休息和整顿一番，然后继续西进。湖盐后来还成了一种有价值的资源。该市成为周围数百英里范围内能够支撑一个大城市人口的唯一地区，其人口在2011年已经大大超过了120万人（Salt Lake City 2011）。

### 华盛顿特区

这是美国首都，其建立情况相当特殊。它的建立者们并不把华盛顿特区当成一个经济中心，它的建立是出于政治考虑或者说是一种政治斗争的产物——避免那些把费城和纽约作为美国永久首都的想法。另外，华盛顿特区代表和体现了美国北方和南方之间的象征性联系，这个国家把波托马克河流域（又是水）选择为首都所在地之后，随着美国的兴起并逐渐成为一个世界大国，这个地方出现了一个庞大的政府官僚系统，数百家外国大使馆，无数的特殊利益群体以及大量的旅馆、饭店和国家地标性建筑，所有这些都使得这个城市与众不同。其大城市人口从1990年的410万增长到2010年的大约550万（U.S. Census Bureau 2011c）。

## 2. 为什么城市会在其所在之地

153在创造一个城市地区的过程中，自然地理环境的、经济的和社会的因素都会起作用。就自然地理环境而言，任何自然地理环境要想成为一个城市，必须具备数个基本条件。

### 自然地理环境

首先而且最重要的是，最起码这个地方人能够居住，不能出现频繁的疫病，不能过于酷热也不能过于寒冷，更不能是一发洪水就被淹没的低地平原。特别是最后一点值得注意。如果某个城市处于洪水泛滥的平原，在各种恶劣天气叠加的情况下，常会导致严重结果。例如，2008年艾奥瓦州锡达拉皮兹市超过400个街区被洪水淹没，2005年新奥尔良80%的街区被洪水淹没，2011年美国东北、中西部和密西西比河流域也遭受了大洪灾（参见下页的"城市风光"专栏）。

另外，任何城市都需要获得充足的食物、水和建筑材料的供给。这并不是说城市不能克服这些局限，但居住者的创造性和技术必须能够实现这些供给。例如，在冬天，需要提供燃气和汽油供热，才能使北方城市数百万民众安全过冬；在夏天，需要提供电力使南方城市民众使用空调以度过极热天气。同样，人们还必须把水和其他资源输入城市。位于内华达沙漠中的拉斯维加斯，可能是现代技术使"不可能的城市"得以形成和存在的最好例子。

### 经济因素

促使某个城市位于某地的第二因素就是经济条件。例如，港口城市往往是作为贸易与商业中心而兴盛起来的。马克斯·韦伯的弟弟阿尔弗雷德·韦伯（Alfred Weber 1868—1958）提出了工业区位理论，来解释工业城市的地理选址。他认为，工业企业应建在原材料与成品运输成本最低之地。如果原材料比成品更重，那么工厂应建在接近原材料的地方。例如钢铁冶炼工厂就应建在接近铁矿的地方。如果成品诸如瓶装啤酒要比原材料更重，那么工厂选址应更接近于销售市场。

155A. 韦伯也把更低廉的劳动力和产业积聚——支柱产业在同一地区的聚集——列为低成本和利润最大化选址决策的关键参考因素。例如，廉价劳动力的可获得性（如今天的东南亚），比远距离运输原材料和成品的交通成本更为重要。但批评者指出，他没有认识到在市场需要、运输成本、廉价劳动力的可获得性，以及为市场制造产品的工厂的生产范围都存在很多变化。不过，A. 韦伯的理论深刻指出了地理因素（原材料地、企业所在地和市场所在地的位置三角）在北美工业时期的制造业城市选址中具有重要影响（Puu 2010）。

### 社会因素

在满足基本自然地理环境条件和经济因素考虑之后，还要考虑社会因素发挥的作用。我们主要考虑如下七种社会因素，并以五个城市为例子来加以讨论。

（1）一些城市位于某个区域中的自然的十字

◎ 地理因素对于蒙特利尔市的出现和存在起了很大的作用。圣劳伦斯河和渥太华河的交汇影响了其选址。倾斜的山脉地形决定了其扩张布局。漫长而寒冷的冬季，使人们建立起各种地下商店、饭店和剧院，这些地下建筑与地上复杂而巨大的建筑同样生机勃勃。

## 新奥尔良：为其所处地址付出惨重代价

新奥尔良位于密西西比流域入海口的战略要地，这使其成为重要的货物集散地，其港口是美国第五个最繁忙的港口。中西部农民每年顺河而下，用驳船把谷物运到这里，然后装入 5 000 只船，运往世界 60 多个国家。这使得美国成为世界上最大的玉米、大豆和小麦出口国。然而，不仅仅是农业出口使新奥尔良变得如此重要。密西西比河把俄亥俄州、伊利诺伊州和密苏里州联系在一起，来自整个中西部的制造商用 5 万只内河驳船把他们的产品运送到新奥尔良，并通过这里向世界出口。经由这里的主要进口产品则包括可可豆、咖啡、橡胶和钢材。另外，这里每年有超过 70 万的旅客吞吐量（Port of New Orleans 2011）。因此，2005 年卡特里娜飓风给这个城市带来的灾难、对其经济与人口的消极影响，远远超越了新奥尔良市范围本身。

而且，这个城市极易受到海水的影响，即使是最粗心的观察者也十分清楚这一点，而政府官员早就知道这一点，但他们从来都无法进行有效的抵御。这个城市的老城区建在地势较高的地方，但随着新奥尔的扩张，开发的脚步无处不在。其结果是，城市大部分都低于海平面，需用大堤和海堤来保卫，这些大堤可以抵挡能卷起 20 英尺高巨浪的风暴。然而，在 2005 年，来自海湾（Gulf）水域的巨浪和城市北边庞恰特雷恩湖的海水，给城市造成了巨大灾难。湖水从东到西大约有 40 英里宽，从北到南大约有 24 英里长。卡特里娜飓风带来的风暴超过了湖堤的承受能力，发生了几处决堤，80% 的城区被淹没，造成巨大的生命财产损失，约有 1 500 人死亡，大量工商企业和个人家庭财产瞬间化为泡影，灾民的境况则惨不忍睹。

灾难过后，80 多万人——其中绝大多数是黑人——被迫重新分散安置，这是美国历史上规模最大的人口安置之一。很多城市都施以援手，为他们提供栖身之处——最值得指出的是休斯敦，容纳了大约 20 万疏散民众，给他们提供住处、医疗并帮助他们寻找工作。自那以后，一些被疏散者又回去了，但很多人都选择待在被疏散之地，不再回去。其结果是，在卡特里娜飓风发生前的 2005 年，新奥尔良的人口是 45.2 万人，但在 2010 年下降了 31%，只有 34.4 万人了。黑人的比重从原来的 2/3 下降到 60%（其中大部分是被洪水赶走了）（Census Bureau 2011a）。

水是新奥尔良得以建立、成长的根源，但也是破坏它的祸首，可谓成也由之、败也由之。这个城市还没有完成重建，但作为重要港口的战略定位，使其将来仍是美国进入全球市场的重要通道。人们可能会加固保卫城市的那些堤坝，使其具有更强大的抵抗自然的力量，使城市南北两面的巨大水体再也不能大发淫威和恣意肆虐。

路口。例如，蒙特利尔就是圣劳伦斯河和海上航道上最重要的港口，位于东到大西洋、西到大湖区的中间位置。其他例子还有圣路易斯和芝加哥，后者的绰号是"美国的十字路口"。这些十字路口促进了人口、服务特别是贸易货物的集中。

（2）某些城市因为位于经济学家所说的集散地而得以发展起来。它们是这样一些地方，在此，"大宗"货物从一种运输方式转为另一种运输方式，例如从陆路汽车运输转为船运。在这些地方，各种货物常常需要在货栈中存放一些时候，或者在某种程度上稍作加工和处理，使下一程运输更为经济。在这种情况下，一个城市就会形成附属性的仓储或加工产业。例如，在休斯敦，等待装船的石油，常常会贮藏在巨型油罐中，然后提炼成汽油或民用燃油。布法罗是一个更小的城市，但逐渐变得重要，因为作为伊利运河的西端起点和终点，它是谷物在此从陆运改成水运，经由伊利湖和伊利运河运往东部和中北部各州的重要转运点。在布法罗，各种工厂对谷物进行初步加工，然后装车经铁路运到东海岸巨大的市场（Klein 2005：316）。

而且，集散功能也正是城市持久的特征。下页的"城市风光"专栏描述了两个相隔一个多世纪的城市。我们发现，查尔斯·狄更斯（Charles Dickens）笔下的1860年的伦敦与文森特·帕里罗（Vincent Parrillo）笔下的当代西雅图的港口活动，存在惊人的相似性。

（3）影响城市选址的另一重要原因，就是要接近某种有价值的原材料。蒙特利尔早期的历史严重依赖于皮毛的殖民贸易。今天这座城市仍是重要的航运中心，要处理由蒙特利尔—伊斯特炼油工厂每天加工的数百万加仑的石油。同样，休斯敦及其炼油厂接近东得克萨斯油田；旧金山之所以在19世纪中叶繁荣起来，是因为它是离内华达山脉金矿最近的港口；匹兹堡之所以变成大城市，在很大程度上是因为接近煤矿，而这些煤矿为其钢厂提供了廉价电力。

（4）迈阿密则表明一个城市之所以在某处出现的另一个原因。在这里，我们看到的是一个宜居城市，位于特殊的位置，环境独特——同时有大海和冲浪、沙滩和阳光，而要在其他地方同时获得这些是不太容易的。其最近的形象，则是"拉美人的购物天堂"，在这种形象之中，这个主要说西班牙语的城市，可谓只要是北美的商品，都应有尽有，便宜销售。而佛罗里达的奥兰多以及其他一些城市也是如此。同样，拉斯维加斯为西方人提供了赌博的好去处。而大西洋城对于东海岸的人和蒙特卡洛对于西部的人都是如此。其他适宜居住的城市，还包括阿肯色的温泉城和英格兰的巴斯城（二者都因其温泉而闻名），以及奥地利的因斯布鲁克（一个世界级的滑雪城市）。

（5）华盛顿特区是行政中心或政治城市的例子，其建立的主要目的就是达成政府行政管理的目标，加拿大的首都渥太华也是如此。在世界上，澳大利亚的堪培拉和巴西的巴西利亚也属于这种城市，二者均建于20世纪。

（6）与这种行政管理功能一直存在密切历史联系的，是城市的军事战略地位。也就是说，很多城市之所以建立起来，是因为处于重要军事防御位置。诸如雅典、魁北克以及伦敦之类的城市，都是因为能够发挥军事上的重要防御或进攻

◎ 西雅图位于太平洋皮吉特海湾入口处，是一个重要海港和集散中心，每年要接待1 000多只舰船。集装箱船把服装、游戏机、鞋类和汽车零部件等等进口货物运进来，又把无机化学品、牛肉、猪肉和家禽、油籽、工业生产设备等货物运出去。

作用而兴起的。

（7）最后，还有一些城市是基于宗教或教育原因而兴起的。盐湖城就是作为摩门教的大本营而兴起的。沙特阿拉伯的麦加也是以同样的方式出现的，那里是伊斯兰教发源地，而耶路撒冷是世界三大宗教基督教、伊斯兰教和犹太教的中心。诸如英国的剑桥、纽约的伊萨卡（康奈尔大学所在地）、加利福尼亚州的伯克利（加利福尼亚高等院校聚集之地）等大学城，都是因为教育而形成和发展起来而引人关注的城市。

因此，地理气候条件和社会经济因素的结合，可以解释为什么城市得以出现在其所出现之地。位于同时具有很多优势的地方的城市，往往会具有特殊的重要性。纽约的重要性就在于其拥有一处天然良港、一座易守难攻的小岛、一条通往原材料和资源十分丰富的广大内陆腹地的通道，并且是一处自然的货物集散地，处于十分重要的十字路口。

最后，如果一个城市的自然地理环境不能满足人们的社会或经济利益需要，那么它必须适应

## 两个城市的货物集散状况

查尔斯·狄更斯曾经于一天早晨在泰晤士河乘坐小游艇顺流而下，并对其进行了如下的描述：

### 19世纪的伦敦

时间还很早，但船夫已经开始划着船来回穿梭了，船上满载货物……我们的游艇敏捷地在小船和载客舢板之间穿行。

我们一会儿就通过了老伦敦桥，看到老比灵斯门鱼市中有很多牡蛎船和荷兰人，看到白塔和背叛者门，我们进入了一层层、一排排的小船之中。来自利斯、阿伯丁和格拉斯哥的汽船在这里装卸货物，当我们从其旁边经过时，看到其庞大的身躯高高耸立于水面之上；我们看见一批又一批的运煤船，卸煤机把煤从甲板上卸下来，给煤称重的重锤来回摇摆，然后咔哒咔哒从这边进入驳船中；这里还停泊着各种汽船，它们天明后将驶向鹿特丹、汉堡……我们从这些汽船的船首斜桅下驶过。

下面这一段文字，是帕里罗对一个类似的早晨的描述，只不过这是一个多世纪之后美国的一个重要港口的早晨。

### 现代西雅图

即使是最粗心的走马观花者，也可以看出西雅图港是繁忙之地，到处都是外国人、拖船、驳船、商用捕鱼船以及游艇。西雅图在地理上更接近于亚洲，离美国其他港口反而更远，作为自然深水良港，吸引了来自太平洋的各种商业船只。它是美国最大的集装箱港口之一，西海岸最大的分配中心之一，集装箱出口到亚洲吨位最大的美国港口之一（每年在600万吨之上）。今天，来自日本、新加坡和中国台湾地区的船只都停泊在这里的船坞中，而每个船坞都可容纳28只商用海上船舶。

在这些船舶上，集装箱起重机把汽车部件、竹框、电子产品、家用产品、塑料制品、食物、工具，以及其他各种产品转移到甲板联合运送轨道设施上，并直接装货运往内陆目的地。到处都是吊车和叉车，它们把整箱货直接转移到106个大型复合船舶那150万平方英尺大的货栈贮藏空间中，转移到室外贮藏区，或者在20个装货码头直接等待货车装货。

在我们目力所及之处，我们都能看到匆匆忙忙的人员在不停地忙碌，码头装卸工人、搬运工、起重机和叉车司机、谷物终端操作人员、货车司机、火车铁路员工、工头和监工等，所有的人都忙着装卸或贮藏通过这个港口进出口的货物。

资料来源：Charles Dickens, *Great Expectations*（London: Chapman & Hall, 1860），from chapter 54; and Vincent N. Parrillo's field research in Seattle.

和调整，否则就会衰落。那些最终不能适应人们需要的城市，我们都只能在其废墟之中去寻找其过去的历史。古埃及人的首都卢克索、玛雅人的城市埃尔米拉多等都是如此。但是，一些城市即使遭受巨大的自然或经济灾难，仍然会幸存下来。旧金山就是美国最有名的一座遭受大灾而幸存下来的城市，现在它已从1906年的大地震中恢复过来，成为美国所有城市中最具活力的城市之一。

## 二、城市的形状

城市产生后，又是什么因素决定了其轮廓或物理形状呢？答案在于城市的社会与经济功能。

雅典沿着阿克罗波利斯山的自然山顶而扩展，爱丁堡也坐落在苏格兰一个大型死火山山顶，而巴黎和墨西哥城起初位于河岛之上。这些例子都表明，防卫功能是城市居民关注的首要目标之一。英国的达勒姆（Durham）位于维尔河形成的高而陡峭的半岛之巅，即使人们能够渡过这条河，那山脊两边的陡峭的崖壁也是极难攀登的障碍。由于三面都有天险作为屏障，达勒姆的建立者只需防卫狭窄的第四面，他们在这里修筑了层层防卫的坚固城堡。

## 1. 中心辐射形城市

在前工业化时代，城市的防卫功能十分重要，促使人们以大集装箱形式来建造城市，使其在自然地理条件和诸如城墙、护城河、城堡和城堞的人工建筑的严密防卫之下。城市研究者把这类城市的特征概括为中心辐射形城市，因为其从一个中心向四周辐射。

前工业时期伊拉克的巴格达，就完全是这种城市形状（见图6—1）。这个城市最外层的四周有高墙围着，高墙开有四个加强防卫的城门，城市的内部核心——包括统治者哈里发（caliph）的宫殿和清真寺——由两圈紧密的、挤满穷人的营房、寓所进一步拱卫。而在从城门到城中心的主要道路两边，拱廊和商店林立，城中居民可以从这些商店购买各种东西。

然而，并非所有中心辐射形城市都有一个完整的辐射形状。中国明代的北京城（见第9章图9—1）被高大厚重的城墙包围，并有一条宽大护城河防卫，不过其看起来像一个个长方形的广场，并且相互连接，城中有城。这些形状反映了公元15世纪中国天圆地方的宇宙观，这种宇宙观使得规划者根据罗盘上的东、西、南、北四个点来布局北京城。

还有其他一些因素也会导致城市呈辐射状。随着城市发展起来，人们要求尽可能居住在其中

◎ 诸如多伦多这样的城市，晚上的灯光提供了让人惊叹的美丽图景，并同时说明了入夜后其生活与活动仍在进行。多伦多拥有处于安大略湖之滨的重要战略位置，这强化了其经济活力，使其大都会区容纳了大约600万的人口，而这是加拿大整个人口的1/4。

心附近，使自己的出行或旅行更为方便，每个城市都是如此。由于圆形能使最多的人更容易接近中心，所以很多城市都围绕中央核心逐渐形成环形样式。当我们夜晚在飞机上从窗口向外眺望时，会看到大多城市都像一个巨大的轮子，有着向四周辐射的轮辐条。这些轮辐条实际上是城市高速公路和火车轨道，并表明这些城市呈辐射形式还有另一个理由，那就是因为到圆心最短的路线就是一条直线，所以人们尽可能修建平直的道路直达城市中心。这种做法正是历史上众所周知的谚语"条条道路通罗马"的来源。

## 2. 方格网状的城市

尽管世界上大多数城市布局通常呈中心辐射模式，但亚特兰大、芝加哥、洛杉矶、蒙特利尔、纽约、费城、多伦多和温哥华等北美著名城市的中心区域，并非中心辐射形设计。中心向四周辐射的城市布局是世界上大多数城市的规则，但在北美这种模式却是一种例外，并不多见。

在北美，更多的则是方格网状形城市，它们由相互垂直交叉的直线形街道构成，城市街区十分规则。这些城市大多是在工业革命后才建立起

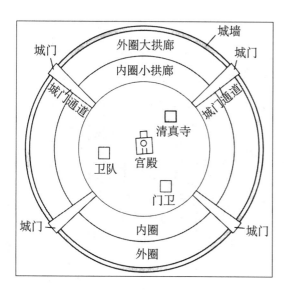

图6—1 中心辐射形城市：
约公元146—762年的巴格达

来的。只有在此之后，城市才会对经济活动产生如此重要的影响，并且城市的方格网状设计有利于人口与产品在整个城市中流动。这种形式能够更有效地划分土地并作为不动产出售。不过，有些前工业时代的城市也会如此，图6—2显示的是威廉·佩恩（William Penn）1682年设计的费城土地分批出售规划，这是一个十分有名的例外。

然而，方格网状模式并非总是人为精心规划的产物。当某个定居点出现后，商人们常常喜欢选择在主要的街道落脚，这种街道要方便人们购物，让人们能够沿着街道从一个商店到另一个商店行走。并且，没有大门也没有起点或终点的开放式街道，能够更好地为工商业服务，因为在这种街道上，店铺可以一直沿着街道方向修下去，也使商店能够集中在一条街道上，方便人们进出购物。在美国和加拿大中西部和西部，全都是这种"主街式"城镇。如果另一条主街与这条主街相互交叉——这往往是迟早的事——那么一个带有"四个角"的方格就会形成，而城市又可从这里向前扩张开去。

## 三、城市生态学

正如我们在第5章所讨论的，帕克及其芝加哥大学社会学派把城市作为研究社会生活的试验场。他们的研究产生了人类生态学这门学科，这个术语就是由帕克创造的，主要关注的是他所说的城市成长和发展中的一种有序的演化：

> 在城市共同体的边界之内，有一些因素在发挥着重要的作用……这种共同体往往使其人口和组织出现一种更有序的和典型的群体化。这门学科试图分析这些因素，描述由这些因素共同作用而产生的，我们称为人类——完全不同于动物与植物——生态学的人口与组织的典型聚集（Park 1984：1-2）。

帕克借助生态学研究生物及其环境之间关系的方法，来研究人类在城市世界中是如何生存的。他认为，为了生存而进行的演化性斗争，在为了诸如食物、衣服、住处和土地等稀缺性资源的日常竞争中十分明显。而从这种竞争之中出现的，则是不同的活动集群，帕克称之为自然区域，包括商业区、族群邻里社区、贫民区和出租公寓区等。

帕克认为，城市中的竞争不仅是经济竞争，也是权力竞争。人们为了控制公园或停车场、街道和族群区域而竞争；而最重要的是声望竞争，也就是为了居住在时尚社区或拥有让人印象深刻

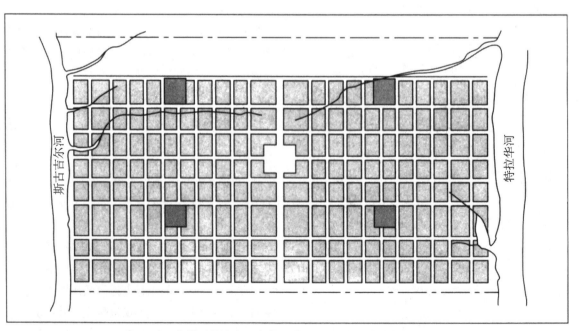

图6—2　方格网状城市：威廉·佩恩1682年设计的费城规划图

的职业的声望而竞争。

帕克指出，除了上述竞争外，大规模的人口运动也会影响城市的发展。一个世纪之前来到芝加哥和其他正在成长中的北美城市的大量移民，大多没有多少文化，也没有什么技能，而且还十分贫穷。他们没有多少选择，只好涌入市中心那拥挤的住宅区，在工厂从事报酬微薄的工作。在北美大陆的各个城市中，这些移民及其后来迁移进来的后代们，会逐渐离开他们的最初居住的旧社区，而日益上升为不那么贫穷的群体，并进入城市主流社会中。芝加哥大学社会学家们把这样的人口转型叫做"侵入—替代"过程。

## 1. 同心圆模式

帕克认为，竞争与人口迁移不仅塑造了城市，还重塑了城市。那些经济上更加成功的居民，会离开那些不想居住的地方，而进入那些想要居住的地方，选择在城市中更好的位置就业和居住。帕克声称，在这个过程中，整个城市会逐渐呈现出一种空间上的经济等级模式。20世纪20年代中期，帕克的学生之一厄内斯特·伯吉斯（Ernest W.Burgess）又指出，城市在某种程度上是以树木的成长方式在成长，即以同心圆的模式向外逐渐扩张。

伯吉斯认为经济竞争是城市生活的中心，但与帕克一样认为还有其他一些社会因素在起作用。例如，人们向郊区迁移不仅是出于经济考虑，也是为了获得声望，表明人们已经取得了"成功"。伯吉斯把城市划分成四个主要的圆环区域，并认为城市边界之外还有第五个通勤者圆环区域（见图6—3的右半部分）。伯吉斯说：

该图（图6—3）是一个城镇从其中央商务区——图中的Ⅰ环区——快速向外扩张的一种示意图。围绕城市中央商圈形成的另一层新圈，通常是过渡性的区域，是正在被商业和制造工厂入侵的区域（Ⅱ）。第三环（Ⅲ）是产业工人居住区，除了那些想住得离工作单位更近的工人外，他们从日益恶化的第二环区域（Ⅱ）逃离。而出了这个区域就是高级公寓"住宅区"（Ⅳ），或者

说这是由单门独户的家庭公寓所构成的、排外性的、有"严格限制"的区域。再向外一点，就出了城市的边界，是通勤者的区域（Ⅴ），一般属于郊区或卫星城，离中央商务区有30～60分钟的车程（Burgess 1984：50；初版于1925）。

为了说明他的模型，伯吉斯把这一模型直接用来分析他所处时代的芝加哥（见图6—3的左半部分）。如果我们考虑到密歇根湖的"双重影响"（黑线显示的是由这个湖所形成的城市边界），伯吉斯的理论确实让人信服地解释了这个城市各个区域的分布。最有价值的土地（Ⅰ环区域）位于城市中心的"一环"，那是绝对的商业区。在Ⅱ环"过渡性的区域"，矗立着工厂和贫民窟，而后者充满穷困潦倒的房客和各种各样的移民族群，包括小西西里和中国城。Ⅲ环区域主要是工人租住区，住有第二代移民，是那些搬出贫民窟，从而逃离内城的早期芝加哥移民的后代。这里也是"一梯两户"住宅区域，在其中往往一个单元两户家庭，而不是内城常见的那种在多间房

◎ 波士顿从一个设有围墙的殖民小城发展为重要的大型商业城市，并在1868—1874年间吞并了诸如布莱顿、查尔斯顿、多切斯特、罗克斯伯里和西罗克斯伯里等邻近的行政地区。今天，它已是一个大都会区，把其水路优势利用到了极致，无论是商业还是娱乐休闲都是如此。

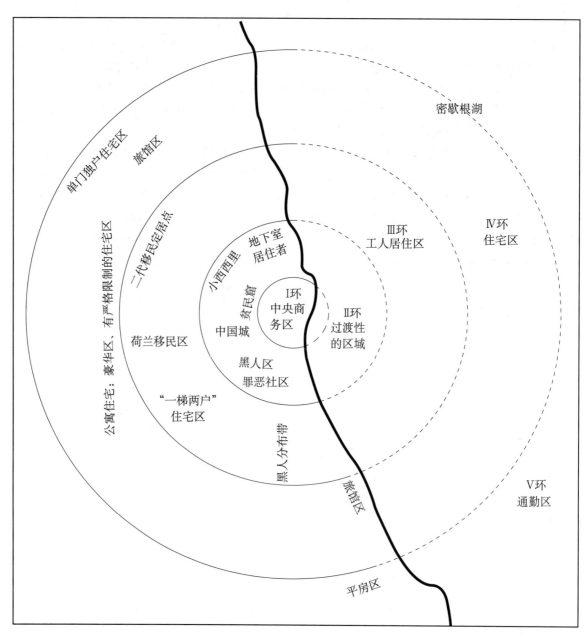

**图6—3 芝加哥的同心圆区**

资料来源："The Growth of the City," in Robert E. Park and Ernest W. Burgess, eds., *The City*. Copyright © 1967 University of Chicago Press.

子中有四家或更多家人生活在一起。Ⅳ环区域是居民住宅区，主要由旅馆、公寓特别是单门独户的住宅构成。该区域也是相对富有的"严格限制他人进入"的居住区，会把那些"不受欢迎的"族群或种族排除在外。

在芝加哥社会学派出现后不久，还有另外两种关于城市发展的生态学理论日益获得了人们的关注。这两种理论分别是扇形理论和多核

心理论，弥补了帕克和伯吉斯的理论存在的一些缺点。

## 2. 扇形模式

霍默·霍伊特（Homer Hoyt 1939）指出，各种各样的城市区域并不会完全遵循伯吉斯所说的同心圆模式。即使是在伯吉斯所说的芝加哥

（见图6—3），诸如"德国犹太人区"（德国移民之家）和"黑色地带"等，会明显贯穿各个环区。霍伊特在1900年、1915年、1936年这三个不同时间，一个街区接着一个街区地研究了142个城市的居住模式，为研究增加了重要的历史维度。他所研究的城市要比伯吉斯多得多，而后者几乎只是对芝加哥进行了研究。

首先，霍伊特发现，那些高声望社区和时尚的街区，会形成不同规模的扇形区域。其次，尽管一些城市大致呈同心圆形状，但很多区城都呈现出一种扇面形状（pie-shaped），而不是完全像一个圆（见图6—4）。再次，由更低收入者构成的街区，常常紧连着有时甚至包围了时尚街区。其中一个经典的例子，就是20世纪二三十年代的纽约黑人住宅区哈姆莱区，这里是那些"拼搏族居住的、一排排的房子"（Striver's Row）。在第七、八大道之间的138、139街区，则是建筑完好的绿洲，人们相对富有，但被其他接近坍塌的建筑包围。又次，霍伊特发现了一种趋势，即随着时间的过去，这种扇形区会沿着前些年的移

动路径迅速向外移动（西雅图就是一个很好的例子）。最后，在后来的时期中，城市会在不同地方出现两到三个时尚区域，并且竞争与人口流动之外的一些因素也在影响这一过程。在很多城市中，富人社区都矗立于"高地"之上——诸如波士顿的比肯山、旧金山的诺布山和太平高地，表明了富人的一种偏好，就是愿意住在比城市中贫穷居民"更高的"地方。而高声望的扇形区都位于诸如水滨之类环境美丽的地方（如芝加哥的湖岸区），其他人则沿着能够方便进入市中心的主要交通线居住，如费城的里顿豪斯社区。

## 3. 多核心模式

尽管霍伊特的研究对于伯吉斯的模型是一个重要的改进，但他仅仅关注居住扇形区。霍伊特预测工业也会快速从城中心向外移动，例如向上游或沿铁路线外移，但他从来没有对此预测进行多少实证研究。

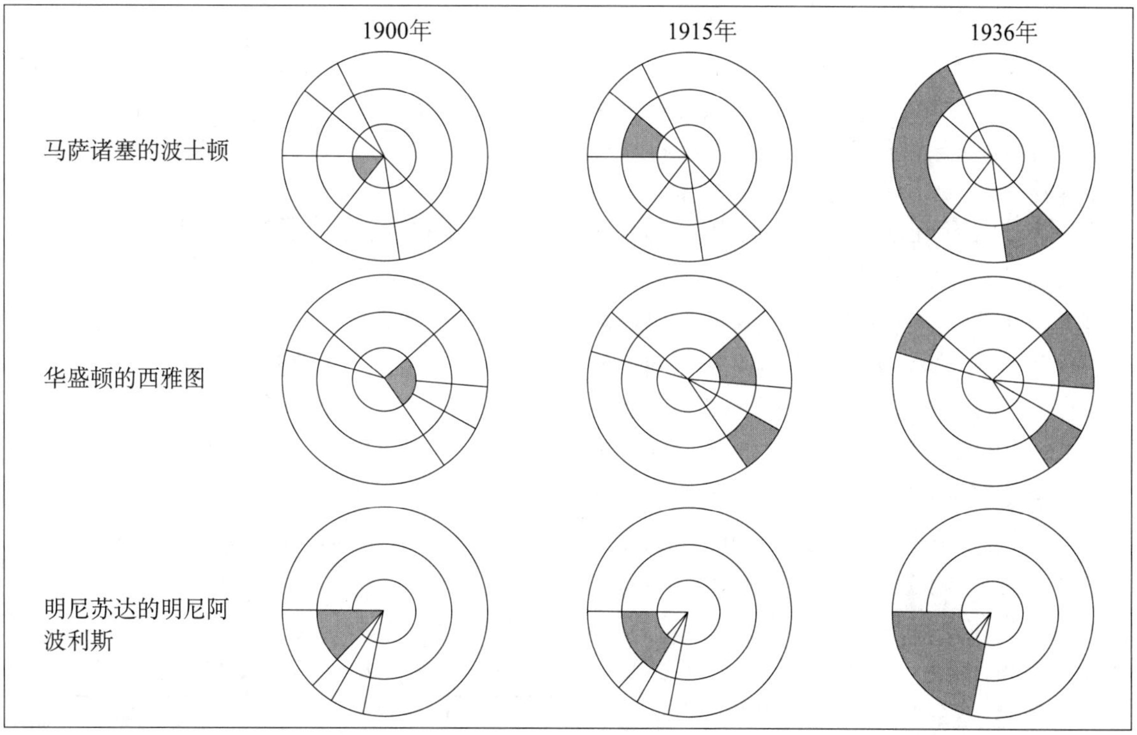

图6—4 美国三个城市的时尚居住区的位置移动

资料来源：Homer Hoyt，*The Structure and Growth of Residential Neighborhoods Areas in American Cities* (Washington, D C: Federal Housing Administration 1939), p. 115, figure 40.

◎ 新泽西的帕特森是美国第一个有规划的工业城市，也是老制造业城市的代表。在经典的扇形理论模式中，它的很多工厂都沿铁路分布，它的时尚社区则沿着百老汇大街向东迁移到马诺尔山高地。这个城市现在已不再兴盛，正竭力维持其经济基础。

昌西·哈里斯和爱德华·厄尔曼（Chauncy Harris & Edward Ullman 1945）主张，随着当代城市的发展和多样化，很多独立的活动区域开始形成，而不再是像原来那样只有一个中心。现代城市往往有一个主要的中央商务区（图6—5中的1区），但由于其每个构成区域都具有独特的文化、历史和经济因素，因此会出现另外一些区域，例如批发灯具制造区（2区），其可能会接近于中央商务区，并且附近各种相互独立区域中住着低收入的居民（3区）。中等收入的居民区（4区）可能紧邻中央商务区，商务区的另一边则紧接高收入居民区（5区）。在这些区域之间，可能存在一个次级商务区（7区），再远一点则是完全独立和分割开来的居住郊区（8区）。重工业可能位于与中央商务区较远的地方（6区），并在附近出现一个郊区工业园区（9区）。

城市为什么会形成多个中心呢？首先，某些类型的活动需要专门化的设施。例如，重工业要求大量的空间。一个世纪之前的市中心空间丰富，然而最近数十年来，商务区附近的空间已经

十分稀缺，即使能够找到一些空间，价格也十分昂贵。而一些现代工厂又需要大量的地面水平空间。其结果是，很多重工业都不得不从中央商务区搬迁到边远的产业区或工业区，在这里土地相对充裕，税收常常更低。例如，在芝加哥，重工业曾经一度位于中央商务区，后来逐渐搬迁到印第安纳州东南的加里（Gary）周围。

其次，有一些城市存在多个商务区，这可能 *165* 是城市合并导致的。一些城市会吸收附近的市政规划区成为其辖地，而被吞并者既有的中央商务区可能进一步演化成次级商务区。诸如凤凰城之类的"扩张型城市"，往往会形成多个中央商务区。这些城市完全就是这种情况，它们在汽车时代得到了极大扩张。随着去市中心商务区购物、娱乐或从事工商活动越来越耗时，在城市范围内的边远区域就会逐渐出现另一个中央商务区，为那些不便通过长途通勤进入市中心的人们提供各种商业服务。

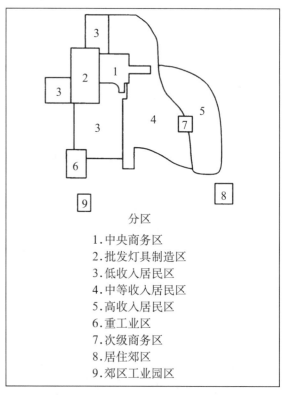

分区

1. 中央商务区
2. 批发灯具制造区
3. 低收入居民区
4. 中等收入居民区
5. 高收入居民区
6. 重工业区
7. 次级商务区
8. 居住郊区
9. 郊区工业园区

图6—5　多核心理论

资料来源：Chauncy O. Harris and Edward L. Ullman, "The Nature of Cities," *The Annals 242* (November 1945), American Academy of Political and Social Science.

哈里斯和厄尔曼的最重要贡献之一，就是严肃质疑城市土地利用完全可预测的观念。伯吉斯的同心圆假说以及霍默·霍伊特的扇形理论，在不同程度上都认为城市土地的利用模式是既定的，或者说必然会遵循他们所说的模式。但是，多核心理论则认为，历史、文化和经济因素的综合，既塑造又重塑着每一座城市。即使是核心的中央商务区也可能衰败，一些小城市就出现过这种情况。

## 4. 局限性

伯吉斯以芝加哥模式为基础，认为其同心圆理论适用于描述所有的城市，但其他城镇真的会遵循这种同心圆模式吗？有些城市确实属于这种模式。例如对莫斯科大都会区土地利用变迁的研究，发现其存在同心圆模式，这个城市从内向外土地利用强度逐渐下降（Ioffe & Nefedova 2001）。一项关于 318 个美国大城市的长期纵贯研究（1950—1980）发现，东北部以工业为基础的、较老、较大和较分散的城市，往往会出现这种演化模式（Schwirian, et al. 1990：1143）。

霍伊特的扇形理论发现，一些城市先是沿着主要的快速道路扩张，后来随着 20 世纪 50 年代州际高速公路的建成，又沿着这些高速公路扩张。这是十分有价值的发现。这种高速公路促进了城市郊区的发展。不过，与多核心理论一样，扇形理论只是一种描述性分析，更适用于那些随着大购物广场以及工业园等公共综合设施的修建（常沿着那些重要的高速公路）而扩张的城市。

然而，这三种生态学模型都不具有普遍适用性，因为这些理论认为城市中的竞争没有限制，以及总是存在大规模的人口迁移等。实际上，在不同时期，这些因素是不断变化的，在城市成长和发展过程中可能起也可能不起关键的作用。例如，人们对北京土地利用模式的分析发现，北京存在五个同心圆环，但每一环都具有综合的功能；最值得注意的是，这里的高收入人群没有因为交通非常拥挤而迁移到郊区，同时高质量的学校、医院和酒店都在市中心（Tian, et al. 2010）。其他因素，包括全球化，以及生产、通信和交通技术的进步等，都可能影响城市在空间维度上如何发展。

最后，某些批评者拒绝"城市生态学"的思想，认为其过于生物学化。也就是说，运用动物与植物生态学的原则来解释人类活动，并不能获得全面的理解。人类与植物不同，是一种会思考的动物，会反作用于城市环境。城市生态学视角很少关注（1）人的选择与（2）文化在城市中的作用，也极少关注（3）社区。换言之，这种视角没有考虑重要的社会因素。

这种批评削弱了城市生态学理论的重要性，也削弱了其关于城市历时发展变迁的各种理论模型的重要性，甚至在实质上否定了这种理论视角。今天，在生态社会学学科（及其组织与杂志）中，仍有一些城市生态学家用城市设计、土地使用规划、政策改革来帮助社区规划并建设环境上健康的社区（Urban Ecology 2011）。而众多的替代性理论与视角指出，城市发展和成长的动态展开过程以及影响土地利用的因素，比起早期生态学家所想象的要复杂得多。

# 四、社会区域分析与测绘

当前美国描述土地利用的技术手段之一，就是比较生活于不同人口统计条块（track）的城市居民的社会经济特征。一个人口统计条块平均有 4 000 个居民，往往包括在人口特征、经济地位和生活状况方面相对同质的单元（参见下页的"城市风光"专栏）。我们根据这些社会属性，对每个人口统计条块进行归类与比较，从而可以得到大城市共同体的基本轮廓。例如，我们可以根据每个人口统计条块上的种族和族群群体，确定城市的区隔水平，以及在教育水平、收入、儿童数量、住房类型、母亲是否工作等方面，某个城市邻里社区与其他社区存在多大的不同。社会学家根据这种分析可以描述和区别城市邻里社区之间的社会特征，因为这些变量构成了邻里社区的社会结构基础。

社会区域分析表明，统计不仅可以用来分析和确定社会阶层、家庭地位、城市次要群体的静

## 迈阿密的小哈瓦拉

小哈瓦拉中心位于迈阿密西南部第八街。它是迈阿密的几个市区之一，这里居住着大量的古巴裔美国人，常常是这些特殊群体初到美国时的落脚之处和居住飞地（旧金山的中国城也是如此），比起迈阿密其他后来出现的古巴人聚居地来，小哈瓦拉现在的人口要更为贫穷，年龄也更大。

第八街有几英里长，沿街房屋和公寓居住的主要是古巴裔家庭。这些房子很多都具有古巴特色，例如屋顶有装饰性的西班牙瓷砖瓦片，前院有篱笆包围，后院有天主教神龛。这里有许多古巴裔开设的商店、饭店、金融机构，它们主要向同族群成员提供服务。……某些商店还向那些年过半百者提供特殊的服饰：古巴人传统穿戴的小短衫。这里还有专营各种神器的商店，销售宗教物品，包括用来召唤圣人和精灵的药剂以及性药。很多小杂货店出售古巴食品。并且，在小哈瓦拉，几乎所有药店都在窗口上贴着标签，告诉顾客店家会把药送回古巴。这里的教堂还为人们提供西班牙语和英语弥撒。

在小哈瓦拉的报摊或投币售报机中，我们可以获得十多种甚至更多的西班牙语日报和周报。一些报纸主要报道古巴和在美古巴人新闻，而其他一些则主要报道整个拉美的消息。该地区还可以收听西班牙语电台 WQBA，这样的电台不止一家，但这家电台声称自己是历史上最具古巴色彩的电台。小哈瓦拉还有数家露天咖啡馆，摆着露天的桌子。这里是一些年龄稍大的男性顾客白天和傍晚聚会之处，他们在黑色橄榄树下玩纸牌和多米诺骨牌。多米诺公园是小哈瓦拉的一个中心，在这里，那些年龄更大的人整天玩多米诺骨牌、抽着雪茄，并谈论古巴过去的事情。

小哈瓦拉的一些饭店提供传统的古巴菜，诸如鸡肉和黄米饭。有些饭店是寻常的社区小饭馆，其他一些则是豪华饭店。其中最有名的应是凡尔赛饭店和"镜像宫"，其装饰和设计与古巴哈瓦拉著名的夜场十分接近。

如果一个在古巴出生和长大的人，沿着西南部第八街行走，就会感到时光倒流，似乎又回到了昨天的哈瓦拉。迈阿密的小哈瓦拉，在很多方面都是对古巴哈瓦拉的复制。迈阿密的小哈瓦拉各式建筑的墙壁上，贴满了街道标志和布告，装饰着饭店，保持着对古巴生活的鲜活记忆。

资料来源：Mark Abrahamson, *Urban Enclaves: Identity and Place in America*, 2nd ed.（New York: Worth Publishers, 2005）.

态模式，也可以用来比较这些领域和层面的动态变迁。另外，这种方法对于发现这些社会特征与任何其他可测量的生活层面——诸如犯罪率、精神疾病率、宗教和选举投票行为——之间的关系，也是非常有帮助的。

测绘已经日益成为展现这些发现的重要手段。例如，美国人口统计署在其官网上提供了大量主题图片，来说明上面所列举的很多特征。

## 1. 地理信息系统测绘

地理信息系统是一个特别有用的研究工具，缩写是 GIS。GIS 测绘则是以计算机为基础，收集、转换、操作和分析与地球表面相关的信息。GIS 测绘在加拿大叫做测绘学，它使我们可以察看、了解、质疑、理解各种材料，以各种方式对材料进行可视化，并以地图、地界仪和图表的方式来揭示各种关系、模式和趋势（GIS.com 2011）。

GIS 测绘图可以为公共与私人部门的各种组织提供很多有用的服务，帮助其实现各种目的。例如，一张 GIS 测绘图，有助于土地使用管理和将来的发展规划。

*167*

## 2. 局限性

与上文已讨论过的其他理论视角一样，社会区域分析也有其局限性。问题之一就是这种视角是非理论性的。社会区域分析对城市各个区域进行描述，但并不能预测某个群体会定居在哪里，也不能解释为什么某个群体会定居在某处，因此不能对城市规划提供更大的帮助。相反，帕克和伯吉斯指出了竞争与人口流动的生态学因素，会导致同心圆城市的发展。同样，哈里斯和厄尔曼认为每个城市之所以具有独特的空间结构形式，原因在于历史、文化或经济因素的影响，并认为这是理解我们关于城市的发现的基础。社会区域分析关于城市土地利用模式的见解是有限的，但它对城市共同体中建立的各种复杂综合体进行的系统测量，可以使我们对邻里社区的特征获得更加全面的理解。

# 五、洛杉矶学派：后现代主义

洛杉矶学派出现于 20 世纪 80 年代中期，在某种程度上它是一些学者反对上述多核心理论的产物。但更重要的是，洛杉矶学派也是反对芝加哥学派的产物。该学派最初的研究主要关注南加利福尼亚州洛杉矶、文图拉、圣博娜迪诺、滨江市和橙县这五个县市，重点强调多核心、分散发展模式是城市发展的新现状。他们以洛杉矶为样板，主张这个城市具有多重的实在，其去中心化的结构体现了当前城市的特征。其理论研究由于关注社会和空间的片段化模式，与后现代思维十分吻合，拒绝普遍真理，支持对特定的具体地区进行更有限制、更加微观的理解。

## 1. 城市的构成要件

这种新视角可能源于雷纳·班纳姆（Rayner Banham 2009；初版于 1973）对洛杉矶区域的描述。班纳姆认为，洛杉矶有四种显著不同于芝加哥学派提出的基本"生态"因素：（1）冲浪的郊外（沿海的沙滩城市）；（2）山麓地带，诸如比华利（Beverly Hills）和贝莱尔（Bel Air）地区，是处于优势地位的私人飞地；（3）Id 平原（一望无际的中央平原的一部分）；（4）汽车专用区（作为"一种独特的可以理解的地方"和"心中的内聚国家"而存在的高速公路）。班纳姆对于 Id 平原的描述有些粗略，认为其"充斥着无尽的街道网格，布满了无数平庸、低劣的房屋。这些房屋聚集在毫无特色的社区中，并被无尽的高速公路恣意分割，即使这些社区中曾经存在社区精神，现在也已经被这些高速公路摧毁了"（Banham 2009：161）。

道格拉斯·舒斯曼（Douglas Suisman 1990）认为，是城市街道而非高速公路塑造了城市的结构形状和社区状况。作为城市脸面的街道——不是那种具有上下坡道的、设备齐全的高速公路和城市快车道——把大城市的不同地区联系在一起，为当地旅行目的地提供一种组织框架，并"对毗连的居民社区起着一种过滤器作用"（转引自 Dear 2001：13）。对于舒斯曼而言，街道是界定城市两个行政区划之间的公共空间的要素。

◎ 洛杉矶是一个散得很开的城市，在很大程度上，它是由于有相互交错的高速公路系统而不是由于内聚的政治系统而被整合成一个整体。批评者指责说，这两种系统在这里实际上都运行得不好。地方政府治理太片段化、去组织化，这里密集的人口区域是全美交通最拥挤的地方，导致驾车者每年因交通拥挤而要在公路上平均多浪费 82 个小时。

爱德华·索亚（Edward Soja 2000）在把后现代视角引入洛杉矶学派的过程中起了重要作用，因为他认为洛杉矶是一个去中心化的大都会区，具有片段化的权力结构，并且这种权力结构日益温顺和去组织化。虽然城市中心可能仍然处于社会控制的重要战略地位，但向城市四周辐射时，形成的是一种复杂的、高度片段化的"楔子"与"堡垒"的混合物，被具有走廊和通道作用的街道分离开来。索亚认为，全球资本主义是一种基本的原则，它同样使洛杉矶成为"各种主题公园的大杂烩"（Soja 2000：245）。他还认为，在整个世界范围内，各地城市生活的未来都将与洛杉矶相似（Miller 2000）。

## 2. 主要观点

迈克尔·迪尔（Michael Dear）是洛杉矶学派的主要支持者，他与索亚一样，认为洛杉矶就是全球经济和后现代文化中的片段化和社会分化的原型。但他进一步指出，洛杉矶"去中心化的政治"是城市空间扩张的结果，又是使它成为未来的先锋代表的一个层面。他认为洛杉矶地区"正在被分裂为很多独立的封地，而它们的领导者不断地彼此争斗"（Dear 2001：14）。洛杉矶有100多个行政区域（总人口将近1 000万人），存在很多政治利益问题。这些问题包括市、县政府之争、低增长和零增长运动，以及与次要群体政治参与相关的诸多问题。其结果是出现了很多同盟团体，包括正式的和非正式的、合法的和非法的同盟团体，他们都开始表达他们的要求和主张，并向政府施压。这或者将导致各地的权力自治甚至政府权力的衰落，或者将导致沿着"阶级、收入、种族和族群界线的两极分化"（Dear 2001：15）。

洛杉矶学派的支持者们从根本上反对洛杉矶在美国主流文化之外的看法，因为这个城市同样存在大规模的城市蔓延和扩张，有大量建筑以及拥挤的高速公路。他们坚称，洛杉矶与其他那些有着低密度开发模式、多族群飞地以及在同一区域内有多个中心的新兴城市十分相似。而且，洛杉矶与其他城市一样存在二元对立，一方面是财富的高度集中，另一方面是贫穷与无家可归者无处不在。洛杉矶学派坚持认为，与关注大城市的芝加哥学派的思想和理论相比，他们的研究视角和方法不仅可以研究北美大陆的现代城市，也可以对整个世界的现代城市做出更为准确的描述（Hise, et al. 1996）。

后现代主义者认为城市正在以一种与城市生态学家所说的发展旧逻辑不同的方式在发展，他们是对的吗？他们所描述的洛杉矶的演化，真的是所有其他城市的未来趋势吗？由于洛杉矶地区的人口到21世纪中期预计还会增加300万（比今天芝加哥整个人口都要多），其持续增长和发展成美国第二大大都会区的趋势，就不再仅仅是学术问题了。只有时间会给我们答案，但洛杉矶学派新的一代支持者们正在成长和壮大，他们仍然关注的是当代城市之间的社会—时空差异，也试图探讨这些差异如何影响保守的和积极的城市政治（Nicholls 2011）。

## 3. 局限性

与其他理论视角一样，洛杉矶学派也有其批评者，这些批评者认为这种视角的研究者们过于强调洛杉矶的独特性、重要性和广泛适用性（Beauregard 2003）。哈维·莫罗奇（Harvey Molotch 2002）说，洛杉矶学派认为洛杉矶的很多事情都是地方性的，而总是会存在一些不同于芝加哥的土地利用模式，美国西部的城市人口分布并不完全与洛杉矶一样，而是各不相同。罗伯特·桑普森（Robert J. Sampson 2002）说，任何城市——无论是洛杉矶还是芝加哥——都不能简化为某一种模式，因为二者内部都有比某一种模式所考虑的更加多样的变化，并且每个城市实际上都有可能包含另一个城市的各种空间形式以及城市风貌。这些批评者都认为，我们必须超越各种理论的狭隘门户之见，而支持那些超越了时间与空间限制的理论。洛杉矶学派的分析者们则反驳说，整个世界存在充分的证据，可以证明他们关于当代城市成长和发展的相关立场是正确的（Dear 2001；Scott 2001）。

# 六、概要

人们是在有利的自然地理环境（包括水与气候）的特定位置上建立城市的，因为其条件可以支撑和确保一定程度的繁荣。人们的其他需要——包括政治的、教育的、经济的需要——对于城市的选址也会产生一定的影响。城市的空间位置，也是城市所属的不同类型——交通中心、集散中心、气候适宜、政府或宗教机构所在地——所决定的。工业区位理论认为，运输、劳动力和市场销售这三种成本之和的最小化，以及获取利润的最大化，是影响城市选址决策的重要因素。另外，城市类型会影响城市的基本形状。中心辐射形城市往往出现在宗教和政治因素是人们关注的中心的地方，方格网状城市更可能出现在经济考虑处于中心地位的地方。

以帕克和伯吉斯为代表的芝加哥学派认为，竞争与人口活动是一个城市之所以形成某种形状的主要原因。伯吉斯的同心圆模型，说明了他们的思想和主张。然而，批评者对用生物学意义上的竞争来解释人类行为提出了质疑，指出关于城市形状的同心圆假说，并不能适用于所有的城市。

霍伊特承认芝加哥学派存在诸多的理论问题，并指出有很多城市存在扇形区域，导致这种扇形区域的首要原因是人们的社会经济地位。这是一种重要贡献，但与芝加哥模型一样，他的扇形理论并不能适用于所有的城市。

哈里斯和厄尔曼的多核心理论则是另外一个贡献。这种理论模型放弃了关于城市发展的任何决定论思想，认为随着时间的流逝，城市的形状会不断变化，其同心圆、扇形区域，甚至中央商务区也都会不断变化。

同心圆理论、扇形理论、多核心理论等关于城市土地利用的早期解释，由于过于简单而逐渐被人们放弃。现在那些以促进与环境相宜的社区规划和建设邻里社区为目标的城市设计、土地利用规划和政策改革，都主要依循的是城市生态学的基本思想。

社会区域分析是另一种理论视角，其特点是通过描述来揭示各种现象，但缺少对这些现象的理论分析和解释。它往往能够对某个邻里社区的既定特征进行详尽的描述，使我们可以对不同的社区进行历史比较分析。来自美国人口统计署的数据可以提供这种关于人口统计条块的详尽分析，包括用主题图片在视觉上呈现出各种社会经济指标。诸如此类的测绘形式特别是 GIS 测绘，在很多方面包括对于土地的利用管理和规划都具有一定的价值。

洛杉矶学派使用批判性的空间视角与后现代观点，来理解城市的分散布局和日益扩张。除了比城市生态学家们更准确地解释了南加利福尼亚州的城市生活方式外，这种理论强调了城市区域内的政治片段化、城市中心的多元化，以及城市的文化多元化和多族群化，使我们注意到大都会区日益受到全球资本主义的深刻影响以及由此出现的治理与社区问题。这种理论的支持者坚称，洛杉矶是城市未来的原型，但批评者则坚称其主张没有多少现实依据。

*171*

# 七、结论

城市土地利用是一个极其复杂的问题，也是一种具有多重面相的实在。本章回顾了研究者日益深入的理解。我们对其中的重要进展感到高兴，特别是对理解现代城市在空间上是如何组织的所取得的进步感到高兴，但是，我们也需要理解处于城市控制之外的，影响其命运进而影响其空间结构的那些外在因素。而这正是我们下一章所要讨论的主题。

# 关键术语

行政中心或政治城市

宜居城市

集散地

人口统计条块

生态社会学

GIS 测绘

方格网状城市

人类生态学

工业区位理论

侵入—替代

自然区域

自然的十字路口

中心辐射形城市

# 网络活动

1. 登录 http://www.socialexplorer.com/pub/maps/map3.aspx?g=0wmapi=SE0012，在其页面右上角选择图片菜单选项，出现的每幅人口主题图都是某个城市的社会区域分析图，点击任一城市，以获得进一步的详细数据。

2. 登录 http://www.gis.com 获取关于 GIS 的介绍，了解如何利用 GIS 测绘来呈现各种数据。该网址的其他次级链接提供了各个学科视角关于真实世界的案例分析。

# 第**7**章
# 批判城市社会学：城市与资本主义

在 20 世纪 70 年代初，一种替代性的城市社会学理论开始形成。这种理论的出现，部分是对芝加哥学派缺陷的一种反应（第 5 章对其缺陷进行过描述），部分是对这一时期的混乱和骚动的反应。在 20 世纪 60 年代晚期和 70 年代初期，欧美都处于一个不平静的剧变时期，导致人们对社会的看法更具批判性和政治性。因此，毫不奇怪的是，很多学者开始质疑以往那些理论关于地理与技术是塑造城市主要因素的各种假设。

这些"新"城市研究者的关注焦点是城市中财富与政治权力的分配问题。他们指出，那些最富有的人生活在城市最好的地带，并能够获得和享受城市最好的公共服务。他们问道，城市最好的学校位于城市最富有的社区，难道只是一种偶然现象？新的超级高速公路撕裂并直穿贫穷的城市社区，根本不考虑贫穷的居民，以更好地服务于城市精英以及那些逃入富人区的人们，这难道只是一种偶然现象？答案是响亮的"绝对不是"。相反，他们认为："城市的建设或结构必须根据利益追求来解释。"（Hall 1984：32）随着经济的快速全球化，很多城市学者转而关注国际经济体系正在如何影响城市。

我们所知道的洛杉矶学派（参见第 6 章的描述）这种后现代主义视角，也是在反驳芝加哥学派那些仅仅关注支配某一地区中心城市的思想的过程中，日益兴盛起来的。后现代主义拒斥任何理性概念，强调城市产生、发展以及城市生活的片段化性质。大多数分析者认为，洛杉矶学派也属于本章所说的关于城市的政治经济学范式。

而这种替代性的视角，最初叫"新城市社会学"（Gottdiener & Hutchison 2010）。但是，新城市社会学到现在已经存在很长时间了，不再是"新"的了，所以我们称之为批判城市社会学。不过，其大多数理论主张实际上都比较陈旧，在很大程度上借鉴了马克思的思想。其创新之处在于把马克思的思想用来分析城市，特别是用来分析最近的那些发展趋势，诸如经济全球化、美国的经济重构和人口 100 万以上的大城市和新城的扩张等。

我们前面已经提到，这种理论视角的核心特征，就是高度依赖于政治经济学理论，把政治经济学理论应用于城市生活，认为社会结构与变迁过程对某些群体有利，而以另一些群体的利益为代价（Gottdiener & Feagin 1988）。下面，我们先回顾早期的政治经济学分析视角的研究者的贡献，然后再讨论如今在政治经济学分析中处于支配地位的批判城市社会学思想。

# 一、城市经济学：各种传统视角

熟悉城市的人们，都可能认为活力十足、日夜运行的城市中心是这样一种地方：各种活动永不停息，建筑物高大，灯光明亮。这是对北美、欧洲城市和各地"西方化"的城市的准确看法。我们在晚上从黑暗的高速公路来到城市时，甚至在弄清夜晚的地平线之前，在很远的地方第一眼看到的就是城市发出的灯光。除非停电，中心城市的大片区域都从来不会熄灯，但为什么要这样呢？为什么这种"永不停息的活动"不在其他地方出现呢？为什么那些高大建筑要集中在某个单一的地方呢？

## 1. 中心区位理论

要回答这些问题，我们首先应意识到，城市是人们聚集之地。与乡村或小镇生活的一成不变相比，城市实际上充满了无限的可能性。的确，城市是各种人与思想共存，使新事物的创造变得更加容易的地方。城市就其本性而言，会促进"互动与融合"（Mumford 1991：568；初版于 1961）。

而且，越是接近城市中心，人类活动就越是密集。城市中心最伟大的活动，就是人们更加频繁地相互接触。城市中心能够给人们提供最大的经济优势。

**城市的经济优势**

首先，城市往往位于能够提供大量产品与服务的地方（温斯顿萨勒姆、罗利、达勒姆等都是美国北卡罗来纳州烟草生产地区的中心城市），或者位于可以从外界获得产品与服务的地方（如新奥尔良位于密西西比河入海口附近）。在这两种情况中，人们之所以要来到这些城市而不是待在更小的定居点，都是因为生活在这里就意味着能够获得、生产和销售更廉价的产品和服务。把民用燃油用船运到纽约州的奥尔巴尼，需要一定的费用，但把它们运往100多英里之外的泰孔德罗加（Ticonderoga）小镇，那就需要更多的额外运输与处理成本了。

其次，城市往往是经济学家所说的产业集群所在地。以底特律为例，它是汽车产业之家。因为美国主要的汽车制造商都在这里设有总部和基地，这个城市吸引了各种附属产业来为它们提供服务，例如那些制造汽车漆或发动机活塞的公司就是这样的附属产业。主要的汽车制造商实际上都接受这些附属产业的服务。这对相关各方都有利，特别是让购买汽车成品的消费者可以用更少的钱买到汽车。其他著名的产业集群，还包括洛杉矶和好莱坞的娱乐产业集群、芝加哥的肉类加工产业集群、美国田纳西州首府纳什维尔（Nashville）的乡村音乐产业集群，以及纽约的时装产业集群。在所有这些地方，产业集群的出现和存在使城市生产这些产品的成本都比在小城镇要低。

城市的第三个经济优势，特别是其基于自由企业体系之上的优势，就在于各种生产商之间的竞争使很多产品与服务的成本下降而质量得到提高。因此，在城市中，同一种产品往往有很多家生产企业，它们之间自由竞争，使得任何一家企业都不能垄断或主导这种产品的价格——在竞争环境中，如果这样做，必然导致消费者去别的地方寻找更好和更廉价的商品，而这样做的公司的未来命运，就可想而知了。或者，如果某一企业以同样价格提供质量更低的商品，而竞争者以同样的价格提供质量更高的商品，那么你也可以想象哪家公司前景会更好。

在小城镇竞争很少的情况下，企业的情况又会如何？在这里，企业因为知道大多数人都不方便去城市获得更低价的或更好的产品，并且这样做的话花费更高，所以它们往往给消费者提供较贵或质量较差的东西。

竞争也可以解释为什么在城市中——第5章

所说的自然区域中——如此之多的同类企业往往要聚集在一起。事实上，绝大多数城市都出现了街区的专业化，即每个街区往往只出售某一种商品，如电脑、家具、相机、汽车、时装、珠宝或娱乐产品等。这种同类相聚现象很好理解。当同类企业聚集到一起且相互毗邻时：（1）它们只需要沿街一走就知道竞争者们在忙什么；（2）它们可以让消费者在同一个地方比较不同厂家生产的同类产品，然后决定购买价廉物美的产品；（3）它们能够获得各种服务，因此使产品对每一方而言都更加廉价。

第四个也是最后一个优势，就是因为城市位于更大的人口群体中，所以能够提供更高质量和更低价格的产品。这意味着城市企业可以比乡村企业获得一个更大的劳动力市场；因此即使其他方面一样，城市企业也能够雇用到素质更高的员工。而同样重要的是，城市企业面临的是乡村企业无法比拟的消费者大军并从中受益。

正是由于上述四大原因，城市与偏远乡村相比，具有明显的经济优势。某个城市一旦建立起来，就可能起着一种"磁铁"和"增长机器"的作用，它把原材料和人口从四面八方吸引过来，并大大促进了生产力的发展（Molotch 1976；Wilson & Jonas 1999）。

在城市中，越是接近城市中心，经济优势就越大；由于这个原因，那些想拥有这种优势和好处的人，总是想选择在城市中心附近落脚。该原理解释了为什么我们发现在城市中心往往有一处中央商务区（CBD），以及为什么在城市中心，活动量真的更大，建筑真的更高，而灯光真的更亮。

### 城市的等级分化

*175*

各个城市的经济优势可能不同，从而导致某些城市比另一些城市发展得更快。那些最大的城市往往是产品与服务的中心。芝加哥之所以是一个重要的城市，就是因为它位于密歇根湖的南端，又是美国的人口中心。在一个世纪前，芝加哥就是作为东北部生产的大量产品通过航运销售到美国各地的集散中心而兴盛起来的。同样，对于那些向西部前进的人而言，它也是一个自然的中转站和中途歇脚点。而位于大湖区进出口的另一个重要城市密尔沃基则没处在那么中心的位置，所以芝加哥逐渐发展为一流的大城市，而密尔沃基却逐渐演变为一个二流城市。

早在20世纪30年代，德国地理学家沃尔特·克里斯泰勒（Walter Christaller 1966；初版于1933）就把这种模式与其中心区位理论结合在一起。克里斯泰勒认为，某个城市的经济功能对于某个地区越重要，这个城市的人口就越多。而这个城市的周围腹地——小城镇和乡村地区——则要逐渐依赖于大城市来获得各种商品与服务，因为它们人口规模小，生产这些产品和服务的企业难以在这里立足。这反过来又使这个大城市发展得更大。

克里斯泰勒还认为，城市特别是小城市往往在空间上会自我隔离，以免侵犯彼此的市场。小城市之间相距遥远，每个小城市只服务于自己周围的那片腹地。纽约州的北部地区就是这种情况：沿着纽约州高速公路向北直到75英里之外，才出现了一些重要的城市区，包括布法罗—尼亚加拉瀑布区（2010年人口为110万）、罗彻斯特（100万人）、锡拉丘兹（即雪城，66.3万人）、尤蒂卡—罗马（Utica-Rome，29.9万人），以及奥尔巴尼—斯克内克塔迪—特洛伊（87.1万人），它们之间距离也相对较远。

因此，我们可以认为，在一个相当大的地理范围内，不同的城市规模是不同的，并存在等级的分化。其中绝大多数都是较小的地方城市，诸如纽约的日内瓦市；其次是数量更少，但规模更大的区域性城市，诸如纽约的罗彻斯特；然后是数量又更少、规模又更大的全国性城市，诸如匹兹堡和费城；最后才是数量极少的、十分巨大的世界性城市，诸如纽约、巴黎和东京等。北美的世界性城市纽约处于美国人口密集的东北部中心位置，它是美国和欧洲的人们接触或流动的桥梁。在纽约，我们可以找到世界上几乎所有的事情，包括印度尼西亚人饭店，数十条百老汇、外百老汇大街以及各种地方剧团。而在较小的城市中，印度尼西亚人饭店常常难见踪迹，戏迷也只能观看前百老汇和实验剧团、后百老汇的巡回演出，或者更小的地方剧团的公演。这就是过去一两个世纪中人们有时喜欢轻蔑地把更低级的城市称为"偏僻（one-horse）小镇"的原因。20世纪30年代的杂论家亚历山大·伍尔科特（Alexander Woollcott）甚至说："在乡村小镇，就没有你去不到的地方。"（Answers. com 2011）

## 2. 土地利用的一般模式

这个垂直耸立的地方，简直与喜马拉雅山脉一样让人觉得偶然和意外。这个城市需要所有那些高大的建筑来容纳那里巨大的能量。

——爱德华·菲尔德（Edward Field 1924—1994）

想象你正从乡村出发去北美任何一个城市旅行。在旅程起点，到处是乡野，也许还有一些农场和乡舍；当你到达城市边缘时，你会发现居民区开始出现；而当你逐渐进入城市中心，你会发现建筑的密度越来越大。

**一个理论模型**

这种模式是你所知道的北美城市的典型吗？如果你认为是，那么经济学家威廉·阿隆索（William Alonso 1960，2012）会说，你这样理解一点也不让人觉得意外，因为城市肯定会按照某种模式来利用其土地。阿隆索在建构他的土地利用模式之时假设：（1）城市存在于完全平坦、没有特色的地方；（2）城市只有一个中央商务区；（3）城市的各个方向都存在高效的交通运输；（4）城市中的每个人都受到经济上的自我利益的激励和驱使。

不过，阿隆索也很清楚，在现实生活中，其中的很多假设可能并不成立。例如，旧金山就建在山上；明尼阿波利斯—圣保罗大都会区有两个中央商务区；费城的地铁系统只在这个城市的部分地区运行；摩门教徒建立盐湖城，而很难说他们完全是出于经济利益的驱动。同样，阿隆索也知道，诸如伦理族群关系、政治、历史等其他因素，在城市生活中也会发挥一定的作用。不过，他的理论模型使我们看到，人们的经济考虑会影响城市的土地利用模式。只有那些出钱最多者，才可以位于城市的中心。这就是为什么城镇首先是一个商业区，而居民的不动产在这里都只能以

176

更小的公寓形式出现，并且在小块土地上向上堆积，使城中心向高处发展。

总之，阿隆索的模型表明，城市一般有两个主要的区域：一个是中央商务区，在城市中央，并被各种工商业所占据；另一个是周围的居民区。而环绕这个居民区的是其他环形区域，容纳的是需要更多土地的工商业，而土地的租金更低。在郊区边缘，我们可以发现公墓、高尔夫球场和农田。而再远的地方，人口逐渐稀少，除了农场外再也难看到其他事物。

图7—1概括了阿隆索的城市土地利用模型。正如该图所示，中央商务区附近，工商业支付的租金最高。离中央商务区越远，工商业的数量会越少，甚至完全没有了。这意味着，除了租金更低外，在边远地区从事工商业在经济上是不可行的，因为没有了接近或处于中央商务区的那种贸易优势。

绝大多数居民都难以承担中央商务区的高昂租金，因此他们生活在离它较远的某个地方，随着距离的增加，租金不断下降，但是在某一点上，租金无论多低，交通时间与成本问题都会变得如此之大，以至于不会再有城市工人选择生活于此，而只有从事农业生产者。土地密集型产业都很难承受中央商务区的地租，因此其业务距离中央商务区往往很远。

**内城中心的贫困状况**

你可能会同意阿隆索的上述结论，但又想反问为何北美大部分城市的中心也有很多贫民社区。如果阿隆索是对的，穷人不能支付高昂的租金，就应生活在离中央商务区更远的地方。

让我们深入讨论这一问题。穷人的可支配性收入往往少得可怜，不能支付高昂的租金，但是他们也不能支付远距离的高昂交通费用。因此，很多穷人不得不支付比他们愿意支付的更高租金，而不愿意住到更远的地方，这样他们至少能够离中央商务区更近一些。然而，为了实现这一点，他们又不得不住在密集、拥挤的房子中，也许要与其他家庭共住一套公寓，或者需要依靠政府租房补助的援助。还有，这些地方房子的租金往往设定在市场能够承受的水平。而且穷人社区稍微有钱的人都不想住在这里，房东也就只好收

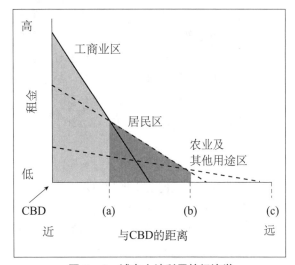

图7—1　城市土地利用的经济学

取低收入租房者能够支付的租金。然而，如果这个社区随着更多过剩居民的迁入而出现了人口的增长，那么房东就会提高租金，迫使那些不能支付租金的人搬走。因此，阿隆索的一般性结论在这里仍然具有一定程度的适用性。

但是，更富裕的家庭往往能够承担来回于中央商务区与住地之间更高的交通费用。这些家庭之所以如此，是因为他们需要更大的居住空间，而只有在郊区，他们才能承担得起更大空间的房价或房租。毫无疑问的是，这些相对富裕的人，还从他们的邻居很少是穷人这一点中，发现了额外的"价值"。

## 3. 局限性

一些学者质疑，诸如阿隆索及其支持者之类的经济学家所假定的那种自由企业，在现实生活中根本不存在（Todaro & Smith 2011）。对于他们而言，消费者的力量太小，并不能设定社会的经济生产日程。

不幸的是，世界发达国家与欠发达国家真实的经济生活都是这样的情况，以至于导致这种理论的重要性在很大程度上可以被忽视。……作为一个整体的消费者很少拥有和支配任何事情，更别说要生产何种产品与服务，以及生产多少和为谁而生产了。……生产者，不管是私人还是公有

企业，都有很大的权力决定销售的市场价格和销售量。理想的竞争，往往只是一种理想，在现实中它并不重要。……最后，看不见的手常常会行动，但是增进的不是一般大众的福利，而是那些已经很富有者的福利，同时损抑绝大多数次要地位者的福利（Todaro & Smith 2011：130）。

很多重要的非经济因素也会影响城市土地的利用。某些社区的人们会积极行动起来，抵制任何迁移到邻近地区的意图，因为他们认为这种外迁会损害社区的繁荣。这类抵制除了常常影响个人的态度，也会影响区域规划法律，以及不动产机构试图使人们不能获得他们有能力支付的保障房建设的实践。例如，在 2006 年年末，佛罗里达坦帕（Tampa）市海湾区塔彭温泉市（Tarpon Springs）关于建设工人能够支付的住房的动议，引发了广泛的抗议，并且有数十封情绪激动的信件投给了当地报纸。"我强烈反对修建任何工人阶层的住房，即众所周知的低收入者的住房建设"，一个居民来信道，"很显然这种行动会创造更高的犯罪率，使房产价值更低。"（转引自 Stein 2006：1）这种反对是如此的强烈，以至于城市委员会投票决定削减原定建筑密度的一半，导致这个地方没有修建工人阶层的住房。

第三种批评则指出阿隆索的经济理论仅适用于数量有限的城市。例如，他的经济学理论以资本主义的工业城市为基础，但是资本主义的工业城市仅仅是历史上至少出现过的五大城市类型之一。其他的城市类型包括王庭式—宗教性城市（只关注政治与宗教层面）、行政管理中心型城市（具有很多政治活动）、殖民城市（为另一个国家所管理的殖民地）以及商业城市（首要关注的是贸易）。在这些城市类型中，只有最后一种是按照与现代西方城市相似的经济原则在运行。而在其他城市类型之中，人们并不会以阿隆索所假设的经济原则进行决策。

这些批评——消费者的无权力、影响土地使用的非经济因素及其理论模型不具普遍适用性——都没有完全否定阿隆索的理论。不过，这种理论的功用显然是有限的，只不过是一种关于自由市场如何利用土地的模型。那么，让我们再看看在批判城市社会学中处于支配地位的一种新的经济模型。

# 二、城市政治经济学

到 20 世纪 60 年代末，越来越多的社会科学家发现，传统的经济学模型以及传统的城市生态学理论，再也无法解释城市的诸多重要变迁了。对于北美的城市，我们不得不超越城市本身寻找变迁的外部原因，才能理解工业中工作岗位急剧下降、成百万上千万人从城市迁移到郊区的原因，以及为什么如此之多的城市都存在日益严重的财政困难。我们似乎有必要寻求其他的理论模型，来解释这些城市现实，而城市政治经济学视角正好应运而生，进入了人们的视野。

该新理论建立在下述假定基础之上。首先，其假定任何城市都存在于县、州和国家等政治结构之中。此外，诸如石油价格波动、贸易协定和敌视对立等国际政治过程，也会影响地方层次的城市生活。其次，地方经济并非独立运行，而是彼此联系，并形成州、国家和国际经济网络。最重要的是，新一代社会科学家日益否定"各种自然过程"塑造城市物理形状和社会生活的思想，而更加强调银行金融、政府和跨国公司等政治、经济制度对城市生活的影响。

城市政治经济学的核心关注之一，就是投资决策在塑造城市中的作用。是谁做出确定城市经济发展方向的决策？其目的又是什么？另外，政治经济学视角还研究劳动者与管理者冲突、种族冲突、族群冲突、阶级冲突等各种冲突，如何影响城市的物理和社会特征。

城市政治经济学整合了关注城市发展的地理学家、哲学家和社会学家的思想。诸如亨利·列斐伏尔（Henri Lefebvre）、大卫·哈维（David Harvey）、曼纽尔·卡斯特（Manuel Castells）和艾伦·斯科特（Allen Scott）等思想家，在借鉴马克思思想的基础上，主张上述城市变迁必须同时根据历史的、经济的与政治的因素来理解。我们下面分别介绍这些思想家的贡献。

*178*

# 1. 亨利·列斐伏尔：重新界定城市研究

法国哲学家亨利·列斐伏尔（1902—1991）开启了把批判视角应用于城市研究的进程。列斐伏尔利用马克思及其亲密战友恩格斯的著作，把资本、劳动、利润、工资、阶级剥削和不平等这些经济范畴用来解释城市发展的非均衡性。他提出了很多关于城市的思想和观念，而马恩本人从来都没有投入更多的精力来思考这些思想和观念。因此，他逐渐成为新城市研究的重要开创者，指出了城市发展与任何被制造的产品一样，都是资本主义经济系统的产物。

### 两种资本循环

列斐伏尔认为存在两种投资资本。诸如雇佣工人、制造产品、进行销售、获取利润并作为进一步投资的资本等经济活动，是资本的初级循环。在资本主义系统中，投资者投入货币购买原材料和劳动力，以生产和销售产品并获取利润，然后又用于进一步的生产投资。这种制造业资本的不断循环，为投资者带来了大量财富，也成为经济发展的重要推动力。列斐伏尔称这种循环的货币流动为初级循环（或基本循环）。

为了探讨城市发展的失衡，列斐伏尔把另一种以获利为导向的重要经济活动——固定资产投资——界定为资本的次级循环。他认为，在城市中，土地投资几乎总会获利，并成为获取财富的重要手段。一个人基于增值预期购买地产，投资土地开发，修建住宅或商业建筑出售，都会产生利润。当这个投资者把获得的利润再次投资于更多的以土地开发为基础的项目时，次级资本循环就完成了。

他认为在城市之中，资本家追求利润的动机决定了各个城区的稳定动荡、盛衰命运。列斐伏尔关于固定资产或不动产投资在某种程度上促进了城市发展的思想，是一个重要的理论转折点，对后来学者们关于城市发展动力的理论与分析产生了重要影响。

### 作为社会组织一部分的空间

列斐伏尔的第二个重要贡献在于，他声称空间不仅是一种社会"容器"，还与行为存在紧密的联系。换言之，我们建构我们的环境以满足特定的需要和目标，而我们的环境反过来又会影响我们后来的行为。因此，人们是在其建构的环境所产生的限制与提供的机会中组织日常生活与活动的，包括文化的、经济的、教育的或社会的生活和活动。因此，我们必须认识到，城市规划者与开发者是社会生活的重要"建筑师"。列斐伏尔还认为，各种相似的社会系统，会以相似方式和风格来对空间进行组织，所以澳大利亚、加拿大、美国等国的那些卫星城彼此是如此的相似。

### 政府的角色

列斐伏尔在开拓出马克思没有描述的新领域的同时，也指出从全国到地方各层次的政府的行为，是影响城市空间利用状况的关键因素之一。政府被赋予做出各种能够影响城市轮廓与生活的决策的权力，其决策范围包括支持或谴责某种结构，主张拥有某一重要的区域，是否提供基金，批准修建新的道路或各种替代性的交通方式——如天桥和地下通道，并监督城市的改造，回应各个区域的呼声。联邦政府和州政府还在各种层次的政治单元（州、县和市政府）中征税和分配税收。另外，政府还直接拥有大量的城市土地（消防、警察等政府建筑以及公园和道路），并对其余土地实施控制（区域规划和税收评估）。政府通过这些措施对人们如何利用空间进行控制，能够达成各种协议以吸引公司集中于某个城市区域，或采取其他诸多行动来鼓励和促进某个区域的发展或重新开发。

而且，列斐伏尔还进一步把空间划分为抽象空间与社会空间，前者是工商业者、投资者和政府在讨论规模、选址和利润这些层面时头脑中具有的一种空间。后者是生活、工作与休闲于某个区域的个人，对其环境的思考和看法。列斐伏尔认为，政府与工商界领导者常常谈论抽象空间，例如，规划修建一处购物广场或一处低收入者住宅项目，但很少在意地方民众的想法。列斐伏尔认为，这会导致冲突，而这种冲突又与马克思所说的阶级冲突十分相似，但又不完全相同。

列斐伏尔的三大核心思想——两种资本循环、空间是社会组织构成要素和组成部分、政府在管理空间中具有重要作用——对于下文将要讨论的很多学者都产生了重要的影响。下面关于城市发展的大多数理论，并不完全赞同这位法国哲学家的主张，但都在不同程度上渊源于他的话语体系。

## 2. 作为主题环境的城市区域

那些原本被抛弃的工厂与船坞，后来又一次被循环使用，被重新开发为遗产和休闲体验区。这一过程很好地确证了列斐伏尔的思想（Ward 1998）。自20世纪60年代以来，公共空间向被包装的主题环境转型，一直是支配性的土地利用模式（Gottdiener 2001；Sorkin 1992）。开发商詹姆斯·W·劳斯（James W. Rouse）是这种努力的开创性人物，他通过引入一种所谓的节日市场空间，使那些即将死去的城镇焕发了青春。这些节日市场空间包括波士顿的法纳尔大楼（Fanueil Hall）、巴尔的摩的港口区（Harborplace）、费城的东市（Market East）、圣路易斯的联合车站（Union Station）、曼哈顿的南大街港（South Street Seaport）、新奥尔良的河街市场（Riverwalk Marketplace），以及波特兰的先锋场（Pioneer Place）等。

尽管这些主题空间区域十分有名和繁荣，但很多城市重新恢复了它们的水滨区域。西雅图、辛辛那提、克利夫兰、路易斯维尔和孟菲斯以及其他许许多多的城市，都把这些区域重新开发成公园，开设饭店、商店并在这些地方举行各种活动。虽然每个城市的水滨景观多多少少有些不同，但也都存在共同之处。同样，诸如圣地亚哥的煤气灯街区、波士顿的法纳尔大楼集市等具有历史内涵的区域，都有各自迷人之处和独特魅力，但它们都被重新开发成景点，吸引顾客去那里的购物、吃饭和休闲娱乐，并导致了某种同质性的设计。

然而，也许主题化的城市空间的缩影，并不是城市老环境的重建，而是远离城市的主题公园——诸如迪士尼的主街——这种人工城市环境的修建。加利福尼亚州宇宙太空城中的城市漫步街（CityWalk），修建资金大约30亿美元，并于1993年建成开放，正是这样一种人工城市实体。其最初的目的，是想改善环球影城（Universal Studio）主题公园与奥登剧院（Odeon Theatre）之间的交通状况，以获取额外利润，但并没有取得多大的成功，因为没有考虑到这条主街本身也是无数游客的目的地。

加利福尼亚州太空城城市漫步街拥有"一条真正城市大道所拥有的一切引人入胜的事物，却没有与现实城市生活相关的各种问题……没有抢车者、没有乞丐、没有尘垢、没有涂鸦、没有妓女、没有偷盗者——还没有遮挡天空阳光与夜晚星光的那些高楼大厦。你走在这个'城市'的街道上是绝对安全的"（Wayne 2011）。城市漫步街是由乔恩·捷德（Jon Jerde）设计的，他也是明尼苏达州那大型的美国广场的设计者。城市漫步街体现了蛮横、恶俗的建筑特征，使用了所有能够想得到的、吸引眼球的伎俩来赢得过往人群的喝彩，而且沿街有各种各样的表演（哑剧、魔术、音乐和让人取乐的街头小贩）。在佛罗里达的奥兰多市，坏球影城也有一个规模小一些的城市漫步街，那里聚集着商店、饭店、影院、现场表演娱乐组织，并且这个城市的两个主题公园"环球影城"与"冒险岛"之间的通道开设着各种夜场。

这些私人经营的主题环境也许具有娱乐价值，但批评者警告说它们是危险的。例如，迈克尔·索尔金（Michael Sorkin 1992）说它们不是好榜样，而是用来最大化地控制传统公共空间中的行为、消除传统公共空间中的真实互动的操纵性结构（参见下页的"城市趋势"专栏）。马克·戈特迪纳（Mark Gottdiener）认为，现代主义时代的背后，隐藏着冷酷无情的公共空间，资本主义的力量通过模仿和仿真，已经进入一种"意义与符号主义的报复性回归"的阶段，以创造"物质空间来实现消费者的幻想"（Gottdiener 2001：34，70）。问题在于，当我们进入虚拟的主题公园购物消费时，我们就失去了我们的实在，并彻底颠倒了我们的风景，我们被说服相信在排除了其他形式的建筑环境中，所有空间都是一样的（Zukin 1993）。

## 3. 大卫·哈维：关于巴尔的摩的研究

地理学家哈维（Harvey 1992；初版于1973）

对巴尔的摩市的资本主义不动产系统的运行，进行了马克思主义的分析，进一步阐发了列斐伏尔的思想。他认为，资本主义不动产系统直接造成了城市中的各种社会不平等问题。他把巴尔的摩划分成数个不动产子市场，这些子市场包括了内城区，白人族群区，中低收入的非裔美国人居多的西巴尔的摩区，人口流动率高、中等收入的东北和西南巴尔的摩区，以及高收入区。所有这些区域都有自己独特的买卖模式，在购房预付款的现金数量或通过私人贷款交易的投资、银行融资、政府保险方面都有自己的特点。每一种类物理区域背景中的社区银行、私人金融机构和政府机构的投入水平都不一样，而这种差异反过来又影响潜在的开发商、投机者、购房业主和租客。

哈维的分析揭示了城市发展并非铁板一块的增长过程。相反，它是非均衡性地展开的。次级资本循环的投资安排会因地而异，并受到社会因素、潜在收益和冲突等的综合影响。例如，银行不会把钱借给那些内城区的穷人，这些穷人必须通过现金支付、私人贷款或政府规划项目来获得购房资金。即使是贫穷的白人族群也难以获得银

◎ 哈维发现，巴尔的摩的一些社区拥有独特的联排别墅，这些社区因为有热衷的不动产投资者和政府规划项目的优势，比其他社区发展得更好。他的结论是，正是这些投资者和政府规划者而非那些正在撤离的工业家的决策，与城市某些区域的衰落存在更为紧密的关系，并促使人们放弃这些衰落区域而迁居到其他区域。

行资金，相反他们通过以社区为基础的储蓄和借贷协会筹措购房资金。这种内城中的白人族群社区很难像巴尔的摩中产收入群体那样，获得联

# 如果你建起它，它们就会来

当代城市似乎正在经历仅次于工业化转型的第二次大规模转型。我们周围的一切都表明了人们一直以来所说的"城市复兴"，这一复兴时期向人们许诺好日子就在前头，导致更多城市的出现，并成为社会变迁再次出现的关键时期。城市……正在重新被标榜为消费之地、旅游目的地、文化中心和"有文化的"中产阶层珍视的地方。但是，这些变迁除了只是象征性的外，还有什么呢？它们能够代表作为人类的我们与包围我们的城市之间关系的重要转变吗？当代城市的灵魂已

经被出卖给消费主义的支付大师（paymaster）了吗？如果是，这对于我们城市的长期可持续发展意味着什么？

……城市在其最新近的化身中，已经不再是为民之地和民有之地，而更可能是效率最大化文化之地。这种说法一点也不夸张。购物广场、主题公园、艺术走廊、博物馆、影院综合体、由著名设计师设计的（配有名牌家具和摆设的）公寓、娱乐场、体育馆，以及各种公共消费空间，为我们提供了一种镜像，或者至少是社会的一种镜像，并明显地决定着

我们何所是，社会何所是。也许更让人忧虑的是，消费对于城市的影响不仅是符号性的，也同样是真实的。即使我们的一些城市正在努力抗争以实现复兴——现在被认为是强制性的规范——它们至少也追求符号层次的复兴，尤其是希望如果重新标榜的过程是完全值得相信的，如果你能使人们相信这里存在持续的城市复兴，那么变迁真的就会接着到来。

资料来源：Steven Miles, *Spaces for Consumption* (London: Sage Publications，2010)，pp.1-2.

城市趋势

182

邦政府住房局（Federal Housing Authority, FHA）或退伍军人管理局（Veterans Administration, VA）的保障金。而更富有的群体，则很少愿意成为联邦政府住房局的受助者，他们更多的是通过商业银行贷款。与贫穷族群和工人阶层社区的居民不同，他们还借助政治与经济权力，有效地阻止了那些投机商来他们社区开发房地产。

可见，哈维揭示了投资资本在住房市场中实施的歧视，影响了各区域各阶层购买与销售的活力以及社区的转型。他还指出了政府在影响城市空间利用中所起的作用，正是政府的改造计划，使西巴尔的摩比其他贫穷区域获得了更大的改善。哈维对巴尔的摩的研究揭示了，政府规划资助下的次级资本循环的优先权，实际上直接导致了城市中心的衰败和人口的郊区化。哈维认为，在城市各区域盛衰的过程中，不动产投资者的行动所起的作用，比工业资本家更大。

哈维认为，巴尔的摩市的变迁反映了资本主义经济不断变革的需要。也就是说，资本家会在某区域及时建立起适应需要的建筑，但常常又会在经济危机过程中从物理上破坏这个区域。该城市人口的不同片段——投资者（金融资本）、商店主（商业资本）、制造商（工业资本）、金融分析者，甚至白领或蓝领工人——具有各自的优势与目标。资本家利益群体为了获取利润，劳动者为了保持和提高他们的生活水平，往往会参与"一系列连续的斗争，以争夺和控制与人工环境的建立、管理、使用有关的问题或结果"（Harvey 1992：268）。

因此，资本家阶级常常不愿意给予工人太大的权力，以免自己的利益面临风险，所以他们要求政府的介入和干预，以确保这种城市开发能够进行下去，并服务于一己私利。这种策略可以解释处处存在的城市被破坏的现象；金融资本很少有理由向贫穷社区投资，而愿意向租金更高的社区投资，以获得更大的利润。哈维说，这种不愿向正在衰败的城市地区投资的倾向，正是政府干预十分重要的原因。然而，城市公共改造项目的目的，似乎也只是想恢复这个地区的收益能力，以再次吸引金融与商业资本的到来，而在这个过程中，穷人所得的实惠少得可怜。因此，哈维的

贡献在于揭示了金融资本而非而工业资本的活动影响着城市的命运。

# 4. 曼纽尔·卡斯特：对马克思的发展和创新

曼纽尔·卡斯特虽然深受亨利·列斐伏尔著作的影响，但他最初坚持用更加正统的马克思主义理论来研究城市。卡斯特的特殊贡献就在于拓展了马克思主义的分析，特别是拓展和超越了马克思主义关于劳动与资本之间的传统冲突分析，并用自己的理论来解释各种独特城市模式之间的冲突（Castells 1982, 1985）。他还强调地方政府与工人阶级之间会在各种社会福利项目的地方管理上产生冲突。联邦政府资助满足穷人基本需要的收入、住房与医疗福利项目，但地方政府或城市政府往往负责实施和管理这些项目。寻求这些资源的城市居民，往往会卷入与城市行政当局之间的冲突中。

**福利资本主义**

卡斯特认为福利资本主义——即政府为工人提供补助——是影响城市生活的一种重要社会运动。他认为，诸如住房、教育、公共交通、健康和福利等重要问题，只有在城市政府机构对这些方面的实施和管理引起争端的背景中才有意义。他说，为工人阶级提供资源的政府活动，实际上是试图"拓展"资本主义，并引起了马克思在其所生活时代并不知道的新城市争斗和冲突模式。

20世纪八九十年代以及最近这些年来不断变化的经济形势，削弱了卡斯特思想的影响，因为发达工业国家压缩了其一度十分高昂的福利计划。经济衰退、人口老龄化、税收返还、预算赤字和财政危机等因素，都使政府紧缩开支，甚至完全取消某些福利项目。2011年，美国预算赤字危机与严酷的经济现实迫使联邦政府以各种方式削减了数十亿美元的社会福利开支。随着联邦政府的福利支出的日益减少，州和地方政府也减少了对各种补贴项目的资助。

**发展模式**

卡斯特在研究郊区工业的发展时，借鉴和拓展了马克思的生产方式概念，并用来分析当今的

信息时代。马克思强调的生产方式主要是指生产产品与服务所需要的事物，诸如土地、工具、知识、财富或工厂等的结合。而卡斯特（Castells 1992）则引入了发展模式的概念。他解释说，在工业发展模式中，关键要素是发现和运用新的能源。然而，在当今的信息发展模式中，关键要素是发现新的信息形式与资源。这种发展模式转型的后果之一，就是公司的选址决策不再像过去那样了，过去公司选址决策主要考虑的是距离原材料或大规模的非熟练劳动力供应地的远近。

卡斯特的关注点，则是新兴高科技产业导致城市地区各片段之间的分化。具体说来，他发现高技术产业不成比例地集中于郊区，而不是城市中心社区。高技术公司往往把各种设施放在城市边缘，因此促进了外迁步伐和卫星城的兴起。导致高科技公司选址郊区的原因很多，包括需要与自动化辅助工厂相结合的大批量生产设施，为了接近高速公路，为了接近往往处于郊区的研发中心，以及需要测试和销售与国防有关的产品的军事设施，等等。另外，他坚持认为，在当今世界，是全球一体化的金融资本网络而非仅是全球性城市本身拥有真正的权力（Castells 2000）。

## 5.艾伦·斯科特：工商业选址及经济全球化

另一位地理学家艾伦·斯科特深入研究了生产过程变迁对城市空间的影响（Scott 1980, 1988）。其理论研究的不是人工建造的复杂城市环境，而是经济全球化对城市命运的影响。斯科特反对城市生态学，认为城市发展遵循的不是某个物种为了领地而展开竞争的生态学模式，相反，是那些追逐经济利益的强大跨国公司决定着城市的发展模式。

### 水平整合

实际上，直到 1970 年，随着企业改变其组织形式，城市才日益演化为大都会区。以前的企业都是很小的实体，它们的运行主要集中在某个地方。后来，很多企业逐渐兼并或合并了竞争对手，有时甚至出现行业的垄断，即少数几家生产者垄断了产品市场。然而，这些企业仍然把总部

设在某个大城市中，因为在大城市更容易接近银行、金融、销售和其他必要的服务产业，而把生产工厂、分配中心和销售部门设在总成本最低的地方。很多大企业还能够控制为他们生产最终成品提供各种部件的制造商。例如，当一家汽车制造企业不仅制造引擎、主体框架，还制造电池、车窗玻璃、制动器时，就是如此。一些企业甚至获得了对制造过程所需要的原材料的控制。这些企业拥有了完全自足的功能部门，在空间上是分散的，可以保持全国性的命令与控制网络，以降低成本和实现利润最大化。这就是我们所说的企业组织的水平整合结构。

*184*

企业实现利润最大化的方式之一，就是使整个制造过程中的运输成本最小化。当水平整合处于支配地位时，那些专门化的生产设施显然最有可能位于主要装配工厂附近。例如，在美国，实际上所有汽车部件制造产业，都在汽车城底特律这个汽车制造中心的 150 英里范围之内。那些辅助性的集群企业接近汽车总装厂，不仅可以保持较低的运输成本，还创造了经济上相互依赖的大都会区。企业与城市也就形成了一荣俱荣、一损

◎ 由于地方税收减免以及其他经济刺激，以前很多公司把绝大部分业务放在城市的工商业区，但到 20 世纪末期，很多公司开始把它们的部分或所有业务重新放在郊区大学园区中。位于旧金山海湾边上的加利福尼亚州雷德伍德市（Redwood）硅谷的太平洋海岸商业园区，就是如此。

俱损的关系。

### 垂直整合

自 20 世纪 70 年代开始，大企业尽管仍然会维持一定程度的水平整合，特别是制造、市场销售和行政管理活动的水平整合程度仍然较高，但是也开始了垂直整合的过程，把生产和提供附属的、支持性的产品与服务的子公司独立出去，以减轻公司的负担。换言之，这些大企业不再自己制造自己需要的所有原材料或部件，而是通过招标与供应商签订分包合同。分包商之间在招标时相互竞标，使大企业不再需要支出维持总量库存的间接成本以及各种运输成本，从而导致更低的总成本。另外，随着计算机辅助制造技术的发明，生产的合作协同性得到了大大提高，使各个公司能够及时跟踪所有的需要，并能轻易实现对"即时生产的部件"的定购，从而实现零库存生产。

垂直整合的重要结果之一，就是产生了很多新型的供应商，它们位于劳动力和能源成本更低的北美或海外某地。斯科特认为，这是垂直整合的极致状态，使大公司能够在全球范围内开展他们的业务。简言之，很多公司都日益成为区域性的甚至国际性的企业，在世界上最符合他们要求的地方进行投资，开设制造、销售和行政管理中心。一个大企业的供应商，现在可以开设在全球任何地方，包括没有工会的、能源成本低下的美国阳光地带，或者工资水平极端低下的发展中国家，等等。

这会对老工业城市产生什么影响？其中最重要的影响之一，就是老工业城市大量工厂关闭，成千上万工作岗位消失，需要寻找新工作的工人及其家庭不得不向外迁移，以及当地经济陷入衰败和萧条。工业基础的丧失，对城市的商业基础又会产生消极的影响，因为商店没有以前那样多的购买力强的顾客。相反，阳光地带的工业开发与人口增长都在急剧增多。20 世纪后半期，美国东北部城市人口持续不断地大幅减少，而增长最快的城市都是南部阳光地带的城市（参见第 3 章）。

原来的老工业城市失去了主导性的制造业，不得不转向商业服务业，以为居民提供更多的就业机会。其中大多数老工业城市至今都没有完全

恢复过来，而人口仍然在不断减少。不过，诸如纽约、伦敦和东京等城市，现在却是"全世界经济组织的总部密布之地"。这些城市还是金融、专门化的服务公司的重要落脚地，创新的重要策源地，以及产品与创新的重要市场（Sassen 2001：3-4）。

因此，新的经济现实影响了生产过程，而这反过来又影响了城市的发展模式。下面我们借助两种社会学理论来深入探讨这一主题，其中的一个理论从地方层次研究城市发展模式，另一个则从全球层次研究城市发展模式。

## 6. 约翰·洛根与哈维·莫罗奇：城市增长机器

约翰·洛根与哈维·莫罗奇（John Logan & Harvey Molotch 2007）运用政治经济学理论，来确定谁才是北美城市的核心决策者，以及这些决策者为何决策、怎样决策等。他们应用前文讨论过的列斐伏尔的抽象空间与社会空间概念，来研究支持与反对城市增长的两个派别之间的斗争。

往往由银行家、商人、公司法人财产所有者、开发商、政客和投资者构成的城市增长同盟，希望通过投资与开发来促进人口增长，提高土地的市场价值并刺激城市经济增长。为了实现这些目标，他们向政府施压，要求政府营创一种"良好的商业氛围"（包括建设清洁的环境，提供低息的贷款、实施税收减免刺激、增加再分配补贴或者重新配置政府补贴等）。他们还要求提升城市形象，改善城市特征，诸如加强城市文化与娱乐活动、建立体育运动队伍、修建城市地标与增加夜生活，等等。然而，城市增长同盟扩张和拓展的只是列斐伏尔所说的"抽象空间"，只关注生活质量和与城市增长相伴随的高收益。

相反，大多数的城市居民对他们的社区持有一种"社会空间"观，他们更可能反对城市的增长，因为这种增长会损害他们的根本利益。城市居民希望保护他们社区的"特征"，保留那些老建筑，限制交通要道经过社区，保持公园和其他开放的空间。

那些支持城市增长的人认为，城市增长有其

好处：可以提供更多的工作岗位，课征额外的税收可以促进更多的经济活动。城市的增长确实常常能够产生这样的好处，然而与城市增长相伴随的，常常是环境的退化、房租的上涨、犯罪的增多、交通的堵塞，以及面对日益增多的人口而日益难敷使用的基础设施。当社区中的各个群体试图阻止某项规划动议时，这一增长机器中的各种紧张就会爆发，而这种抗争至少可以减轻这些规划项目对社区和环境的消极影响。

186
洛根与莫罗奇还指出，全球经济影响着城市中的各种变迁。今天，地方政治行动已不像过去那样有效，因为北美城市的去工业化导致了工业资本的逃离。"新的国际劳动分工"可能给大公司及其股东带来好处，特别是可使它们从新的全球经济中攫取巨额利润，但城市工作岗位的消失，损害了城市平民的利益，迫使他们失业回家。因此，现今的地方民众没有多少权力来反对公司议程，而公司则有更大的权力来开拓它们的前进道路。

公司经理们关注的问题仅仅是："如果我们这样做，我们能赚钱吗？"他们对于工人、邻里社区和城市穷人福利的关注，即使存在，也完全放在次要地位。这种"利益偏向"导致生产设施搬迁到发展中国家，因为这些国家的劳动力成本更廉价，但损害了北美曾经繁荣的制造业城市的传统经济基础。老城市的那些工厂逐渐关门，熟练工人失去了工作。跨国公司把行政管理总部高度集中于少数几个全球性城市，也导致了连锁反应，那就是曾经作为其管理总部的其他城市与郊区的衰落。公司之间不断竞争，合并或兼并，一些公司消失了（很多拥有十亿美元甚至更多资产的公司会被一家拥有数十亿美元的公司收购），但全球经济对地方经济的影响不断增强。

最后，城市政治经济学是对老城市生态学模式的一种替代，城市政治经济学的支持者们认为城市生态学模式是一种偏向于城市资本精英的理论路向。而在城市政治经济学这种新的理论模式中，基本的假定就是攫取利润与资本主义是塑造城市的天然力量。这些力量本质上又是全球性的，它们在很大程度上可以影响城市，而城市在很大程度上不能影响它们。

# 三、经济全球化

经济因素总是会影响城市。正如第 3 章所讨论的，工业革命重新界定了城市生活，并极大地增加了城市人口规模。在 20 世纪中期，北美城市大多是工业中心，白人蓝领社区修建在工厂周围，工人们居住其中，是遍布北美城市的风景。在这些城市的另一些区域中，则居住着中产阶层。然后在 20 世纪 50 年代特别是 60 年代，中产阶层大批离去，不久大量的工商业也离去了，导致了城市财政危机。从此以后，北美一些工业城市特别是较小的工业城市，再也没有恢复过来。

## 1. 去工业化

在 20 世纪 70 年代，美国各个领域的制造商，包括钢材、汽车、服装与电器等行业的制造商，都奉行利润驱动决策，取消了在美国的业务，资本纷纷从美国外逃。为了使劳动力成本最小化，他们关闭了北美的工厂，把业务外包给亚洲和拉美，使北美很多城市社区民众生活与福利受到极大损害。例如，俄亥俄州位于匹兹堡、克利夫兰、芝加哥之间的杨斯城（Youngstown）曾经是一个钢铁工业中心，拥有以蓝领工人为主的强大工业经济。但在 1978 年，其著名的珍妮特高炉熄火了，杨斯城从而失去了经济支柱，5 万工人失去工作，整个城市被经济灾难击垮了，从此一直没有完全恢复过来（Cowie & Heathcott 2003；Linkon & Russo 2003）。

诸如电器与电子制造业等其他制造业也很快陷入这种状况。到 20 世纪 70 年代末，全美所有制造行业都陷入严重衰退。经济生产向外国的迁移，急剧地改变了老工业城市。那些早期农村移民和外国移民赖以谋生的工作岗位消失了，联结城市工人与当地雇主的纽带也随之消失了。最后，城市工业税收等也出现了大幅的下降。

## 2. 经济重构

187

在 20 世纪八九十年代，很多人都见证了经济重构与经济的全球化，看到了它在大都会区所

◎ 实际上，经济全球化在每个城市都竭力表明它的存在性。例如，我们到诸如图中的东京等世界性城市时，不可能找不到麦当劳、汉堡王、肯德基、美国雪茄、可口可乐或百事可乐这些门店。海外销售是所有跨国公司的一个重要利润来源。

导致的大量变迁，并深受其害。北美城市被迫逐渐放弃制造业而重构自己的经济，从而逐渐演变为服务中心，专门从事广告、公司行政管理、金融和信息处理等服务。特别是，很多城市加强了向那些在全球经济投资活动领域中处于领导地位的金融资本家们提供商业服务（Sassen 2001）。

这种变迁也明显体现在当前城市劳动者队伍的特征上。那些传统上主要是由教育程度和技能水平有限的城市穷人占据的、入门级的工厂工作岗位和数量急剧下降，而要求通晓文字处理、定量分析技术、电脑技术的工人的岗位在日益增多。出现这种情况的原因，在于那些公司总部虽然迁出了大城市，但大城市仍继续为那些以全球市场为导向并要求获得综合服务的公司提供必要的服务（Sassen 2006：96）。

这是十分重要和关键之处。世界经济全球化导致新一代愤世嫉俗者认为城市的丧钟已经响起，但城市在当今世界中仍然发挥重要的作用。讽刺的是，全球化在大城市、国家和全球的层次上出现的经济活动空间分散化趋势，却导致高端管理与控制部门必须实现新的地方性集中。那些能满足绝大多数公司复杂需求的专门化服务综合体，更有可能出现在城市之中，而不是郊区

公园里（Sassen 2006: 97）。

## 3. 世界体系分析

政治经济学理论从宏观社会角度来理解城市，因此与世界体系理论非常相符。它认为资本主义是通过长期历史演化过程形成的单一而整合的世界经济与政治体系。这个世界体系作为一种等级体制而运行，拥有不同经济权力的国家共同构成了一种核心—半边缘—边缘结构。在这一结构框架中，不同城市在世界城市等级体系中处于不同的地位，而这种地位又会极大地影响各个城市的增长模式（Chase-Dunn & Babones 2006；Wallerstein 2004）。

**国家的等级**

美国、加拿大、日本以及西欧各国等经济发达国家，构成了世界体系的核心，是跨国公司的总部所在国，并支配着整个世界经济。位于发达富裕国家的大城市中的跨国公司总部，实施着影响世界经济力量的高层决策。在这些大城市中，高薪的专业技术雇员规模庞大，因此出现了迎合这些人群需要的高级住宅、经济企业和社会企业，而整个城市也从这种服务经济中受益。

诸如阿根廷、巴西、中国、印度、墨西哥和波兰等较大的半边缘国家，以及诸如匈牙利、以色列、南非和韩国等较小的半边缘国家，与那些核心国家存在密切的联系。这些处于第二级的国家在全球城市体系中起着重要关节点的作用，因为信息技术把这些国家的城市联系在一起，它们在网络中进行密集互动。不过，尽管这些城市被整合进了跨越国家边界的经济网络中，但它们处于全球等级的中间层次，它们的国家在全球经济中也只起一种次要的作用（Sassen 2002）。然而，中国与韩国在世界经济体系中的快速增长，正在使它们向核心国家移动。在半边缘国家中，大量雇员都是较低的中产阶层，比起那些核心国家中的雇员来，他们中的大多数人生活标准都要低一些，这使他们在城市场景中参与的活动类型要少一些，质量要低一些。

亚非拉那些更穷的欠发达国家，则处于边缘地位。在这些国家，工作岗位工资很低，也不能

提供多少向上流动的机会。那些工人往往是农民工，生活在贫民窟或临时搭盖的简易房中，挣扎在生存的边缘。全球经济对边缘国家城市的消极影响大于积极影响。在这些城市中，存在一个小规模的富有精英阶层，但大多数居民都生活在社会经济等级的较低层，很少居住在城市中宜居的区域，这些地方都被留给了旅游者或为数较少的当地精英。这些国家的城市被整合进全球市场，促进了地方非正式经济的发展，但常常以工资和就业条件严重缩水为代价。全球化实际上使这些城市收入不平等状况更加恶化，居民更可能陷入贫穷，并且这些穷人往往居住在边缘地区，使城市出现大规模的空间区隔和分割（Kaya 2010；Roberts 2005）。

因此，世界体系中的三种等级国家之间既是不平等的，又是相互依赖的。世界体系主要是为了最富有国家的利益在运行；它很少给世界大多数民众带来什么好处，这些人大都生活在经济上不那么发达的国家。这三种国家的城市生活具有不同的质量，反映了世界体系的等级性。

近年来，很多国家的政府和非营利组织纷纷采取行动，反抗经济全球化的高度剥削性质。很多北半球的产业，诸如服装与体育运动产品，都要依赖南半球第三等级国家的低工资劳动力。这些公司的那些设计者、研究者、经理和其他白领雇员，都生活和工作于核心国家大城市中，获得高额的薪水和福利。相反，实际上制造这些产品的工人们却生活在边缘国家，这里的童工和女工要在高温、拥挤等严酷的工厂环境中工作很长时间，才能得到微薄的工资。这些国家的政府往往向国际企业保证劳动力的供应，这意味着这些工人没有自由，即使在不工作时也被限定在特定的区域，只能获得少量的食物，甚至要忍受辱骂和体罚。就在数年前，诸如阿迪达斯和耐克之类的公司引起了公众抗议，人们要求这些公司禁止其供应商工厂非人地对待工人。美国、加拿大、欧洲和其他国家出台了各种法律，禁止进口由童工制造的产品，减少了这些非人的实践，但并没有根除这种情况。

### 城市的作用

正如我们先前提到的，城市在全球经济中起

◎ 制造业工厂主要建在发展中国家，是经济全球化的一个重要方面。这些公司能够利用这些半边缘和边缘国家廉价的、非工会化的劳动力，以及税收优惠政策，并获取超额利润。这些公司还可以逃避美国那高额的税收，避免支付更高的工资、健康福利和其他雇员福利。不过，这些公司也要支付更高的运输成本。

着重要的节点作用，把货币（投资资本）、人员（人力资本）、生产（工业资本）和商品（商业资本）联结在一起。即时通信、电子货币转账、快速的运输系统、油轮和飞机所提供的相对便利的货运，使城市成为全球经济的关键要素。同样，它们被锁入一种相互影响的关系之中：它们促进了世界体系的形成，而这种世界体系反过来又会影响城市的发展。今天，一个城市的发展、增长和繁荣与否，取决于在这种世界体系中的作用和角色（Alderson & Beckfield 2004）。

城市兴衰成败的命运，不再主要取决于有限的地区内所发生的事情，城市不再是一个独立的地方性实体。人们普遍认为，现在地点不再是一个重要的因素，因为现代技术使公司可以在想落脚的任何地方落脚，从而使得城市与经济活动的全球化似乎再也没有关系。但是，萨斯基娅·萨森却不同意这种看法，认为城市集中提供的基础设施和服务对于提升企业的全球控制力十分关键。尽管金融领域——最值得注意的是外币市场——中的某些要素可以存在于网络空间中，但诸如纽约、伦敦、巴黎、悉尼、东京和瑞士等国

◎ 耐克公司是在越南用工量最大的一家私人企业，在越南雇用了 13 万员工，每年生产价值 7 亿美元的鞋类产品。越南是仅次于中国与印度尼西亚的耐克第三大生产基地和供应商。在越南生产的瑞典宜家家居家私和"维多利亚的秘密"（Victoria's Secret）女性内衣，仅仅是向美国市场的出口就达到了 60 亿美元。在世界经济舞台上，越南已经成为一个重要的表演者。

际性的城市则是全球经济重要层面——金融业和服务活动——的真正发生之地。它们是"跨区域中心"，充斥着城市之间从事生产与交易的企业的电子网络和真实的交易网络（Sassen 2006：148）。这些城市因此处于全球城市等级的顶端，是那些支配世界经济的国家的金融首都。迈阿密和多伦多的规模虽然较小，只是重要的地方性城市，很多产业与活动仍然相对集中在这些城市中，并构成全球经济的一部分。这些城市的金融区最近发展态势良好，而这种发展与经济全球化存在密切的关系。

那么在全球经济中，城市的作用就是"指挥和支配性的节点，是全球市场以及信息经济的生产之所"（Sassen 2006：199）。某些与世界市场不太合拍，但为大多数郊区化的中产阶层提供服务的行业和中间性的经济部门可能已离开城市，但城市仍为企业在世界经济体系中的运行提供具有战略意义的优势。

## 四、城市政治经济学的四大原则

尽管不同政治经济学家强调的是经济活动的

不同层面，并把经济学、地理学、政治学、社会学的视角以此种或彼种方式结合在一起，但他们实际上都同意下面四大原则是研究城市及城市生活的基础。

（1）一个城市的形成与发展，不是源于"自然的过程"，而是源于控制财富与其他关键资源的人与组织的决策。城市政治经济学家均拒斥城市生态学模型，认为城市会得益或受害于金融与工商组织的投资决策。公司为了维持竞争力，会扩张或重新安置它们的经营业务，而这取决于那些使利润最大化的活动。因此，是更加广泛的因素和趋势而非仅仅是地方状况影响着城市，因为运输和通信技术的进步使得资本与劳动力可以在地理上流动，并因此把工商业从必须根植于某个地方的状况中解放出来。那么，当有必要，公司就会搬迁它们的管理与生产设施，而从这个地方撤资又投资到另一个地方，对这两个地方都会产生重大的影响，影响着它们的经济福祉，以及工人和其他人口的迁移。

（2）城市的形式与社会安排，反映了围绕资源分配的冲突。政治经济学家认为，城市生活就是富人与穷人、有权力者与无权力者、管理者与劳动者，以及大工商业的需要与地方社区的愿望之间持续的斗争和冲突。这种持续的斗争与冲突，常常给生活在今天城市中的人们带来一种软弱无力感。

（3）政府在城市生活中仍然扮演重要角色。地方政府会分配资源，同时会协调那些为了政府的支持和补贴而展开竞争的各种群体之间的冲突。例如，关于区域规划、税收刺激、优先资助项目的决策，仍与城市的工商业分布、住房建设与居民人口类型以及公共空间活动存在很大的关系。而且十分重要的是，由于城市存在于更大的社会之中，联邦政府及其各种资源和规制力量，通过财政资助规划项目而对城市生活产生直接影响，也通过管理贷款基本利率和投资规则而对城市生活产生间接影响。

（4）城市增长模式明显源于经济重构。经济全球化改变了很多北美城市的面貌，特别是随着制造业让位于服务产业，城市的增长模式已经发生了很大的改变。而且，公司合并与接管导致了巨大企业集团的出现，消除了很多中等规模的公司及其提供的工作岗位。公司为了建立精干的、成本更低的组织结构，又进行规模压缩，也减少了中层管理位置。所有这些经济重构加在一起，共同重新塑造了城市，导致了整个北美和世界大都会区的盛衰成败。

◎ 波斯特戴默购物中心（Postdamer Platz）曾经位于东西柏林之间，被带刺的铁丝网围着，杂草丛生，人迹罕至，但是现在已经成为柏林的象征性购物中心。政府把它规划为占地82英亩的开发项目，使之成为新的公共交通枢纽，今天这里有整洁的公司高高耸立，购物广场和剧院云集。这个地区主要是由来自诸如索尼、阿西亚（ABB，一个跨国集团）以及戴姆勒克莱斯勒等公司的全球资本开发的，并被它们作为自己在欧洲的总部的所在地。

# 五、贫困的城市化

世界上的贫困过去主要集中于农村地区，但是现在情况不同了。现在，贫困人口大多集中在城市。2010年，每4个城市居民中就有1个生活在贫民窟中。在2000年到2010年之间，有2 200万人搬出了贫民窟，但贫民窟的居民还是从2000年的7.77亿人增加到2010年的8.28亿人。贫困的城市化导致了很多问题，并影响所有的城市居民，而城市至今对这些问题都无能为力，无法解决。而且，联合国指出，城市贫困人口还在以每年600万人的速度增加（UN-Habitat 2011），所以如果不采取重大措施，情况将变得更糟糕。

## 1. 发展中世界

在世界上所有的欠发达国家中，贫穷以前主要集中在传统农业社会的乡村中，但现在几乎都已经转移到城市之中了。然而，我们必须注意的是，发展中国家的贫困界定与发达工业化国家不同。发展中国家的贫困使那些已经解决第一个层次的经济问题即物质产品的生产，却没有解决第二个层次的经济问题即产品的有效而平等的分配的国家中的那些不幸者陷入困境。在发展中国家的城市中，贫困不仅体现为食物和消费产品缺乏，还体现为没有足够的住房、自来水供应、排污设施、公共交通、学校、治安力量、医生、医院和其他必要的城市生活基础设施，导致穷人的生活得不到保障，生存条件恶劣。下页的"城市生活"专栏说明了城市贫困的大致情况。

欠发达国家贫困的城市化，已经达到十分惊人的规模。在1950年到1990年之间，随着第一波工业化浪潮波及贫困的、前工业化的国家，其城市由于农村移民和自然人口增长而出现了大约10亿人的增加。城市新增人口中的38%都发生在贫民窟中，而城市人口增长又快于基础设施

## 印度：一种不同的贫困

印度贫困人口占世界贫困人口的2/5，但是这种统计数字并没有使北美准备面对那里的贫困现实。印度12亿人口中，有很多人的生活状况，比美国所界定的"贫困"还要差得多。一个旅行者如果首次去体验印度人的生活，那么会因为那里的城市居民生活状况而清醒过来，甚至会感到震惊。当他来到印度最大的城市之一，有490万人口的金奈时，会立即因为像乌云一样笼罩和徘徊在城市上空的人类粪便恶臭而退缩不前。未经处理的污水，导致这个地区的水不安全而难以饮用。他在金奈的所见所闻一定是奇怪而富有刺激性的：牛拉三轮摩托车、卡车和小轿车、流浪人群阻塞了街道，小贩沿着街道摆摊，坐在粗麻布上，兜售水果、蔬菜和熟食。人们似乎对他们如此混乱的城市熟视无睹，他们就在大街上工作、说话、洗澡和睡觉。成百万上千万的无家可归者遍布印度的各个城市。

金奈还"点缀"着一千多个简陋的木棚，里面住着数百万人。其中很多都是为了寻求更好的生活而从农村来到城市的移民。这些简陋的木棚，实际上是就是由树枝、树叶和废弃材料搭成的，形成了成片的棚户区和贫民窟。居住在这里的贫民没有多少私密性可言，更不能享受冰箱、开水和洗浴条件。我们可以理解来自美国的访客进入这种社区时是何种感受。美国的内城最贫穷的社区满眼都是让人灰心气馁的事情，并且常常充满了暴力。

然而，印度的贫民窟与美国的贫困社区存在鲜明的对比。印度人对贫困的理解与美国人不同。印度贫民窟的街角没有不安定的年轻人游荡，街上也没有毒品贩子。这里往往十分安全。在美国，贫穷常常意味着危险与孤立。在印度甚至是在这些棚户区，人们之间也具有强烈的家庭纽带——小孩、父母也许还有更老的祖辈都生活在一起，他们脸上带着微笑，对游客表示欢迎。

在诸如印度这样的传统社会中，生活方式的变迁速度很慢。对于大多数的印度人来说，生活深受达摩的影响。达摩是印度教的一个概念，指的是责任、义务和命运。这些教条鼓舞人们接受自己的命运，不管命运如何都要安然接受。特蕾莎（Teresa）修女为印度最穷困者做了很多工作，并因此获得了称赞，她指出了这种文化差异的关键，她说："美国人有着愤怒的贫困，印度人更加贫困，但是一种幸福的贫困。"

也许，我们不应认为那些挣扎在生存边缘的人是"幸福的"，但是在印度，家庭和社区力量的支持，加之乐天知命的世界观，缓解了印度贫民的贫困痛苦。其结果是，初次到访印度的北美游客看到印度贫民的这种状况，往往都会困惑不解："如此贫穷的人们，为什么显得如此的满意，充满生气和如此的快乐？"

资料来源：Based on UN-Habitat data and John Macionis's field research in Chennai.

---

建设。撒哈拉沙漠以南的非洲，包括乍得、尼日尔、塞拉利昂等国，贫民窟人口最多，大约有2亿人生活在贫民窟中，占整个城市人口的62%。拉美与加勒比海地区，大约有1.11亿人都是贫民（占24%），东南亚大约有8 900万贫民（占31%），而西亚有3 500万（占25%）（UN-Habitat 2011）。

发展中国家的城市总人口已经超过了发达国家的城市总人口，而且还在以每月500万人的速度增加。这些城市并不能为已经生活在城市中的数亿人提供基本必需品，更别说再容纳那些还在不断到来的人口了。现在，整个世界有8.84亿人缺少安全饮用水，在亚洲那些超大城市中，城市贫民中有2/3的人无法获得充足的医疗卫生保健，而整个非洲城市人口中有3/5的人都是如此（World Health Organization 2010）。在发展中国家中，住房对于那些最贫困的人来说并不是问题，因为他们以前在村庄建有自己的住所。然

城市生活

而，大多数城市土地已经属于他人，因此他们只能在一些条件与位置都不好的地方——低地或者湿地，甚至那些太过陡峭、一般不会用于建房的山坡——搭建他们的临时住所。这些棚户区在世界各地有不同的叫法，诸如"城市苦地"、"贫民窟"、"棚户区"、"贫民区"和"印第安窝棚"等。这些居民顽强地反抗官僚压迫，挣扎求生，他们确实会利用互惠交换系统进行互助，以应对极端

的贫困。而那些城市无家可归者，生存状况更加糟糕。让人感到悲哀的是，正如下面的"城市生活"专栏所描述的，他们中很多都是年轻人。

## 2. 发达世界

与欠发达国家不同，亚洲、欧洲和北美的一些发达国家的城市社会，已经维持了几十年甚至

# 拉美：生活在城市边缘的"街头流浪儿童"

也许拉美城市中最大的悲剧就是数百万的"街头流浪儿童"。他们就如一座冰山之尖，表明社会存在更加深层的问题，即阻碍小孩正常生活和成长的贫穷。而这些小孩每天在工厂中劳动很长时间，有的女孩沦为妓女，有的死于饥饿，有的死于疾病。据联合国儿童基金会（UNICEF）估计，仅拉美就有 5 000 万街头流浪儿童，其中大多数又在巴西和墨西哥。

这些街头流浪儿童大多来自父母双亡家庭、破碎家庭、人口过多的缺少吃穿的家庭，以及存在暴力和性虐待的家庭。这些街头流浪儿童中大约 2/5 在 6 ～ 11 岁之间，一些会更小，但大约有一半在 12 ～ 18 岁之间。他们大多生活在城市正在无序蔓延的公共市场中，在这些地方比较容易捡到破烂和食物。有一些小孩以擦鞋、清洁汽车挡风玻璃或出卖糖果甚至身体谋生，但大多数则以偷窃或乞讨为生。那些在垃圾堆中寻找各种东西以再利用或出售的小孩的平均年龄是 10 岁。女

孩以及男孩常常只有 13 岁就会卷入卖淫。

其中很多小孩都不能抵挡廉价毒品的诱惑，并以此来消除他们的饥饿和寒冷。就在几年前，用塑料胶袋装的毒品还是这些街头流浪儿童们所喜欢的毒品，但是今天，他们吸食的是溶剂和稀释剂，因为这些毒品更廉价和更容易得到。他们食用浸有毒品的布，这种布很容易紧紧粘贴在手掌中，比起塑料胶袋来更加难以发现，而这些孩子知道警察一旦发现用塑料胶袋装的毒品，就会把它们倾倒在孩子的头发和衣服上。而毒品溶剂都有其想要的效果：它们可以停止饥饿的痛苦，可以使他们麻木于治安者对他们身心的摧残。吸入毒品，确实可以产生幻觉和暂时的逃避，但是其长期效果则是灾难性的：不可逆转的大脑损害、瘫痪、糖尿病或肝功失效，甚至最终导致死亡。拉美年轻街头流浪儿童中，95% 都每天吸食毒品，最常见的是溶解性毒品或者鞋胶性毒品（Narconon International 2010）。

而在其他一些国家，情况也大同小异。在很多人眼中，街头流浪儿童甚至都不是人，因此人们应该像远离蟑螂一样远离和孤立他们。统计数字是惊人的。在洪都拉斯，每个月都有大约 45 个儿童死于暴力，而在危地马拉，每周大约有 10 个儿童死亡，其中半数以上死于枪击。在萨尔瓦多，当局常常威胁和暴打街头流浪儿童，据报道其中一半以上的儿童都受到过这种伤害。但是家庭暴力更为严重，3/4 的街头流浪儿童说，在街头比在他们自己家中更加安全。大多数的巴西街头流浪儿童长到 18 岁之前，都有可能被义警警员死亡分队杀害。这是一种社会清理形式，即清除街道上那些躺在垃圾中的或车子下面的"社会害虫"，这些"害虫"无意识地蜷缩在水泥地面上，直到有人沿着街道走来踢到了他们，才会麻木地挪开。并且，人们很少去想他们为什么首先在那里（Honduras Weekly 2008；Toybox 2012）。

城市生活

上百年的时间了。不过，这些国家的城市也同样一直存在大量贫困人口，并且最近一段时间以来，这些国家的城市地区比其他地方集中了更大量的贫困人口。这种情况加拿大比美国表现得更为明显。

### 加拿大

加拿大社会发展委员会对整个加拿大的贫困人口状况进行了比较分析，指出贫困已不再仅仅是一种农村现象了。相反，贫困已经是城市的一个维度，加拿大的贫困者大约70%都生活在城市。加拿大三个最大的城市（多伦多、蒙特利尔和温哥华），家庭收入在最低收入贫困线之下者所占比例全国最高。女性当家的和单亲的家庭更有可能是贫穷家庭，这类贫困家庭比例最高的城市有温尼伯、汉密尔顿和多伦多。同样，在加拿大，大城市（温哥华、蒙特利尔、多伦多和魁北克）老年贫困率比小城市地区更高（Federation of Canadian Municipalities 2010）。

### 美国

美国中心城市的贫困人口只是整个美国贫困人口中的一小部分。2010年，美国51%的穷人都生活在首府城市之外的地铁人口统计区（metro statistical area，即郊区），16%生活在非大都会区，33%生活在中心城市（U.S. Census Bureau 2011d）。然而，中心城市的贫困人口最为集中，自20世纪70年代以来，中心城市人口的贫困率超过了全国人口平均贫困率。出现这种情况有两个原因。其一是很多富裕居民都搬迁到郊区，留下穷人在城市中心。其二是随着更多的工作岗位迁移到郊区，城中居民的就业机会下降。2010年美国仍然深陷衰退的泥潭，其贫困率上升到自1994年以来的最高点即15.1%，导致很多城市都报告说，无家可归者数量显著增多；2011年，大约有63.6万人都曾经沦为无家可归者（U.S. Census Bureau 2011d；Homelessness Research Institute 2012）。

### 欧洲

很多西欧城市也深受贫困问题的困扰，这个问题在很大程度上是那些来自发展中国家的、希望寻找更好生活的贫困移民引起的。实际上，整个欧盟贫困人口的2/3都生活在德国、法国、英国、意大利、波兰、匈牙利这六个国家。很多欧盟国家农村人口的贫困率要高于城市，特别是东欧国家的农村贫困率更高（UN-FAO 2010）。

贫困仍然是整个世界上很多发达经济体中让人关注和忧虑的重要问题，人们认为这是经济全球化过程的代价与收益的非公正分配的产物。不断变迁的全球经济，减少了很多发达工业国家中那些使穷人们自己能够摆脱贫困的低技能工作岗位。如果我们不采取新的措施来根治城市贫困与无家可归问题，而只是治标不治本的话，城市贫困将不会消失，也得不到缓解。关于解决城市贫困的方法，请参见下页的"城市趋势"专栏。

## 六、概要

关于城市的传统经济分析，强调的是特殊的地理位置优势，以及这些地理位置提供的相对其周围腹地而言的各种经济优势。生活在城市中使人们能够获得质更高、价更低的商品。诸如阿隆

◎ 也许在北美，没有其他地方能够比诸如巴尔的摩之类的海港更能体现全球经济状况了，在这里，装满货物的集装箱，通过载重货车与轮船来往于世界各地。这些商品中有很多都是运给批发商的最终成品，但其中也有一些商品是半成品，要运到其他国家的加工和组装厂去，当然这些半成品也有很多是其他国家生产的半成品，要运到北美来进行加工和组装。

## 一项大胆的创新

避难所可以为无家可归者提供干净而安全的环境。在永久性住房得到保障之前，这些避难所都是仅仅供其暂时停留的地方。为了解决这些家庭的需要，避难所也必须提供各种服务项目，使这些家庭能够形成合理的、独立的生活技能，并完成他们的教育，获得工作岗位培训，然后再迁入永久性住房中。不是避难所，而是居民的教育培训（Residential Education Training, RET）中心或者美国家庭旅馆应该提供这样一种服务干预计划。通过 RET 中心，可以经济而有效地提供诸如医疗健康、心理咨询和吸毒治疗之类的迫切需要的服务。教育计划，诸如为成人设立的生活技能工作车间实践或者为孩子设计的

毕业后继续学习培训项目，可以让这些成人与儿童获得即时的培训，并且能够灵活响应父母和小孩们的需要。过去五年来，为无家可归者修建的房子已经出现并在不断增多，并且 RET 中心模式得到不断完善，日益能够响应和满足无家可归者各种各样、千差万别的需要。

美国家庭旅馆已被证明是促使家庭走上安全而有保障的独立生活道路的成功机制之一。在参与了由美国家庭旅馆和 RET 中心提供的各种服务项目的家庭中，大约有 94% 已经拥有了自己的永久性住房，并且这种生活状况能够维持下去。与以前纽约那些无家可归者返回避难所比例高达 50% 相比，RET 中心通过解决无家可归者面临

的极其复杂的贫困问题，提供了一种相对成功的解决方案。

过去几年来，无家可归者的构成与特征发生了巨大变化，充分体现了如下紧迫的现实，即无家可归不仅是住房问题，也是社会问题。政策制定者和服务提供者必须进行大胆的创新，诸如采取 RET 中心的模式，来应对这种挑战。唯其如此，我们才有可能打破目前在贫困城市家庭中流行的贫困与无家可归的循环怪圈。

资料来源："A Bold Initiative," in *The Cycle of Family Homelessness: A Social Policy Reader*, copyright © 1998, Appendix B. Reprinted by permission of The Institute for Children and Poverty.

城市趋势

---

索之类的经济学家认为，这些优势足以解释随处可见的城市土地利用模式，例如，工商业占据城市中心（CBD），然后其四周是居民区，再远的地方就是农业区了。即使如此，这样的理论也只适用于描述西方（主要是北美）的城市，而忽视了诸如种族偏见等各种非经济因素，也会影响城市的土地使用模式。

到 20 世纪 60 年代，很多社会科学家都得出了这样的结论，即当时普遍流行的理论和模式并不能解释不断变迁的城市生活模式。法国哲学家列斐伏尔对城市政治经济学视角产生了重要的影响，而且他还提出了一些重要的思想，包括把资本循环划分为初级资本循环和次级资本循环、视空间为一种社会组织形式，以及强调政府的作用等。哈维关于巴尔的摩的新马克思主义分析，揭示了金融资本而非工业资本是城市社区品质最关

键的影响因素。卡斯特认为福利资本主义是一种新的阶级冲突形式，指出各种代替生产模式的发展模式是信息时代的关键要素，从而创新了马克思的思想。斯科特认为，水平整合与垂直整合是理解全球经济中的工商业重新选址的基础。洛根和莫罗奇利用列斐伏尔关于抽象空间与社会空间的区分，研究了支持和主张城市增长的人与那些在既有建筑环境中可能反对重新开发和利用那些空间的居民之间存在的冲突。

经济重构使老城市从以制造业基础变成以服务业为基础。我们必须从不断演化的世界体系的相互依赖背景中来理解最近城市的经济变迁，相互依赖的世界体系把不同的国家置于全球等级体系中的某一等级上。这种垂直等级体系由核心（高度发达国家）、半边缘（欠发达国家）和边缘（最不发达国家）构成。在这种至今不断扩

张的全球网络中，各种城市被锁入一种互惠性关系中，起着把财富（投资资本）、人员（人力资本）、生产（工业资本）和商品（商业资本）联结在一起的重要节点的作用。

虽然城市批判社会学家由于学科立场观点和关注领域不同具有各自不同的研究取向，但他们都赞同政治经济学的四大基本原则。其一，是控制资源的决策而非某种自然过程影响着城市的形状与发展，因为资本与工人地理上的流动性使其能够灵活地把资本配置到能够产生最大利润的地方。其二，资源分配的冲突也影响城市的形状和城市中的社会安排。其三，政府在影响城市模式方面持续发挥着重要的作用。其四，城市增长模式明显源于经济重构。

随着世界变得越来越城市化，贫困也越来越城市化。在发展中国家，贫困呈现出一种与发达国家不同的形式，因为发展中国家更多的是进行原材料产品的生产，而商品又不能公平分配。城市贫困的快速增长——在过去 40 年城市贫困人口超过了 10 亿人，而这个数字预计在未来十年会达到 20 亿人——使发展中国家的城市面临严峻的挑战，特别是无力为这一庞大的人口提供生活必需品与便利设施。诸如美国和加拿大这样的发达国家，也正在经受由于收入水平的分化而出现的更大程度的地理空间区隔，使它们的城市必须面临和应对贫困人口集中的沉重负担。贫穷在发达国家导致了无家可归这种严峻问题，而在欠发达国家，很多简易棚户区那可怕的生存条件和状况，也表明了住房问题的严重性。

### 200 七、结论

那些已导致北美城市中经济与就业机会发生重大变迁的经济趋势还将继续下去。贫穷国家及其城市也将日益被整合进世界经济中去。全球化是一个无人可以阻挡和逆转的过程。因此，在任何关于城市与城市生活的研究中，理解全球政治经济过程仍然是一个十分重要的问题。这种政治经济学视角讨论了整个世界范围内发生的快速变迁，因此提供了比较分析和研究，而仅仅关注位于北美某个城市的各种族群中心主义模式恰恰缺少这种比较分析，因此也无法与这种理论相提并论。

然而，城市政治经济学有两个重大的缺陷。其相对宏观的概念，诸如卡斯特的发展模式，并不能完全解释具有同样发展模式的城市之间存在的差异。换言之，全球政治经济因素并不是决定所有城市与邻里社区特征的唯一因素，还存在其他一些地方性的变量。个人并不会像弹子球游戏中的球那样机械地应对来自某个方向的击打力量而弹向另一个方向。他们自己会进行相对独立的思考、理解和应对。这种政治经济学视角的危险之一，就是忽视个人的因素；不过，一些研究者现在已经意识到了这些因素，并努力考虑这些因素的影响（Tsakalotos 2004）。

城市政治经济学视角对城市生态学提出了强烈的批判，然而这种视角并没有广泛而深入地研究资本主义城市已经成功地提高了作为一个整体的城市的生活水平这一情况。关于社会主义国家的城市在满足其民众需要方面存在的弱点和缺陷，这种视角也没有提出多少深刻的洞见。

也许，我们只有把传统的生态学视角与上述政治经济学视角综合起来，才能获得一种更为完全的理解。这种综合可以使这两种视角进行批判性的对话，并发挥彼此的优势而克服彼此的弱点，从而得出更为完整的理解。分析城市的选址、分布格局、土地利用模式、社会群聚状况等重要因素，使我们能够更加深入地理解城市的本质。但是，我们同样也需要知道宏观经济因素对城市福祉的影响。这种理论视角的综合，可以使我们更加深刻地理解城市的本质。

同时，尽管政治经济学视角存在一定的局限性，但在当下的城市研究中仍然是一种支配性的视角，影响和激励着全世界学者关于城市的科学研究。这些研究不仅研究了当今的城市模式，也探讨了城市的未来——而这是本书结尾将要讨论的主题。不过，在下一章中，我们主要探讨人们在城市中的行为，并认为它是物理与社会环境共同影响的结果。

## 关键术语

抽象空间                                    生产方式

产业集群                                    垄断

中央商务区（CBD）                          后现代主义

中心区位理论                                资本的初级循环

经济重构                                    资本的次级循环

水平整合                                    社会空间

合并或兼并                                  垂直整合

发展模式

## 网络活动

201

1. 登录 http://gvnet.com/streetchildren/Canada.htm 和 http://gvnet.com/streetchildren/USA.htm，查阅关于加拿大与美国街头流浪儿童的信息。

2. 登录 http://homepage.mac.com/oldtownman/soc/shoppingcenter.html，查阅购物中心从 19 世纪的传统形式到郊区购物中心和城市节日集市的演变。

# 第**8**章
# 社会心理学：城市经验

是什么使城市具有如此刺激的力量？为什么它们导致我们对它如此的崇敬又如此的厌恶？齐美尔的答案是，城市是由数量众多的建筑物、图景和人群汇集而成的，因此来自城市的刺激比其他任何人类居住形式都要大。无论你在城市的什么地方——在街角处、拥挤的人群中或地铁中——行走，城市都会引起你产生某种回应。

我们如何理解从各个方向向你袭来的，有时甚至是袭击到你的脸上的叫做城市的这种人类创造物？齐美尔的答案是，我们通过学习在内心形成关于各种城市要素的概念，我们会关注某些事物而忽略另一些事物。沃思也同意这一点，说我们会在精神或心智上"绘制"城市"地图"。不幸的是，这些理论家对这种绘图过程并没有做出太多的论述。但本章根据沃思的研究，试图勾勒这一绘图过程的基本轮廓，即体现城市社会心理学特征的那些基本要素。

# 一、心理环境

我们的内心主要对城市的两个方面做出回应，其一是作为物理环境的城市，其二是作为社会环境的城市。首先，我们讨论人们如何认知城市物理环境，以及如何感知它们和理解它们的意义。

## 1. 城市肖像

为了探讨人们如何理解城市的物理复杂性，城市研究者凯文·林奇（Kevin Lynch）访问了波士顿市、泽西市和洛杉矶市的市民。在这些城市中，林奇都向访问对象出示了一张地图，地图描述了城市中心几平方英里的范围，请他们根据自己的看法来描述这些地方。其中大多数访问对象都会提供不同于他人的个人"城市肖像"，林奇称之为个人"概括的城市外在物理世界的意象"（Lynch 1982：4；初版于1960）。

在继续深入讨论之前，花一点时间想一下你最了解的那个城市。你可以在一张纸上，尽可能详细地把它画出来，并标出你记得的所有重要建筑或地标。这将使下面的讨论更加有意义。

◎ 对于世界上极大一部分人来说，纽约市的天际线不仅很容易记住和辨别，而且也是权力和美国奢侈生活的象征。对于生活在哈德逊河对岸泽西市的居民来说，纽约的空中轮廓是如此赫然和巍峨，以至于访问对象都说它是他们的地标之一。

## 城市肖像的确立

林奇的大多数访问对象都是以相似的风格来确立他们关于城市的肖像的。首先，他们确立城市肖像是一种双向的过程：（1）他们对城市各个物理部分进行区分，同时（2）以个人化的有意义的方式来组织这些部分。

例如，波士顿的市中心有诸如波士顿公园和公共花园等大公园，这些公园把这个城市中心的各个区域分隔开来。公园之西是富人居住的后湾，其特征是三到四层高的公寓楼。其北边是更富有的贝肯山，在这里你可以看到州议会大厦。其东边和南边是波士顿中央商务区的大部分，高耸入云的办公建筑、零售商场、饭店和娱乐设施林立。当我们说波士顿"市中心"时，我们指的就是这个中央商务区，而当我们说市中心的衰退时，我们就是说其中那些相互依赖的商业活动的消失。

对于一个生活在诸如波士顿公园和公共花园以西的小公寓中的那些人来说，这个公园区在他关于波士顿市的肖像中，可能是一个支配性的要素，因为这个人可能经常到这里来散步，并逐渐熟悉这里的每一处长椅、喷泉、小径。然而，就是这同一个人，可能很少了解和知道这个城市中心的其他地方。

205　但另一方面，对于生活在附近的另一个波士顿人来说，这些公园可能一点也不重要。他在公园东边的高层办公楼里，很少到这个公园来。在这种情况下，其独特的城市肖像可能就是市中心的建筑，包括好饭店在哪里，以及从一幢建筑或街道到另一幢建筑或街道的全部捷径。

## 各种城市肖像的共同要素

林奇揭示了不同的人关于城市肖像的五个共同要素。其一是道路。他解释说，肖像中的道路往往是"观察者习惯行走的道路"。它们可能是街道、步行道、斑马线或人行横道，以及运河和铁路等（Lynch 1982：15）。其二是边界，即两个区域之间的界线，包括河岸、墙壁、宽广的大街，或者建筑与开放空间之间的隔离障碍。其三

是街区，这是城市的中观构成要素。在波士顿，人们常常提到的街区包括后湾、贝肯山、公共花园和各种购物区等。其四是节点。这些节点是密集活动的地点，诸如火车站、广场或街头流氓经常出入的巢穴等。这些节点也往往是交通中心。其五是地标。林奇的访问对象往往围绕地标来确立城市肖像，这种地标就是他们的物理参照点，包括建筑、各种标志、商店、圆屋顶、加油站或小山等。

现在，回过头来看看你几分钟之前绘制的城市地图。也许你就是按照林奇的上述概念和范畴来思考与绘制你自己的城市肖像的。

林奇还发现，大多数人都会把这些共同要素中的一些要素纳入他们自己的城市肖像中，其中最常见的就是对某个人而言的道路或边界，它们也是很多人的路径或边界。例如，在波士顿，实际上每个波士顿人都认识到查尔斯河就是一处重要的边界，把城市的一个重要街区（市中心区）与其他街区（如剑桥区）隔开。同样，大多数人都会提到西边的马萨诸塞大道和东边的东南干道是重要的分界线。人们共同提及的主要道路包括贝肯大街、共和大道、博尔森大街和特里蒙特大街，共同提到的那些节点包括科普莱广场（波士顿公共图书馆所在的位置）、北站（火车与地铁终点站）、公园街站。尽管公园街站处于地下，却是城市节点的经典例子，它是波士顿三条重要地铁线的交汇点，这里总是充满着各种繁忙的活动。

尽管林奇发现每个城市的人似乎都会用一些相同的要素来建构他们的城市肖像，但也发现某些城市更能够比另一些城市刺激其居民在头脑中和概念上确立起更加复杂的肖像图。在波士顿，林奇访问的每一个人，实际上都能够认识很多道路、边界、节点、街区和地标。相反，在泽西市，即使是那些已在这个城市生活多年的市民，也只认得少许道路、边界、节点和地标；他们常常发现自己会搞错地方，对他们自己城市的不同部分存在什么总是不能确定，认不出城市中那些无明显特征的物理场景，也不认为这个

城市有一个中心，而认为这个城市只不过是各种不同社区的加总（Lynch 1982：29-31）。这个城市的居民对其城市没有明晰的肖像，最好的例子就是他们不时把东边那若隐若现、十分诱人、无法抵挡的纽约城市天际线作为他们的地标。

林奇发现，洛杉矶居民对他们的城市更没有什么明确的印象，因为这个城市散得很开，街道也不规则，这使得他们难以确定所有事物的地理位置。虽然他所研究的洛杉矶街区在规模上与另外两个城市街区差不多，但前者包含了多个中央商务区。那些访问对象大多在这里工作，只能描述很少一些地标，诸如黑色和金色的"丑陋"的富田公司大楼（Richfield Building）以及带有金字塔顶的市政厅，但不能详细描述它们。其中影响强大的是位于城市中心的柏欣（Pershing）广场。那里有精心修剪的中央草坪，两侧种着香蕉树，它们由石头砌成的矮墙围着，人们可以坐在矮墙上休息，这是附近身处繁忙拥挤大街和办公建筑之中的民众难得的放松之处。

即使如此，很多洛杉矶人也不能确定柏欣广场的准确位置。而且，大多数城市居民只认得一些小道，还常常把它们搞混。当林奇请访问对象描述或说出整个洛杉矶的标志性特征时，这些居民发现很难回答这个问题，仅仅把这座城市描述为"散得很开"、"空间很大"、"不规则"或"没有中心"。散乱的城市肖像和居民缺少空间感，在某种程度上使人们想起诗人格特鲁德·斯泰因（Gertrude Stein）的名句："似曾相识，莫可名状（There is no there there）"。

**城市的可描绘性**

林奇指出，他的不同访问对象为其所在城市确立肖像时，准确性存在很大的差异；但他同时指出，不同城市本身在可描绘性上存在显著差异。这一思想非常重要。一是因为清晰的城市肖像使其居住者能够更好地了解或知晓他们的城市，而这种了解和知晓使他们能够对城市产生安全感。一种鲜明的城市肖像，使

得人们相对容易地知晓它们，进而使人们在情绪上感到轻松（然而，正如下页的"城市生活"专栏所揭示的，2001年9月11日恐怖主义袭击使某些美国人感到城市并不那么安全）。二是因为可以了解和知晓的城市环境，"提高了人类经验的潜在深度与强度"（Lynch 1982：5）。这类城市会邀请我们去体验更多的生活，使我们更加深入地参与城市的生活。林奇最后的结论是，城市的可描绘性是城市环境积极而重要的层面之一。

## 2. 心理地图

林奇的著作最吸引人的层面之一，就是他发现甚至生活于同一城市中的人，对他们的环境也会在心中建构出不同的肖像，即心理地图（mental image）。他们对城市各个部分的自然与人工环境空间、地址，以及物理甚至社会特征之间关系的理解，构成了林奇所说的可视认性（legibility）（lynch 1982：9）。林奇请被访者对他们最熟悉的那些特征进行手绘诠释或速写，以完全揭示人们对其所居住的城市的理解。结果是每人的心理地图都各不相同。人们的心理地图之所以各不相同，是因为每人的关注兴趣和个人经验的差异，使得人们只了解和回忆起城市的某些特征，而无视和忘记了另一些特征。因此，作为个人建构产物的心理地图，（1）精确的细节与歪曲往往同时存在，（2）对不熟悉的部分或区域会留下更大的空白，以及（3）并不会完全体现作为一个整体的区域。

自林奇首次研究这些心理地图以来，数十年已经过去了。在这期间，有很多研究者以心理地图为研究方法，研究了诸如巴拿马的巴拿马市（Powell 2010）、新墨西哥州阿尔伯克基（Mendoza 2006）、巴尔的摩（Bembry & Norris 2005）和洛杉矶（Matei, et al. 2001）等城市的位置、经验和社区之间的关系。诸如此类的研究已经表明，心理地图概念具有广泛的适用性。

## 与恐怖主义生活在一起

我们大家都知道，在当今世界，城市容易受到恐怖主义袭击。1994 年日本松本和 1995 年日本东京都受到了恐怖主义毒气袭击，恐怖主义者用有毒气体沙林在地铁中袭击毫无防备的平民。2001 年恐怖主义者袭击了华盛顿特区的五角大楼和纽约世界贸易中心的双子塔，并造成了巨大的生命财产损失，这次事件至今仍然让世界上无数的人心有余悸。2004 年 3 月，马德里发生的恐怖袭击造成了 191 名火车乘客的死亡，还有 1 400 多人受伤。2005 年 7 月，恐怖主义者在伦敦杀死了 52 位汽车和火车乘客，并造成了 700 多人受伤。在 2008 年 11 月的印度孟买，恐怖主义者杀死了 179 人。

诸如此类的事件，使我们又意识到城市中心也在吸引着恐怖主义者。人口的大量聚集、高大的建筑和象征性的纪念建筑、桥梁和隧道之类的基础设施，对于那些想造成最大程度破坏和死亡的人来说，是理想的目标。人们曾经一度离开城市，以免自己成为恐怖主义者的牺牲品。如今某些恐怖不仅存在于大城市中，甚至生活在大城市附近的人都开始担心生化或核袭击之类的事件。

在很多重要场所看到水泥障碍物，在音乐会、运动会和机场经历搜身，是我们现在必须面对的现实。对某些人来说，生活或工作于高层建筑之中，或从观光塔看城市风光，并没有多大的吸引力，于是他们逃离城市。而另一些人则无视恐怖威胁笼罩他们的生活，继续他们日常的城市习惯和生活方式。

然而，不管是以逃避还是以无视来回应恐怖，城市人都承认今天他们的世界已经不同于"9·11"之前的世界了。这种意识也是城市生活心理学的一部分。

### 心理地图的个人性

图 8—1 和图 8—2 是两个人关于曼哈顿的心理地图。其中一个是新泽西郊区居民贝斯（Beth），她只是去曼哈顿参观博物馆或看表演，她的心理地图详尽地显示了那些吸引她到这个城市中心来的文化与艺术活动和建筑等所在的街道与地点（见图 8—1）。对于曼哈顿的上西部以及下曼哈顿，她只有大致的信息。相反，身体治疗师卡拉（Kara）关于曼哈顿的心理地图，则强调的是她所居住和生活的上西部区（见图 8—2）。由于她熟悉这个地区，所以她绘出了这里的饭店、公园和高高耸立的公寓建筑等标志性的事物，更别说重要的街道了。但是在她的心理地图中，除了一两处之外，中心曼哈顿与下曼哈顿区都不见了。

正如上文所指出的，没有人能够完全再现整个复杂的城市，卡拉的心理地图也显示了这一点。而且，每个人的心理地图随其城市体验的深浅或城市的变迁而不断演变。例如，一个新到城市的人，往往只会给出城市中心的一些地图，根本没有任何细节，只有重要地标，那些城市新区的位置或者规模往往会被搞错。然而，就是这同一个人，当他在此再生活几个月后，城市会在其心中鲜活起来，他也能够绘出更详细的地图，各种建筑的位置也会更加准确。简言之，随着居住时间的增加，大多数人都能成功地认识和理解这个城市，并有效地利用这个城市。

### 多重的城市实在

上述所有这一切都表明，似乎有多少人生活在纽约或西雅图这样的城市中，就有多少个"纽约"或"西雅图"。我们甚至可以更大胆地说，所有这些积极的心理地图，都促进了整个纽约或西雅图这些城市更大的城市动态发展。

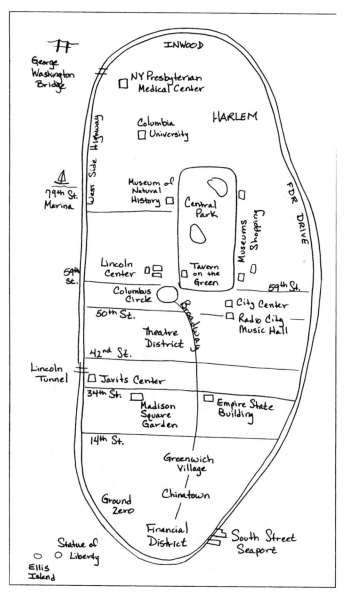

图 8—1 贝斯关于曼哈顿的心理地图

　　然而，心理地图之所以各不相同，并不完全是因为个人之间存在的差异。文化与社会阶级的差异也会影响人们把什么东西纳入他们的心理地图中（Frisby 1996）。对于居民如何理解城市，种族因素也有着重要的影响。有的研究者已经发现，黑人与白人喜欢选择不同的社区。黑人通常认为多数社区都比较让人愉快，而白人则认为这样的社区的比重没有那么大，白人常常喜欢那些白人居多的社区。白人常常认为黑白混居的社区并不那么让人愉快，甚至也不想进入有黑人但占少数的社区居住（Bembry & Norris 2005；Charles 2000；Krysan 2002；Sigelman & Henig 2001）。

　　因此，城市是理解与体验的动态的、创造性的和持续性的混合物。这正如帕克在很久以前解释的：

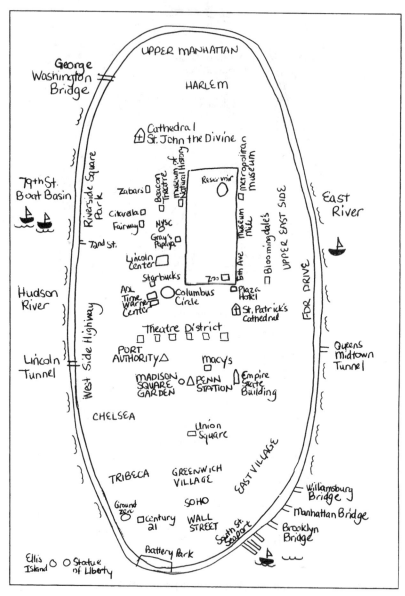

图 8—2　卡拉关于曼哈顿的心理地图

　　城市远非只是个人的集合，也非只是各种设施——街道、建筑、电灯、轨道电车和电话……——的混合，更非只是各种制度与行政管理设施——法庭、医院、警察和各种市政职能部门——的集合。城市还是……一种心智和心理状态（Park 1984：1；初版于 1916）。

　　在下面的"城市风光"专栏中，小说作家阿尔弗雷德·卡欣（Alfred Kazin）描述了他重回纽约布朗斯维尔老社区之行。在他关于这个城市的心理地图中，出现的全部是林奇所说的那些视觉概念、所见所闻的复杂交织，以及他自己的社会背景。

208

## 布朗斯维尔区（Brownsville）的街道

我所有的早期生活主要是在五个城区内展开的。……在贝尔蒙特大街，布朗斯维尔那宽广的公共街市，手推车在各个街区总是前后相连，喧嚣声震耳欲聋，它们总是那么诱人，简直不可思议。……当我还是一个孩子时，它们……沿着路边来到路中间的公共货摊前；沿着街道行走，就如在盲人悬崖游戏中被迫一圈又一圈地绕圈前行。但是贝尔蒙特大街仍然是布朗斯维尔市最欢乐的大街。当我从洛基湾（Rockaway）走进这个大街时，就能闻到街上那些巨大黑桶中的青鱼和泡菜香味，听到那熟悉的粗犷逗笑声和来自市场女人们的吆喝声——"哦，你最爱的人，哦，你最喜欢的人，哦，你最漂亮的人！来猛攻我们，来撕裂我们，来吞食我们！"——我就大声地笑，总是喜欢跟在他们身后……

在我的右手边是"体育馆"电影屋，这是我儿时周六午后的圣堂，那伟大的黑屋子里，有我所有的梦幻生活……

这个街区：我的街区。在我的房子边上的切斯特大街，位于水果杂货店与老药铺的黑墙之间，我被烙上了这些街道的印迹。而在布莱克大街开始的每一件事情，对于我来说总是那么温和，但也显得有点陌生，仅仅是因为它不是我的街区。在这个街区，当你猛击一拳，你会听到沿着人行道传来的回声，一排排的灯光则在两边同情地看着你。

我们修建它的每一英寸，从地窖到后院再到那房顶之间那讨厌的空间。任何墙壁，任何车站，广告板标志上任何弯曲的金属边缘，都可以作为我打球的地方。一个消防逃生梯的底部环状物就是投篮处。所有下水道排水沟都盖着盖子。……我们每天的生活，就是在人行道上和街沟中打闹，在房子的墙上和那个药店与杂货店的玻璃墙面前打闹……经过的马车和汽车的轮子进进出出，旁边是到地窖的楼梯，有铁长钉，开放的垃圾桶有锯齿状的边……

资料来源：Alfred Kazin, *A Walker in the City*, reprint ed. (New York: MJF Books, 1997).

# 二、社会环境：法理社会

生活在城市，除了物理环境外，我们还要应对更多的东西。我们必须与更多的人打交道，这些人中大多数都是我们不了解和不熟悉的人。我们如何应对腾尼斯（第5章）所说的城市法理社会（gesellschaft）的特征，即大量的人口及其匿名性？

## 1. 行人：看着你的脚步

如果在交通高峰期，你在波士顿的博尔森大街、俄亥俄的哥伦布大街或旧金山的干尼大街驻足观察，就会看到"面无表情的城市人"，他们总是那么行色匆匆，各自忙碌。城市中的人们由于表现出超然的、与人无涉的样子，因此看起来就如绵羊，一群冷漠的、机器人般的动物群。

这是真的吗？正如大多数城里人所知道的，城市生活总是按部就班，并使人们能够满足他们个人的需要，而又被大量不认识的陌生人包围。当然，人们是出于某种原因才上街的。我们到城市工作、吃饭、看望朋友、赶地铁，或者也许仅仅是去进行一次会谈。观察者们不了解这些行动的动机，但不能就因此认为这些行动不存在。

因此，陌生的行人会遵守一套复杂的社会规则。与那些正在使用街道的汽车存在一套成文法律一样，人们在人行道上行走也存在一种不成文的律令。例如，在北美城市中，人们在人行道上行走时，会自觉分成两个相反方向的人流，而分界线处于人行道的中间。在每个方向的人流中，人们都会以各种方式来"观察自己的脚步"：首先，他们至少会使自己知道各种障碍，诸如邮箱、灯柱或在人行道停留的人群。其次，他们会不时注意到对面或后面的人行走的速度，并确定自己的速度以免相撞。再次，人们会利用各种策略避免相撞，例如发出咳嗽的声音，或者变换自己的背包方向，以警惕某个粗心大意的行人可能与自己发生擦碰。最后，如果违背了这些规则，人们就会相互谴责。如果某个人被对方轻微碰撞，对方会大声抗议："你为什么不看看，你正在往哪里走？"这样的反应向我们表明，人们知道陌生人行为的规则，并会因为他人任何的违犯而责备他。实际上，在利用公共空间的人们之间存在一种心照不宣的约定，他们会逐渐相信对方会像一个能遵守规则的行人那样行事。

当然，行人的交通规则会因为文化差异而不同。这种差异和变化可能使外来的旅行者有时感到困惑，甚至会感到害怕，正如下页的"城市生活"专栏中第一则故事的情况那样。

电梯是文化差异的另一个例子。在美国，所有乘客都会挤在左边，以使后面的人可以通过。在欧洲大多数国家，电梯乘客却站在右边，在左边留下一条路以让他人通过。北美人如果第一次在欧洲坐电梯，会站在电梯的左边，并因后面的人常常请他们让一让而感到困惑不解。相反，欧洲人在北美坐地铁电梯，可能也会感到十分困惑，认为当地人十分粗鲁，总是挤在通道上，以致没有人能够通过。

最后，即使是在人口最稠密和最去个人化的城市世界即地铁中，人们也演化出一些机制来安排他们的经验秩序并使经验个人化。下页的"城市生活"专栏中的第二则故事，提供了人流高峰时间的地铁概况。

总之，这些例子都表明，人们的街头行为并非表面看起来的那么混乱无序。城市居民可能不

◎ 正如埃尔文·戈夫曼（Erving Goffman）所指出的，行人常常遵循各走一边的交通规则，因此在同一人行道上产生了两股行进方向相反的人流，而分界线就在人行道的中间。这两股人流共享一套复杂的社会规则，这使得他们能够以自己的步伐轻松向前，而不会彼此相撞或相互推搡。

得不应对更多的人，并且常常处在人群拥挤的环境中，但城市生活并非必然就是困难的或去个人化的。

## 2. 一个陌生人的世界

城里人除了要应对城市的大量成员，还必须知道如何与匿名者打交道，因为他们生活在林恩·洛夫兰德所说的"陌生人世界"中（Lyn Lofland 1985）。洛夫兰德认为，我们会寻求一些视觉上看得见的线索，以与我们理解城市物理环境十分相似的方式来区分陌生人。

**外表与地点**

我们首先是根据陌生人的外表和他们出现的

物理地点来辨别他们的。换言之，我们对陌生人匆匆一瞥，注意的是他们的穿戴、发型、首饰以及他们随身携带的物品，还有他们走路的姿态。我们也根据出现地点来判断陌生人。例如，我们认为，在办公建筑群区域和昂贵饭店区域看到的人，与在遍布通宵电影的录像屋中或色情书摊边看到的人，是两种不同类型的人。

洛夫兰德也认为这样的策略不是城市人特有的。即使在小城镇中，人们也是通过外表与他们的

自动选择"走道路的哪一边"来进行相互判断的。但关键在于，在大城市，我们似乎完全只能依赖诸如外表和地点等线索来判断陌生人。毕竟，在曼哈顿市中心或芝加哥市中心的"环区"遇到熟人的概率是相当低的。

值得指出的是，把空间地点作为判断人们身份的线索，是一种现代的做法。在前工业社会的城市中，公共空间诸如市政广场这些地方，常常有很多的用途：学校教育、宗教仪式、游行集

## 胡志明市：从头学习如何穿越街道

我们是来自美国的一家人，在我们到达西贡港后的第一天晚上，我们早早就离船上岸，沿着码头向胡志明市——旧称西贡——中心进发。越南国家安全官员在检察我们之后，通过安检门向我们招手，并没有太仔细地查看我们的护照。但是我们却在安检门外停下来了，被十几个人围住，他们都是出租三轮车车夫，这种三轮车就是前面附有一个小车厢托架的三轮自行车，相当于越南的出租车。这些车夫争着要我们坐他们的车，我手臂一挥，坚定地说："不，谢谢。"并避开了他们乞求的目光。在纽约，很

难找到一辆出租汽车；在这里，我们却花了20分钟才挡开这些固执的司机们，他们不断地在我们身边来回穿梭，请求我们照顾他们的生意。这种压力让人感到十分不舒服。

我说，请让我们穿过这条街道。我们又来到了街道上，并立即意识到这里没有站台标志和信号灯。由二轮自行车、三轮车、摩托车和小货车形成的车流总是那么坚定地向前，根本不会停下来让人过街，这些车子发出咯咯声，在坎坷的街道上行驶。我该怎么办？然后有人给出了答案，那就是一个娇小的女人径直向我

们走过来，并径直插入这个车流，连眼睛都不眨一下。她迈着坚定的步伐穿过了街道；司机们看见她来了，就为她留出空间。对我来说，她似乎是有某种神奇的力量，把车流劈成两半，然后从中穿越。

我们倒吸了一口凉气。从离车流几码远的地方，直接进入车流，眼睛直视前方。奇迹发生了！这真的管用。这就是越南的道路交通规则。

资料来源：John Macionis' travel to Vietnam.

城市生活

## 高峰期的地铁

拥挤的人群涌入第八大道第59街的出口。人们用肘推开其他行人，通过推开他人和举起自己随身携带的物品，把自己努力塞入车厢，在已经没有空间的地方硬生生地制造出空间来。当列车

开始加速驶向125街，乘客们终于安顿下来，进入私人的小世界，因此创造了他们与同车乘客之间的一种空间幻觉。这种私人空间世界建立在报纸与杂志之后，建立在闭眼之后，或者建立在人们

用眼睛盯着把车厢隔开的五颜六色的广告牌之时。

资料来源：Ann Petry, *The Street*（Boston: Houghton Mifflin 1998），p.27.

会、购物、闲逛，甚至行刑之地。简言之，由于几乎每个人都可以来这些地方，因此空间地点不能为人们判断陌生人提供多少线索。那么，市民们在很大程度上要通过外表来判断别人，这正如下面的"城市生活"专栏中所表明的。

然而，在现代工业社会中，规则发生了变化。尽管衣装在识别陌生人中仍起重要作用，但不再是核心的依据和线索。衣着方面的律令也已经放宽。来自各行各业的人们，不用担心审查，几乎可以穿着各种形式的衣服。之所以发生这样的变迁，有着重要的历史原因。

214

在前工业社会中，只有富人能够穿得起绫罗绸缎，披金戴银。然而，随着工业革命的进行，大批量生产使很多时装进入寻常百姓家。而且，随着生活水平的提高，越来越多的人可以购买和展示这些商品，而很多富人穿着也更加考究。

在现代社会中，衣装对我们不再是那么重要的信息，但是人们出现的地点则会意味更多的信息。我们认识到，现代社会的城市是由各种各样的独特区域构成的，诸如商业区、货物区、居民区、娱乐休闲区等。在商业区中，我们希望遇到的是商人，并且希望他们能够在商言商，像一个商人那样行事。

例如，波士顿的亨廷顿大道，最近一些年来经历了沿着原来路线方向的扩张，现在仍然是波士顿两个重要街区的标志分界线。这条街道的北边，是邻近的中上阶层的后湾区和芬卫区，这里有交响音乐厅、高雅艺术博物馆、各种昂贵的商店和艺术长廊。而当你走出这条大道，就是较下层的、以美国黑人和波多黎各罗克斯伯利人为主的街区，到处都是破败的房子和规模很小的商店。

当波士顿交响乐团正在表演时，你站在亨廷顿大道与马萨诸塞大道的交叉点上，那真是一种让人惊讶的社会体验。在街道的这一边，是那些趾高气扬的着黑色正装的男人和穿戴貂皮和珍珠的盛装女人。而就在 20 英尺开外的地方，是那些衣衫褴褛的人。街道两边的陌生人在距离上是

## 人靠衣装

### 城市生活

现代人在某种程度上并不知道，前工业时期城市中的居民，也会"通过衣装来表示"他们的身份。例如，罗马公民通过穿着法律规定的宽大白色外袍来表明他具有公民身份和资格这一事实。在美洲殖民地城市中，一个"绅士"往往要通过"戴假发"来显示他的身份。

任何地方的城市精英，不仅会通过设计他们自己的衣装样式，也会通过衣装材质，来竭力使自己与"更下等"的人区别开来。中世纪法国精英的礼帽，是由天鹅绒做成的，而穷人的礼帽则是由粗布做成的。[吉迪恩·斯乔伯格（Gideon Sjoberg）报告说，]在伊丽莎白时代的英格兰，"法律禁止普通人穿金银丝线布、天鹅绒、动物毛皮和其他'奢侈'材料制成的衣服"。头发的长度也意味着地位的差异。在法国人中，只有精英才留长发……

法律常常会限制那些下等的、"低贱"的人的衣着……直到19世纪 80 年代，波斯人城市中那些次要群体的着装都是强制性的："只能戴扭曲头巾式的帽子而不能折叠它们，他们还不能穿着彩色服装，不能戴耳环，打雨伞和其他东西。"

那时的人们也会通过衣装来标示职业。例如，中世纪法国的律师，就要戴圆形帽子以示区别……这一时期的刽子手还必须穿上红色或金色上衣，以使他们在人群中一眼就能够被看出来……与 12 世纪欧洲的牧师、各种前工业化城市中的宗教部门的成员一样，北京所有流动的小贩也要穿上一种独特的服装。

资料来源：Lyn H. Lofland, *A World of Strangers: Order and Action in Urban Public Spaces* (Prospect Heights, IL: Waveland Press, 1985), pp.45-46.

如此的近，但是他们都明白彼此属于两个不同的世界。

当然，这样的模式并不意味着某些人就不能"利用这个系统"。我们所有人都知道，对于我们来说，通过操控我们的衣装与行为方式，可以把自己变成我们原本不是的某人。例如，一个警察可能渗透到一个毒贩集团中，一位社会学家可以隐姓埋名生活在某个地区，以期了解人们生活的内部故事。有时候，人们会有目的地故意"表演"。一个视力很好的人，可能戴着墨镜，举着写有"盲人"的牌子行乞；安静的、中产阶层郊区的人们，可能会在晚上来到城市"摇摆"，而在黎明到来之时又退隐到他们的日常生活之中。

### 公共空间的私人化

洛夫兰德（Lofland 1985: 118-123）指出，我们简化城市那种极度复杂性的另一种方式，就是把公共空间转换成私人或半私人的空间。一些人可能占据某个街角作为巢穴；正如电视节目中的情况一样，某家客栈或酒馆可能成为其常客的俱乐部。这样的"房屋领地"很少是有意识地形成的；它常常源于非计划的、无协调的行动，但其最终却在空间上把某一特定的人群隔离开来。这个城市充满了诸如之类的模式：雅皮士强占了广场，贫民窟的流浪汉声称长椅或蒸汽炉是他们

的领地，男同性恋逐渐认为某个特定的社区是他们自己的社区。而外来者进入这类空间，很快就学会特定的装束和行为，以显示他们是在半私有的领地上。

而在更大的规模上，城市的整个街区都可能成为某个群体的"本土"或者"跑马场"。大多数居民社区都有自己的一种基于种族、阶级、族群或年龄等因素的主要特征。虽然城市在很大程度上不是个人的，但他们也是由（罗伯特所说的）"小世界构成的马赛克"。简言之，在城市的法理社会中，仍然存在众多类似于礼俗社会的亚社会。

## 3. 对作为法理社会的城市之评价

很多早期城市理论家都担心人们不能应对城市那巨大的规模和面积、那如此之多的人口及其匿名性。不过，我们确实能够应对之。我们通过创造我们个人的城市心理地图来应对其面积和规模，通过观察各种行为密码和找出陌生人的身份线索来处理街头生活的复杂性。当然，我们自己的社会特征把我们置于城市的某个地方，并使城市生活更为丰富多彩。

*215*

◎ 在一个城市中，很多人共用公共空间。不管是在一个小群体中还是独处，不管是在午餐休息时间还是在观光间歇进行休息，他们都会聚集于某处有阳光的地方并坐在某处。台阶和矮墙是他们喜欢选择的地方。并且在这些地方，他们常常参与城市人喜欢的、用来打发时光的某种公众娱乐或表演，图中就是纽约华盛顿广场公园的吞剑表演。

## 三、社会环境：礼俗社会

还有，城市也充满了个人关系。只有在最极端的城市中，只有乔纳森·拉班（Jonathan Raban）所说的"边缘人"，才会像法理社会的原型那样孤立地生活。对于大多数人来说，人际关系纽带为城市人的社会和心理安全提供了基础。

## 1. 城市中的个人网络

人际关系研究又称为社会网络分析，探讨了城市人的社会关系网络。正如我们将要看到的，城市中的个人网络可能会、也可能不会卷入组织化的社会群体中，这些网络也不一定具有地方性。

### 伦敦的夫妻

伊丽莎白·博特·斯皮留斯（Elizabeth Bott Spillius 2008）研究了伦敦已婚夫妻之间的关系，并揭示了社会阶层对城市经验的影响。她发现，工人阶层伴侣之间存在严格的劳动分工，他们常常分开消遣和娱乐，双方都维持着自己的个人网络。相反，中产阶层夫妻之间的任务是共享的，并且参与共同的网络。还有一些研究显示，在稳定的城市社区中，会形成强大的个人网络，它们或者围绕地方学校，通过亲子关系、父母身份形成，或者源自共同的群体身份理解（Butler 2008；Robson & Butler 2001；Small 2007）。然而，这类发现并不认为个人关系网络会完全抵消阶级地位的影响。

### 华盛顿特区的街角男人们

艾略特·列堡（Eliot Liebow 2003）对时常出没于华盛顿特区一处街角——塔利的街角（Tally's Corner）——的非裔美国穷人进行了参与式观察。这项研究非常有影响。他发现，这些男人大多数都认为，到他们将近 20 岁时，他们会作为成人而养家糊口，也会成家娶妻。在这种理想和观念的驱动下，很多人结婚生子。不幸的是，这些男人大多没有多少技能、教育，他们最终获得的只不过是卑微的工作。

其中很多男人开始憎恨自己从事的是丧失体面的工作。很多男人及时停止了工作，他们要么被解雇了，要么自己辞职不干了。不管何种情况，这些男人不久就意识到，他们几乎不能自立，更别说供养家庭了。这种失败对于他们的妻子与孩子的影响十分明显，并成为个人痛苦与家庭紧张的深层根源。政府则只对那些没有丈夫的单亲母子家庭提供公共救济，使这些男人和妻子之间的关系更坏。

那些因困窘而压力沉重的男人们，发现一起"外出消磨时光"（hanging out）能让他们获得安慰。他们逐渐聚集到塔利的街角中，相互同情，并不会问对方尴尬的问题。在这里，男人们会忘记失败，过一天算一天。不久后，大多数的男人都会花越来越多的时间在外而不是待在家中。下页的"城市生活"专栏指出，塔利的街角网络为这些男人提供了生活的精神支持。

### 邻里

很多城市个人关系都是建立在邻里之中。不同的邻里根据物理与社会边界而区别开来，这些边界包括具有重要的共同特征如社会阶级、种族和族群的人们。在对 20 世纪 50 年代波士顿意大利人占多数的西区社区的研究中，赫伯特·甘斯（Gans 1982）发现，尽管城市邻里社区的居民之间存在很多差异，但是很多类似于共同体或礼俗社会的关系仍然存在。在小杂货店中的日常购物，包括购买猪肉、鱼等商品，提供了遇见邻里和互通消息的机会。在每个周日的教会弥撒前后，人们会在路边漫步或拜访朋友邻居，从而产生不时的互动。

在赫伯特·甘斯所研究的时代，西区是一个低收入的、低租金的街区，毗连的是精英居住的贝肯山街区。西区在传统上就是移民的家园，这些年来已经由意大利人、犹太人、波兰人、爱尔兰人以及一些艺术家和吉卜赛人先后占据。

那些对西区进行初步观察的人，往往会认为那就是一个混乱的贫民窟。然而，如果在这个地方生活一段时间后，你会看到一种不同的图景，对它的认识也更加准确。甘斯在这里发现了与礼俗社会和非城市社会环境一样多的东西。其中很多人相识多年，他们也许并非私交甚笃，但肯定会作为熟人在街上相互问候。而且，他们往往知道每个人的一些事情，并且这种熟识程度导致他们在邻里出现一些紧急情况时，愿意帮助邻里。

## 街角男人们的网络

在男人们的网络中，最重要的是那些与他人保持"紧密"关系的人：他的"散步伙伴"、好的或最好的朋友、女朋友，有时是真正的或者相识的男性亲友。这是一些他日常生活中不时地或多或少要面对面接触的人，在需要之时或危机之时可以寻求帮助和安慰的人。他会以朋友的名义获得他们的产品与服务，也把自己的产品与服务给他们，而不需要明算账。习惯上，他会找到这样的人，而他们也会找到他。他们服务于他的需要，以成为他这样的人的朋友，又被他承认是一个独特的个人，而他反过来也以同样的方式服务于他们。他们都是他的听众，他的同道。

他正是与这些男人、女人们一起度过没有工作的无聊时光，一起喝酒，一起跳舞，过性生活，扮演愚蠢或聪明的人，在街角混日子，无话不谈地闲聊，话题包括了认识论或关于数字的性质，或者如何能够拥有一份周工资不少于 60 美元又不会被辞退的稳定工作，等等。

这些个人关系网络在日常生活中是如此的重要，以至于如果没有这些关系网络，生命似乎也就不再存在。詹金斯老先生爬出他的病床，在外卖店的可口可乐箱上一坐就是几个小时。他为什么要这样呢？他解释说："我不能待在家中等死，我要出来看看我的朋友。"

资料来源：Eliot Liebow, *Tally's Corner*, 2nd ed.（Lanham, MD: Rowman and Littlefield, 2003），pp.163-164.

城市生活

---

对于多数居民来说，这种强关系的形成和建立会导致与小城镇或郊区相似的生活方式。

还有一些研究者在调查其他一些城市之后，也得出了相似的结论。例如，杰拉尔德·萨托斯（Gerald Suttles 1974）发现，芝加哥亚当斯地区的意大利人中存在个人强关系。约瑟夫·豪威尔（Joseph Howell 1990）发现，在华盛顿特区市中心的邻里社区中也存在同样的情况。最后，罗宾·贾勒特等人（Robin L.Jarrett, et al. 2010）发现，在芝加哥低收入邻里社区中，在面对生活挑战时，扩大的重要亲属网络能够促进家庭的稳定。总之，个人关系尽管隐藏于可见行为背后，但对生活在城市邻里社区中的低收入者来说，与乡村共同体对乡村生活者来说同样重要。

### 友谊

城市人之间的关系很多确实并不涉及邻里关系。特别是更富有的城市人，会在城市之间不断迁移以确立自己的事业和实现职位的升迁，因此不会在邻里社区中形成传统意义上的联系，不过他们仍然有朋友。这些人常常与其工作伙伴存在友谊，与他们一起午餐、晚餐或喝酒；还会偶然与他人形成朋友关系，例如在公园中或在音乐会上。关键的一点是，这些人可能彼此住得相

◎ 在城市族群共同体等地方，常常能够发现洛夫兰德所说的公共空间的私化。在这里，街道成为一种玩棍子球游戏的地方，或成为个人的洗车场，而路边人行道成为跳绳和玩跳房子游戏的地方，成为商店和街道小贩摆摊的地方，或成为人们坐在一起进行社交和观察行人经过的地方。

*218*

距较远，但会与有共同兴趣的人形成朋友关系（Gibbons & Olk 2003；Whitmeyer 2002）。

产业技术为人们提供了新的机会，使人们从出生的乡村走出来，导致了旧的共同体的瓦解。然而，技术也为人们提供了相互接触的新方式。在20世纪，陆上有线电话就起了这个作用，并服务于这个目的，移动电话、电子邮件和手机短信在21世纪更是极大地促进了人们之间的关系。

### 场所

城市的特点之一，就是它有很多各种各样的地方或场所，在这里人们可以在一起，与朋友进行社会交往活动，认识新的朋友和相互了解等。很多人发现了各种地方，在这些地方他们可以相聚在一起。这些场所包括酒吧、俱乐部、舞厅或被某个群体所占据的某个城市街区，诸如旧金山的海特—黑什伯区（Haight-Ashbury）在20世纪60年代是被嬉皮士占据的街区，纽约的布莱恩特公园则是90年代晚期雅皮士集中之地。

大多数场所都是业余的，人们常常下班后在此消磨数个小时，诸如在喜爱的小吃店吃午餐，在咖啡店喝咖啡，在健身俱乐部或健身中心运动

◎ 很多城市都有很多成年的青年人，挤满了酒吧或俱乐部，这些场所是他们最愿意去的地方，在此他们得到放松，与朋友、同学或工友一起打发时光。有些地方会吸引具有独特生活方式的人群，诸如同性恋者、音乐人或作家。还有一些场所则更为开放，吸引各种各样的消费者。

健身，等等。另外，人们之所以要"创造这类场所"，是因为这意味着参与这些场所的创造者，在某种程度上"在舞台上"，突出了他们自己的某一方面的特长，例如他们的舞蹈能力或他们的文化知识等。

这些场所主要有四种类型（Irwin 1977）。大多数城市都有这样一种生活方式场所，它们吸引着作家、音乐人、同性恋者、政治激进主义者或者其他群体。例如，在东京的夏日夜晚，这个大城市各个地区的青年人都涌向杨奇（Yonge）大街，并且常常要待到凌晨才会散去。他们或者步行，或者坐车并开着音响，吃饭、交谈、叫喊、买唱片，往往在多个城市街区游荡。

还有一种地方性的场所更加排外。例如某个地方酒吧，可能吸引的是特定的人群，它甚至不欢迎"群外人"进入。

从客人的角度看，有一种开放性场所客人的流动性更大，不过它也提供建立个人关系的机会。那些没有较固定客人的酒吧，就属于这种类型。这样的公共消费空间，为那些到场的人——不管他们是否相熟——提供一种机会，鼓励他们彼此对话和互动，因为只要来到这里，他们就身处以促进人们与邻近者进行社交为己任的一种环境中。

另外，还有一种专业性场所提供包括开展诸如乒乓球、男女混合合唱、业余戏剧、宾戈游戏、玩扑克、下棋和滑冰等无数的活动。与那些地方性场所一样，专业性场所为那些具有共同特殊兴趣的人们提供了一种内群体团结感。然而，专业性场所具有地方性场所没有的、一定程度的成员开放性和流动性。

对于大学生而言，特别是对于那些在城市中的大学或学院中就读的大学生而言，也许最著名的专业性场所之一就是俱乐部。这些俱乐部往往是拥挤的聚会场所，有一个流行音乐节目主持人（DJ）或一个乐队，一个舞场，一个酒吧，或者一个用于或坐或站的房间。例如，在波士顿，咏唱、阿瓦隆电吉他、贩酒店、罗克西摇滚和金星唱片等俱乐部都十分著名。其他一些迎合不同客人或成员的俱乐部，则包括诸如非裔美国人、拉美裔美国人俱乐部，或者同性恋俱乐部。不

管是哪种俱乐部，人们去到那里，都要听听音乐、跳跳舞，当然也是为了与新朋旧友度过美好的时光。

**临时网络**

很多城市定居者还会使用另一种网络，在城市中建立初级或短期的个人互动关系。这种临时网络的例子，包括了单身俱乐部、约会组织、公共舞厅、邀请听众打进电话的电台交谈节目和自杀热线等。

有时，这种临时网络对那些极度孤单和无助绝望的人会起一定的作用。然而，我们也常常看到，这种网络还会服务于那些生活十分幸福的人们。例如，那些参加晚间脱口秀节目的人，实际不一定孤单，他们可能只是在晚间工作或是因为很想说出他们的想法。

## 2. 城市身份认同

人们了解并完全认同某一城市整体的能力，实际上在中世纪就已经结束了。随着现代社会的来临，西方的城市开始出现了人口的无休止增长，以及劳动分工的不断深化，导致了我们今天看到的巨大而多样化的城市。

当然，大多数民众对他们的城市还是有某种程度的"了解"的。虽然这样的了解常常要依赖于陈旧的、定型化的城市肖像，而外来者也可能共享这种肖像。因此，与人们用阳光来界定迈阿密、娱乐业促进了洛杉矶和好莱坞一样，啤酒也以同样的方式使密尔沃基闻名遐迩。圣路易斯有它的拱门，多伦多有它的加拿大国家电视塔（CN，西半球最高的、不依靠其他支撑物的单体建筑）。还有，埃文河畔的斯特拉特福有它自己的莎士比亚，汉尼拔，而密苏里则因为是少年马克·吐温［原名塞缪尔·克莱门斯（Samuel Clemens）］的故居而倍感荣耀。

此外，运动队以及地方重要事件（如波士顿的圣帕特里克节、帕萨迪纳的玫瑰游行日、华盛顿特区的总统就职典礼日、新奥尔良的四旬斋前的狂欢节），都会促进人们对现代城市的认识和认同［"明尼阿波利斯—保罗——双胞胎维京斯（Vikings）和斯达（North Stars）的故乡！"］。下

页的"城市生活"专栏深入地描述了这些城市仪式。

历史事件——无论是消极的还是积极的——都会促进人们界定城市的经验或体验。旧金山1906年的地震和新奥尔良2005年的卡特里娜飓风的灾难性后果，就是仍然在人们的脑海中徘徊的、代价高昂的悲剧性事件的例子。保罗·列维尔（Paul Revere）骑马穿越波士顿、《独立宣言》在费城的签订、圣安东尼奥市的阿拉莫（Alamo）战役，都是这些城市数代后人和当代居民众所周知的重大事件。 *221*

## 3. 对作为礼俗社会的城市之评价

大量的研究都支持如下结论：城市人中的大多数在他们的城市中都与他人有着"很好的联系"。一方面，大多数人都会参与各种网络，包括家庭、邻里、朋友、特定场所网络甚至临时网络。另一方面，大多数人对他们的城市都有某种认同感。虽然它们不一定总是明确具有腾尼斯所说的礼俗社会的显著特征——个人化的关系和归属感——但是它们在城市中确实也很繁荣。

# 四、城市的个性

大多数的城市都会传达一种独特的印象，即萨托斯（Suttles 1984）所说的"城市质地"（texture），也是另一些人称为城市"灵魂"、"个性"或"感觉"的东西。纽约就是一个"大苹果"，一个能量之都和拥挤繁忙之都。当然，这是一些定型刻板化的印象，但很多人对纽约都持有这种印象（参见191页的"城市风光"专栏）。

这样的印象在何种程度上是真实的呢？萨托斯认为，一个城市的个性根植于其历史、建筑、街道名称，甚至城市某一部分的诨名之中。这些要素加在一起构成了一种客观的实在，而不仅仅是个人的印象。例如，好莱坞的一个参观者，在格劳曼（Grauman）的中国剧院前面的水泥地面上的确能够看到明星的脚手印，使用地图来参观明星们的家庭，并且能够看到巨大的"好莱坞"标牌在俯瞰着整个城市。他还会知道谁呢？如果

## 城市的各种大型仪式

城市生活

城市无论大小，都会有一些年度性的事件，涉及整个城市中的各色人等，起着使人们共享城市体验并因此认同城市的方式之作用。下面就是其中的一些例子。

在费城，只要天气允许，每年新年都会有100万人在街上聚集，观看古装乐团游行。成千上万的游行者、古装乐团的成员戴着高帽，披着斗篷，穿着弄上斑点和闪闪发光的金属片的衣服，昂首阔步地一路炫耀那独特而悠扬的管弦乐。他们不是行走也不是游行，相反，他们以一种风格独特的、很难模仿的步态前行。这是一种精彩的、让人高兴的景象，是一个有名的城市传统。

波士顿则会举行爱国者节（四月的第三个周日），这是纪念在这个城市发生的导致美国独立的一系列事件［保罗·列维尔（Paul Revere）和威廉·道斯（William Dawes）骑马穿越波士顿、列克星敦战役和康科德战役］。除了再次上演这种骑行和大游行外，那天吸引人的主要地方还在于波士顿马拉松长跑。这是美国最古老的长跑，在时间上仅晚于奥林匹克本身，在其长达26.2英里的路线上，吸引了2万

多名参跑者和50万名观看者。

墨西哥州的五月五日节，是纪念1862年5月5日他们在佩布拉（Puebla）打败法国军队的节日。美国的很多大城市——包括奥斯汀、芝加哥、达拉斯、休斯敦、旧金山和圣保罗——都会庆祝这个节日，在洛杉矶则有数十万人在公园和街头集会，穿着墨西哥传统色彩（红、白、绿）的服装、购买手工艺品、吃饭、听音乐和舞蹈。

底特律则有一个周末纪念日，是电子舞蹈音乐节。100多名艺术家在城市中心的哈特广场多个舞台上同时表演。这一事件在电声技术音乐的诞生地举行，整合了最先进的音乐与视觉技术，极具创造性、多样性。

多伦多从七月中旬到八月初，会举行每年一度的加拿大丰业银行赞助的加勒比海节，整个城市充满了纪念海中女神卡里普索（Calypso）的让人激动的盛装化装舞会，到处光彩生辉。这个为期两周的节日，是北美最大的加勒比狂欢节，吸引了100万以上的参加者，包括成千上万的美国游客。

在纽约则有很多的民族节日，

其中最古老、最受欢迎、超越了族群边界的节日，则是小意大利社区的圣热内罗节，时间是九月中旬，会持续大约两周。节日中的街头节目，包括游行、娱乐和食物小摊、吃奶油甜饼比赛，每年吸引了100多万人。

在北美的数千个十月节（源于德国慕尼黑的啤酒节）中，辛辛那提的德国传统节日是最大的一个，每年吸引了50多万人。这个城市的五个中心街区在每年九月都会变成十月节庆祝场所，节日共分七个阶段，提供各种生活娱乐节目，其中有将近100个摊位提供德国食物、白酒和啤酒。

但我们还必须提到新奥尔良重新恢复的四旬斋前的狂欢节，否则我们就遗漏了一个重要的例子。这个狂欢节在很大程度上是因2005年的卡特里娜飓风才得以恢复。其持续大约两周，在基督教的四旬斋前一天的肥美星期二（Fat Tuesday），会举行几十个街头盛装游行。游行一开始，那些骑手们会穿着古老的盛装，把面包和其他小装饰品撒给成千上万的旁观者，在这充满乐趣的时间里，旁观者之中也有很多人会化装和着盛装。

足够幸运，他甚至有可能与某个著名演员在一个饭店中面对面。明星、金钱和名声就是作为"浮华之都"的好莱坞的所有个性。

### 底特律

数十年来，"汽车城"底特律在不断衰退，其高犯罪率的坏名声人人皆知，整个城市为了摆

脱这种状况在苦苦挣扎。随着20世纪70年代汽车产业的衰落、富人逃离到郊区、内城区崩溃，底特律多年被列为美国暴力犯罪最严重的城市之一，从而获得了一个危险的坏名声——暴力文化荒地。作为城市衰退的一种原因也是结果，底特律的人口从1950年的180万人急剧下降到2000

城市的个性

理查德·保罗（Richard Powell）是小说《费城青年》（The Young Philadelphians）的作者，这本小说于1959年被改编成由保罗·纽曼（Paul Newman）领衔主演的同名电影。关于许多美国城市的个性，他进行了如下挖苦式的、开玩笑式的、有争议的评论。这种评论可能让一些美国人感到高兴，但也可能使一些美国人生气：

在美国所有的大城市中，只有9个有自己独特的个性。它们是纽约、芝加哥、费城、波士顿、洛杉矶、旧金山、新奥尔良、查尔斯顿和萨瓦纳（Savannah）……

而在这些城市之中，又只有旧金山是真正具有自己个性的一个城市。其他8个城市都常常使那些没有好运气出生在旧金山的人生气。我希望当我说对很多外来者来说，费城与波士顿都具有让人十分愤怒的个性时，我不是在揭示什么高级机密，而只是在陈述一个事实。对于很多外来者说，这两个城市都像极了一对受到保护的老处女，已经变得脾气极坏、行为古怪，但恰巧又可怕的富有而讲究。

当然，纽约有其强烈的个性。与费城一样，我自然也很不喜欢这个城市……

下面是对美国其他大城市的个性或没有个性进行的简短评论：

芝加哥——是的，有个性，不过是美国中西部城市中的大亨。

底特律——没有个性，只不过是美国城市中的一辆改装的高速汽车。

洛杉矶——有很多个性，但只是一种让精神病医生高兴的个性。

巴尔的摩——不比它自己的钦科蒂格牡蛎更有个性，仅仅是隐居之地。

克利夫兰、圣路易斯、辛辛那提、堪萨斯城、哥伦布斯和印第安纳波利斯——都是一些没有脸面的中西部城市，体现不出比很多有意思的小城镇更多的东西。

匹兹堡——没有个性，只是一个暴富的过气职业足球运动员。

华盛顿——真的根本就不是一个城市，仅仅是一个巨大的国际汽车旅馆，而客人仅仅是来此过上一夜就走。

密尔沃基——一个急切地率先通过密尔沃基勇士队员之间间隙的面带羞涩的小伙子。

西雅图、纽约的罗彻斯特、俄勒冈的波特兰、布法罗和明尼阿波利斯——对于这些城市，你除了熟悉的名字之外，根本不能够指出这些名字具体对应的是哪个城市。

旧金山——具有美国所有其他城市没有的轻快个性：没有势利的文化，没有似乎看起来就像外国人的世界主义。

新奥尔良——与巴黎一样，是少数几个性感的城市之一，是克里奥尔人的玛丽莲·梦露。

纽瓦克和泽西市——一对毫无出路的难兄难弟。

休斯敦、达拉斯和沃斯堡——具有外强中干的个性、牛仔的举止风度，并在周六晚上发出嘤嘤声。

查尔斯顿和萨瓦纳——它们是可爱的老女人，对那些她们年轻时追求她们的男人总是津津乐道，其唠叨有时使人感到厌烦。

迈阿密——仅仅是一家十字路口的镀铬餐车式简便餐厅。

亚特兰大——个性分裂，因为不能决定是扮演斯嘉丽·奥赫拉（Scarlett O'Hara）还是珀尔·梅斯塔（Perle Mesta）的角色。

城市风光

年的95.1万人，下降了52%。从2000年到2010年，其人口还在进一步急剧下降，根据2010年人口普查数据，其人口只有71.4万了，又少了23.7万人（U. S. Census Bureau 2011c）。

一个城市如何才能克服这样一种人口与名声的双重损失？办法之一，就是要使城市成为一个更具吸引力的文化中心。例如在亨利·福特博物馆，修复戏剧院和展览馆，开放城市历史博物馆和非裔美国人历史博物馆，就能吸引很多的参观者。这个城市的艺术研究院是美国最大的艺术博物馆之一，也能起到这样的作用。另一个使底特律再城市化的努力，就是让人们住在市中心，例如可以为韦恩州立大学、亨利·福特医疗系统和底特律医疗中心的雇员与学生提供贷款与租房补贴，以鼓励他们通过贷款和租房补贴居住在底特律的市中心。

最近这个城市的另一项创新，就是改善公共交通，修建一种自动化高架轻轨系统，这个系统能够容纳底特律市中心2.9英里环线上的数百万乘客。只需要50美分，一个人就可以轻易到达这个系统13个站点步行距离范围内的无数娱乐场、饭店、商店、夜生活场所、各种地标性建筑和其他景点。还有，这个城市有四个专业的运动队（美国及加拿大职业篮球联盟活塞队、美式橄榄球联盟雄狮队、美国冰上曲棍球联盟红翼队、美国职业棒球大联盟老虎队），生活在这个城市之外的很多人都是它们的拥趸。

也许关于底特律的个性和印象之变迁的最好指示器，就是其城市天际线的象征——文艺复兴

◎ 社会研究者通过研究发现，实际上在所有城市居民之间，不论贫穷者还是富有者，普遍存在社会关系网络，从而打破了城市异化之迷思。一个人不需要进入正式的社会组织，就可以与他人分享亲密关系。一个街角或一条公共长凳，就完全可以用来创造一种礼俗社会的环境。

中心大楼［绰号"人参"（RenCen）］。它是世界最大的综合办公大楼之一（使用面积达550万平方英尺），其中心塔（底特律万豪酒店）是西半球最高的全酒店高楼，还拥有最大的屋顶餐厅。这里还有沿着底特律河修建的7座摩天大楼相互联结而构成的市中心综合体，是通用汽车的世界总部。同样，这个城市最著名的极重要、极宏大的酒店，则是31层高的、新复兴风格的布克—凯迪拉克（Book-Cadillac）酒店，花了1.8亿美元来翻新装修，并且已经有具有综合用途的威斯汀酒店（Westin Hotel）入驻，这里还有办公室和具有独立产权的豪华公寓大厦。另外，这里还有康博软件公司（Compuware）最近新修的建筑，花了3.5亿美元的全球总部，里面有4 100个公司职员在办公，而位置与威斯汀酒店只隔了几个街区。

不过，尽管底特律已经出现了如此巨大的变迁，但其市民对这个城市的印象仍然很差，市民的经济福利和生活质量也较差，这是它仍然要面对的重大问题。

**波特兰**

俄勒冈州波特兰——本书第4章的研究案例——则给人一种积极的个性和印象，因为这个城市已经使市中心重新充满了活力，新修了很多住房，也有了很多新的工商业，又重建了海滨区。来访者在绿树成荫的购物街购物，可以欣赏各式喷泉，骑着免费的自行车安全自在地游玩，因此倍感惬意，流连忘返。波特兰作为美国西部一个充满生机和活力的城市是繁荣的。另外，在2000—2010年期间，这个城市的经济保持了10%的高速增长，却又有效地使开发控制在特定的土地面积内。

**街道风光**

在曼哈顿市中心，那些由高层建筑构成的"水泥峡谷"，与波士顿市中心的中央商务区——其周围很少有高层建筑——的街道相比，或者与旧金山有着陡峭山坡和电缆车的街道相比，在来访者的大脑中又创造了另一种不同的景象。

简言之，当我们对这个城市的情感与对那个城市的情感不同时，我们要相信我们的感觉，它们不会欺骗我们。尽管这些城市有着很多共同的要素，但确实又有自己的个性。

# 五、人性化的城市

在今天的城市环境中，人们已经设计了各种方式来使城市生活人性化，就如他们过去在乡镇与农村中那样。甚至在与贫困做斗争的时候，大多数人也已经建立了各种方式来维持积极的个人关系（Curley 2008; Domínguez & Watkins 2003; Henly, et al. 2005）。尽管某些无家可归者生活在相对隔绝的边缘地带，但大多数城市贫穷者都会形成社会网络来帮助自己应对困境。

弗吉尼亚·沙因（Virginia Schein 1995）对30位接受了公共财政资助的单身母亲进行了深度访谈。所有的这些访谈对象都有工作或有工作经历。她发现，对于大多数人来说，尽管这些女性的日常生活存在很多艰难，但家庭、朋友和教师网络既提供了资源，又提供了经济资助，使得她们能够战胜困难并挣扎向前。阿琳（Arlene）34岁，是3个孩子的母亲，仅获得过商业行政管理大专文凭，却力辞和婉拒公共财政资助福利而去参加工作，当消费服务代表。她解释说，如果没有家庭的支持，她将一事无成。她说：

> 在我毕业之际，我对我姐姐说，我欠她太多。我的姐姐帮我看孩子，使我能够外出。她帮我在日常生活中照看孩子们，给他们做晚饭，让他们洗澡，然后把孩子们送回我家，让他们睡觉，然后等着我回家，常常要等到晚上九点半（Schein 1995：102）。

还有其他一些访谈对象获得的支持不是来自家庭成员，正如另一位母亲所言：

> 我的生活简直就如一个三环马戏。我有两个孩子，他们要上五门课程，我要来回接送他们。这是一种需要努力才能完成的杂耍。我意识到我不能单凭自己的力量就能完成这个事情。我要寻求帮助，但又不会感觉失面子……
>
> 我意识到，有很多人都在关心我。他们帮助我，然后情况就好了。我知道哪些人我可以打电话请他们帮忙，我可以从他们那里获得我所需要的帮助，知道那些也知道我将要从哪里经过的

◎ 族群引以为豪的游行和街头交易会，诸如纽约第九街的国际食品节，是一种广受欢迎的方式，通过这种方式，一个城市不仅庆祝了其节日，也提供了在其他背景中不能找到的丰富活动。不管一个人来自何种背景，这类事件都是兴趣与快乐之源。

人（Schein 1995：99）。

勒娜塔（Renata）是一位37岁的母亲，她高中都没有毕业，有两个十多岁的小孩，她谈到了她从教堂获得的积极支持：

> 我厌烦了试图修好某些东西，但任何事情都没有修好的情况。事情会发生改变，而我却不能把它们改变回来。我开始去教堂，并且我不再频繁搬家。我一年之前就开始去教堂，并结识了大量的朋友。我过去属于那种总是愿意宅在家中的人。以前我就是去工作，回到家中，又去工作，然后又回到家，两点一线。我不会在街区中与很多人进行接触。过去我在家这边有一个邻居，在工作单位那边有一个女朋友，如此而已。而现在，每周六我都要去教堂，在唱诗班中咏唱，我一整天都和不同的人交谈。
>
> 有个女人说："你看起来不错，容光焕发。这是你的光环。我不知道那是什么，但是你看起来已经不同。"这条街道上的一位小老太太也说："你早就应该去教堂了——你现在看起来不错。"

它每天都给我更多的信心。如果我今天能够去教堂，那么我明天也能够去，后天乃以以后的每一天都会去（Schein 1995：102-103）。

卡罗尔·斯塔克（Carol Stack 1997）的研究指出，在美国中西部城市内城区的贫穷非裔美国人充满智慧和灵活性。她经过研究发现，其中大多数男子都是来自美国南方的移民，他们原本想找到更好的工作，但最后最好的情况也只不过是找到低薪的、卑微的工作。而其中大多数女性没有稳定的收入来源，挣扎着抚养她们的孩子。斯塔克发现，尽管他们遭遇了种种不公，但通过建构扩大的（diffuse）家庭结构，能够维持一个稳定的共同体，并满足每人的基本需要，从而应对他们所处的困境，共度时艰。

这种网络是应对中度危机的方式——人们共用衣服、食物和共同出房租等。但是，每一次获得别人的帮助，也就欠下对方一笔债。而帮助别人的家庭和个人，当然希望在将来需要的时候别人可以帮助自己。随着这些义务的扩展，居民建立起扩大的"合作与互助"网络（Stack 1997：28-31）。这种扩大的网络成为一个扩大的家庭，他们把共同体的人都叫做"我们的亲族"的事实就可以表明这一点。孩子们的父亲有时生活在家中，而当他们不能养活他们的家庭时，他们就不待在家中了。即使那样，父亲也不时做他们所能做的来养育他们的孩子。当母亲必须外出工作时，她们就请其父母或邻居帮助照看孩子。因此，一个非正式的日间看护系统逐渐形成，确保小孩总会得到至少一个成人的看护。通过这种互惠互助系统，人们给别人需要的帮助，同时期望他们的善意以后能够获得回报。或者，正如一位妇女所指出的：

有时我的口袋中一枚该死的硬币都没有，没有一便士去购买纸尿布、牛奶和面包，真要命。你不得不从任何人或每个人那里寻求帮助，因此当他们走出来帮助你时，你不要拒绝任何人（Stack 1997：32）。

凯瑟琳·S·纽曼（Katherine S. Newman 2000）

在哈莱姆的社区发现存在一种同样的朋友与家庭支持系统，向年轻的有工作的人，以及那些有工作的父母提供帮助。十多岁的少女夏琴纳（Shaquena）生活在一个扩大的家庭经济体中，与祖母、叔叔、舅舅和堂兄弟生活在一起，她在汉堡谷仓（Burger Barn）赚的钱，以及她祖母的社会安全生活补助金（SSI）、叔叔的失业保险、一个在警察所工作的舅舅的工资、另一个在洗车行工作的舅舅的收入，都会被抽出一部分合在一起使用，而家庭中所有人都共同承担家庭的经济开支。在夏琴纳所在的社区中，家庭和朋友会相互拜访，一起吃饭，在需要时相互借东西。例如，她祖母的糖可能用完了，会打电话给夏琴纳的叔叔，叔叔会立即把糖送来。虽然她的祖母往往会首先叫一个家庭成员帮忙，但是她有时也会叫邻居送来，而邻居往往也会及时送来。这种相互的合作和帮助会发生在代际之间。夏琴纳的朋友有一位老祖母，又是夏琴纳祖母的朋友。朋友的祖母的厨房中有各种各样的食物。因此，当夏琴纳的祖母说需要某种物品而自己没有时，她会安然地上楼去拿那些她需要的东西。因此，这些相互联系的社会网络，具有帮助人们生存的实用性。

这种实践和做法，也具有情感上的价值。扩大的大家庭能够提供家庭的稳定性，而如果没有这种大家庭，就不具有这种稳定性。拿夏琴纳来说，她的母亲因为毒品犯罪而时常出入监狱，如果没有大家庭，夏琴纳的情况可能更坏。

相反，那些不会通过互惠而选择进行"公平交易"的人，很快会受到制裁，道格·A·蒂默等（Doug A. Timmer, et al. 1994）研究者也指出了这一点，蒂默对坦帕、丹佛和芝加哥的无家可归者进行了深度访谈。正如其中一位无家可归的妇女所解释的：

我把我妹妹带回我的公寓，而不让房管局知道这个事情，以帮助她度过困境，给她吃饭、给她购买各种东西。我们有很多假期都在一起度过。这样的时间长达六个月。在三周前，我把这个掷到她的脸上，并告诉她："就是这么一回事，226 你知道。我帮助你，并且知道现在你不能帮助我。

然后，你可能忘记我。"一直以来，我们相互根本没有电话联系，我不会给她打电话。即使她来探访我，她也找不到我（Timmer, et al. 1994：113）。

人们通过这种合作与互惠支持系统，通过学习再学习而创造出各种方式，来满足彼此最基本的需要，并在一定程度上缓解贫困的冲击。这样的积极适应是人们使其城市体验更加人性化的一种重要例子，即使是在贫困而苛刻的条件之下也是如此。

# 六、社会运动与城市生活

社会运动常常始于非正式的群体活动，当然有时也是有组织的活动，并会促进或阻碍社会变迁。尽管这样的运动在任何地方都可能出现，包括在 18 世纪的咖啡屋或者现代大学都可能出现，但城市是它最为肥沃的土壤。城市中大量的人们聚集在一起，促进了社会互动，使具有同样心思的人，能够发现彼此和找到知音，然后聚集在一起，组织和发动草根运动。的确，不管是诸如美国革命、法国革命，以及 20 世纪 80 年代后期席卷整个东欧的"天鹅绒革命"等激进的社会运动，还是诸如妇女参政论者运动、公民权利运动和同性恋权利运动等改良性社会运动，其舞台总是城市。

例如，请考虑具有密集人口的城市在 2011 年阿拉伯之春民主示威中所扮演的角色。年轻的抗议者可能通过移动电话和互联网形成网络，但他们进行示威的地方，正是大城市的公共空间。他们聚集到这些地方，在突尼斯宽广的布格巴（Bourguiba）大街上或在开罗的塔里尔广场进行面对面的互动，这进一步刺激和促使其他人冒着风险加入他们的行列。最后，他们成功地实现了他们的需要，这种大规模群体挑战政府的消息，经过电视新闻报道之后，又激起了其他阿拉伯国家的民众（利比亚、叙利亚和也门）在自己的城市中发起示威，要求政府改革。

地方性的社会运动，则往往涉及诸如交通安全、旧房拆迁、毒品销售、妓女等问题。而在这些问题上，城市设计和人口密度同样增强了公开参与者的潜在力量。有一个很好的例子可以说明这一点，那就是西雅图在 1988—2002 年之间，大约有 3 万居民参与了 37 个社区的开发规划，从而形成了另一种城市社会运动——公共市政管理运动。他们参与各种自助项目，以实现公共产品的生产，并建立了新的公园和运动场，更新了社区设施，记录了口述史，创造了公共艺术和培育了社区（Diers 2004：19）。

# 七、郊区生活

本章的讨论有很多地方都不仅关注生活在城市中的人，也关注那些临时来到城市中的人——包括通勤者、旅行者、文化活动与体育运动的观看者，以及上述各种场所的参与者或到其他各种场合的人。然而，现在大多数人都生活在城市之外，所以我们也应关注郊区人，对他们的生活进行社会心理学的分析。

## 1. 关于郊区的刻板印象

当 20 世纪 50 年代郊区移民成为一种大众现象时，选择这种生活方式的人口数量不断增加，并导致了很多批评和讽刺。社会学家、杂志评论家、作家，往往以新建的、各个部分完全相同的莱维城作为郊区的模型，并常常反映了他们自己的城市偏见，对郊区做出了消极的描述，说他们在郊区所发现的，总是那么千篇一律，想起来都让人厌倦。

大卫·理斯曼（David Riesman 1958）的论文标题就是《郊区的悲哀》（*The Suburban Sadness*），明确地表达了他的感情。约翰·济慈（John Keats）在其畅销书《落地窗中的裂纹》（*The Crack in the Picture Window*，1956）中，批评了郊区开发，并且他书中的主角是约翰·德罗纳（John Drone）和玛丽·德罗纳（Mary Drone）夫妇［他们的邻居包括了那些头脑浑浑者（Faints）和心平气和者（Amicables）］，目的就是阐明郊区人与他们那能够容下两辆车的车库绝对一样，都是人工预制的。其他大量的著作也表达了同样的看法，威廉·H·怀特（William H. Whyte）很有影响的《组织人》（The Organization Man, 2002；初版于1966）一书，尽管是对生活在伊利诺伊州森林公园那些频繁流动（rootless）的公司经理人的一项记录性研究，但也传达出那些为了追求他们的成功而每几年就迁移一次的郊区人的图像。马尔文那·雷诺兹（Malvina Reynolds）1963年的民俗歌曲，后被皮特·西格（Pete Seeger）唱红，把郊区人的家说成是"小盒子"，它们由次等材料构成，并且"所有的看起来都一样"，而其中的居住者也是如此。

而媒体则增强了这种刻板看法和印象的传播。诸如"奥兹和哈里特的冒险"（The Adventures of Ozzie and Harriet，1952—1966）之类的电视秀，集中体现了郊区家庭生活。电影《剪刀手爱德华》（Edward Scissorhands，1990）也讽刺了郊区的千篇一律，描述那些男人们同时离开他们一模一样的家，跳进他们一模一样的汽车，然后去上班。而电影《欢乐谷》（pleasantville，1998）讲述了两个十多岁的现代青年被他们的电视吸了进去，然后被迫生活在20世纪50年代那充满了天真无邪和纯洁质朴的失魂家族（sitcom）中的故事。

所有的这些书籍、电影和电视节目都把郊区人描述成有小孩的年轻人，而这些小孩子吃着发出嘎吱嘎吱声的早餐麦片粥。他们会迅速地彼此进行各种社会交往（在上午进行咖啡谈话会，在晚上进行烤肉会），并且他们过度着迷于品位和风格上的彼此复制，不惜自我贬低也要"与同自己地位相当的邻里保持一致"。在这种刻板的描述中，郊区人被描述为无性格、狭隘和肤浅的人。

与所有刻板认识一样，这些刻画中确实存在某些真实的因素，但它们很难揭示郊区的真正实在。首先，它们忽视了郊区的多样性，包括老的郊区、工业化的郊区、工人的郊区等。在第10章中，我们将对郊区多样性这一话题进行深入讨论。其次，正如甘斯（Gans 1968）所批判的，很多批评者更着迷于建构一种消极的神话，而不是对郊区进行真正的研究［其1967年的参与观察研究报告《莱维城居民》（The Levittowners）

就是这样的研究］。最后，一个新开发的郊区后来会出现动态的发展，那些在同一时间进入的、年龄相当的所有人，都会随着时间的过去而改变。一些人老去，一些人迁走，而更加年轻的人又会迁入（从而使郊区居民出现年龄的多样性），那些最初的"定居者"的"拓荒精神"也会慢慢衰退。

其中的一些陈旧的刻板印象，会被新的刻板印象继承、补充或超越。用高耗油的运动型多功能车（SUV）接送孩子去参加足球运动的"足球妈妈"，是今天的郊区年轻母亲的普遍形象。媒体不仅促进了这样的刻板印象，还在公众的头脑中烙刻郊区人是具有强烈城市生活欲望却遭受挫折者的形象，很多肥皂剧都有这样的情节，如1999年获得美国学院奖的电影《美国美人》（American Beauty, 1999）与获得艾米奖的电视节目《绝望主妇》（Desperate Housewives）就是如此。这样的情节可以用来编造喜剧，但大多数的郊区家庭的父亲并不会打自己十多岁女儿的女朋友的主意，而郊区母亲大多数也不是绝望者。

## 2. 物理环境

城市能给人某种印象，郊区也同样如此。当然，郊区在其形成时间、典型的价值观念、占地规模、声望等方面各不相同，但它们都传递着某种程度的公共开放空间、新鲜的空气、树木多、单亲家庭、草坪和安静的街道与邻里社区等形象。郊区房屋前面的草坪，往往只用于展示；除了除草，这儿几乎没有其他活动发生。对于郊区人来说，后院才是其户外的游乐场，在这里有烤肉架和天井、门廊露台、秋千、健身设施、树上小屋，以及玩乐之地，是他们休闲和娱乐的舞台。

通过观察某个郊区的物理环境并稍加分析，我们就能够回答这个郊区是什么时候建成的（Lynch 1976）。有些小房子建在也许只有50～70英尺长的一小块长条地面上，具有科德角的式样，因此有可能建于20世纪50年代。随着20世纪晚期人们品位的改变，房子规模开始变大，人们认为住宅必须是一个家庭拥有一套住房，并且要有壁炉以及更加私密的空间。最近麦当劳式豪宅——在很小的一块土地上建超大规模

228

的大房子，其面积至少超过 4 000 英尺——的大批量修建，已经导致大量批评和很多地方的抵制。批评者认为这种麦当劳式豪宅"没有品位"、"太过招摇"，然而这样的建筑在郊区场景中仍在不断增多，它们或者是在新址上修建的，或者是推倒老建筑来为它们让路（Gertner 2005；Nasar, et al. 2007）。

比起那些较新的郊区来，那些较老的郊区虽然土地面积可能更小，但人行道却更多。实际上在用地规模与人行道路交通之间存在负相关关系：前者越大，后者则越少。街道也许可以说是城市的"生命河流"，但在郊区，它们似乎只不过是去往某处的道路；站在街头看人来人往，在郊区似乎没有多大的吸引力。在这样的低密度人口郊区，提供公共汽车服务是不切实际的，这使得小车对成人来说是必备的，对于小孩与未成年的少年，自行车则成了仅次于校车的重要交通工具。那些不住在校车路线附近的父母，还要花很长时间和很多汽油开车接送小孩上下学，去参加课后体育运动或各种课余课程（舞蹈、音乐、唱歌、宗教仪式）等。

在郊区，即使有也只有很少的地标性建筑。居民从一个地方到另一个地方，主要依赖于自己头脑中的地图。而来访问者需要特殊的指引，常常迷路，不能找到目的地。人们对郊区可能具有各自不同的印象，从而出现郊区的多重实在，而且在郊区之间我们也能够发现多样性，但是这种多重实在性，任何郊区都不如典型城市那样强烈。

## 3. 社会环境

与法理社会中匿名性和陌生人广泛存在不同，郊区社会环境是一种礼俗社会，是一种综合性的社会网络。你也许不知道每个人的名字，但是人们共享一种社区共同体感，大多数的日常生活互动都体现了这种共同体感。而且，特别是在有学龄儿童的家庭之中，各种组织活动十分丰富（诸如家庭—教师互动、青年团、童子军等），而且这些活动也希望父母能够积极参与。最新来的居民，不管有没有小孩，常常发现所在社区有本地的"欢迎居民团体"或新来者俱乐部，它们与新来居民建立接触并把他整合进共同体中。

加入教会并参加其他的各种活动，参与地方的各种项目，参加街区或家庭派对以及野餐等，都是互动邻里关系的一部分，这对生活在郊区的人来说是普遍的现象。为十岁前和十岁多一点的孩子举行的生日派对和通宵狂欢，以及为那些高中学龄学生在学校举行各种活动，都是人们把年轻人组织和整合到郊区社会生活结构中去的诸多方式之一。

## 八、概要

生活在城市改变了我们的理解和感知。城市生活经验导致我们对作为一种物理与社会环境的城市做出反应，而这种反应体现了城市的社会心理学层面。

我们通过在内心有序地安排城市的物理空间来理解城市。林奇发现，我们会考察物理的风景、界定和识别出各种路径、边界和区域、节点和地标。这样的区分部分来自城市本身（毕竟街道是"自然的"道路），部分来源于个人的需要与创造性（例如，人们发明"后街"的小径，以便从一个地方快速地去到另一个地方）。林奇的发现是十分重要的洞见，促使我们用"心理地图"这个概念去深入理解人们是如何在内心有序地安排城市的。

在我们应对城市的社会层面时，也会出现一种类似的秩序化过程。一方面，我们通过创立坐地铁、排队或街道行走的行为规则，来应对城市的法理特征（大量成员与人口高密集）。但是，我们也会根据陌生人的衣着、举止和出现在城市中的地点来揣度他们。我们的社会特征——贫穷或富有、外来人或本地人、主流或边缘人——与我们城市经验的性质存在莫大的关系。

而在另一个层次上，我们已经形成了复杂的方式，来在城市中确立有意义的关系。城市本身就是一个重要的例子。个人网络有很多不同的形式，包括亲属、邻里、街角友谊或那些不时去某些场景中的人们之间建立的关系。我们大多数人都把城市界定为一个整体，并把城市的特征（关

*229*

键产业、常胜的运动队或重要历史事件）与自己的个人城市经验合并在一起。所有这些机制都给城市经验增添了一种礼俗特征。

我们接着讨论了城市的城市个性。最近的研究显示，人们基于城市历史、建筑、位置和人口而对每个城市都"感觉"有点不同的这一评论，在一定程度上是正确的。

最后，各种调查研究显示，即使是那些处于绝望的经济状况的人们，也能使城市人性化，并把城市生活转变为一种有意义的经验。

城市经验的所有这些要素加在一起，就为我们在这种最大的人类聚集体中提供了秩序感和安全感，并使城市变得有意义、可利用，使人们也可安然地享受城市的一切便利和美好。

关于郊区生活的社会心理学研究，使我们知道人们对郊区存在一种刻板印象，最初人们认为郊区是一种肤浅的地方，那里似乎一模一样，毫无个性，而媒体和有偏见的观察者又把这种刻板印象广为传播，后来又出现了"足球妈妈"之类的刻板印象，再后来出现了郊区人都是想生活在大城市却遭受挫折的"绝望者"之类的刻板印象。郊区生活方式尽管存在广泛的差异，但同一郊区内的各种物理要素存在某种程度的同质性。综合的互动网络和有组织的活动，会以各种方式把年轻人与成年人都整合进去。

# 九、结论

城市是一个大地方。比起任何其他人类居住形式来，城市有更多的人、更多的建筑、更多的道路、更多的节点，以及更多的互动机会和社交机会。正如齐美尔在很多年前所指出的，那些想要理解和研究城市的人，必须穷尽心智方可实现目标。总之，只有通过深入的研究，我们才能理解由其居民所导致的城市复杂性。低人口密度的居住模式不利于徒步者，开通公共汽车的可能性较低，使得人们必须高度依赖于小汽车。物理建筑上的同质性与地标建筑的缺失，使那些心中没有郊区的详细心理地图的来访者，往往不能在郊区顺利到达目的地。

## ▌关键术语

街区          节点
边界          道路
地标          场所
麦当劳式豪宅      城市质地
心理地图

## ▌网络活动

1. 登录 http：//www.mentalmaps.info/,点击"展示窗口"，浏览人们的城市心理地图以及真实的城市地图和各种人行天桥等。

2. 登录 http://www.youtube.com/watch?v=u5_h2v1MJ_M，查看关于可怕的城市冷漠事件。其中一个是2010年4月纽约市发生的案件，它是城市冷漠的极好例子之一。当时有个男人试图阻止罪犯行凶抢劫他人，但被刺伤，最后流血过多而死亡，从他身边经过的行人，都没有施以援手。

# 第**9**章
## 城市比较研究：
## 城市与文化

*230*

我们在第 5 章曾讨论过沃思的《作为一种生活方式的城市主义》一文（Worth 1938），并指出该文存在一些极具启发性的内容，因此我们应再回忆一下。沃思认为，城市人口规模大、密度高而且极具异质性，导致城市具有非个人性、易变性和匿名性的特征。但是，他对城市及其影响下的人类行为的看法过于消极和抽象，而忽视了文化的作用，这种文化就是城市生活方式，常常对城市定居者的生活具有积极的影响。

本章主要介绍探讨城市与文化的两种理论视角。首先将讨论丹尼尔·J·蒙蒂（Daniel J. Monti）所说的市民文化是否存在。其市民文化概念认为，在城市生活方式中，不同类型的人会找到一种适当的公共行为模式，以便在最大程度上能够彼此相处；他们通过仪式、习惯和律令，"找到在公共空间中相处、能够和平地从事私人生活活动的方式，并使自己的行为具有最起码的可预测性和确定性"（Monti 1999：103）。

然后本章，将讨论认为城市本身并非单一实体的视角。这种视角认为，任何城市都会反映世界上的某种文化，并强化其文化。例如，强调自由行事、创业以及核心家庭的北美文化，使北美城市为了交易的最大化而建立起摩天大楼林立的市中心，以及很多核心家庭位于城市的非中心地区。约鲁巴（Yoruba）是尼加拉瓜的第二大城市，主要人口是伊巴丹人，尼加拉瓜文化则强调个人化的交易关系、手工制造技术以及扩大家庭，由此导致这座城市的物理布局与社会互动都不同于其他的城市。城市毕竟是人类的创造物，所以呈现出与人类文化同样的多样性。我们只有探讨某个城市所处社会中的主要文化模式，才能完全理解这座城市。

# 一、城市与乡村

……在宫廷里算作礼貌的，在乡野里就会变得可笑，正如乡下人的行为一放到宫廷里就显得寒碜一样。

——莎士比亚：《皆大欢喜》第三幕（Shakespeare, *As You Like It*, Ⅲ, 2）

## 1. 相互依赖

莎士比亚指出了一个众所周知的事实：乡村生活方式与城市生活方式往往十分不同。但是，我们不能对此得出过度概括和抽象的结论。例如，伊巴丹这座城市是如此的接近乡村田野，城市中的很大一部分人都是农民，以至于我们难以辨别它到底是城市生活方式还是乡村生活方式（Lawal, et al. 2004）。的确，在任何地方，城市与乡村都不存在根本的相互独立，相反存在相互依赖的共生关系。

通观整个历史，那些试图寻求更好生活的人们向城市的迁移，已使城市与乡村变得彼此如此的相似。这里我们只举一个例子加以说明。在 19 世纪欧洲城市大扩张的过程中，英格兰从一个几乎完全的乡村社会，变成全国人口 3/4 都生活在城市的城市国家（见表 9—1）。在短短 50 年内，其城市人口几乎翻了三番，而农村人口中成年男性人口的比例大大下降。

表 9—1 英格兰与威尔士 1851—1911 年的城市与农村人口

| 年份 | 城市人口总量 | 农村人口总量 | 城市人口比重（%） |
| --- | --- | --- | --- |
| 1851 | 8 990 809 | 8 936 800 | 50.2 |
| 1861 | 10 960 998 | 9 105 226 | 54.6 |
| 1871 | 14 041 404 | 8 670 862 | 61.8 |
| 1881 | 17 636 646 | 8 337 793 | 67.9 |
| 1891 | 20 895 504 | 8 107 021 | 72.0 |
| 1901 | 25 058 355 | 7 469 556 | 77.0 |
| 1911 | 28 162 936 | 7 907 556 | 78.1 |

资料来源：*Census: England and Wales*, 1911, Vol.1, p. xv, reported in C. M. Law, "The Growth of Urban Population in England and Wales, 1801-1911," pp.125-43 in *Transactions of the Institute of British Geographers.* Accessed at http://www.jstor.org/stable/621331?seq=2 on April 14, 2012.

城市与其周围乡村腹地之间的关系，涉及的不仅是不断的移民，还有其他更多的内容。城乡双方还在资源上形成互惠关系。由于城市居住人口大多从事专门化的职业而不是农业（即使伊巴丹也是如此），因此乡村必须向城市供应食物。

在城市中，很多专门化的职业，包括制衣和炼钢等，也都需要乡村提供原材料。反之，乡村则获得城市专门化职业的产品，诸如纺织厂和制衣厂生产的衣服，以及钢铁厂和机械厂制造的拖拉机，等等。

莎士比亚的认识十分深刻，但最重要的城乡关系也许是生活方式的相互影响。进入城市的乡村移民，在实现地位向上流动的同时，也把自己的文化传统带入城市，结果使城市中的人类行为构成一种多彩的万花筒，其内容包括了从那些完全保持"故乡"风格的移民群体（例如纽约的哈西德派犹太人），到那些只在某种程度上维持旧有生活方式的各国后裔美国人（诸如亚裔与拉美裔美国人）的所有生活方式。

乡村对城市的影响，还体现为传统的民俗音乐、艺术、文学等会不断改变城市的特征。例如，美国的大城市往往设有各种音乐电台播放乡村音乐，那些"乡村摇滚"是乡村与城市音乐的特殊混合产物。

在北美和欧洲的城市中，至少在诸如伊巴丹人之类的非裔居多的城市中，人类文化的整合交融特别普遍，城市人会从存在于城市的各种原初乡村生活方式中吸收一些内容，然后把它们整合成新的生活方式。这类城市人包括纽约市长菲奥雷洛·拉瓜迪亚（Fiorello La Guardia），下页的"城市生活"专栏对此进行了描述。也许，我们可以公允地说，今天大多数城市中都存在像拉瓜迪亚这样的人。

然而，这种影响是双向的。一方面城市能从乡村获得很多东西，另一方面城市往往也会回报这种恩惠，而且城市的影响会大大超过其边界向外辐射。实际上，很多社会学家认为，在现时代，城市对乡村的影响要远远超过乡村对城市的影响。

233

## 2. 城市支配

自17世纪欧洲殖民者到美洲定居后，北美城市文化就一直在整个社会处于支配地位，这种支配力量远远超越了其城市定居者的数量和比例。

234 也就是说，尽管城市定居者很少，但其文化对社

◎ 亲近的（intimate）、空间开放的市场，在世界上很多地方都很常见。特别是在发展中国家，城市生活——诸如图中的危地马拉——是建立在亲属与族群关系基础之上的。男人往往在他们的农地里忙活，或者制造手工产品，饲养家禽和牲畜，女人则在集市中出售这些产品。他们常常知道每个人从事的是什么行当。

◎ 到18世纪晚期，巴黎这座城市已经确立对法国所有农村的支配地位，包括对全国农村文化、经济和政治事务的支配地位。当拿破仑借鉴古罗马传统风格修建其位于爱丽舍宫西端的、规模宏大的凯旋门时，巴黎就成了法国爱国主义的象征，进一步强化了其作为法国"核心和灵魂"的象征。

## 纽约市长菲奥雷洛·拉瓜迪亚

从社会学角度看，拉瓜迪亚是一个生活在很多文化边缘的边锋人物……坦慕尼·霍尔（Tammany Hall）也许是通过与犹太人一起吃鱼丸冻、与匈牙利人一起吃菜炖牛肉、与德国人一起吃醋焖牛肉等来赚取选票的第一人，但这个非正统的共和党人不仅讨巧地对每个族群的东西都吃一点，还根据不同的场合说一点犹太人语、匈牙利语、德语、塞尔维亚—克罗地亚语或纽约土语。拉瓜迪亚有一半的犹太血统，一半的意大利血统，生于格林尼治村并成长于亚利桑那，他的首任太太是天主教徒，第二任太太是路德教徒，但他本人是一个泥瓦匠和主教派，后来完全通过自己的努力成为全国兄弟会的先生（Mr. Brotherhood Week）。

资料来源：Arthur Mann, cited in E. Digby Baltzell, *The Protestant Establishment*（New Brunswick, NJ: Transaction Publishers, 2000），p.29.

会的支配力量却很强大。而且，正如我们在第3章中所描述的，随着人口向诸如芝加哥、堪萨斯城、圣路易斯和多伦多之类的西部城市迁移，北美出现了更新的城市，并与早期的东部殖民定居点纽约和费城一起，进一步强化了城市的支配性。在遥远的西部，特别是随着1869年横穿北美大陆到旧金山市的大铁路的建成，这些城市不断成为社会生活的中心。约西亚·斯特朗（Josiah Strong）在1885年发现了这一事实，并评论说："正是这些城市在西部建构了各州宪法、创制了法律、创造了公共意见、确立了社会习惯法，以及确定了道德标准。"（Strong 1885：206）

因此，北美的发展是与城市的发展交织在一起的。城市作为不断扩张的市场中心，通信持续进步的场所，政治、艺术、风尚方面的领导权的根源，长期以来创造了很多新的文化事物，诸如第一家新闻报纸（费城在1784年开办了第一家日报）、第一家证券交易所（纽约，1792）、第一个电话系统（波士顿，1877；1884年通到纽约，1911年通到丹佛，1915年通到旧金山）等都是城市的文化首创。

这种城市对其周围社会的支配模式，绝对不是北美独有的现象。托克威尔（Alexis de Tocqueville）关于1789年法国大革命的历史解释，就描述了同样的现象（Tocqueville 2004；初版于1856）。在17世纪初，法国封建制度开始衰落，法国人的生活逐渐以巴黎为中心。其结果是，这次革命在巴黎一爆发，就迅速席卷整个法国社会的其他地区。

托克威尔指出，在过去的那些时代中，巴黎"一直只不过是法国最大的城市"。但是到了1789年，情况发生了变化，甚至说巴黎"就是法国本身"也一点都不夸张（Tocqueville 2004：145）。这个城市控制了整个法国的经济、文化与政治命脉。这种城市支配地位的证据，也体现在除了巴黎之外，其余地区都是乡村。关于18世纪巴黎边远地区的政治气候，英国观察家阿瑟·杨（Arthur Young）在调查时不断听人说道："我们只是一个省的乡镇；我们不得不看巴黎的人会做什么。"（Tocqueville 2004：147）

这完全正是巴黎所处的地位和所起的作用。其中最惊人的历史事实之一，就是"改造后的法国与欧洲文明，同十年前的美国革命相结合，产生了大城市"的文化观念（"自由！平等！博爱！"）。

因此，城市支配是现代世界以及历史世界中的一种核心模式。然而，有些时候，城市的影响

235

并不会受到如此的欢迎，新罕布什尔的格拉弗顿县的人们就是如此，他们做出的决定，就是不欢迎城市的影响。下页的"城市风光"专栏，也描述了他们的观点。

236　　而在另一些情况中，城市的支配地位可能被低估，其中斯普林代尔（Springdale）就是如此。它是纽约偏北的一个小镇，街道是那么安静，周围都是乡村，因此似乎是一个远离城市的世界。但这种外表具有欺骗性。虽然这个小镇中的居民对他们的自立自足传统——他们赋予小镇生活的价值——感到特别骄傲，但他们也承认，这些情感正在逐渐消退。社会学家亚瑟·威迪奇（Arthur Vidich）和约瑟夫·本斯曼（Joseph Bensman）写道，斯普林代尔人——

　　普遍知道城市社会和大城市社会在技术上和文化上要优越于他们自己的共同体。在日常生活中，当他们的共同体不能向他们提供他们所需要的所有事物时，他们就明白这一点：几乎所有人都要去城市购物和娱乐；大量成员要靠收音机和电视获取信息；每一个人都意识到，如果没有汽车和冰箱，乡村生活就会发生巨大的改变（Vidich & Bensman 2000：79；初版于 1958）。

　　在今天，新城而非老城对乡村地区的风景有着更大的影响，但其仍然只是一种新的城市支配形式。上面引文中提到的那些联系，也不是把斯普林代尔人与更大的城市社会联系起来的唯一的方式。影响他们生活的，是那些来自诸如各种国家农业拓展服务组织的资本家，以及乡村自己的受过大学教育的专门技术人员。把城市社会文化"输入"乡村的其他组织，还包括了诸如"奇怪的家伙"（Odd Fellows）和"吉瓦尼斯俱乐部"（Kiwanis Club）之类的全国性组织。也许更重要的是，各州及联邦机构对乡村经济与社会生活的影响，要大大超过非地方性的机构。税收、镇上小孩的教育以及地方农场牛奶的价格，都日益受到外部因素的影响，而这些外部因素主要是以城市为基础的。威迪奇和本斯曼总结认为，尽管乡村民众试图保留地方文化并引以为傲，但"直

接涉及社区的规划与决策，大多是由隐形的机构与组织进行的"（Vidich & Bensman 2000：81）。现在，随着斯普林代尔人定期到城市去购物和消费，城市也隐约发生了转型，而不管这种转型是更好还是更坏，斯普林代尔和这些乡村共同体都喜欢它。

# 二、城市与文明

城市一直以来都是文明的壁炉（fireplace），光与热从这里辐射到那黑暗而冷酷的世界中。

——西奥多·帕克（Theodore Parker），
19 世纪美国传教士

　　正如我们已经指出过的，城市之所以在现代社会中日益处于支配地位，原因在于人类的所有一切——艺术、音乐、工商、传统，以及我们之所爱的与我们之所恨的——都在此汇集。城市本身并没有创造一种生活方式，而是提供了一种背景，在这种背景中，任何生活方式、任何文化传统，都能够以一种在其他环境中不可能的方式来增强和再生产自身。例如，苏格拉底、柏拉图和亚里士多德都生活在希腊的雅典，在此他们共享彼此的思想，又彼此挑战。而如果他们生活在乡村部落中，彼此隔绝，那么这种情况就不可能发生。

　　"城市包容所有文化"这一结论，再清晰不过地表述了文化的强化过程。通观整个历史，那些思想家、研究者和文学家等都指出，城市已抓住了整个人类文明的实质。的确，古典希腊戏剧作家欧里庇得斯（Euripides）坚持认为："幸福的首要条件就是出生在大城市。"205 页的"城市趋势"专栏，列举了我们关于城市与文化相关的日常词汇，说明了历史上那些最重要的城市研究著作关于城市与文化之间关系的思想。

　　难道城市真的是文明的同义词？为了找到答案，让我们再深入探讨奥斯瓦尔德·斯宾格勒（Oswald Spengler）、刘易斯·芒福德和丹尼尔·J·蒙蒂的思想。

# 城市精英的入侵

城市风光

当城市人为了逃避拥挤的人群与交通的堵塞而迁移到乡村时，往往会产生一种具有讽刺性的变迁模式。他们在试图使自己的生活更简单、更远离城市的喧嚣忙碌的同时，很快又影响和导致乡村环境的变迁，并破坏乡村的自然面貌。

让我们以一对假想的已婚夫妇为例来加以说明。丈夫鲍勃（Bob）是一位计算机图形设计员，妻子劳里（Laurie）则是一位自由的图书编辑。作为一对双方都具有专门技术职业的夫妇，他们生活于曼哈顿，收入较高，因此他们在纽约北部乡村（upstate）购买了第二处房子。他们的两个孩子经常来这里度周末，与他们同样喜欢这座隐在山间的别墅。

几年之后，鲍勃与劳里就厌倦了在周五晚上长途驾车出城去乡下，然后又在周日开车回城的生活。但他们喜欢和看重在乡下可以每日享受安静生活，以及周围那静谧美丽的自然环境，不喜欢拥挤的人群、噪声和日常城市生活的匆忙急促。于是，他们开始试图改变过去的生活方式。鲍勃征得老板同意，每周只需到办公室一至两次，其余时间可在家中办公，并在必要时通过电话、邮件、视频会议保持联系。而女儿苏（Sue）也改成在乡下的家中完成她的作业。这种改变给了他们一种灵活性，能够在家中度过完整的周末。而且，苏厌倦了作为一个6～8岁女童子军（Brownie Scout）领导者那永远都履行不完的责任，并且最近她家的车子被人盗窃，CD磁带被偷走。于是她急切想迁到乡下，这个地方没有人会锁自己的车子，而且这里也没有女童子军。

这一家人搬到这里的第一年过得十分幸福。花园和菜园搞得很成功。他们在山间小道散步，观赏小鸟，还学会了越野滑雪。鲍勃喜欢为火炉劈柴、为火炉生火，他们借此度过那些寒冷的夜晚。

尽管乡下的生活如此安逸，但有一个问题，就是上学。劳里认为这里的学校不好。她发现这里的学校需要新建校舍、现代游乐场地设施和购入新的校车。事实上，这里更需要一所运用现代教育方法教学的新小学。让鲍勃与劳里非常震惊的是，这个地方的小孩有一小半高中毕业就不再接受教育，而是去参军或去一些小城镇工作，当商店收银员、农民和机械师。在如此低劣的乡村学校上学，他们的小孩如何能够考进好大学啊？于是他们组织起一群附近的居民，来改造和提高社区的教育。其中一些人计划改革校董会，并着手筹备和修建了一座花费数百万美元的新学校。

鲍勃是如此喜欢劈柴，以至于他决定购买一个电锯，好砍伐他拥有产权的树。他也喜欢打高尔夫，但最近的一个球场也远在20英里之外。他和他的朋友在教育议事间讨论修建一个有9个洞球的高尔夫球场。他们已经找到了恰当的地方，这个地方是一个老农场主的，但他只在这里饲养了几头奶牛，而无力再种地。不久后，他将不得不卖掉这块地方，那时他们就可以抢先买下来。当然，他们尊重当地的农民，但如果这个老农不愿意放弃自己的土地，那真是一件坏事，但那就是生活，不是吗？

随着更多的时间过去，鲍勃与劳里已日益安于他们的乡村生活方式。然而，他们也发现其他一些需要较难满足。要是这里有几家饭店，可以吃上法国餐或意大利餐，甚至能够在晚上外出就餐那就太好了。还有，那个小机场没有几个航班，还不时因为机械故障停飞，这种情况真的需要改变，否则鲍勃仍然不得不开车去曼哈顿参加重要的会议。还有就是那些小孩应该更好地组织起来，一些人已经建议他们应组建童子军。

换言之，中上阶层从城市迁往乡村，极有可能使这个乡村转变成一个典型的郊区。它可能会继续保持一代人左右的乡村性，周围散布一些农田，那些过时的老人会在乡镇聚会并表达他们的意见。但是，当时间足够长久之后，用于改进基础设施和道路的税收将会加重，原住民不得不搬走，而当他们搬走之后，乡村美国的又一个片段就消失了。

## 城市与文明

### 1. 城市文明

就如西方文明以游牧民族建立永久定居为开始的标志一样……我们人类文明中独特现代性的开始，是以大城市的产生和形成为根本标志的（Louis Wirth 1938）。

城市是文明人的天然居所（Robert Park 1984；初版于1916）。

［城市］是最宝贵的文明创造，在文化的传播方面，其珍贵性仅次于语言本身（Mumford 1991；初版于1961）。

### 2. 城市词汇

在英语文化中，很多与城市概念相关联的词汇，都具有积极的和褒义的性质。英语单词 politic（政治）源于希腊单词 polis（城市）。这个单词的同义词，就是机智的、风雅的、谨慎的和明智的等。civil（文明的、教养很好的）、civilized（文明化的、优雅的行为）和 civilization（文明化、生活方式）等词的词根，都是拉丁语的 civis（市民或城市居民）。还有一个拉丁语单词 urbs（城市），后来演化成了 urbane（城市化的、彬彬有礼的）一词，描述的是那些温和、穿着光鲜和有教养的文明人。这类褒义的概念，揭示了一种古老的信念，即城市定居生活代表了人类演化中最好的一面。

除了这些形容词外，来自希腊语的名词 metropolis（大城市），在今天有很多种用法，而这个名词的最初含义进一步表明了城市生活的积极形象。我们把这个单词分成两个部分，metro（母亲）和 polis（城市），就可以得到这种形象。那么，对于古希腊人而言，metropolis 不仅是他们日常生活的中心，也是他们遗产的根源，他们从中继承知识、哲学和生活模式，并使他们成就更大、获得更多。

理解这些词汇的各种起源和含义，有助于我们理解过往时代中的人们关于他们的城市及城市中的人们的所想所思。

**城市趋势**

# 1. 城市的"灵魂"

237 斯宾格勒是一位德国哲学家，他善于从各个城市观看文明兴衰的大戏。他主张，城市会逐渐产生和形成，日益支配社会，最后衰落；并且，城市往往承载着数代人甚至数个世纪建立起来的文明。斯宾格勒的理论具有历史循环论的色彩，他认为"所有伟大的文明都是城镇文明"，"世界史就是城市史"（Spengler 2004：247；初版于1928）。当代社会科学家往往认为他的这种理论过于简单，他的观点非常重要，但我们也不能完全赞同。

斯宾格勒深信，在城市中，人类文明会呈现出独特的品质。在文明发展的某些关键点上，城市的"灵魂"开始出现。斯宾格勒还认为，乡村永远都不会有这种意义上的灵魂，它最多只不过是一种"风景"。而且，他主张，城市是如此的独特、力量如此的强大，以至于乡民与市民都十分清楚，在城市之外的那些从属环境与城市的支配性影响之间，存在显著的差异，或者正如斯宾格勒所说的，"城市有新的灵魂，会说新的语言，并且这种语言不久就会成为文明本身的等价物"（Spengler 2004：248）。

因此我们可以发现由底比斯（Thebes）所象征的古埃及的实质，由雅典所象征的古希腊的实质，由罗马所象征的罗马帝国的实质，由巴格达所象征的伊斯兰的实质，由巴黎所象征的大革命前的法国的实质（Spengler 2004：247）。的确，斯宾格勒认为，欧洲整个文明时期，都只能在城市中得到见证。例如，他提醒我们，哥特体、文艺复兴和巴洛克风格只能在培育了那些文明世界的城市中繁荣昌盛。

238

现代社会学家往往认为，斯宾格勒对城市社会学的贡献很小，且其思想存在固有的缺陷，很少有人会认同他关于历史变迁的循环论。然而，他正确地感知到城市与文明之间的联系。后来，他的相关思想得到了一位美国城市研究者的深入阐述，这位学者的思想我们在下文还将进行讨论。

## 2. 作为文明中心的城市

芒福德回顾了城市在整个西方历史文化中的重要性。他基于历史的与比较的证据，主张城市实际上从一开始就是西方文明真正的中心。

芒福德认为，在地球上的所有动物中，似乎只有人类才知道和清楚自己是完全独特的。我们可以思考、创造，对诸如生死、性和上帝之类的事物充满好奇。芒福德推论说，在人类演化的过程中，人类把这些思想附着于不同的地方。其中最早的文明中心，可能是洞穴和墓地。这些地方是符号象征性的中心，那些好奇的人不断地回到这些地方，来思考那些神话，他们希望能够理解这些神话。文明因此而开始。"我们通过收集一处坟墓的信息特别是其中着色的符号，一块伟大的石头特别是神圣的雕刻，就可以看到系列文化组织的开始，其范围包括从庙宇到天文学观察站，从剧院到大学这样的组织。"（Mumford 1991：9；初版于 1961）

随着时间的流逝与技术的进步，某些人开始永远定居在这样一些地方：庙宇逐渐变成营地，然后变成一个村庄，最后变成一个城镇。与斯宾格勒一样，芒福德也认为在某一关键点上，文明思想、人和特定的地方凝聚在一起，最终导致了城市的出现（参见下页的"城市趋势"专栏）。

当城市出现后，文明的历史就变成了城市的历史。然而，对此论断我们必须小心对待。我们常常想当然地认为，文明意味着进步，今天存在的东西，在某种程度上要优越于过去的东西，这是某种程度的改进。但是，芒福德与斯宾格勒都没有明确提出文明演化的概念。相反，他们认为，城市就是一种大写的文明，是一个社会或一个时代的思想的鲜活体现。城市并非必然就是一种进步。正如我们已经提到过的，斯宾格勒在城市中，看到了文明的兴起与衰落，而芒福德与 M. 韦伯（参见第 5 章）一样，认为过去存在的城市——例如希腊雅典——比今天的城市要更好。

## 3. 城市的市民文化

某些社会科学家认为，城市已经沦为"公民冷漠的污水池"，不再拥有其曾经促进居民文化或道德的美好形象。但是，蒙蒂拒绝这种看法（Monti 1999：378）。相反，他认为，城市仍然鼓励其居民形成一种公共的市民精神和开放的思想。它们与公共习惯与风俗等日常惯例共存相融的能力，就是这种市民文化的明证。市民文化的要素往往源于其他文化或承袭自更早的时代，因此它有助于城市的众多市民应对彼此的世界，并理解彼此的世界的意义。

对市民文化进行详细的描述，是一件困难的事情。首先，每个城市都有自己的独特风格、脾性和公共节奏，因此概而论之，可能具有误导性。其次，市民文化并非是静态的，它总是不停地变化，并因此很难精确地界定。最后，对于市民文化的一些要素，城市的某些群体可能知道得更多，而另一些群体可能知道得更少，因此在城市的不同地区，人们对这些要素的实践并不相同，甚至根本不会实践之（Monti 1999：103-104）。

尽管市民文化的某些层面不会均匀地分布，<sub>239</sub>但某些层面在整个城市都会很好地运转，被市民广泛共享。在"仪式、风俗、关于适当公共行为的律令"中，我们可以发现这些共同而普遍的要素（Monti 1999：103）。实质上，"它们表达的是城市中的人们如何找到使自己公开地维系在一起的方式，同时仍然能够和平地进行他们的私人生活，使他们的私人生活具有适当的可预测性和确定性"（Monti 1999：103）。例如，城里人往往会排成一行而不是挤成一团等候公共汽车的到来。这种不说出来的、不用教授的市民文化规范，人们很快就能学会，并使陌生人彼此之间相互尊重，当公共汽车到站时，能够有序地上车。

诸如此类的无数城市公共行为方式，都反映了共同的市民文化价值观、规范和实践，这种市民文化使彼此不同和不相识的人们能够构成一个具有包容性的共同体。城市中的人们实际上很在意彼此的行为，而非仅仅关注自己的活动或仪式，以便在城市公共空间中以适当的方式

## 城市结晶

城市的出现，不仅仅是人口的增加这么简单。人口向城市的聚集与融合，会促进人类的创造性以及各个活动领域的重大进步。先前分散的、没有组织起来的各个行业，现在都聚集到城市围墙之内，受到中央集中控制，因此城市能够驾驭和利用人类的力量，并促进交通、运输和贸易，增进农业的生产力。同时，这也会促进建筑设计与手工制造业的进步，促进人文与科学的创造性演化，并满足日益复杂的社会那不断变化的需要。城市的其他早期成就，包括学校、图书馆、大学等使用文字的领域的出现，所有这些又都进一步刺激了知识和技术的发展，促进了人们的反思与推测、创造性与发明，并确立了一种累积性的遗产，而后代以此为跳板，获得更进一步的发展。

历史上的城市，其内部也存在矛盾。在城市中，创造性的活动常常十分繁荣，但往往也存在对居民生活的严格控制。对于某些人来说，城市提供了一种舒适的生活方式，但另一些人则生活在贫困之中。那些防御外来掠夺者的高沟深垒所提供的居住安全，并不能抵挡城中街头的危险，特别是在晚上更是如此。神权与世俗权力在城市中往往会相互强化，但有时也会相互竞争，而在另一些时候又可能融为一体而共存。

因此，历史上的城市生活动态，会呈现出后来数代城市定居者都能认出的诸多维度。总之，城市从其产生到现在，由于活动内容丰富、具有多样性以及让人激动和充满希望，对绝大多数的人来说都是一种充满诱惑的地方。

资料来源：Excerpts from "The Crystallization of the City" in *The City in History: Its Origin, Its Transformation, and Its Prospects*, by Lewis Mumford. Copyright © 1961 and renewed 1989 by Lewis Mumford.

城市趋势

---

行事，从而形成一种共同的世界观，并想到更好的方式来使自己共存于城市公共空间中（Monti 1999：104）。

市民文化的出现和存在，不仅意味着城市具有一种阳光性或平等性，更意味着一种实践的存在，这种实践使城市生活变得有意义。这种实践看起来可能是保守的实践和自由的实践的矛盾结合，但它是有效的，访客也会从这种市民文化的精神气质中受益。因此，城市生活方式虽然不被认为是我们的文化遗产的要素，但它对我们的文明做出了重要的贡献（Monti 1999：379）。

*240*

## 三、城市与社会文化

从芒福德和斯宾格勒那里，我们知道了尽管城市与文明并非完全是同一事物，但城市确有一种独特的力量来强化和象征性地表达文明。从蒙

◎ 丹尼尔·J·蒙蒂认为，城市中的市民文化，包括各种关于公共场所适当行为的共同律令，使陌生人能够在一起，并基于彼此合理的预期而行事。诸如拼车或排队等待公共汽车这样的实践，通过心照不宣的相互尊重的规范，能够使人们优雅而有序地上上下下、来来往往。

蒂那里，我们又知道了城市也会生成一种市民文化，而其居民在不同程度上或多或少会共享和实践这种文化。然而，文化模式是如此广泛，以至于各个城市彼此之间可能存在明显的差异。在下面的案例研究中，我们将看到两个城市，明北京（公元1368—1644年）以及公元5世纪的希腊雅典。它们是十分不同的两种文明的首都，彼此前后相隔了1 500多年。

# 1. 案例研究：明北京

中国首都北京位于中国大陆北方，离渤海不远，这座城市以紫禁城和天安门广场为中心向四周扩散，天安门广场是世界上最大的公共广场，面积达到了98英亩。北京（以前在英语世界中又叫Peking）现在的人口大约有2 000万，具有3 000年的历史，有着十分辉煌的过去，拥有众多迷人的古迹。

北京最初之所以建立在中国的东北方，目的是保卫这个国家不遭受来自北方的入侵；后来在耶稣诞生之前的几个世纪中，渐渐发展成为一个城市。在公元13世纪，元朝（蒙古民族）皇帝开始统治中国，忽必烈大汗把北京确立为元朝的首都。不久后的1368年，元朝被明朝取代。明朝永乐皇帝不惜国本，把这个城市变成了所有中国文化的一个纪念碑，并把他自己变成了那种文化的象征性元首。这是一项浩大的工程，为了扩大宫殿、拓展城市的道路和桥梁，他甚至不惜国力，从1 500英里之外运送大量的花岗岩到北京（Mote 2003：617–620）。

### 物理布局

为了使对中国人的生活十分重要的一切事物都符号化，这个城市被刻意而精心地设计，整个城市完全按照南北中轴线分布，围绕这条中轴线，对称分布着各种宫殿、庙宇和祭坛。也许再没有比芒福德认为这个城市是一个物理容器更为恰当的了，因为明北京确确实实是一个城中之城，皇帝居住在最为重要和最为中心的地方（见图9—1）。

明北京面积大约为25平方英里，主要包括两大部分。每一部分的形状都大致呈长方形。北京的南部，是外城，居住着这个城市的大部分人口，在15世纪大约有100万，也许在当时是世界上人口最多的城市（Li, et al. 2008：1）。

然而，北京的北半部分，完全又是另一种特征。这一部分是内城，被50多英尺高和同样厚度的巍峨高墙包围。在西方，"城市"一词的确往往与文明或政治相联系；而在中国，用来表示"城市"（city）的"城"字，字面上的意思"城墙"，不过它以另一种方式表明，城市是一种重要文化意义的容器（Murphy 2007：189）。所有城市街道都呈方格布局，在城墙上开设有对称性的城门。

处在内城围墙中心的，还有一个区域，叫做皇城。这个区域又被另一道城墙护卫着，内有面积达到5平方英里的公园一样的土地，还有人工湖泊和假山。它是政治与宗教权力中心，也是明代文明最壮丽辉煌之处。在这种人为建造而成的城市静谧之中，还有圈护城河和城墙，包围着这个帝国的宫殿和各种官衙，它们都坐北朝南。中国人把它叫做紫城，后来欧洲人发现只有得到皇帝的口谕才能进入这个地方，因此又称之为禁城。就在这座紫禁城的北面，有一座人造的大土墩，名叫景山；而在景山之上，又建有庙宇，居高临下地俯瞰着整个紫禁城。

### 符号象征

明北京是建立在复杂的宇宙观基础上的，有着各种庙宇、神坛，对日月、天地特别是天国起着宗教象征作用。中国的星象学家发现，在北京城建立很久之前，宇宙的中心是北极星，万物都以之为中心并围之运转。中国人认为，地球上——人间——的所有事情都是围绕着"天子"即皇帝运转的。当时的北京，是中国北方最重要的城市，因此成为这个帝国的首都。这个城市坐落于一条南北中轴线上，北方的重要显而易见；从只有沿着皇道（Great Processional Way）向北行进，才能来到皇帝身边这个事实中，也可以看到北方的重要性。甚至这座皇城之所以取名为紫城，也是因为北极星在夜空中发出的是紫色光芒（Naquin 2000）。

然而，这类符号象征还不止这些。所有建筑物的色彩与高度都具有文化的意义。农民地位低

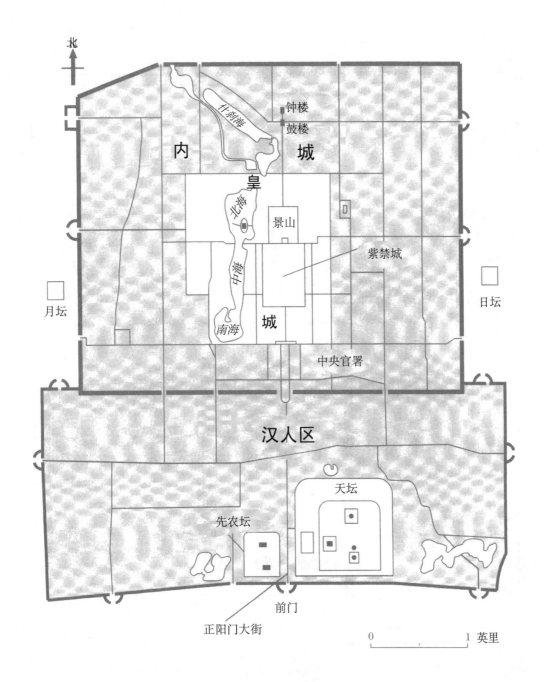

图9—1 明北京

资料来源：Roderick MacFarquhar, *The Forbidden City*（New York: Newsweek Books, 1972），p.42.

下、身份卑微，因此只准修平房，房顶只能是暗灰色。在皇城，各种职能官衙也只能有一层，但是为了显示它们更高的地位，准许楼顶为绿色、红色或紫色，这要取决于它们的功能和作用。只有在紫禁城本身之中，各种建筑才可以高于一层。它们的楼顶被漆成明亮的金黄色，象征着皇帝的统治具有（太阳般的）赋予生命的品质。皇帝是世界的中心，接受上天的委托在紫禁城中进行统治，他要使整个世界和谐一致，并监督历法和维持秩序（Beguin & Morel 1997）。

一点也不奇怪的是，由于皇城的重要性，在一箭之遥的范围内，皇帝拥有所有使他能够过上"美好生活"的事物。紫禁城的建设是城市设计中的一个奇迹，我们通过仔细分析图9—2中的

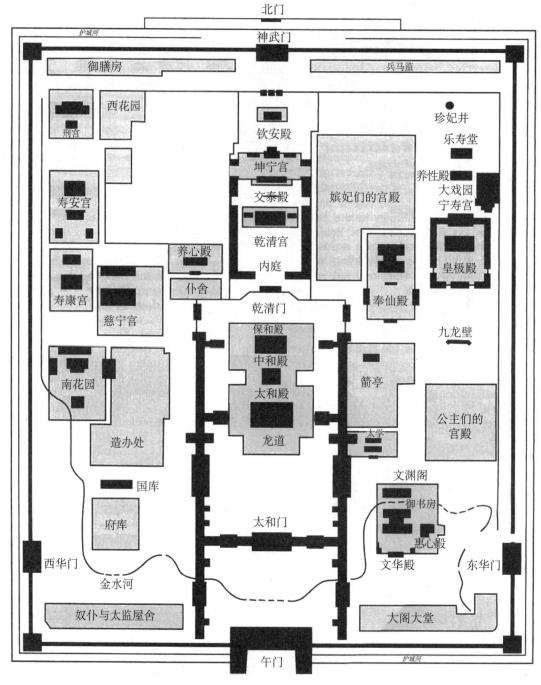

图 9—2 紫禁城

资料来源：Roderick MacFarquhar, *The Forbidden City*（New York：Newsweek Books，1972），p.73.

建筑，就可以看到这一点。特别值得注意的是，处于中心的建筑是唯有皇帝能够占有的地方。在皇极门（太和门）的北面的第一个建筑群，就是朝廷各部官员处理国家政事的地方，其中的皇极殿（太和殿）是举行一些特殊国事的场合，诸如新年仪式和皇帝生日仪式等；小一点的中极殿（中和殿）是皇帝自己准备和等待进行各种活动的地方；建极殿（保和殿）则是皇帝接见各种朝拜者和进行日常统治活动的地方。在这些朝廷建筑的北边，则是第二个中心建筑群，是皇帝的寝宫。通过乾清门进入其中后，你会看到乾清宫，这是皇帝的寝宫。下面接着就是交泰殿，似乎与其名字完全不符，这是官方秘档存放之处；最后，我们会发现坤宁宫，是皇后的寝宫。

明北京是城市能够强化文化的一个惊人的例子。北京是一个象征符号的世界，整个城市都建立在与自然和谐、安全（城中城）与权力这些文化主题之上。这个"洋葱的每一层"，不断强调整体性，并导向重要的、万能的中心——皇帝。

这些特殊而具体的符号象征，对于我们来说可能没有多少意思，但我们能够想象它们对明北京城的居民意味着什么。我们的城市也以同样的方式，在传播和扩大着我们的文化。在我们的文化中那些重要的东西，在波士顿、伯明翰等城市"十分明显、显而易见"。我们没有北京那样的城中城，或者起支配作用的宗教系统。然而，在纽约世界贸易中心那被毁的双子塔的原址上，承包商现在正在建设高达 1 776 英尺的新世界贸易中心，显然它是美国文化的一种象征和表达。在北美城市上空飞行，我们可以看到商用的摩天大楼、高速公路上那快速行驶的汽车、私人的独幢别墅。这些建筑也体现了那些文化上对我们而言十分重要的东西。

## 2. 案例研究：希腊雅典

无论人们如何夸大北京与位于地中海北岸山脉之中的希腊雅典之间的差异，都不为过，也不会存在什么风险。几乎是在公元前 5 世纪的仅仅两代人的时间里，在大约公元前 480 年和公元前 431 年伯罗奔尼撒战争开始之间，希腊文明开始形成。芒福德认为："除了复兴时期的佛罗伦萨之外，古希腊文明也许是历史上人类智慧盛开的最为繁盛的花朵，任何其他文明都无法比拟。"（Mumford 1991：167）我们真的难以想象，绘画、雕刻和建筑艺术在这里几乎同时形成和发展起来，一种理性建构的民主也得到了实现，各种哲学思想开始诞生，以至于这里仍然是今天西方思想的中心。而处于希腊文明黄金年代中心的，就是雅典这个城市，以至于我们往往把雅典文化完全等同于希腊的成就。

**前古典时期**

早在公元前 2000 年，就有四个移民部落开始在雅典定居，并且希腊半岛逐渐为封建领主所控制，他们极不谦虚地把自己称为贵族（aristoi，字面意思是最优秀的人）。到了公元前 8 世纪，这些领主已经掌管着数百个独立的希腊城邦，或者说"poli"（这是我们现在的"政治的"一词和城市后缀"-polis"的来源）。在接下来的两个多世纪中，随着技术和海洋贸易的进步、军事征服的增加，城邦变得逐渐富有起来。

具有讽刺意味的是，正是这些成功导致了贵族的没落。贸易的拓展创造了一个富有的中产阶层，他们开始要求参与城市统治，并且从军事上的胜利中演化出一个武士阶层，他们凭借技术和武器接管城市国家。在公元前 660—550 年之间发生的一系列政变中，他们也做了贸易和航海城邦所做的很多事情，并在这个过程中获得了僭主的名号（Burn 1970）。

不管是否是僭越的暴君，这个时期的武士处于如此重要的地位，后来被证明是意外而偶然的现象。在公元前 5 世纪之初，波斯人发动了一系列入侵，威胁着希腊半岛；雅典和它的敌对城邦即更加强调军事扩张的斯巴达合作，最后在公元前 479 年击溃了波斯入侵者，开启了这个城市——也许甚至是整个西方历史的——最伟大的时代。

**黄金时期**

在公元前 5 世纪，雅典城（大约 1 平方英里大小）及其周围的乡村大约有 35 万人（Waterfield 2006：149）。我们最好把黄金时期雅典的生活，理解为对人类可能性的颂扬。亚里士多德总是对城市生活的人类可能性时刻保持着敬畏，并解释说："人们汇集到城市来生活，他们继续待在这里以寻求过上美好生活。"什么是"美好生活"？雅典政治家伯里克利在纪念伯罗奔尼撒战争中的雅典牺牲者的著名葬辞中，表达了美好生活的实质：希腊的理想随着"有利于大多数而不是少数"的民主原则而开始了。

雅典对于民主的信奉是有其历史基础的，因为在黄金时期之前出现的城市—国家是独立的单元。的确，它们是如此独立，以至于即使在希腊

*245*

*246*

◎ 雅典今天仍然受到其文化和历史的强烈影响。甚至物理环境也揭示了这种社会现实，正如我们在上图中所看到的一样。修建于公元前5世纪后半期，作为古代雅典的大本营的雅典卫城（Acropolis），就坐落在这个城市陡峭的山顶上，现在也隐约可见。特别突出的是帕特农（Parthenon）神庙——这个城市的保护神雅典娜女神的神庙——的那些巨型柱子。

文明的高峰时期，我们都不能说整个希腊是一个"国家"。每个城市—国家都追求它们自己的目的，并认为没有一个城市—国家有权力支配其他的国家。

这种强烈的独立感，也体现了希腊市民的特征。在公元前600年，由于人们普遍越来越感到不满，雅典处于革命的边缘。为了避免这种情况的出现，一个名叫梭伦（Solon）的贵族被选举为公断人，他立即提出对雅典的宪法进行改革，允许所有"自由的公民"（不包括妇女、奴隶和外国人）在城市的统治机构公民代表会议中有一个席位。他建立了公民议会，其成员大约有400人，主要负责准备公民代表会议的议程。这些成员主要从雅典的四大部落中选举产生（每个部落选举100人），因此防止了一个部落对另一个部落的支配。最后，执政官要向公民代表会议负责，每年做一次工作报告。政治参与对每个公民都是强制性的；不管"身份有多低微"，每个公民都被要求必须参加城市的公共生活。

雅典的民主是一种十分卓越的创新，为所有自由民参与治理提供了机会。它也允许市民有权在支配一切的系统中过上他所选择的生活。古代的雅典不愿意再成为一个全能上帝或一个统治家族的例证，而是要成为所有自由民的例证。在这个年代中的最伟大的戏剧之一——索福克勒斯（Sophocles）的《安提戈涅》（Antigone）——中，我们发现有这样的陈述："属于某一个人的城市，就不是一个城市。"我们也可据此对明北京进行评判。

人类的发展和多样性的理念，对古希腊人祖先赫楞人的文明至关重要。这种原始的文明价值观认为，所有的公民都必须全力提高自己的生活（但不能过度奢侈），追求自己的福祉——具有良好教养的身体与心智及灵魂的融合。雅典人通过持续的工作、锻炼和运动，来强健他们的体魄，其运动会就包括了奥林匹克运动会，来自不同城市—国家的个人为了他们自己国家的荣誉而在运动会中激烈竞争。而持续的对话又激发了他们的心智；在他们暇闲的社会生活中，公民们常常会花一天的大部分时间来讨论生活中的那些深层次的事情。柏拉图与苏格拉底及其朋友之间的对话，就是一个极好的例子。

雅典人甚至会自己管理他们自己的精神生活。例如，正式的或者神秘的宗教系统都不会把诸神放在远离城市人群的地方。在北京，高僧或道士是"专门人员"，隐藏在紫禁城的围墙之后。但是在雅典，"牧师或祭司"往往是一个常人，其知识与常人无异，并不会做出自己的预言，仅仅是让公民履行宗教义务。其入世参与的理念，意味着诸如帕特农这样的神庙总是向人们开放，人们常常非正式地、公开地表明他们所信奉的宗教。

的确，随着希腊文明进入黄金时期，诸神本身变得不再那么抽象，而是更加像人了。他们是人们取乐、评判、交易和商谈的对象，但——完全相同的是——他们都起着人类发展的楷模的作用。奥林匹亚山上的诸神，成为人类本性中某些更高贵事物的象征，成为人类只要努力就能够达到的范围内的某些事物的象征。

希腊人对于体魄、心智和灵魂三方面的关注，则是一种独特的结合，这构成了雅典人之所以取得成功的关键。雅典人对这三大领域的严肃关注，使得其任何一个领域都不会被偏废。这种关注更多地在于检视实际的生活领域——例如政治或经济领域。如此之多的政治活动引起了人们对权力与控制的强调；如此之多的经济活动培育了人们对财富与物质产品的执着和关注。而在相对短暂的时期内，雅典的公民就避开了那些陷阱。

**繁华过后**

雅典在达到其城市历史的高峰后，并没有持续发展下去，最终被这种文明的自我中心主义和掠夺扩张害死。在其黄金时期，雅典人的财富与休闲空间，在很大程度上要依赖于其他人的产品与服务。在公元前5世纪前，在其成功的扩张时期，雅典人征服了很多其他城市—国家和地区。从被征服者那里，雅典人攫取各种物品、税收和人口——其中很多都是奴隶，强行索取进贡；沃特菲尔德（Waterfield 2006：149）估计，当时这座城市中有1/4的人口都处于不幸的地位，而雅典精英普遍使用奴隶，并从中获得好处。但是，所有女人都被剥夺了公民权，并且被贬低只能参加家庭经济活动并受到监督。

但是，精英主义还以另一种会立马产生破坏作用的方式抬头。雅典人拒绝赋予3万外国人公民权，其中的很多人作为商人已经成为那里的永久居民。这样做剥夺了这类市民群体潜在的、充满活力的新思想，迫使外国人仅仅关注经济事务。在士气受挫之后，这些商人把全部精力投入赚钱和物质享受。只要他们能够自由地赚钱，他们就不会对政府事务加以关注。到公元前4世纪末，赚钱已成为城市生活的中心。"经济活动只是获得更加全面的生活的一种方式"和"城市福祉更为关键和处于中心地位"等思想观念，日益被人们忘却了。

公元前431年，雅典与斯巴达之间爆发了伯罗奔尼撒战争。雅典最后战败并于公元前404年投降。在公元前399年，雅典人的民主思想完全陷入混乱，他们公开违背了他们的民主思想。例如，苏格拉底因为"总是无休止地公开质问"而受到审判并被处死。

不祥的预兆已然降临。后来马其顿人在腓力

（Philip）的领导下入侵雅典，而雅典人在公元前338年发起了一次迟来的反抗。在喀罗尼亚战役（Battle of Chaeronea）中，雅典人战败了，这次失败一直被称为"自由城市—国家之死"。直到罗马大帝在公元前148年来到这里之前，雅典一直是马其顿帝国的一个附庸国。

# 四、明北京与雅典：一项比较分析

古希腊雅典盛行的文明，与明北京的文明具有迥然不同的特征。毫无疑问，这两个城市有类似之处：都存在严重的不平等、大面积的贫民住宅区、拥挤而蜿蜒的街道、重要的中央纪念碑和公共建筑。不过，二者之间也存在十分巨大的差异。中国的文明根本上依赖于对神一般的皇帝的文化信奉，这给北京打上了一种明显的印迹。各种纪念碑与建筑使平民变得十分渺小，而同时使皇帝及其精英们显得高大而威严。的确，以北京紫禁城形式而存在的大本营，最明显地表明了一种远离人民、高高在上的排他性的权力结构。

雅典总体上似乎具有更加人道的特征。希腊文明中所具有的公民参与理念，使希腊具有一种人类尺度的特征，其鼓励自由民的开放性，沟通交流和发展。这样的理念在雅典所有的公共建筑——剧院（观众都是坐在表演者之上，而不是相反）、公共论坛、神庙、体育馆和市场——中都能够看到。这些建筑不是为某个帝王树碑，相反，雅典更颂扬"美好生活"。这种理念是十分宝贵的，不过其实践却出现了重大的失败。

在对希腊雅典与明北京的比较分析中，我们看到不同的城市会出现多么不同的文明，但是这种比较分析还可以揭示更多的内容：雅典通过成功地鼓励公民参与和对话，恰当地发展了人性中最好的层面，使我们看到一个城市可能会是什么样子。换言之，这个城市会使我们提出这样的问题：一个城市比另一个城市好在何处？为什么更好？例如，如果我们承认民主、平等以及身体、心智和灵魂的持续发展，是人们应竭力追求的理想，那么在我们自己的现代城市中，我们应做些什么来鼓励和彰显这种积极的文化价值观？而下面的"城市风光"专栏，则描述了一种与此明显不同的城市。

## 五、资本主义文化与城市

19世纪的伦敦当然与希腊雅典和明北京都不同。这座城市进行着各种火热的经济活动，是沃思在第5章所描述的现代城市的先行者和领跑者。

然而，恩格斯对伦敦得出了一种与沃思完全不同的理解。恩格斯第一次到伦敦是在1842年，同年他遇到了马克思，并开始了他们长期的合作。沃思认为他自己描述了所有现代大城市的实质特征，但是恩格斯十分清楚，自己只是把城市作为某种文化背景来讨论，认为城市只不过是加强西方工业资本主义强大力量的一种文化背景。请特别留意下面的"城市风光"专栏中的斜体字 那一段。那些在沃思看来是大规模的、分化的人口所导致的结果的东西，在恩格斯看来则是一种正在起作用的文化因素。

恩格斯被自己的所见所闻深深困扰。如果说希腊雅典由于有使所有人获得发展的文明理念而成为城市发展的一个高峰的话，那么恩格斯肯定

## 1844年的工业城市

城市风光

……250万人这样聚集在一个地方……把伦敦变成了全世界的商业首都，建造了巨大的船坞，并聚集了经常布满太晤士河的成千的船只……这一切是这样雄伟，这样壮丽，简直令人陶醉，使人还在踏上英国的土地以前就不能不对英国的伟大感到惊奇。

但是，为这一切付出了多大的代价，这只有在以后才看得清楚。只有在大街上挤了几天，费力地穿过人群，穿过没有尽头的络绎不绝的车辆，只有到过这个世界城市的"贫民窟"，才会开始觉察到，伦敦人为了创造充满他们的城市的一切文明奇迹，不得不牺牲他们的人类本性的优良品质……

在这种街头的拥挤中已经包含着某种丑恶的违反人性的东西。难道这些群集在街头的、代表着各个阶级和各个等级的成千上万的人，不都是具有同样的属性和

能力、同样渴求幸福的人吗？难道他们不应当通过同样的方法和途径去寻求自己的幸福吗？可是他们彼此从身旁匆匆地走过，好像他们之间没有任何共同的地方，好像他们彼此毫不相干……

*虽然我们也知道，每一个人的这种孤僻、这种目光短浅的利己主义是我们现代社会的基本的和普通的原则，可是，这些特点在任何一个地方也不像在这里，在这个大城市的纷扰里表现得这样露骨，这样无耻，这样被人们有意识地运用着。人类分散成各个分子，每一个分子都有自己的特殊生活原则，都有自己的特殊目的，这种一盘散沙的世界在这里是发展到顶点了。*

这样就自然会得出一个结论来……每一个人都把别人仅仅看做可以利用的东西；每一个人都在剥削别人，结果强者把弱者踏

在脚下，一小撮强者即资本家握有一切，而大批弱者即穷人却只能勉强活命。

凡是可以用来形容伦敦的，也可以用来形容曼彻斯特、北明翰和里子，形容所有的大城市。在任何地方，一方面是不近人情的冷淡和铁石心肠的利己主义，另一方面是无法形容的贫穷……而这一切都做得这样无耻，这样坦然，使人不能不对我们的社会制度所造成的后果（这些后果在这里表现得多么明显呵！）感到不寒而栗，而且只能对这个如疯似狂的循环中的一切到今天还没有烟消云散表示惊奇。

资料来源：Friedrich Engels, *The Condition of the Working Class in England*, edited by David Mclellan (New York: Macmillan, 2007), pp.35-36.

会认为 19 世纪的伦敦是城市发展的最低点。然而，这两个城市的特征，都反映了城市所处的更大文化背景中的主流理念与活动。希腊文明以同样的方式产生了城市，在这种城市中，经济活动被认为只起次要的决定性作用。恩格斯认为西方文化深受资本主义影响并产生了大量的城市，但在这种城市中人们毫无节制地追求经济目标。

## 1. 资本主义的城市

作为一种谋生方式的资本主义，其历史十分古老。一种富有的资本主义生活，在公元前 5 世纪就十分繁荣。毫无疑问的是，这种资本主义性质的活动的出现还要早几个世纪。以利润积累为目标的重要商业活动，在中世纪的欧洲就出现了，并且规模日益扩大，特别是在公元 11 世纪之后更是得到了极大的发展。

资本主义本身并非新生事物，但商业和逐利精神所具有的不一样的能量，是在 16 世纪才开始确证其自身的。显然，有几大因素促进了这种变革。首先，随着商人特别是城市中的商人获得权力，中世纪的封建秩序开始瓦解。商人们为了扩大市场，在 1200 年到 1500 年之间开始在欧洲各大城市之间建立起贸易路线。货物开始倾销到这些城市，乡村民众开始广泛接受和传播在城市中可以实现更好的生活——或至少是具有更好的物质舒适性的生活——的思想。大多数的城市人口开始增长，保证和促进了日益增强的经济活力（Heilbroner & Milberg 2011）。

渐渐地，从 16 世纪开始，人们对经济利益的关注日益支配了欧洲的城市。随着新的秩序围绕着与封建时代极为不同的各种经济关系而组织起来，资本主义确立了主要的文明主题。工人个人不再被束缚于地主和庄园，能够把他们的劳动力出卖给任何愿意出价最高的人。其次，在这些条件之下，经济活动变得日益具有竞争性。因为每一个人都要竭力获取利润，工人也必须竭力获得更大的经济福利，而不得不以某些方式彼此压制。18 世纪中期工业化的到来，又大大地增强了资本主义对于西方城市的控制。

## 2. 工业革命

与资本主义一样，实际上工业主义——为大众消费大批量制造产品的过程——在公元 18 世纪之前的西方社会中一定程度上就已经存在了。不过，只有在大规模采用资本主义之后，工业主义的影响才开始增强，在英国，大规模的工业主义大约是在 1750 年开始启动的。

英国社会如此适合工业主义生存的重要原因之一，就是人们，特别是上层中产阶层，着迷于通过最科学的可行方法来进行工程设计和指导经济活动。如果没有高效的方法，那么具有创新精神的英国人就会创造出高效的方法。关于改变经济秩序的发明，也许最有名的一个例子就是詹姆斯·瓦特（James Watt）发明了蒸汽机。这种机器在 1775 年得到改进和完善，并被应用于数百个行业，包括从纺织品生产到面粉加工，再到普通别针的大规模生产。它能够节约劳动力，促进大规模地生产各种产品的能力，让人觉得十分了不起，并引起了人们的极大关注，企业家们很快就把这个发明推广到各个领域，从而使其得到了广泛的应用。到 1781 年，马修·博尔顿（Matthew Boulton）——瓦特蒸汽机制造公司的合伙人——声称"伦敦、伯明翰和曼彻斯特的人［都是］'蒸汽狂'"（转引自 Mantoux 2006：333）。从这时开始，工业革命开始充分发挥其威力。其他的发明，诸如阿克莱特的珍妮纺织机、莫利兹的自动车床，都促进了其他生产领域的革命性创新。"这次革命……又养活了他们自己。这些新的技术……在世界范围内完全毁灭了使用手工生产的竞争对手，并因此极大地扩大了他们自己的市场。"（Heilbroner & Milberg 2011：75-77）

*250*

对于城市居民而言，最重要的变迁就是工厂的发明，其赋予了城市生活新的结构和目的，并且很快就成为就业的主要来源。由于工厂日益起支配作用，城市的象征符号发生了根本的改变。封建时代的欧洲城市，一直以来首先是一种基督教城市，欧洲哥特人的大教堂象征着基督教支配着这个地区（一个让人惊讶的例子就是威尼斯，这个城市完全是围绕着 1176 年修建的圣·马丁教堂而扩散开来的）。正如芒福德所指出的，资本主义时代从根本上推翻了封建文明，把七宗罪之中的六宗（暴食、狂妄自负、贪婪、嫉妒、色欲、愤怒）变成红衣主教的品德，而懒惰则成了更大的一种罪恶（Mumford 1991：346）。曾经是社会的中心机构的教会，地位日益下降：在尖塔的位置上出现了大烟囱，公共广场成为不断扩大的中央商务区。

如果说资本主义具有扩张市场的趋势，把城市的每个部分都转变为一种能够讨价还价的商品，那么从小规模的手工生产向大批量的工厂生产的转变，则把工业城镇变成了黑色的蜂箱，蒸汽不停地排放，发出叮当的声音，发动机轰鸣着，连续冒烟12～14个小时，有时甚至会全天

◎ 上图是多伦多市中心众多高楼中的一处镜面高层建筑，这处建筑的正面是一座低矮的石头教堂。这两种建筑的规模与位置，表明了过去时代与现时代文明的不同主题。在今天，我们看到了经济与宗教在当代西方社会中的重要性发生了相对的变化，当代西方社会不同于先前各个世纪的社会，在以前的社会中，那些教堂尖塔是城市中最显眼的制高点。

候运转排放。以往奴隶的日常生活……变成了新产业工人的常规环境。这些城镇都不会关注过时的锯子。"不停地工作，没有任何玩耍的时间，使杰克成了一个反应迟钝的男孩。"［他们］专门生产迟钝的男孩（Mumford 1991：446）。

简言之，资本主义文化的支配性主题与工业机械化结合在一起，创造了一种对城市意识的重新强调。在下页的"城市生活"专栏中，狄更斯在描述"焦炭城"（coketown）——一个杜撰的19世纪英国工厂城市——的一所典型的学校房间时，解释了这种城市意识的要素，详见下页的"城市生活"专栏。

## 3. 作为经济的城市生活

狄更斯用"你永远都不要想象！"这句话，归纳出使恩格斯对资本主义城市如此担心的东西：它使生活中所有事情都还原成客观的事物和数量。生活的其他层面——主体性、质量、艺术、音乐、政治、宗教和创造性的思想——都被贬低了，或被有意识地消除了。

这种新的意识不仅改变了城里人的行为方式，也改变了城市本身的物理结构，因此进一步强化了资本主义的主题。土地，过去曾经只不过是一种居住之地，但现在也变成了真正的不动产：

如果一个城市的布局不是与人的需要和活动有关，而是与工商业有关，那么这种城市模式就是被还原为经济问题了：对于商人们来说，理想的城市布局，就是它能够最迅速地被还原为标准的货币单位以用于买卖。基本的［城市］单元不再是邻里社区……而是建筑用地，其价值可以通过正面宽度有多少英尺来测量。这会形成一种正面宽度狭窄而纵深极长的长方形布局，在这样的地块上修建的建筑，采光极差，空气难以流通。特别是那些居住用的公寓，必须符合与顺从于这种地块形状。人们发现，这样的单元对于土地测量员、不动产投机者、商业建筑商和起草、制定销售合同的律师都具有同样的优势。反过来，这些地块又有利于矩形的建筑群落，并再一次成为

## "除了事实，别无他物，夫人" ——资本主义与工业主义意识

（在教室里，校长托马斯·格雷因说：）"现在，我所需要的东西就是事实。除了事实之外，不要教这些男孩女孩们任何东西。事实是生活中唯一需要的东西。你只需要种下事实，就能收获一切。你只能基于事实来形成能够推理的动物的头脑：任何其他东西对于他们永远没有任何用处。这就是我教导我自己小孩的原则，这就是我教导这些小孩的原则。坚持事实，先生！"

格雷因学校的教室是那么简陋，拱形的圆屋顶裸露着，显得十分单调乏味。这位校长每说一句话，都挥舞着他那顶端呈方形的手指进行强调。他那方形前额也增强了这种强调的效果。额头眉毛下面是两个方形的深暗的窟窿，犹如很大的地窖，被上面的方形的额头遮住。他的嘴巴大而薄，显得很坚决，也强化了这种强调……

托马斯·格雷因先生是一个现实的人，一个注重事实与计算性的人，一个遵循 2 加 2 等于 4 的原则并且一点也不能多的人，一个不能与他商谈请他多考虑一点点的人。托马斯·格雷因

先生——绝对的托马斯——托马斯·格雷因。这位先生口袋中总是有一把尺子、一副天平，以及一张乘法表，他时刻乐意于衡量和测量任何一群人（A parcel of human nature），并告诉你准确的数字结果。它只是一个数字问题，一个简单的数学例子……

格雷因先生那方形的手指断然一指，说："20 号女生，我不认识你，你叫什么名字？"

"茜茜·朱浦。"20 号女生涨红了脸，站起来，并鞠了一躬。

格雷因先生说，"茜茜不是一个名字，不要叫自己茜茜，叫自己塞西莉亚。"

"我父亲就叫我茜茜，先生！"小女孩用颤抖的声音说道，并又鞠了一躬。

"那么他没权这样叫你，"格雷因先生说，"告诉他不准再这样叫你。塞西莉亚·朱浦。请你告诉我……

"请你告诉我你对马的定义。"
（茜茜·朱浦陷入极大惊慌之中，不能回答这个问题。）

格雷因先生似乎是为所有这些小孩子好，说："20 号女孩不能界定一匹马！20 号女孩不知道

基本的事实，马是一种最普通的动物，可她就是不知道！哪个男孩知道马是什么吗？比策尔，你来说……"

"一种四足动物。食草的动物。有 40 颗牙齿，即 24 颗臼齿、4 颗犬齿、12 颗切牙。在春天蜕去外面的毛皮；生活在沼泽地的农村；它也会蜕蹄。蹄硬，但需要钉入铁掌。根据其口中的牙齿可以知道其年龄。"因此，比策尔掌握了（多得多的）事实。

"现在，20 号女孩，"格雷因先生说，"你知道一匹马是什么了吗……"

[茜茜·朱浦涨红了脸说：]"但是，先生，我想象……"

"哎，哎，哎！你绝对不能想象，"格雷因先生叫道，因为极好地达到了他的强调目的而得意非凡，"那就是马。你绝对不要想象！"

资料来源：Excerpted from Charles Dickens, *Hard Times* (New York: Signet Classics, 2008; orig. 1854) pp.11-16.

城市生活

用来扩展城市的标准单元（Mumford 1991：421-422）。

在 16 世纪之后，这种模式在城市的物理形状方面变得如此之强大，以至于处于山地地形的城市，诸如旧金山等，过去一直采用"之"字形

模式，并有利于人们根据地形来回运动，但是后来也一度采用了方格模式。

默里·布克金（Murray Bookchin）的用语甚至更为激烈，他批判了现代西方城市受到工业资本主义影响的程度：

每一种传承自过去的、具有美学意义的城市模式，往往都成了这种方格系统的牺牲品（在现时代，工厂模式最为普遍），这种系统促进了货物与人口的最有效率的运输。各种人潮物流都被清除，陆地风景中的各种变化都被抹去，并且对自然美一点也不留意和敏感，那些重要的树林地带也被消除，甚至连宝贵的建筑和历史纪念碑都被毁灭，并且只要有可能，那些地形都会被铲平，然后建成类似的工厂地面。中世纪那些从不同角度看都美丽怡人的城市画面，其百转千回的街道，被笔直的、单调的、狭长的街景取代，后者总是布满了外表一样、毫无特色的建筑与商店。过去保留下来的那些可爱的广场，因为交通而成为一个个孤立的节点，高速公路放纵地切开和插入那些至关重要的社区，并分裂它们，最终破坏它们（Bookchin 1996：90-91）。

## 4. 贡献与问题

资本主义的城市人口比重已经越来越高，并且它无疑能够为这些人口提供更高的物质生活水平，因此比起历史上的其他城市来，资本主义的城市在这方面要成功得多。在资本主义的城市中，有用的物质产品与技术的创新无处不在，体现出"解放个人"的巨大价值，这种价值在资本主义社会中是如此的重要，以至于这样的城市中的市民获得了极大程度的政治以及其他方面的自由。他们可以参与投票，可以凭自己的意愿而来来去去，如果他们有钱，他们还可以选择在自己喜欢的地方生活。

但是，资本主义的城市也存在各种问题：数百万的贫困家庭生活在城市中，很多没有获利能力的街区已经陷入了让人吃惊的衰落。正如我们将要在下一章看到的，在这样的街区内，人们遭受的苦难简直难以想象。同样，人们仅关注于物质生产与技术创新，往往沉迷于最新的 MP3 和移动电话，或者最新款的汽车，而对社会与环境的需要较少关注和留心。

最后，甚至是上述所谓的自由，也有其问题。多年来，积累财富、声望和权力的自由，都意味着我们城市中的某些人比另外一些人拥有更多的有稀缺资源。随着财富日益集中到少数人手中（在美国，最富有的 20% 的家庭拥有 85% 的私人财产），这些人往往既控制了经济生活领域，又控制了政治生活领域，并且其控制已经达到极高的程度，以至于其他人被有效地剥夺了取得任何真正经济成功或成为政治代表的可能性（Domhoff 2011）。

诸如此类的问题，导致了人们对资本主义的城市的反对，并出现了第二种类型的现代城市，围绕另一套文明主题建立起来的现代城市，即共产主义的城市。

## 5. 案例研究：社会主义—资本主义的北京

我们又以北京为例，来理解当代社会主义的城市。1949 年 10 月 1 日，毛泽东站在明朝帝都午门上（见图 9—1 和图 9—2），面向天安门广场上的数十万人，庄严宣告中华人民共和国成立。1957 年，毛泽东为了促进社会主义的快速发展，让成千上万农民加入了人民公社，以增加钢的产量。其结果是，钢产量几乎增长了 3 倍，但其中大部分因为纯度极低而无法使用。与此同时，由于自然和人为的原因，农业生产一落千丈，导致了三年"自然灾害"（Thaxton 2008：5）。

为了安抚和平息广泛存在的不满，毛泽东加强了对刘少奇和彭德怀的控制。然而到 1963 年，他又开始批判他的盟友；三年后，别有用心的"四人帮"利用他发起了"文化大革命"，据说这是为了净化自由派和继续革命的阶级斗争，但实际上是为了全面篡夺党和国家的领导权。为了实现这一目标，他们鼓动红卫兵采取不受控制的激烈行动。红卫兵是由小青年组成的民兵性质的武装，全国有 1 100 万之多。在接着发生的暴力动乱中，数百万人遭受迫害，其中包括大批艺术家、作家、教育家、知识分子和政治领导人以及宗教界人士。在十年"文革"中，红卫兵严重破坏了在人类历史上具有历史意义的人文古迹，犯下了最为严重的罪行。当十年"文革"浩劫终于结束的时候，甚至连传统的中国文化都已经被严重削弱了（Esherick, et al. 2006）。

但是，在毛主席宣告新中国成立 60 多年后的今天，北京已然是一个不同的城市了——它那过去的封建帝都色彩几乎完全被消除了，名字恢复为北京（民国政府定都南京后，北京改名为北平），这个数朝古都已经成为世界上最重要的社会主义城市，而现在社会主义已经在俄罗斯和东欧各国结束了。

因此，现代的北京给我们提供了一个研究不同文化主题在城市空间所产生的结果的最后例子。在明代保护这个城市与帝国的长城已成为历史，取而代之的是环城高速公路。同时在地下，这个城市现代化的地铁已长达 209 英里，每天平均运送 500 万以上的乘客。紫禁城现在变成了博物馆，对每位公众开放，其周围环绕着宏伟的政府建筑，诸如人民大会堂、国家博物馆，天安门广场上还有仍然保存毛泽东遗体的毛主席纪念堂。现在北京有无数的高层宾馆酒店，使得传统帝国的那些旧建筑相形见绌。很多在帝国时期十分醒目的地方，也已经被改造了。

然而，21 世纪的北京明显不同于这个过去十分"严格的"（austere）城市。在 40 年前，共产党领导下的政府实行计划经济，几乎控制了人们生活的方方面面。每个人都穿一样的黑色制服式的衣服。个人不能开办自己的企业，也不准拥有自己的房产——无论是城市人还是农村人，都是如此。经济总体上处于停滞状态，公共城市空间实质上根本没有用于社会生活，特别是在晚上更不准许。然而，今天的北京以及其他的中国城市，已经拥有无数的资本主义企业，这些城市个人企业发达，生活方式多姿多彩，消费品应有尽有，夜生活发达，经济欣欣向荣，所有的这一切都使这些城市的生活呈现出一派繁荣景象。

### 曾经作为政治的城市生活

中国共产党人发誓要把中国从数个世纪的少数人统治和支配多数人的状态以及外国的剥削压迫中解放出来。为了实现这一点，他们把中国人的生活几乎完全转换成对新的政治理想的一种表达。国家的工作岗位被平等地提供给每一个人，而个人的工作就是通过无私地参与与政府相关的社区、单位、学校班级、工厂和党委，以促进国家的成功。这些共产党人认为，只有集中一切，

◎ 现代的北京是一个充满活力的城市，在其中资本主义与社会主义都很繁荣，王府井商业街这个东方购物广场的图景可以在一定程度上表明这一点。政府鼓励个人创业的宽松政策，导致了人们拥有更多的可支配的货币，它使中国城市人能够比过去追求更多的商品和享受更高的生活水平。

不断提醒每一个人克服堕落到个人主义的危险，才能够实现真正的进步。

所有这些措施中都存在一个核心的概念，那就是自力更生——"不要依靠别人，而要独立自主"或"通过自己的努力来获得新生"。在提出这个概念的过程中，党把每个城市分成区（北京有 9 个区），每个区划分成若干街道，每个街道又划分成若干更小的居民点。每个居民点要建立自己的居民委员会，这种委员会的目的，就是要把每个人与政府联系起来。委员会成员的工作，就是监督地方的服务——安全、防火和清洁卫生——并促使人民在心中时刻把政治责任放在最重要的地位（Whyte & Parish 1987：21-22）。

各种学习班（study group）进行着无休止的政治学习，所有的街道社区居民都要参加（学习班在学校与工厂中也存在）。这些学习班的任务就是：（1）向所有市民传达参与各个生活领域的重要性；（2）惩处各种各样政治上的麻烦制造者，诸如"修正主义者"、"宗派主义者"、"极左派"和"帝国主义者"；（3）通过团体的自我批评，不断地检查每个人的表现。其意图就是抑制

个人主义,同时鼓励集体思想——与那些被认为体现了集体共识的意见保持一致——以及通过很多双眼睛对每个人的行动进行控制。我们现在已经很难想象,这种与我们上文归纳的以及当代西方城市中的人们所拥有的生活形成如此鲜明对比的城市生活,会是什么样子。

### 经济改革与环境问题

毛泽东 1976 年去世后,以邓小平为代表的正确路线与"四人帮"进行了激烈的斗争,最终取得了伟大的胜利并主导了党和国家的正确方向。新的领导者们不再强调毛泽东的思想中的那些激进的因素,并从一种苏维埃式的中央计划经济向更加市场化的经济转型,不过这种经济转型是以坚持四项基本原则的政治框架为基础的。政府在农村逐渐转向家庭联产承包责任制,取代了以往的人民公社集体;在工业领域,逐渐扩大了地方官员和工厂经理的权力,允许各种小规模的服务业企业和轻加工制造业的存在,经济日益开放,外贸与外资日益增多。

其结果是,自 1978 年以来,中国的 GDP 增长了四倍,并使中国成为了当今世界上第二大经济体。中国的经济改革使成千上万人受益,但是他们出现了日益扩大的经济收入差距,在中国所有的家庭中,最富有的 10% 现在占据了超过 40% 的所有私人资产,城市居民平均年收入是农民的三倍。不过,中国的贫困状态得到了极大的改观,1990 年每三个中国人就有一个生活在贫困状态,而在今天,贫困率下降到 10%,这意味着有 5 亿中国人在短短十年之内就摆脱了贫困(Chowdhury 2007)。

不过,尽管中国的经济改革取得了巨大的成就,但问题是随着经济的快速扩张,中国对环境造成了大规模的掠夺性破坏。中国 25% 的国土现在都处于荒漠化状态,超过 75% 的森林消失了。由铅、汞、二氧化硫,以及烧煤和汽车尾气排放的其他物质形成的阴霾,徘徊在中国大多数城市的上空。中国现在已经是世界上主要的二氧化碳排放国之一,其经济发展正在对生态系统造成严重影响。在世界上 20 个污染最严重的城市中,中国的城市就占了 16 个。这种严重影响表现在:

二氧化碳排放所导致的酸雨,影响了森林和水域,也影响了空气质量。中国所有的大江大河,不时会受到洪水的威胁。那些未经处理就直接注入黄河和中国近海的汹涌废水和农业径流,经常导致鱼类的死亡和灭绝,过度捕捞也正在威胁很多海洋物种(Leslie 2008)。

很多中国城市因为汽车拥堵,交通陷入瘫痪,但是随着中国汽车产业正在成为世界上最大的产业,以及它的 1 亿辆汽车保有量预计在下一个十年还会翻一倍,气候受到的潜在影响将会更加严重(Chang 2011)。

### 正在蓬勃兴起的消费主义

今天到北京的参观者,都会发现北京是一个充满活力的城市。这个城市有个区域,就在紫禁城的东边,是首都民众的购物区。在那巨大的东芝电视广告牌下,购物商店林立,各种商品琳琅满目,逛街的人和购买的人总是那么多。这种日益增长的消费主义的原因之一,就在于鼓励个人创业的新政策导致人们可支配收入日益增多。例如,在改革初期,在这个城市的另一个区域中,就出现了一个农贸市场,来自当地公社的工人销售剩余产品以及公社或政府不需要的蔬菜。政府允许他们从这种交易中获得一定的利润。有些年轻人被政府选派到海外各大学教授中文,并领取西方国家的工资——相对于中国的标准是天文数字。当他们回到北京后,他们可以保留自己在海外获得的和节约下来的钱,并因此能够在城市新区购买更好的房子,使家庭能够购买各种消费品。

所有这些变迁——一种"从马克思主义向万事达信用卡"的运动——一直以来也受到一些人的批判。很多共产党官员认为毛主席的革命成果正在被"卖光"。并且,他们列举各种证据,说随着人们竞相追求消费社会中的各种物质产品,各个生活领域都出现了越来越严重的腐化堕落,邓小平及其继承者的政策所导致的结果并非全部都是积极的。他们批评现行政策导致了个人主义和西化堕落。事实上,新中国在过去根本不存在小偷和妓女,但现在这些现象同西方一样普遍。不过，中国的开放政策仍然得到了继续，并且中国及其城市又一次处在重大社会变迁的十字路口上。

# 六、概要

　　城市不可能独立存在，相反是更大社会中的不可分割的一部分。影响一个城市的物理形状与社会组织结构的主要因素，是它所处社会与历史背景中的文化价值观。例如，虽然在诸如"乡村方式与城市方式是不同的，二者不可能相融"等旧的思想观念中存在着某些真理，但是研究者已经指出，城市与其周围的乡村存在相互的依赖，并且是紧密联系在一起的，彼此之间存在重大的相互影响。然而，由于城市处于支配地位，这种相互影响并非那么对称和同等。城市以前是传播整个民族革命的中心，当前在艺术、通信、时尚和政治等领域中的文化影响，又大大超出了其边界。

　　城市并非可以与文明完全画等号。然而，它们是象征性的中心，会汇集、强化和再造整个社会存在的文明力量。斯宾格勒认为城市处于兴起、支配和衰落的周期性历史循环之中，并认为这是文明周期性循环的体现。芒福德则认为城市一直以来都是文明的中心。蒙蒂讨论了每个城市是如何创造自己的市民文化的，并指出了这种文化使它与同一社会的其他城市相比具有自身的独特性。

　　本章分析和比较了明北京与古希腊的雅典，19世纪工业资本主义的伦敦与社会主义—资本主义的北京，我们发现它们之间存在重大的差异，这些差异证明了文化对城市的社会环境与物理环境都具有重要的影响。只有通过比较分析来研究这些城市，我们才能理解城市的多样性和千变万化。

# 七、结论

　　如果城市存在不同的类型是显而易见的结

◎ 在上海市的弄堂（Longtang）社区中，现代建筑高高耸立在那些传统建筑之上。中国多年来一直是亚洲最具活力的国家之一，其快速的经济增长已经急剧改变了城市的面貌。在整个中国大陆，这种新旧的鲜明对比可以说随处可见。

论，那么各个城市除了其独特性之外，还剩下些什么呢？本章所讨论的这些城市之间又有什么共同之处呢？要回答这些问题，我们当然必须超越诸如人口规模、人口密度、人口异质性等沃思所考虑的因素。我们对城市做出了一个新的定义，那就是与人类其他永久定居形式相比，城市是一种人口规模相对较大、人口相对密集的定居点，它拥有一种市民文化和一种复杂的，在很大程度上反映、强化和再生文化价值观及各种文化形式的社会结构。这个定义强调了被沃思忽视的文化维度的重要性。

　　为了阐明这个定义，我们还需要进行一些评论。城市的第一个特征就是"一种人口相对密集的大定居点"，沃思已经指出过这个特征，他对这一特征的论述似乎也十分正确。城市的第二个特征，就是具有"一种复杂的社会结构"，而这一点是源自V·戈登·柴尔德的思想（V. Gordon Childe 2003）。沃思也认为城市是由具有"社会异质性的个人"构成的。但他的实际意思是说，不同种族、族群、宗教信仰背景的人们往往会在同一个城市中存在。人类学的研究已经显示，这十分准确地描述了（不同国家的人会移民进来的）现代西方城市的特征，但并不能完全适用于诸如雅加达和内罗毕之类的非工业化城市。尽管社会异质性不是所有城市的特征，但几乎所有的城市研究者都已指出，比起其他人类定居方式，城市有一种更加复杂的劳动分工和一种更加有意设计的政治系统（似乎只是为了应对更大的人口规模与更加密集的人口）。我们所说的"一种复杂的社会结构"就体现了这种复杂性。

最后，本章直接提出和发展了"所有城市都是文化价值观与各种文化形式的体现者、强化者与再造者"的思想。本章最后部分的分析指出，任何城市的性质都在于其理解以某种独特形式存在的特定系统文化价值观的独特能力。我们所说的"文化价值观"，指的是体现长期持续存在的社会群体的特征的那些共享的信仰和思想观念。我们所说的"形式"，是指体现每个城市特征的那些典型的日常生活活动以及城市空间安排。因此，雅典黄金时期的希腊文明价值观（公元前5世纪），认为金钱会使次级群体的生活以及整个城市—国家的生活都成为初级群体生活，因此我们发现那个城市的日常生活被对话、政治、娱乐和仪式所支配。希腊人当然要进入市场进行交易活动，但他们也同样频繁地参加对话、讨论和进行娱乐休闲。甚至他们的建筑都反映了这种文化旨趣。希腊文明最重要的建筑雅典卫城（包括帕特农神庙、厄瑞克修姆庙、卫城山门和雅典娜神庙）的所在地，都位于山上并可俯瞰全城。而那些城市集市，由于没有那么重要，则位于山脚下。

而当我们讨论当代资本主义的城市诸如北美的那些城市时，我们发现所有的情况都几乎完全相反，人们所有的日常生活都围绕经济展开。绝大多数人都把他们的绝大多数时间用于获取、花费以及打算获取和花费更多的金钱。对话、政治、娱乐和仪式则排在次要地位，安排在后面——在晚上、在周末、在假期中进行。城市的物理空间和布局，就反映了这种资本主义文明的旨趣。街道被布局成网络状，以利于交通与买卖。最重要的建筑是那些商业性建筑——至少在北美是这样，它们支配着城市的天际线。

这类比较研究，对于我们研究城市有着一种 *258* 十分重要的启示：如果我们不理解城市与文化之间的关系，那么我们就不能正确地理解城市。然而，正如我们在关于现代北京的发展的讨论中所提到的，我们也需要考虑经济因素在规定城市生活性质中的作用。这是我们下一章将要讨论的主题。

## ▍关键术语

市民文化　　　　　　　　　工业主义

文化　　　　　　　　　　　城市支配

集体思想

## ▍网络活动

1. 登录 http://www.world-heritage-tour.org/asia/china/ming-qing/beijing/forbidden-city/map.html，在网络上对紫禁城进行一次虚拟的旅行。点击每张图片，对其进行全面的浏览。

2. 登录 http://www.commoncensus.org/maps.php，你可以看到一张有趣的、以不同颜色标记的地图。这是一张关于城市对邻近地区的文化影响的地图，并显示了这种影响的扩散程度。你可以在这张还在不断展开的全国地图上给某个城市投票。

# 第10章
# 分层与社会阶级：城市与郊区生活方式

259

你对来自城市的人有什么样的既定看法或印象？你又如何描绘来自郊区的人？多数人都发现第二个问题比较容易回答，因为传统的理论和看法认为城市比郊区更具社会多样性。然而，正如社会学常常为我们指出的，人们想当然的东西，未必就是正确的。美国与加拿大的城市，是不同社会经济阶层、种族、族群共同的家园，我们对其中的任何城市进行探讨，都会发现各色人等混杂形成的社区；但是我们也会发现很多单一人口社区，其中的成员具有独特而共同的典型生活方式。很多郊区的情况也是如此。因此，任何一种简单的定式，都无法准确描述任何一个大城市或郊区的全貌。

本章将研究我们在城市与郊区中发现的这种多样性，特别是重点分析在城市与郊区中存在的社会阶级阶层分化。而下一章才把重点转到种族、族群和性别问题上，探讨这些因素在创造城市与郊区多样性中的重要性。本章与下一章都关注的是社会分化，同时也关注社会不平等。在我们检视北美城市的"社会结构"之时，我们将会看到，城市中某些人过着"美好的生活"，而另外一些人则不得不面临各种问题和困境并挣扎求生。这些问题包括住房匮乏、教育质量低下、高犯罪率等，而第12章将集中讨论这些问题。本章主要讨论社会阶层分化如何创造城市与郊区中的社会多样性。

# 一、社会分层

美国与加拿大以及所有其他国家，都是分化的社会。在每个国家中，人们被排列于垂直的社会等级之中，这种垂直分化决定了人们的生活质量。社会的垂直分化涉及工作、收入、教育以及其他资源的差异，这些资源差异反过来又影响人们选择在哪里生活和如何生活。要注意的是，从社会分层角度看，各个国家的情况并非完全一样；其中的一些国家比另一些国家存在更大程度的不平等。另外，在任何国家内部，乡村由于人口在某种程度上更为同质化，所以往往比城市的社会分层层次要少一些，而城市中的人们在职业、收入和教育方面彼此的差异更大。

卡尔·马克思与马克斯·韦伯这两位经典的社会理论家，分别就社会分层提出了一些重要的思想，这些思想至今影响着社会学关于阶级阶层问题的研究。例如社会冲突理论就利用了马克思的著作，并指出财富与权力的不平等，为某些人们提供了相对于另一些人大得多的优势和特权，以致社会阶级之间的冲突难以避免而必然发生。韦伯同意马克思社会分化会导致冲突的看法，但认为马克思关于社会将分化为有产阶级与无产阶级两大阶级的看法过于简单，并提出了一个更加复杂的多元分层模型。马克思认为经济是决定社会分层的根本原因，韦伯则认为经济不平等当然是重要的，但经济不平等决定的只是人们的阶级位置。韦伯不是根据一种两分概念来看社会阶级的，而认为社会阶级是一个从高到低的连续体。他还引入了地位或社会声望概念，作为社会分层的第二个维度；引入了权力概念，作为社会分层的第三个维度。基于韦伯的这种思想，后来大多数社会学家都把社会分层界定为在一个具有不同社会阶级群体的社会中，根据财富、权力和声望的垂直等级排序。

很多社会学家还根据韦伯的这些思想，提出了社会经济地位（SES）这个概念，它是基于各种维度的社会不平等的一种综合排序。我们根据对个人积累的象征地位的占有物——如一个人的住所的豪华程度、汽车的花费、衣服、饮食习惯和度假等——进行比较，就可以得到一种排序。其中特别值得关注的是居住状况和居住在某个特定地方的能力——是自愿的还是被迫的——这是社会分层的一个极好的例子。然而，生活在城市或者郊区，并不是社会分层的依据，因为在这两种社区类型中，都生活着各种社会阶层的人。

W·劳埃德·沃纳（W. Lloyd Warner）及其合作团队在20世纪30年代对杨基市的研究中，首次对美国的社会分层进行了综合研究。杨基市即现在的马萨诸塞纽柏立波特（Newburyport）市，当时是一个1.7万人的小镇。沃纳把诸如收入与职业等客观的标准与主观的投入——使用 人们根据地位与他人进行比较的声望模型来测量——结合起来形成一种综合标准，然后根据这个标准把社会划分为六大阶层（上上层、下上层、上中层、下中层、上下层、下下层）。他取得了很多发现，其中之一就是一个族群在美国的居住时间长短与其阶级地位高低之间存在显著的正相关。这一模式对于今天的很多移民群体来说，仍然是成立的。

# 1. 社会阶级区隔

自从沃纳的开创性研究以来，已经有三代社会科学家研究了社会分层和社会阶级在各种社区的表现。他们发现，在我们的城市中，大量贫困者与富有者之间的对立共存，只不过是社会本身存在的矛盾的缩影。因此，在讨论城市和郊区中存在的社会区隔之前，描述北美社会不同社会阶层的一般特征，对于我们的研究是很有帮助的。这两个国家在收入与贫困水平上有着自己不同的界定，不过下文的分层描述与美国社会和加拿大社会都是十分相符的。

### 上层阶层

沃纳所说的上上层和下上层阶层之间的主要区别，实质上就是"老钱"与"新钱"（暴发户）的区别——也就是说，是代际继承的财富（例如，石油大亨约翰·洛克菲勒的曾孙杰伊·洛克菲勒，在 2011 年大约拥有 1.36 亿美元的净资产）与首代自我挣得的财富（比如微软公司的比尔·盖茨，2011 年资产净值达到了 560 亿美元）之间的区别。这两个上层阶层占总人口的 5%，但拥有"新钱"与"老钱"的两个阶层之间，存在一种社会区隔，他们常常不会是同一种俱乐部和组织中的成员。

由于他们拥有大量的财富，上层阶层炫耀性地生活在昂贵的社区，享有高声望，掌握着相当的政治势力。他们往往是一个相当内聚性的群体，在"恰当的"社会性事件中彼此相互作用，属于同一个俱乐部和组织，把他们的小孩送到同样的私立学校读书，支持慈善与艺术，在同一个度假休闲区度假。上层阶层的妇女往往负责在家中招待客人、娱乐，并常常做一些志愿性的慈善工作，也参与一些志愿性的公民组织，包括地方性的和全国性的公民组织；男人们也常常积极参加社区服务组织（参见下页的"城市生活"专栏）。

262

### 中产阶层

这个阶层占社会人口的 40% ~ 45%，并且在种族和族群构成上更加多样化。关于这个阶层，电影电视描述得最多，并且通常是各种广告的目标群体。他们中约有一半是上中层，收入获得超过了平均收入，每年在 10 万到 20 万美元之间。这样的收入使他们能够拥有自己的消费合作社，可以购买城市中的住房或面积宽大的郊区住

263

◎ 韦伯认为，上层阶层成员所享有的高社会经济地位，部分依赖于通过占据和积累有价值的地位而获得的社会声望。他们会进行很多炫耀性的消费，其中可以测量的例子包括一处豪华的住宅，以及昂贵的汽车、着装穿戴、饮食习惯、度假和其他追求等。

## "费城绅士"

E·迪格比·波茨尔（E. Digby Baltzell）是一位社会学家，出身于上层社会。他不仅对精英世界进行了优秀的局内观察，而且也对费城绅士的生活方式进行了也许是最好的研究（Baltzell 1989；初版于1958）。虽然他深度描写的是费城的精英，但是他的分析适用于美国大多数一直作为跨代"老钱"选民阵营之家的那些城市。

他描述了这些"成功者个人的后代"，认为他们是一个内聚性的初级群体，在同样的排他性社区中一起长大，进入同样的私立学校学习，在同样限制性的地方度假，自然也就成了朋友。最后，他们结婚。在他们的成年生活中，他们参加同样的教会和俱乐部，彼此经常相互做客，彼此相邻居住，从而保持了既有的社会联系。他们有一种强烈的群体身份感，在"什么也不要做的"社会规范的支配之下，维持着"一种独特的生活方式，一种初级团结，并使自己与人口中的其他部分区隔开来"（Baltzell 1989：7）。

波茨尔在描述费城上层阶层社区的过程中，认为他们内部存在三个阶段的迁徙过程，这与美国城市整个的人口迁移模式一致。从殖民时期到19世纪上半叶，这个城市的精英生活的地方是现在的城市中央商务区；在费城，这个地方的周边就是独立广场和华盛顿广场。自美国内战后到第一次世界大战，上层阶层从日益繁忙、吵闹和拥挤的城市中心迁移到较为安静的居民社区附近；在费城，主要是迁往黎顿豪斯街（Rittenhouse）西边的大约12个街区中。第三波迁移发在一战后，主要是中小城市中的精英们开始向郊区迁移，而大城市的那些精英能够维持他们的上层收入者的飞地；在费城的大都会区，精英还在不断地向西迁移到郊区。我们需要注意的是，在这个三个阶段中，城市的精英往往至少保有两处住宅，一处在城市，另一处在乡村（Baltzell 1989：179；初版于1958）。

资料来源：E. Digby Baltzell, *Philadelphia Gentlemen: The Making of a National Upper Class* (New Brunswick, NJ: Transaction Publishers，1989).

宅，能够参与地方政治，能够送小孩进入大学并为获得高声望的职业或专业作准备，能够投资股票、证券，也许还有房产。上中层的妇女可能也可能不参加工作：其中某些是专门职业者，而另一些偏向于待在家中，成为主妇，相夫教子。与她们的丈夫一样，很多人都会积极参与地方的慈善活动以及教会和各种公共组织。

另外约50%的中产阶层，则从事声望较低的白领职业，诸如办公室工作人员、中层管理者和销售人员等，或者从事需要较高技能的蓝领工作，诸如电器工作和木匠工作。他们的家庭收入与全国平均水平差不多，每年在5万美元到9万美元之间。他们往往会为他们自己的退休生活建立一个小金库，并且他们中有一半人的小孩会是大学生，但常常是从公立大学毕业。与上中层的那些妇女相比，这个阶层的妇女也会参加地方性的俱乐部和组织，但是程度较低。这个阶层的男人们也一样，但更可能是各种同阶层组织中的积极分子。这两个中产阶层群体往往会积极支持和参与他们小孩的活动，诸如各种运动项目和童子军活动等。

### 工人阶层

这一人口片段有时被称为下中层，占整个社会的1/3左右，家庭年收入低于全国平均水平，在3万到5万美元之间。虽然大约其中一半都有自己的房子，但是这样的收入水平，使他们难有更多的方式来获取财富。如果他们遭遇失业或重大疾病，就特别容易受到金融危机的影响。他们是经典马克思主义意义上的工人，工作受到严格的监督，工作没有多少创造性，自己对工作也没有什么控制权。而且，他们的这些工作常常福利较少，缺少较好的医疗与牙科保险、养老金计划，特别是他们如果从事的工作没有工会存在，情况就更是如此。这些家庭的孩子大约有 1/3 会上大学。在很多的工人阶层家庭中，妇女往往只有在单身时才会出去工作，大多数妇女一旦结婚就成为全职家务劳动者。然而，在很多情况下，高昂的生活费用也迫使这些女性出去工作，夫妻双方都可能有限地参与教会活动或各种社团活动。另外，很多男人为了自己或为了他们的小孩，会参加同阶层的组织以及有组织的体育运动。

### 下层阶层

这一阶层的人口大约占 20%，他们是贫穷的白人或有色人种、少数族群等次要群体。一些人是有所谓的工作的穷人，他们从事的是低声望、低收入、只能勉强糊口和生存的工作。这些人中大约 40% 居住在内城和乡村，拥有自己的房子。他们大多没有医疗保险，因此任何重大的疾病或较长期的失业，都使得他们必须依赖政府救济。这个阶层中大约有 12%～13% 的人领取政府福利补贴。研究者发现，生活在这些贫困社区中的男人和女人们，往往只在孤立的社会世界中活动（Liebow 2003；MacLeod 2008）。妇女更有可能参与组织活动，常常是教会活动，社会交往的范围更加有限，同时男人们更经常外出，与朋友聚集喝酒、交谈和运动。

某些城市社区会陷入极度的贫困和失业状态，研究者们称他们为超级贫民窟（Wacquant 1997）。加拿大和美国的贫困率现在徘徊在 11% 与 14% 之间，但是在超级贫民窟中，40% 的居民生活在贫困线以下。这两个国家的失业率常常是 6%～7%，因为经济衰退，最近这些年来失业率一直较高，但是超级贫民窟中的失业率可能高达 67%。这些社区居民的特征还包括，他们往往是租住户，他们的教育程度与拥有的工作技能程度都低下，单亲家庭比例较高，社会孤立严重，等等。因为超级贫民窟几乎总是以种族或族群次要群体为主的社区，我们将在下一章探讨这种严酷的社会现象。

在探讨城市与郊区中存在的不同社会阶层子群之前，我们首先要以较大的篇幅来介绍测量社

◎ 在纽约的第 51 街区，一个身穿皮毛大衣的妇女从一个身披毡子、无家可归的人身边经过。我们经常可以看到这样的城市情景，在这里，富有者的炫耀展示与贫困景象存在鲜明的对比。这种视角上的二元对立，被认为是城市的异质性，因为城市居住着所有阶层的各色人等。

会分层的三种常用指标：（1）收入；（2）财富；（3）贫困。

## 2. 全国收入分配

富有与贫穷之间的差异，不仅体现为收入的差异（这在任何一个竞争性社会中都是常事），还体现为各个经济社会群体占整个收入的份额存在的差异，体现为每个群体的收入状况的年度变化。这些信息有助于我们探讨与贫困相关的宏观因素。

如果家庭收入在人口中平均分配，那么每 1/5 或 20% 人口就应获得整个收入的 20%。然而，在所有的工业化国家中，收入的分配都并非如此，其中美国的财富分配最不平等（Philips 2003）。正如图 10—1 所显示的，美国收入最高的 20% 家庭——这些家庭的平均收入在 2010 年达到 10 万美元——占据了所有收入的 50.2%，也就是说相当于 80% 的家庭的收入。收入最高的 40% 的家庭，几乎占有了所有收入的 3/4。而留给最低收入的 20% 家庭——年收入平均不足 2 万美元——的财富只有 3.3%（U.S. Census Bureau 2011d）。加拿大的家庭收入分配也存在这

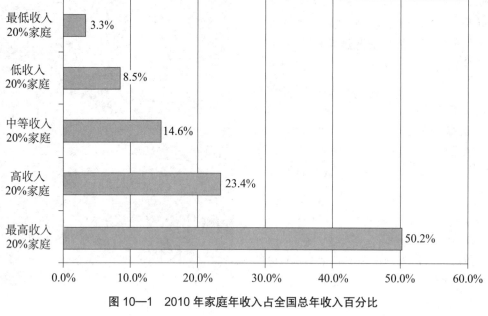

图10—1　2010年家庭年收入占全国总年收入百分比

资料来源：U. S. Census Bureau 2011d.

## 3. 城市内外的收入

如果我们根据居住地来比较收入数据，我们会发现在大都会区，那些生活在城市中心之外的人，比那些生活在城市中心的人要更加富有。图10—2显示的是2010年美国城市、郊区和大都会区的中等收入家庭的收入情况。从这些年份的郊区与城市居民之间的收入差异中，我们可以初步明确，那些生活在城市中心之外的人，获得了更多的收入。而且，郊区收入的下降，使我们可以初步明确2007—2012年的金融危机所导致的工作岗位、投资分红与年金的减少。

*265* 种明显的不平等，只不过情况比美国要好一些。在2009年，加拿大收入最高的20%家庭，其年收入总额占整个年收入的39%，而20%最低收入家庭的年收入只占其中的7%（Conference Board of Canada 2011）。

自1968年以来，最富有的美国人和其余的美国人之间的财富差距，一直在不断扩大，1993年达到了1945年二战结束以来的最严重的程度。到2010年，这种差距又进一步扩大（U.S. Census Bureau 2011d）。同样，加拿大20年来的收入鸿沟也一直在扩大。

## 4. 财富与净资产

测算个人或家庭经济水平的另外两种方式，就是财富和净资产。财富指的是：（1）有价资产，包括不动产和其他财产（如车船、毛皮、珠宝等）、银行账户和股票、债券和其他的风险投资产品；（2）金融资产（扣除所有者占有的住房之外的上述所有财产）。净资产指的是某人扣除所有债务之外的所有资产（就是一个人最后真正拥有的财产）。例如，一个人拥有一处价值50万美元的房产，但有40万美元的抵押，那他只有10万美元的净资产，这是一个十分大的差距。因此，净资产是衡量经济状况更准确的指标。住宅产权实际上是个人财富中最大的一笔资产。

因为扣除抵押之后的住宅净资产，是家庭财富最为重要的部分，所以2007—2012年的住宅 *266* 与抵押危机，导致了更大的经济危机，并对很多美国人的财富产生了消极影响。那些不审慎的抵押借贷人和经纪人，那些不受规制的抵押担保证券交易，以及失去工作的数百万人和那些行事不负责任的购房人，最终在2007年到2010年之间导致超过1 000万个业主丧失抵押赎回权，房子被银行收回以支付债务（RealtyTrac 2011）。甚至是那些能够承受更高可变利率抵押利息的业主，

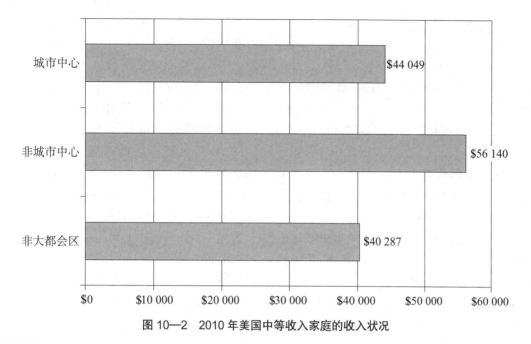

图 10—2　2010 年美国中等收入家庭的收入状况

资料来源：U. S. Census Bureau 2011d.

由于数千万家庭的住房随着现房交易市场供过于求而价格垂直下降，其住房也大幅贬值并遭受严重损失。随着经济危机如波浪一般向外漫延，投资者与退休者都发现他们的投资和养老金同样受到了影响。其结果是，几乎 2/3 的美国家庭都蒙受了财产损失，中等收入家庭大概失去了他们 1/5 的净资产（Federal Reserve Board 2011）。

房价跳水给拉美裔美国人家庭的打击特别严重。在 2005—2009 年间，家庭财富缩水的比例，拉美裔美国人家庭是 66%，黑人家庭是 53%，白人家庭是 16%。之所存在这种差异，主要原因在于次要群体家庭的净资产主要属于扣除抵押之后的住宅净资产。同时，拉美裔美国人社区内部的财富分化也扩大了。在同一时期，10% 最富有的拉美裔美国人的财富占整个拉美裔美国人家庭的财富，从 56% 上升到 72%（Pew Hispanic Center 2011b）。

与收入方面的情况一样，财富状况也差距悬殊。在 2007 年，最富有的 1% 拥有所有收入的 43%，第二富有的 19% 的家庭拥有另外 50%，而其余 80% 的家庭仅仅拥有剩下的 7%（Domhoff 2011）。虽然各个城市都有极其富有的家庭，他们是巨大财富的拥有者——其中一些城市的富翁比另一些城市可能要多一些，但是那些高度繁荣和成功的家庭绝大多数都在郊区（Keister 2000）。

## 5. 全国性的贫困

在 2010 年，一个四口之家的美国家庭的贫困线是年收入 22 314 美元。美国官方公布的贫困率是 15.1%，据此计算，美国总共有 4 620 万贫困人口。这是美国 52 年来最大的贫困人口数字。2009 年美国贫困人口比例只有 14.3%，在 2010 年美国的贫困率出现了自 2004 年以来的第三次显著提高。2009 年美国各种族的贫困构成如下：非拉美裔美国白人占 9.9%，黑人占 27.4%，拉美裔占 26.6%，亚裔占 12.1%。在那些生活在贫困线以下的人当中，83.5% 是土生土长的美国人，4.1% 是移民和归化美国的公民，12.4% 是国外出生的非美国公民（U.S. Census Bureau 2011d）。

2009 年，加拿大有 9.6% 的人被归入税后低收入者（Statistics Canada 2011a）。在这类低收入人口中，移民占了较大的比重，而加拿大本地人所占比重要小得多。居住时间的长短，是一个重要的影响因素，因为那些在加拿大生活时间短于五年的移民的低收入比例，是加拿大本地人的 2.5 倍。移民的低收入比例会随着在这个国家生活时间的增加而快速下降，因为移民会改进其语言技能，在新的国家形成社会网络，对加拿大人的社会与工作规范也会日益熟悉。

## 6. 城市内外的贫困

这些贫困数据使我们可以初步了解，为什么把城市资源用于资助那些生活在贫困线以下的人的要求日益紧迫。在2010年，与那些生活在城市中心之外的人相比，有更多的美国居民——19.7%即大约1/5——生活在贫困之中。在城市中心之外的比例只有11.8%（约为1/8）。在非大都会区，16.5%的人（约为1/6）生活在贫困之中（见图10—3）。从绝对数字看，在城市中心区有1 950万贫困人口，在非城市中心区有1 890万贫困人口，在非大都会区有790万贫困人口（U.S. Census Bureau 2011d）。

由于中心城市居住着更多的外来移民，这可以部分解释为什么城市聚集了更多的贫困人口。在整个加拿大和美国的历史中，城市在传统上一直是很多贫困的新来者之家，他们在这里挣扎求生，并改进他们的生活质量。这种情况和模式一直持续到今天。美国有超过2/5（44%）的外来移民生活在城市中心（而有钱的外来移民则生活在郊区）。在美国，2010年3 820万在国外出生而生活在美国的外来移民中，11.3%属于入籍人口，而26.7%属于非美国公民，这比14.4%的贫困人口比例要高得多（U.S. Census Bureau 2011e）。虽然各种研究都显示，大多数移民在美国待的时间越长，收入会越高。但他们的初期存在状况——加上他们特别庞大的数量——导致了一个族群性的下层阶层，他们不得不与长期的城市贫困做斗争，以获得经济社会福利。

例如，在多伦多，从2001年到2006年，低收入家庭数量增长了7%。更贫困的社区（有25%甚至更多的低收入家庭）从2001年的30%增加到2006年的32%。低收入家庭大多在更接近市中心的郊区中——诸如怡陶碧谷（Etobicoke，现在属东约克的一部分）、北约克、士嘉宝（Scarborough）和约克等。移民家庭占整个生活在更为贫困社区中的家庭的57%。与美国一样，移民家庭在加拿大生活的时间越长，他们的低收入状况就越会改善。在2006年，那些从2001年到2006年来到加拿大的多伦多移民的低收入率是46%，而从1996年到2000年和从1991年到1996年来到加拿大的移民的低收入率分别为31%和28%，那些在1991年前来到加拿大的移民低收入率只有19%，与本地人基本持平（City of Toronto 2009）。

纽约市提供了另外一个例子。在2010年，其1/5（20.1%）的居民家庭处于贫困状态，而在全国范围内，只有1/7（15.1%）的家庭处于贫困状态。我们必须看到第一个统计数据的严酷性，如果纽约160万贫困者单独组成一个城市，

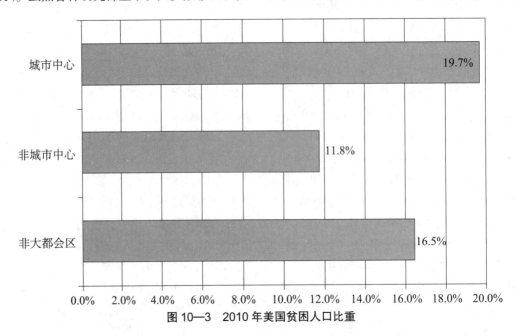

图10—3　2010年美国贫困人口比重

资料来源：U.S. Census Bureau，2011d.

那么这个城市将是美国的第五大城市；只有休斯敦、芝加哥和洛杉矶以及纽约人口会比它更多。即便如此，纽约还是比诸如迈阿密、达拉斯、休斯敦、芝加哥、明尼阿波利斯、洛杉矶和波士顿等其他大城市的贫困人口比例要低得多。国外出生的居民是城市人口中的重要组成部分，这一点也不奇怪。纽约现在居住着 310 万在国外出生的人，占整个城市人口的 37%。其中来自加勒比的移民所占的比例最大（26%），接下来依次是亚裔（24%）、欧裔（20%）和拉美裔（19%）（Roberts 2011b）。

## 7. 警告性说明

如果我们从上面的信息中得出"有移民出现的社区都是贫困社区"的结论，那将是一种严重的误解。实际上，很多移民拥有一定的教育水平、工作技能和收入，可能定居于中产阶层郊区，而不是在低收入的城市社区。认为城市主要是贫穷和不那么富有的人的立足地，而郊区主要是中层和上层阶层的藏身地，也同样是错误的。正如上文所提及的，纽约只有 1/5 的人生活在贫困状态。这当然是一个较高的比例，但这也意味着有 4/5 的纽约人并不是穷人。相反，他们是工人阶层、中产阶层、上层阶层人口。并且需要注意的是，我们先前引用的数据指出，郊区居住者中也有 1/9 是穷人。为了完全理解各个地方的社会经济多样性，我们将首先检验城市人群中存在的各个社会阶层，然后深入分析郊区中存在的社会多样性。

# 二、城市社会阶层的多样性

假设你坐在旧金山市中心的联盟广场，观察从你身边过往的各色人等，你可能会看到一个携带公文包、穿着考究的年轻女子从你身边匆匆走过，好像她约会快迟到了，或者没有准时去完成某项任务。你还可能看到一个老人，胡子拉碴，衣衫褴褛，斜倚在草地上享受着那温暖的阳光；偶尔他会从上衣口袋中取出一个棕色的袋子，又从中取出一个酒瓶，扭开盖子并快速地啜一小口。而在附近，有四个穿着有破口的衬衫和牛仔裤的年轻人，他们正在就伊拉克国内暴力问题展开严肃的讨论。在稍微远一点的地方，有一个非裔美国女子，她正在弹吉他，同时向每个愿意倾听的人传递基督福音。片刻间，她吸引了一群美国华裔小孩，这些小孩只有 10 ～ 11 岁，高兴地在广场上跳跃奔跑。一对中产阶层夫妇从梅西百货商场中走出来，手中提着一大堆袋子。他们从一个街头小贩那里购买了冰淇淋，漫步进入广场，疲倦但幸福地一下子躺在柔软的草坪上。

同样的场景每天都在北美的大城市上演。这种简单的描述表明了城市的生活实质，即具有极为多样的人们。这种多样性有时是麻烦，有时又让人喜欢，但不管怎样都值得人们关注。显然，北美的城市人过着一种多样性的生活，虽然他们的生活在诸如联盟广场这样的地方会存在片刻的接触，但是不同的兴趣、不同的经验和不同的生活环境促使他们消失在不同的方向。我们现在就走向其中一些不同的方向，以探讨我们在较大城市中发现的不同类型的社会阶层社区。

## 1. 上层阶层城市社区

上层阶层往往有多处房产，一年四季可以根据时间选择在不同的地方度过。在城中，他们住在最时尚的社区，诸如旧金山的诺布山，或者住在城市中心的奢侈公寓或顶层公寓中，诸如曼哈顿中接近林肯中心或哥伦比亚圈这些地方。他们有意地与城市中其他人口隔离开来，进入安全的小区生活，那里有门卫、保安的保护，进出都要检查。他们所选择的交通方式可能是门到门的豪华轿车服务，不管是去参加文化活动（音乐会、歌剧或戏剧）、社会活动（舞会、筹集资金、私人聚会），还是去购物（常常是需要预约才能进去的、一般不对外的排他性商店），都是如此。

**纽约上东区**

10065 邮区是纽约市最有声望的地方之一，因为其包括了曼哈顿上层阶层积聚的东部的很大一部分，这是美国最富有的城市社区之一，也是美国房价最高的地方之一。这个地区位于第五大道和东河之间，以及第 61 街和第 68 街之间。那

*270*

些排列在第五大道与公园大道的宏大建筑提供了城市中最豪华的住房——是那些广告商、公共关系经理、银行家、咨询专家、医生、经理、律师、管理分析者、媒体之星、旧富之社会名流之类的家园。虽然那些更接近第五大道或者麦迪逊大道的公寓往往更加昂贵和优美，但是整个上东区——沿着东河狭窄的两边街道——都充满了美丽的建筑、保养得很好的公园，以及各种吃饭、喝酒和购物的地方。

把这两边的居民分开的是麦迪逊大道，这条大道上分布着很多高档精品时装专卖店。从这个地区的购物中心，你可以购买到你想要的任何东西，从普拉达（Prada）时装到毕加索的绘画。这是世界上最昂贵的商品零售区，有第一流的艺术和古画店、珠宝店和昂贵的精品时装店以及饭店。诸如皮埃尔大酒店之类的流行地标的房价十分昂贵，2009 年有 16 个房间的顶层公寓标价是 7 000 万美元；列克星敦大街巴比桑酒店，一套公寓标价 1 700 万美元。附近则是一些大家熟知的品牌商店，诸如 Henri Bendel、香奈儿、古驰、蒂芙尼、路易威登等。此外，这里还有很多专门定制店，这些商店中的每个店员往往在一个小时内——甚至一天之内——都只为某一个顾客提供优秀的、让其很享受的服务（Cahalan 2008；Huff Post 2011a）。

使这个社区具有吸引力的因素，不仅仅是这些高雅的生活空间和零售设施。在上层阶层居多的东部，还可以找到诸如大都会艺术博物馆、古根海姆基金会和惠特尼唱片公司等世界一流的文化组织。它们都位于或靠近纽约重要的中央公园。在这里还有美洲博物馆（El Museo del Barrio）、纽约城市博物馆、歌德学院（Goethe Institut，一个德国文化组织）等。

对于上东区来说，最大的风景和场所之一，当然就是中央公园。这是纽约市最著名的绿色空间，其长度跨越了这个社区的整个西部边界，这里的特色景点包括船库、中央公园动物园、儿童动物园、水库、阿申纳大楼和自然历史博物馆旧址。对于有小孩的居民来说，这个地方更是有巨大的吸引力，因为这里有规模很大的公立和私人学校。这里有安宁、优美、完善的生活空间供人

们居住和生活，也是外来的人们暂时躲避城市忙碌、激烈竞争而放松身心的好地方。

虽然并非所有居住在纽约上东区的人都很富有，但其中绝大多数都是富人。根据美国人口统计署的数据，这个城市社区是美国人均收入最高的社区之一。普查时报告自己的年收入在 20 万美元以上的纽约家庭中，有 1/3 以上都居住在这个社区。而这个社区的家庭数量只是纽约家庭总数的 4%。

### 其他精英社区

芝加哥金海岸是美国仅次于纽约上东区的、第二富有的城市社区。这个高级居民社区位于城市的北边，面向密歇根湖，被认为是这个城市的富人后代集中居住的地区。湖滨大道奢华的高耸公寓建筑林立，其中很多宅第已经 100 年以上，价值数百万美元，与新修的商店、饭店、密歇根大道等形成了十分鲜明的对比。这个社区的一个显著特征，就是有很多历史地标与保护区，其中就包括阿斯托历史街区。

波士顿的贝肯山是美国最古老的历史街区之一，而且其中等家庭收入，通常都超过了全国其他城市社区中最大多数的家庭收入（Higley 2011）。贝肯山为自己是美国 19 世纪中后期最杰出和完整的建筑群之一而骄傲，这里的建筑集中体现了美国联邦时期、希腊中兴时期和维多利亚时代的建筑风格。路易斯伯格广场是著名的波士顿贝肯山街区的心脏，其占有者已经发生了变迁，从那些作为船运、商业银行业巨头的后代的旧式精英，变成了来自高科技、金融等产业的新精英，后者在很大程度上是自致性的百万富翁。实质上，那些老的、作为最高等级的知识分子对路易斯伯格广场的金融控制与社会权力垄断，已让位于一些更加开放和综合的实体。这种变迁体现了一种去贵族化和非世袭的过程，在这个过程中，通过精英教育来培养精英的情况，已经大大改变了精英世袭的状况。

还有一个精英社区是旧金山的太平洋高地社区。这是一个更加有优势和特权的社区，其中的家庭收入中值大大超过了城市家庭平均收入水平，具有很多优雅的维多利亚建筑群，以及海湾、金门大桥之类的风景名胜，因此这个地区一直是旅行者喜爱之地。19 世纪晚期的新富们首

◎ 北美城市的精英社区因为城市历史和地形等原因而各不相同。其中一些有高耸的奢华公寓、古老的世纪大厦，或者既古老又豪华的公寓大厦。它们往往为自己拥有特殊的街景而骄傲，常常显得很壮观，图中旧金山的太平洋高地（Pacific Heights）就是如此。

次在这个社区——大致位于范内斯街、要塞大道、派因大街和瓦列霍（Vallejo）大街之间的地方——定居下来，因为这个时候有条新建的电车使人们可以来到这里。但这个地方的奢侈传统遗产被保留下来，并且整个社区仍然总体上很安静和宜居。而这个社区主要的活动都聚集在菲尔默（Fillmore）大道周围，在这里，购物者可以选择和追逐昂贵的女式时装和奢侈品，参观精美礼品店、沐浴用品（bath-and-body）店以及各种寄售商店，在路边咖啡店里驻足停歇并享受最受欢迎的城市娱乐——观察行人。

## 2. 中产阶层城市社区

大多数中产阶层生活在郊区，但仍有一部分生活在城市中，只不过其比例没有前两代人那么高。在城市中，某些社区在改造升级和中产化后，原来的低收入居民无法承受这里的生活成本而不得不搬离出去，导致这些社区中的城市人口统计群体更多的是中产阶层。而城市社区之所以出现这样的变迁，原因在于自20世纪70年代以来，虽然城市中的制造业日益衰落，但诸如金融、法律和市场营销服务业，以及信息处理服务等行业日益成为支撑起这些社区的经济主体

（Sassen 2001）。

服务产业的快速发展，创造了大量的高新专门技术职位，使青年人（20多数到40岁早期）、城市上班族（雅皮士）不仅回到城市来工作，也回到城市来生活。他们可能已婚或未婚，有孩或无孩。而另一类人——丁客——逐渐时兴起来。所谓丁客，指的是双方均为工资收入者又无孩子的年轻专门职业技术人员夫妻。后来，随着大量非裔美国大学毕业生进入城市劳动力市场，另一术语——黑人雅皮士（buppies）——又出现了，指的是新出现的黑人城市专业群体（Sassen 2001）。雅皮士、丁客、黑人雅皮士整修那些棕色石头建筑和更老的阁楼式建筑，使社区得以改造和升级为中产社区。他们的生活方式也促进了周边时装专卖店、健身中心、特约加盟店、新的饭店、咖啡店、书店和其他零售设施的开张营业，并因此完成了这种中产化过程。

在城市和郊区还出现了另一种生活方式趋势，主要是那些上中层阶层家庭出身的成年人，逐渐把追求经济成功（体现为可以购买昂贵的食物、衣服、住宅、电器设施和家具）与参与履行社会责任的活动结合起来。社会观察家大卫·布鲁克斯（David Brooks 2001）认为，这个新阶层是从一开始就对资本主义文明抱有抵制和

批判的态度、具有非传统的衣着和行为方式的那些成功的资本主义中产阶层，他称之为波波族（bobos）①。波波族工作努力，重视学历的获得；但他们喜欢休闲和参加非正式组织的活动，只对这些活动感到舒适自在；他们会参与环境保护，支持废物回收和循环利用；他们倡导出行骑自行车、慢跑和外出工作；喜欢把更多的时间花在咖啡店，而不是汽车上；他们生活水平很高，但是从不炫耀（请参见下面的"城市生活"专栏）。

*273*

并非所有的中产阶层城市社区最近都是这种通过改造升级而形成的实体。中产阶层也会住在城市中的老居民区，维持他们的社会阶层特征，不过有时外部因素也会威胁他们的居住稳定性。下文还将举例讨论这两类中产阶层。

**芝加哥**

直到 1990 年以前，洛根广场、西城、内西城（Near West Side）和内南城（Near South Side），还被认为是芝加哥的低收入社区，但在

城市生活

## 波波族

这个阶层的成员……试图竭力折中平等与特权（"我相信公立学校，但是私立学校似乎更适合我的小孩"）、便利与社会声望（"这些一次性尿布无疑是对资源的浪费，但是它们也让我们如此的轻松"）、革命叛逆与传统（"我知道我在高中嗑了很多药，但是我告诉我的小孩必须对此说不"）。

但是，这个阶层最大的内在紧张，是世俗成功与内在精神之间的紧张。你如何才能在不让你的物质野心枯萎你的心灵的前提下，使生活继续向前？你如何在不沦为物质的奴隶的情况下，积累你所需要的资源来做你想要的事情？

……这些受过教育的精英，在面对这些挑战之时，并不会绝望。……当面临竞争性的价值观冲突时，他们会做那些充满文化资本的精明特权者会做的事情。他们找到了鱼与熊掌兼得的方法。他们把对立的二者中和起来。

这些受过教育的精英，在 20 世纪 90 年代取得了巨大的成功，

并创造了一种生活方式，这种生活方式使他们成为一个物质丰裕的成功者，同时又是一个具有自由意志的反叛者。……通过建立诸如本吉利（Ben & Jerry）或楠塔基特（Nantucket Nectars）等美食公司，他们找到了成为"脑筋不正常"的嬉皮士和跨国公司的肥猫的一种方式。他们在耐克运动鞋广告中使用了美国作家威廉·柏洛兹（William S. Burroughs）的形象，在市场营销活动中融入滚石乐队的歌曲。他们把反传统的风格与公司的急切需要结合起来……例如，比尔·盖茨穿着陈旧的丝光黄斜纹裤去参加股东大会。他们已经把大学生的风格与高端职业结合起来了……

当你身处这些受过教育的、向上流动的人群之间时，也许你再也不能确定你是生活在一个嬉皮士的世界，还是股票经纪人的世界了。实际上，你进入了一种混存的世界，在这个世界中，每个人都具有这两种人的某些共同特征。

马克思告诉我们，阶级之间必然会相互冲突，但有时阶级之间的界线是模糊的。资产阶级主流文化的价值观，与 20 世纪 60 年代的反文化价值观已经结合在一起了。那种文化之间的战争已经结束了，至少在这种受过教育的群体中是如此。……受过教育的精英们并不会故意去创造这种调和一致。它是数百万个体想同时拥有这两种方式的产物。但是，它已经是我们所处时代的支配性的调子。我们在对这种文化与反文化进行区分时，想知道是谁兼并了谁是不可能的，因为这种反叛与资产阶级实际上是相互结合在一起的。在这个过程中，他们是作为资产阶级又是作为反叛者出现的，他们就是波波族。

资料来源：David Brooks, *Bobos in Paradise: The New Upper Class and How They Got There*, copyright © 2000. Used by permission of Simon & Schuster, Inc.

---

① 具有高学历背景、激进的实验精神，反叛传统，"认真地玩乐"，以及运用知识将创意和热情转化为产品的人。——译者注

20世纪90年代，这些地方也经历了重要而显著的发展，不再是低收入社区。这些社区在过去曾经充满抗争性，但是现在已成为芝加哥人最想居住的居民区。之所以出现这种变化，是因为这些社区已经是雅皮士的目的地。他们的到来刺激了这些地方的恢复和进一步开发，其中很多开发都是通过私人开发商而非政府来进行的。他们大多是白人，但是他们的到来，也导致了大批黑人（内西城）和拉美裔（西城）的离去。在内南城，倒是没有出现低收入者大规模迁走的情况，这主要是因为在这里的新开发项目使用的是那些还没有被占据的地块。洛根广场已经出现了彻底的转变，变成了教育程度更高、收入更高的拉美裔社区（Zielenbach 2005）。

根据人口统计调查的结果，我们也发现这些社区日益被更上层的社会阶层接管。在这四个社区中，年龄在25～39岁的居民至少增长了12%，单身家庭比例增长更大，增长了19%，而小孩的数量急剧下降。另外，大学毕业生的比例增长了10%以上（Zielenbach 2005：5-6）。这种受过更高教育的、向上流动的个人的进入，有助于提高社区的平均收入和财产价值，又赶走了很多低收入居民，进而吸引了更多的中产专门技术

人员的到来。虽然你可能认为，这些社区实际上是混合收入社区，因为这里仍然居住着低收入家庭，他们的可支配收入很少，但是发展情况表明，低收入者居住在这里的混合社区只能是暂时的，这些社区正在演化为中产阶层的实体。

### 密尔沃基

在密尔沃基市的西北边、离市中心4英里处，有30个街区，这里的街区具有文化上的多样性，并因为谢尔曼公园而闻名，该公园的历史可以追溯到19世纪90年代。在那个时候，上层阶层更倾向于与中央商务区离得更近，生活在这个城市的大楼林立的林荫大道上，但是中产阶层商人与专业人员——往往是第三、第四代德裔美国人——不断选择来到这个地区修建永久性的、质量更好的房子，注重房子的装饰和高度的手工打造的品质。从那时起，这些街区就成了一个稳定的中产阶层居民区。

这些街区今天仍是密尔沃基"最有活力的社区之一"（Curran 2003）。它有三条街道被规划成历史区，而整个社区都充满了各种手工艺术与各式建筑风格（平房、艺术性建筑以及复兴时期的建筑），一直吸引着人们想生活在这里宽敞、安静的街道和好房子中。这里的房价仍然很高。不过，生活在这

◎ 很多年轻的专门职业人员（雅皮士）在城市中找到了各种娱乐休闲活动。在外吃饭、购物、参加音乐会、观看戏剧电影、参加俱乐部活动都是他们最喜爱的休闲方式。你在公园也会发现，许多人在骑车、慢跑、散步、玩游戏，或者如图中纽约中央公园中的人们一样，聚在一起滑冰。

里的大多数人都是长期居民，人们彼此相识。

在20世纪70年代，与很多其他城市一样，密尔沃基也发生了"白人飞离"的情况，谢尔曼公园社区协会（Sherman Park Community Association）采取了积极对策，反对无视少数族群不动产和土地主权的种族歧视和犯罪。谢尔曼公园社区协会最为显眼的地方，就是支持种族融合，鼓励黑人白人居住在一起。今天，这种由紧密联系编织而成的社区，仍然保持了其种族的多样性；黑人中产阶层现在是主体，但这里也有一个长期稳定繁荣的犹太群体。在这里，不同种族通婚而结成的夫妇之间，相处得也很好（Borsuk 2007；Curran 2003）。

宗教容忍与融合也是这些街区的重要特征，这里居住着很多天主教、犹太教和基督教新教徒。而谢尔曼公园地区圣会（Sherman Park Community Association）由来自这三种宗教信仰的牧师共同组成，他们定期开会讨论社区问题，以为如何处理这些问题达成共识。

这个社区仍然保持了成员的稳定性，但是在其主要商业大街——特别是伯利（Burleigh）大街和中央大街——的商店，面临郊区商店的竞争压力。这些商店已经做出了一些改进。当地居民和专门的商业从业人员成立了伯利大街社区发展公司，这是一个非营利性的机构，旨在促进这个商业区的再次繁荣。在来自政府与私人基金会的资金的支持下，他们拆除了空置的保龄球小巷以及附属的饭店，建立起新的商业中心和社区中心。另外，他们还建立了一家耗资5000万美元的惠顿方济各会—圣约瑟夫医疗中心，受到了社区民众的欢迎。另外，一些新建企业也吸引着这些街区的居民。

可见，这些街区出现了各种各样的变化，但不管它们变成什么，由于它们的居民是确定的，所以一直就是一个稳定的中产阶层城市社区。

## 3. 工人阶层城市社区

城市中的工人阶层社区往往主要由族群与种族次要群体构成，因此具有自己的特征（但也有例外，田纳西纳什维尔东区可能就是一个非族群

工人阶层社区）。这些社区有很多明显线索——符号标志，平行的社会组织诸如教会、俱乐部、商店和新闻报纸等——给人一种独特的地方感，并且构成了社区社会生活重要内容之一。正如威廉·H·怀特所描述的，这类社区中的街道，是"生命的河流"（Whyte 2001；初版于1980）。在这里，你会发现人们相互见面、打招呼，把屋前台阶和人行道作为个人的社会空间；街道的公共空间实际上成了他们的前院。最重要的是，这样的社区是一个共同体，成员之间共享价值观和亲近性，有一种强烈的归属感，也有强大的支持网络。他们也是甘斯（Gans 1982）所说的族群村落。

### 纽瓦克的爱尔邦德

新泽西纽瓦克东区，就是一个多族群杂居的工人阶层社区。人们认为大罪犯托尼·瑟普拉诺（Tony Soprano）就是在这个地方长大的（Episode 7），2005年夏季的电影《世界大战》讲述的故事就发生在这里，并因此使这个地方受到无数人的关注。这个地方是一片大约有4平方英里大的方形区域，位于帕塞伊克河与纽瓦克自由国际机场之间。

这个社区的名字爱尔邦德（Ironbound）起源于它被铁路轨道包围。以前，这个城市的工业中心曾有很多工厂、铸造厂和啤酒厂。在这些工厂中的成百上千的工人，一周要辛苦工作6天共72小时。他们最先把这个地方作为他们的家。在20世纪20年代，葡萄牙移民开始来到这个社区定居，加入到已在此居住的黑人、德国裔、爱尔兰裔和意大利裔形成的混合体当中。

随着1965年允许人们更加自由地迁徙的法案的通过，很多说葡萄牙语的人由于国内政治动乱，被迫来到这里加入到他们的同胞中，而此时其他群体则迁移出去了。到20世纪70年代，爱尔邦德中的大多数工厂与啤酒厂都关门了，但更多的说葡萄牙语的人来到这里定居。他们祖国的经济状况恶劣，但在这里，他们可以就近找到工作。80年代晚期和90年代初期，在房价和房租低下、社区紧密关系和位置方便的吸引下，很多说葡萄牙语的巴西人又来到这里居住。爱尔邦德现在说葡萄牙语的巴西人占了一半左右。这个地方最初那些本土葡萄牙语人与巴西人之间的文

化紧张，现在很大程度上都已经不见了（Lawlor 2004）。

事实上，目前在美国的城市中，说葡萄语的人最多的城市就是纽瓦克。而且，持续到来的移民，确保了葡萄牙语成为这里很多商店使用的第一语言，有时甚至是唯一的语言（Alvarez 2009）。美国最大的一家葡萄牙语报纸（Luso-Americano），就是在这里出版的，并且发行量很大。

现在，爱尔邦德是一种综合性的社区，这里有住宅、商店、工业建筑，以及活力十足的商业购物中心、民俗饭店、咖啡馆，另外还有园艺大道上的俱乐部。而所有这些，为这里的人们提供着欧洲生活方式的各种要素。居民常常说他们有一种强烈的共同体感，他们在日常的步行时，如果熟人相遇，都会相互打招呼，这充分体现了共同体感。由于在附近的工厂就可以获得工作，这种地域上的邻近性，诱使较早期的葡萄牙语移民来到爱尔邦德定居，之后他们又帮助新来的同胞获得工作和生活立足之地。

与其他移民社区一样，在这里，各种各样的社团、俱乐部——每一个都代表母国的一个特定的地方——为新来者提供各种帮助，并组织各种活动来保持文化传统（Lawlor 2004：5）。这些俱乐部常常组建足球队，而社区公园中常常可见玩足球的大人和小孩。在酒吧和俱乐部，足球是人们喜欢观看的节目，在 2002 年巴西获得世界杯冠军时，这里的球迷半夜都还在街上狂欢（Lawlor 2004）。事实上，在爱尔邦德，足球世界杯比赛远比美国超级棒球联赛要重要得多。在世界杯期间，酒吧和饭店里充满了球迷，他们一边在这里吃饭，一边为自己喜欢的球队加油（Stoneback 2005）。

在这里，由四家或更多单元构成的公寓建筑，占了整个社区的 1/4。由于需求大于供给，很多租客要通过口口相传来寻找房子。大多数的住房（60%）都是两到三家人居住；其余的则是一家人独住。自 20 世纪 90 年代以来，住房需求一直很高，有 900 套住宅新建起来了，房价也涨了三倍。对于老租户来说，这导致了一个问题，那就是房租涨价了。住房供给以及入住者的日益增多，使得爱尔邦德的学校十分拥挤，甚至不得不使用拖车箱来当教室。不过，政府开始规划在这个社区修建新的学校（Lawlor 2004）。

这里的 170 多家饭店也吸引了很多的来访者，但是直到晚上 9—10 点钟，本地居民才会涌入其中，因为他们遵循的是伊比利亚人吃得晚的习惯。在星期四的早晨，大多数的海味店都最为忙碌，因为爱尔邦德固定在这一天购买新鲜海味，而这些东西是每周三晚上从葡萄牙运来这里的。从早到晚，这个城中村"到处都充斥着葡萄牙人、

278

◎ 与很多有活力的城市族群社区一样，纽瓦克的爱尔邦德具有双重目的：是第一代工人阶层美国人（正如图中说葡萄语的人）之家，也吸引着很多同一背景或其他背景的参观者，他们在这些街道上林立的商店和饭店中分享它的民族风味小吃。

西班牙人和巴西人的口音"（Corcoran 2003）。

**其他族群村落**

实际上在美国的每个城市中，都有这样一个或多个族群村落。第一代美国人聚集在这里，并在某种程度上重新创造和留下了这个世界。老欧洲人族群社区逐渐衰落，但是随着非洲、亚洲和拉美移民的大量到来，新的族群又取而代之。这种族群村落成千上万，我们在下面仅列举其中的一些加以说明。多伦多的小印度，沿着格林伍得和考克斯威尔大道之间的杰拉德大道东侧而建，社区生活活力十足，民族商店林立。韩国城——主要位于芝加哥西北边的奥尔巴尼公园社区中的劳伦斯大街（"首尔快车道"），也是一个活力十足的社区，但其他族群正在侵入。在上曼哈顿的纽约华盛顿高地社区中，多米尼加人的存在是如此的强大，以至于它有时被称为"凯茨凯亚高地"（凯茨凯亚是多米尼加共和国的别名）。在迈阿密，还有两个更有名的内聚性族群社区。其中一个是柠檬城爱迪生中心的"小海地"，位于小河与东布埃纳维斯塔的老社区中；另一个是迈阿密市的"小哈瓦拉"，位于布里克尔大道西侧，并沿着西南第八大街分布。

很多工人阶层社区都是多民族人口混居。例如，纽约市皇后区瑞吉伍德（Ridgewood）的城市社区人口高度密集，那些两层砖石建筑十分有名。这里过去曾是德国人和意大利人飞地，但是现在主要居住的是中东欧（特别是波兰）和拉美移民。在芝加哥西南区的阿克尔高地（Archer Heights）社区，大多数建筑都是砖砌平房和饲养场，居住着大量的波兰人，而拉美裔正在日益增多。旧金山的埃克塞尔西奥（Excelsior）区，则主要是亚裔和拉美裔移民家庭构成的工人阶层社区。

# 4. 混合收入城市社区

在很多城市社区中，往往居住着不同收入水平的人。这些社区可能是人为干涉的产物，例如是那些旨在缓解贫困人口集中居住的住宅项目的产物，或者源于有计划的改造和提升规划，但也可能是那些愿意流动的人口的动态迁移的、非计划的产物。不管原因如何，有很多混合收入社区确实能够保持具有收入水平多样性的人口的稳定性。另外，它们可能处于改造和提升的早期阶段，低收入群体正在移出，而高收入群体正在移入。否则，随着中产阶层的移出以及更多低收入人口的移入，这些社区会恶化。那么，在混合收入社区中的生活质量的关键，就不仅在于家庭收入水平，还在于居民能够维持在那里居住的需要和能力。

**大急流城**

美国密歇根州西南部的大急流城（Grand Rapids），是该州的第二大城市，人口正在逐渐下降，2000年人口为19.78万人，但到2010年人口只有18.8万人了。这个城市的经济基础具有混合性和多样性，人们主要在建筑行业、运输装备行业就业，也有一些在教育、住宿和食品服务业就业。这里的中等家庭收入比例在2009年占17.2%，差不多是全国的两倍。城市中的非拉美裔白人从2000年的67%下降到2010年的62%，而少数族群人口在增加，其中20%为黑人，16%为拉美裔人，2%为亚裔人（city-data.com 2012）。自2000年以来，在全球化和金融危机萧条的双重冲击下，大急流城失去了无数制造业工作岗位，并正在竭力恢复家具制造等产业。密歇根州立大学在市中心建立了一个校区，那些老建筑被改成了办公、零售和居住空间（El Nasser 2006）。

有学者对大急流城11个稳定的混合收入社区进行了研究，深刻解释了在过去十年中，这里的人口结构没有发生显著改变的原因（Thomas, et al. 2004）。与大城市人口统计区的其他地方不同，这11个社区的空房率较低，贫困家庭人口数量和平均家庭收入中值也较低。研究者抽样选择了其中3个社区的焦点群体并进行了访谈，最后界定了导致这些社区人口稳定性的五个因素。诸如天主教教区这些宗教色彩强烈的社区，是使人们留在社区之中的首要原因。而对学校的好感特别是小孩能够步行去当地学校上学，以及邻居之间存在强烈的社会关系网络，也是其中重要的因素。家庭、社区以及专门职业人员构成的社区社团组织状况良好，也是导致人口稳定的重要原因。

◎ 多伦多复兴的圣劳伦斯社区是一个混合社区，把各年龄段和各种经济社会地位的人成功地整合在一起。使这个地区如此成功的因素，包括新建住房类型多样共存，工商业、商店、饭店和剧院等有策略地混合，以及把仓库和工厂进行了改造等。

　　然而，研究人员也发现，这些社区也存在某种脆弱性。访谈对象担心日益上涨的房租，害怕自己的财产得不到很好的监管，也担心那些租客会制造噪声，造成严重的破坏和社区的变迁。他们还十分担心公立学校质量的下降以及教区学校的搬迁。很多人都认为，如果学校质量出现急剧下降，那么社区也会急剧衰落（Thomas et al. 2004）。

### 多伦多

　　圣劳伦斯社区是人口杂居的另一种不同的例子。该地区是人们通过对以前用于仓储和工业活动的大片内城区的重新开发而有意识地创造的（De Jong 2000）。现在有 2.5 万居民生活在由仓库改造的房子以及新建的住房中，这一地区包括了从杨奇（Yonge）大街向东到议会大道、从皇后大街向南到铁路轨道的范围。

　　这个繁荣的社区有效地把不同年龄和不同社会经济背景中的人整合在一起共同生活。规划者通过把各种住房类型——包括共有产权房子、私有的非营利的单元房、居住者拥有私人产权的联排别墅——很有策略地安排在一起，实现了这种社会混居。那些三层的家庭联排别墅位于林荫内道上，被更加繁忙的街道上的七到十层公寓房包围着。这些很好地混合在一起的房子，可供具有不同购买力的人居住，人们可以购买私人拥有所有权的房子，也可以住进房租与收入挂钩的公寓房中（Lewinberg 2011）。

　　这种人口与住房成功的混合，还使经济充满了活力，其中的工商企业、饭店和剧院等都很繁荣。而与弗朗特（Front）大道和滨海（Esplanade）大街上的那些工商业一样，在圣劳伦斯市场——这个城市最初的市场所在地，现在仍然受到大家的高度喜爱——附近也有一个独特的购物点。在这个社区，除了这种对空间综合利用，各种活动有机结合在一起外，还有社区中心和公民社会组织网络——居民协会或社团、"长老会"、围绕学校教育形成的各种组织、社区中心委员会以及各种其他年轻人和小孩的团体。

　　所有这些都强化了选择居住在这个社区的居民对社区的忠诚感，社区的空间感强化了他们的这种看法。专家们进一步认为，这将是一个成功的社区，因为其优秀的规划确保了新建筑不仅保留了老建筑的风格特征和规模，而且也保留了 19 世纪多伦多沿着道路布局以鼓励街道活动的排列模式。这种有意识的规划，还辅以很好的灯光照明，从而为这个混合社区提供了积极的街道生活，向行人传达出一种安全感。

## 5. 低收入城市社区

那些高度贫困的社区，往往位于城市最老旧的区域中。其中很多社区曾经是稳定的中产阶层社区，甚至是上层阶级的所在地，但后来在艰难时期衰落了。由于这些人口高度密集、住房水平低于标准的区域，又往往位于中央商务区附近，所以逐渐被人们称为内城区，后来又被称为黑人贫民窟或贫民窟。

那些陷入绝境的穷人往往居住在内城区，他们的未来是暗淡的。居民们由于缺少服务与信息部门工作岗位所需教育与技能，失业率甚至高达 80%（Bingham & Zhang 2001）。在这些贫困社区，毒品滥用者的比例很高，单亲家庭婴儿死亡率也很高，而暴力犯罪以及福利依赖都是很常见的现象。这些"真正的劣势者"（Wilson 1990）都是要依赖政府救济和地下经济才能生存的穷人。

与过去的移民穷人不同，今天的内城贫民面临社会孤立。中产阶层家庭，以及夫妻都是工人阶层的家庭大批离去，使人们失去了重要的角色模范和榜样，并减少了社区资源。然而，有证据表明，精心规划和开发的混合收入阶层社区，使人们能够获得更高质量的服务，是一种可以应对城市贫困的有用战略（Joseph, et al. 2007）。

### 芝加哥

正如上文关于中产阶层社区的段落所指出的，芝加哥自 20 世纪 90 年代以来经济出现了显著的增长，并改善了城市中很多低收入社区的生活水平。然而更常见的情况则是，美国很多老城市社区的经济状况都在恶化。

为了说明一个社区是如何衰败的，我们来看看当前芝加哥的一个低收入社区——盖奇公园（Gage Park）。在 1990 年，盖奇公园是一个中等收入社区。这个社区最常见的建筑是 80～115 年房龄的老平房，有一些是 20 世纪 40 年代修建的佐治亚风格的房屋，还有一些是 60 年代和 70 年代的建筑，另外还有一些最近新修的科德角式样（Cape Cods）的建筑。绝大多数的房子由两三个家庭共用（Steele 1998）。

盖奇公园数代以来是一个东欧与意大利天主教社区，现在大约有 4/5 是西班牙人。其中有很

多新来者不能说英语。在 1990—2000 年间，这个社区的人均收入下降了 31%，高中毕业生比例下降了 10%。年龄在 25 岁以上的人占到 55%，其中高中毕业者更少。从由人均收入、传统住宅抵押贷款购买率和中等家庭财产价值构成的测量指标——总指数得分来看，相对于整个城市的总得分，这个社区下降了 52%（city-data.com 2011；Zielenbach 2005：5）。

### 洛杉矶

洛杉矶市贫困人口最密集的社区是皮可－联盟社区（Pico-Union），这个社区由于处于皮可（Pico）大道和联盟大道的交叉口而得名。这个社区的所在地在 20 世纪初还是洛杉矶的郊区，它的房屋与建筑类型明显表明了其最初起源于郊区的特征。这个社区由于东邻市中心，因此对于新移民来说，是一个很有吸引力的居住地，特别是对于斯堪的纳维亚的路德教移民、俄罗斯的犹太人移民和希腊的正教徒移民，更是如此。

随着 20 世纪中期郊区化向外的扩张，皮可－联盟社区成了内城的一部分。经济与社会资源从内城转移到郊区，导致这个地区的物理面貌和基础服务设施的衰败。由于年久失修，这里的住宅与其他建筑都破败不堪。房东把自己的房子分成小间，然后出租给那些需要居住的低收入移民家庭。其结果是，这个社区的特征就是过度拥挤和低于标准的居住状况（UCLA Department of Urban Planning 1998）。

皮可－联盟社区现在居住着 4.5 万人，其中绝大多数是中美裔和墨西哥裔。85% 的是拉美裔，8% 是亚裔，3% 是黑人，3% 是非拉美裔白人（LA Times 2011）。与在其他移民社区中通常的情况一样，这个社区中的很多组织和商店都专门给特定语言、文化和需要的人提供服务（Zhou 2009）。

生活在这个社区中的贫困人口的比例（40%），几乎是整个城市的两倍。在 2009 年，这里的中等家庭收入是 25 587 美元，而整个洛杉矶中等家庭收入是 48 617 美元。教育水平也存在惊人的对比，整个城市大约有 2/3 的人拥有高中以上文凭，但在皮可－联盟社区，只有 1/3 的人拥有高中以上的文化水平（city-data.com 2012）。其

就业模式和相应的经济停滞，也反映了他们教育程度很低，并且存在语言障碍。

这个社区现在一幅破败景象，到处是涂鸦，商店中空空如也，犯罪率奇高。这里黑帮活动十分猖獗，让人担忧，特别是第18街区的帮派活动更是如此，其从事汽车偷盗、敲诈勒索和暗杀等犯罪活动（Alonzo 2008）。警察与社区组织都试图使这个社区变得安全一些，也取得了一些有限的成功，不过很多问题仍然存在并十分严重。

## 6. 无家可归者

我们大多数人都时不时会碰见无家可归者。他们或者睡在公园里和候车长椅上，或者站在贫民区街道的进出口向匆匆而过的路人乞讨。显然，我们认为他们处于社会的边缘，常常与工作单位和家庭断了联系，可能已经失业数周，或者离最后一顿美餐已经多日。不过，这是一种定型的刻板印象，问题实际上要复杂得多，没有一种原型能够完全描述这些无家可归者。

最近数十年来，我们看到了一种新的无家可归者。在中央商务区或市中心新修建筑以复兴城市的努力，摧毁了那些为生活于贫困边缘的人们提供单间租房的老旅馆。例如，在1970年到1990年之间，芝加哥与纽约失去了大约70%的单间租房，洛杉矶也失去了一大半这样的房子（Koegel，Burnam & Baumohl 1996；Hoch & Slayton 1990）。另外，城市复兴对城市的改造和升级，导致了租金上涨和廉租房的消失，迫使很多人离开他们的社区，并因此增加了对低收入住房建设的需要，以及向那些租住超越支付能力的住房者提供政府资助和补贴的需要（Institute for Children & Poverty 2009）。据估计，有小孩的无家可归家庭目前占整个无家可归家庭的26%左右。72%的人是单身成年人，2%的人是没有父母陪伴的年轻人。26%的人患有严重精神疾病，16%的人有身体残疾，13%的人是家暴受害者（U.S. Conference of Mayors 2011）。

特别让人不安的是那些有小孩的无家可归家庭。每年有超过80万小孩与青少年有无家可归的经历，其中至少有两成失学（U.S. Department of Education 2010）。这些无家可归小孩的平均年龄为6岁，其中有一半的无家可归小孩一年要转学三次，75%的小孩阅读能力得分低于同龄小孩平均得分。毫不奇怪的是，这些小孩比其他小学的退学可能性要高出4倍。他们的父母（其中一半的母亲是为了逃避家庭暴力）有2/3都没有高中学历，其中75%的人失业。教育水平有限和缺少工作经验是这些陷入贫困者的普遍特征，但是导致无家可归的其他因素也影响了这些家庭的稳定性，使这些家庭得不到社区支持（Institute for Children and Poverty 2009）。

自2007年以来，无家可归家庭对紧急避难所的需求在增加，而个人的这种需求在下降。尽管在2010年所调查的27个城市中，有19个城市都进行了一些调整，以努力适应和满足这种需要，但是紧急避难所由于床位已满而不得不拒绝无家可归家庭涌入的情况，还是经常出现（U.S. Conference of Mayors 2011：24）。

显然，缺少符合人们购买能力和承租能力的住房，是无家可归的首要原因。而一个人身无立锥之地的其他原因，则包括缺少教育、低收入住房建设不足、贫困和缺少工作岗位等，而这些状况又不可能在短期内消失。不过，城市中这种不幸的人口数量只是少数，我们不能因为这种不幸场景，而扭曲我们对整个城市人口社会阶层多样性的看法。

# 三、郊区社会阶层的多样性

今天的郊区，特别是那些最接近城市的郊区，再也不是人们以前所认为的白人中产阶层和多子家庭居多的情况了，郊区越来越成为少数民族、次要群体、工人阶层、穷人、老人的家园。现在，郊区居民在年龄与收入、种族构成、居住时间等方面存在广泛的多样性。

## 1. 高收入郊区

在一个世纪前，居住在郊区标志着一种小

康生活方式。诸如林恩伍德广场（Lynnewood Hall）——被誉为"美洲的凡尔赛宫"——华丽的建筑，在早期明确地把郊区居民的生活方式从其他人的生活方式中突显出来。这种郊区生活方式观念，就是要模仿欧洲贵族的乡村生活方式，其中特别值得注意的就是皮埃尔·洛里亚二世（Pierre Lorillard Ⅱ）的努力。1886 年洛里亚继承了一笔烟草财富，大约 60 万英亩的土地，他花费 200 万美元在纽约北边修建了百万富翁侨居地，即他的塔西多（Tuxedo）公园。这是一处飞地，保卫严密，"这里的别墅有 40 个房间，10 个卧室，还有数处花园和亭台楼阁，富有的精英们住在这里，可以与自然亲近和交流，并且还有房子供其一小队仆人居住，而这些仆人也是他们的生活所必需的"（Conant 2003：4-5）。

在塔西多公园，洛里亚提供了一幅关于这个维多利亚百万富翁痴狂于排他性的极好的漫画。在不到一年之内，他用一种八脚篱笆围住了 7 000 英亩土地，给大约 30 英里的道路分了等级，修建了完善的下水道系统和供水系统，还修建了一处看起来像"英国小说中的卷头插画"的大门，一处俱乐部房间，其中有从英国来的仆人当职员，用"22 个窗扉装饰着英式角塔的别墅"。在 1886 年纪念日，一趟专门列车运来了从纽约特邀的 700 位客人，来见证这家公园的开业（Baltzell 1987：122-123）。

正如 E. 波茨尔所指出的，洛里亚通过向他的俱乐部成员出售塔西多公园中的房产，而为贵族们创造了一种"莱维城"。不过，随着有轨电车线路和汽车的持续增长，新修建的房子从城市向外涟漪般扩展，追求新的郊区生活方式的观念也日益在大众心中生根。民众之所以要追求郊区生活方式，原因与贵族们相同，就是要过上美好的生活，但是这种变迁的宏大规模，使得他们的这种美好的愿景被稀释了。

今天的上层阶层郊区，与不久以前的贵族郊区很相似。它们包括底特律附近的格罗斯普安特海滨（Grosse Pointe Shores）和芝加哥附近的南巴林顿（South Barrington）。住在这里的那些家庭，拥有面积很大的房子，生活在大房间中，常常还有游泳池，他们的生活中心主要是教堂、庙宇或排他性的俱乐部。在这些地方，最受欢迎的休闲活动就是高尔夫和网球。炫耀性消费、高社会地位象征和其他阶层优势，充分表明了这种丰裕的生活方式。

在这些郊区中生活的人，常常年龄较大，大多数是白人，受教育程度最高，收入明显高于州平均水平。例如格罗斯普安特海滨只有 1 平方英里大，人口有 2 500 人，年均 48 岁，92% 是白人，62% 的人至少是大学毕业，其中 30% 拥有更高的学位。在 2009 年，这些郊区中的中等家庭年收入大约为 13.6 万美元，而密歇根中等收入家庭年收入只有 4.5 万美元。南巴林顿则大一些，面积大约 7 平方英里，人口在 2010 年将近 4 600 人，其中 68% 是白人，27% 是亚裔，2009 年中等家庭年收入是 20 万美元（而伊利诺伊州家庭年平均收入只有 5.4 万美元），63% 的人至少是大学毕业，30% 的人拥有更高的学历（City-Data.com 2012）。

虽然这种老精英郊区长期以来都抵制其他种族、少数族群和宗教少数派进入，但新的富有郊区——往往位于郊区外部边缘，例如南巴林顿离芝加哥只有 37 英里——则会接受任何拥有特定数额银行存款的人进来。加利福尼亚州比弗利山庄，是那些战胜族群偏见的经济精英的例子。在此，富有的阿拉伯人和犹太人作为邻居和谐共处，而他们各自的中东同胞们则完全不是这样。

## 2. 中等收入郊区

康涅狄格的达连湾（Darien）和纽约的莱维城，都是典型的中产阶层郊区。这里的生活以家庭为中心，以小孩的活动为中心。

人们能够与他人很好地生活在一起，彼此不分，并且养育他们的小孩，使之没有威胁和不会受到城市的诱惑……

处于所有这一切的中心的，是中产阶层价值观与一种关于郊区家庭生活意味着特殊的东西的理解之结合。成为中产阶层，不仅意味着立志要

*284*

获得大学教育和白领工作，也意味着有一个家庭……家庭应是社会生活的中心。结果就是对家庭度假的重视，对父母通过有组织的体育活动和地方的父母—老师协会而积极参与小孩的生活的重视（Beauregard 2006：124-125）。

在这样的郊区中，很少有人是穷人，几乎每个人至少都完成了高中教育。这里一度主要是白人，而最近这些年来，这些郊区的种族构成越来越多样化和融合。俄亥俄的梭伦（Solon）就是这样的郊区共同体（其概况可参见下页的"城市生活"专栏），在这里富有的亚洲人、黑人和非拉美裔白人作为邻居和谐共处。

## 3. 工人阶层郊区

在20世纪早期，一些工人阶层郊区开始出现，这种郊区既有工厂，又是工人的家。旧金山的南门郊区就是这样的郊区。在狭窄的地块上，开发商建起商品房，人们也自建房子，后院往往还有菜园子和鸡舍，这类建筑逐渐成为标准。在二战后，随着建立了工会的工厂工资更高，郊区的人们都到工厂去上班，农田荒芜，旧金山郊区的图景也发生了改变。这些郊区只有家庭经营的街角杂货小店和小的服务站，居民都坐通勤车去旧金山或其他郊区购买他们所需的大多数物品，或者娱乐甚至工作（Nicolaides 2002）。

在20世纪早期，美国其他一些地方也出现了工人阶层的、工业产业郊区。其中一些郊区比另外一些更为城市化，但所有这些郊区都为蓝领工人提供了在他们自己家中生活而在附近工作的机会。但是密歇根州离底特律只有2小时车程的弗林特（Flint）、伊利诺伊州芝加哥附近的阿尔戈（Argo）、俄亥俄州辛辛那提附近的诺伍德（Norwood），以及亚拉巴马州伯明翰边上的弗尔菲尔德（Fairfield）等无数的郊区，在20世纪早期以及随后的两代人时间里，工业与工人都大批地离去了（Taylor 2010；初版于1915）。

今天，其中一些更老的蓝领工人郊区，由于工厂关闭或外迁，工作岗位也大量消失。随着工商税收基础的消失，这些郊区的建筑也日益恶

化，而财产税却日益上升。毫不奇怪的是，其中很多更富的居民都在收拾东西进一步向外迁移，他们希望能够找到具有更新面貌的梦中家园，也许还希望那里的税率更低。然而，其他一些工人阶层郊区仍然在健康发展，某些郊区还在进一步扩张。这类郊区的例子包括北奥姆斯特德的克里夫南郊区，下页的"城市生活"专栏对这个郊区进行了简要介绍。

## 4. 某些奉行世界主义的郊区中心

诸如新泽西的普林斯顿大学所在地以及加利福尼亚州斯坦福大学所在地帕洛阿尔托等社区，与工人阶层郊区形成了鲜明对比（甚至与达连湾和格罗斯普安特海滨也十分不同）。这些社区主要由研究人员、专业人员、作家、演员、艺术家和学生构成，与城市中心的大学区、波波族飞地和大城市居民社区相似。这些人群往往十分强调"良好的修养"，而剧院、音乐设施和优雅的饭店在这些地方也很常见。

## 5. 少数族群郊区

少数族群或者次要群体的郊区化在大都会区最为明显。一半以上的少数族群包括黑人现在都居住在郊区。在美国最大的100个大城市中，有36个城市的郊区人口中的少数族群人口占到至少35%。大都会区超过一半的黑人（51%）生活在郊区。快速增长的黑人郊区化的原因，主要在于这个群体的大学毕业生比例的提高，以及他们在经济上取得了更大的成就。另外，59%的拉美裔和62%的亚裔也购买郊区住房（Frey 2011）。

绝大多数的郊区现在都具有种族多样性，而且这种多样化过程一直在继续。尽管如此，某些郊区共同体仍然在种族上被隔离开来，如某些非裔美国人有意寻求到那些黑人占绝对多数的黑人共同体中去居住。有些中产阶层黑人家庭喜欢居住在同一种族环境中，只与自己的种族进行交往，而吸引这类富有非裔黑人家庭的郊区，包括迈阿密附近的罗林奥克斯（Rolling Oaks）、亚特兰大附近的格伦河（Brook Glen）、帕诺拉

（Panola Mill）和温德姆公园（Wyndham Park），以及圣路易斯附近的黑杰克（Black Jack）、詹宁斯（Jennings）、诺曼底（Normandy）和大学城。在马里兰的乔治王子县郊区，黑人构成了全郡人口的65%，他们从生活在富裕的但主要是黑人的社区或者比社区更小的居住群落中找到了安慰和舒适感。不过，黑人郊区常常起源于侵入—替代过程，随着很多次要群体进入某个社区而白人开始迁出，黑人郊区才得以形成，到最后白人持续地离开导致了一个被隔离开来的黑人共同体，它在很多方面都类似于内城黑人共同体即黑人贫民窟。

某些黑人郊区是"溢出性"社区，诸如马里兰的格伦纳登（Glenarden）就是这样的社区，

这个社区与华盛顿特区相邻。这些郊区是城市中心的黑人贫民窟直接向外扩张和发展而形成的，它们随着时间的发展越过了城市中心而向外移动。克利夫兰、圣路易斯、芝加哥、亚特兰大、迈阿密、洛杉矶和纽约目前都存在这种溢出性区，而且它们在整个美国日益普遍。相对于其他黑人社区，这种溢出性社区的收入水平更高，与那些离开城市中心的白人一样，向外迁移的黑人往往是中产阶层，他们希望远离其他邻里社区。

相反，在洛杉矶县，黑人向加利福尼亚康普顿的移民，不是"贫民窟"向外扩张，而是黑人向上流动的郊区化的证明，因为它实现了很多黑人拥有自己住房的梦想（Sides 2006：97，129）。

## 工人阶层郊区与中产阶层郊区的比较

**城市生活**

对于很多生活在内城或者农村地区的人来说，所有的郊区似乎都是一样的。然而，郊区之间在很多方面都彼此不同。下文关于俄亥俄克利夫兰附近的两个郊区城镇的描述，充分显示了这一点。北奥姆斯特德是一个工人阶层郊区，位于克利夫兰西南17英里处，有3.3万人，面积大约12平方英里。另一个郊区是梭伦，位于克利夫兰东南17英里处，是一个中产阶层郊区，有2.3万人，面积约为21平方英里。

正如你所预料的，这两个郊区中的住房价格是不同的。2009年北奥姆斯特德中等房产的价格是15.36万美元，而梭伦是28.13万美元。在梭伦，新房子更多，一半以上的房子都是1980年以后的建筑。而在北奥姆斯特德，1980年以后的修建的房子只占13%。房子的年龄很重要，因为

更新的房子往往更大，房间更宽敞，更可能有车库和中央空调甚至游泳池之类的附属设施。

从总体上看，郊区少数族群和次要群体的比例要比市中心低。而梭伦这个中产阶层社区比北奥姆斯特德这个工人阶层社区的种族多样性更高，在梭伦，80%都是非拉美裔白人，10%是非裔美国人，9%是亚裔美国人，1%是拉美裔美国人，剩下的1%则包括了两个或者更多的族群。而在北奥姆斯特德，94%是非拉美裔白人，非裔美国人只有1%，2%是亚裔美国人，2%是拉美裔美国人，剩下的则分属于一到两个或者更多的族群。

这两个郊区的人口之间存在的最大差异，就是教育水平不同。在梭伦的成年人口中，50%至少拥有本科学位，22%拥有硕士或其他专业学位。在北奥姆斯特德，

只有27%的人是本科毕业，只有9%拥有硕士或者其他专业学位。鉴于这种差异，梭伦郊区中的人有更高的收入就不足为怪了，2009年梭伦郊区中等家庭年收入是93 254美元，比北奥姆斯特德的54 530美元高出很多。郊区的失业率往往很低，但我们发现梭伦郊区的失业率（1.9%）比北奥姆斯特德的（3.1%）还要低。

正如这一比较分析所显示的，各个郊区有着自己不同的多样特征，无论是住宅分布方式和建筑结构，还是社会经济数据，都具有各自不同的特征。在导致这两个郊区城镇的社会阶层特征之间出现差异的因素中，种族与民族因素并不如教育水平和收入因素重要。

资料来源：http://www.city-data.com, accessed May 17, 2012.

◎ 在过去的20年中，美国很多少数族群，以及部分正在成长的中产阶层，已经实现了他们的美国梦，因为他们拥有了郊区的房子。一些人生活在混合性的邻里社区中，而其他一些人喜欢选择生活在种族隔离的共同体中，他们在这种同质种族背景中能够为自己和自己的小孩找到更大的安慰和舒适感。

288　事实上，不管是生活在一个以少数族群为主体的郊区中，还是作为一个融合性郊区中的次要群体，郊区化都不是偶然发生在他们身上的事情。相反，非裔美国人创造了他们自己的郊区梦，通过拥有自己的住房而确立了实现新的平等、公正与经济机会的可能性（Wiese 2004）。

社会流动与居住流动之间的关系，长期以来都是社会学家关注的话题，芝加哥学派及其社会学家们早就发现，随着移民的子女向上攀爬社会经济地位阶梯，他们往往会进入具有更高地位的郊区那些更好的房子中。本地出生的黑人同样如此。今天康普顿是一个次要群体的社区，超过一半的人都是拉美裔，2/5是黑人。现在它是洛杉矶内城的一个郊区，正在遭受比平均水平更高的失业、贫困和犯罪。

其他少数族群郊区也开始走向这种道路，诸如密苏里的金洛奇（Kinloch），它是圣劳伦斯外的一个小镇，其中95%的人都是黑人，代表着另一种类型的少数族群郊区。这些孤立的社区，最初往往是城市边缘的棚户区，但最近几十年来，城市的周围也出现了白人居多的郊区。那些移民集中居住的地方，都是贫困的地区（参见下页的"城市生活"专栏），住房日益破败，很多人生活在贫困线以下（在金洛奇大约是54%）。年龄在25岁以上的成年人中，只有53%接受过高中教育；没有一个人是大学毕业。大多数的人

在低技能岗位工作，超过一半的人生活在贫困线以下。他们的前景和希望与内城贫民窟中的那些居民一样的渺茫和惨淡。

在2010年，大都会区所有拉美裔美国人有59%生活在郊区。在拉美裔居民区，包括周边的河滨市、纽约、芝加哥、迈阿密、休斯敦、洛杉矶、达拉斯和华盛顿特区的拉美裔郊区的数量，正在迅速增多。所有这些地方都长期居住着拉美裔各族人口。而在东南著名的诺克斯维尔、纳什维尔、查尔斯顿和夏洛特等地方，以前拉美裔人总体上较少，但在其郊区，拉美裔人口现在也在迅速增多。这些城市的郊区，现在都可以说是拉美裔郊区（Frey 2011）。

接近洛杉矶的蒙特利公园是一个亚裔居多的郊区，其人口中超过41%都是华裔，另外20%则是日本人、越南人、韩国人和其他亚裔。亚裔——是一个包含了文化和种族多样性的范畴——往往向白人居多的社区迁移，因此这个郊区是一个例外。亚裔是美国最富有的少数族群，2010年其家庭年收入中值为64 308美元，所以亚裔比其他族群更多地生活在郊区，比例达到62%（Yen & Nuckols 2012）。

亚裔与拉美裔的不断迁入，加上很多人直接选择生活在郊区的趋势，表明了郊区在接下来的数年里将会更加多样化。显然，那种郊区是"白人的安乐窝"的看法，现在已经过时了。

## 少数族群郊区中的生活

伊利诺伊州的罗宾斯是一个不断衰落的次要群体小郊区。其人口在不断下降，1970年有4 000人，但现在只有2 300人了（其中94%是黑人）。该镇18岁以下者与65岁以上者一样多（均为12%）。

罗宾斯位于芝加哥环区南17英里处，是该市合并的最古老的美国黑人自治街区之一。直到1910年，这里绝大多数地方还是农场，半乡村的黑人郊区是其主要的特征，并在20世纪早期大移民时期开始形成。这里绝大多数的居民都是非裔美国黑人工人阶层，他们定居于此，购买每块90美元的小地块，很多人修起了自己的房子，生活在没有电和室内供水排水设施的房子中。

外来者常常因为这里没有硬化的街道而嘲笑这种临时性的建筑和公共设施状况，并称之为贫民窟。然而，对新近迁来的南方人而言，罗宾斯则具有各种优势：在乡村一样的环境中拥有一处房屋所有权，没有暴力犯罪的安全之地，家离上班工厂很近，是一种关系密切的熟人社区。在这里妇女也有工作机会，她们可以从事家政工作，或去芝加哥的罐头包装加工厂工作。而且很多新来的居民还可以自己在菜园中种点菜，养殖一些小牲畜以补贴家用。

在过去的几十年中，随着人口的增加，这里的居民们办起了《罗宾斯先驱报》，新修了很多教堂和小商店。罗宾斯还是深受芝加哥黑人欢迎的娱乐之地，这些人在夏日周末会涌入这里的野外草地野餐，到这里的夜晚俱乐部娱乐。

因为罗宾斯是蓝领社区，几乎没有商业税收基础，所以镇官员不能对公共设施进行任何有限的改造，主要是因为改造资金缺乏。直到1950年，22%的罗宾斯家庭都没有室内给排水设施，1960年，40%的人被认为生活在标准水平之下。在60年代，黑人开发商爱德华·斯塔克（Edward Starks）在这里开发了一处"金门小区"，修建现代的具有郊区风格的住房。在50年代，这里的道路得到硬化，污水处理系统也建起来了，但这些费用使这个社区面临沉重的市政债务，加之70年大量工厂解雇工人，很多工人失业，使形势更加严峻。虽然罗宾斯仍然是芝加哥少数几个拥有有限资源但却能够购买自己的房子的非裔美国人社区之一，但是这个地区工作岗位数量的下降，仍然使这个地区的经济陷入了混乱和萧条。

2009年，这个地方的中等家庭年收入是23 474美元，而其他社会经济统计数据并不能表明在不久的将来这个地方会出现任何好转。这个郊区的2/3居民拥有高中及其以上的教育水平，但是只有1/12的成人拥有大学以上的文化。成年人结婚率为25%，1/9的成年女性是寡妇。1/10的人离婚了，几乎有一半的适龄人口没有结婚。几乎1/9的人失业，1/15的人生活在贫困之中，失业率与贫困率这两个指标远高于州平均水平。不过，让人们看到一点希望的事情，就是这个郊区在几乎十年没有任何新建筑后，2006年以来大约有70处新建筑开始修建。

资料来源：Andrew Wiese, "Robbins IL," *The Encyclopedia of Chicago*（Chicago：Chicago Historical Society，2005）and accessed online at city-data. com on May 17, 2012.

## 四、概要

关于城市风格（urbanite）的各种定型的看法存在某些真理，但是也存在很多歪曲和谬误。研究者们不断指出，城市存在明显的多样性——存在各种类型的城市阶层，这种多样性完全否定了以往研究对于城市的笼统描述。无论是城市中心还是郊区都是多样性的。大都会区郊区居民的社会经济地位，比城市居民往往更高。然而，如果我们更加深入地研究，就会发现在这两种地方，社会阶层实际上都具有异质性。

自马克思和韦伯提出了关于社会分层的分析以来，社会学家们已经研究了社区生活中的分层现象，其起源于沃纳对20世纪30年代杨基市的研究，然后有很多学者持续进行了这方面的研究。在美国，中产阶层是最大的社会群体（大约占40%～45%），接下来是工人阶层（大约为33%）和下层阶层（20%），而精英上层约为5%。每个阶层在财富、权力、声望和生活方式方面都具有各自的特征，但并非必然会选择在城市还是在郊区生活。

<sub>289</sub>在美国，贫富鸿沟十分明显，美国是所有工业化国家中财富分配最不平等的国家。美国人口中最上层的1/5占据了所有收入的一半左右，而剩下的80%的人口才占有另一半收入。最上层的40%占据了整个收入的3/4。加拿大的收入分配也是不平等的，虽然程度没有美国那么严重，但是，其最上层20%人口占有的收入仍然达到了整个收入的41.5%。

郊区中等收入家庭的收入，明显高于城市的中等收入家庭，而贫困率在城市也明显高于郊区。对于城市—郊区经济进行这种大致的描述和分析，似乎是准确的，但社会学家通过更精细的研究，得出了更加详细、更加复杂的各种结论。正如本章所指出的，我们不应固守郊区是富裕的而城市是贫困的这种简单而僵化的看法，必须明白城市的实际情况比这要复杂得多。

我们的大城市是由不同社会阶层的飞地——上层、中层、工人阶层和下层阶层社区——构成的一种马赛克。城市中还存在各种混合收入社区，其中一些保持了长期的稳定，而另一些正在快速地衰落。城市中生活在贫困状态的人口比例确实很高，但大多数城市居民都维持了一种较高的社会经济地位。那些穷困潦倒的人口群体和无家可归者，实际上包括了各种各样的家庭与个人，其中某些人患有精神疾病或者是吸毒者，或者兼而有之。他们只占整个城市人口的极少数，但是他们确实构成了很多人关于城市的印象中无法否认的部分。

在19世纪晚期，随着乡村住房建设的出现，以及那些急于逃避移民生活方式和内城工业区混乱的小康者的到来，一些小飞地出现了，而郊区也随之出现。然而，随着20世纪汽车的发明，工人与中产阶层大批撤离城市中心的运动加速了，特别是在二战后更加快速了。最近30年来，随着郊区中工人阶层的增长和少数族群迁入这些城市外围的地区，郊区日益多样化。这种迁移产生了一种与城市中心相平行的复杂生活方式。随着移民与去工业化的继续，这种复杂性和多样性无疑还会持续增加。

郊区日益成为人们认可的独特居住类型。美国存在高收入郊区、中等收入郊区、工人阶层郊区、少数族群郊区，在南方、西南方和西部，拉美裔郊区日益增多。随着越来越多的非裔美国人、亚裔美国人和拉美裔美国人迁移到新的郊区，社会阶层似乎成为比种族与族群更能影响人们居住模式的重要因素。某些郊区已经发展为真正的大城市中心，能够提供以前把人们吸引到城市中心的所有商品、服务和娱乐。

# 五、结论

最后，我们已经知道的是，在北美的城市内与郊区，都存在复杂的社会分层。对这两种居住方式进行任何简单化的比较分析，或者把二者对立起来，都会忽视这两种地区中存在的多样化的生活方式，并且真的会损害我们理解城市所拥有的很多积极特征。当然，与某些老郊区一样，城市中心也确实有自身的问题。在城市与郊区中，除了社会阶层的多样性外，还存在种族、族群和性别的多样性。本章分析了阶层的多样性，下一章将接着分析种族、族群和性别的多样性。

# 关键术语

| | |
|---|---|
| 黑人雅皮士 | 贫民窟 |
| 丁客 | 社会分层 |
| 黑人贫民窟 | 社会经济地位（SES） |
| 超级贫民窟 | 雅皮士 |
| 内城区 | 波波族 |
| 声望模型 | |

# 网络活动

1. 登录《纽约时报》网址 http://www.nytimes.com/packages/html/national/20050515_CLASS_GRAPHIC/index_0 1.html，阅读关于社会阶层和收入流动之间的相互作用的分析。

2. 登录 http://www.brookingds.edu/~/media/Files/rc/papers/2011/0504_census _ethnicity_frey/0504_census _ethnicity_frey.pdf，查阅 2010 年人口普查关于郊区人口多样性的报告。

# 第**11**章
## 种族、族群与性别：
## 城市的多样性

*291*

在任何地方，城市都是吸引移民的一块磁铁。这一基本事实解释了为什么如此多的城市都显示出如此惊人的多样性——包括民族、邻里社区和生活方式的多样性。的确，城市让人激动的地方之一，就是这种异质性、选择范围的广泛性，以及无数的活动与机会。实际上，在世界上那些主要的移民目的地国家，包括英国、加拿大和美国，种族和族群的多样性长期以来一直是这些国家城市的共同而普遍的特征。本章主要讨论北美城市的社会多样性，以及对城市生活产生重要影响的种族、族群、性别群体的多样性。

# 一、城市与移民

加拿大和美国是无数移民的目的地，这两个国家的城市长期以来就是由不同种族、族群社区构成的一种"马赛克"。在有些城市的特定时期，移民群体甚至会成为多数人口，1850 年的密尔沃基就是如此，当时整个城市有 6 000 德国人，

而只有 4 000 本地人（Parrillo 2011：108）。在 1880 年到 1910 年的移民高峰期，有 100 万移民漂洋过海，来到北美，其中 70% 又在选择在城市定居。因此毫不奇怪的是，在美国东北部的多数城市中，非本地出生的人口占整个人口的 2/3 到 3/4。

最近这些年来，美国和加拿大经受了史无前例的移民潮，特别是来自亚非拉国家的移民大量涌入北美，给北美城市带来了前所未有的多样性。正如表 11—1 所显示的，在 2010 年，国外出生的移民居民比例最高的城市，包括了迈阿密（60.6%）、多伦多（45.7%）、洛杉矶（41.3%）、纽约（36%）、温哥华（39.6%）、旧金山（36.7%），并且这些比例明显要高于 1990 年，比 2000 年的比例也要高出很多。

越来越多的移民的存在，当然会影响城市的经济，但移民对这些城市来说到底是好是坏呢？这个问题无论是在国家层次、州层次还是地方层次，都正在引起激烈的讨论。在 1990 年到 2010 年之间，那些经济增长最强劲的大都会区，也是

表 11—1　　　　　　　相关城市 2010 年的种族 / 族群人口构成（%）

| 城市 | 亚裔 | 非裔 | 拉美裔 | 国外出生者 |
|---|---|---|---|---|
| 波士顿 | 8.9 | 24.4 | 17.5 | 27.0 |
| 芝加哥 | 5.5 | 32.9 | 28.9 | 22.6 |
| 达拉斯 | 2.9 | 25.0 | 42.3 | 26.5 |
| 底特律 | 1.1 | 82.7 | 6.8 | 6.4 |
| 休斯敦 | 6.0 | 23.7 | 43.8 | 28.1 |
| 洛杉矶 | 11.3 | 9.6 | 48.5 | 41.3 |
| 迈阿密 | 1.0 | 19.2 | 70.0 | 60.6 |
| 纽约 | 12.7 | 25.5 | 28.6 | 36.0 |
| 费城 | 6.3 | 43.4 | 12.3 | 10.0 |
| 旧金山 | 33.3 | 6.1 | 15.1 | 36.7 |
| 多伦多 * | 32.6 | 8.4 | 206 | 45.7 |
| 温哥华 * | 39.7 | 1.1 | 1.4 | 39.6 |
| 华盛顿特区 | 3.5 | 50.7 | 9.1 | 14.6 |

* 来自 2006 年加拿大人口普查数据。
资料来源：U.S. Census Bureau 2011 c; *Immigration in Canada 2006*: *A Portrait of the Foreign-born Population*, Statistics Canada.

劳动力中移民比例增长得最快的地区。经济产出中移民贡献的份额，与人口中移民的比例存在密切的关系。例如，匹兹堡的移民比例占了整个人口的 3%，经济产出占整个经济产出的 4%；迈阿密的移民比例为 37%，经济产出占到了 38%（Fiscal Policy Institute 2009）。

一些批评者认为，某些城市中心获得了移民的最大份额，而且在这些移民集中出现的地方，社区的社会组织就显得十分紧张，这个地方的教育、健康、福利支出等方面也会面临沉重的经济负担（Swain 2007）。乔治·博尔恰斯（George Borjas 2004）坚持认为，移民在总体上可以使国家更富有，但是其数量巨大，加之没有受到太多教育和只有较低技能的移民的比重日益增加，对那些技能更低的本地人会产生消极的后果。

## 1. 族群飞地与族群身份

与以前数代的欧洲移民一样，这些新的移民创造了他们自己的族群飞地以及独特的社会制度和组织。这些少数族群大量聚集在一起，使整个城市都成了一种由无数小世界构成的马赛克，每当各个族群举行节日、游行、美食、街道小商品交易会以及其他文化活动时，到处都是各种各样不同的景物、声音、气味。不过对于某些人来说，正是因为这些差异，才会回避这样的城市——至少是城市中的某些社区。相反，其他人则认为这种多样性正是城市吸引人的地方。今天，族群和种族移民的构成正在转型，进一步突出了城市的复杂性。表11—2显示，从 1861 年到 1960 年来到美国的合法移民，多数都是来自欧洲和加拿大的白人。在这一时期，移民与生活在这个国家中本地人之间的差异，主要是族群差异。也就是说，不同的白人——例如说爱尔兰语或意大利语的白人，以及东欧人——在文化传统上不同，但总体上还是同一个人种。然而，自 20 世纪 60 年代以来，合法移民的主体已经是来自亚非拉的有色人种，种族的多样性以及种族的差异，都会引起一个城市的接受与拒绝、容纳与排斥问题。

◎ 帕克称城市是由很多"小世界构成的马赛克"。现在仍然如此。在每个大城市中，你都会发现由各种社区（共同体）构成的补丁，而不同个体的生活嵌入其中。然而，即使是这些不同的文化共存于半孤立的世界中，它们在城市之中本身也会发生碰撞，正如这些来到纽约"小意大利"的参观者是多族群群体一样。

## 2. 族群变迁

随着移民到来并通过所谓的连锁性迁移（chain migration）过程在朋友与亲人附近定居下来，一个城市的空间结构会反映族群文化的变化。一个充满活力的族群共同体，会逐渐演化出领导者、制度与组织、商店、俱乐部、共同语言媒体，以帮助新来者生根落脚，"逐渐好转和取得成功"。然而，在这种多元主义会自我彰显的同时，移民也会寻求成为容纳他们的国家的一员，而在这种努力过程中，同化的力量会不断发挥重要的作用。尽管对某些人来说，学会说一门新的语言是巨大的挑战，还存在基于肤色不同的各种障碍，但实际上所有移民都会渐渐认同他们的新国家，并形成新的身份认同，在这个国家中他们希望能够度过他们的余生。

表 11—2　　　　　　　　1861—2010 年美国外来合法移民来源构成（%）

| 出生地区 | 1861—1900 年 | 1901—1930 年 | 1931—1960 年 | 1961—1990 年 | 1991—2000 年 | 2001—2009 年 |
|---|---|---|---|---|---|---|
| 欧洲 | 90 | 79 | 58 | 18 | 15 | 13 |
| 加拿大和纽芬兰 | 7 | 11 | 16 | 5 | 2 | 2 |
| 亚洲 | 2 | 3 | 5 | 31 | 31 | 34 |
| 拉美 | 0 | 5 | 17 | 34 | 38 | 41 |
| 非洲 | - | - | 1 | 2 | 4 | 7 |
| 其他 | 1 | 2 | 3 | 10 | 10 | 3 |

资料来源：U. S. Office of Immigration Statistics，2010.

甘斯（Gans 1982）指出，第一代欧洲移民会建立社会组织紧密而坚固的"族群"村庄，但当第二代和第三代移民成员从城市中心的"老社区"移到不那么族群化的郊区时，这些社会组织可能会逐渐消失。当然，即使是在民族同化把他人都吸引入主流社会之时，这样的外迁也为新移民的侵入—替代过程，以及新一轮的城市多元化过程腾出了空间。

### 纽约市

美国的大部分历史中，纽约都是种族与族群多样性的标杆。数十年前，E.波茨尔就指出过：

即使是在今天，纽约的市民也几乎有一半是在国外出生和长大的，或者是国外出生长大者的子女，其所容纳的黑人数量超过了非洲大多数的城市，这里犹太人的集中程度比其他任何地方、任何时间都高……这里的波多黎各人比圣胡安之外的任何城市都要多，这里的意大利人后代比意大利大多数城市都要多，这里的爱尔兰人也比都柏林要多（Baltzell 1987：ix；初版于 1964）。

纽约现在仍是从世界各地来到美国的移民的首要目的地，它确实是一个多元文化的城市（参见下页的"城市生活"专栏）。在 2010 年，大约有 18.6 万移民定居于纽约市大都会区，而当年到洛杉矶大都会区定居的移民只有 8.74 万人（U. S. Office of Immigration Statistics，2011）。布鲁克林的布莱顿海滩被人们称为"小敖德萨"，是俄罗斯人移民聚集之地，这里居住着数万俄裔，是世界上最大的俄裔移民聚集地。纽约市还是海地移民的最大聚集地，在美国大约 20 万的海地移民中，大多数都居住在布鲁克林的各个社区，包括拉萨林（La Saline）、弗拉特布什、贝德福德—史岱文森（Bedford-Stuyvesant）、布什威克和东纽约等。多米尼加人则主要集中在华盛顿高地和皇后区的西南部，人口达到 65 万人，亚洲印度裔移民超过 19.2 万人，主要生活在皇后区。

今天曼哈顿里的中国城，无论在面积上还是在人口上，都已经比 1965 年扩大了五倍，这里大约居住着 15 万人。中国城现在几乎要吞并纽约的"小意大利"了，位于马尔伯里大街的"小意大利"社区的建筑，现在有 2/3 都已经为华人所有。生活在纽约的亚裔已经超过了 100 万，其中华裔占了几乎一半。印度裔和朝鲜裔是纽约的第二大和第三大亚裔群体。在纽约，亚裔所拥有的工商业在所有美国城市中都是最多的（大约达到 15.4 万家）。

### 洛杉矶

洛杉矶的人口从 1990 年的 350 万增长到 2010 年的 380 万，其中所增加的部分大多来自移民。今天，居住在洛杉矶的所有居民中，一半左右是拉美裔移民，而这些人中又有 2/3 是墨西哥裔美国人。现在西半球除了墨西哥城和瓜达拉哈拉以外，就数洛杉矶的墨西哥血统人口最多。这个城市中萨尔瓦多和危地马拉裔也很多，占了相当大的比例。亚洲和太平洋岛屿的后裔（其人数依次是菲律宾、韩国、中国、印度、日本、越南裔）占整个城市人口的 11%，接下来是非裔美国人占 10%。还有很多伊朗人生活在这个城市之中，大约有 50 万，很多的移居国外者都称洛杉矶为"德黑兰杉

295

## 多样文化与食物的城市

每个族群都有自己的烹调风格，使你回想起你的传统遗产或开拓你的族群经验的有趣体验之一，就是品尝各个族群的食物。正如任何城市居民都会告知你的一样，纽约这个城市最安逸的地方，就是各种文化节日以及到处存在的族群小饭店和大饭馆所提供的种类繁多的食物。并且，还存在另外一个激起我们兴趣的层面，那就是品尝由一个群体取代另一个群体的侵入—替代过程所带来的这些族群食品。

随着法国人、爱尔兰人、意大利人、日本人、犹太人移民数量的减少，以及他们的后裔进入更加专业化的领域，亚裔和拉美裔等新来者正在取代整个北美城市中的那些老旧的大厨师。新来者学习如何制作其他文化的食物，并接手已经确立的那些地方，普及他们本民族的食物。其中一些

因为自己的祖国与要学习的那个国家的文化之间的亲近性和相同的历史渊源，似乎很容易就可以接手。例如，在纽约经常会看到孟加拉人经营印度人饭店，或者阿拉伯人经营意大利饭店。

不过，纽约还有更多更激进的例子。例如，在第2大街和第80大道，有一个披萨制作者是中国西藏人。在第48大街西段，有一家颇受欢迎的日本人饭店，其中有一个寿司厨师是墨西哥人。在第55大街西段的一家法国饭店，面点糕饼厨师是厄瓜多尔人。一个来自中国香港的华人移民，在著名的犹太人饭店学习厨艺，现在有了自己的饭馆，并提供熏三文鱼和鲟鱼，而犹太裔消费者似乎十分喜欢这种食物。并且，那些老犹太人社区美妙的饮料（一种美味的、多泡的饮料，混合着苏打水、牛奶和巧克力）和蛋

糕，在一个印度人开办的东方村（East Village）也可以找到，而这个印度人又是从他接手前的店主、一个意大利人那里学到这个菜谱秘方的。更有趣的是，这个意大利店主又是从一个犹太人，这个饭馆的最初的老板那里学来的。

因此，这就是这个城市的多重文化面相：不同的人提供各种不同的食物，而这些食物并不一定是他们自己本土的食物。一个中美洲人也可能出色地制作中东的沙拉三明治给你吃，或者你的希腊穆沙卡（moussaka）有可能就是一个秘鲁人的杰作。这真是一个奇特的城市！甚至它的各个族群也在不断发生变异。

资料来源：Drawn from the experiences of Vincent N. Parrillo, his family, and friends.

城市生活

---

矶"（Tehrangeles）。

另外，多伦多也被人们认为是最大的、族群最为多样的城市之一，本书将在最后一章对这座城市进行描述。

# 二、种族与族群少数

在过去数代中，城市中的族群和种族多样性远没有今天这么高。例如，过去每个城市可能或者主要是黑人，或者主要是爱尔兰人，或者主要是意大利人移民的聚集地，但是现在，实际上北

美的所有大城市中的移民都十分多样化了，都有来自世界各地的数十个不同的移民群体。

在北美城市的早期历史中，有色人种主要是生活在美国的非裔后代。在19世纪，这些非洲移民开始少量进入加拿大，但随着20世纪来自美国和加勒比海的黑人向北迁移，进入加拿大的移民大大增加。有意思的是，在美国，黑人大多自称"非裔美国人"，而在加拿大，黑人大多自称"黑色加拿大人"（Fabbi 2003）。在加拿大和美国的土生黑人很少生活在白人的城市中。19世纪中期之前，美国大多数城市中亚裔都很少。而穆斯林则是最近才出现在北美各地的城市中。

296

# 1. 黑人

加拿大黑人的历史，稍不同于美国黑人的历史。尽管在 18 世纪加拿大也存在奴隶制，但是到 19 世纪这种制度就终结了。加拿大成了美国无数逃跑黑奴的目的地（Winks 2000：236-240）。自此以后，其他一些美国黑人也定居于加拿大，但是直到 20 世纪晚期，来自其他国家的黑人移民才超过了来自美国的黑人移民。今天加拿大的 30 万黑人中，主体是最近才移来的移民。他们大多生活在多伦多、卡尔加里、埃德蒙顿和渥太华这些大都会区。他们在某种程度上不太可能有大学学位，他们的收入往往低于这个移民群体中的其他部分（Statistics Canada 2007a）。

从 1790 年第一次人口普查到 20 世纪初，90%的美国黑人都生活在南方，特别是南方农村地区，只有 1/4 的美国黑人生活在城市区。在 19 世纪末，只有少数几个南方城市有成规模的黑人人口（占整个城市的 25%～50%），而这个时期东北部那些城市的黑人人口比例甚至还不到 5%。

## 北方的诱惑

进入 20 世纪初，更好的教育与工作前景，诱使黑人移民到北方。到 1910 年，已经有 10% 的非裔美国人生活在北方。在接下的十年中，南方种族隔离主义者歧视黑人的法律全面实施，加之南方又陷入经济困难，特别是棉花象鼻虫灾对种植棉花的族群的破坏，使更多的黑人北迁，从而使北方黑人从 1910 年的 85 万增加到 1920 年的 140 万。

正如事实上和法律上的种族隔离在南方导致了一种二元社会一样，北方对工会的敌意和事实上的种族隔离（基于社会习惯和传统的歧视待遇）也创造了一种二元社会。不过，北方的黑人都是城市人，其中一些很贫穷，有一些是工人阶级，还有一些是中产阶级。黑人的教堂形成了这种种族隔离社区的基础。在经济上，非裔美国人通过向北方迁移，收入可能会立刻增加四倍之多，这导致美国历史上最大规模的国内移民和人口大迁徙（Gregory 2007）。

## 大迁徙

一战以及随之而来的严格控制移民的立法，使来自欧洲的移民日益停止，但同时又开启了始于南方的那次大移民。随着诸如芝加哥、纽约、波士顿之类的城市成为工业化大城市，非裔美国人在这些地方比在南方农业社区看到了更多的机会。那些刺激移民的推—拉因素，则包括南方农业的萧条以及农业的机械化、北方工业对劳动力的需要以及积极从南方各州招聘黑人工人等。

在 20 世纪 20 年代，从南方向北方的黑人移民净人口将近 100 万。在 30 年代大萧条时期，人口迁移规模下降，但在二战后，随着工业生产的复兴，黑人的大规模迁移再一次加速。这次移民高潮一直保持到 70 年代，此时城市出现了人口的分散化，出现了少数人口向南方反向迁移的过程。 *297*

## 黑人回飞

在 20 世纪 50 年代和 60 年代，大量白人离开城市，很多观察者称之为"白人回飞"，并分析了各种原因，认为其中大部分人离开城市是因为担心各种城市问题，包括暴力、犯罪和逃避少数族群等。正如表 11—3 所显示的，也出现了其他黑人离开城市的趋势。除了波士顿、印第安纳波利斯、密尔沃基、费城外，美国北方和中西部大部分城市黑人都在减少，其中很多黑人或者选择迁移到南方去寻找更好的工作与生活条件，或者迁移到了城市郊区。

然而，即使是在南方阳光地带和西部，在 2000 年到 2010 年的 10 年中，表 11—3 中所列举的 13 个城市中就有 8 个人口也在减少。毫无疑问的是，这种人口减少的重要原因之一，在于黑人的郊区化。新奥尔良是一个特殊的例子，2005 年卡特里娜飓风的余波和影响迫使大多数黑人受灾者迁移到别处。同样，有些人认为，某些阳光地带的城市之所以黑人人口增加，是新奥尔良飓风灾难的难民逃亡到这些城市导致的。

## 黑人多数

在底特律、巴尔的摩、亚特兰大，黑人都是人口多数，分别占到 83%、64%、54%。黑人在其他很多城市也是人口多数：印第安纳的盖理（Gary）为 87%，密西西比的杰克森为 79%， *298* 亚拉巴马的伯明翰为 73%，佐治亚的梅肯为 68%，田纳西的孟菲斯为 63%，佐治亚的萨王纳（Savannah）为 57%，新泽西的纽瓦克为 52%，弗吉尼亚的里士满为 51%（U. S. Census Bureau

表 11—3　　　　　　　　　　　美国部分城市的黑人人口

| 地区 | 城市 | 2000 年 | 2010 年 | 比重变化（%） |
|---|---|---|---|---|
| 东北地区 | 波士顿 | 149 202 | 150 437 | +0.8 |
| | 纽约 | 2 129 762 | 2 088 510 | −1.9 |
| | 费城 | 655 824 | 661 839 | +0.9 |
| | 巴尔的摩 | 418 951 | 395 781 | −5.5 |
| | 华盛顿特区 | 343 312 | 305 125 | −11.1 |
| 中西部地区 | 克利夫兰 | 243 939 | 211 672 | −13.2 |
| | 底特律 | 775 772 | 590 226 | −23.9 |
| | 印第安纳波利斯 | 199 412 | 225 355 | +13.0 |
| | 芝加哥 | 1 065 009 | 887 608 | −16.7 |
| | 密尔沃基 | 222 933 | 237 769 | +6.7 |
| | 圣路易斯 | 178 266 | 157 160 | −11.8 |
| | 堪萨斯市（MO） | 137 879 | 137 540 | −0.2 |
| 南方 | 亚特兰大 | 255 689 | 226 894 | −11.3 |
| | 杰克逊维尔（FL） | 213 514 | 252 421 | +18.2 |
| | 新奥尔良 | 325 947 | 206 871 | −36.5 |
| | 休斯敦 | 494 496 | 498 466 | +0.8 |
| | 达拉斯 | 307 957 | 298 993 | −2.9 |
| | 圣安东尼奥 | 78 120 | 91 280 | +16.8 |
| 西部 | 丹佛 | 61 649 | 61 435 | −0.3 |
| | 凤凰城 | 67 416 | 93 608 | +38.9 |
| | 圣地亚哥 | 96 216 | 87 949 | −8.6 |
| | 洛杉矶 | 415 195 | 365 118 | −12.1 |
| | 圣约瑟 | 31 349 | 30 242 | −3.5 |
| | 旧金山 | 60 515 | 48 870 | −19.2 |
| | 西雅图 | 47 541 | 48 316 | +1.6 |

资料来源：U. S. Census Bureau，*American Factfinder*，2011.

2011b）。还有一些城市，黑人也占多数，但由于黑人人口在美国总人口中只占 14%，所以黑人在其他大城市中不可能占多数。

**居住的种族隔离**

与早期的欧洲移民一样，非裔美国人大多居住在人们最不想居住的城市中心。对于欧洲人来说，他们面临的居住种族隔离，反映出他们拥有的资源很少以及群体偏好。随着他们获得更多的教育和收入，他们会被同化，并离开这些传统的族群飞地。虽然有很多黑人也经历了这样的过程，但其中大多数黑人仍然被限制和孤立于黑人种族贫民窟中，特别是在东北与中西部地区中的城市更是如此（St. Clair & Clymer 2000）。

然而，使种族隔离变得错综复杂的，则是来自非洲和加勒比的相对晚近的黑人移民。尽管种族仍然是其中一个重要的因素，但是族群也会影响居民的选择，所以对于居住隔离的任何研究，都要求我们考虑种族内部的族群多样性，以及一个群体在这个国家中居住时间的长短。同时，我们还必须考虑更多的因素，如考虑郊区的行政区

◎ 尽管自20世纪70年代以来居住种族隔离程度在慢慢下降，但是在城市与郊区，这种隔离程度仍然很高。美国十个种族隔离最严重的大都会区，大多都在北方，而程度最低的10个城市都在南方。不过，2010年人口普查显示，在南方的亚特兰大、迈阿密和新奥尔良，仍然存在较高的居住种族隔离。

划单位在取代城市社区而成为大城市种族隔离单元的过程中的作用（Farrell 2008）。

在1870年到1920年之间，北方城市的种族隔离相对轻微。但是托伊伯夫妇（Karl Taeuber & Alma Taeuber 2009；初版于1965）的经典研究显示，在1965年，种族隔离在整个隔离指数中的分值又在上升。为了测量社区中各个群体的相对融合或隔离程度，托伊伯夫妇提出了一种所谓的异化指数。他们的指数分值从最低值0（完全融合）到最高值100（完全隔离）。从总体上看，在1960年，207个大城市平均的白人—黑人异化指数是86.2%，这意味着如果要使所有城市社区的白人与黑人形成相对均匀的居住分布的话，就必须使86.2%的白人改变其居住社区。

自托伊伯夫妇提出了他们的发现以来，其他一些研究者也用这种异化指数来研究居住种族隔离的趋势。其中一个重要而有影响的研究，就是道格拉斯·梅西和南希·丹顿（Douglas Massey & Nancy Denton 1993）使用了"超级种族隔离"概念来表示种族群体在地理空间上出现的高密集的群体化，而美国佛罗里达州东南沿海城市劳德代尔堡和底特律就存在这种超级种族隔离。他们把超级种族隔离分解为五个维度——人口的均质性、参与公共场所的程度、集群性、中心化和集中度。如果某个群体在这五个方面得分都很高，

那么我们就可以认为这是一个超级种族隔离群体。他们的研究认为，有29个大都会区符合这种标准。他们根据此前南非声名狼藉的种族结构化，而把他们的研究取名为"美国种族隔离制"。

尽管种族隔离在美国一直存在，但自20世纪70年代以来出现了缓慢而持续的下降。在1980年，白人—黑人种族隔离指数为73，但到2010年下降到59。然而，虽然黑人和白人社区出现日益多样化的明显趋势，但是在大都会区，白人基本上都是居住在白人为75%、黑人为8%、拉美裔为11%和亚裔为5%的社区中。相反，黑人往往生活在只有35%为白人、46%为黑人、15%为拉美裔和4%为亚裔的地区（Logan & Stults 2011）。

在美国黑人人口最多的大都会区中，种族隔离水平最高的城市从高到低排列依次是底特律、密尔沃基、纽约、纽瓦克、芝加哥、费城、迈阿密、克利夫兰、圣路易斯、拿骚—萨福克（纽约）。自2000以来，除了迈阿密外，所有城市的种族隔离都经历了小幅下降，其中某些是"铁锈地带"（rustbelt，即衰退地带）的大都会区，在这些地方，黑人—白人种族隔离一直以来都特别顽固而难以变革。尽管南方大都会区比北方大都会区的隔离程度要低，但是其中某些大都会区的种族隔离排名也很高。南方有一些进步迹象，但南方的几个城市也显示出持久的种族隔离，其中特别值得注意的是伯明翰、新奥尔良、孟菲斯和亚特兰大（Logan & Stults 2011）。

**真正的弱势群体**

对于那些身陷内城苦境的非裔美国人来说，前景是暗淡的。其中那些缺少服务行业和信息行业所需教育和沟通技能的人，存在普遍的失业，那些失业的黑人男子则聚集在一起，形成集群，被隔离于大城市的某个很小的区域内（Wagmiller 2007）。

与过去的移民贫困不同的是，现在贫穷的内城居民面临社会孤立。那些中产阶层和工人阶层家庭，以及双亲黑人家庭的大批离去，使留下来的人失去了重要的学习模样，减少了共同体的资源。而且，外来者往往回避这类社区，使这些地方发生大规模失业、犯罪盛行，而学校教育也不

会有助于他们事业成功。相应地，这些区域的居民——依靠救济的妇女与孩子、单身母亲、失学和退学者、极具侵略性的街道犯罪者——与更大的社会存在更加严重的分隔，他们只好孤立地生存下去。

除了被孤立外，这些贫民窟化的贫穷者，只能就读于教学质量极差的学校，只能获得极其有限的医疗保健，婴儿死亡率极高，药物滥用和暴力犯罪泛滥。当前各项社会指标都使我们难以乐观，因为这些问题具有社会不能克服的结构性原因。

## 2. 亚裔与太平洋岛国移民

与拉美裔移民一样，北美各种亚裔也有着各自独特的文化。他们绝大多数都生活在城市，2010年，96%的亚裔都生活在大都会区，而美国整个人口城市化率只有81%（见图11—1）。他们比非裔和拉美裔人生活在郊区的比例更高，事实上其中一半以上都生活在郊区。这些亚裔主要是华裔、菲律宾裔、印度裔、越南裔、日本裔和朝鲜裔，他们往往居住在加拿大和美国较大的都会区中。

### 华裔

*300*

华裔最早是在1850年到达北美西海岸，后来他们渐渐往东，向加拿大和美国内陆移动。他们往往紧密团结在一起，住在租金低廉的飞地中，这些飞地常常位于交通中枢附近，比如货运码头或火车站附近。这些地方慢慢成为中国城，今天仍然吸引着移民，当然也吸引着旅游者。旧金山20%的人都是华裔，是北美最大的中国城的所在地。第二大中国城位于温哥华，据说这个地方华裔占到了30%。

在加拿大，除了欧洲移民外，华裔是最大的移民族群，这一族群增长得也很快，平均每年新增3万人。华裔是加拿大除了讲英语或法语的移民之外的第五大移民，人口数量达到了120万以上。其中72%都生活在多伦多和温哥华。在这些华裔中，同样有72%是国外出生和长大的，其中将近45%来自中国大陆，30%来自中国香港，10%来自中国台湾（Statistics Canada 2007b）。

在美国的华裔人数为340万，占美国人口总数的1%，加拿大华裔则占加拿大人口总数的

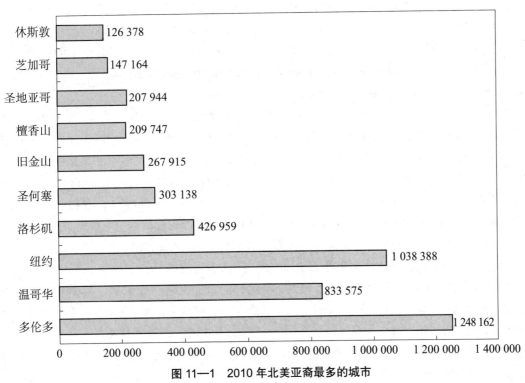

休斯敦　126 378
芝加哥　147 164
圣地亚哥　207 944
檀香山　209 747
旧金山　267 915
圣何塞　303 138
洛杉矶　426 959
纽约　1 038 388
温哥华　833 575
多伦多　1 248 162

图 11—1　2010 年北美亚裔最多的城市

资料来源：U. S. Census Bureau.

4%，现在华裔的职业分布出现两极分化的趋势。大约 30% 在专门职业技术岗位就业，其比重是美国白人的两倍。但是，华裔中也有很大的比例从事低技术、低工资的服务性工作，比重占到总数的 25%。美国华裔中等收入家庭收入高于美国平均值。但是华裔家庭中外出挣工资的人数也可能更多。正是这个因素而不是具有更多的高收入职位，是中等华裔家庭收入比美国家庭平均收入更高的重要原因。

### 菲律宾裔

超过 3/4 的加拿大菲律宾裔都是 1980 年后才到来的，他们绝大多数都居住在多伦多和温哥华。其中 30% 接受过大学教育，这个比例是整个加拿大的两倍，这个群体的就业率达到 70%，高于加拿大全国平均水平 10 个百分点，但他们的平均收入少于 5 000 美元。大约 18% 的菲律宾裔小孩生活在低收入家庭中，这与全国平均水平一致（Statistics Canada 2007c）。

在美国，菲律宾裔大约为 260 万，其最大的聚集地是夏威夷，然后是西部与东部海岸的其他大都会区。其中一半以上是 1980 年以后才到来的。这些新来者往往比土生美国菲律宾裔的受教育程度更高，职业技术更好（Parrillo 2011：202）。

### 北美印度裔

北美印度裔在最近数十年来急剧增加。2006 年整个加拿大的印度裔达到了 46.6 万，2010 年美国的印度裔达到了 280 万，是 1990 年的 3 倍。鉴于印度已经面临人口过多的问题（其人口占世界 1/6！），这种大规模的移民还会持续。亚洲印度裔移民也可能来自东非和拉美，特别是加勒比和圭亚那，这些地方是作为合约种植园劳工的印度前几代移民最先到达的地方。这些移民中 3/4 的人从事的是专门技术职业或管理职业，其余的则往往经营便利店、加油站、家庭旅馆和汽车旅馆。相应地，绝大多数印度裔都定居在大都会区，其中最突出的是芝加哥、纽约、圣约瑟、华盛顿特区、中纽约（U. S. Office of Immigration Statistics 2011）。

加拿大印度裔中的 2/3 都是在国外出生和长大的，其中一半左右是 1990 年以后才来到这个国家的。他们大多居住在多伦多和温哥华，分别

占这些城市人口的 7%。大约有 1/4 的人是大学毕业，这与华裔一样。他们也有一种两极分化的职业分布，比其他加拿大人更有可能从事制造业工作，或者更有可能从事科技工作。其中一些人经济状况很好，很富有，而另外一些人的收入可能比其他加拿大人的收入要低，甚至低于官方最低收入水平（Statistics Canada 2007d）。

### 越南裔

在 1970 年，越南移民在美国的人口统计中几乎可以忽略不计，但是到了 2010 年，生活在美国的越南裔已经达到了 150 万人，加拿大的越南移民也超过了 16 万人。越南裔在得克萨斯是最大的亚洲移民群体；但是到今天，越南裔在美国最大的聚集地是加利福尼亚奥兰治（Orange）县的"小西贡"，有 15 万人。在这里，语言、标志、商店和音乐处处都传达着一种越南风情。圣约瑟也居住着 10 万越南裔，在休斯敦—舒格兰—贝城这个大城市群中，居住着 21.1 万越南人（U. S. Census Bureau 2011b）。

在加拿大，有 15 万越南裔。其中 3/4 都是在过去 20 年中才到来的。几乎所有加拿大越南移民都居住在安大略的魁北克、英属哥伦比亚或者亚伯达，并且是居住在这些省份的大都会区。他们的平均收入为 7 000 美元，低于全国平均水平，有 1/3 生活在官方设定的贫困线以下（Statistics Canada 2007e）。

### 日裔

日本人每年很少移民北美，而且他们在亚裔美国人中的比重在不断下降。现在美国的日裔有 76.3 万人。其中大多数都是在美国出生和长大的，受教育程度与收入水平都很高，甚至要高过白人。外群体（Outgroup）移民超过了 50%，使得日裔美国人成为结构上最同质的非白人群体（Fu 2001；Zia 2001）。

几乎所有的日裔加拿大人都生活在英属哥伦比亚、安大略和亚伯达，其中有一半以上生活在温哥华或多伦多。3/4 以上都是在加拿大出生的，1/3 的人拥有大学文凭，他们的人均收入大约是 3 000 美元，高于全国平均水平。他们只占整个加拿大人口的 0.3%（Statistics Canada 2007f）。

◎ 现在很多北美城市——以前曾经一度主要是欧洲裔族群的聚集地——充斥着兴旺的亚裔和拉美裔社区与商业区，反映出移民模式的变迁。左图是安大略多伦多中国城街区的一条街道，各种挂着中文和英文招牌的商店林立，街道繁忙，汽车在这样的街道上速度慢如蜗牛。

### 韩裔

现在美国有 140 多万韩裔，是美国第五大亚裔群体。他们的自主创业率高于美国任何其他的种族和族群，他们开设的小商店在美国主要的大城市和每个小城镇都能找到。几乎一半以上的人都有自己的企业，其余的人也都在开始自己做生意。他们由于拥有较高程度的教育水平，以及采取了一种把他们自己分散到所有的大都会区，在主流市场中做生意，而不仅仅限于在族群飞地中做生意的市场策略，所以与其他族群企业家相比，韩裔无论是在美国还是在加拿大都有更高的成功率（Ley 2006）。

韩裔加拿大人中的 70% 都是在国外出生长大的，与其他亚洲人一样，他们大多生活在安大略和英属哥伦比亚，特别是集中于温哥华或多伦多。尽管韩裔接受大学教育者的比例是整个加拿大人的两倍，但韩裔平均收入大约比加拿大平均收入少 10 000 美元（Statistics Canada 2007g）。

#### "少数族群典型"的刻板印象

尽管各种亚裔之间存在文化的多样性，但很多亚裔受教育程度都很高，收入也很高，在美国和加拿大大都会区都获得了成功。之所以被戏称为"少数族群模范"，是因为他们的成就，以及他们在各个职业中往往都表现得很成功。比如中国工程师、日本金融家、越南饭店老板、菲律宾护士都很多，并由此巩固和强化了这种正面形象。然而，现实并非总是那么完全有利，也有很多亚裔并不符合这一积极的典型形象，他们有的连公民身份都没有，不得不在低薪的工作岗位挣扎求生，他们常常要打几份工，一个家庭往往要靠几个人外出工作获得的工资才能维持（Kwon, et al. 2004）。

由于语言障碍、教育水平低下、工作技能差，很多来到北美的东南亚难民仍然需要依靠政府福利救济。在学校中，并非所有亚裔学生的表现都那么好。亚裔也会参加贩卖毒品，团体敲诈、青年帮派犯罪活动也常常是让人头疼的问题。对于这种"少数群体典型"的看法，其中有些是真实的，但与其他典型概括一样，对于复杂的人来说，其所掩盖的与其所揭示的一样多。

## 3. 拉美裔

迄今为止，美国增长最快的非白人移民是拉美裔——墨西哥裔、波多黎各裔、古巴裔、中南美裔，以及其他一些拉美裔。他们现在是美国人口最大的少数群体。在人口超过 10 万的美国大多数城市中，拉美裔人口都超过了非裔。这些城市包括了阿尔伯克基、达拉斯、休斯敦、拉斯维加斯、丹佛、纽约、凤凰城、盐湖城、圣地亚哥、旧金山和图森。美国 12 个大城市中，拉美裔都是人口多数者，超过了其他所有种族和族群人口的总和（见表11—4）。

在加拿大，拉美裔人口的增长不如美国那么迅速，但也很明显，现在已经超过了25万人。其中大约有2/3是移民，并且大多都选择居住在大城市。例如，在2006年，有33%的拉美移民生活在多伦多，25%生活在蒙特利尔，7%生活在温哥华。他们拥有大学教育的比例稍稍高于全国平均水平，为15%~17%。加拿大拉美裔平均年收入要低于非拉美裔平均年收入，其中超过25%的人生活在最低收入水平线之下，而加拿大整个国家最低收入者比例是16%（Statistics Canada 2007h）。

第一代拉美移民主要聚集在城市族群社区中，重复着数个世界以来形成的早期移民模式。在这里，他们通过各种同类相聚的社会组织诸如俱乐部、教会、各种组织和商店，创造了一种共同体支持网络。而在这个共同体支持网络中，他们可以共享共同的语言和文化。

美国人口统计署的术语"拉丁裔"（Hispanic），错误地暗示存在一种单独的民族类型。事实上，拉美裔的种族、文化背景、社会阶层以及在北美居住时间都各不相同。其中一些人——特别是墨西哥裔美国人——主要生活在农村地区，尤其是美国西南部的农村。其他一些拉美裔，如古巴

裔，并不生活在迈阿密，而是生活在郊区。从居住时间上看，很多中美与南美裔在北美只生活了几年时间，而其他一些拉美裔特别是波多黎各裔和入籍美国的拉美裔，在美国大陆已经生活了一辈子。拉美裔移民广泛分布在美国各州和加拿大各省，但是其中某些拉美裔族群往往聚集在某一区域内。尼加拉瓜裔主要居住在佛罗里达，那里有11万尼加拉瓜裔，大约2/3的古巴裔也主要居住于佛罗里达。一半以上的波多黎各裔都居住在美国东北部（主要是纽约和新泽西），3/5的墨西哥裔则主要居住在加利福尼亚与得克萨斯。

**古巴裔**

自1960年以来，大约有100多万古巴人来到美国。虽然他们分布在很多不同的地区，但主要集中在南佛罗里达，特别是迈阿密以及纽约大都会区。第一波古巴难民潮主要定居于那些正在衰败的城市区，由于他们教育水平较高、积极主动和创业技能良好，很快就恢复和稳定了先前已经和正在衰败的所在社区。在20世纪60年代，当其他城市住房市场日益萧条时，迈阿密的经济却十分的繁荣，其原因主要在于古巴裔给该市中心带来了新的经济活力，给居民社区带来了生机。

今天，2/3的古巴裔美国人居住在佛罗里达的迈阿密，这个地方被称为"小哈瓦拉"。这使得迈阿密不仅是一个度假胜地，还是一个终年繁荣的商业中心，更成了整个拉美的联络点。现在大约有85.6万古巴裔生活在迈阿密的戴德郡（Dade），他们的文化给迈阿密的天际线以及商业和社会组织都打上了鲜明的烙印（Stepick, et al. 2003）。

**波多黎各裔**

作为美国公民的波多黎各裔能够享受美国开放的移民权利，可以在他们的岛屿与美国大陆之间自由迁徙。到1960年，有90万波多黎各裔生活在美国大陆，其中60万人生活在纽约市。纽约东哈莱姆区是波多黎各裔的中心聚集地，也被称为拉美的哈莱姆（位于第97大街、大约第125大街与第三、第五大道之间）。然而，到20世纪70年代晚期，持续的穿梭往返移民（移民

表11—4　拉美裔移民占多数的10万以上人口的城市以及拉美裔所占城市人口的比重（%）

| | |
|---|---|
| 得克萨斯州布朗斯维尔 | 93.2 |
| 得克萨斯州科珠斯克里斯蒂 | 59.7 |
| 加利福尼亚州艾尔蒙特 | 69.0 |
| 得克萨斯州艾尔巴索 | 80.7 |
| 佛罗里达州海厄利亚 | 94.7 |
| 得克萨斯州拉雷多 | 95.6 |
| 佛罗里达州迈阿密 | 70.0 |
| 加利福尼亚州奥克斯纳德 | 73.5 |
| 加利福尼亚州波摩纳 | 70.5 |
| 加利福尼亚州萨利纳斯 | 75.0 |
| 得克萨斯州圣安乐尼奥 | 63.2 |
| 加利福尼亚州圣安娜 | 78.2 |

资料来源：U. S. Census Bureau，2011b。

不断回到岛屿，以及新来者不断来到大陆）损害了这个族群在纽约的有组织的共同体生活。不过，到了 70 年代后期，随着越来越多的波多黎各裔在这个城市扎下根来，出现了组织程度更高的族群社区。

现在超过 460 万生活在美国大陆的波多黎各移民，都自认为是波多黎各人。纽约是波多黎各裔最多的地方，2010 年大约占到纽约人口的 16%（U. S. Census Bureau 2011b）。1970 年 64% 的波多黎各裔生活在纽约州，但是随着他们向其他各州的迁移，到 2010 年这个比例下降到 23%。这些人口主要是向佛罗里达（占整个波多黎各裔的 18%）、新泽西（9%）、宾夕法尼亚（8%）、马萨诸塞（6%）和康涅狄格州（5%）扩散，另外加利福尼亚和伊利诺伊大约还有 4% 的波多黎各裔（U. S. Census Bureau 2011a）。

如表 11—5 所示，2009 年虽然有 41% 的波多黎各家庭年收入超过 5 万美元，但生活在贫困状态中的波多黎各裔的比例，要比其他拉美裔族群更高。波多黎各家庭之所以贫困率更高，一个重要的原因在于有很大一部分是以妇女为首，比例高达 28%，而墨西哥裔以妇女为首的家庭只有 18%。不过，年龄在 25 岁以上的波多黎各裔中，77% 都是高中及其以上文化水平，比墨西哥裔的 56% 要高得多（U. S. Census Bureau 2012：42）。也许，随着教育程度的提升（17% 的波多黎各裔拥有大学教育），他们将来的收入也会改善。

### 墨西哥裔

大约有 3 200 万墨西哥裔生活在美国，大多数居住在美国西部（53%）和南部（35%）。墨西哥裔美国人占洛杉矶和休斯敦人口的 32%，

圣地亚哥的 25%，芝加哥的 21%（U. S. Census Bureau 2011b）。墨西哥移民还在不断进入美国的乡村和城市，大部分主要进入大都会社区中，但并不一定进入内城。90% 的墨西哥裔都生活在大都会区，其中一半又生活在城市中心。他们的居住模式使人们想起过去的德国、爱尔兰和犹太移民，很多墨西哥裔特别是那些生活在加利福尼亚和得克萨斯者，都被隔离在大都会社区中，这些族群飞地很有可能把他们从主流社会中隔离开来。

这些移民在适应期能得到的帮助，就是墨西哥裔的家庭支持传统，在大城市中这种支持现在虽然有所弱化，但仍然存在。今天的墨西哥裔城市人往往是核心家庭，而不再选择扩大的家庭居住模式，起支持作用的男性数量减少，种族之间通婚的可能性更大，从事的职业也更加多样化（Parrillo 2011：292）。

很多居住在城市中心的墨西哥裔经济社会地位都比较低，并且在他们生活的地区，墨西哥青年辍学率比较高，有时高达 45%，其中主要原因是学生疏远他们。在墨西哥青年的现实生活中，吸毒等药物滥用和帮派暴力给他们带来了很多不幸（Lichter & Crowley 2002；Mayer 2004；Wayman 2002）。

### 中南美裔

中南美洲移民每年平均有 14.3 万人进入美国。其中一半以上又是来自哥伦比亚、萨尔瓦多、危地马拉和秘鲁（U. S. Office of Immigration Statistics 2011）。大约有 70 万中美洲移民生活在洛杉矶—长滩大都会区，20 多万人生活在华盛顿特区和迈阿密地区。而纽约和休

表 11—5　　　　　　　　　　　2009—2010 年拉美裔美国人的收入水平

|  | 整体 | 墨西哥裔 | 波多黎各裔 | 古巴裔 | 中美裔 | 南美裔 |
|---|---|---|---|---|---|---|
| 中等家庭收入（美元） | 42 074 | 40 419 | 42 300 | 52 113 | 41 791 | 52 338 |
| 家庭贫困比例（%） | 23.2 | 24.8 | 25.2 | 16.8 | 16.7 | 10.7 |
| 个人贫困比例（%） | 25.3 | 27.7 | 22.4 | 17.1 | 25.2 | 11.6 |
| 以妇女为首的家庭比例（%） | 20.6 | 19.5 | 26.5 | 15.9 | 23.0 | 16.9 |

资料来源：U. S. Census Bureau 2011d.

斯敦分别还有 15 万中美洲移民。萨尔瓦多移民在美国超过了 160 万人，因此美国大多数城市中的中美移民都主要是萨尔瓦多裔，另外还有危地马拉裔，数量超过 100 万。来自加勒比的多米尼加裔是美国城市中另一支重要的中美移民，人口超过了 140 万，其中将近一半生活在纽约（Hernández & Rivera-Batiz 2003；U. S. Census Bureau 2011b）。

美国现在有 90.9 万哥伦比亚移民。他们分散在美国各地，但成规模的居住社区主要是在纽约、迈阿密和洛杉矶。哥伦比亚移民各种各样，有的从事需要一定教育的专门职业，但是也有的人属于低技能的农民，他们来到北美城市主要是想改善他们的生活。

### 居住的种族隔离

拉美移民居住的种族隔离程度比非裔程度要轻，但是比亚裔要高。他们的隔离程度因族群和社会阶层而异。古巴和南美移民的种族隔离程度要远小于多米尼加裔、中美裔、波多黎各裔和墨西哥裔。

与黑人的情况大致相似的是，在拉美移民最多的美国超大城市中，拉美裔居住种族隔离也最严重。其中程度最高的城市包括洛杉矶、纽约、纽瓦克、新泽西、芝加哥、费城、加利福尼亚州的圣安娜—阿纳海姆—欧文、波士顿和休斯敦（Logan & Stults 2011）。这种居住集中于族群飞地的情况，历史上在各种移民群体人口中一直以来都是普遍现象。对于这种少数群体同类相聚的原因，有的学者解释说这种同族群集中居住在美国是通过多年才慢慢形成的，而且随着收入的改善、英语水平的提高和公民身份的获得，他们的地理与居住流动性会提高，并进入主流社区。最近的研究显示，对于拉美移民而言，情况也是如此（South, et al. 2005）。

## 4. 穆斯林

现在居住于加拿大的穆斯林超过了 50 万人，他们大多是 1980 年以后的移民及其子女。在这个人口群体中，现在来自中东埃及和土耳其的穆斯林，与来自南亚的巴基斯坦、印度、孟加拉国和印尼的穆斯林大致相同，而来自非洲和拉美的穆斯林又与来自上述地区的穆斯林数量差不多（Bryant 2001）。超过 1/3 生活在蒙特利尔城中和周围地区，1/5 生活在大安大略地区。与某些南亚群体一样，他们的职业分布也呈两极分化。30% 的人有大学学位，是全国水平的两倍，但穆斯林的小孩生活在贫困家庭中的比例是整个国家的两倍（Statistics Canada 2007i）。

大约 100 多年前，穆斯林就开始在美国的城市定居，今天大约有 500 万穆斯林生活在美国，其中将近 200 万是黑人。与在加拿大一样，其中大多数都是 1980 年后的移民，并且来自世界各地：33% 来自南亚和中亚，25% 来自阿拉伯国家，3% 来自非洲，2% 来自欧洲。这些移民与美国黑人一起占整个美国人口的 30% 左右（Council on American-Islamic Relations 2011）。与其他美国人一样，选择生活在郊区的穆斯林比选择生活在城市的穆斯林要多得多（Karim 2006；Stewart 2005）。

在 20 世纪早期，汽车产业提供的工作岗位，把来自中东很多地方的穆斯林吸引到美国密歇根州的底特律和迪尔伯恩。密歇根州的穆斯林与中东的基督教徒一起，构成了今天美国最大的阿拉伯裔群体。在诸如纽约、芝加哥、洛杉矶这些大城市以及新泽西的帕特森这样的小城市中，也可以发现居住集中度很高的穆斯林群体。现在几乎在每一个地方，清真寺、各种伊斯兰教组织、初级和中级伊斯兰学校、穆斯林商店和企业都如雨后春笋般不断涌现。对于那些生活在北美特别是城市中的穆斯林来说，目前处在困难时期。他们中的所有人都接受他们宗教的非暴力教义，但穆斯林激进主义者 2001 年发起的"9·11"袭击以及在马德里、伦敦、孟买和其他一些地方的袭击，已经使人们对城市中的穆斯林产生了高度的偏见和质疑。穆斯林在这些袭击中也同样被杀害，但是这个群体却发现自己不知不觉中就成了反恐行动中和各种持有刻板印象者心中的种族犯罪画像的目标。2010—2011 年爆发了一系列大规划的抗议，反对在纽约世界贸易中心遗址附近修建伊斯兰中心，就表明了这个族群与其他族群之间的关系存在问题。

307

## 5. 土著民族

有一些少数民族，在其整个发展历史中，绝大部分时间都不是生活在城市中，相反他们主要居住在农村地区，或者生活在保护区及其附近地区。不过最近数十年来，这些少数民族在不断向城市移民，很多人已经居住在城市之中。2010年美国人口普查显示，土著人在1970年还只有80万人，但是其人口在显著增长，2010年已经达到了290万人，其中70%又生活在已经城市化的地区。大约43%的土著美国人生活在西部，31%生活在南方，不过其中也有数十万人生活在美国各大城市中。表11—6提供了生活在美国和加拿大主要城市中的土著人的总体情况。

在2006年，美国只有1%是土著人，而加拿大的土著人占其总人口的4%，约为120万人。他们又包括官方承认的三个群体：各原住民（印第安人）、因纽特人（爱斯基摩人）、默提斯人（Métis，印第安人与法裔加拿大人的混血后代）。这些土著民族在城市中的人口数量日益增加，有54%生活在城市或者人口统计上的超级大都会区。其中1/4生活在如下九个城市中：卡尔加里、埃德蒙顿、蒙特利尔、奥塔瓦、雷吉娜、萨斯卡通、多伦多、温哥华、温尼伯（Statistics Canada 2008）。

这些土著族群向城市移民的原因，同样也是为了寻找更美好的生活。很多保留地在经济上受到压制，工作机会很少，没有多少教育支持，这两个国家的联邦政府或中央政府对其提供的基础服务都不足。然而对于大多数土著人而言，城市并没有给他们带来多大的好处，虽然加拿大的情况要好一点。这些人大多并不是生活在贫民窟中，但在美国城市中，土著有3/4生活在贫困社区中。那些缺少教育和工作技能的土著人来到城市后，不仅常常贫穷如故，而且失去了原来的族群系统的支持。研究发现，移入城市的美

表 11—6　　　　　　　　　　　　　相关城市中美国土著的数量

| 阿尔伯克基 | 25 087 | 奥马哈 | 3 391 |
|---|---|---|---|
| 波士顿 | 2 399 | 渥太华 | 20 590 |
| 卡尔加里 | 26 575 | 费城 | 6 996 |
| 芝加哥 | 13 337 | 凤凰城 | 32 366 |
| 克利夫兰 | 1 340 | 俄勒冈州波特兰 | 5 991 |
| 达拉斯 | 8 099 | 雷吉娜（Regina） | 17 105 |
| 底特律 | 2 636 | 圣安东尼奥 | 11 800 |
| 丹佛 | 8 237 | 圣地亚哥 | 7 696 |
| 埃特蒙顿 | 52 100 | 旧金山 | 4 024 |
| 休斯敦 | 14 997 | 萨斯卡通 | 21 535 |
| 杰克逊维尔 | 3 270 | 西雅图 | 4 809 |
| 洛杉矶 | 28 215 | 多伦多 | 26 575 |
| 明尼阿波利斯 | 7 601 | 图森 | 18 305 |
| 蒙特利尔 | 17 865 | 塔尔萨 | 20 817 |
| 纽约 | 57 512 | 温哥华 | 40 310 |
| 俄克拉何马市 | 20 533 | 温伯尼 | 68 385 |

资料来源：Statistics Canada & U. S. Census Bureau.

国土著人，在收入上要比那些待在保留地的土著更高，但这部分是因为前者教育获得程度更高（Larriviere & Kroncke 2004）。

# 三、妇女与城市生活

居住在城市中的妇女往往反映了更大的社会性别分层。在妇女解放运动之前，家庭、学校、工厂和共同体中两性扮演的角色的差异，导致了达芙妮·斯潘（Daphne Spain 1992）所说的各种性别化空间。所谓性别化空间，是说在空间的组织化过程中，存在两性地位差异，并反映和强化了两性地位的不平等。例如，妇女以前总体上不准上大学，后来又只能到女子学院中就读，最后才允许男女同校，而只有在男女同校之后，性别分层系统才开始有所改善（Spain 1992：4-5）。

斯潘还指出，职场中也存在根据职业以及场所的两性劳动分工。男性与女性承担不同的任务，而这种任务分工是根据性别来划分的。例如，女性主要从事家庭服务和教育工作，男性则主要从事医疗与法律工作。而且男女两性常常不能在同一空间中工作。事实上，在女性第一次进入劳动力市场时，她们进入工厂工作或从事事务性的工作，导致两性都占据同样的场所，结果引起了很大的争议（Spain 1992：14）。

在公共与私人空间的使用方面也存在清楚的两性区别。男性可以在任何时候自由使用公共空间，但是"有教养"的女性，在没有女性或男性的陪同下，就不能冒险上街（参见下页的"城市生活"专栏），只有妓女和贫穷的女工才使用城市公共空间，但她们也只能在城市的特定区域共用公共空间。公共空间实际上是男性的领域，女性的"领域"就是"家"这种私人空间。

对于城市中产阶层与上层阶层而言，他们在城市往往拥有一处二至三层的上流建筑或宅邸。但就是在自己家的不同的空间中，两性也有着不同的行动指南。男人很少冒险进入厨房，而把这个空间了留给了女人和仆人。接待客人的会客室和餐厅则两性都可使用，然而用餐后男人往往是去工作室或台球室，抽烟或喝白兰地，而女人则回到客厅或休息室，喝茶或吃些饼干。在私人住宅中存在的这种私人空间隔离，也会延伸到市中心，在这里只有男人的俱乐部，确保精明的商人们能够在装修豪华的、由男人支配的领地吃饭、喝酒、社交和谈生意。

在20世纪下半期，随着以促进两性更加平等为目标的社会改革的进行，妇女的权利提高了，她们的社会互动也增加了，在家庭中、在工作中、在公共领域中，妇女对公共与私人空间的使用也在日益增加。家庭变得日益开放，在厨房、起居室、餐厅之间开设的门已经越来越少了。家庭中的空间由大家共享的情况日益普遍，而不再是把男性与女性的娱乐空间分开来。随着两性可以在一起工作，工作环境的调整也发生了。人们可以看到女洗手间，后来甚至出现了男女厕所不分的情况，以避免在法律上被界定为一种不友好的环境。

简言之，不断变化的时代与价值观，使我们生活的各个层面为女性提供了更多的生活机会。而这反过来又促进了城市与郊区中对空间的重新安排。我们现在转而开始讨论这些方面的情况。

◎ 性别日益平等的一个重要的维度，就是女性更多地使用城市的公共空间。上图中的场景就是一个例子。图中的人行道靠近纽约东河，从曼哈顿大桥之下穿过，为人们提供了一种不受限制的、自由的安全环境，人们可以在此跑步、漫步或摄影。它的照明和各种活动，以及沿着岛边行走的人们都增加了这种安全。

## 1. 工作

随着美国与加拿大的工业化，贫穷的女性——大多来自移民家庭——开始去城市工厂中从事低技能、低工资的工作。事实上，在很多纺织厂和制衣工厂中，女性是主要的劳动力。

在19世纪中叶，数百万爱尔兰人涌入北美城市以寻找他们的机会和运气。在这些移民中，以妇女为首的爱尔兰家庭的数量和比重都高达20%，她们的丈夫往往死于工业事故。在这样的情况下，妇女通常要扩大她们的家庭以把相关亲属包括进来，或者拓展家庭的边界以满足家庭的生存需要。但是，在1871年和1910年之间，仍然有大约200万爱尔兰人来到美国，其中多数是女性，她们与男性移民最先采取的移民模式并不相同。很

多未婚的妇女移入美国城市，主要是为了寻找家政工作，当女仆，或者在纺织工厂中工作。对于爱尔兰妇女来说，在这些城市中经济有保障，但必须没日没夜地辛苦工作才能生存下来。

大多数其他移民妇女也想在城市中找到工作，才来到美国城市。在芝加哥，简·亚当斯（Jane Addams）由于看到了移民妇女及其家庭存在的各种迫切需要，于是创办了社会福利机构赫尔馆（Hull House），开启了美国的定居家庭运动。本章结尾关于芝加哥的案例研究，会进一步探讨她在改进贫穷女性生活中所做的伟大贡献。

中产与上层阶级妇女所展开的则是另一种不同的故事。她们往往生于富贵的美国商人或工业家家庭。男人们给她们的存在理由，就是她们的美德、美丽和高雅，所以她们自己不需要到竞争

## 街头骚扰的目标

整个世界多达80%的女性，自其年轻时起，在公共场所就多少面临来自陌生男子有意无意的关注。这些骚扰包括在身体上并无伤害的睨视、嘘声挑逗、按汽车喇叭挑逗、飞吻声、不具有明显的性色彩的评头品足，甚至更具侮辱性和威胁性的行为，如下流的手势姿态、频繁闪灯、追逐，以及更严重的非法行为，如公开手淫、性接触和抚摸、攻击和强奸。这些让女性讨厌的关注被称为街头性骚扰……

街头性骚扰以及出于对这种性骚扰会导致更坏事情的担忧，使大多女性至少有时在公共场所觉得自己不受欢迎，没有安全感，特别是当她们独自出门时更是如此。这导致女性限制她们单独在公共场所中的时间，并且在这些

地方时刻保持警惕和防范心理，这限制了她们在这些地方获得资源和成为领导者的机会。这也提醒她们，她们是生活在这样的一个社会中：由于她们是女性，男人可以通过各种让人生气的、不敬的、恐怖的、威胁性的方式来打扰她们，却又根本不会承担任何不良后果。

那些种族主义者、恐同症患者、反变性者或阶级优越论者会在公共场所发起各种骚扰行为——各种不光彩的行为，而男性也可能成为其目标，女性也会做出一些被认为是社会不可接受的行为，但是那些由性或性别歧视所驱动的男性对女性的骚扰，则不是如此。相反，它被描述为男性对女性的问候、选美，只不过是非常小的、让人生气的行为。

在现实生活中，与其他形式的骚扰一样，街头性骚扰是由权力与不敬所驱动的欺凌行为，它对妇女的消极影响甚至会导致她们搬离社区、改变工作，因为性骚扰者总是在上班过程中存在，待在家中又非她们所愿。如果街头性骚扰不被人们重视，不采取措施努力消除之，我们就不可能实现两性平等。可惜的是，没有哪个国家真正采取过有效的措施来消除街头性骚扰。

资料来源：Holly Kearl, *Stop Street Harassment: Making Public Places Safe and Welcoming for Women*（Wesport, CT: Praeger, 2010），pp.3, 4-5。

城市生活

◎ 铁路通勤者是大城市劳动大军中大家所熟知的部分。这种通勤队伍以前主要是男性，但是现在几乎一半都是女性。通勤者中妇女比例的增加，导致了城市空间结构的变迁，也导致了迎合她们需要的那些服务与活动的变迁。

性的工作世界去工作。19世纪和20世纪早期的主流价值观认为，妇女的本性就是取悦自己的丈夫，男人的本性就是事业成就。20世纪20年代，中产家庭数量日益增多，但这只是强化了妇女作为主妇和母亲的地位，以及作为家庭和火炉看守人的观念（Kerber, et al.2010）。

直到二战前，这种态度在中产阶级中都十分流行，但在二战时期，由于劳动力短缺，妇女也被招入劳工队伍，填补工厂中那些参军男人留下的空缺。在1920年，工人队伍中女性的比例只有25%，但是到40年代早期已经上升到36%。战后经济不景气和士兵回到他们参军前的工作岗位，又导致了在战争结束后的15个月内有200万妇女被解雇。然后，随着50年代"郊区化的十年"的到来，"奥齐和哈丽特"（情景喜剧中的人物）一代又恢复了局限于家庭之中的生活模式。

然而，到了1970年，变革开始出现，原因在于中产阶级生产方式成本的增加，包括送小孩进入大学的费用的高涨，以及城市中的信息与服务经济为妇女提供了新的就业机会。双职工家庭变得日益普遍，到2010年，妇女参与劳动力市场的比例达到了59%，而在1980年只有46%。母亲日益加入了劳动力大军，在1975年，已婚且有18岁以下小孩的母亲参加工作的比例为45%，但是到了2009年，这个比例已经达到70%（U. S. Census Bureau 2012）。

## 2. 城市空间

女性主义城市研究者最近的关注点之一，就是城市使用或应该使用各种空间来满足妇女需要的程度（Miranne & Young 2010）。例如，今天的城市环境如何支持和满足工人阶层妇女的需要？答案之一就是，各种专门服务开始出现，它们向这些女工提供小孩看护、家政清洁、草坪修剪、购物等帮助。而且，快餐店、外卖店、洗衣店、干洗店会代那些没有时间做家务的女性来完成相关的任务。大商场、超市、购物广场以及微型购物广场，把顾客逛店购物的时间缩到最短，从而使购物变得十分高效和节省时间。

对于公共空间的分配，还存在另外一个问题。在男性支配的社会中，规划者往往把大多数开放空间都分配给男性化的活动，诸如体育运动，而很少考虑妇女的需要。因此我们需要更加注重创造一种安全的环境，保护小孩玩耍时的安全，为女性提供较少受制约的空间，供她们步行或慢跑，修建能够促进她们与邻居进行更多互动和接触的住宅，特别是对小孩更应如此。最后，还有研究者指出，空间安排不应把两性隔离开来，更不能因此强化关于两性的那些传统观念。相反，规划者们应分配空间以有助于所有个体的生活。

## 3. 公共空间

现在的妇女比起以前来，有更多的可能被选举出来担任公职。在整个北美，很多女性都担任了市长、市政委员会成员等职务。美国的亚特兰大、巴尔的摩、芝加哥、俄克拉何马、旧金山、凤凰城、波特兰、圣安乐尼奥、圣约瑟、西雅图，以及加拿大的埃德蒙顿、米西索加（Mississauga）、渥太华、魁北克和多伦多等大城市，都是由女性担任市长。随着妇女在公共领域中日益活跃和身影日益常见，她们开始寻求对那些影响妇女城市日常生活的政策施加影响，以促使对其进行调整。很多女性现在都会参与决策，但她们很少成功地把那些挑战男性支配地位的关键议题提到政治议程上来。然而，随着妇女领导者数量的增长，这种情况也有可能发生改变。

下文是一个案例研究，所研究的城市是芝加哥，其数百年来一直是美国的第二大城市，也是美国最大的内陆大城市。芝加哥的形成和发展，说明了本章所提出的所有问题。正如帕克和芝加哥大学社会学家们所发现的，在芝加哥，阶层阶级、种族、族群和性别因素在人们的生活中一直起着十分重要的作用。

# 四、案例研究："巨肩之城"芝加哥

芝加哥啊，

你这个世界的宰猪场、机床制造者、小麦仓库、铁道上的运动员和整个国家的货运集散地；

你这个暴躁、健壮、喧闹、巨肩的城市啊，

人们告诉我你是邪恶的，而我相信人们的话，

因为我看见你的那些涂脂抹粉的女人在煤气灯下勾引农家少年。

人们告诉我你不正直，

而我应和说，不错，这话是真的，

因为我看见杀人枪手逍遥法外，还再次杀人。

人们告诉我你残酷，我同样附和，

因为在妇女和儿童的脸上，我看到饥饿肆虐的痕迹。

在应和这些指责之后，我转过身来，面向讥讽我们这座城市的那些人，

也回报他们以讥讽。

我对他们说：

请继续吧，请你们让我见识一下，还有哪一座城市能像这座城市那么昂首高歌、充满生命活力，如此粗犷、强壮而可爱？

这座城市犹如一位魁梧强悍的拳击师——半裸着身躯、拼命搏击，在比赛间隙吐出富有磁性的诅咒，与那些矮小柔弱的城镇形成了鲜明的对比；

它像舔着舌头伺机出击的狗一样凶猛，

像与荒原斗争的野蛮人一样灵巧，

光着头颅，挥着铁锹，破坏，设计，建造，摧毁，再建造。

它在浓烟下，满嘴灰尘，露出洁白的牙，大笑着，

在可怕的命运重轭下，像大笑的年轻人一样大笑着，

像大笑着的战无不胜、无所畏惧的斗士一样大笑着，

它大笑着，夸耀着，腕上跳动着人们的脉搏、肋下是人们的心脏，

它大笑！

它为自己是世界的宰猪场、机床制造者、小麦仓库、铁道上的运动员和整个国家的货运集散地而骄傲，它大笑着，青春、躁动、健壮、喧闹，半裸着身躯，热汗淋漓。

——卡尔·桑德堡（Carl Sandberg）：《芝加哥》

诗人卡尔·桑德堡在1916年为芝加哥写下的上面这首诗，抓住了世纪之交芝加哥的很多品质和特征。当然，并不是每一个人都如他那样的热情。19世纪50年代，瑞典小说家弗雷德里卡·布雷默（Frederika Bremer）访问和参观了芝加哥。他把这个城市描写成"世界上最悲剧和最丑陋的城市之一"，是人们"涌入其中做生意、

*313*

◎ 芝加哥的城市天际线充满了让人惊叹的各式建筑，增加了其视角上的吸引力。这个城市内部与所有其他城市内部一样，具有文化多样性的城市人口，常常与住房匮乏、犯罪等影响生活质量和城市生活满意度的问题进行艰巨的斗争。

挣钱的城市，而不是一种生活之地"（Bremer, et al. 2007）。鲁德亚德·吉普林（Rudyard Kipling）在1890—1900年间对芝加哥做了为期十年（Gay Nineties，此段时期被称为"快乐的时光"）的观察。他更加直接地说："在看了它一次之后，我再也不想再看它第二次。那是一个野蛮之地。"（Kipling 2011：vii）

是什么使得那些来到芝加哥的观察者们会做出如此强烈而各异的反应？也许是美国人关于财富、声望、权力的那些最有力量的主题，以及那些获得或失去这些东西的悲喜剧。芝加哥在短短50年中，就快速上升为一个重要的、引人关注的城市，并完全展现了这些主题。这个"巨肩之城"，既是那么冷酷，又是那么诱人，简直就是美国财富与贫困的一个活力十足的放大器。

## 1. 早期的芝加哥

早期探险者雅克·马凯特（Jacques Marquette）和刘易斯·乔利埃特（Louis Joliet）在1673年来到今天芝加哥所在的地方，发现这里有一条芝加哥河与密歇根湖相通，这引起了他们的注意。他们认为这条河可能是联结密歇根湖与密西西比河的重要水道。① 在此后的将近百年中，这个地方先后被印第安人和法国人控制，1763年后英国人开始占据这个地方。此后不久，这个地方又很快落入新生的美国之手。在19世纪初期，土

*314*

生的美国人撤离了这个地区，美国军队开始在一些少量的、分散的定居者的小木屋之间建起迪尔伯恩堡（Dearborn），在这个堡垒的庇护之下，又一代人的时间过去了，之后芝加哥才逐渐成为人们定居的热土。

到1830年，长达一个世纪的辉煌发展历史开始了。这个新的城市最初只有50个人，但是在1833年进行了新的合并，在1837年已经达到4 000居民。随着伊利运河的开通促进了地方贸易，芝加哥成为一个新兴的城市。在这里，一处建筑在1830年只卖100美元，而到1835年已卖到1.5万美元。人口也如发酵般猛涨，在1840年到1900年之间增长了50%多。人们的住房需求变得如此巨大，以至于这个城市成了创新建筑技术的中心，这种创新逐渐成为芝加哥的传统，并持续到现在。芝加哥在早期采取了一种策略，就是修建"轻型木质结构"住房——用机械加工制作的木材而不是沉重的木料快速组装而成的房子，以为一波又一波的新来者提供住房。

这个城市经济之所以取得成功，关键就在于它处于日益成长和扩大的城市贸易网络中的重要位置。芝加哥东连大湖区和伊利湖，南有河流与运河通往密西西比河。19世纪50年代，麦克科米克收割机（McCormick Reaper）公司的出现，使芝加哥成为农机制造中心。在内战中，著名的芝加哥股票交易所形成了。而随着铁路的修建，芝加哥又成了一个农产品加工中心。到1855年，这个城市平均每天有近100次列车进出，从而成为美国中西部的中心，成为来自四面八方的货物的中转和集散地。

---

① 下面关于芝加哥的历史，主要参考 Irving Cutler, *Chicago: Metropolis of the Mid-Continent*, 4th ed. (Carbondale, IL: Southern Illinois University Press, 2006)。

在接下来的数十年里，芝加哥的财富与影响力不断增强。来自四面八方的铁路在此汇聚。随着木材、谷物、牲畜贸易的急剧增加，水路交通也得到了拓展。工厂不断新建并形成了新的工业区。到1885年，斯威夫特（Swift）、阿穆尔（Armour）等肉类加工公司雇员达到1万多人。这里处处一派繁荣景象。随着商业企业在这个城市中心逐渐扩展，它们取代了居民住宅和生活设施，迫使居民向外迁移到城市边缘地区。

很多工业家变得十分富有，其富有程度超乎想象。诸如收割机制造商赛勒斯·麦克科米克（Cyrus McCormick）、五金器具制造商亨利·克拉克（Henry B. Clarke），以及牛肉和肉类加工商阿奇博尔德·克莱伯恩（Archibald Clybourne）、古斯塔夫斯·斯威夫特（Gustavus Swift）、菲利普·阿穆尔（Philip Armour）之类的人，成了这个城市的第一批精英。与其他任何地方的富人们一样，这些人炫耀他们的新财富，他们远离城市中心的宽敞豪宅，与那些接近加工中心的工人们的肮脏居住点形成了鲜明对比。1850年芝加哥歌剧院和艺术博物馆的开放，以及十年之后美国第一家现代大型购物中心马歇尔场（Marshall Field）的开放，又大大丰富了这种优势阶层的生活方式。

## 2. 芝加哥大火与重建

根据芝加哥市志，1871年10月8日晚上，在第十二大街与霍尔斯特德大街之间的转角处，奥利瑞（O'Leary）夫人到她小屋后的小牲口棚挤牛奶。那坏脾气的老牛踢倒了她的灯，从而引燃了烧毁整个芝加哥城市的大火。在强劲的西南风的吹刮下，大火沿湖向北燃烧，在24小时之内就有1 700英亩的城市面积过了火。与1666年伦敦大火灾和1864年亚特兰大大火灾一样，这场大火灾把芝加哥全毁了。在一天之内，10万芝加哥人沦为无家可归者，这个城市的工商业区中心也化为灰烬。

即使如此，创造芝加哥的那些力量——对商业和工业成功的需要——仍然生机勃勃。人们修建了新的芝加哥，它比以前更加成了一种"增长机器"。在1884年，随着一幢高达十层的钢材框架结构的修建完工，这个城市开启了城市摩天大楼的时代。到1890年，芝加哥的人口破了100万大关，成为特大城市和美国的第二大城市。芝加哥的城市边界不断向外扩张，再一次成为美国中西部的中心城市。

## 3. 简·亚当斯与赫尔馆

在1889年，妇女参政论者、社会活动家和第一位诺贝尔和平奖获得者简·亚当斯在芝加哥西边贫民窟的霍尔斯特德大街和波尔克大街的交叉处的一处陈旧大楼中建立了赫尔馆。她的这所馆舍对于那些流离失所的人来说是一个避难处，目的是"促进大城市现代生活状况所导致的工业与社会问题的解决"，以及帮助她的邻里过上"为他们自己和他们的家庭建设负责的、自足的生活"（Addams 2011：50）。

**移民资助**

赫尔馆位于一个具有种族和族群多样性的地区中，是意大利人、波希米亚人、希腊人、犹太人、波兰人、俄国人混居的社区。为了使人们尊重族群遗产和树立自豪感，简·亚当斯修建了赫尔劳工博物馆，描绘移民双亲在他们的母国的劳动，并把它与芝加哥的成年青年们所从事的工作联系在一起。与其同时代的大多数人都不同的是，简·亚当斯承认和重视非裔美国人面临的种族隔离问题，并成为反对种族歧视的急先锋（Addams 2010；初版于1930）。

在《青年的精神与城市的街道》（Addams 2010；初出版于1909）中，简·亚当斯表示了对一直以来工业化所导致的共同体感瓦解的担忧，这种瓦解不仅使各个种族和移民隔离开来，而且也把同一社会阶级中的各代人隔离开来。她是一个天生的演说家和作家，她常常讨论那些在其族群中存在的可贵的多样性问题：

我们对与我们不同的移民的轻蔑态度所导致的另一个结果，就是我们夸大了标准化的可接受性和被认可性。每个人都想喜欢他的邻居，而这无疑是一种友善的品质，但导致了民主的重大危险之一——群众思想（herd mind）的暴政

（Addams 1930：330）。

其尽管如此，赫尔馆仍然是积极活动家的中心。

赫尔馆逐渐扩大并包括了很多建筑。最终有70人经历了集体生活，并且每天有超过2 000人会出入它们的大门口。它成为所有芝加哥人的社区中心：这里有一家艺术博物馆、一家剧院、一家小孩俱乐部、一所音乐学校、一家咖啡屋，还有一些会议房间供各种俱乐部开会使用；另外，还有一座体育馆、一间就业办公室、一个午餐室、一处图书馆、一些为工人女性及其小孩提供的公寓、一家幼儿园等。来自各个大学的学者，来自芝加哥协会的领导者，以及外国要人都来到这里参观和学习（Lundblad 1995：662）。

### 积极的社会活动

简·亚当斯积极的社会活动，包括成功游说伊利诺伊州立法机构通过严格的童工保护法以及保护妇女的各种法律。她设计并帮助创立了青少年法庭系统，修建了学校操场，要求实施住房与卫生法。她为妇女的投票权而努力奔走，支持和提倡对移民进行法律保护，等等。赫尔馆在很多方面都是开创性的，其中包括：

（1）在芝加哥建立了第一处公共游泳池。

（2）开创性地建立了四个劳动者联盟（缝制短裙的妇女、缝制外套的妇女、缝制施舍贫民的衣服的妇女的联邦工会，芝加哥妇女工会联盟）。

（3）为了社区工商业发展而成立了美国第一家风险投资基金会。

（4）在芝加哥建立了第一家家庭暴力法庭，并与芝加哥大都会区被虐待妇女网络结合在一起（家庭暴力法庭支持项目）。

（5）在一所芝加哥中学中建立了第一所婴儿看护设施。

（6）建立美国同类型中的第一家以社区为基础的培养看护项目（邻里对邻里的项目）。

### 早期的女权主义

相当重要的是，简·亚当斯认为可以对美

国社会进行急剧的变革，并且为实现这个目的，她提供了一个论坛，在此各个阶层、种族和性别的人们都可以一起讨论。赫尔馆的重要实质特征之一，就是其作为培育妇女的一种场所，积极开启妇女的民智，鼓励妇女与男人展开斗争。在其他一些城市的贫民社区中，以赫尔馆为样板的数十家安居房涌现出来，并提供食物、教育和其他的服务。在每一个地方，这样的安居房都起了女性主义积极活动家的培育场所的作用。至少其中一半以上的女性居住者终身都在某些社会服务分支部门工作（Knight 2010）。

简·亚当斯还是乔治·赫伯特·米德（George Herbert Mead）的亲密朋友，后者会来赫尔馆授课。她对社会学学科以及美国第一个社会学系——芝加哥大学社会学系的建立，提供了重要的资助，并起了重要的促进作用。著名教育家约翰·杜威（John Dewey）也是赫尔馆的会员和她的好友；杜威在芝加哥大学上课时，以赫尔馆的小孩活动课为原型模拟进行自己的课程。显然，简·亚当斯不仅是出现在芝加哥城市场景中的一个重要人物，而且在整个美国甚至国际上都是一个重要的人物。她的成就、贡献和人道主义努力仍然影响着我们今天的生活。

## 4. 20世纪早期的芝加哥

芝加哥为那些白手起家者提供了一个希望与机会的世界。它也是如此的新鲜，如此的天然，以至于所有的事情都在初创之中，年轻人、各种幻想、成千上万的灵魂那不曾规训和不加抑制的渴望……世纪之交的芝加哥，意味着渴望、希望、欲望。这个城市把活力注入每个踌躇满志者的心中。它制造了开创者之梦。

——西奥多·德莱塞（Theodore Dreiser）：《天才》（The Genius 1915）

芝加哥以"中西部大城市"的称号而昂首挺进20世纪。这个城市高楼林立，城市天际线不断升高。而来自欧洲的移民使这个城市的人口不断膨胀，德国人、瑞典人、爱尔兰人、波兰人和意大利人日益增多。他们很多人生活在芝加哥最贫穷的地区，条件十分残酷、肮脏而拥挤。然而，随着时间的过去，很多芝加哥工人阶级的梦想变成了现实。越来越多的移民子女搬离了老而拥挤的社区，向外迁移到新的中产阶级的住宅中。这种向外迁移使人口溢出到城市边缘的新开发区中。

然而，并非所有人都会取得成功。非裔美国人实际上度过了一段十分艰难的时期。在20世纪初，日益增多的非洲黑人移民被吸引到芝加哥，他们最初定居于这个城市的南部。与其他移民不同的是，他们体验到的繁荣更少，很少有人外迁。黑人贫民窟一直在向这个城市的北部和西部拓展。而种族暴力会周期性地上演。在1919年7月27日，芝加哥的河滩上发生了一次打斗事件，一个黑人青年在事件中溺水死亡，导致南部贫民窟发生了持续一整天的骚乱。这次事件造成的损失巨大，白人暴民造成了很多黑人的死伤。

到了20世纪20年代，芝加哥大学社会学家开始深入研究这个城市，他们发现了一种基于种族、族群、职业和收入的复杂系统，在深深地影响着这个城市。不久后，有组织的犯罪以"帮派"的形式大量出现，并与公众反对禁酒的呼声相结合。没有任何其他地方比芝加哥附近的小城市西塞罗市发出的枪声更大的了。黑帮老大强尼·托里奥（Johnny Torrio）、阿尔·卡蓬（Al Capone）和"犯罪团伙"（the mob）等黑社会的老巢都在这里。黑帮老大卡蓬在1924年4月选举日发起了恐怖的袭击。这体现了这个城市权力高层存在的城市政治腐败，这些暴民暂时取得了胜利，并使黑帮控制了这个城市的很大一部分。然而，到1931年，联邦政府成功地以逃税为理由对卡蓬进行了定罪，并让其余生都在牢中度过。

30年代的大萧条严重损害了芝加哥的经济生活。失业者大量增加，建筑被迫停工，甚至这个城市在1933年承办的第二届世界交易会，也不能掩盖大萧条导致的严重社会后果。那些无家可归者睡在公园中或在街头流浪，成了一种普遍现象。直到后来随着二战的爆发，这里的经济才最终恢复过来。

## 5. 战后时期

芝加哥城在二战后出现了很大的发展，并且大大超出过去城市的边界。随着越来越多的富人迁出，而各种层次的少数族群和穷人又大量增多，改变了芝加哥的社会特征，并出现了一种与其他城市类似的模式。到1960年，随着那些需要更多服务人员的经济产业的不断萎缩，有人开始说这个"城市即将死亡"。不过，芝加哥在其市长理查德·J·戴利（Richard J. Daley）的领导下，进行了顽强的努力。从戴利1955年当选市长到1976年去世这段时间，芝加哥留给人们的是一段充满争议的历史。

## 6. 芝加哥机器

有则谚语说道，芝加哥是一座"犹太人拥有、爱尔兰人经营、黑人居住"的城市（Cohen & Taylor 2001：31）。但这并不完全正确，因为尽管白人盎格鲁—撒克逊新天主教徒占有这个城市最多的财富，但爱尔兰人在历史上的大部分时间中控制了这个城市的政治。然而，今天他们都面临来自黑人和拉美裔的日益强大的政治挑战，后二者在2010年已占整个城市人口的62%（U. S. Census Bureau 2011b）。

在很多城市中，民主党早就掌权，但在芝加哥直到20世纪30年代才开始掌权，并且直到戴利成为这个城市有争议的领导人之后，民主党的权力才达到最强大的程度。在戴利市长治下的芝加哥，政治生活带有19世纪晚期移民政治的色彩。其领导者们，从街区官员到市长本人，都竭力满足选民的要求，希望获得选民的选票。

戴利市长特别强调维持芝加哥中央商务区——卢普区（Loop）——的品质。芝加哥卢普区集中于斯戴特（State）大道上，是该市的经济中心，事关该市强大商业利益集团的利益。这个城市还对湖滨区进行改造，以增加城市对外地游客和本地居民的吸引力。这种改造运动从未停止，城市有了更好的照明，街道更清洁，积雪更能得到及时消除，而所有城市居民在某种程度上都从中受益，但贫穷的社区仍然不断衰落。

◎ 在20世纪90年代，芝加哥的老商业区出现了复兴，密歇根湖边的密歇根大道上新建了很多建筑。海军码头（Navy Pier）建起了各种博物馆、展览馆、饭店、商店、剧院，游船也很多，一年四季都吸引了成千上万的居民和游客前来参观。

让芝加哥引以为荣的是，全美最高六大建筑中，芝加哥就占了四处，其中包括世界第八大建筑威利斯大厦（Willis Tower）。但是，这个城市以前一直没有改造贫民住宅的计划，直到最近才有了这样的计划。贫民住宅改造问题，下一章将集中探讨。但在芝加哥，特别是对那些非裔来说，居住种族隔离仍然十分明显，导致了黑人社区的政治抗议。而现在黑人社区人口占整个城市人口的32%。拉美裔在这里也是一支日益重要的政治力量，其人口现在占到整个城市的29%。

戴利市长1976年逝世以后，芝加哥的政治机器仍然由爱尔兰裔控制，但其力量显著下降。在戴利死后不久，芝加哥出现了一次导致种族分裂的运动。运动结束后，简·贝恩（Jane Byrne）在1983年当选为该市第一任女市长。理查德·M·戴利是老戴利之子，从1989年到2011年又成为这个城市的市长。2011年，奥巴马总统的前首席参谋拉姆·伊曼纽尔（Rahm Emanuel）受聘担任芝加哥市长，他是这个城市第一位犹太裔市长。

## 7. 秩序化的种族隔离

萨托斯（Suttles 1974）曾对芝加哥西部的亚当斯地区进行参与观察，发现种族与族群是构成芝加哥社会组织的基本要素。其他观察者也发现，亚当斯已经沦为卡蓬黑帮横行霸道之地，正在逐渐萎缩，变成一个毫无组织的贫民窟。但是，萨托斯最重要的发现在于，尽管这个地区一些住房坍坏、很多人陷入贫困，但远未"解组"；相反，这里仍然存在一种明显的社会秩序，即秩序化的种族隔离，而这种隔离是以种族和族群为基础的。

那么，这个地区是如何运行的呢？在以前，这个地区人口数量巨大，主要由非裔、意大利裔、墨西哥裔和波多黎各裔四大族群构成。每个族群都有自己独特的生活方式，主张自己的"领地和范围"，并对生活在附近的所有其他族群持排斥态度。萨托斯发现，意大利裔之间的关系更紧密，内部彼此相互信任；非裔则相反，似乎彼此疏远，往往互不信任，也更为贫穷；墨西哥裔与波多黎各裔则处于二者之间，他们在经济上多少比黑人要好一点，也有较强的共同体感。 <sub>318</sub>

在这个地区，跨越种族和族群界线的人际交往和接触是很少见的。大多数人都对其他族群存在先入之见，与之保持一定距离，甚至竭力回避其他族群。而正是这种族群之间的区隔，使大多数人与其所信任的人建立起共同体联系。换言之，通过回避非裔、意大利裔和墨西哥裔，波多黎各裔在自己内部族群之间形成了一种身份认同感和共同体感，并以此保护成员不受来自外部世界敌对者的损害。萨托斯最后认为：

> 这些族群形成的所有道德秩序，只限于其所有的社区成员。在这些道德限制之下，社区成员之间拥有了获得社会联系、回避敌人，以及确立彼此关注的途径。亚当斯地区的秩序化的种族和族群隔离，向人们提供了一种可以生存的像样的世界，尽管人们会遭遇各种困难（Suttles 1974: 234）。

## 8. 今天的芝加哥

在2008年金融危机使大规模新建项目被迫停工之前，芝加哥的城市天际线一直在发生显著的变化。在整个市中心和附近邻里社区，带有各种宏大景观的高层住宅大量涌现。仅2005年，就有 4 500 处分户出售的公寓大厦被新建起来，并很快被年轻的专业人员、年长的郊区无房者和投机者买光。在城市中心，有一处 49 层高的阿卡大楼，是恺悦酒店集团的总部中心。它是世界上最高的一座由女性领导和负责设计修建的建筑。整个湖滨地带是新千年遗产公园，并有一处 72 层高的分户出售的豪华公寓大厦。

在卢普区，新修建的电影院和饭店为市中心增加了新的活力。而且，这个城市耗资 5 亿美元、全年开放的游乐场，是中西部旅游者首选的目的地和度假胜地。这个休闲区域最好的地方，就是 3 000 英尺长的海军码头，这个地方有全年开放的各种娱乐设施、商店、饭店、展览馆等景点，其中包括一家可容纳 525 人的莎士比亚戏剧中心、一家有 440 个座位的 3D 电影院、一架 150 英尺高的摩天轮，以及一家有色玻璃窗户博物馆（Toronto Star 2010；Widholm 2005）。

芝加哥的人口构成也发生了一些重要变化。自 1980 年以来，随着新移民带来了多样性的新族群人口，城市白人和黑人人口不断相对下降。一直到 20 世纪 70 年代，芝加哥大多数人都还是欧洲人，然而现在欧洲出生的移民占整个城市人口的比重已经下降到不足 8%。取代他们的是拉美移民，自 1970 年以来，拉美移民的数量已经翻了三倍，到 2010 年已达近 77.9 万人，而亚裔移民也已达 14.7 万人（U. S. Census Bureau 2011b）。正如上文所言，芝加哥是美国黑人种族隔离最为严重的城市之一，但这里的拉美裔居住种族隔离程度并没有那么严重。

在今天的芝加哥，以前那些德国裔、波兰裔和捷克裔居住的社区，现在已经充斥着非裔、菲律宾裔、韩裔、墨西哥裔、波多黎各裔和越南裔美国人，当然还有很多其他的族群。同时，在这些移民族群内部，也存在很大的多样性。一些来到芝加哥的新移民很富有，文化教育程度较高，很多都能说两种语言。相反其他一些人则很贫穷。与整个历史上的移民一样，他们随身带来的财产很少，但想获得更多。正如我们所认为的那样，那些拥有很大社会优势的移民，往往会分布在整个城市的不同地方；例如，芝加哥来自印度的最新移民中（大约有 3 万人），大多是专业技术人员，分布在这个城市的不同地方。但是，那些不具有社会优势的移民，再次复制了芝加哥历史上存在的那种族群居住飞地，在墨西哥、韩国和中国移民社区中，这种情况十分明显。

芝加哥那些新近形成的种族、族群社区，大多规模还较小，不能对政治场景产生重要影响。不过，在爱尔兰人支配这个城市的政治生活的高峰时期，也许我们连想都想不到这个城市后来会选出一个黑人或犹太人来当市长。随着 21 世纪新的表演者粉墨登场，这个巨大、复杂的城市的领导者，确实必须有一副巨大的肩膀才行。

# 五、概要

所有城市都具有社会多样性。通观整个历史，城市的特征之一，就是比起乡村生活来，能够为其民众提供更多的机会。而正是为了寻求这种机会，数十亿人才涌入城市。这同样也是 1880—1920 年间大迁徙的重要推动力量。而很多人确实在城市能够实现他们的目标。随着时间的过去，很多移民以及他们更多的后代，都摆脱了贫困并过上了富足的生活。

然而，并非所有移民都是如此。北美的城市也成了赤贫阶层的家园。在历史上，这些城市的穷人始终是最新来的移民，例如 1830 年以前的北欧移民、1920 年以前的南欧和东欧移民，后来又是来自非洲、亚洲、拉美的移民以及土著移民。

没有多少优势的女性，往往需要外出工作才能生存。不过，中产阶级女性则会不时进入或退出劳动力队伍。今天，大多数女性都会为了工资而工作；为此城市又必须提供各种服务，以满足夫妻外出工作的家庭和单亲家庭的需要，而这个事实又影响和改变了城市的面貌。而且，随着女性越来越多地出现在决策者的位置上，两性对城市公共空间的利用也将出现进一步的变化。

最后，我们对被称为"风之城"的芝加哥进行了案例分析，并以此说明了所有上述的主题。芝加哥自从作为中西部的中心而出现以来，与我们已经研究过的其他北美城市一样，都存在基于财富、声望和权力的明显社会分层。在其顶部是诸如阿穆尔斯和麦克科米克之类的工业家，而底层最先是来自欧洲的贫穷移民，稍后是来自非洲的移民，最近则是来自拉美与亚洲的移民。

在 20 世纪 30 年代的大萧条中，民主党控制了芝加哥的政治系统，在市长戴利长达 21 年的治理过程中，芝加哥出现了较大的发展。但与其他地方的政治系统一样，他所领导的政治系统只是使某些人受益，而在很大程度上忽视了另一些人的利益。后者包括各种少数种族和族群群体，诸如上文提到的那些生活在芝加哥西部亚当斯地区的人们。但正是在这里，简·亚当斯创建了赫尔馆，并以此为中心展开了她作为社会积极活动家极富成就的一生。萨托斯后来对该地区的研究，指出了这里存在种族、族群以及地域隔离，也存在他所说的"秩序化的种族隔离"。与欧洲移民在数十年中组成自己的社区共同体一样，在那些最近经历了修建新住宅、商业和休闲空间高潮的城市中，今天的很多移民仍然会这样做。

# 六、结论

萨托斯的研究深刻地指出，族群偏见总是使人们竭力把外群体与内群体分离开来。对于外群体，人们总是保持警惕，认为"他们"与"我们"完全不同，他们完全不以我们的思维方式进行思考，也完全不以我们的行为方式行事。这样的偏见以及所导致的歧视，正是非裔移民面临的关键劣势，这是一个因为肤色不同而处于十分不利地位的群体。那些语言不同的人也处于同样的境况，他们被当作异类分离开来，很容易成为歧视的目标。因此，白人族群之所以取得了以往的那些成功，是因为他们能逐渐被城市主流文化同化。但对于其他那些身份认同差异更加明显的人来说，不可能轻易得到同样的机会。

这种模式提醒我们，城市并非存在于文化真空中，因为影响城市所在社会的价值观、规范、分层，也会影响城市本身。因此，财富和权力的不平等分布是北美城市的重要特征，而那些具有偏见和歧视色彩的社会结构，在我们的城市中发挥着重要的影响。

## ▌关键术语

连锁性迁移

事实上的种族隔离

事实上和法律上的种族隔离

性别化空间

不友好的环境

超级种族隔离

异化指数

侵入—替代

秩序化的种族隔离

同类相聚的社会组织

推—拉因素

种族犯罪画像

## ▌网络活动

322

1. 登录 http://www.censusscope.org/，点击"种族隔离措施"，查看三种隔离指数。了解 1990 年、2000 年、2010 年的数据（即本章讨论的异化指数），以及他们的百分比在过去数十年的变迁。

2. 登录美国人口统计署网站 http://factfinder2.census.gov/faces/nav/jsf/pages/index.xhtml，点击任一城市或大都会区，再点击下面的"人口群体"，然后点击进入，在跳出的网页中点击"2010 年人口概况与住房特征"，下拉网页，查看这个城市或大都会区的种族和族群人口构成数据。

# 第**12**章
## 住房、教育与犯罪：
## 直面城市问题

*323*

美国和加拿大由于80%的人口都生活在城市之中，所以毫无疑问都是城市国家。我们大多数人都承认，城市生活不仅意味着机会与激情，也意味着各种问题。城市比任何其他地方都存在更为严重的住房、教育以及犯罪问题，因此城市确实往往也给我们一种十分消极的印象。

如果我们对这些问题进行深入的研究，就会发现这些问题并非孤立地存在着。相反，贫困、居住状况恶劣与教育水平低下、犯罪、种族与族群紧张之间，存在很密切的关联。如果仅仅关注其中某一问题，不仅会妨碍我们理解这些问题，也会妨碍我们解决这些问题。城市问题是由诸多问题构成的一个整体，它部分是由城市导致的，但在某种程度上也是社会本身价值观的产物。

对生活品质的评价，往往涉及住房、教育、安全等方面，我们下面就开始探讨城市中的这些方面。我们的城市如何能够很好地为每个居民提供住房？包括：如何为穷人提供住房？人们如何能够让自己的小孩接受良好的教育？城市如何能够很好地为其居民提供安全？下面就探讨这些问题。

# 一、住宅：生活之地

第10章解释了城市人之间生活方式存在惊人的多样性和差异性，而城市各种族群对住房的选择同样也是多样化的，这个事实十分明显。一些人喜欢城市中心的生活，一些人喜欢某个族群社区中那种老房子的生活气息，而另一些人则喜欢居住在宽敞、单门独户的郊区大房子中。当然，住房与社区不仅仅是个人想选择就能选择的事情。个人的收入水平差异决定其选择范围的不同。在过去与现代，影响人们住房选择的重要因素，都包括影响城市的那些经济因素，以及确定我们很多人的优势地位的文化因素。

## 1. 充足的住宅：住宅为谁所拥有？

当然，定义住房状况是充足的还是低于标准水平，在某种程度上具有一定的主观性，也会因

文化而异。在美国，即使是住房水平最差者，也可能比很多发展中国家一些人的居住状况好得多（参见第13章）。

我们都知道，住房往往存在结构性稀缺；还有一些住宅的基础设施缺失，取暖和卫生条件极差，或者建筑涂料的铅含量过大，极易被小孩吸收，导致居住面临健康安全威胁。在美国，成百万上千万的民众居住在这样不符合标准的住房中，而且其中大部分都居住在城市中。因为大多数美国人没有直接体验过这样的居住条件，所以当看到美国社会中那些居住条件极差的成员的日常生活状况时，会感到十分震惊。

毫无疑问的是，居住状况最差的那些人，主要是受歧视的穷人和少数族群。简言之，是那些选择能力最弱者，往往居住于这样的房子中。而住房市场出现的变化，又进一步限制了他们的选择可能性，他们租得起的廉租房越来越少，而房租高昂的房子越来越多。政府对低收入者的住房补贴、对城市改造以及低级住宅升级的财政补贴日益减少，都使穷人能够获得的住宅数量大大减少，而需求却在不断增加。因此，让我们没有想到的一种情况出现了，那就是城市中无家可归者的数量日益增多，形势日益严重。

## 2. 住房问题：一段简史

当前的住宅问题有其历史根源。很多老城市的分租合住式公寓的建筑结构都是19世纪的，这样的建筑结构年龄很老，居住条件也比今天的住房结构来要差得多。小詹姆斯·D·麦凯布（James D. McCabe, Jr.）在对1870年纽约居住条件进行研究时，写下了他的印象：

对于那些在悲惨的地窖般的建筑中居住度日的人，我们还能说些什么呢……？

很多住宅都只有一个入口，唯一的家具就是通风工具……并且……街道上的污水沿墙渗入房间中。空气始终是浑浊的。地面上那些房子的污水，就在他们的地板下几英尺处流过，并且由于这些地下房子条件往往很差，污水常常会冒出来，释放出肮脏的气味，毒化空气。

……在这样的地方寻找避难所的那些穷人是如此的悲惨，他们因为住在这里而变得有点迟钝，他们就是在这样的地方熬过漫漫长夜的，因此不可能获得健康的睡眠（McCabe 2010：405，406，409；初版于1872）。

尽管情形如此的可怕，但纽约政府的几代领导人都没有进行多少努力来改善住房状况。对于他们这些人来说，对于那些私人建筑商来说，关注的目标主要是利润，而不是住房本身。的确，只有20世纪30年代的经济崩溃，才迫使美国政府实施过一项住房计划——而这是罗斯福新政的一部分。

### 住宅新政

在罗斯福政府的领导之下，联邦政府比以往各届政府都更多地介入了人们的日常生活。官方不仅声称住房不足是如此的普遍，已经成为严重社会问题，而且还主张只有通过政府的干预，这个问题才可能得到解决。

在新政过程中，政府实施了联邦住房计划，该计划有四个目标。其一，联邦直接投入资金以鼓励修建新的住宅。其二，由于有50多万个家庭不能按时支付其房产抵押贷款而失去了住房（这与现代的住房危机相似），所以各级政府机构为那些面临抵押到期无法还贷的户主提供资助。其三，由联邦住房管理委员会（Federal Housing Administration）提供贷款担保，修建新住宅以增加住房市场供应。其四，1938年成立了市政工程局（Public Works Administration），在美国30个城市雇用失业者来修建新的公租房。

这些项目很快改善了城市居住状况，然而1940年的住房普查显示，在美国大约有40%的城市住房有某种程度的问题，诸如缺少自来水或者其他基础设施。

### 战后项目

所有住房建设的速度，包括公共的和私人的住房建设的速度，在二战期间都放缓了。然而，随着战争的结束，大量军人复员回家，开始建立家庭，随后又出现了"婴儿潮"，所有这些都使得住房严重短缺。这种短缺以及长期以来民众对改善住房总体质量的需要，导致政府设计和出台了几项新的对策。

其中之一就是通过联邦住房管理委员会和退伍军人管理局（Veterans Administration）扩大联邦抵押担保。后者是根据1944年《退役人员重新适应法案》（Servicemen's Readjustment Act）而建立的，而人们通常称该法案为"士兵福利法案"（GI Bill of Rights），其目的是为那些军人和老兵贷款提供联邦政府财政支持。这些计划极大地提高了中等收入家庭的住房购买力。另一个重要的动议，就是1949年的住房法案，这个法案的出台导致后来郊区住房建设的繁荣。其鼓励在郊区新建住房，鼓励人们在城市之外拥有自己的房子，从而缓解了城市人口压力，但城市住房存量并没有多大的提高。

1949年住房法案的另一个重要内容，就是城市复兴和改造计划，它为消除贫民窟和兴建宏大的公共住房项目提供联邦资助。它主要依赖的是一种国家征用权原则，最近这些年来政府普遍使用这一原则，导致这一原则引起了越来越多的争议，有时还引起了激烈的对抗。我们在第7章对此进行过描述。各个城市的政府当局掠夺那些日益衰败的地区，然后把其产权出售给私人开发商，这些人又会拆除其中的旧建筑，修建新建筑。当然，开发商进行重新开发的目的是获得利润，而不会管这块土地上的原住民是否能够买得起新建的房子。通常情况下，城市复兴计划只是为城市中产阶级修建了新房子。一个经典的例子，就是波士顿那个曾经繁荣一时的意大利西区。1953年政府宣称要对这个地区进行改造，并在1958年和1960年把这个地方全部出售出去，赶走了原来的居民，让开发商开始新建各种住宅。事实上，这个地区的老房子虽然外表很老旧，但内部却得到了居民的很好维护。

消除一个仍然有活力的、工人阶级的社区的项目，不太可能比消除贫民窟的项目能够取得更好的效果，因为其目的不是为那种收入的工人阶级提供更好的住房。西区新建的高层奢侈公寓，实际上超出了这个地区先前所有居民的购买能力（Vale 2007：273-276）。随着20世纪60年代这种开发模式在很多城市中不断出现，各种各样的批评开始出现，指出这种城市复兴只不过意味着"除掉穷人或黑人"。很多被赶走的穷人别无选择，只好挤进那些他们能够承担的低级住宅中，导致这些住宅过度拥挤，加速了这些住宅的老化。因此，极具讽刺意味的是，"消除贫民窟"导致了更多的贫民窟。

城市复兴常常还以另一种方式恶化了住房危机，那就是很多开发商并不会在拆除多少旧房子时，就建设多少新房子；相反他们拆得多，建得少。一个经典的例子，就是纽约拆除了18个贫民窟（7 000处低收入公寓房），以修建林肯表演艺术中心以及4 400套新公寓，而其中4 000套都是豪华公寓（Gratz 2010：204-208）。

## 3. 公共住宅建设

在美国，公共住宅建设一直都没有取得多大成效。美国的文化价值导向长期认为私人住宅所有权是道德的生活之基础，也是社会稳定有序的基础（Bellush 2000）。因此，人们往往认定那些生活在公租房中的人，多少有点不完善。事实上，那些公共住宅往往都是由贫穷的少数族群或次要群体居住，并且我们知道，公共住宅建设项目往往与某些污名联系在一起，例如，它们是黑人贫民窟，是人们极力回避之地，是设计用来容纳社会中那些"讨厌"的、偏远的保留地，等等。

很多高层住宅项目，最初的设想是采纳那些让人激动的住房建设技术创新，但最后却完全变成了人类的灾难，那里犯罪充斥、低收入者遍布、拥挤不堪、卫生状况极差，让人望而却步。甚至不久后，穷人们也只是在实在没有办法的情况下，才会到那些高层住宅中去，把它们当作最后的避难所。几乎所有大城市中的居民，都说这样的高层建筑是一个噩梦。其中最臭名昭著的例子，就是圣路易斯的普鲁伊特—伊戈（Pruitt-Igoe）高层住宅项目，下面的"城市风光"专栏对其进行了描述。稍后出现的一些住房建设项目——特别值得注意的就是费城的协会山庄（Society Hill）——则克服了最初那些住房建设项目的缺点。但是，从总体上看，高层公共住宅项目仍然是失败远大于成功。

对于城市公共住宅中的生活为什么会变得如 *327*

## 普鲁伊特—伊戈：美国失败的住房问题解决方案的象征

普鲁伊特—伊戈公共住宅建筑项目计划在1951年开始实施，初听起来前景是那么的美好，它的目的是改善居住在东圣路易斯那些已经十分破旧地区的成千上万人的居住条件。地方官员利用1949年住房法案赋予的权力，试图突破"贫民窟"这一会威胁中央商务区的瓶颈（*Architectural Forum*，1951：129，转引自Fogelson 2003：344）。

三年后，三十三幢创新性的高层住宅修建起来了，其2 762套公寓房都住进了居民。然而到1959年，普鲁伊特—伊戈"就成了一个丑闻遍地的社区"（Rainwater 2006：8；初版于1970）。这里犯罪、肮脏和事故频发，完全成为"无政府状态盛行的水泥壳"（Green 1977：179）。这里实际上成为依赖政府救济的非裔穷人聚集地，其中57%都是单身母亲家庭，随着越来越多的居民难以忍受这里的状况而搬离出去，这个地方的人口逐渐下降。1972年，普鲁伊特—伊戈的历史终于结束了，圣路易斯住房管理局炸除了这些建筑。而在美国其他城市中，那些高层建筑项目不久也可能遭受同样的命运。

◎ 1972年普鲁伊特—伊戈建筑项目被拆除，推动了政府改正以前自己犯下的错误（不考虑社会和物理因素），其他一些高层公共住房也相继被拆除。政府拆除了这些高层住宅，然后修建低层住宅。左图是1996年新泽西纽瓦克斯卡德（Scudder）三幢13层高的住房综合体之一被爆破拆除的画面。

此之差，人们之间存在不同的争论。这似乎完全是一个仁者见仁、智者见智的事情。诸如爱德华·班菲尔德（Edward Banfield 1990）之类的城市批判家认为，正是那些居民在很大程度上应受到谴责，因为他们中有很多人不去工作、生了孩子却无力抚养、行事往往不负责任。而建筑批评家——我们下文还将简要讨论——认为，是那些建筑设计本身有问题，因为高层建筑是匿名空间，很容易受到罪犯和故意破坏公物者的侵入和破坏（Newman 1996）。诸如李·雷恩沃特（Lee Rainwater 2006）等学者则认为，是贫困者集中居住到这些地方——而不是民众本身——导致了这种消极后果，因此贫穷人口集中居住才是公有住房的记录十分差劲的基本原因。

### 其他解决办法

在20世纪60年代后期以改革和批判为特征的大气候下，美国联邦政府又不得不进行新的努力，以确保"每个公民都有一个优雅的家"。1968年的住房法案试图通过民众购房政府贷款担保与直补，使更多家庭能够购买自己的住宅。这个计划值得表扬，因为低收入家庭只需要为住宅支付工资的20%，其余由政府贷款补上。然而，购买者常常因为房价过高以及需要高昂的维修基金而作罢。其结果是很多人在贷款期限到期时不能还贷，从而丧失了住宅的赎回权，最终无家可归，流落街头，而政府接手了10万套左右其并不想要的房子。

到20世纪70年代早期，不祥之兆开始出现。由于政府支出削减达40多亿美元，这个计划不得不缩小规模。罗伯特·格林（Robert Green）说："可以预见，政府过度抑制私人投资者、开发商和银行对利益的追求，最终将穷人绞死了。"（Green 1977：181）

1974年则出现了另一种替代方案，并且这种方案至今也很活跃，那就是为低收入者租住私人的房子提供租金补贴 [又称第八计划（Section 8 Program）]。这种补贴使租房者能够自主选择居住地，而没有必要一定住进公租房中。这个计划还为开发商提供补贴，以修建或恢复出租房。为了获得这种补贴，私人开发商会主动留出一部分房子供低收入家庭租住；开发商与政府签订补助合同，然后从租户那里收取30%的租金，租金的其余部分则向政府领取。虽然该计划以及其他一些政府补贴项目增加了廉租房的贮备和供应，但这个项目存在严重的资金缺口。人们要想租到这样的房子，得排队等很多年，很多地方的住房管理局还不时关闭候租登记，停止接受租房申请，因为申请名单已经太长了。

### 评价

这一历史回顾尽管简要，但清楚地说明了联邦监管的城市住房计划并没有完成其崇高的目标。其中一些具体的问题，值得我们进一步分析。

第一个问题是，私人银行与建筑开发商卷入城市复兴和改造计划的程度过深，对于其中很多银行和建筑开发商来说，挣钱胜过了任何帮助穷人的社会责任感。而很多再开发项目的设计，往往是讨好和定位于更富有的购买者，那些原来居住在这些地方的人完全不能承受其高价格。在20世纪30年代，城市建房计划的最初目的是改善穷人的居住状况，但后来逐渐演变成对城市中心的大规模改造和开发，以恢复城市过去那种富有和繁荣的景象，结果导致北美低价房大幅减少。

第二个问题是，由于投资者与开发商的目的就是为了追求利润而不是帮助穷人，因此当地居民在决策过程中很少能够发表自己的意见。甘斯研究了波士顿西区的再开发过程，发现当地的居民没有组织，也不能理解这些项目似乎是在"攻击"他们。因此，对于很多人来说，城市改造是一种辛酸的经验。

相似的命运也降落到底特律的波兰城（Poletown），这是一个以白人种族为主体，但内部族群多样化的社区。这个社区占地465英亩，有1 300多个家庭和公寓、143家工商业企业、16座教堂、2所学校和一家医院。在1981年，市政领导由于希望在城市里新建一家通用汽车工厂，以便新增6 000个工作岗位，于是动用了他们的土地国家征用权，接管了波兰城，并把它推平，给居民的补偿花了大约2亿美元，然后把地卖给通用公司，价格大约是800万美元，让它修建新的工厂。这个社区的居民与消费者保护团体支持者拉尔夫·纳德尔（Ralph Nader）和美国老年人激进团体"灰豹党人"（Gray Panthers）领导者马吉·库恩（Maggie Kuhn）联合起来，阻止暴力拆迁，反对摧毁他们的家园、教堂和商业。但是，他们最后失败了，不得不搬走。

第三个问题是，诸如甘斯、简·雅各布斯等批评者都认为，那些城市改造规划者即使知道重新开发的区域实际上原本就是健康而安全的社区，仍然会一意孤行，因此很多开发项目都体现的是中产阶级规划者反对廉租房生活方式的偏见，规划者们认为这些区域在某种程度上是"不正常"的地方。例如，这些规划者普遍存在一种错误认识，视人们在门前台阶、街角或各种地方性设施中聚集和交流为坏事，而没有意识到城市中共享的公共空间实际上是社会互动的理想场所。

不过，尽管政府相关预算在不断缩减，但现在公共住宅建设还是出现了一些希望和好的前景。因此，下面简要讨论公共和私人住宅建设中存在的那些亮点。首先讨论私人领域中存在的，但在城市中也十分常见的那些住房建设问题。

## 4. 内城的恶化与放弃

从20世纪50年代开始，由于人口外迁、制造业减少、经济全球化，那些老城中心进入了艰难时期。内城社区人口逐渐减少，情况迅速恶化，其中某些社区完全成为故意破坏和纵火者的牺牲品。在中西部和东北部很多老工业城市的内城，大量街区的建筑空置、坍坏或被烧毁，似乎这些地方遭受了全面的轰炸。这些城市总共有200万处被放弃的建筑，使得它们变得像"鬼城"一般，而直到80年代，每年仍然有15万处建筑被放弃。

在90年代，这一数字开始明显下降，因为很多城市中心出现了经济复苏，并且出现了改造升级和中产化的过程。不过，最近有一项研究显示，在19个城市中，仍然还有18.5万处弃置民宅，平均每个城市为1万处左右。底特律为4.5万处，费城为2.7万处，圣路易斯为1.3万处（Mallach 2010：4）。

在这些住房供应仍然短缺的城市中，为什么人们要抛弃那些尚能居住的房子而一走了之？答案就在于这些地方存在一种复杂的、邪恶的衰败循环。由于不动产税、取暖费、保险费负担日益增加，故意破坏导致的维修费用直线上升，加上中等收入租住者迁移到郊区，政府对租金上限又进行了控制，一些房主不得不大幅减少甚至完全取消了对住宅的日常维护，以使自己的租金多少还有点剩余。如果住宅最终带给房主的是更多的费用或麻烦，而不是更多的租金和保障，那么即使他们想把房子卖掉，也没有人愿意接手，而其中一些房主不能按期赎回抵押权或上税，他们的房子所有权就会因抵押赎回超期而被没收。

当这些住宅的租客们失望地离开，去寻找其他住宅后，蓄意破坏者和抢劫者就会进入其中，希望找到一些值钱的东西，水槽、浴缸、供水管

◎ 20世纪80年代的南布朗克斯看起来就如战乱之地，其暴力犯罪率之高，也使之犹如战乱之地。纵火和弃置导致这里在70年代就损失了30 000处建筑，也导致这里的小孩和大人身陷荒废环境。然而，到90年代中期，这个地区推行城市家庭稳定化和中产化项目，并把这里变成了一个安全的、宜人的生活之地和抚育小孩之地。

2008—2010年之间每月都有20多万套房子被银行收回（Quinn 2010：8）。虽然所有族群、种族的人都面临这种超期还贷丧失赎回权和房子被没收的危机，但研究显示拉美裔和非裔失去住宅的概率要高70%，主要是由于他们的失业率更高而筹资渠道更少（Merle 2010）。

虽然整个美国的房主都受到住房市场危机的影响，但在阳光地带的大都会区，经济衰落特别严重。2010年，在美国20个银行没收住房率最高的大都会区中，有19个在内华达、加利福亚尼、佛罗里达这三个州。

道和下水管道等都会被一扫而空。先是住宅建筑，然后是街道设施，最后整个社区都会遭受这样的命运。而最终剩下的建筑，简直就是一块巨大的墓碑，在标示着一个个刚刚死去的城市社区。

而私人领域中的住宅开发情况则要令人振奋得多。在过去十多年中，大城市的建筑得到了巨大改善。虽然需要做的还很多，但正如我们下面所解释的，私人领域中的住宅建设进展是十分明显的。

## 5. 大萧条与取消抵押赎回权

不幸的是，抛弃自己的房产抽身离去，受影响的不仅仅是城市房主，也并非完全出于房主个人的原因。过去几年的经济萧条，肯定对住房市场产生了灾难性影响。下面两个关键因素，导致了人们美国梦的破灭。其一，数百万人失去工作，不能支付到期住房抵押贷款，由于无法按期偿还贷款，住宅被银行收回。其二，由于缺少购房者，住宅价格下降了10%左右，导致数百万抵押贷款者所承担的贷款，远高于他们房产的实际价格。由于不能出售和收回他们的投资，很多人只得一走了之。在双重的激烈冲击下，

在拉斯维加斯，住宅没收率也高得惊人，10%的住房都因为不能按期还贷而被银行收回了。因到期无力偿还贷款而被银行收回的住房的实际数量最大的三个城市，分别是迈阿密（171 704套）、凤凰城（124 720套）和河滨市（101 210套）。在2010年，美国206个大都会区住房收回率高达72%（Florida 2011）。

## 6. 今天的内城：一种复兴？

当一个城市开始发展，边界开始向外扩张，而曾经是其光荣的城市中心……进入了孤立时期，在晚上被男人暧昧的废墟所占据……几乎我所知道的每一个城市，在晚上街灯照明消失和警察成堆行走的地方，都有这样一种垂死的暴力与绝望之母。那么，也许有一天，这个城市会回来，狠狠地发泄怒火，并为自己的过去修建一座纪念碑。

——约翰·斯坦贝克（John Steinbeck）：《与查理同游》（*Travels with Charley*, 1962）

虽然公共住宅项目所取得的成功一直都十分有限，但私人团体重建内城的努力，在最近几十

*330*

年来取得了巨大成功。特别是城市住宅稳定化与中产化这两大趋势值得我们关注。

### 城市住宅稳定化

在1973年，特拉华州威明顿市，背负着1 200套被弃置的住宅，不得不重启19世纪中期的住宅稳定法案。该法案规定，对于那些在西部无主地上修建住宅，并且居住5年以上的开拓先锋们，政府赠送土地和骡子；对于那些愿意重新到被弃置的住宅中居住并且居住三年以上者，政府向其提供那些到期不能还贷而被收回的建筑，并只收取数百美元。威明顿在恢复可税房产方面取得的成功，鼓励了很多其他城市也实施它们自己的住宅稳定计划，通过这些计划，政府把住宅转移给已经申请和等候公租房很长时间的那些愿意成为"城市住宅稳定者"的人，他们是重建内城的先锋。

在纽约暴力泛滥的南布朗克斯，20世纪70年代有3万处住宅被弃置，平均每天有8处住宅被放弃，由于纵火者到处点火，这个社区很快沦为整个美国"最坏的贫民窟"，成了与城市相关的所有问题的象征。然而，市政府80年代通过了一项大规模的重新开发计划，使这里的面目发生了巨大改变。地方公民团体与勇于献身的市民勇敢地站出来，竭力扭转那些内城建筑似乎已经无法扭转的恶化趋势，并使之重新焕发了生机和活力。这些团体没有多少资本，只能依靠自己的体力，因此他们的担保物不是未来收益或其他财产，而是自己的汗水，也就是说，他们通过自己的体力劳动来整修和复兴那些住宅，因此他们创造了"血汗产权"一词。

不过，城市住宅稳定化取得的成功也是有限的，因为有太多被弃置的住宅已被破坏得不能再住人了。其他一些建筑则是如此的荒芜和孤立，以至于没有抢救的价值。而且，修复这些建筑并使其达到居住法规定的标准所需要的费用很大，而获得重新居住贷款又十分困难，从而消除了大多数城市穷人参与城市住宅稳定化项目的可能性。

不过，有些地方还是取得了一定的成功。在纽约市，城市住宅稳定化补助委员会在几年之前接管了下东区167处公寓，转移给一直居住在这里的擅自占住空房者，这些擅自占住空房者已经投入了部分时间和金钱，使那些被房主抛弃的住房能够重新居住。现在，通过低收入者合作项目，该市已有由政府止赎回收的800多套被弃置房屋被租户居住。每套公寓都必须修整达到住宅法标准，主要用于租住户居住，不能出售谋利，以禁止投机或外居房东回迁（Steinhauer 2002）。

另一项城市住宅稳定化项目，叫做哈比塔特仁人家园（Habitat for Humanity），要求入住户主必须有数百个小时的血汗产权。哈比塔特是一个非营利组织，主要借助自愿劳动和地区教会等组织的捐赠材料，修建新住宅供低收入家庭使用。

*331*

◎ 哈比塔特仁人家园是一个非营利组织，主要致力于修建低收入家庭住宅。它通过教会募集资金，招募志愿者参加劳动，利用捐赠的材料，在世界各地修建了40多万处住宅，其中包括为卡特里娜飓风灾民修建的大量住宅。诸如仁人家园等城市住宅稳定化项目，能够为解决城市住房问题提供一种解决方案吗？

那些条件不够而又想成为这种住宅的户主者，需要支付很小一笔免息抵押贷款，必须与自愿者一起修建他们的房屋。哈比塔特自1976年成立以来，在整个美国已经修建了3万处住宅，在加拿大修建了2 000处住宅，其中大多位于城市中那大面积的衰败区，并最终把很多内城变成有吸引力的、稳定的社区。这个组织在美国和加拿大拥有1 500多处地方分支机构，在其他100多个国家也有550处十分活跃的分支机构，并且修建了大约40万处住宅（Habitat for Humanity 2011）。

**改造升级项目**

与城市住宅稳定化等项目只限于在某个时候重新恢复一些建筑或街区不同，改造升级是一个更加广泛的过程。"改造升级"一词是19世纪那些富有的"土地贵族绅士"创造的，当时用来描述对破旧伦敦住宅的更新和改造，今天则主要是指使更多富有个人和家庭回到城市中心日益衰败的老街区的运动。实际上，美国与加拿大的每个大城市，都经历了这种不断扩张的城市复兴，这种扩张和复兴遵循的往往是多年前巴黎和伦敦的做法。

与过去的贵族一样，今天的上流人士都是精英。他们往往居住在大城市，或是未婚群体，或是无孩群体，或是第3章和第5章所讨论的"雅皮士"。更重要的是，他们都足够富有，可以购买曼哈顿的褐石公寓、费城中心协会山庄联排别墅、俄亥俄哥伦布斯德国村的青砖平房、旧金山海特 - 黑什伯里区（Haight-Ashbury）以及多伦多南柏岱尔（Parkdale）维多利亚风格的房子。然而，工人阶级社区有时也会得到改造和升级，并重新建立他们的社会经济团体身份，巴尔的摩的几个联排别墅区就出现了这种情况。

但在20世纪出现的逃离内城到郊区的潮流中，中产阶级怎么会选择城市中心的社区呢？理由可能很多，并且因人而异。第一，很多人发现，城市中心仍然具有最大的多样性和刺激性。戏剧、音乐和时尚商店——所有这些都集中在城市中心，繁华兴盛。第二，正如我们在第7章中所指出的，经济重构使中心城市增加了行政管理与专业技术人员的岗位数量。那些接受这些岗位的、报酬很好的"上流人士们"需要地方居住，

居住在城市中心会减少上下班的时间与费用。第三，随着越来越多的妇女进入劳动力市场（2010年，59%的妇女进入了劳动力市场就业），以及双方都参加工作的夫妇越来越普遍（2010年，所有已婚夫妇中有54%夫妻双双外出工作），人们觉得在郊区购买单门独户的住宅来居住和生活，所花时间太多（U. S. Census Bureau 2012）。第四，郊区住宅价格昂贵，某些城市中心的住宅更贵，曼哈顿一套褐石公寓售价往往高达300万美元，但是人们仍然可以在那些平均收入较低的街区找到一些相对便宜的房子。第五，城市中心那些在1880—1910年间修建的公寓房子，具有手工建造的品质，有橡木地板和彩绘的窗户，而今天这样的住宅在郊区很难找到。

政治经济学家也认为，改造升级是一种合乎逻辑的资本投资。自20世纪50年代开始，投资资本撤离城市而进入郊区，因为后者的利润率更高。后来，随着在内城出现了"租隙"（rent gap，潜在租金与实际租金的差额，成本之上的利润），为了在内城获得更高的利润，这些资本又回来了，其根本原因是内城社区中那些低价住宅随着改造升级而大大升值（Huang 2010；Sze 2010）。这种向内城的回归，当然与伯吉斯在20年代关于富人不断外迁的预测（第6章）是矛盾的。

# 7. 新城市主义

简·雅各布斯在《美国大城市的死与生》（Jacobs 1993；初版于1961）一书中，对公共住宅进行了可能是最著名的批评。这本著作主要是关于城市布局结构和功能的研究，现在仍然十分有影响。雅各布斯在对传统规划者进行批评的同时，指出把住宅当成一种孤立存在的实体来建设，首先就是错误的，只要这种概念仍然存在，关于它们的污名就无论如何都无法去除，它们就永远是不安全的环境。相反，规划者应寻求进行物理上的变革，把这些实体融入周围社区中，这样以前那些孤立的住宅项目以及附近的社区都能受益。

在恢复老城活力的过程中，那些最具鼓舞的进步之一，乃是城市设计的新城市主义，这种新

城市主义的设计在物理规划方面遵循了社会学的原则。最初，新城市主义者认识到，在无序扩散的郊区中社区是缺失的，为了适应这种情况，新城市主义对整个城市进行了反思。新城市主义的设计原则包括方便人们步行、街区与社区相互联通、土地综合利用、住宅建筑多样化和混合性等原则，另外还必须重视传统邻里社区结构、在社区的中心位置设置公共活动空间等。新城市主义者倡导无论是在内城还是在郊区，都要修建鼓励人们进行社会交往和彼此关注的公共空间。

佛罗里达的西塞德（Seaside）为这种新城市主义规划提供了一个例子。西塞德位于佛罗里达的潘汉德尔（Panhandle），是一个修建于20世纪80年代中期的社区，法律规定这里的住宅要有前门廊，并接近人行道，以便居民可以坐在屋外，与行人进行轻松的交谈。该镇的规划者还说，那些街角商店所起的作用，远非仅仅提供商品，还有其他更重要的作用。它们是朋友不时来这里喝咖啡、小聚和彼此谈心之地。

给人印象更为深刻的，是那些受到新城市主义影响的建筑师和规划者们，正在谋求复兴城市以前那些问题丛生的老社区。

### 哥伦比亚岬和海港岬

在波士顿，有个名叫哥伦比亚岬的政府资助住宅项目，修建于1953年，位于沼泽地的小半岛上，与多彻斯特（Dorchester）和罗克斯伯利的郊区相邻。这个项目长期以来都是城市规划者对民众的需要毫无敏感性的明显例子。这里离最近的地铁站足有一英里，建筑师最初的计划是修建28幢三到七层高的、具有统一的温和风格的建筑。由于这里水上和陆上交通缺少，居民们被孤立起来。这里也没有多少商店，购物成了大问题，既贵又耗时，而更接近波士顿生活主流的那些城市居民们，购物便宜又便捷。

到最后，这个开发小区共建成了1 502套住宅，但全国公共住宅中存在的那些问题，在这里也十分严重。到20世纪70年代，犯罪在哥伦比亚岬是如此猖獗，以至于救护车如果无警车保护也不愿意到那里去。到1984年，只有350个家庭还住在那里，而且还是在得到美国住房与城市开发办公室的补贴的情况下才待在那里的，波士

顿房管局以每年一美元的象征性价格，许可这里的租住者有租住权，而私人开发商可以享有99年的开发权。这个项目的建筑师们决定重新设计哥伦比亚岬，主要以波士顿那些积极的、活跃的邻里社区的某些建筑为样板。新城市主义的思想也影响了他们的设计，例如强调要有舒适宜人的"公共领域"，包括水滨观景点，等等。建筑师们也设计和修建了新的街道，有老式的街道灯光照明、条橙，所有居民都能看到海港和波士顿的天际线，享受位于社区综合建筑中心的巨大草坪广场和开放的公共空间。

现在叫做海港岬（Harbor Point）的地方，是在1990年重新建成和开放的。这是一个混合收入居住综合体，吸引了来自各个族群与阶层背景的人们，并保证了这个复兴社区的多样性和稳定性（Roessner 2000）。在这里，各种价格和层次的住宅混合在一起，其中2/3主要是以市场价格销售的公寓，1/3作为低收入者的住宅，但这两种建筑类型之间并没有在物理空间上明显地隔开。而且，建筑师设计了各种不同风格的建筑，诸如蓝色和灰色的连栋别墅，隔墙是木质隔板的公寓以及红色和棕色的砖石公寓。它们对老哥伦比亚岬10幢平顶民居的样式进行了重新设计，用尖顶代替了平顶，并涂上微红的颜色，以使它们与新建筑能够明显区别开来。

为了把海港岬从公共住宅的污名中完全解放出来，规划者还增加了其他可见的细微差别，诸如圆形的和尖形的屋顶三角墙。此外，他们在中央位置还增加了一些提高宜居性的设施，包括一家健身俱乐部，两个户外游泳池，一处网球运动场，一处停车位很充足的停车场，一条连接市中心的公共汽车线路，一条用于自行车、慢跑或步行去波士顿的水滨小道。小小的前院、前门、窗户直接面向有意设计得相对狭窄的街道，加之人行道上的各种活动，所有的这一切组织在一起，构成了"街道上的监视眼"，并创造了一个安全的社区（Goody & Chandler 2010）。

很多人认为海港岬将是城市复兴的成功样板。批评者则认为，海港岬的居民来自不同收入水平，从而形成了一种混合社区，但它只不过是社区设计规划的变化，而非真正的土地综合利

◎ 海港岬的新城市主义设计取代了哥伦比亚岬的设计，并以波士顿繁荣的后湾社区为样板。各式建筑相互混合，非常接近狭窄的街道，以45度角斜对水面，使所有居民都能够看到港口和芝加哥的城市天际线。

*334* 用，没有使城市社区成为真正的"人类"居住地（Kamin 1995）。不过，其仍不失为那些城市梦魇的成功替代者，为新城市主义能够实现特定的转型提供了鲜活的证明。

### 增加舒适性的水域

正如海港岬的建筑设计师重新设计了它的网格状布局，以使所有居民都能够看到周围的水域一样，新城市主义也能够使很多城市重新发现美感，让社会民众使用水边的公共空间（Whyte 2001；初版于1980）。巴尔的摩的内港（Inner Harbor）和纽约的南街海港是十分繁荣的重建区域，外来游客与本地区民都十分喜欢它们。芝加哥、克利夫兰、辛辛那提、路易斯威尔以及许多其他城市都已经把衰败的码头和水边的住宅改成公园区和功能综合的地方。旧金山把它那狭窄、肮脏的排水渠改造成2.5英里长的鹅卵石铺设的迷人水滨人行道，有诱人的草坪、花香四溢的灌木丛与树林、满眼的渡船。在这里，人们可以在各种有趣的商店、饭店和夜场中度过快乐的时光。在这里以及其他更新的水边场所中，城市都成功地把社会与商业活动融合在一起，形成一种充满活力的城市氛围。

### 替代性的低层建筑

正如海港岬所显示的，新城市主义者正在把那些高耸而巨大的"超级街区"推倒，转变成公共空间，以及用不那么高大的联排别墅和低层建筑取而代之，这些建筑"看起来并不像以往的各种建筑项目"。现在，一个又一个城市在整个整个地推平其某些街区，拆除那些犯罪泛滥的贫民窟破败建筑，不仅用低层的、伸展的、有利于互动的公寓取而代之，而且还建起游玩场所、宜人的景观、自行车道和人行道等。

很多城市都通过炸掉那些失败的高层建筑，以解决它们产生的各种问题。斯卡德（Scudder）民宅是新泽西纽瓦克1963年修建的高层建筑，足以容纳1 800户低收入家庭，现在已经被炸掉了。取而代之的是150幢一个单元只有一家人的联排别墅。这些适合于中低收入家庭的联排别墅，也取代了那个城市中的7幢13层楼的斯特拉·莱特（Stella Wright）住宅及其1 206套房子。在亚特兰大，一个开发商拆除了1935年修建的美国第一批公共住宅项目中的1 000多处住宅，而修建混合居住型的"村庄"，这里有各种新的商店、社区基础设施、学校和公寓。今天，这个曾经主要是黑人飞地的地方，已经变成了世纪宫（Centennial Place），一个有900个单元的居民综合体，居住着各种族群、种族和收入水平的人。

*335*

在芝加哥，房管局拆除了加布里尼—格林（Cabrini-Green）高层建筑，其曾经容纳了1.3万居民，并因为犯罪、贫困、黑帮泛滥而臭名昭著。在其曾经占据的65英亩土地上，现在建起了有2 000个单元的新低层住宅区，还有一个城市新中心、一家占地14.5万平方英尺的购物中心、数所新学校、一所图书馆，而东芝加哥区警察署也设在这里。其中一半的住宅都以市场价格出售，20%留给那些不那么富裕的工人家庭，价格也让他们"承受得起"，并因此创造了一处与海港岬相似的混合收入居住区，完全改变了过去完全是穷人居住区的形象（Lydersen 2011；Saulny 2007）。

所有这三个地方——纽瓦克、亚特兰大、芝加哥——的小区开发设计，都遵循的是把它们与周边社区密切联系起来而不是分离开来的模式，在雅各布斯看来，这就是将住宅项目重新整合到城市组织之中。这些重建项目试图实现新城市主义如下两个关键目标。其一，不是要让穷人自我隔离，相反，要创造一个混合收入的居住综合体，以整合所有的社会阶层。其二，创造一种在物理上具有吸引力，并有利于步行与社会互动的基础设施环境，培育一种居民控制感和共同体感。

### 不足之处

尽管新城市主义前景可能比较光明，但是存在的三个问题也使其影响大打折扣，不能进一步推广。其一，在我们所提及的案例中，低收入住宅所占比例都比以前更小。随着二战后的城市改造更新所进行的那些再开发项目中，也存在穷人从原来的居住社区被赶走的情况。尽管其中一些穷人现在也生活在更好、更有活力、更安全的社区之中，但那些已经被赶走的穷人情况则可能更糟糕。

其二，把一个住宅项目融入周围地区的社区中的做法，在那些噩梦般的贫民窟中是一件很困难的事。例如，如果一个公共建筑项目的周围存在同样的空置房或被炸平的建筑，那么把它建成一种内向的飞地，可能就是唯一的选择策略，至少从短期看是如此。

其三，即使是在最好的情况下，新城市主义本身也不能处理广泛存在的贫困现象，而这种广泛存在的贫困，使公共住宅建设首先就成了一个

问题。例如，在旧金山，1991年的罗伯特·皮兹（Robert Pitts）广场开发项目，取代了耶尔巴布埃纳岛上的西方广场（Plaza West）这个臭名昭著的、十分危险的高层建筑。皮兹项目有203套公寓，属于新维多利亚式的建筑综合体，从各个方面看都不像一个公共住宅建筑。它的建筑与邻近的公寓建筑融合在一起，包括了设计精美的飞檐和粉蜡笔的蓝色阴影——这些方面都与以往常见的高层"盒子"一样的公共建筑存在很大的不同。它还包括了另外一些宜居的部分，诸如内部有方形的院子、苍翠繁茂的草地、小树丛和一排排的大树，还有一些色彩丰富的游乐设施，用沙子铺面，供小孩们使用。

但是三年后，这个地方已经面目全非，碎玻璃遍地都是，那些草地和洒水车都不见了，草丛与树木也消失了。下流的涂鸦画满了水泥基座和墙壁。一层的房子都安上了防盗栏，因为这里盗窃泛滥，居民实在难以忍受。很多没有安防盗栏的窗户也是电网密布，表明居民日益上升的恐惧感。所有这些问题的原因在于贫困，所有的一切都因为贫困而不复存在。

### 一项比较分析

罗伯特·皮兹广场城市综合体在成为一个拥有19个街区的再开发区的一部分后，情况一度有所改善。这个再开发区叫耶尔巴布埃纳，它成功地把各处建筑融合在一起，并建有各种文化设施和开放空间。然而，在2011年，美国住房与城市开发部（Housing and Urban Development）给该开发区打分和评级最低，因为这里的卫生、安全和健康状况连最低标准都达不到（Bush 2011）。

我们从中得到的教训是，新的建筑甚至新的城市规划策略，诸如新城市主义等，如果只在有限空间内应用，那么都不会起作用。罗伯特·皮兹广场显示，简单地用低层建筑来取代高层建筑，即使这些低层建筑设计得很好，也是不够的。我们需要一种更加综合的解决办法。上文的海港岬就是很好的例子，它把低收入住宅与周围环境联结起来，通过回到传统的城市形式，促进了人们的互动以及各种收入水平居民的混合居

住，消除了公共住宅中存在的那种相互孤立的状况。简言之，任何改善城市生活的成功方法，在规划时都不仅要考虑本地居民的想法和要求，也要考虑更广泛的社会结构因素，包括社会分层与地方经济状况等。

# 二、教育：城市的挑战

在美国，城市中的教育问题，往往比乡村学区更让人担忧。这些问题包括：学校学生人数超过标准、纪律松懈、暴力充斥、辍学率高，以及缺少素质教育、学生学习成绩总体低下等问题。而且，自 20 世纪 90 年代以来，很多城市学校出现了新的种族隔离，成为黑人和拉美裔的学校，这与以前的去种族隔离趋势完全相反（Lane & White 2010）。城市吸引了大量移民家庭及其子女，但他们的英语水平很差。城市日益聚集起数量庞大的低收入家庭，但税入基础比大多数郊区还要弱小，使城市学校面临沉重的教学负担，难以对学生进行全面的和高效的教育。

## 1. 教育面临"一个都不能少"的挑战

2001 年美国实施了一项名为"一个都不能少"的法案，极大地强化了政府保证所有适龄儿童接受符合质量要求的公共教育的责任。该法案的主要内容是关于政府教育支出的规定，要求政府为贫穷学区增加资金投入，提高少数族群和穷人学生的教育获得水平，采取新的措施使学校为学生进步负责。特别是该法案要求每年对所有3~8 年级学生的阅读与数学进行标准化考试，并根据收入水平、种族、族群、能力和英语水平程度分别公开报告学生的成绩。然后，还要把这些结果与一种独立的水平测试——全国教育进步评估（NAEP）——结果进行比较。

**学习成绩**

在该法案实施之前，大多数城市学校都实行一种社会促进政策，使所有小孩都进入与其年龄相符的各个年级学习，而不管他的实际学习成绩

如何。这种做法有些好处，但难免导致课程内容难度降低和班级整体能力不断下降。其结果是，一些学生毕业了，人们认为他们应该获得了一定教育，但实际上他们连基本阅读能力都很低，甚至大学不得不为新生补设无学分的基本能力课程。那些公开发布的考试结果，再也不能为那些学生考得不好的学校提供鉴定依据。而那些真正落后的学校，政府原本可能要求其"改进教学"、"进行纠正"、"加强整顿"等，但现在却无法做到这一点。

特别值得注意的是，城市学生与乡村学生的标准化学业考试成绩存在巨大的差距。对此人们提出了很多不同的看法，但其中最常见的观点是，社会阶层地位对学生的成绩优势（中产郊区学生）或劣势（低收入城市学生）具有重要影响。诸如人类学家约翰·奥格布（John Ogbu 2003）等研究者，却认为即使是富有郊区的黑人学生，也会受到"厌学风气"的影响，学生参与的活动和娱乐存在不正确的角色模式和性别分割，这些学生的父母往往不会参与学校教育，因为他们内心存在一种失败主义者的根深蒂固的不信任态度。要克服这一问题，必须让这些学生树立积极的学习态度，培养良好的学习习惯，使他们认识到学业获得的重要性，并加强社区学校建设，防止学生被他们不上学的同伴拉下水（Ravitch 2010；Whittle 2005）。

**语言能力**

虽然移民也会影响郊区和乡村学校以及社区，但是移民对城市来说更是一种具有挑战性的现象，会给城市带来一些问题。移民子女大量集中到城市，使城市学校资源紧张。因为这些学生的语言能力如何，对他们的学业获得以及能否达到 NAEP 的最低标准具有重要的影响。现在，美国 62% 的移民都选择生活在纽约、洛杉矶、迈阿密、华盛顿特区、芝加哥、旧金山、休斯敦、达拉斯、波士顿、亚特兰大、圣地亚哥、圣约瑟、费城、西雅图和加利福尼亚河滨—圣何塞等 15 个大都会区（U. S. Office of Immigration Statistics 2011：17）。因此，这些城市的学校必须接纳大量的移民学生，但一个学校中有 1/3 甚至更多的小孩英语能力较差的情况十分常见

（Zhou 2003）。这就需要学校雇用更多的双语或第二语言为英文的教师，来辅助教师上好那些常规课程。学校还必须处理其他文化适应问题，诸如对学生的衣着、食物、信仰、角色行为进行观察、监视和引导，要求那些语言与教育水平都很差的父母加强督促子女完成家庭作业。

### 环境

不管是移民还是土生土长的学生，很多都来自贫穷、不稳定的家庭环境，有的健康状况很差，严重影响学习成绩。其他的危险或障碍也可能使教育者的目标的难以实现，其中包括：（1）学生所在家庭或街区存在忽视教育重要性的价值观；（2）缺少积极的、成功的学习榜样；（3）帮派、街头犯罪、毒品和暴力存在。2007 年的一项研究显示，在公立学校中，有 34% 的城市学生、19% 的城市郊区学生、17% 的乡镇学生都报告说，学校中存在帮派现象，而且过去几年来这种状况在以相当惊人的速度扩张（Robers, et al. 2010）。

### 资助

在很多城市中，缺少资助资金也是影响学业获得的重要原因之一。与富有社区不同，城市缺少足够的税收基础，不能给每个学生提供充足的补助，甚至州政府的补助也不足。其结果是，城市学生更有可能进入老旧破败的学校读书，教室往往十分拥挤，各种设备和供应都有限，纪律也很差，图书馆与实验室材料奇缺，也常常缺少好的教师。自"一个都不能少"的法案实施以来，美国城市学校得到的额外补助，一直都未能拉平城市学校与郊区学校资助资金之间的差距。

例如，2010 年底特律的教育系统就因为面临巨大的财政赤字，关闭了 172 所学校中的 1/4。在密苏里和堪萨斯市，学校官员关闭了甚至将近一半的学校——关闭了 61 所学校中的 26 所——以避免教育系统破产。其他一些城市，随着父母把他们的子女迁到郊区学校或私立学校就读，而不得不与日益枯竭的生源做斗争（Wickham 2010）。有学者在安大略进行了一项大规模的调查，结果发现学校教育存在城市—乡村二元对立和分割现象，在 20 万人以上的城市中，很多学校都缺少必需的资金和资助，无法满足居住者

子女教育要求，其中将近一半都是移民的子女（Brown 2008）。

### 城市政治影响弱化

无论是在教育领域还是在其他领域，包括公共交通和反贫困等领域，城市实际上都对这些事务没有多大的控制权。在安排一人一票的制度以平衡立法区代表的情况下，由于人口中的大多数现在都生活在郊区，来自城市中的代表在立法机构中所占比例就少了。另外，郊区和乡村对城市存在的偏见，以及在民主党控制的城市政府与共和党控制的州立法机构之间常常存在的政治对立，都进一步阻碍了解决这些城市问题的努力。 *338*

美国各地城市都正在努力抗争，以满足联邦政府改善其学校教育的要求。这些城市也获得了某些成功，但大量挑战仍然存在。例如，芝加哥 1988 年通过了芝加哥学校改革法案，想齐心协力改善它的教育系统（参见下页的"城市趋势"专栏）。自那以后，这个城市的教育出现了一些值得注意的改进。不过，甚至是在今天，这个城市的高中生毕业率仍然不到一半（Vevea & Yednak 2011）。也许随着初级教育水平的持续改善，在"一个都不能少"法案的要求下，芝加哥以及其他一些城市也会在高级教育方面取得进步。然而，真正实现这一点，不是我们想想就能做到的，还需要更加艰辛的努力。

人们对传统公立学校的日益不满，导致政府进行了一系列的创新，如要求父母选择其他学校让子女接受教育，借以使公立学校面对竞争，敦促所有学校都要做得更好。在那些改进城市教育 *339* 的项目和计划中，精英学校、教育券制度和特许学校最为流行。

## 2. 精英学校

精英学校（magnet school，又译磁铁学校）是提供特殊课程的学校，一开始是作为强制托管和校车接送（mandatory busing）的替代物而出现的，其设立的最初目的是把各个地区的学生吸引到一起来。但是，由于它们在提高学生学业成绩上取得了成功，后来逐渐流行开来，受到人们的欢迎。它们在特定地区新建专门的

## 新的城市学校

芝加哥市 1988 年到 2005 年的经历，显示了大城市学区改革不仅是可能的，也是有生命力的。芝加哥的改革一直以来推行强大的社区介入、教师干预与以学校为基础的、去中心化的、地方层次的行政管理相结合的模式。

这些改革努力所取得的成功，主要来自地方层次的活动，以及推广和实施过去 50 年那些高效的组织所形成的做法。学区中心办公室尽管一直对工会、金融问题、学术标准、培训、辅导等提供积极的支持，但至今不能找到一种有效的方式来真正支持所有的学校。

其学校教育的改进是巨大的，但主要是那些得分很低的初级学校取得了很大的进展，而这类学校占到整个学校的一半左右。学校进行密切的检查和考试，促进了持续而明显的进步，但有一些学校没有取得任何进步，我们从中可以获得哪些改革有效、哪些改革无效的经验教训。

芝加哥大约有一半的得分很低的公立初级小学——181 所——取得了显著的进步，并且还在不断的改进过程中。在 1990 年进行的艾奥瓦基础阅读技能测试（ITBS）中，芝加哥 360 所初级小学——占整个城市小学的 82%——得分很低。当时几乎所有得分很低的学校都位于低收入社区……其中有一半的学校，只有 20% 的学生初次测试得分接近或高于常模参照评定的艾奥瓦基础阅读技能测试得到的全国平均得分，但现在对城市、郊区和乡村学校的代表性抽样测试发现，已有 49% 的学生达到平均水平了（常模参照评定的艾奥瓦基础阅读技能测试的设计要求，就是 50% 的学生必须低于全国平均水平）。在那些获得高分的学校中，学生的数学得分甚至要高于其阅读得分。

这些显著的成就，可能比任何其他大都会区在 1990 年到 2005 年所取得的成就都要大。

资料来源：John Simmons, *Breaking Through: Transforming Urban School Districts*（New York: Teachers College Press，2006），p.11.

教育设施和开设专门的课程，诸如计算机科学、外语、科学、数学或各种人文课程等，以提高教育效果。父母可以选择最适合自己子女天赋与兴趣的学校，使得这些学校能够吸引学校所在社区之外的有天赋学生就读，接受先进的课程。因此，很多精英学校能够克服种族隔离模式，其学生的构成更为多样化。例如，洛杉矶的精英学校比起那些非精英学校来，种族隔离程度就要小得多。

整个美国大约有 3 000 多所精英学校，而美国大约有 20% 的学生在这样的学校中就读（National Center for Education Statistics 2011）。然而，其中大约 21% 都是位置偏远的学校（传统教育与特长教育课程相结合），导致了这些学校具有种族隔离的建筑，有很多种族隔离的教室和班级。批评者指责这样的学校是"精英主义者"，只吸引那些最好的学生和教师，因此把大多数学生都贬到一般城市学校和"平庸"类别中，它们更加恶化了根据家庭收入而在学校中出现的分层。不过，最近的研究显示，在有精英学校与没有精英学校的学区之间，这种分层并不存在显著的差异（Archbald 2004）。

## 3. 教育券制度

在某些学区中还存在另一种选择，那就是政府向父母发放学校教育券的制度，其额度与政府为每个小孩投入的费用相同（通常是私立学校平均学费的 90% 左右）。父母可以使用这些教育券把自己的小孩送到他们选择的公立或私立学校就读。这个计划现在受到了限制，因为没有那么多私立学校来满足人们的需要。在某些情况下，人们要通过摇号来决定谁可以选择某所学校。华盛顿特区实行的是联邦政府教育券计划，而克利夫兰、印第安纳波利斯、密尔沃基、明尼阿波利斯等城市则会使用它们自己的学校教育券。包括教师联盟等批评者都指责说，这种方法抽走了公立教育所需要的资金，从而损害了国家对公共教育的投入，对城市中心的学校教育也不会有多大的改善，而这里对资金的需要却是最大的（Gorman 2003；Schemo 2006）。

因为很多私立学校都与教会相关联，所以反对教育券者指责说，这种做法违反了美国宪法第一修正案关于教育与宗教分离的规定。最近，有个州的法院做出的相关判决，对这个问题给出的是一种矛盾的信号。亚利桑那、俄亥俄和威斯康星的高级法院裁决说，这种教育券制度把宗教学校包括进来，并不违反联邦或州宪法。但是，佛罗里达、佛蒙特、缅因州的高级法院则认为，这种做法违反了宪法，从而做出了对教育券制度不利的裁决。在克利夫兰，各个低级法院关于使用教育券在私立学校上学的父母所做出的裁决，多年以来各自矛盾，但2002年美国联邦法院裁决说，这些父母可以这样做。专家们认为这个裁决与1954年关于学校种族隔离的布朗诉教育委员会案的裁决具有同样重要的意义，因

为它给这种做法在全国范围内的推行开了绿灯（Brokaw 2002）。2011年，印第安纳州实施了美国最大的教育券计划，使这个州60%的学生在三年内都可以使用这种教育券选择自己想上的学校（Wolfgang 2011）。

## 4. 特许学校

美国特许学校的数量现在已经超过5 000所，是最近才出现的替代公立学校的新类型，并且在存在教育券制度的城市中，大量学生都成为这种政府资助方式的受益者。特许学校和私立学校的行动较少受到州政府的规制，因此教师与管理方可以试验和推行新的教育策略。然而，与公立学校不同的是，这些学校必须为学生的学习结果负责。如果一个学校在特许期限内达不到地方学校委员会和州政府的要求，其特许证就会被收回，学校会被关闭。实际上，这就让特许学校必须获得更多的运营自主权，既然它们承担了更大的责任，那么就会更加关注学生的表现。在2011—2012年，全美国的特许学校招收了190万名学生（Center for Education Reform 2011）。

特许学校在美国39个州和哥伦比亚学区都获得了授权，由于这种学校实行小班教学，因此民众对它们的需求很大，学校就读名额很紧张。特许学校平均招生规划只有传统公立学校的一

340

◎ 诸如图中纽约斯克内克塔迪（Schenectady）学校之类的精英学校，通过提供特殊课程与设施来提高学生的学业成绩，从而使城市能够克服居住种族隔离模式。尽管它们取得了成功，但批评者抱怨说它们费用高昂，它们一直限制入学名额，它们的精英主义，把绝大多数的学生贬到"平庸"学校去读书。

半。小班教学给教师们提供了空间，可以进行更具创造性的课程教学，也有时间进行针对性的、个人化的教育。学生无论是喜欢人文还是喜欢科学课程，或者是敢于冒险，这些学校都给学生提供帮助，而在公立学校中，这些学生受到的服务就不会那么周到。

特许学校的支持者们希望地方教育官员、各级教育部长、父母、社区成员、校董以及其他支持者提供新的学校教育模式，并对公立学校施加竞争性的影响，促使其改进公立教育系统。然而，也有一些人担心特许学校最多不过是一种安全阀，为整个教育系统的真正改革释放压力，极有可能增加社会的离心力，存在把公共教育拆分开来的严重危险。

*341*

事实上，某些特许学校并不比公共学校好多少。批评者说，一些特许学校的课程与教师都较差，没有标准化的校舍，滥用财政资助的情况多得惊人。它们连基本的教室都常常不能满足，实验室和图书馆更为得可怜，教师职员报酬低、没有经验，流转率也很高。还有很多特许学校也存在根据族群、种族、宗教信仰的隔离和分割，并导致教会和州政府之间因为教育券争议而产生冲突（Carnoy，et al. 2005）。

特许学校最初是设计用来给少数族群学生提供更好的学校教育的，但是特许学校中现在最大的学生群体则是非拉美裔白人学生（54%），而非拉美裔黑人学生只有18%，拉美裔学生只有22%（Center for Education Reform 2011）。

# 三、犯罪：理解与现实

严重的住房与教育问题，影响的还只是城市人口中的一部分。而调查显示，几乎所有人都对城市犯罪的严重程度深表担忧。那些生活在偏远地区的人们常常指出，担心个人安全是他们之所以不居住在城市中的首要原因。正如许多城市人认为的，一个人为生活在城市中的好处所付出的代价，包括了城市较高的犯罪风险。然而，这样的理解正确吗？城市中的犯罪比其他地方的犯罪更严重吗？大城市中的犯罪比小城市中的要更多吗？来城市做客的人比城市中的居民更可能成为犯罪的牺牲品吗？

城市犯罪已经引起了媒体的广泛关注，这些媒体的关注又影响着大众对城市犯罪的认知和理解。然而，大众对犯罪的担忧忽视了如下重要的事实，即现在美国的犯罪率已经比前些年大大下降了。美国自2006年以来，财产犯罪（盗窃、机动车偷盗和财产偷盗）率已下降了9个百分点，暴力犯罪（杀人、强奸或性攻击、抢劫和袭击）率下降了13%。事实上，这些犯罪率比20世纪70年代、80年代和90年代早期都要低很多（FBI 2011）。

加拿大近20年来的犯罪率也在不断下降。2010年加拿大的犯罪率达到了1973年以来的历史最低水平，自杀率达到了1966年来的最低水平，虽然性攻击自2009年以来增加了5个百分点，但也只是超过了2005年的水平。非暴力犯罪（街头偷窃、入室抢劫、机动车偷盗和酒后驾车）率都比2009年要低。在人口超过50万的大都会区中，多伦多与魁北克犯罪率最低，而圣约翰、温尼伯、埃德蒙顿和温哥华的犯罪率最高。2009年的一项调查显示，93%的受访者都回答说他们感到很安全，不会成为犯罪的牺牲者。也有90%的人说，他们晚间在自己社区中单独行走时感觉是安全的，而在美国这个比例只有63%（Gallup 2010a；Statistics Canada 2011a）。

## 1. 公众对犯罪的理解

2010年盖洛普公司的一项民意测验说，有66%的调查对象认为现在美国的犯罪率比前些年都要高；60%的人认为犯罪问题极其严重或十分严重，而2009年只有55%的人这样认为。然而也有49%的人认为他们所在地区的犯罪率正在下降，二者的比例几乎相当（Gallup 2010b）。

既然事实如此明显，为什么还有如此之多的人认为犯罪是如此的严重呢？部分原因在于新闻媒体对城市犯罪的报道更多更广泛。美国新闻广播公司（ABC）进行的一项民意测验显示，82%的美国人说自己是根据看到的或听到的各种新闻报道来判断犯罪情况的，只有17%的人认为自己对犯罪情况的判断是基于亲身经历。另外，即将上演的有暴力犯罪情节的电影的不断"预告"，"基于现实"的犯罪电视剧在电视中的流行，小报为追求轰动效应而进行的夸大报道，都使民众觉得犯罪情形十分严重，而这些媒体的影响效果比新闻报道更加广泛和深入。有很多研究都发现，观看电视上的犯罪新闻、犯罪小说（如《法与秩序》）、纪实类犯罪文学作品，与对犯罪的关注和担忧之间存在正相关关系（Dixon 2008；Grabe 2007；Kort-Butler & Hartshorn 2011）。

另一种担忧就是日益担心自己成为某个陌生杀人者的无辜牺牲品，其占所有凶杀案的29%。毒贩或黑帮之间进行枪战时的流弹，也会杀死无辜的群众，这种情况甚至会发生在居民家中或远离毒品来源的街区。最容易受到伤害的是18~24岁的城市黑人男性，他们受到伤害的可能性是年龄更大的黑人男性的两倍。尽管他们的受害率远低于20世纪80年代晚期和90年代初期，但这两种类型的男子的受害率都要高于前几十年（U. S. Bureau of Justice Statistics 2010b）。

因此，公众对犯罪的担忧态度，既是基于事实，也是出于恐惧的心理。为了获得对城市犯罪情况更准确的界定，我们需要看看其他统计数据。

### 犯罪与城市规模

大多数暴力犯罪都发生在城市中，起于街道、学校、社会俱乐部之中的口角或争执。的确，非城市居民对于城市的否定性态度和他们不愿意进入城市，在很大程度上源于他们害怕成为城市犯罪的牺牲者，但是城市真就更加危险吗？表12—1比较了不同类型社区的犯罪率。

我们发现，美国大多数地方的犯罪率都在不断下降，但大都会区的城市暴力犯罪率，确实比大都会区之外的城市特别是乡村（非城市区）要高。这样的数据似乎支持大城市更加危险的看法，但财产犯罪率在小城市更高，大都会区反而低一些。

我们在第5章中讨论过的路易斯·沃思的城市理论认为，城市人口规模、人口密度、人口异质性是其暴力犯罪率高的重要原因。然而，如果这种看法是正确的，那么我们可以得出最大的大都会区犯罪率最高的推论。但实际情况并非如此，表12—2显示，美国犯罪率最高的城市是一些二线城市（人口在50万~100万之间的城市）以及更小的三线城市（人口在50万以下的城市）。

我们从这些数据所得出的结论，就是虽然城市比其他类型的共同体具有更高的犯罪率，但城市规模本身并不能解释犯罪率的高低。美国最大城市纽约的人均犯罪率比比其小得多的100万人口的城市还要低得多，因此上述推论无法解释。从人口平均犯罪率看，纽约至少要比阿尔伯克基、迈阿密、孟菲斯、新奥尔良、俄克拉何马城、凤凰城和图森低三倍。2010年纽约的平均犯罪率排在美国400个城市中的第132位，其犯罪率只比林肯、内布拉斯加这些小城市稍高一点点（CQ Press 2011）。

我们需要注意的是，犯罪统计数据往往是不完全的，这是人人皆知的事实。例如，很多犯罪没有被发现、没有报警或没有详细的记载。表12—1和表12—2中的所有统计数据，都只是

表12—1　　　　　　　　　1980年、2000年、2010年不同社区犯罪率（‰）

| | 财产犯罪 | | | 暴力犯罪 | | |
|---|---|---|---|---|---|---|
| | 1980年 | 2000年 | 2010年 | 1980年 | 2000年 | 2010年 |
| 整个美国 | 53 | 36 | 25.2 | 5.8 | 5.1 | 4.1 |
| 大都会区 | 61 | 39 | 30.5 | 7.0 | 5.6 | 4.3 |
| 大都会区之外的城市 | 50 | 41 | 36.0 | 3.5 | 4.0 | 4.0 |
| 乡村 | 21 | 17 | 16.1 | 1.8 | 2.1 | 2.0 |

资料来源：Federal Bureau of Investigation, *Crime in the United States* (2010),accessed online at http://www.fbi.gov/about-us/cjis/ucr/crime-in-the-u.s/2010/crime-in-the-u.s.-2010 on April 16, 2012.

表 12—2　　　2010 年城市规模与犯罪率（‰）

| 人口规模 | 暴力犯罪 | 财产犯罪 |
|---|---|---|
| 100 万及以上 | 7.2 | 31.4 |
| 50 万～100 万 | 8.1 | 45.9 |
| 25 万～50 万 | 7.6 | 42.2 |
| 10 万～25 万 | 5.2 | 38.5 |
| 5 万～10 万 | 3.9 | 32.3 |
| 2.5 万～5 万 | 3.3 | 30.2 |
| 1 万～2.5 万 | 2.9 | 28.8 |
| 1 万以下 | 3.1 | 32.0 |
| 郊区 | 2.7 | 24.2 |
| 乡村 | 2.0 | 16.5 |

资料来源：FBI，2010.

*343*

官方的记录。很多犯罪学家都指出，美国犯罪牺牲者调查共涉及 3.8 万个家庭的代表性抽样，因此提供了一种更准确的犯罪描述。通过调查民众而不是警察，该项调查揭示了很多没有被报告的犯罪，而官方的犯罪索引和犯罪率统计忽视了这些犯罪。这类研究证实犯罪率确实在下降，但也指出每年犯罪数量实际上是官方统计的两倍以上。

犯罪学家还认为，与其他问题一样，犯罪数量在大都会区的不同区域也是不同的。犯罪最为集中的地方是为贫困所困扰、少数族群人口居多的城市中心。例如，在 2008 年，那些最为贫困的家庭（年收入在 7 500 美元以下）被攻击或抢劫的数量，要比更高收入家庭更多（U. S. Bureau of Justice Statistics 2010b）。芝加哥的城市研究者最先把这种模式回溯到 20 世纪 40 年代，但是在今天城市的内城和郊区中，这种模式仍然存在。

### 种族问题

在美国，对犯罪的讨论总是要牵涉种族问题，因为很多人把犯罪与非白人少数人种联系在一起。然而，事实上，在警察逮捕的那些重罪者中，有 69% 是白人（FBI 2011）。即使如此，相对于人口规模而言，非裔美国人比白人更可能遭到逮捕。

我们也要记住的是，犯罪在很大程度上是在种族内进行的。例如，2008 年黑人进行的人身暴力犯罪，65% 针对的都是黑人牺牲者，白人进行的这种犯罪也有 67% 的针对的是白人（U. S. Bureau of Justice Statistics 2010b）。

而且，犯罪问题在黑人处于多数地位的城市贫民窟中最为严重，在这里，凶杀已经处于极其严重的水平。黑人被杀害的可能性是白人的 6 倍，90% 的黑人被害者都是黑人杀害的。在 2010 年，黑人杀害了 2 458 名黑人——只比白人杀害白人的数量少 318 人。而在整个美国，白人的数量是黑人的 6 倍（FBI 2011）。至今年龄在 15~34 岁之间的美国黑人男性死亡的首因都是凶杀（National Center for Health Statistics 2011）。在纽约市，黑人占 25%，但是黑人被杀害的比例在整个被害者中达到 67%，其中 80% 都是黑人把黑人杀害了（New York City 2011）。

## 2. 对高犯罪区域的解释

为什么某些社区犯罪如此的恐怖？犯罪率最高的地方往往是那些最贫困的片区。为什么？社会学家提出了各种理论来解释这种犯罪集中现象。其中有四种因果解释具有重要影响，但它们彼此之间也可能存在分歧，各自强调的是不同的原因，分别是：（1）文化模式；（2）低智商；（3）长期存在的族群不平等与贫困；（4）居住种族隔离。正如我们将要看到的，这些理论解释立场都有其支持者，也有其批评者。

### 文化模式

爱德华·班菲尔德（Edward Banfield 1990）认为，城市地区猖獗的犯罪，主要集中在较低的阶层文化中，在这种文化中，人们共享一种"及时行乐的价值导向"，人们抱负低，往往在道德上不负责任。他说，在这样的情况下，人们很容易侵害那些容易受到欺骗和利用的人，人们之间会相互欺骗和伤害。

而且，父母会把这样的文化传递给他们的子女，这解释了在一些社区中为什么犯罪数十年来都是那么高。他们不是教育子女通过学习和获得各种工作技能来寻求成功，子女从他们那里接受了冷漠、放弃和宿命论；他们对学校教育不感兴趣，渴望及时行乐和满足，不信任政府。在这样的环境中，犯罪肯定会十分繁荣。除此之外，在

*344*

那些犯罪率较高的区域，单亲家庭比例往往也较高，这意味着小孩得到的看护和监管较少，特别是父爱更少。

对于这种关于犯罪的贫困文化理论，当然也存在批评者。批评者指出，这种文化模式应该是贫困的结果，而不是贫困的原因。在那些没有多少机会参加工作、被迫生活在拥挤区域的人当中，在那些生活在破旧房屋里的人当中，在那些不得不进入城市最差的学校学习的人当中，犯罪率都很高，而这对于我们来说完全是意料之中的事。也许只有进行结构性的改革，才能缓解贫困与犯罪之间的恶性循环（Stricker 2007）。

### 低智商

也许对犯罪和其他社会问题集中于特定区域最具争议性的解释，就是理查德·赫恩斯坦（Richard Herrnstein）和查尔斯·默里（Charles Murray）的低智商理论，他们认为犯罪往往集中于平均智力低下的地区。他们在著作《钟形曲线》（The Bell Curve）中提出，犯罪与贫困、福利依赖、法盲一样，在很大程度上都是由低智商导致的（Herrnstein & Murray 1996：339-339）。这两位研究者还认为，因为那些更聪明的、更有天赋的人很早以前就已经离开城市中心了，那些留下来的人所面临的困境会比以前更加糟糕。考虑到这个因素，甚至一个充满同情心的公众，对于这个问题也爱莫能助。

批评者攻击这本书有点冒天下之大不韪，认为智商测试从一开始就是不公平的；还有就是人们对智商到底是什么，并无明确的定论（Fischer, et al. 1996；Willie & Taylor 1995）。更具体地说，大量的研究显示，低收入群体在智商测试中得分确实较低，但当他们获得较高的社会经济地位时，得分就会改善（Fraser 1995；Sowell 1977：57）。

### 长期存在的种族不平等与贫困

这种观点认为，导致犯罪的最根本原因在于社会结构问题，而某些区域犯罪率高的原因，又在于种族与经济不平等（Fajnzylber, et al. 2002；Skrentny 2006；Mechtenberg-Berrigan & Kramer 2008）。这种立场得到了更多人的支持。

目前城市往往汇集了收入高度不平等的人们，一些人会觉得自己受到的不公正剥夺要比其他人更严重。因此，即使不是那么绝对的贫困，一个具有大量相对贫困人口的城市，仍然可能引起不满和犯罪。换言之，处于少数的贫困者仍然可能参与更多的犯罪，他们可能成为犯罪行为实施者，但同时也更可能成为犯罪的牺牲者，因为他们绝大多数都是经济上的被剥夺者（Blau & Blau 1982；Like 2011；Loury 2010；Shihadeh & Steffensmeier 1994）。

很多研究者都持有一种普遍紧张理论（general strain theory），认为这种理论可以解释经济、种族不平等与犯罪之间的联系。普遍紧张理论关注的是个人的社会环境，认为个人的抱负、希望与实际的获得之间存在一种矛盾，公平与实际结果之间存在差异，导致负面刺激取代了积极价值激励（Agnew 1992）。其结果是导致人们之间形成消极的关系，一些人被拒斥又促生了疏远、灰心和愤怒情绪，而所有这些都可能导致违法甚至犯罪行为。由于非裔美国人不成比例地生活在低下的社会地位状况之中，与白人相比体验和经历的是性质独特的紧张，因此他们可能通过犯罪来反映这些紧张和消极情绪（Kaufman, et al. 2008）。然而，并不存在一种普遍适用的理论模式，因为不断变化的社会结构性条件（如社区人口特征、竞争、种族不平等）可能导致不同的暴力犯罪率（McCall & Parker 2005）。

其他社会科学家则运用社会解组理论来解释贫困与犯罪之间的关系。那些实现了社会整合的社区结构，可以促进居民之间的相互依赖，进而促进非正式的社会控制，使社区更加安全，从而减少街头犯罪和故意破坏行为的发生（Burchfield 2009）。相反，邻里之间如果不存在强大的社会网络，那么社区成员的共同体感会减弱，导致公共参与和社会控制的缺失，进而无力影响公众的行为。某个区域一旦出现了相互关联的社会结构的缺失，那么那里的犯罪就真的极有可能增加（Hipp 2010）。

### 居住种族隔离

社会科学家用来解释非裔美国人犯罪率高的第四个因素，就是居住种族隔离，这种隔离制度从奴隶制时期到现在一直存在，使黑人处于十分不利的地位。而自 1980 年以来，美国黑人面临的种族隔离仅仅稍有下降（见表12—3）。在某些小的新城市区，黑人与白人的居住种族隔离有所下降，但在大都会区和更多非裔生活的地方，这种居住种族隔离仍然很严重。

表 12—3　2010 年美国白人与黑人之间种族隔离最严重的大都会区区域

| 大都会区 | 异化（疏离）指数 |
|---|---|
| 1. 底特律—利沃利亚—迪尔伯恩（密歇根州） | 79.6 |
| 2. 密尔沃基—沃基肖—西艾利斯（威斯康星州） | 79.6 |
| 3. 纽约—韦恩怀特布莱恩（纽约州—新泽西州） | 79.1 |
| 4. 纽瓦克—联盟（Union）（新泽西州） | 78.0 |
| 5. 芝加哥—朱利叶—内伯威尔（伊利诺伊州） | 75.9 |
| 6. 费城（宾夕法尼亚州） | 73.7 |
| 7. 迈阿密—迈阿密海滩—肯德尔（佛罗里达州） | 73.0 |
| 8. 克利夫兰—伊利里亚—曼托（俄亥俄州） | 72.6 |
| 9. 圣路易斯（密苏里州—伊利诺伊州） | 70.6 |
| 10. 拿骚—萨福克（纽约州） | 69.2 |

资料来源：John R. Logan and Brian J. Stults, "The Persistence of Segregation in the Metropolis: New Findings from the 2010 Census," US 2010.

我们从本书第 11 章关于超级种族隔离的讨论中就知道，美国在很多领域同时存在广泛的种族隔离现象。尽管美国现在比 1990 年又少了 9 个超级种族隔离的都会区，但黑人仍然处于特别不利的地位，还有 29 个大都会区仍然处于超级种族隔离的状态。其中 6 个最严重的城市是芝加哥、克利夫兰、底特律、密尔沃基、纽瓦克和费城（Wilkes & Iceland 2004）。

很多社会科学家坚持认为，城市中的黑人犯罪绝非黑人个人失败的产物，而是多种因素的综合结果。威廉·J·威尔逊（William J. Wilson 2010）认为，只有全盘考虑和调整公共政策，承认结构性因素和文化因素的复杂网络导致并恶化了种族排斥和不平等，才能理解和缓解内城黑人

社区中的各种问题。

对于某些人来说，这种犯罪是"种族隔离与黑人高贫困率相互重叠的社会状况的不可避免的产物"（Anderson & Massey 2001：334）。

最近有两项调查，对黑人种族隔离和暴力犯罪之间的关系进行了经验研究。其中一项调查了 201 个大城市人口统计区（Eitle 2009），另一项调查了 79 个城市中的 7 622 个社区（Krivo, et al. 2009）。这两项调查都发现，黑人—白人种族隔离比起诸如收入不平等和贫困等其他变量来，更能解释美国各城市内城黑人凶杀率之间存在的差异。

## 3. 犯罪对日常生活的影响

犯罪的影响和代价远远超越了其造成的直接生命财产损失。没有任何其他事情能与犯罪一样，会使房地产的价值贬值（Tita, et al. 2006）。业主会因此失去投资房地产的风险收益，还要交纳更高的财产保险金，会失去邻居和租客，而如果没有那么高的犯罪率，这些人会形成稳定的共同体并遵守角色规范行事。如果大量的人口都迁走了，而没有人迁进来补充空缺，那么业主们就不得不在无法出售的情况下放弃他们的房子，进而损害了城市的税收基础。而这种恶性循环如此持续进行下去，会导致更加严重的后果。

对于犯罪的担忧，也降低了我们对公共空间的使用率，因为我们会减少去公共空间的时间和次数。正如威廉·H·怀特（Whyte 2001：59）所指出的："街头是城市的生命河流。我们要去它们的公园，而不是逃离城市。"当然，在那些人们感觉到安全的地方，人们在白天和晚上都广泛地使用它们，享受公园、街道、广场和其他公共空间。这样的城市区域包含着社会的生机与活力，以及城市所能够提供给我们的让人愉悦和激动的一切。但是，犯罪（甚至仅仅是对犯罪的担忧）会限制人们对公共空间的使用。因此，另一种恶性循环也就开始了，因为空旷的街道、广场和地铁站没有了保护，会变得更加危险。某些社区发起了"夺回街道的运动"，并取得了成功，

346

但可悲的现实仍然存在，在太多的街区中，城市人对公共空间的使用比以往任何时候都更有限，特别是当太阳下山之后更是如此。

## 4. 如何解决？

我们可以降低城市地区中的高犯罪率吗？有什么办法可以使我们的城市安全起来，以使人们至少在白天（就别说晚上了）可以无忧无虑地在公园散步？在此，我们又看到了一些值得关注的建议和意见，而且纽约市提供了一个积极的样板。

### 物理规划

城市规划者奥斯卡·纽曼（Oscar Newman 1996）坚持认为，在控制犯罪方面，建筑的设计和规划具有重要的作用。他解释说，高层公寓建筑充斥的街区，具有鼓励犯罪的作用，因为它使居民相互隔离，创造了很多看不到的死角，而犯

图 12—1　防卫性空间

注：防卫性空间的例子之一，就是图中这种只有一条汽车进入线路而有多条人行道的庭院，建筑的墙上开设很多的窗户，可以用来观察这个庭院。这样一种设计创造了一种共同领域所有权感，创造了一种环境，在这种环境中业主们会感到安全，而潜在的罪犯也清楚，如果在这里实施犯罪行为，会受到居民的严密监视，被逮捕的可能性很高。

资料来源：http://tessellarsociety.blogspot.com/2007/05protection-from-crime.html. Reprinted with permission of the author.

罪容易在这些地方滋生。相反，建筑者可以按图12—1的方式设计窗户和入口，提供各种运动小道和活动区域，让居民能够持续地自然地监视街道。这样的设计和规划创造了纽曼所说的"防卫性空间"，其使人们在日常外出的过程中，能够自然地保卫他们自己的社区，而不需要依赖保安和警察的保卫（见图12—1）。

为了支持自己的主张，纽曼从各种低收入公共住宅项目中收集犯罪数据，他首先收集的是纽约的犯罪数据，然后又收集了其他城市的犯罪数据。他发现，高层建筑（6层以上）中的平均犯罪率，比低层建筑更高。在往往有数百个生活单元的高层建筑中情况最糟糕，其似乎会导致居民以及住宅管理者和服务于这些建筑的市政机构——警察、学校、公园、娱乐组织、废物回收机构和社会服务机构——的孤立、被污名化，以及对犯罪行为的冷漠和熟视无睹，最后是撤离这些建筑（Newman 1996：28）。而且，在更大更高的建筑中，犯罪大多发生在建筑中的公共区域，例如电梯、大厅和门廊中，这些都是居民不容易监视到的地方。在低层建筑中，这些空间中的犯罪就没有那么频繁，因为居民可以监视他们周围的环境。

### 社区干预

改善建筑物理上的设计，似乎是解决城市犯罪的部分对策。除了改进建筑设计外，建筑中的居民必须动员起来，时刻关注和应对潜在的犯罪情况。例如，在存在更强烈的共同体感的社区中，预防与阻止犯罪的力量也更强大（Lee & Earnest 2003）。

与犯罪做斗争的另一种策略，就是发挥社区犯罪观察组织的作用。通过这种社区组织，邻里们为彼此相互警戒，为社区成员的家庭与财产警戒，并且他们会向警察及时提醒和报告一切可疑的行为，发现正在进行的犯罪会及时报警。有研究显示，这是一种降低社区犯罪的有效方式（Gaspers 2006；Pattavina，Byrne，& Garcia 2006；Sanders 2000）。

### 强硬起来

在 20 世纪 90 年代，政治家、警方领导人、政策制定者和媒体开始广泛使用"零容忍"一

◎ 在美国很多城市中，最近出现了警察到社区巡逻的做法，以减少犯罪。警察会骑自行车在社区巡逻，图中就是洛杉矶多族群社区中出现的三人巡逻组。骑自行车巡逻比步行巡逻具有更大的流动性，覆盖区域更大，比起警车巡逻来又能近距离地密切观察和互动。

词，并使该词成为一种流行的口号（Newburn & Jones 2007）。体现北美的这种"零容忍"模式的，就是纽约警方采取强制措施，严厉打击所有的违法犯罪行为，连一些小的违规违法行为也不放过。他们抓捕了成千上万的地铁逃票者，打击各种形式的违反秩序的行为，诸如酗酒、乱撒尿、涂鸦、故意破坏、乞讨、流浪等。他们认为减少这些小的违法行为，可以减少所有的犯罪，并创造更加安全的社区。纽约市市长与政府治安特派员都指出，在这种信念驱使下所采取的各种行动，已经使暴力与财产犯罪逐年下降。纽约的成功，也使其他很多城市的领导人纷纷采取了这样的政策。在 90 年代中期，加拿大联邦政府和省政府也都采取了"零容忍"政策（Dekeseredy 2009）。但有批评者指出，在采取这种行动之前，犯罪率就已经下降了；统计显示零容忍政府并非降低犯罪的一种有效方式，而警察—社区关系的改善，才是更重要的成功之道（Silverman 2004）。

### 纽约市

纽约官方在"强硬起来"的同时，还实施了更加强大的、灵活的社区警察巡逻措施。社区警察巡逻是一种重要的措施和方法，可以增加司法机构与它们所服务的人们及社区邻里之间的互动。其关注焦点不仅在于打击犯罪，还在于使官方与公民之间形成一种伙伴关系，以发现和解决各种问题。官方把官员分配到各个特定的物理区域，并设立永久的办公基地，使他们更能向居民群体进行宣传，参与工商业和市政活动，并积极参与诸如此类的社区生活。

灵活的流动治安巡逻是一种积极而巧妙的治安策略，政府经常借助计算机的分析来确定高犯罪区域，然后加强那里的巡逻，劝说那里的人们积极参与和预防犯罪，并采取有针对性的措施。纽约在流动监管方面取得的成功（暴力犯罪几乎下降了一半），使它成为其他城市的一个样板。例如，2010 年纽约的凶杀案只有 536 起，而 1990 年是 2 245 起。这真的是一个了不起的成就。然而，正如某些批评者所言，"强硬起来"的办法并不能消除犯罪的根源，相反只是治标不治本的做法。

要在根本上使犯罪率不断下降并长期保持较低的水平，最终要依赖于使贫穷社区拥有越来越多的经济机会。而要实现这一点，又需要为内城居民提供更大的流动性，使他们能够在大都会区的边缘和郊区获得工作岗位；或者需要政府提供工作培训和经济刺激，来鼓励工商业到经济萧条的内城落户。另外，社区努力参与街道的治安巡逻，引导地方共同体群体更深入地介入社区治安，加强对邻里的改造和升级——如仁人家园所做的那样——当然都有助于降低犯罪。幸运的是，很多城市的领导人已经认识到这些需要，并正在采取措施改善城市民众的生活与就业状况。

## 四、概要

可怜的居住状况、低于标准的教育和高犯罪率，是城市普遍存在的三大问题。当然，城市中还存在其他的问题，包括环境污染、公共交通拥堵、政府腐败等。本章主要强调的是犯罪、教育与住宅问题，因为我们的城市在解决这些方面的问题上已经取得了很大的进展，使我们在有生之年能够看到更多的希望。

所有的城市问题都与城市的经济状况，特别是城市的贫困程度存在密切的关联。因此，我们可以看到，诸如贫困、犯罪、吸毒等城市问题是复杂的、相互牵扯在一起的，它们的根源往往超越某个具体的城市，而与作为一个整体的社会有关。

在20世纪30年代，作为罗斯福新政的一部分，联邦政府首先实施公共住宅建设项目。政府向房主与建筑商提供财政补贴，加上实施公共工作计划，使城市的住宅状况得到了快速改善。但即使如此，到1940年，美国城市中仍然有大约40%的住宅建设缺少便利设施，包括没有充足的室内排污系统。1949年的住宅建设法，启动了城市改造和更新项目，并开始了更多的公共住宅的建设。然而，私人开发商大量拆除低收入者居住的住宅单元，却从来没有修建同样多的适合于低收入者居住的新住宅，导致穷人被迫离开那些被改造的地方。而且，高层的公共住宅建筑使穷人蒙上了污名，并把穷人孤立开来，产生了一种不安全的社区。政府提供房租补贴是个好的想法，使无房家庭可以租住公共住宅之外的建筑。

349

日益提高的税收、日益攀升的维修费用、地方政策限制租金水平，以及租客无力支付房租，最终导致成千上万的房主弃置房产。最近实施的城市住宅稳定化项目、改造升级项目以及新城市主义规划设计，都改善了城市的场景。然而，这些方式都有各自的局限性，不可能单独地解决所有的城市住房问题。

目前，美国的所有城市学校都在努力提高教育质量，但由于需要维修的旧学校众多、资金奇缺、英语能力有限的少数族群学生数量上升、高素质教师缺少、教育资源缺乏等问题，这种努力面临着严峻的挑战。人们对城市公立学校的失败越来越不满，导致一些替代性的学校开始出现。精英学校、教育券制度和特许学校在逐年增多、日益流行，但这些新的学校和政府补贴方式也面临一些批评。批评者们认为它们搞精英主义、违反政府—教会分离法、抽走了太多的城市公立学校急需的资金，等等。人们目前对于这些创新，仍然存在很多的批评与争论。

目前，北美城市中那曾经极高的犯罪率正在下降（虽然年轻人犯罪率仍然很高）。媒体的渲染和对陌生人之间的暴力的恐惧，已经使公众对犯罪更加担心。犯罪最集中的地方，往往是内城那些贫困的社区。对于一些高犯罪率区域存在的原因，人们提出了各种各样的解释，有的强调文化模式，有的强调智商低下，有的强调长期存在的种族不平等和贫困，有的则强调居住种族隔离。

犯罪具有严重的社会后果，特别是犯罪往往会使房产贬值，提高房产的保险费，并导致一种恐怖的气氛，进而使每个人都成了它的牺牲品。犯罪也使人们不敢去公园、街道与他人互动，更不敢乘坐公共交通工具，导致城市人不能自由地使用他们的城市。

那种建立"防卫性空间"的努力，对于城市犯罪也只是部分的解决办法；那种"强硬起来"的政策，使那些容易受到犯罪伤害的地方获得额外的警力保护，但也是部分的解决办法。这些措施都不能根本解决犯罪问题。强化家庭的作用，使成年人为青年人树立好的榜样，以及通过教会和其他地方组织建设一种共同体感，也是我们应对城市犯罪的必要措施。

## 五、结论

确实存在一些原因，足以使人们对城市生活感到悲观和担忧，但最近数十年来，城市生活也出现了一些积极改善的信号。例如，纽约市就在很大程度上抑制了暴力犯罪。其他很多城市的犯罪率也在下降，但这种趋势是否会继续下去还很难说，有待观察。同样，最近在住宅与教育方面的改革和创新，是否会改善城市人口各个群体的生活质量和生活机会，也只有时间会告诉我们答案。随着城市把那些失败的高层建筑改造成更宜居的、混合收入阶层居住的住宅综合体，而不再把穷人孤立开来，不再把他们污名化，他们会从过去学习到的重要教训中得到指引。然而，发展中国家的城市情况又如何呢？它们会从西方国家的错误中学习经验教训吗，或者它们的情况甚至更糟糕？在下一章，我们将讨论拉美、非洲、中东和亚洲城市，以获得这些问题的答案。

## 关键术语

绝对贫困

特许学校

社区警察巡逻

防卫性空间

国家征用权

普遍紧张理论

改造升级

超级种族隔离

精英学校

新城市主义

相对贫困

教育券制度

社会解组理论

社会促进（不考虑成绩的自然升级）

灵活的流动治安巡逻

城市复兴和改造计划

## 网络活动

*350*

1. 教育状况评估是每年从不同方面对学校的教育质量进行评估，登录 http://nces.ed.gov/programs/coe/analysis/2010-section1b.asp，查阅关于城市学校学生学习表现的分析。

2. 登录 http://www.fbi.gov/about-us/cjis/ucr/ucr，查阅犯罪报告栏，找到来自美国联邦调查局的最新犯罪统计数据，点击不同年份并浏览各个城市、郊区和非大都会区的犯罪数据。

# 第**13**章
## 发展中国家的城市

*351*

美国人在提到城市时，往往常常想到的是高楼林立的纽约或无序扩张的洛杉矶。但是，西半球最大的城市是巴西圣保罗，人口达 1 100 万人；其次是墨西哥城，人口为 880 万。而东半球的上海有 2 300 万人，大大超过了纽约的 840 万人；孟买有 1 230 万人，是洛杉矶人口（400 万）的 3 倍多。

这些大城市以及整个亚非拉的其他城市，包括中东的城市，其历史与加拿大和美国都不同。它们的那些过去，部分解释了它们的现在。所有这些地区都有本土的城市，曾经一度沦为殖民地，被殖民者控制，但最终获得了政治独立。今天，这些地区正在快速城市化，并产生了十分深远的影响。随着大量成员的涌入，它们的城市正在以惊人的速度扩张。而正如在第 7 章所解释的，这些城市的经济福祉（以及加拿大和美国的那些城市的经济福祉）是与世界体系的经济安排联系在一起的，在这种世界体系中，发达国家影响了欠发达国家的城市福祉。

在很多方面，墨西哥城都体现了今天世界上那些处于贫困状态的城市的情况。成千上万的人涌入城市，却不得不为极度有限的资源进行竞争。毫不奇怪的是，这些贫乏的资源，还并不能被平等地共享。在撒哈拉沙漠以南的非洲，没有一个城市能够超过开罗的规模（1 090 万人，是这个大陆的超大城市）。但是整个非洲的大城市还是很多。尼日利亚的拉各斯说自己有 1 020 万人，而刚果（前扎伊尔）的金萨沙有 840 万人，泰国曼谷有 690 万人。

而且，在发展中国家，首位城市（一个国家中的比其他所有城市都要大得多的首要性城市）往往支配着国家的诸多层面。在很多情况下，仅仅是一个单独的城市就占整个国家一半以上的城市人口（参见下页的"城市趋势"专栏）。

本章探讨的是整个发展中国家城市的发展，以明确它们的共同之处和不同之处，同时探讨它们与加拿大和美国的异同。此乃艰巨的任务。亚非这两个大陆，幅员辽阔，彼此之间的地理与文化差异巨大。非洲有 1 000 多种语言，亚洲则有四种重要的文化传统（中国、印度、日本和东南

亚）。拉美国家尽管主要是西班牙语传统，但是不同国家之间在人口构成、资源和经济发展方面也各不相同。中东——也就是西亚地区——国家及其城市的经济发展程度、政治结构、生活质量都存在很大的差异。当然，在我们正在见证的全球城市化中，也存在很多共同的要素。

从世界体系分析的角度看，没有一个发展中国家是全球经济的核心。在拉美，墨西哥、委内瑞拉、阿根廷、巴西、智利都是半边缘国家，其余的则是边缘国家。非洲的绝大多数国家都是边缘国家，只有南非与尼日利亚是半边缘国家。下面描述的沙特以及几个亚洲国家也是半边缘国家，但中国除外，因为它正在快速成为核心国家。一个国家在全球等级体系中的位置，会影响它的城市的经济福祉。

在我们对世界各个不同地区进行探讨之前，我们必须记住我们在第 1 章中所阐明的立场和观点。由于各个国家对什么是城市与对城市的界定并不相同，所以城市研究的跨国比较分析难度都很大。就我们的目的而言，本书所给出的人口，是根据每个国家的界定和计算得来的，因此不能完全准确地与其他国家城市人口进行比较。

# 一、拉美的城市

巴西的里约热内卢、阿根廷的布宜诺斯艾利斯、智利的圣地亚哥、秘鲁的利马、墨西哥的墨西哥城等今天的拉美城市，直到 16 世纪才出现。这些城市以及其他很多城市都是西班牙和葡萄牙殖民化的产物。然而，在这些城市建立之前，其他一些综合的城市中心已经存在。最突出的例子，就是玛雅文明和阿兹特克文明的首都，它们都位于墨西哥和中美洲，还有印加帝国的首都，位于南美的西海岸。

## 1. 早期的拉美城市

在前哥伦比亚的许多城市中，特诺奇蒂特兰城（Tenochtitlán）也许是最令人敬畏但也最让

# 首位城市的演化

城市趋势

一个首位城市，就是在一个国家或地区中其人口增长以及影响远远超过其他城市的城市。在很多贫穷的国家中，最大城市的人口，可以是两三个次大城市人口总和的数倍。因此，如果按照亚历山德罗·波特斯（Alejandro Portés）的比喻，首位城市类似于"矮子身上的巨头"（Portés 1977：68），吸纳了整个国家极大部分的劳动力、贸易和人口。

一个首位城市在其所在国家的支配程度，可以用首位率（primacy ratio）来表示，即首位城市人口除以该国第二大城市人口而获得的数字。下面的表格显示了一些国家的首位城市的首位率。

在发展中国家，除了四个城市外，大多数国家的最大城市的首位率都相当低。这表明影响首位率的最主要因素不是城市位置好坏和已经建立的贸易模式。最近的研究显示，首位城市（1）更可能出现在小国家中，哥本哈根与维也纳就是很好的例子；（2）更可能出现在那些由于历史原因只有很少几个城市在各个方面都具有现代设施的国家中（而在世界贫穷国家中，这种情况是普遍的）；（3）更可能出现在经济与政治上曾经被或现在仍被外国控制的国家中（如殖民地的城市或后共产主义的东欧城市）。

| 2010 年发展中国家的城市首位率 * | | 2010 年发达国家的城市首位率 * | |
|---|---|---|---|
| 利比亚的蒙罗维亚 | 24.7 | 匈牙利的布达佩斯 | 8.3 |
| 泰国的曼谷 | 18.2 | 英国的伦敦 | 7.5 |
| 安哥拉的罗安达 | 15.9 | 奥地利的维也纳 | 6.6 |
| 几内亚的科纳克里 | 14.0 | 罗马尼亚的布加勒斯特 | 6.2 |
| 蒙古的乌兰巴托 | 13.9 | 丹麦的哥本哈根 | 4.9 |
| 厄立特里亚的阿斯马拉 | 11.4 | 捷克共和国的布拉格 | 3.3 |
| 卢旺达的基加利 | 11.0 | 法国的巴黎 | 2.6 |
| 秘鲁的利马 | 10.8 | 日本的东京 | 2.4 |
| 埃塞俄比亚的亚的斯亚贝巴 | 11.8 | 俄罗斯的莫斯科 | 2.3 |
| 黎巴嫩的贝鲁特 | 8.7 | 波兰的华沙 | 2.3 |
| 多哥的洛美 | 8.7 | 瑞士的苏黎世 | 2.3 |
| 毛里塔尼亚的瓦努克肖特 | 8.3 | 美国的纽约 | 2.2 |
| 马里的巴马科 | 8.0 | 意大利的罗马 | 2.1 |
| 马达加斯加的塔那那利佛 | 7.8 | 希腊的雅典 | 2.0 |
| 乍得的恩贾梅纳 | 7.5 | 德国的柏林 | 1.9 |

\* 所有的比率都是根据《大英百科全书》（Chicago：Encyclopedia Britannica，2011）中的"世界各国"所报道的人口计算得来的。

## 重要的城市：特诺奇蒂特兰城

阿兹特克人在一座岛屿上修建了特诺奇蒂特兰城，其规划十分宏大。特诺奇蒂特兰城位于德斯科科湖那安宁、清洁如蓝玉般的湖水中，铺设有三条宽阔的堤道与其陆地郊区相连。在15世纪末，特诺奇蒂特兰城的人口达到了35万左右。特诺奇蒂特兰城拥有金字塔神庙、优美的宫殿、干净的街道、宽广的集市和具有异国情调的花园。它可能是罗马之后世界最大的城市。

在1519年，西班牙人荷南·科蒂斯（Hernan Cortés）带领500多个士兵来到这里，并以怀疑的眼光来看这个城市。但科蒂斯后来描述这个城市是"世界上最美的城市"。他的一个士兵，伯纳尔·迪亚兹（Bernal Diaz）描述了西班牙人看到这座城市时的反应：

我们完全震惊了……它可能就是16世纪游侠阿马迪斯的传说中人们所说的妖术或魅力，这里有高大的塔庙，并且都是耸立于水中的建筑，它们都是石头建筑。我们的士兵甚至问我们所看到的一切是不是梦……我不知道如何描述它们，这些东西我们之前真的闻所未闻、见所未见，甚至连做梦都没有想到过（Stannard 1993：4）。

与这个城市的辉煌相匹配的，则是其街道、其人口和其水源之洁净：

特诺奇蒂特兰城有纵横交错的复杂水渠网络，使这些西班牙人甚至认为这是一个巨大的威尼斯；但是它还有惊人的水上花园，他们不知道地球上任何其他地方还有这种园艺。欧洲的城市在数个世纪之后都还在饮用恶臭的、被污染的河水，而特诺奇蒂特兰城此时的饮用水来自泉水，来自大陆地下深处，由一个巨大的水管系统输入城市。士兵们对这个系统十分吃惊。同样让他们吃惊的是，这里的人们大多服装多姿多彩，十分讲究干净卫生，这里人甚至会使用奢华的肥皂、除臭剂和呼吸甜味剂（Stannard 1993：5）。

商业是这个城市的安身立命之计，让西班牙殖民强盗印象特别深刻的是，这里还有大型超级市场，甚至占据了整个城市的北半部分：

科蒂斯说，这个地方到处都有拱形建筑物，也是货物集散中心，"每天有6万以上的人来这里做买卖，在这些地方，商品应有尽有……"（Stannard 1993：6）。

这个地方的物产是如此的多样而丰富，包括粮食、动物、金属、草药、衣服、陶器、货栈、甜食、白酒、木材、砖瓦、柴薪以及木炭等，应有尽有，以至于迪亚兹写道：

我们之中的某些人……到过世界上很多地方，但我们在君士坦丁堡，在意大利的罗马，都没看见过如此巨大的市场，如此众多的人在从事交易，他们的行为是那么的井然有序，如此协调。我们这些人以前从来没有看到过（Stannard 1993：7）。

人唏嘘的、已经消失的城市的例子（参见上面的"城市风光"专栏）。科蒂斯（Cortés）带领的军队最初得到了土著人的友好款待，但忘恩负义的科蒂斯在1521年的4月份包围了特诺奇蒂特兰城，切断其食物和饮水供应长达3个月之久，最后在8月，他作为征服者终于进占了这座城市。为了确保骄傲的阿兹特克帝国永远不能东山再起，科蒂斯完全摧毁了特诺奇蒂特兰城，并在其废墟之上建立了一个完全具有欧洲文化色彩的城市。他称之为墨西哥帝国城——今日的墨西哥城。

在大约十年后，弗朗西斯科·皮萨罗（Francisco Pizarro）在征服现在秘鲁境内的印加帝国的过程中，也采取了同样的方式。他攻克并摧毁了印加古城，取而代之的是修建一座西班牙城市。在整个拉美，新建的殖民城市都起着支配当地的行政管理中心与出口导向的贸易中心的作用。诸如墨西哥城这样的内陆城市，与诸如韦拉克鲁斯这样的海港城市联系在一起。哪里没有重要的港口，殖民者就在哪里修建一个，秘鲁的利马、智利的瓦尔帕莱索、阿根廷的布宜诺斯艾利斯、巴西的里约热内卢都是这样产生的。然而，这些城市的贸易是单边的，宝贵的黄金、白银、烟草、咖啡被整船运往欧洲的西班牙和葡萄牙，使这些侵略民族变得富有和强大。

## 2. 欧洲殖民统治时期的拉美城市

这些城市的位置选择很有策略，往往选择与内陆相连的地方。这也使得殖民者能够支配和控制土著人。欧洲殖民者藏身于海边的堡垒之中，能够抵挡内陆的进攻，从海上获得补给。这样的堡垒也保护他们不会受到外部的敌人——海盗——的攻击，这些海盗极为觊觎这些城市所隐藏的财富。

这种殖民征服的最为悲剧性的后果之一，就是土著人口在光天化日之下被杀害，殖民者毫不遮掩他们的残暴行径。在殖民者到来后还不到一个世纪的时间里，土著人口就从 2 500 万人直线下降到不到 100 万人。造成这种人口惊人下降的原因有很多，其中最重要的原因就是与殖民者展开的残酷战争，欧洲人带来的诸如天花和麻疹等疾病也造成了大量土著人死亡，因为他们对这些疾病没有自然的免疫能力。

把欧洲的文化强加给拉美，还导致了另一种后果。西班牙人发布了名叫"印度法"（Laws of the Indies）的一系列法规，并以相似的模式建设他们自己的殖民城市，导致了当地文化模式的消失。虽然这些殖民城市也受到地理状况和先前文化的某些影响，但大多数都规划成中心有广场——市长广场——的网络形状。在广场的一边是体积巨大的天主教堂，另外三面则分别是政府建筑、富人住宅和商业建筑。这样一种设计把欧洲文化中的核心组织和制度——教堂、政府、权力精英和商业——确立于城市的中心。

在城市中心的周围，则是又一圈街区，居住着城市的中产阶层：技工、政府职员和小商人。更远的一圈，是第三个区域，大多是城市穷人破旧的居住地。最后，在郊区，则是被叫做"监护征赋税制"（encomiendas）①的大片土地，西方殖民者把它委托给地方精英管理。在 19 世纪拉美各国独立后，这些土地很多都成了依旧排他的大庄园系统的一部分，成为由精英经营、由农奴耕作的大农场或大牧场。

虽然这些前工业化时代的殖民城市在物理布局上与欧洲城市相似，但更加排外，只有利于一小群力量强大的欧洲后裔精英。在一般情况下，拉美的土著根本不可能成为这些精英中的一员。虽然前哥伦比亚文化仍有残余，特别是在农村地区保留得更多，但是殖民城市在拉美的支配性确保了欧洲文化在拉美人生活中处于绝对的支配地位（Skidmore, et al. 2010）。

到 19 世纪初期，拉美各地反抗殖民者的起义风起云涌，如玻利瓦尔就发起了对殖民统治的坚决斗争。在进行了一系列追求独立的战争之后（1816—1825），大多数拉美国家相继获得了它们的自由。由于殖民枷锁的消除，很多拉美城市通过与英国、法国和美国开展贸易而日益繁荣起来。到 1900 年，虽然拉美各国人口绝大多数都在农村，但墨西哥城、圣保罗、圣地亚哥等城市的人口均已超过 50 万，而布宜诺斯艾利斯和里约热内卢的人口已超过 100 万（Eakin 2007: 230）。在乌拉圭首都蒙得维的亚、委内瑞拉首都加拉加斯、智利首都利马、古巴首都哈瓦拉的人口都出现了大量的增加。到 20 世纪初，这些少数的几个城市已经发展得如此的巨大，以至于它们在各自国家中相对于其他所有城市都处于优势地位。

358

## 3. 现代拉美城市

拉美城市的人口增长，并非完全来自那些想寻求更多经济机会的本国农村移民。一些国际移民在 1860 年和 1930 年之间就来到拉美，在此时

---

① 1503 年西班牙在美洲殖民地实行的将土地或村庄及其印第安人一起划归西班牙士兵或殖民者所有的制度。——译者注

◎ 在整个拉美，西班牙的影响无处不在，特别是表现在城市建筑与城市设计上。其中一个共同的特征就是在旧城中心区域，有一处重要的中央广场，附近分布着宏伟的基督教堂或天主教堂和政府驻地。左图是玻利维亚拉巴斯的穆里约（Murillo）广场，是这种城市模式的很好例子。

期，拉美吸引了数百万犹太人、俄国人、波兰人、意大利人、瑞士人和德国人移民，由于这些移民教育程度高、善于经商，不久就控制了很多拉美城市的中等规模的商业企业，在建筑业、小商业、技工和手工制造活动中处于支配地位。其结果是，这些移民占据了很多中产阶层的工作，而赤贫的土著人也涌入了阿根廷、巴西、巴拉圭和乌拉圭的城市中（Eakin 2007：230–235）。

绝大多数拉美城市都没有跟着欧洲、加拿大和美国出现快速的工业化。拉美很多城市尽管已经独立一个半世纪之久，但在富裕程度与生产力水平方面仍然远远落后于欧美地区的城市。

原因何在？首先，大多数拉美城市从一开始形成的就是出口导向的经济。它们那些有价值的产品和原材料——黄金、白银、牛羊、煤、石油、粮食、咖啡、水果和木材——都被远送其他国家，而没有被自己国家的人们消费。其他国家对它们产品的需求，在它们独立之后没有改变，拉美城市仍然持续了这种单向贸易模式。问题在于，出售原材料所获得的金钱，远少于加工与销售成品所带来的收益。结果是拉美城市所生产的财富，远远少于加工它们的原材料，又把最终成品销售给拉美等国家的消费者的那些城市。

其次，大多数拉美国家由于把原材料出口作为它们的首要财富来源，导致拉美城市从来都没有形成自己强大的工业基础。现代城市如果没有工业基础，那么不仅对其城市人口而言不能提供多少工作岗位，而且在很多层次和很多方面（熟练劳动力、投资机会）都无法与具有工业基础的那些城市开展竞争。相应地，那些出口导向的城市会完全落后于那些已经工业化的竞争对手，导致"富国"与"穷国"之间出现日益扩大的贫富鸿沟。

有很多城市研究者也指出，在很大程度上正是那些富国及其公司导致了上述问题（Armstrong & McGee 2007；Geisse & Sabatini 1988；Greenfield 1994；Morse & Hardoy 1993）。这些国家及其公司仍然在拉美寻找原材料和廉价劳动力，并且把它们的援助和政治支持抛给拉美国家政府，使这些政府更支持出口而不是本地发展。很多拉美工商界精英与政府精英通过这种方式已经成为富有的"掮客"（playing ball），但是这种模式对他们国家整体全面的发展并没有多少助益。因此，外部支配的旧殖民模式以另一种面目存在下来。

某些拉美国家——特别是阿根廷、巴西、墨西哥——通过承接诸如美国等后工业国家的那些已经关闭淘汰的工业产业，而获得了某种暂时的好处。巴西已经作为世界第五大经济力量而出现了（位居美国、中国、印度与俄罗斯之后）。相应地，它的那些最大的城市（包括圣保罗、里约、萨尔瓦多、巴西利亚、福塔雷萨和贝洛哈里桑塔）虽然深受各种问题的困扰，但也从国家的经济快速增长和繁荣中获得了好处（Brainard &

359

Martinez-Diaz 2009；Roett 2011）。巴西正在成为世界舞台上的重要表演者，而主办 2016 年奥运会将进一步提升其国家的认可度。

# 二、非洲的城市

非洲的城市化是不均匀的，因为这个大陆的绝大多数当代城市都位于海岸线上。在非洲北海岸出现的更大的城市化，是一种贸易的历史遗产，是与欧洲和中东伊斯兰国家进行贸易的产物。非洲人要到达欧洲，必须先把他们的产品从内地运出来——而这又要经过可怕的撒哈拉沙漠——然后再把货物装船，往返于地中海或航行到欧洲的西海岸。非洲西海岸和东海岸上的那些城市，是在 17 世纪和 18 世纪欧洲殖民以及原材料输出（包括奴隶贸易）的过程中建立起来的，它们不久就成为这个大陆经济和技术最为发达的人类定居点。

## 1. 早期的非洲城市

早在公元前 3000 年，非洲就出现了高度复杂的文明以及高度发达的城市中心，非洲文明之一就是库什文明（Kush，又称努比亚文明），其主要城市包括麦罗伊（Meroë）、穆萨瓦拉（Musawarat）和内杰（Naga），库什文明的中心位于现代城市喀土穆以北大约 100 英里处。考古显示，这些库什人的城市，虽然最初模仿的是埃及古代城市，但也高度复杂。到公元前 590 年，麦罗伊人与撒哈拉和地中海人进行奴隶、黄金、象牙、铁和铜等的交易（Wenke 2007）。事实上，麦罗伊进行的铜业贸易是如此的巨大，以至于来自冶铜的矿渣堆积如山，在今天这个城市的遗址上仍然明显可见。

其他早期非洲城市，特别是那些在撒哈拉以南地区的城市，作为当时非洲各个帝国的首都，作为手工艺与制造业中心，或者作为重要贸易路线上的货物集散地而存在。加奥（Gao）——就是今天的马里——修建于公元 7 世纪，是桑海（Songhai）帝国的首都。让人印象更为深刻的是加纳（Ghana）帝国的首都库姆比（Kumbi），修建于大约公元 1000 年，有一支庞大的、装备了铁制武器的军队保护，居住人口当时大约有 3 万人，而其四周居住着数十万农民，拱卫和供养着

◎ 摩洛哥的塔鲁丹特（Taroudannt）当时是一个有 30 000 人的城市，其最初出现于 11 世纪。在 16 世纪，该城有三面都修筑起高达 23 英尺的坚固城墙。除了大洋洲，世界各大洲都有很多城市修筑高大城墙作为防御手段，那些仍然高高耸立的城墙，向世人表明了城市曾经是如何界定其边界的。

这座城市。黄金、象牙以及盐、可乐豆、奴隶、铁制武器的贸易，为该帝国提供了重要的经济基础（Wenke 2007）。

公元 8 世纪，就在伊斯兰教作为一个重要的宗教创立不久，以与阿拉伯国家和东方的贸易为基础的城市开始在整个非洲出现，诸如索马里的摩加迪沙、肯尼亚的蒙巴萨等都是这样产生的。随着交换日益有利可图，穆斯林商人把北非的城市转变成主要面向欧洲的航运中心。他们的贸易

网络把这些城市与数十个岛屿联系在一起，把撒哈拉以南的城市以及整个南方联系在一起。这样的城市之一就是开罗，其始建于公元 999 年；另一个是传说中的廷巴克图（Timbuktu），始建于公元 1100 年，它是西苏丹的文化中心，有用石头材料修建的宫殿、多窗的房间、大学和熙熙攘攘的市场。

所有这些早期的非洲城市，都是典型的前工业城市，往往用围墙围着，街道狭窄而弯曲，日常生活主要围绕宗教与手工业生产进行。居民常常从事手工业生产，例如铁匠可能聚集在一起打铁，或者是从事部落或宗教事务。穷人与富人、商人与居民，所有的一切都共存于城市区域中。

## 2. 欧洲殖民统治时期的非洲城市

奴隶制的历史十分久远。例如古代埃及、希腊和罗马常常会驯服那些它们所征服土地上的人们。在非洲人中，奴隶制的历史可以追溯到很久以前的过去。奴隶出口贸易，在公元 15 世纪前规模还比较小，每年也就几千人。而从此以后，欧洲人打开了非洲的门户，刺激了奴隶贸易的发展，并使奴隶贸易长达 400 年之久，有 1 130 多万奴隶经过大西洋被贩卖到其他地方（Lovejoy 2000：15-18）。黑奴贩子招募大量骨干，专门从事奴隶贸易，这些人包括欧洲人、穆斯林人和非洲人，在这些骨干的帮助之下，黑奴贩子把奴隶这种"黑金"运到塞内加尔的达卡、加纳海岸的艾尔米纳、坦桑尼亚的桑给巴尔等奴隶市场，运到非洲海岸各地建立的奴隶贸易城镇进行出售。

欧洲人的第一次入侵，扰乱了前殖民时期非洲的经济、政治和个人间的脆弱关系。葡萄牙人

摧毁了非洲东海岸的城市，破坏了这些城市与波斯湾、印度和远东的贸易同盟。在非洲其他地方，欧洲人破坏了使非洲部落与帝国之间保持平衡的政治忠诚。随着这种残暴行径和奴隶拐卖而来的是，很多非洲社会都濒于崩溃。

在 19 世纪，欧洲殖民者大规模涌入，使非洲城市的特征发生了巨大变迁。这些快速工业化的殖民者不再寻求向东的通道，加之奴隶贸易的减弱，他们采用三个世纪前科蒂斯和皮萨罗对待拉美的策略来掠夺非洲。由于非洲的原材料是如此的丰富，欧洲殖民者犹如蝗虫般在整个非洲大陆云集，竭力掠夺这里的土地和各种财富。在1862 年到 1915 年之间，欧洲人在非洲建立了一座座城市。在以前没有城市的地方，他们建立起城市；而在土著的中心城市，他们"欧化"之，或者使之成为两种色彩并存的"二元城市"。对开罗、伊巴丹和坎帕拉之类的城市，欧洲人就在其附近建立起与之对立的新城。这两种城市之间的对比十分的鲜明，非洲人的城市往往用泥砖建成，围绕宗教生活和手工业团体组织起来，而与之同在的欧洲人的城市则由石头建成，围绕着一个日益扩大的中央商务区组织起来。

然而，在所有的非洲城市中，普遍流行着种族区隔政策——一种种族隔离制度（apartheid，我们下面将要讨论南非的种族隔离），而欧洲殖民者则借此统治当地人。显然，这种制度给非洲人带来了巨大的经济、政治灾难，而使殖民者日益富有。种族主义在南非最为严重。在非洲北半部，不同的殖民者和不同的城市传统允许各种族之间某种程度的接触，从而多少缓解了种族主义。虽然种族紧张在非洲西部、东部、北部仍然存在，但在南部——包括南非共和国、津巴布韦、纳米比亚等国——最为严重，在这些地方，严格的种族隔离制度和分层制度直到 20 世纪晚期才被取消。

在拉美，西班牙的"印度法"使拉美大陆的所有殖民城市都具有欧洲特别是西班牙的风格。但非洲与拉美不同，来到非洲的欧洲殖民主义国家很多，他们实施各自不同的政策，导致非洲殖民统治时期的城市风格各异。例如，英国殖民者奉行间接统治政策，主

张维持非洲土著领导人的地位，只要他们臣服于殖民政府就行。而法国则完全不同，坚持用法国的生活方式来同化非洲人；为了实现这个目标，他们解散了土著人的政府，在公立学校只用法语教学，鼓励土著民众完全认同法国的文化。

## 3. 现代非洲城市

在欧洲殖民统治时期，大多数非洲城市与拉美城市一样，由于实行单向的贸易政策（低价出售原材料），发展缓慢甚至停滞不前。只有少数几个城市，或者由于有港口或矿产，或者由于地理位置优越，或者由于拥有特殊的财富，发展得稍微快一些。

20 世纪 50 年代非洲的民族主义运动，最终导致了非洲各民族的独立斗争，非洲开始成为世界上各种竞争性的意识形态相互争夺的场所。在大多数情况下，激进的左派和共产主义者往往与非洲人民站在一起，其中最突出的是苏联、中国以及稍后的古巴政府。它们常常为非洲的反抗者们提供武器装备以抗击殖民者。再后来，欧洲殖民统治者发现统治成本变得太高，难以在经济与政治上继续维持原有的殖民统治，而不得不采取新的殖民策略。在 60 年代，非洲共有 32 个殖民地获得了自己的自由。仅仅在 1960 年——又被称为"非洲之年"——就有 300 多万平方英里的土地和 5 300 万人见证了殖民主义的终结（Herskovits 2007）。这种成功又进一步促进了民族独立运动，其结果是迫使欧洲殖民者狼狈逃窜，越来越急切地想离开非洲。

在某些情况下，殖民者的快速撤离和新确立的人身自由，却使非洲土著部落陷入了战争，导致了各种军阀的出现。例如 1960 年比利时人匆匆撤离刚果之后，刚果陷入了长达 5 年的血腥内战，各个派别为了控制国家而相互混战。20 世纪 90 年代中期，在前英国殖民地、现在的卢旺达，胡图族（Hutu）部落与图西族（Tutsi）部落爆发内战，并发生了骇人听闻的大屠杀。其原因在很大程度上要归结于欧洲殖民者所留下的"遗产"。

从全球角度看，非洲仍然是城市化水平最低的大陆，但是其城市化速度为世界最高。1950 年，只有 15% 的非洲人生活在城市，但到 2010 年，非洲城市人口比重已经翻了两倍多，达到了 40%。人口学家估计，到 2050 年，非洲城市人口将达到 62%（United Nations Population Division 2012）。

这种增长既是内陆土著乡民向城市移民的结果，也是自然人口增长的结果。诸如赞比亚、津巴布韦、冈比亚、博茨瓦纳、肯尼亚、马达加斯加、毛里塔里亚、纳米比亚和坦桑尼亚等非洲国家，都已成功降低了人口生育率。尼日利亚、埃塞俄比亚和刚果则相反，没有实现这一点。其中尼日利亚现在是世界上人口超过 1 亿的十个国家之一，而另外两个国家如果按照现在的人口增长率发展下去，在将来 40 年内，也有可能达到 1 亿以上。可悲的是，在撒哈拉以南地区，艾滋病极其流行；2009 年，这一地区的艾滋病感染者占了整个世界的 68%，有 1 480 万名儿童由于父母死于艾滋病而成为孤儿。在博茨瓦纳莱索托和斯威士兰，有 24%~26% 的人感染了艾滋病（UNAIDS and World Health Organization 2010）。尽管艾滋病如此可悲的流行，但撒哈拉以南的人口预计将从 2011 年的 8.83 亿增长到 2025 年的 12.5 亿（Population Reference Bureau 2011）。

我们把这些因素综合起来，就可以理解为什么非洲大陆会陷入严重的危机之中。非洲除了健康危机外，其中很多人都面临严重的饥饿威胁。在撒哈拉以南的很多非洲国家中，食物短缺和慢性营养不良十分常见。2011 年东非遭受了 60 年来以来最严重的一次干旱，影响了 1 100 万人的生存。成千上万绝望的灾民逃往索马里的摩加迪沙等城市寻找食物与水。官方则警告说，在整个索马里、埃塞俄比亚、厄立特里亚和肯尼亚，有 80 万儿童可能因为营养不良而死亡。

## 三、中东的城市

第 2 章曾经重点描述过早期中东的城市，其中包括我们所知道的世界上最早的城市，耶利哥

363

和加泰土丘。自公元前14世纪起，波斯帝国和埃及帝国控制了这里，然后这些帝国衰落了，特别是马其顿人的腓力大帝、亚历山大大帝和罗马人在基督诞生前的最后4个世纪中的侵入，大大加速了波斯帝国和埃及帝国的衰落。但它们所留下的就是一些已经建立的城市，而在这些城市之上，后来更现代的城市又繁荣起来了。在公元300年之后，罗马帝国日益衰落，加上这里的土壤被过度侵蚀和草原被过度放牧，导致其中大多数城市都衰落了。

## 1. 伊斯兰城市

先知穆罕默德死于公元632年，并诱发了一次席卷整个西亚的宗教运动，这次宗教运动经过西班牙和巴尔干半岛上的国家进入欧洲，波及撒哈拉以南的一些非洲国家，其影响甚至远至巴基斯坦、印度、印度尼西亚和菲律宾南部各岛。随着这种宗教运动的扩散，伊斯兰教对城市布局产生了重要影响。甚至当欧洲城市在中世纪日益萎缩时，北非海岸的伊斯兰城市却进入了全盛时期。穆斯林是历史上最伟大的"经纪人"，他们作为商人，利用了他们的地理位置优势，成为联结欧洲与远东的中间桥梁；在北非，他们又成了欧洲与撒哈拉以南之间的中间桥梁；所有这些又促进了伊斯兰城市的成功。而那些岛屿城市，则可能是伊斯兰最为成功的城市。数个世纪以来，作为游牧民族和陆上贸易商人，中东民族已经学会了如何在幅员辽阔、不宜生存的地区成功生存。由于他们处于贸易中心地带，他们建立了麦加、利雅得、巴格达和德黑兰以及许多其他城市，而这些城市都是贸易中心。

所有这些伊斯兰城市都有相似的形状和布局，下页的"城市风光"专栏对此进行了描述。穆斯林的城市在很大程度上体现了城市王室和宗教精英的权力，很多人都会发现这类城市是世界上最美丽的城市。罗伯特·拜伦（Robert Byron）在20世纪30年代到中东旅行，在写下的游记中把伊朗的伊斯法罕（Isfahan）描述成各种色彩的美妙排列：树干与树冠是白色的；土耳其玉色和黄色的圆屋顶在湛蓝的天空中闪光，城市沿着一

条河流分布，这条河流泛着银色，并倒映着天空的蓝色；河上面是暗灰色和太妃糖色的砖桥；附近则是粉蜡色和丁香花色的山脉。对于他来说，这个城市给了他一种难忘的美妙印象、一种珍贵的记忆（Byron 2007：166）。

然而拜伦所描绘的浪漫景色可能使我们产生误解，因为贫困与内部冲突往往是伊斯兰城市的特征。由于城市被划分为各种各样的族群居住区，例如16世纪的大马士革，仅城市本身就由不少于70个族群居民区构成，这种内群体社区团结和固化常常导致内群体之间的严重敌视，特别是在主流的宗教价值观面临冲击时更是如此：

> 那些宗教的少数派（基督教和犹太教）居住在他们自己单独的街区，这是因为国家既要容纳同时又要监视他们，也是因为这些少数派自发通过聚集在一起以寻求保护……最穷的街区常常在城市的边缘……在这些地方土地的价格和房租最便宜，而且这个城市的有害健康和环境的产业（锅炉、制革和屠宰场）大多位于这些地方（Khoury 2004：460）。

伊斯兰的城市在中世纪达到了它们的顶峰，此后它们与波斯、埃及、希腊和罗马的先行者一样，开始逐渐衰败。还有，邻近城市的那些土地被过度放牧，表土流失严重，导致宝贵的城市水源枯竭，沙尘日益严重。这又进一步导致木材的消失，而木材是前工业时代关键的生产生活材料，人们要用它来取暖做饭、加热、制作手工制品、修建房屋、造船和各种工具。城市人口随之直线下降。例如，在16世纪，巴格达的人口下降到不足10万人，只有其最高峰时期的1/10。在叙利亚、埃及、伊朗和沙特阿拉伯，很多城市曾经十分辉煌，但现在都难觅踪影，唯余废墟。甚至在埃及的亚历山大和叙利亚的阿勒颇等最大的城市中，贸易也日益萎缩成一股细流。

## 2. 欧洲殖民统治时期的中东城市

直到19世纪，在欧洲的影响下，中东的城市才再一次开始发展。在中东，欧洲人为了他们

# 伊斯兰城市

典型的伊斯兰城市，是中东自然环境与文化要素的结合，并由此形成了一种独特的城市区域。例如，其围墙具有双重作用，首先是为了抵挡外来的掠夺者，但同样重要的是可以抵挡来自各个方向的大风沙，这些地方的风向在一天的不同时间或一年的不同季节变化不定。沿着围墙，人们还栽种灌木丛，而所有这些都是为了抵挡风沙。在定居点之内，人们会相机种植一些蔬菜。这样整个定居点就把风沙保持在高空，而远离居住区。

在围墙之内，城市主要的大道十分繁华热闹，与围墙之外的寂静而空旷的沙漠形成了鲜明的对比。这里有伊斯兰城市的熙熙攘攘、忙忙碌碌——这些城市的巴扎（市场）中的商业生命河流（街道），充斥着无数的小商小贩，他们向路过的人群叫卖他们的货物。在那些宽大、喧嚣而又极其拥挤的街道上，商品与服务应有尽有——包括动物、水果、蔬菜、艺术品和手工艺品、食物和饮水、编织品、皮革和金融产品，以及珠宝和其他奢侈品。在这些繁忙道路的两边，则是各种居民区。它们的道路狭窄，往往一个人伸开双臂就可以同时触及两边的墙。随着人们走向民宅，街道上的那些叫嚷声逐渐隐去。在建得如此密集的住宅墙壁所提供的阴凉中，人们很容易感到温度的变化，也会很快安静下来，并感受到廊道中那更加亲切的气息和私密的氛围。

城内的那些建筑内外也存在鲜明的对比，朝街的房子外部墙面是朴素的泥色，但是这些房子的内部则装修得很温馨，尽管也许并不那么奢华。这些房子多少有些类似于罗马的房子，往往有很多房间同时朝向一个天井和喷泉。天井是民宅中的公共空间——是一个家庭重要的共同生活空间，也是把外部环境隔离开来的最后一道屏障。它舒适而安静地躺在这种房子的框架结构之中，位于其自身的围墙之中，而这种围墙又位于整个城市的围墙之中。每幢房子之间又紧紧相邻，为彼此提供了进一步的保护，使自己不受城外风沙的影响。

房子中的某些房间为妇女所专用，似乎是为了进一步保持伊斯兰传统中的质朴谦逊，房子的布局使主人在招待客人时，可以避免客人与整个家庭成员碰面。

中东那些更为晚近的城市定居点，常常缺少老伊斯兰城镇所具有的那种高度统一的特征和特殊的氛围。那些老城镇社区的风貌，立刻让人感到亲密、复杂和热情，而与它们周围环境的荒凉形成了鲜明的对比。

因此，诸如巴格达、开罗、非斯（摩洛哥）或德黑兰之类的城市，尽管都位于世界最干旱的环境中，却能够为那里聚集的成千上万的居民提供舒适的生活条件。

的商品、潜在的原材料而寻求未开拓的市场，甚至在诸如苏伊士之类的地方，殖民者为了军事目标而建立重要的战略要塞。

然而，欧洲人从来没有把中东视为拉美和非洲那样有价值的奖赏物，因此他们在中东进行的殖民开拓是很有限的。不过，与外部世界进行的贸易，有效弱化了长达数个世纪之久的伊斯兰模式。尽管很多穆斯林竭力阻止人们放弃伊斯兰教，不准人们奉行非中东的生活方式（包括书籍、电话和汽车），但是他们的世界仍然在发生变化。随着欧洲的影响在这个地区快速扩散，新的城市模式出现了。从开罗到贝鲁特再到德黑兰，城市的郊区都在膨胀，并超越了旧城地区，在更宽广的新建道路上，每天都充满了飞驰的各种汽车（Cleveland & Bunton 2009）。

然而，真正的变迁比物理层次的变迁要深刻得多。善于冒险的商人进入农村，从事农业产品贸易以获得更好的利润，因此逐渐放弃了古代的大巴扎。外国投资者在中东城市做生意和开办工厂，使传统手工业产品价格下降，新的竞争改变了整个地区的经济面貌。那些由地

◎ 上图是位于阿拉伯联合酋长国首都阿布扎比的大酋长扎耶德（Zayed）清真寺，它是世界第三大清真寺。它显然也是一个独特的建筑地标，修建时花费了 5.45 亿美元。其规模之大，足以同时容纳 4.1 万名朝圣者。它还有一个图书馆，其中收藏着 200 多年前的珍贵出版物。

方酋长长期以来共同管理的土地，以前严禁当作商品公开销售，现在人们也开始按照市场规则进行买卖，同时也把商品和技能出卖给出价最高者。其最终的代价，就是传统权威的弱化，长期形成的共同体日益受到侵蚀。不久后，中东城市的那种更早期的自给自足型的生存经济也日益演变成出口导向的经济，依赖于欧洲和北美的经济及其对原材料的需要。而随着在这个地区的"黑金"——石油的发现，这一过程又得到了大大的加速。

## 3. 现代的中东城市

在中东，经济的发展增加了沿海城市的重要性，而削弱了内陆城市的重要性，因此导致了向沿海城市的大移民。与拉美和非洲一样，这种城市移民使城市容纳民众的能力受到严重挑战。例如，伊朗的城市人口从 1950 年的 470 万增加到 2010 年的 5 310 万；现在其 71% 人口的都居住在城市中，而 1950 年只有 28%。叙利亚的城市人口在同一时期也出现了急剧的增加，从 100 万

增加到 1 250 万以上，比例从 31% 增加到 56%（United Nations Population Division 2012）。另外，与其他地方一样，自由市场经济在中东也创造了一支庞大而富有的企业家中产阶层，他们大多生活在旧城外的郊区封闭社区中。

快速的城市扩张也使整个中东地区确立了一种首位城市模式。例如，德黑兰在规模、经济力量上远远超越了所有其他伊朗城市，不过这个城市存在的问题同样也远远超过了其他伊朗城市。巴格达、科威特市、大马士革、贝鲁特、安曼和开罗以同样的方式，在各自的国家中处于绝对支配地位。某些城市研究者认为，与在其他贫困地区一样，这种首位城市的存在，限制了其他城市的发展，而在其他区域以及在首位城市本身内部都导致了很多严重的问题。

简言之，当代中东城市正处在一个重大社会变革时期，绝大多数都不再是过去数千年来的那种纯粹伊斯兰风格的城市，但是它们也不是纯粹西化的城市。与拉美和非洲的城市一样，这些城市正在形成一种复杂的新城市传统。重要的问题在于这个世界的复杂性，因此对处于

阿拉伯—伊斯兰文化背景中的城市进行任何简单的概括和模式化，都是不现实的。那些中东城市所在的国家类型多样，包括了极度贫困的国家（苏丹、也门等）、需要其他国家援助的国家（埃及、约旦、黎巴嫩等）、石油富国（科威特、沙特阿拉伯等）、主张社会主义的国家（叙利亚），以及那些仍然带有深深殖民烙印的国家（摩洛哥、突尼斯等）。因此，中东国家与城市的发展在极大程度上受其所处经济和政治背景的影响。

## 4. 中东新城

在阿拉伯联合酋长国，有两座宏大的新城已经拔地而起，位于阿拉伯半岛的波斯湾南岸。首都阿布扎比 2009 年的人口达到了 66.6 万，已经从 20 世纪 70 年代人为规划的城市中心，快速成长为今天的一个全球性城市。它是一个商业和政治中心，是很多大公司和跨国集团以及金融机构的总部所在地。给人印象最深的是那美丽的大清真寺，它是一处建筑地标，可以容纳 4.1 万人。在那宽大、呈网格状的林荫大道之间，坐落着 60 多处塔形的摩天大楼，还有很多正处于规划设计阶段。高耸的办公建筑和公寓建筑位于整个城市的正中心，而郊区常见的则是两层或低层民居。

迪拜是一个更加让人惊叹的城市。这个规模宏大、具有多种用途的城市综合体，已经投入了 200 亿美元，现在还在建设之中，其中心区拥有世界上最大的购物广场，内有约 1 200 家商场，并有各种景点，诸如一个水族馆和达到奥林匹克规模的溜冰场。这个中心区还包括了数处高大的建筑，高度分别超过了 800 英尺、1 000 英尺和 2 100 英尺，这比世界上任何其他城市的建筑都要高。那里的哈里发塔高 2 717 英尺，是目前世界上最高的建筑，在建筑的外围，有世界上无可比拟的迪拜喷泉，长达 900 多英尺，向空中喷出的泉水高达 500 多英尺，相当于 50 层楼那么高。这里还建有一个轻轨系统，是目前世界上最长的全自动地下铁路网络，能够轻松地把这个城市的 130 万居民运入运出（Emaar 2011）。现在对于迪拜而言，最大的问题就是污水处理设施能力跟不

◎ 迪拜比任何其他地方都拥有更多的摩天大楼，它们直刺这个城市的天际。上图就是哈里发塔，目前世界最高的建筑，高达 2 717 英尺。它总共有 160 层，驻有各种公司机构，设有酒店、公寓和饭店。它还是 2011 年的电影《职业特工队》（*Mission Impossible*）的主要取景地。这座建筑总共耗资 15 亿美元，并成为这个石油富国的名胜。

上快速的人口增长，但其当局已下决心要克服这个问题（Wheeler 2008）。

## 四、亚洲的城市

亚洲文化之丰富与复杂，迫使我们只能选择其中少数几个城市进行论述。在整个全球各个地区中，亚洲城市分析起来最为困难，因为亚洲覆盖了整个地球 30% 的陆地面积，内部各个国家和地区之间的差异又是那么的鲜明。例如，日本是一个成熟的、高度工业化的富国，其人口生育率属于世界最低国家之列；而中国的经济则在高速增长，其城市人口数量高居世界第一；东南亚

的国家根本就没有自己独特的城市传统,其城市历史尽管有些不堪,但现在发展速度惊人;在经过多年的不懈努力之后,印度现在也成为一个不可忽视的经济大国,但是它仍然面临着与世界上其他地区同样严重的城市问题。我们现在就从印度开始讨论。

# 1. 印度

本书第 2 章曾经指出,印度河流域曾经出现过十分繁华的城市,诸如摩亨佐—达罗在公元前 2500 年就出现了。并且,在西方寓言和传说中,古代印度与中国十分富足和美丽,对于西方人来说简直就是神话般的梦幻仙境。这些神话诱使世界上最著名的旅行者马可·波罗,在 1271 年从威尼斯出发去寻找一条通往东方的大道。

370

**欧洲殖民统治时期的印度城市**

在 17 世纪,印度开始沦为英国殖民地。与在拉美和非洲一样,殖民者在印度建立城市,也是为了实现双重目标,即政治控制中心与经济掠夺基地。在已经存在城市的地方,英国人就在其附近建立另一个定居点,诸如在德里附近,英国人建立起新德里。这种二元对立模式与上文描述的殖民者在非洲建立定居点并与旧城市二元对立的情况别无二致,导致城市的土著部分与英国化的另一部分之间出现鲜明的对比。土著拥挤的老城中心,与附近那个殖民者精心规划和修建的新城之间,存在典型的区别。

印度那些更老的城市区域(最初的城市)往往具有类似于前文描述的伊斯兰城市的形式。各种小型的零售商店拥挤在一个中心集市或大巴扎中,出售各种商品,包括食物、衣服、五金器具和珠宝。围绕这个市场的一圈居民区,被严格地划分成不同的部分,例如被划分为穆斯林区和印度教徒区,而后者又根据种姓等级的不同而划分为更小的各个区域。婆罗门和其他较高等级的种姓,往往居住在建筑最好的居民区中,劳工种族和仆人、贱民等处于最低的社会经济地位者,住在最贫穷的房子中,这些房子往往位于郊区而不是城市中心。但是,这个城市的英国区,形式上非常西化,街道宽广,并按网络模式分布。其中

心是贸易和制造区,并有一条铁路通向外部。

**现代的印度城市**

印度的年人口增长率很高,大约为 1.6%,人口学家预测印度人口 2050 年将达到 16.9 亿,到那时,印度将超过中国而成为世界第一人口大国。人口学家还预测,从 2011 年到 2025 年,印度城市人口将新增 1.59 亿,到 2050 年将新增 3.52 亿,届时整个印度的城市人口将达到 9 亿人,并成为世界上城市人口最多的国家(Population Reference Bureau 2011;UN Population Division 2010)。

**加尔各答。** 虽然加尔各答是印度东北重要的贸易中心,但其地势是从胡格利河分别向东和向西倾斜,导致其城市区主要呈南北条状分布,胡格利河两岸的城区分别为 3~5 英里宽。除了欧洲殖民者以前居住的中心城区那种网格状分布模式外,这里狭窄的道路具有一种随意修建的特征。

371

◎ 德里与亚洲和中东的很多城市一样,是一个拥有 1 230 万人的城市,正在面临各种严重的问题。印度快速增长的人口使交通拥挤日益恶化,很多道路不能承载日益增多的人流。街道往往挤满了各种汽车、自行车、行人,速度慢如蜗牛,特别是在十字路口更是如此。

由于只有卡齐（Kazi Nazrul Islam）大道是该城唯一的快车道，又没有多少河上桥梁，所以这个城市的交通系统，与其公共设施和市政设施一样，都已经严重超负荷，其被高度利用的道路已高度拥堵。而有轨电车和公共汽车也很有限，民众唯一能够选择的，就是 17 英里长的地铁系统，这个系统每天运送大量的通勤者，数量估计达到整个城市 700 万人的 25%。

加尔各答还是一个港口，来自内陆的煤、铁、黄麻、锰、云母、石油和茶叶等产品都通过这里运到海外。但是它的河道使加尔各答只能处理印度进出口的很少份额。加尔各答虽然位于印度最穷困和人口最密集的地区之一，但艺术、文化与知识生活都很繁荣。这里有三所大学，被认为是印度的"文化之都"，在所有印度城市中，参观展览、参加书市和音乐会的人数，加尔各答无可匹敌。然而，就在离它不是特别远的地方，遍布着数百处棚户区，里面居住着整个大都会区 1 530 万居民的 1/3。更糟糕的是，加尔各答存在成千上万的无家可归的流浪汉，他们往往就住在大街上，或者可能找到的临时避难所中。人们随处倾倒各种生活垃圾和粪便，一些人也拒绝进入公共厕所。不消说，在这里的疾病肯定是到处传播。

孟买。孟买是位于印度西海岸的一个港口城市，也是印度人口最多的城市，世界第六大城市。作为印度的商业与娱乐之都，这里有宝莱坞，还有各种摩天大楼和大量酒店，为很多人提供很好的收入。在 2011 年世界百万富翁最多的十大城市中，孟买排在第六位（Brennan 2011）。与之形成鲜明对比的是，孟买的郊区存在大量的贫民窟，其情况与电影《贫民窟中的百万富翁》（2008）别无二致。那些来自农村没有技能的新移民大军还在不断地涌入这个城市。这样的移民——这种首位城市模式——一方面消除了农村人口，另一方面在城市又导致了极度贫困、卖淫和有组织的犯罪等问题的长期流行。

孟买有 1 200 万居民，其中大部分都居住在一个岛屿上，使之成为世界上人口密度最高的城市之一。孟买还有另一个重要特征，那就是它是印度文化与宗教最为多样化的城市。一半以上的居民是印度教徒，其余的则是基督教徒、拜火教徒、佛教徒、耆那教徒或锡克教徒。似乎是为了使事情变得更加复杂，孟买有三种主要的语言：马拉地语、古吉拉特语和北印度语。

孟买现在是世界十大商业中心之一，是无数印度公司和跨国公司、重要金融机构的总部所在地。由于其周围是黑棉土壤，也是印度最大的棉花种植区，孟买成为印度最大的棉纺织中心。该产业雇用了整个城市将近一半的工厂工人。雇佣工人较多的产业还包括丝绸、人造纤维、化学和玻璃器皿、印染、漂白和印刷等行业。

### 展望

印度城市的远景在某种程度上是很光明的。印度政府最近在消除饥饿方面已取得了很大进展，交通、电力供应和学校教育状况比以前也有了改善。一些农村地区——特别有名的是北部的旁遮普省——已经实现了自给，很多小城市（人口大约在 10 万以下）的市民，比起诸如孟买、加尔各答、德里和金奈等大城市中的很多人来，似乎生活得还更好些。

自 20 世纪 90 年代以来，印度经济的不断增长改善了民众的生活水平，特别是印度现在有 1.6 亿中产消费者，而预计到 2016 年，这个阶层的人数会增加到 2.67 亿（*Economic Times* 2011）。印度通过使其大量的、日益增多的、受过很高教育的、精通英语的人才资本化，已经成为世界上重要的软件服务和程序设计工人输出国。但是，印度也还存在一些消极的因素，包括 38% 的人口（3.8 亿）处于绝对贫困状态，巨大的并且还在不断增长的人口对已经超负荷的环境产生了极大的影响（Azad India Foundation 2010）。那些积极的趋势和前景是否能够根除这个国家存在的严重城市问题，还有待观察。

## 2. 中国

与印度一样，中国的大地上到处都有古老的城市。正如第 9 章所概括的，北京长期以来是中国文化的中心。中国的某些传统今天仍然存在，但是这个快速现代化的贸易国家，现在已经成为重要的经济大国。

**半殖民地时期**

从19世纪中期直到二战结束前，中国日益沦为半殖民地，受到外国的控制，先是遭到欧洲殖民者的侵略，后又受到日本人的践踏。从上海到广东，欧洲人改造了中国的部分城市。酒店、公园、网球场和居民区开始出现，而所有的这一切迎合的都是外国人的需要。欧洲人为了监视和控制当地的经济，在每个城市都设立了欧洲风格的中央商务区，还有银行、公司总部和为西方船只配备的码头。欧洲殖民者总是认为他们自己担负着让中国"文明化"的使命。

显然，殖民侵略者遭到了中国人民的愤怒反抗。中华人民共和国在1949年成立，毛泽东及其追随者们努力消除欧洲人的所有影响，取消殖民者在中国城市享有的一切特权。毛泽东认为城市在本质上会损害革命理想，因此鼓励中国公民仍然待在农村，市民也要回到农村去，并从农村开始来改造这个国家。最极端的情况则出现在20世纪70年代，在这一时期，政府对人们进入城市实行高度严格的控制，并强迫约2 500万的城里人从大城市下到小城镇和农村。然而，尽管进行了如此大胆的尝试，中国的城市人口还是在不断增长。虽然我们很难找到确切的数据，不过在1950年，大约只有10%的中国人生活在城市，但到2011年，中国的城市人口比例已经达到50%左右（Population Reference Bureau 2011）。

**现代中国城市**

自20世纪70年代末开始，中国实施了旨在控制人口增长和刺激经济增长的改革，以有助于中国城市"快速赶上"。政府允许城市引入私人企业，以创造一种灵活的、市场驱动的经济，但仍然坚持中国共产党的领导地位，实行中央政治集权控制。其结果是，中国成为世界上最大的出口国，以及仅次于美国的世界第二经济大国（*CIA World Facebook* 2011）。这种急剧的变革导致这个国家的城市也发生了重大的变化。

经济特区。中国政府的一个激进创新，就是设立大量的经济特区，诸如华南的厦门市等。厦门的人口大约有350万，已经完全从旧的政策体系中解脱出来，自由得几乎与西方的城市没有区别。这个城市也是一个自由贸易区，在这里中国的制造商可以独立与西方企业做生意，而没有计划体制的限制。重庆是另一个例子，其人口有600多万。中南海也给这个城市松绑，让它可以与外国公司做生意，鼓励重庆市民充分发挥他们的创造才华，使这个城市更具生产力。另一个城市广州，也大约有600万人，自由企业十分活跃，在北京路之类的主要商业街上，灯光闪烁的陈列柜和霓虹灯让人们眼花缭乱。在街道的两边，那些销售衣服、炒炸食品和日常生活用品的私人货摊一眼看不到头。

香港。香港位于中国南方的海岸线上，离广东只有80英里，位于广东的东南方。这个城市有710万居民，其人口密度达到每平方英里18 176人，是洛杉矶的两倍（UN Population Division 2012）。

毫不奇怪的是，虽然香港人口生育率很低，但这个城市过于拥堵的情况到处可见。中国内地的城市中棚户区实际上已经消灭了，但在香港则有40万左右的人生活在棚户区，不

◎ 上图是上海中央商务区黄浦江的情况，可供我们进行对照分析。图片的下部是老城区的建筑风格，房子的高度也不高，而上部江对面是现代化的摩天大楼，其中值得注意的是上海环球金融中心大楼，它表明上海作为一个全球性城市在商业界具有重要的影响，因而也表明上海的地位已经十分重要。

◎ 上图是中国香港，正中的建筑是国际金融中心大楼，它无疑是香港最高的建筑，昭示着香港有着一种重要的资本主义服务经济。香港还是世界人口平均收入最高的地区之一。但是从这张照片中我们不能看到的背后事实之一，就是香港还是世界上人口最密集的地方之一，大约每平方英里 18 176 人。

过这个城市在努力地提供公租房（Lei 2010）。香港城市中有些房子已经过于老旧，但还是有很多人住在其中，甚至香港港口本身正在成为一个贫民窟，因为那里漂泊着被称为舢板的中国式小船，里面居住着成千上万的城市贫民。在其中的某些区域，人们可以从停泊的一条舢板走到另一条舢板，从而穿越这个港口的大部分区域。从某种程度上看，香港一直很成功，将来也会如此。它是中国海岸线上除了上海之外的最为重要的贸易港口，它一直在制造一种工业机械，这种机械让世界嫉妒，它也正在取代很多其他重要制造业城市的地位。然而，这种工业化加上人口的高度密集，已经使这里的空气严重污染，以致 2011 年特区政府不得不直接下令修改和实施空气质量规则。而上海和北京的空气质量实际上更差（Regus Media Centre 2011）。

## 3. 日本

在地理意义上的非西方世界中，处处存在要么过度城镇化，要么城镇化不足的情况，但日本却是一个例外。日本从来没有被彻底殖民化过，民众没有受到过他族奴役，也不曾存在过殖民化

的城市经济。因此，日本的城市和城市生活与其他亚洲国家存在明显不同。

### 早期的日本城市

日本的城市最早可以回溯到公元 8 世纪，此时统治精英建立了一系列的省会性首府。日本武士阶层（samurai）保卫着他们的首府，与生活在国家首都京都的统治者的联系较弱。在接下来的数个世纪中，这种封建结构中的地方精英一直支配和统治着日本国民，彼此之间为了控制地盘而不断混战。在 16 世纪末，一个名叫德川家康的武士开始崛起，他打败了各种敌人，成为幕府将军（日本的领导者与保护者），他在江户（即现在的东京）建立了自己的首都。德川家康及其继承者们着手重组了日本的行政管理系统，把统治重点放在了城市。到 18 世纪，江户已经有大约 150 万人，成为当时世界上最大的城市（当时伦敦的人口只有 90 万）。大阪和京都此时的人口也已经超过 50 万。

数个世纪以来，与欧洲和北美一样，日本城市的日益成长产生了一个富有而强大的中产阶层。到 19 世纪中期，这些商人控制了国家财权，幕府权力则大大衰落。在不到半个世纪中，日本就成为世界经济、技术与军事强国。随着人们涌入城市，工业化在整个 20 世纪中都在进行。不过，日本由于缺少供其工业机械运转的自然资源，加之其自身的帝国主义野心，导致整个国家向外军事扩张，最后导致了二战的大灾难。其战后的发展历史则给人深刻印象。

### 现代日本城市

现代日本城市所取得的经济成就是十分明显的。政企合作、强大的工作伦理、大量受过高等教育的员工、相当小的国防预算开支（约为国民生产总值的 1%）使日本飞速成为世界上最强大的经济国家之一。日本取得成功的另一个原因，则是自由企业精神与集体导向的独特集合，使得雇员对其企业具有极大的忠诚度。

不过，日本的经济增长现在已经日薄西山。过高的土地成本和房价迫使城市市民或者生活在土地面积狭小的社区寓所中，这些寓所墙挨着墙十分密集，而社区中没有任何传统的日本花园；或者不得不住在郊区，长期坐地铁或通勤轻轨走

很远的距离上下班。这些通勤者往往不得不居住在卫星城中，因为他们无法支付中心城市的高房价，上下班每次都要坐一个半小时的车。在高峰时段，通勤线路往往会超载250%，甚至必须雇用一些"推人者"（pushers）来把多余的乘客塞进已经过度拥挤的车厢中，而城市的街道汽车交通也出现了严重的堵塞，甚至那些修建在街道上空的高架车道，由于空间有限也十分的拥挤。

但是，从积极方面看，日本已经建立了堪称模范的卫生保健系统，公民的预期寿命世界最长（83岁）。日本的犯罪率和失业率也明显下降（2010年只有5.1%），贫民窟大大减少。他们有世界上最严格的污染控制标准，他们高质量的城市生活方式给来访者留下了深刻印象，游客往往对日本城市公共设施之整洁、公共交通之便捷、饭店之高品位惊讶不已。那兴盛繁华的中央商务区让首次来到日本的游客，甚至是来自美国与欧洲的游客迷失方向；例如，东京银座的晚上发光度，使纽约的白色大道（又叫不夜城）和伦敦的皮卡迪利广场也黯然失色。东京是一个首位城市，其人口规模是日本第二大城市横滨的两倍，是大阪和名古屋的三倍多。在这个国家中，所有的一切都已经实现工业化和高效率，处处富饶而机会众多。这使得某个单独的城市所面临的"过载"处于最小的程度。

与其他非西方国家不同的是，日本的人口正在逐渐减少。其多年来人口出生率低下，人均总生育率（妇女一生平均生育数量）只有1.4个，照此发展下去，日本人口总数将从2010年的1.273亿下降到2050年的9 520万（Population Reference Bureau 2011）。其结果是，日本可以为其国民提供工作机会，抑制世界上很多国家中存在的各种严重短缺和污染问题。不过，因为日本是世界上老龄人口增长最快的国家，从医疗、养老金等角度看，日本与所有西方国家一样，将面临日益严重的经济问题。

# 4. 东南亚

与印度和中国不同的是，东南亚国家的本地人在历史上并没有形成大城市。这些国家大多数的城市，都是过去数个世纪在其他亚洲人与欧洲人的影响下的产物。不过，这个地区的各国首都——缅甸的仰光、泰国的曼谷、越南的胡志明市（以前叫西贡）、菲律宾的马尼拉、印度尼西亚的雅加达和新加坡共和国的新加坡市——实际上体现了我们在整个亚洲遇到的那些主要话题。下面我们将对此做一些描述。

### 新加坡

新加坡位于马来半岛的东南端，是一个城市国家，也是东南亚最大的港口，世界最大的港口之一。尽管这个国家几乎没有什么自然资源，但作为东西方贸易中心之一而十分繁荣。新加坡这个国家的人口为510万人，所有人都是城市居民，其中华人占74%，马来人占13%，印度人占9%。因此，其人口密度达到每平方英里18 600人，这是一个大问题（CIA World Facebook 2011）。为了减少拥堵和污染，政府禁止高峰时段在市中心开私家车，在一整天之中，只有很少拥有昂贵通行证的车子，才可以进入中央商务区。

随着20世纪城市人口的日益增加，棚户区和贫民定居点在新加坡的边缘也出现了。政府为了缓解这种状况而锐意革新，推掉旧社区，修建成千上万套高层公寓建筑，并有意识地促使城市人口进入这些建筑居住。更重要的是，政府通过了一项购房刺激计划，使大多数居民都拥有自己的私人房产。这个过程把一个陈旧的亚洲城市变成了一个超现代的城市。乍一看，今天的新加坡似乎就是一个西方城市，有那种一眼就可以看出的市中心，也有让人望掉帽子的高层公寓建筑。这些高楼容纳了整个城市人口的4/5左右，而且每一群建筑都得到很好的保养维持，都拥有自己的学校、公园绿地、社区中心、社会设施中心和草木茂盛的风景。

*376*

新加坡之所以繁荣，源于其开放的市场经济、强大的服务业和制造业，以及根源于历史上作为货物集散地港口而形成的广泛的国际贸易联系。其经济严重依赖于出口，特别是消费性的电子、信息技术产品的出口，此外还包括制药。新加坡一直是东南亚的金融和高技术中心（CIA World Facebook 2011）。

新加坡的人口增长得到了明显的控制。其年

人口增长率只有 0.5%，远远低于几乎所有发展中国家。其人口控制之所以成功，是由于实施了一种全面进攻政策（all-out attack）：新加坡政府为民众提供便捷的避孕与流产服务，给那些生得少的家庭减税，增加小家庭的教育福利和住房福利，一个家庭如果多生一个小孩，其医疗费用就会提高。

所有的这些进步都是以一种代价为前提的，那就是新加坡有一个高度独裁的政府。严格的社会规则调节和控制着人们的各种生活，违背者会受到严厉的惩罚，甚至小小的违法行为都要受到严厉惩罚——乱扔垃圾会受到高额罚款，乱涂鸦也会受到高额罚款，并要求实施者务必清除。新加坡因此是一个受到高度控制的社会，但是其市民似乎愿意接受这种严格控制，以换取繁荣和成功。

### 雅加达

印度尼西亚位于赤道附近，领土呈东西走向，位于亚洲大陆和澳大利亚之间，由 17 000 个岛屿构成，其中只有 6 000 个有常住人口。印度尼西亚作为世界第四大人口大国，是最大的伊斯兰国家。这个国家的人口从 1950 年的 7 950 万人，上升到 2010 年的 2.33 亿人，其中近 80% 都居住在爪哇、马都拉和苏门答腊三个岛屿上。雅加达是一个首位城市，位于爪哇岛，人口达 910 万人，密度很高，但是整个爪哇岛的人口密度只有雅加达的 1/4（UN Population Division 2012）。

为了降低这个群岛上的严重的人口拥挤状况，印度尼西亚发起了一个自愿的反向移民计划，根据这个计划，如果那些居住在人口过度密集区域的贫穷者、无地家庭，迁移到没有开发的地方去生活，政府就给他们发放建设新房、开垦土地和学习技术的补助。自该计划在 1950 年开始实施以来，有 1 200 万人得到重新安置，但其中一半实际上没有获得政府补助。另外，移民与土著人口之间发生频繁的暴力冲突，导致了成百上千人的死亡，并加剧了对于自然环境具有重要意义的热带雨林的砍伐，产生了未曾料到的后果。

印尼首都雅加达本身也完全是一个首位城市，高层建筑数量日益增加，交通日益拥挤。人们出于与那些长途跋涉到城市的所有人同样的原因来到这里，想寻求更好的生活，而这个城市的繁荣经济具有强大的吸引力。在 1985 年到 2011 年之间，雅加达及其周边地区总生育率从 4.1% 下降到 2.3%，表明印尼的人口得到了较好的控制，并预示着这里人们的生活质量有可能得到改进。

1965 年，60% 多的印尼人都生活在贫困之中，但到 2008 年，这个数字已经下降到 13%。近数十年来，印尼在教育、医疗、营养和住房方面也取得了显著的进步。虽然从大多数方面看，印尼还是一个贫穷的国家，但是其民众受教育程度正在上升，文盲率正在下降，加上生育率的下降，有可能使这个国家的社会和经济加速发展，为雅加达及其民众带来更大的繁荣和希望（*CIA World Facebook* 2011）。

### 曼谷

与雅加达一样，曼谷也是一个相当典型的东南亚城市，是泰国的首都，而这个国家从来没有成为过殖民地。这个城市现在人口达到 690 万，比所有其他泰国城市人口总和还要多，是泰国第二大城市沙没巴干（Samut Prakan）的 18 倍，这使得曼谷成为世界上最突出的首位城市之一。

一系列的数字可以说明这个首位城市在泰国事务中的支配性。在泰国所有拥有电话的人口中，曼谷人占 75%，而全国拥有汽车者 50% 都生活在曼谷，曼谷人消费了 4/5 的泰国电力，曼谷人的商业银行存款占整个国家的 3/4，曼谷的建筑面积占到整个国家的 2/3。泰国所有的公路、铁路、机场航线都在这个城市汇集（以至于要去一个与曼谷无关的地方，都必须先经过曼谷才行）。绝大多数的大学也主要位于曼谷，这个国家绝大多数的电台电视台主要集中在曼谷。这个城市有 20 家报纸，而其他所有的城市中只有一家报纸。曼谷还是泰国联邦政府的所在地。

由于具有这样的优势，成千上万的人都被吸引到这个城市中来，进一步加剧了对其贫乏的资源的过度抽取和利用。这里存在大规模的"河船文化"，有点像香港港口，容纳了很多城市贫民，他们以漂泊的河船为家。这个城市大约有 20% 即约 140 万人生活在贫民窟。市中心的人口密度大约是每平方公里 11 000 人，而据报道 1978

年人口密度更为恐怖，达到每平方公里 15 270 人，还好现在这个数字所有下降。离市中心较远但仍然属于城市的地方，每平方公里约为 1 300 人，而这个数字还在上升（UN Environment Programme 2009）。曼谷因此是一个二元对立明显的城市。其人口的增加进一步加剧了人口拥挤、交通堵塞和环境污染。然而，这个城市的文化、经济、教育机会吸引了很多游客、商界领导者和求学学生。

东南亚仍是世界上最不城市化的地区之一（参见第 1 章表 1—2）。但是其城市的发展十分快速，快得有点让人难以置信。在过去的 20 年中，雅加达、吉隆坡（马来西亚首都）和河内（越南）的人口都增加了三倍。同一时期，泗水（Surabaja，印尼）、仰光、马尼拉和胡志明市的人口也增加了一倍。这种过度城市化的模式不可能停止，因为在可以预见的将来，其自然人口增长率和移民数量都会持续保持高位。然而，这些首位城市已经不堪忍受巨大的人口增长，更不能满足人们基本需要。与新加坡不同，它们吸引了整个国家范围内的人口。例如，来自整个泰国（约 20 万平方英里）的人都涌向了曼谷。其结果就是过度的城市化无法控制，导致城市工作岗位和基本服务的奇缺。

# 五、共同的遗产

除了日本和西亚、东南亚的某些国家和地区外，本章所探讨的整个亚洲都曾经沦为殖民地。虽然殖民控制在不同国家不同地区情况各异，例如拉美沦为殖民地的时间要比非洲长，拉美土著文化受到摧残的程度要比亚洲严重得多，但也给这些国家和地区留下了一些共同的遗产。

## 1. 经济遗产

殖民给众多亚非拉国家和地区留下的是一种以不发达经济为基础的城市系统。在绝大多数情况下，亚非拉殖民城市建立的目的，就是为统治精英和宗主国攫取利益。大多数殖民城市都只有

原材料出口的功能，而不会为本地广大民众创造机会或财富，更不会发展和提高所在国家的工业生产能力。这些城市只有某种意义上的繁荣，规模往往很小。例如，布宜诺斯艾利斯在建立整整两个世纪之后的 1780 年，人口仍只有 2.5 万人，道路也很少，与其他城市实际上没有任何交通路线连接。

这种情况与美国那些后殖民城市完全不同。美国的那些城市从英国殖民者的控制中解放出来后，随着彼此之间建立联系并且与西部开发前沿城市建立联系，人口在不断增加，财富也在不断增加。然而，当 20 世纪发展中国家实现独立时，它们的城市竞争力远远落后于西方，没有优势，也没有能力赶上后者。这些城市尽管不断努力和抗争，仍然不能为其民众提供充足的工作机会和财富。

即使是那些没有直接沦为殖民地的发展中国家，经济发展水平一直也很低。在诸如泰国之类没有被殖民过的东南亚国家中，很多产业特别是汽车和纺织产业，直到最近才在城市中有所发展。并且，这些国家正在努力改变缺少至关重要的土著城市传统的情况，调整以前与西方国家签订的出口导向的不利贸易协定。在没有被殖民的中东，情况也大致相同。尽管那里的本地人修建的城市长期存在，但最近一个世纪以来，伊斯兰的孤立政策以及外国在贸易中的支配地位，导致这些城市不能满足民众日益增多的各种需要（在石油富国，这种情况正在发生巨大的改变）。

新加坡、中国香港和日本则与这种模式不同。新加坡通过严厉的政策控制了人口增长，使人们生活水平稳步提高，完全可以与"民主"得多的日本相提并论。但是，日本的历史显然不同，它有重要的本地城市传统，没有被完全殖民化过，在一个世纪之前就开始狂热追求工业化；它有一个基本稳定的政治系统，一种可使其大多数民众有机会改善自己生活水平的十分灵活的社会结构。

欠发达国家出现快速城市化的关键原因之一，是农业生产的改进。在 20 世纪 60 年代，"绿色革命"把高产的水稻、燕麦、玉米和小麦新品种引入发展中国家，因此提高了它们的食物供应

能力，达到了有所剩余的程度。我们知道，正是由于农业进步创造的食物供应剩余使人们能够建立早期的城市，而现代农业的进步同样是城市发展的重要推动力量，使世界上更多的农业人口进入城市生活。

## 2. 政治遗产

发展中世界的很多国家和地区，在独立之初，殖民统治给它们留下的是政治动荡的烂摊子。一些国家和地区，在殖民统治者离开后，出现了政治领导力量的真空，使得国家要么被外国培养的本地人精英控制，要么由竞争性的派别"共同分赃"或联合执政。当外国培养的精英成为国家的领导力量时（诸如众多拉美国家），往往会重新建立或者保留殖民时期的社会结构，使少数人拥有优势，而多数人很难得到改善的机会。而当竞争性的派别联合执政时（诸如众多非洲国家），常常又会在城市地区引起持续的暴力和骚乱。所有这些情况都阻碍了经济的增长。在政府会采取出乎意料的突然行动或者社会会突然爆发动乱并导致巨大经济损失的城市中，哪个公司还会愿意来投资呢？相反，在这样的国家，很多企业都会把自己的资金投到外国去。具有反讽意味的是，当很多公司要去这些发展中国家投资时，往往会引起当地民众的反对和抗议。因为他们认为这种投资是一种当代的殖民主义形式——跨国公司与本国政府的同盟，并认为它是一种继续剥削人民的策略。

欧洲殖民者在殖民地毫不顾及土著民族自然形成的领域边界，而武断地画定国家之间的边界，也导致了严重的政治后果。西班牙和葡萄牙根据它们能够征服的地域来瓜分拉美，而根本不考虑土著群体自然的家园和祖国。其结果是，很多以前数个世纪以来已经形成了的具有相同的政治、语言或文化的同一民族，却被分裂为不同新建国家的公民。这种武断的边界划分，使很多传统上具有共同领地的群体被一分为二，他们的领土也被欧洲殖民者分裂了。欧洲列强在非洲也强制实施了类似的但更加武断无情的瓜分过程。很多国家在政治独立后，急切想要加快实现现代化，却遭遇又一种严重的障碍，那就是殖民者武断的边界划分，导致被分割开来的地方民族之间自相残杀，很多分析者都认为这还导致了很多非洲民族国家至今政治上都动荡不安。

# 六、共同的问题

历史、文化传统、宗教和政治的多样性，可以解释发展中国家的城市与发达国家的城市之间的不同。中东伊斯兰城市在很多方面都与北美城市存在更大的差异。同样重要的是，发展中世界——拉美、非洲、中东和亚洲——的城市彼此之间本身又存在很大的差异。没有一种统一的模式，能够完全体现拉巴斯（La Paz）、开罗、加尔各答和东京这些城市之间的多样性；不过，这些多样性的城市也存在一些共同的问题。

## 1. 人口盘旋上升

拉美城市化的程度比亚洲与非洲都要高。在1950年，拉美人口与北美大致相当；但到2011年，拉美与加勒比地区人口火箭般上升到5.96亿，远远超过了北美的3.46亿。尽管拉美地区的人口增长率从1994年的2%下降到了2011年的1.2%，但与加拿大的0.4%和美国的0.5%相比，人口增长水平仍然相当高，预计到2025年，这个地区的人口将达到6.76亿。整个拉美和加勒比地区2011年的生育率为2.2%，而同期加拿大和美国分别只有1.7%和2.0%（Population Reference Bureau 2011）。

我们希望非洲泛滥的艾滋病能够得到控制，但其人口增长速度将更快（现在非洲的年人口增长率是2.4%）。非洲大陆2011年的总生育率是4.7%，是当今世界上最高的。在2011年，整个非洲人口已超过10亿大关，预计到2025年将达到14亿。到2030年，超过一半的非洲人都将生活在城市中，到2050年，非洲的人口城市化率将达到60%。作为世界上城市化速度最快的大陆，非洲在将来的 40 年中城市人口将增加三倍（UN Habitat 2010）。

亚洲的人口占整个世界的 3/5，2011 年人口总数为 42 亿，年总生育率为 2.2%，但人口学家预计，按照其现在每年人口增长 1.1% 的速度，到 2025 年亚洲人口将达到 48 亿（见表 13—1）。其中人口增长率较高的是中东（1.9%），中东地区现在的人口生育率高达 3.0%，按此下去，中东人口将从 2011 年的 2.38 亿上升到 2025 年的 3 亿（Population Reference Bureau 2011）。到 2030 年，中东（西亚）的城市人口比重将达到 73%，亚洲其他地区将达到 53%，拉美和加勒比将达到 85%，非洲将达到 50%（UN Population Division 2012）。

欠发达国家的人口总量将进一步高涨。在大多数发展中国家中，1/3 或更多的人口年龄都在 15 周岁以下，因此他们还没有进入生育期。另一个促使欠发达国家人口快速增长的原因，则是科技进步和技术改良（疾病疫苗、更好的排水和卫生设施等）大幅降低了死亡率。显然这是一个好消息，但它使得这些国家人口过多的问题更加严重。

## 2. 生活质量低下

在贫穷国家，城市人口规模越是扩大，城市人口就业往往就越不充分，甚至连基本的水电气、医疗卫生、垃圾处理以及治安消防等方面的服务都日益无法得到满足。仅就拉美而言，1930 年拉美只有一个城市的人口超过 100 万；而在 2000 年，拉美已经有 50 个城市人口达到了

100 万。几乎所有这些拉美城市都被极度贫困的成片贫民窟包围，在这里甚至缺少最为基本的生活设施和社会服务。同样，在亚洲和中东，城市也面临道路拥挤、交通堵塞、基础设施不足和环境污染等严重问题。

很多欠发达国家都十分贫穷，以致它们自己完全不能提供解决城市问题所需资金。其中很多城市的特征，就是失业和隐性失业，因为这些城市在历史上一直依靠某一两种商品的出口，而缺少多样化的工业基础。很多国家试图改变这种形势，而它们采取的方式之一就是鼓励外地人到它们那里去旅游。这是一件好坏参半的事情，因为旅游会让世界上最富者与最穷者产生接触，进而产生一种强烈的对比，而只有那些最缺乏远见的游客，才会忽视这种对比。

最后，在亚非拉国家的很多城市中，政治腐败、犯罪、城市暴力都在上升。2012 年世界最危险的十个城市中，就有八个在发展中国家，它们是南非的开普敦、洪都拉斯的圣佩德罗苏拉、危地马拉的危地马拉市、伊拉克的巴格达、哥伦比亚的波哥大、墨西哥的华雷斯、索马里的摩加迪沙、委内瑞拉的加拉加斯。另外，俄罗斯车臣共和国的格罗兹尼、巴西的里约热内卢也是世界上十分危险的城市（Urban Titan 2012）。

## 3. 环境污染严重

城市人口对于环境的影响，要远远大于农村人口，特别是从电力、交通、烹调、取暖方面的能源消耗角度看，更是如此。城市的热量不能像在农村那样很快向空中散开，反而会

表 13—1 　　　　　　　　　欠发达世界当前人口与预期人口增长

| 地区 | 2011 年人口（亿人） | 总生育率（%） | 人口增长率（%） | 2025 年预计人口（亿人） |
|---|---|---|---|---|
| 非洲 | 10.51 | 4.7 | 2.4 | 14.44 |
| 亚洲 | 42.16 | 2.2 | 1.1 | 47.80 |
| 拉美和加勒比 | 5.96 | 2.2 | 1.2 | 6.76 |
| 中东 | 2.38 | 3.0 | 1.9 | 3.00 |

资料来源：Population Reference Bureau, *2011 World Population Data Sheet*. Copyright © 2011. Used with permission.

形成热岛，阻止了污染的扩散和影响了城市的地方性气候，导致了更多的降雨和雷暴。但是城市又阻碍了雨水向地下渗透，降低了地下水位，每当降雨时，很快会形成地面径流并更快地流走，从而增加了洪水以及地下水污染的可能性（Torrey 2004）。在那些快速扩张却没有改进基础设施以应对快速扩张的城市中，诸如安全供水不足、卫生设施滞后、垃圾处理欠缺、尾气排放污染和工业污染等环境问题，对人们的健康造成了严重的损害。例如，非洲城市中不能获得清洁饮用水的人口，已经从1990年的3 000万上升到2008年的5 500万（UN Environment Programme 2011b）。

目前，有毒物质的污染对发展中国家城市人口造成了特别严重的威胁，受到影响的城市人口超过了10亿。世界银行报告说，发展中国家多达20%的健康问题都可归结于环境原因，特别是污染（CNN 2008）。2008年世界最脏的25个城市中，有24个都处于发展中国家。这个名单是根据空气污染、废物处理、水的可饮用性、传染病的存在情况等因素，对每个城市进行科学分析和比较之后而得出的。排在这个名单上第14

◎ 与亚洲和非洲的棚户区一样，拉美的贫民窟往往处于城市的边缘。下图就是一个有着不太适当的名字"13号别墅"的棚屋，位于布宜诺斯艾利斯的市中心。在这些擅自占地者的定居点中，同样存在着在发展中国家其他贫民定居点中发现的那些健康、经济和心理问题。

位的莫斯科，则是一个例外，因为它处于发达国家。最接近北美的那些最脏的城市，有名单上处于第4位的海地太子港和处于第5位的墨西哥城（Luck 2008）。

## 4. 棚户区泛滥

正如本章多处提到的，与快速的城市化相伴随的一个主要问题，就是城市边沿的棚户区、贫民窟或占住无主屋形成的群落一直在增多（参见下页的"城市生活"专栏）。它们有各种不同的称谓，在非洲前法国殖民地叫锡罐城（bidonvilles），在印度叫巴斯第（bustees），在整个拉美则叫悲惨城（los villas miserias），等等。这些贫民窟也具有不同的形式，在韩国首尔外围是纸板和泥浆建成的棚屋，在香港港口中是停泊的舢板，在非洲和拉美则是由废弃木材和锡皮搭成的棚子。不过，尽管它们的名称和形式各异，但背后都有一种共同的事实，即生活在这里的人们极其贫穷、营养不良、卫生条件极差和疾病流行。这些居民挣扎在生存的边缘，但他们意志坚强，拥有强烈的家庭连带，对未来充满希望、坚定不移。不过，这些棚户区的存在，确实是发展中国家城市生活中最糟糕的一面。

*382*

# 七、概要

在过去的数十年中，社会科学家讨论了经济增长是否会在无形中侵蚀地方城市的传统。那些保守主义学者常常十分肯定并信誓旦旦地主张，通过工业化和外向型贸易而"缓慢进行的西方化"，正在快速消除古代城市传统，而这种传统不仅对于人民是宝贵的，对于我们在整个世界城市化过程中寻找替代性的模式，也是十分有价值的。

这类保守主义者的主张在今天仍然具有吸引力，但明摆着的事实是，发展中国家的绝大多数城市都已经被淹没在如此之多的人口之中，以至于它们在没有重大经济和技术进步的情况下，难以向这些人口提供充足的必需产品与服务。目前世界上有成百万上千万的城市人口处于赤贫状态，正如我们在加尔各答所看到的那种极其贫困的状况。而且，发展中国家一些较大的城市，已经变得如此的拥挤，污染已经如此的严重，以至于它们的环境承载能力已经达到了极限。

与前两次城市革命一样，今天的城市确实正在再一次改变世界。在第2章我们讨论了第一次和第二次城市革命。第一次城市革命发生在大约公元前8000—前2000年，人们在历史上第一次大量进入城市。第二次发生在资本主义工业革命时期，始于18世纪并一直持续到20世纪前半叶。因为这一时期的城市能够比乡村提供更高的收入，具有更高的技术生产力和医疗水平，第二次城市革命导致了人口过渡——一种不曾预料到的人口增长。现在，城市再一次促进了人口过渡，但是这一次的人口过渡有两大不同：其一是最大的人口增长不是出现在发达国家而是发展中国家；其二是这次变迁的宏大规模使18世纪到20世纪50年代的人口过渡相形见绌。这就是第三次城市革命，没有人曾经预见到我们现在所看到的这种人口增长。

仅仅在一两代人之前，人们都认为世界最大的大都会区或城市群肯定是在发达国家中，而且这种看法在当时是正确的。但是现在情况已经变了。快速的增长和城市移民已经使很多发展中国家的城市发展为大都会区或城市群，表13—2左边一栏充分显示了这一点。如果我们考虑更长的历史时期，发展中国家大都会区和城市群将日益处于支配地位，其规模将日益超过发达国家的趋势就更加明显了。对此我们可以参见表13—2的右边一栏的数据。现在，在世界最大的十个城市中，西方国家只有一个，那就是美国

# 世界各地的贫民窟

### 非洲

这个棚屋只有10英尺见方，由皱巴巴的金属皮搭成，固定在水泥衬垫上。里面住着小阿姆斯特朗·奥布莱恩（Armstrong O'Brian, Jr.）以及另外三个男人。他们没有自来水，只得从附近一个私人的水龙头那里购买。他们也没有厕所。在这种拼凑组合的家庭中，都没有下水道或卫生设施，往往共用一个厕所。他们的电是非法地从某家人的电线上偷接来的，电压只能维持一个小灯泡，发出昏暗的灯光。

这就是沙士兰（Southland），内罗毕西郊的一处贫民窟社区。然而，在这个城市中，这样的贫民窟处处可见，因为内罗毕一半以上的人都生活于这种状况之中。

也就是说，这个城市大约有150万人栖身于用泥篱笆或金属皮搭成的棚屋中，没有各种基础设施，没有厕所，没有权利。

在棚子外面，有一座小山一样的垃圾堆，把沙士兰与邻近的合法社区兰加达（Langata）分开来。这座垃圾山高约8英尺，长约40英尺，宽约10英尺，底部周围被一圈渗出来的污水包围着。有两个小男孩，也就五六岁的样子，正在爬这座"垃圾肯尼亚山"。他们赤着脚，每走一步，脚趾都陷入淤泥中，从变味的垃圾堆中飞出来的数百只苍蝇围着他们嗡嗡乱飞，他们一边爬，一边驱赶着苍蝇。也许他们正在玩"一山之王"（King of the Hill）的游戏。但他们不是在玩游戏，因为他们在达到山顶后，就低下身来，蹲着拉屎。饥饿的苍蝇们就在他们的大腿周围飞来飞去。

当20家大约100人共用一个厕所时，一个小孩去垃圾山顶大便也许就不再是什么大事了。但是，在我们吃饭时，小阿姆斯特朗说他珍爱他所在社区的生活质量，这种说法与上述小孩的行为之间存在多么惊人的对比。对于小阿姆斯特朗来说，沙士兰并不存在物质条件的不足。相反，从这种金属皮棚屋和垃圾堆中散发出来的人文精神，为非法社区提供了某种东西，那就是自由。

### 亚洲

在孟加拉国首都达卡，大约有300万人生活在贫民窟中。贫穷劳工是这种贫民窟最常见的居

城市生活

民，他们通过当建筑工人、工厂工人、货车司机、人力车夫或在非正规部门当家庭仆人甚至作为拾荒者谋生。

其中的一个贫民窟，叫2号普拉巴斯第（No.2 Pura Basti 2），是锡皮屋和竹篱屋的聚集之地，这些棚子沿着一条狭窄的鹅卵小路排列，小路的两边是明沟。这些棚子有电，但没有自来水和天然气。妇女们就在她们的棚子垒的土灶上用木头烧火做饭。

就在几年之前，这个贫民窟只有几口水井，以及一个偷偷接到城市供水系统的水龙头，为这里的500家人断断续续地提供非饮用水源。而对于饮用水，妇女和小孩往往要排队等候两小时，支付很高的价格，才能从当地市场或附近的房子中得到一罐水或一桶水。现在，他们在棚屋后面打水井，并从中打水洗澡和洗衣服等，但饮用和做饭的"安全的水"，他们只能从贫民窟的"供水点"获得。这个供水点实际上就是一个地下水窖，其中贮存着来自达卡自来水管道的自来水。这个水窖安装了两个手工水泵，当人们取水时，就用手从中泵水。

在几年前，拥有这片土地的达卡市政公司，对这个贫民窟的肮脏道路进行了硬化，设立了一些社区厕所。但是这些厕所十分简陋，实际上只有一种水泥管子，安在地上，没有任何冲洗设施，直接排入明沟，而这个明沟又与附近的池子相连。因此，这个地方的水总是弥漫着垃圾和人类粪便的恶臭。每天早上，几乎有二三十人携带水罐，排队等着上厕所，而那些不能忍受如此漫长等待时间的小孩和老人，干脆就在他们屋子外的明沟里排便。

**拉美**

在极其拥挤的墨西哥城，1/3的居民都不能享受诸如供电、排污设施等基本服务。其结果就是每天有大量的人类废物被倒入明沟、壕沟和空地上，散发着恶臭并吸引了无数的苍蝇。

由于每年都有40万左右没有多少文化、技能的人涌入，这个城市的失业率高达50%，棚户区在不断扩张。大多数居民都是擅自占地者，他们生活在他们可以生活的任何地方，包括废弃的有盖货车中、山腰那摇摇欲坠的棚子中、公园中和公共停车场中，以及路边的茅舍中，等等。大约有25万人非法生活在360个贫民窟中，而这些贫民窟又搭建在他们没有产权的土地上，至少他们暂时没有拥有这些土地的产权，因为墨西哥的法律规定，这些人只有在占据地面5年之久后，才能获得土地的产权。

这些擅自占地者常常生活在没有排污设施的房子中，这些房子的电线老化，并且是非法搭在城市供电网上，饮用水则须用水桶去购买，或者是从不断渗漏的橡胶软管中接取。1998年，在墨西哥城中心工业区一处名叫"最后的希望"的擅自占地者聚集地，发生了一次因非法接搭电线引起的火灾，一下子就烧掉了100多处棚屋。但是，再严重的损坏都不会被报道。这个地区大多数的居民甚至不知道，那些由防水纸板搭建的棚屋，一直就建在两家工厂之间，直到擅自占地者那些烧毁的财产被铲到大街上为止，人们才知道这里还有一个贫民窟。

在墨西哥，不是只有首都才面临这类问题。2003年，墨西哥的华瑞市（Juarez）的一个棚户区，也是因为乱搭电线而发生了一次火灾，一下子就烧毁了这个棚户区，4个妇女死于非命。2004年，墨西哥的杜兰戈（Durango）也发生了一次类似的火灾，烧毁了一处公共市场。

资料来源：Robert Neuwirth, *Shadow Cities: A Billion Squatters, A New Urban World.* London: Routledge, 2004, pp. 3,5; Mallika Wahab, "Bangladesh Slums Demand Access to Clean Water," *International Journal of Humanities and Peace*, 19(2003): 46–47; Chris Hawley, "Trying to Exorcise Mexico's 'Little Devils'," *Arizona Republic*（Dec. 12, 2004）; Scott Spoolman and G. Tyler Miller, *Living in the Environment*, 17th ed.（Pacific Grove, CA: Thompson-Brooks/Cole, 2011）.

的纽约，而就在几年前西方国家还占三个。而预计到 2025 年，西方国家的大城市的排名还将更加靠后，甚至到 2020 年，世界最大的十个城市中，西方国家可能一个也没有。从表 13—2 中关于 2025 年的大都会地区人口规模的数据中，我们可以看到这些城市都真的是一些巨型城市，其规模之大，史无前例。

# 八、结论

本章对全球城市化的简要回顾，并没有为我们已经讨论的那些问题提供一种单独的解决办法。学者们本身对于这些问题的原因以及最有效的解决办法也争论不休，立场各异。

然而，有一些结论似乎是确定的。那就是发展中国家的那些城市，不管已经做了何种努力，在可以预见的将来，都会以各种不同的速度发展。随着这种发展而来的，将是不可避免的更大的各种问题，包括人口拥挤、交通堵塞、污染和基本服务的严重短缺。这些城市在应对和解决这些问题的过程中，也许会找到一种或者几种相互结合的办法，并因此减轻已经严重超负荷运转的

城市的负担。

这是一个艰巨的任务。由于人口不断增长且没有足够的工作机会、住房，以及落后的医疗条件，欠发达国家中成百上千万的穷人的生活，近期将很难有所改变。也许发展中国家的城市发展过程中最惊人之处就在于，它们只用了数十年的时间，就实现了欧美花了一个多世纪才实现的增长与现代化开发。就目前情况而言，发展中国家所谓的"过度的城市化"还会持续发展，也许要等多年之后，这种情况才会好转。

所有这些正在不断发展变化的城市，都有自己复杂的文化传统和独特的历史。本书第 10 章曾经指出，甘斯认为在描述一个城市中的各种生活方式时，必须更加重视文化而不是空间因素，必须看到文化价值观对城市空间布局和社会结构的影响。本章探讨了发展中国家的城市所存在的共同遗产和问题，指出这些问题在很多方面都会因地而异。不断扩张的全球经济和远程通信网络把这些城市更加紧密地联系在一起，但是它们仍然会以各自不同的发展模式演变，因此每个国家的城市都仍将有其自身的特征。

表 13—2　　　　　　　　　　2010 年和 2025 年世界最大的十个城市

| 2010 年 | | 2025 年 | |
| --- | --- | --- | --- |
| 城市 | 人口（万） | 城市 | 人口（万） |
| 日本东京 | 3 693 | 日本东京 | 3 866 |
| 印度德里 | 2 194 | 印度德里 | 3 294 |
| 墨西哥墨西哥城 | 2 014 | 中国上海 | 2 840 |
| 美国纽约—纽瓦克 | 2 010 | 印度孟买 | 2 656 |
| 巴西圣保罗 | 1 965 | 墨西哥墨西哥城 | 2 458 |
| 中国上海 | 1 955 | 美国纽约—纽瓦克 | 2 357 |
| 印度孟买 | 1 942 | 巴西圣保罗 | 2 317 |
| 中国北京 | 1 500 | 孟加拉国达卡 | 2 291 |
| 孟加拉国达卡 | 1 493 | 中国北京 | 2 263 |
| 印度加尔各答 | 1 428 | 巴基斯坦卡拉奇 | 2 019 |

资料来源：World Urbanization Prospects, 2011 Revision, U.N. 2012.

## 关键术语

种族隔离制度                     首位率

货物集散地                       首位城市

殖民化                            总生育率

巨型城市                          城市群

## 网络活动

1. 登录 http://www.census.gov/population/international/data/idb/information Gateway.php，进入美国人口统计署的网站数据库，查看世界发达国家和发展中国家各国人口排名，掌握世界人口增长趋势。

2. 登录联合国人口署网站 http://www.un.org/esa/population/unpop.htm，查看世界城市化前景等相关信息。

# 第14章

# 规划我们的城市

*386*

有一些城市运转得很好，例如俄勒冈州波特兰市、加拿大的多伦多市；但是有些城市运转得不好，例如新泽西州的卡姆登和密歇根州的底特律。不过，每个城市都要与各种问题作斗争，只不过一些城市的问题多些，一些城市的问题少些。本章将介绍那些通过大胆的和刺激性的规划来应对和解决城市缺点者的工作，其中一些规划在社区层次处理城市问题，另一些规划则试图激烈地改变整个城市。

毫不奇怪的是，这些规划一直充满了争论，因为它们一直以来都挑战被某些人珍视的文化信仰，与既得经济利益集团相冲突，或者显得太过激进。然而，只有考察其中一些规划的思想和观点，我们才有可能探明城市更美好未来的可能性。

# 一、各种看法

我们先来看看在 19 世纪晚期，埃比尼泽·霍华德（Ebenezer Howard）持有一种什么样的看法。埃比尼泽·霍华德深受爱德华·贝拉米（Edward Bellamy）的小说《回顾过去》（*Looking Backward*，该书对 2000 年的城市进行了一种乌托邦的描述，认为此时城市的所有问题都解决了）的影响，倾其一生想在英国实现贝拉米的目标。正如霍华德所说，工业城市实际上是一个梦魇：人们涌入这些已经过度拥挤的城市，最终却是境遇悲惨和彻底失望。

霍华德也承认城市有它的优势，诸如机会、娱乐与多样性等，但他质问城市为什么不能给予人们乡村中那些最美好的东西——健康的环境、低密度的人口和自由感。因此，他着手创建他的"明天花（田）园城市"，以解决这个困境。在 1898 年，他写道：

我们必须同时具有这两种吸引人的好处和优势。正如男人与女人用他们自己的天赋和才能相互补充一样，城市与乡村也应如此……乡村是上帝的爱与关心的象征……我们就是这一切，而我们所有的一切都是源于此。我们的身体从中产生，我们的身体又会复归于它。我们由之供食、靠之穿衣、借之取暖、得之庇护……它是一切健康、财富和知识之源……城市与乡村必须很好地结合起来，而且这种让人愉快的结合，会给我们带来新的希望、新的生活和新的文明（Howard 2007：48；初版于 1898）。

在颂扬"城市与乡村的这种联姻"的过程中，霍华德详细制定了他的花（田）园城市规划，并且试图说服其他人，他的规划不仅是人们想要的，而且是完全可能的。下页的"城市趋势"专栏，描述了他的主要看法。

在 1903 年，他与一群商人联手，建立他的第一座花（田）园城市莱奇沃思（Letchworth），距伦敦大约 35 英里。他在 1919 年又建立了另一座花（田）园城市韦尔恩（Welwyn），离伦敦更近。这两座城市总体上都很成功，并且直到今天都还存在，一直是宜居之处。不过，在 20 世纪 40 年代之前，它们是英国唯一的两座有目的地"规划"的城镇。

从上文关于霍华德建立新城的故事中，我们可以明确看到城市规划的整个历史。要改变那些已经建立的城市，将是一项宏大、昂贵和破坏性的工程。城市不仅仅是砖瓦和灰浆。它们是人们的生活，它们有自己的历史传统，受到根深蒂固的不易改变的权力关系以及既得经济利益团体的操纵。因此，对城市进行重新设计和规划，往往会面临各种质疑。而且，由于有很多的城市规划（如 20 世纪 70 年代的城市复兴）产生了不良的后果，因此对其进行合理的怀疑，并非是一件坏事。

# 二、世界历史中的城市规划

霍华德并非历史上第一个从事大规模城市规划的人。我们在第 2 章中讨论过，摩亨佐—达罗是公元前 2500 年印度河流域中的一个城市，它的街道成网格状分布，有宽广的大道、有设计得很好的舒适而节能的私人住宅。公元 700 年左右墨西哥人的特奥蒂瓦坎城，以及 1500 年左右的特诺奇蒂特兰，给人们的印象更加深刻。这两个

# 埃比尼泽·霍华德先生的明天花（田）园城市

霍华德先生设计的花（田）园城市占地大约 1 000 英亩，位于一片面积为 6 000 英亩的地区的中心。

整个城市有 6 条主要的大道，每条大道都宽 120 英尺，穿越这个城市的中心并通向四方，把整个城市划分成六等分。处于中心的是一处环形的空间，大约 5 英亩半，被布局和设计为一个美丽而水渠发达的花园；这个花园的周围，又是一圈更大的公共建筑，包括城镇议政厅、音乐厅、讲演厅、剧院、图书馆、博物馆、画廊和医院等，这些建筑本身又附带充足的草地。

被这个"水晶宫"包围的更大空间的其余部分，是一处公园，有 145 英亩，其中又包括了一片宽大的娱乐场地，人们可以便捷地从四面八方来到这里。在中心公园的四周（除了那些与大道交叉的地方），是一条很宽的草地拱廊，叫做"水晶宫"，其口子开在公园处。在这里可以展示和销售制造出来的各种产品，并且人们在这里进行这种购物的时候，可以享受能够进行各种自由选择的乐趣。然而，被水晶宫包围的空间，比人们要求实现这个目标的空间还要大。其相当大一部分被用于建设一个冬天花园——整个构成了对最具吸引力的特征的永久展示，同时圆环的形状又使城镇中的每个人都能够接近它，甚至吸引了 1 800 英尺外的居民来到这里。

从水晶宫走出来，我们就进入了这个城镇的外环，穿过了第五大道。与这个城镇的所有其他街道一样，这条大道也排列着各种树木。如果从这条大道看水晶宫，我们会看到一圈建得非常优美的房子，每一幢房子都耸立在空旷的草地上。然后，当我们继续向前走，我们会看到，这些房子在很大程度上都建在同心圆上，面对各条街道（因此街道被称为环道）或者面向通向并汇集于城镇中心的街道和道路。……小城的人口本身大约有 3 万，另外还有 2 000 人从事农业生产……

在该城的外环上，是工厂、货栈、奶牛场、市场、煤场、木材场等，所有这些都面向环形的铁路，这个环形铁路包围了整个城镇，并且有支线把它与穿过整个庄园的铁路干线相联系。这种布局能够让产品装上来自货栈或工厂的货车，因此不仅极大地节约了包装和运输的费用，提高了效率，而且也使产品损坏率降低到最低限度；还有，通过减少这个城镇的交通道路，也十分明显地减少了它们的维修成本。在花（田）园城市中，雾霾和灰尘也得到了很好的控制；因为随着用于照明和电动机的电费大大下降，所有的机器都由电能来驱动。

资料来源：Ebenezer Howard, *Garden Cities of To-Morrow*, excerpt from pages 50-56,©1965 *Massachusetts Institute of Tchnology*, by permission of The MIT Press.

城市趋势

都城规模很大，具有各种象征性建筑。广阔的广场、宏大的庙宇、繁华的花园是这些城市的重要特征。还有，本书第 9 章的案例明北京，规划也有着严格的控制。整个北京都是一个根据规划建成的城市，而其城中之城更有规划性，其所有的规划都体现和表达着中国的文化。

西方城市也具有颇长的规划历史。希腊人对古代雅典就进行了规划，而古罗马帝国的华丽、威严与宏大，在很大程度上是罗马人注意规划城市的结果。甚至某些中世纪的城镇，也显示出某些规划的特征，特别是用于防御的城墙和各种为了特殊活动而设立的"区域"，都是人们规划的结果。在城市中心，人们规划了市场、广场和居民区，当然还少不了那些中世纪的教堂。再后来，在文艺复兴时期，城市规划真正开始盛行，人们会花很大的心思来修建高效的交通环线，并为抵挡外敌入侵而修建坚固的堡垒。也正是在这一时期，规划者为巴黎设计了辐射性的大道——这些道路非常适用，同时也非常的美丽。

## 1. 为什么要进行规划？

早期的城市规划者之所以要对城市进行规划，首先是为了解决特定的城市问题。他们出于保护人们健康的原因而规划了地下排污管道，出于抵御外敌的目的而规划了城墙，为了满足人们打发时光的需要而规划了公园，为了促进交通和方便人们行动而规划了街道。

其次，我们知道，罗马、特奥蒂瓦坎、特诺奇蒂特兰和明北京的城市规划者们的动机，也是要颂扬和美化那些当权者。因此，奥古斯都大帝及其继承者，在基督教时代的最初数十年中，宣称要通过修建罗马参议院宫而成为上帝，这些人想通过建筑、公园、广场和无数的雕像来实现"不朽"。而城市的规划者之所以要美化和颂扬统治精英，原因在于毕竟是这些人雇用了他们。一言以蔽之，城市规划常常是一个"自上而下的过程"。因此，当我们问"为什么要对城市进行规划"时，我们需要时刻记住的是另一个问题，即："城市是为谁而规划？"

最后，人们之所以要对城市进行规划，常常也是出于颂扬某种重要的文化价值观念。明北京不仅是那些拥有绝对权力的帝国皇帝的纪念碑，也在时刻提示着每个人，那是中国人生活方式的中心。在文艺复兴时期，教皇驻地在重建时，为了展现天主教会是西方世界最富有和最重要的组织，教皇朱利叶斯决定在基督教庭（Christendom）

拆除长方形的老圣彼得基督教堂，新建最大的大教堂和广场。其结果就是宏大的圣彼得皮亚扎广场。广场上有一条长长的圣道，把来这里的人引向教堂前一处宏大的环形区域，而这个环形区域又通向大教堂本身。在这种环境中，那些虔诚的信徒会获得一种强烈的宗教体验，每个人都会对圣彼得教堂的宏大规模和设计生畏。这两种反应对广场的设计来说都是重要的。

在图14—1中，有一些不同的事物得到了强调，这是克里斯多弗·雷恩（Christopher Wren）爵士于1666年伦敦大火后的重建规划（第2章曾 *390* 经提到伦敦大火）。在此，虽然宏大的圣保罗教堂（图14—1中的B）处于支配性的中心，但城市的主要道路并不是通向它，而是通向股票交易中心（图14—1中的A）。这个规划最终没有被采纳，因为其主要特征就是强调了这个城市生活中的金融与贸易要素。不过，伦敦在这时已成为世界上最有力量的经济中心。这一规划反映了这种变迁。

在城市规划史中，城市规划往往强调三个方面。人们规划他们的城市或其中的一部分，是为了：（1）解决特定的问题；（2）服务于那些富人与当权者；（3）反映并强化某种文化观念。

## 2. 工业时代的城市规划：公元 1800—1900年

霍华德与我们在第5章所讨论的经典社会学

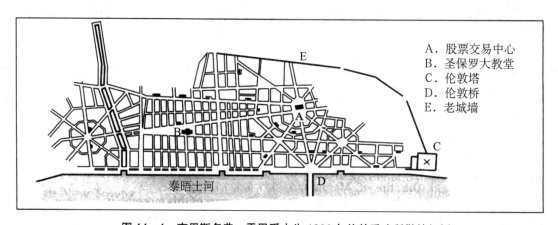

**图14—1　克里斯多弗·雷恩爵士为1666年伦敦重建所做的规划**

资料来源：Arthur B. Gallion and Simon Eisner, *The Urban Pattern*, 4th ed.（New York: Van Nostrand, 1980），p. 43. Reprinted by permission of Van Nastrand Reinhold.

理论家们——腾尼斯、涂尔干、韦伯、马克思、齐美尔、帕克和路易斯·沃思——一样，都关注过度拥挤的城市存在的各种问题。霍华德对工业城市的看法比较悲观，认为它代表的是贪婪与少数人利益而非多数人利益。他认为，工业时代的城市从来都没存在过有效的城市规划。

霍华德在很多方面都是对的。在早期的城市中，整个城市范围内的规划并不存在。在 19 世纪中，有很多工业镇得以建立，诸如英国的曼彻斯特、伯明翰，美国新泽西的帕特森和马萨诸塞的福尔里弗（Falls River）等（参见第 3 章），但这些城市在很大程度上都只关注利润和效率。

在 17 世纪早期，荷兰人来到曼哈顿岛南端的新阿姆斯特丹定居，其街道或多或少都是随意形成的，因此显得杂乱不堪，与欧洲中世纪的城市别无二致。在两个世纪之后，随着这个城市向北扩张，1811 年城市领导人采纳了一种严格的、网格状的规划，不管具体地形而推广到整个城市。利润和绩效在这个时候起着主导作用，使城市的空间转换成一种标准的商品。城市委员会在采纳这个规划时，报道说"直角的房子最便宜，人们生活在其中也最方便"（Scobey 2003：120）。

这个由经济交易支配的新城市对传统考虑得很少。各种老建筑被拆除，而这只是出于获得商业利益的目的。建筑师采用的建筑风格，诸如正面采用巴黎建筑风格，只是为了"显示和显摆"，而不是要象征那种备受崇敬的久远历史传统（Scobey 2003：171–173）。获利动机基本上支配了纽约的一切，不过纽约中央公园是一个重要的例外，波士顿市中心的康芒斯公园也是另外一个值得注意的例外。

## 3."城市美化"运动

在美国，一些建筑师、设计师和公共领导人，还有一些另外的思想和观念。美国城市规划史上最早的重要创新，出现在 1893 年芝加哥世界博览会，它体现了建筑师丹尼拉·博翰（Daniel Burnham）的"白色城市"观念（反对肮脏、乌烟瘴气的工业化城市）。博翰提出，应按照新古典风格来建设城市的公共市政中心，而整个城市应围绕这些中心建筑修建，要有宽大的公共空间和公园网络，并与宽敞的大街相联系。博翰的思想和观念促进了一次城市美化运动，并对整个美国的城市规划者都产生了重要影响。美国所有城市的市政厅、法院、图书馆或火车站，几乎都是模仿古希腊和罗马的建筑风格。芝加哥、克利夫兰、底特律、洛杉矶、明尼阿波利斯、圣路易斯、旧金山和华盛顿特区等，都在那次博览会后开始了城市美化工程。

然而，这一运动的费用很高，不久就导致人们包括它的支持者不得不缩小规划规模。而且，某些私人利益集团特别是工商业集团，坚持这些规划必须满足他们那狭隘的目标。因此，城市美化运动在不久后就完全偃旗息鼓。而所有新的社区建设，不管是 19 世纪的开拓性、边疆性的城市，还是 20 世纪的郊区性城市，从更大的范围看往往都缺少规划，常常始于一种不伦不类的中央大街，除非因为自然地势抬升而不得不进行调整以外，都是以一种网格状的设计向外扩张。

*391*

# 三、新城运动

直到我们在英格兰怡人的草地上建起耶路撒冷之前，我都不会放弃精神的抗争，也不会让手中的宝剑入鞘。

——威廉·布莱克（William Blake）

霍华德的《明天花（田）园城市》一书，开篇就引用了伟大的英国浪漫主义诗人和艺术家威廉·布莱克的这一诗节。他认为，他的新城运动可以解决英国城市社会中那些由各种因素导致的所有痼疾。

在进一步深入讨论之前，我们先厘清一下"新城"的含义。这里的"新城"并非是指某个新的定居点，诸如美国与加拿大西部开发过程中出现的新定居点。当铁路公司决定在那个地方修建一个站点时，那个地方就会兴起一个城镇，或者在有价值的矿产被发现的地方，就会出现一个繁荣城镇。我们这里所说的"新城"，不是指这样的城镇，社会学的"新城"概念指的是一种综合性的、自足的共同体，在整个范围内都得到了很好的规划，有这种整体规划的城镇才叫新城。这种新城的街道和基础设施的空间布局，都是人们有意识地设计的，住宅、商业、教育、娱乐、购物和服务设施也得到了有意识的规划，城镇的中心、广场、公园、湖泊和道路，以及就业活动与闲暇活动有机融合在一起，如此等等。

# 1. 英国的新城

在二战期间，纳粹德国对伦敦进行了多番轰炸，给伦敦带来了巨大的灾难，导致伦敦住房极其短缺，几乎到了让人绝望的地步。这个时候，英国人又开始对霍华德的规划感兴趣。1946 年英国通过了《新城法案》，赋予政府发起修建新的城市社区的权力，吸引人们离开伦敦等大城市。这个法案的核心目标之一，就是限制伦敦向外无序扩张，而用一条绿色地带把伦敦包围起来。这种理念直接来自霍华德。

这些由产业、住宅、商业区域构成的新城市社区，往往建立在距离大城市较远的地方。英伦三岛总共建了 34 处新城，政府的高度介入，在很大程度上保证了这些城镇的成功。第一批新的城市社区——叫做 1 号新城群——完全坚持了霍华德的思想，并以莱奇沃思和韦尔恩为样板。在这些社区中，绝大多数都是单门独户的房子，但很有组织，这种大约有 3 万居民的社区还拥有完全自足的产业、住房、教育和运输设施。

第二波新城——2 号新城群——修建于 20 世纪 50 年代和 60 年代，并明显偏离了霍华德最初的设计理念。这些新城以康博诺尔特（Cumbernault）为样板，位于苏格兰格拉斯戈外。2 号新城群体现的是政府的思想，政府认为仅仅修建 3 万人的小城并不足以缓解大城市中的污染问题，修建太多的小城会浪费更多的土地。因此 2 号新城群（那些自 60 年代修建的城镇）设计居住人口在 8 万以上，为了增加人口密度而不惜牺牲绿地，强调购物和娱乐设施向城市中心集中（而不是在社区中购物）。而大多数最近修建的新城就更大了。例如，弥尔顿凯恩斯（Milton Keynes）新城，位于伦敦以北 50 英里处，人口达到了 18.5 万，面积达到了 120 平方英里。

英国的新城——霍华德所说的"城乡融合"——在提供体面的住房和充足的工作岗位方面，取得了巨大的成功。不过，在其他方面，这些新城又有不足。这些新城的数量很少（只有 34 个）、规模有限，因此对英国大城市的巨大人口没有产生多少影响。而且，从社会的角度看，这些城镇大多数都具有小宗派色彩，具有大多数大城市同样的种族和阶级偏见。一些批评者认为，新城的这种同质性是其规划过程本身的产物，因为这种规划强调社区和邻里的重要性。正如社会学家常常指出的，内群体团结——常常是由邻里生活所促进的——常常会创造一种相应的外群体敌对感。

# 2. 世界各地的新城

### 英法等国

英国早期的新城具有某种程度的逆城市性。它们都是小城镇，它们那有限的规模表明了对大都会区的一种独特的厌恶。它们也反对增长和扩大，认为城市越大越不好，因此严格限制它们的人口规模。早期新城规划者认为巨大的人口往往意味着失序，人口与环境之间的微妙生态平衡将被打破。然而，最近修建的几个新城，则呈现出相反的面貌。在法国、荷兰和西班牙，新城的开发都是试图刺激整个城市区域的发展。这种新的共同体通过产业集群而创造工作机会，在从乡村吸引人口的同时，也从附近老城市中吸引人口。例如，在 20 世纪 60 年代中期，法国为了适应人口的增长以及"抵消"其大城市的"吸引力"，在巴黎附近开发了五座新城，还在格勒诺布、里尔、马赛和鲁昂附近建立其他的新城，以最大限度地把人口集中在法国中部地区，减少人口向那些老城市迁移。

### 瑞典

位于斯堪的纳维亚半岛上的国家，特别是瑞典，往往认为新城是一种"郊区控制"形式。与很多欧洲和北美城市一样，斯德哥尔摩在 20 世纪 50 年代就出现了郊区无序扩张的各种问题。为了遏制去中心化，瑞典政府规划了一系列卫星城，并通过高效的交通把它们与中心城市相联系，也使卫星城之间彼此相联系。其中 5 座卫星城，就是大家所知道的魏林比综合体（Vallingby Complex），它们都是独立的实体，但也需要从更大的城市获得产品、服务和工作。所有这些小城，每个大约有 1 万人居住，生活在低密度的住房中，而这些住房都位于某个地铁站或广场综合体的 300 码范围内。

与英国一样，瑞典也修建了更高密度的新城。这些新城的建筑不是那种低层的、有利于形成共同体感的、有很多公共空间的砖建筑，而是一排排 6~7 层高的、物理面貌十分类似的、毫无吸引力的、笨拙的水泥浇铸建筑。这些土褐色的单调结构，看起来更像美国那些枯燥乏味的低收入住宅。毫不奇怪的是，中产阶层十分厌恶这些住宅，而只有贫穷的移民或低收入的本地人居住在其中。这类地方在法国、德国和意大利也找得到。并且，在这些国家的新城中，犯罪、毒品和依赖救济者都十分常见。

### 澳大利亚

澳大利亚给我们提供了一种不同的新城概念，其一个新城被设计为新的城市区域中心，是联邦政府所在地。这个新城就是堪培拉，它位于内陆（一个独立的乡村地区），离沿海的大城市悉尼有 180 英里。1912 年就有人在堪培拉定居，但堪培拉也是一个新建的内陆城市，它不仅被设计为澳大利亚政府所在地，还要促进澳大利亚内陆落后地区的发展。这可不是一个简单的任务。因为堪培拉远离澳大利亚常规的贸易路线，没有重要的资源（如矿藏或廉价的水电）吸引投资者。因此，政府和规划者完全控制着这个新城，这一点倒可能使霍华德感到高兴。

其结果是，堪培拉被建成了一座美丽的城市，人口现在已经超过 35 万。在经济上，这座城市的失业率远低于全国平均水平，而周工资远高于全国平均水平。目前有 2.5 万家工商企业在这里经营，城市经济具有多样性，当然其主导产业肯定是服务业和公共行政管理了（Australian Capital Territory 2011）。因此，堪培拉实质上是一个上层和中产阶层的城市。由于这个地方生活成本很高，大多数低收入阶层完全不可能在这个地方居住和生活。

### 巴西

巴西利亚也是一座人为规划的内陆首都城市。在 20 世纪 50 年代，该城被认为是正在现代化的巴西的一扇窗口，距离沿海大城市里约热内卢大约 600 英里。与堪培拉一样，巴西利亚的地理位置有利于开发这个国家的内陆，并意在吸引人们离开那些老城市。这座城市的大部分都被一个人工湖环绕，并因此与北边的郊区城镇隔离开来。这个中心城市的十字形设计，充分利用了其作为交通大动脉的南北轴线以及东西轴线的纪念大街，沿着这些街道分布着联邦政府建筑。

1957 年，巴西利亚只有 1.2 万人，但 1970 年已经达到 50 多万人，现在更是超过 230 万人。由于人们纷纷涌入巴西利亚寻找建筑工作，因此这个城市比人们想象的扩张得还要快，并多次修改了最初的规划。与贫穷国家一样，那些不能找到房子的移民，只能在他们能够立足的地方搭起自己的避难所。因此，巴西利亚也日益演变出贫民窟或棚户区，这些地方拥挤着成千上万的工人阶层和赤贫民众，他们缺少卫生系统，没有自来

◎ 巴西利亚在 20 世纪 50 年代开始规划建设。当时的巴西利亚是那种缺少宜居设施的现代建筑的典型，因此很少有人愿意来此居住。但是现在的巴西利亚，人口已经超过 230 万，最初的规划设计很多都被取消了，并成了当今巴西的"模范"城市，居民区处处可见。不过，与其他所有城市一样，这里也存在各种城市问题。

水，也没有电。然而，在 20 世纪 70 年代早期，政府采取了一系列措施，特别是在 15 英里之外新建了一个卫星城塞兰达（Ceilândia，是葡萄牙语的贫民区消除中心的缩写），并把这个城市棚户区人口统统迁往那里安置。

## 3. 北美的新城

我们上面所讨论的所有新城，主要是政府推动修建的，私人投资者的参与度很小。在美国历史的初期，政府规划的城市共同体并不多见，主要有弗吉尼亚州的威廉斯堡、华盛顿特区、印第安纳波利斯、北卡罗来纳州的罗利、佛罗里达州的塔拉哈西，以及得克萨斯州的奥斯汀。然而，除了 20 世纪 30 年代的一个新城外，美国的新城 100 多年来几乎完全出自私人企业的观念、规划和投资。我们下面的讨论就从私人并发的新城开始，这种新城自此以后一直是国家与私人建设新城的样板。

**雷德朋**

雷德朋（Radburn）是由著名建筑师与城市规划师克拉伦斯·斯坦（Clarence Stein）规划和建设的一座城市，位于纽约西 20 英里处，它是把霍华德的花（田）园城市思想直接应用于美国的一个尝试。雷德朋根据斯坦所说的"超级街区"来布局，每个街区都围绕着一个绿色空间而展开。雷德朋也试图把人行道与汽车道完全隔离开来，实现人车分流。房子的背面朝向街区，正面朝向公共绿色空间，这些绿色空间只有自行车和行人可以通行，并且可以通过这些人行道进入镇中心以及学校、图书馆、商店和共有的公共设施中。而公路只与住房相连，不能在上面行走与玩耍。在 1929 年，盖德斯·史密斯（Geddes Smith）对雷德朋做了如下描述：

那真的是一座为了人们——今天和明天——居住和生活的城市，一座为了人们在"汽车时代"能够生活的城市，一座从里到外完全相反的城市——没有任何的缺陷（backdoor）。在这个地方，公路与公园相互契合，犹如你的左右手手指之间的相互契合。在这个地方，小孩在

他们上学的路上不再需要躲避汽车（转引自 Stein 1972：44）。

然而，与很多新城一样，雷德朋后来逐渐陷入了财政困难，因此再也不能完全按照原来的规划修建。今天，大约有 670 个家庭生活在雷德朋，为新泽西费尔劳恩自治市贡献了大约 3 100 口人。

在后来的 30 年中，雷德朋的规划对其他规划和设计者来说，一直都是灵感之源。它对加拿大卡尔加里部分城区和温伯尼、加勒比的部分城市、澳大利亚的墨尔本，以及巴西、芬兰、印度、日本、瑞典和俄国的城市建设都产生了重要的影响。其设计理念在美国的其他地方也得到了应用，对此下文几个部分还将提及。

**绿色地带的新城**。在"大萧条"期间，数百万美国人失去了工作。美国农业部副部长雷克斯福德·特格韦尔（Rexford Tugwell）劝说罗斯福总统设立一些行政区域，来重新安置这些失业者，并动用 1935 年的紧急救助拨款法案进行政府投资。他的主要目标之一，就是为城市贫民在城市外修建新的住宅。

我的想法是，离开城市中心，利用城市外面廉价的土地，修建整个社区，吸引人们去那里居住。然后再腾出手来消灭贫民窟，并在原来贫民窟的地面上为人们修建公园（转引自 Knepper 2001：14）。

马里兰州的格林贝尔特（Greenbelt，位于华盛顿特区东北 13 英里处）、威斯康星州的格林戴尔（Greendale，离密尔沃基 7 英里），以及俄亥俄州的格林山庄（Green Hills，辛辛那提以北 5 英里处），就是这一项目所修建的新城中的三个。规划者对于这些新城有利于解决大城市问题、创造工作岗位以结束"大萧条"抱有很大的希望。

但是，这种希望不久就破灭了。与英国的新城不同，美国的这些定居点从来没有吸引来它们自己的产业。它们修建于高速公路时代之前，完全不能为重要产业重新落户到这些地方提供任何经济动力。还有，这些新城建成不久，二战又爆发了，政府不得不把资金用于军事目的。在二战

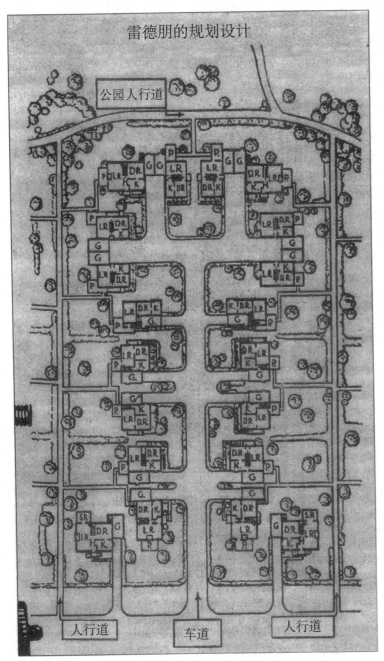

**雷德朋的规划设计**

公园人行道

人行道　车道　人行道

◎ 雷德朋的规划设计包括迷人的、中等规模的住宅，它们簇拥在一系列死胡同上，公路只能车行，人行道只能人走。孩子们不必穿过街道就可以上学和玩乐。房子背面朝公路，正面朝公园。3 000 居民共享公共空间——23 英亩的公园、两个游泳池、4 个网球场各种娱乐设施以及一个社区中心。

结束时，冷战又至，导致很多人控告说政府修建的这些新城有点像"共产主义"。到 1949 年，政府开始把这些新城出售给私人群体。这些绿色地带的新城后来日益变成大城市附近的郊区，而不再是原来设想的那种独立的小城。

　　二战后，建筑师和私人开发商修建了 100

多处新城，并试图实践霍华德的理念。其中包括鲍尔温山庄（Baldwin Hills，现在是洛杉矶的一部分）、芝加哥附近的森林公园和南森林公园、明尼苏达的乔纳森公园、马里兰的圣查尔斯公园。然而，大多数的所谓美国花（田）园城市，尽管也具有霍华德设想的很多要素，诸如共享公共空间等，但都缺少自己的产业，因此是中产阶层的郊区开发区，而不是霍华德所说的新城。不过，自雷德朋以来，所有这些努力都预示了我们在第 12 章所讨论的新城市主义运动，即主张城市设计必须以人为本，要把社区统一起来，让那些来自不同经济背景中的各种家庭能够共同使用城市空间。

**瑞斯顿**

　　瑞斯顿（Reston）离华盛顿市中心 25 英里，位于弗吉尼亚郊区，是开发商罗伯特·E·西蒙（Robert E.Simon）设计和修建的作品，这个城镇的名字就是取自他自己名字的首字母。罗伯特·E·西蒙的规划理念强调高质量的城市环境，他为瑞斯顿设计了两个城镇中心，它们都与 7 个"村"相连，每个"村"人口约有 10 000，从而形成一种漂亮的、当代的设计，树木很多，还有湖泊和幽径。他的目的是使瑞斯顿成为经济上自足的、多样性的和不同收入水平居民混合居住的住宅区（高层公寓与单门独户的住宅并存）。不过，实际上，瑞斯顿的居民大约只有 1/4 居住和工作都在这里，其余的都是通勤者。这个城市大约有 2 000 家企业，5.8 万居民，其中 9% 是黑人、11% 是亚裔、10% 是拉美裔、68% 是非拉美裔白人。

瑞斯顿在很大程度上是一个富裕社区，2009年其中等收入家庭的年收入超过了9.6万美元。它的住宅包括了单门独户的别墅、联排别墅、独立产权公寓、水景房、高尔夫球场中的豪宅，以及复古风格和位于天然小径中的木制房子。2009年，瑞斯顿一套中等住宅或分户出售公寓的价格，已经超过了弗吉尼亚。瑞斯顿的主要中心之一是镇中心，这里有高耸的办公楼、一家豪华的凯悦酒店、多家精品时装店，以及全国零售商分店和饭店。镇中心有一处户外滑冰场，人们有时也会在这里举办音乐会，在没有冰雪的季节里，一些重要的活动也会在这里举行。

### 哥伦比亚城

马里兰州的哥伦比亚城的开发商是詹姆斯·劳斯，他试图创造一种对民众友好的社会与物理环境，同时又容许私人风险资本进入房地产开发与销售并从中获利（Olsen 2004）。为了能够把他的理念最好地应用于他的城市建设过程中，劳斯在城市规划阶段就雇用了一些资本家、政府雇员、家庭咨询人员、娱乐界专家、社会学家、经济学家、教育家、健康专家、心理学家以及运输和通信专家。

哥伦比亚城比瑞斯顿要大，现在的居民大约为9.7万人，主要是中低收入家庭。哥伦比亚城还是一个多种族人口融合的社区，其中25%是非裔美国人，那些依赖政府救济的数百个家庭被成功地分散到整个新城中。该新城占地27平方英里，由多个社区组成，每个社区有800~900个家庭，每个社区都有自己的小学、社区中心、便利店、游泳池，以及各种娱乐设施。新城规划还将每四个社区组成一个村（village），总共有十个村，每个村又设一所中学、会议厅、超市和一些小商店，它们都集中在一个小广场上。在新城的中心，是办公建筑，以及一些更大的百货商场和购物中心。

哥伦比亚城还规划建设了霍华德社区大学和林肯技术学院。该新城有5 300英亩的永久开放空间，包括144处小型儿童游乐场、225座过街天桥、40英亩的混合林、3个湖、19片池塘以及各种自然公共空间区域，它们被长达83英里的人行道、自行车和慢跑道串在一起。而且，这里还有一个由市场、野餐远足区、公共区域、网球场和两条标准的布满器材的健身径所构成的巨大网络。2010年，《货币》（Money）杂志评出了美国100个最宜居之地，哥伦比亚城排在第二名，仅屈居于马里兰州的埃里克特（Ellicott）。

### 欧文市

位于加利福尼亚州南部的欧文市（Irvine），始建于20世纪60年代，是北美最大的人为规划和建设的城市。其覆盖面积达46平方英里，现在是100多家大公司的总部所在地。它还是面积达1.5万英亩的加利福尼亚大学所在地。这是一个以中上阶层为主体的城市，人口达21万，2009年中等收入家庭年收入为8.5万美元左右。其种族和族群构成如下：47%的非拉美裔白人，3%的非裔，37%的亚裔，11%的拉美裔（City-Data. com 2011）。

### 庆祝市

庆祝市（Celebration）位于佛罗里达中部，是美国新城市主义的一个极好例子。其建设是从市中心开始的，这里有各种充满活力的建筑，包括零售店、饭店、写字楼和公寓、水果店、电影院、市政厅、邮局等，它们都分布在围绕市中心湖区的步行街的边上。其中最值得注意的是那幢功能性与艺术性并重的电影大楼和那家圆柱形的邮局。庆祝市有4 000多常住人口，其规划人口容量是1.2万人。那些住宅建有规模超大的门廊和阳台，以鼓励旧时代的那种邻里交往，这个城市社区被4 700英亩的保护得很好的绿色带包围，在其中有长达数英里的人行道。

这个社区有一所小学和一所中学，分别达到900和1 000人的规模；有一家私立的蒙特梭利学院以及斯特森大学分校。这里还有一家占地60英亩的"健康学校"，其同时也向居民提供健身与医疗服务，学校一楼让人们保持体型和体重，以免到二楼的病房去。庆祝市与其他"规划郊区"不同，后者所有住宅的价格都相近，而前者有40套左右的房价为100万美元，与之共存的其他房子中等价格为70.6万美元，还有大约350处住宅是廉租公寓，从而形成一种其他地方少见的、不同收入层次者混合居住的模式。庆祝市有一个明显的意图，就是要回到过去那种对行人友好的、布局紧密的城镇风格，要与新城市主义者所描述的那些由汽车支配的、由高速公路连接的、工厂与更分散的单门独户的住宅在郊区无序蔓延的情况形成鲜明的对比。庆祝市获得了很多人的推崇，但也受到很多人的批评。批评者认为它是向过去的梦想世界的退却，并且只能吸引整个人口中的少数人。这是一种白人占大多数（85%）的上层中产阶层社区，其中等家庭年收入在 2009 年达到9.4 万美元，是整个佛罗里达的两倍多。

### 安大略的艾林米尔城

艾林米尔城（Erin Mills）是加拿大最大的一个人为规划和设计建设的新城，面积达 8 000 英亩，是米西索加市的一个构成部分，距多伦多大约 20 英里。现在这个城市已经进入最终建成阶段，是加拿大发展最快的社区，大约有 10.5 万居民。它也是一个成功实现居住、产业与商业共存的社区。作为一个规划新城，其内建有高层独立产权公寓、低密度的大面积住宅或中等密度的联排住宅、一个城市中心、一家医院和一个树木成排且彼此相连的休闲小径系统。

## 4. 新城的成败得失

自埃霍华德在 1898 年吹响"新城"号角以来，世界各地已建立了众多的新城。其中大部分虽然最终建成并保存下来了，但均并不如其最初设计和预想的那样成功。为什么呢？

这些新城的主要目标之一就是分流大量的人口。霍华德及其追随者认为，大城市的人口拥挤对于人类福祉来说是一种解构，大城市在经济上的支配性，抑制了其所在地区其余部分的生命力。但是批评者指出，这些新城同样无法改变这种状况；即使是在新城开发计划实施数十年之后的英国，也只有 1% 的人居住在新城中。政府往往也不能通过增税来筹集那么多足以修建更大规模新城的资金。而更加实际的想法，应是改进既有的中心城市。2005 年卡特里娜飓风灾难之后，美国的新奥尔良就应该改进其城市规划，但这类城市往往没有抓住重建机会制定和实施总体规划。

新城也应是就业与经济活动的中心。然而，很少有新城能够吸引大量产业或商业进驻。这个问题在很大程度上是由经济原因导致的，新城离大城市太远，在新城经营工商业需要付出额外的材料与交通费。因此，特别是在北美，新城几乎完全成了那些在其他地方工作的人晚上回来睡觉的地方。

新城只是某些少数人——某些城市规划者、公共官员、设计师、建筑商和市长们——的梦想。而很多人都认为人们应把精力放在更有成效的地方——例如内城开发或消除贫民窟。

我们在这里并不是要抹杀新城思想的诸多贡献。哥伦比亚城的开发商劳斯和瑞斯顿新城的开发商西蒙在进行如此大胆和宏大的经济与社会项目时，都表现了对社会目标的广泛关注。霍华德也具有这样的特点，他关于新城的理想给了我们很多启示。不过，至今也没有人建立一个真正的"新耶路撒冷"。而且，这种新城并非治疗所有城市问题的万能药方。

# 四、各种城市规划设计

霍华德想通过建设小城镇来改变社会的所有方面，而持不同意见者对他的这一意图表示嘲讽，认为要解决城市中存在的问题，不仅需要建设新城，也需要建设全新的老城、内城，使之更高效、更人性，并成为各个阶层的生活与工作之地。在此，我们检验了四处大规模的"街景"。他们都是建筑师们的创作，但彼此各不相同。

## 1. 光辉城市

在最重要的现代建筑设计大师中，旅居法国的瑞士建筑设计师勒·柯布西耶（Le Corbusier）是一个非常有影响的城市规划设计大师。与霍华德一样，柯布西耶在《明天的城市及其规划》（*The City of Tomorrow and Its Planning* 1987；初版于 1927）以及《光辉城市》（*The Radiant City* 1967；初版于 1933）等著作中对现代城市进行了批判，设想了一种全新的城市社会轮廓。不过，他的方案与霍华德的恰好相反。柯布西耶拒绝广泛的去中心城市化，主张把人们集中到建筑规模宏大的高层建筑中，但其周围必须配备有广阔的公共空间。柯布西耶推论说，这样做对人们更有好处，这种巨大建筑结构可以腾出95%的可利用土地，用来建设公共空间。

他的第二大创新之处，就是主张通过使整个城市人口平均分布，形成均匀的人口密度，从而消除中央商务区以及人口过度集中拥挤的情况。正如他所指出的："这样，整个城市还可容纳更多的人，人们在城市不同地区之间的流动也会更多，但又不会出现当今整个城市的人口都大规模地集中在中心扇形区流动的情况，而后者恰恰是现代城市的特点。"（Hall & Tewdwr-Jones 2011：51）

虽然这种城市乌托邦从来没有建成过，但柯布西耶对城市规划的影响是巨大的。其中一个经典的例子，就是二战后修建的、位于伦敦西南方罗汉普顿的西奥尔顿（Alton West）地产项目。曼哈顿的施托伊弗桑特城（Stuyvesant）是深受柯布西耶影响的另一个例子。施托伊弗桑特城修建于1947年，环境美如公园，在宽广的人行道与草坪之间耸立着高雅的红砖建筑。

柯布西耶1953年为印度设计了第一座规划性城市昌迪加尔（Chandigarh），在这个设计中，他最完整地表达了自己的理念。他称这个城市为"城之美"。在结构上，昌迪加尔是一座现代城市，人口达到90万。整个城市分成49个街区，每个街区大约有1平方公里大小，设有市场、购物中心、学校，可以使人们不用走太远就能实现购物、上学等目的。整个城市的交通系统（公共汽车、机动三轮车和出租计程车）把这些街区联系在一起。然而，柯布西耶并不能控制的一个因素，就是人口密度。这里每平方公里达7 900人，是柯布西耶原来设想的四倍。

## 2. 广亩城市

弗兰克·劳埃德·赖特（Frank Lloyd Wright）是美国最有名的建筑设计师之一，他认为柯布西耶的城市设想简直就是一个噩梦，应不惜一切代价避免那种人口的高密度集中。他主张一种"有机的建筑"——建筑设计与自然环境有机结合。他说，既然家庭都可以用一种"有机的"方式建

构，那么为什么整个城市就不可以同样的方式来建构呢？

与霍华德和柯布西耶一样，赖特承认现代科技的积极作用。但与他们不同的是，赖特是反城市主义者，试图极大地增加他心中的那种城市所占据的空间，以极大地降低城市人口和建筑密度。他认为，一个城市如果没有高耸的建筑，那么很容易就会扩散到100平方英里以上，甚至更大。他声称，由于有了汽车甚至私人小型直升机，人们可以生活在自己的农场中，并轻易达到邻近的地方和各种购物场所中。赖特认为，人们应建设一种广亩城市（Broadacre City），它是杰斐逊传统的民主理想（核心是人们享有广泛的自由）、北美个人希望使用充足土地之梦，以及现代技术的一种有机结合。

当然，广亩城市一直都只不过是弗兰克·劳埃德·赖特的一个梦想。在他生存的年代，这种规划设计受到了广泛的批评。批评者们否定了广亩城市，认为其过于昂贵、太无限制和太过激进。赖特深受打击，但从来没有放弃自己的理念。他在90岁高龄时，还第四次修订了他关于广亩城市的著作《生活之城》（The Living City）一书。

## 3. 生态建筑

意大利人保罗·索莱里（Paolo Soleri）是弗兰克·劳埃德·赖特的学生，他非常敬重赖特，接受了赖特关于有机建筑结构的核心概念，但完全抛弃了赖特关于广亩城市的想法。他站在柯布西耶一边，支持城市人口应在某种程度上集中于某个区域。不过，他的看法甚至更为极端。他主张修建一个完全独立自足的城市单元，一种高达300层的超级结构，能够同时容纳50万人，并且其所占土地面积只相当于城市的几个街区！索莱里把这样的城市叫做生态建筑，或者建筑生态学，主张修建环境安全、建筑美丽、节能高效的城市。

索莱里设计的通天塔或曰摩天楼（Babel IIB）可以居住52万人，地下设有工业与商业区，但这座城以地面为中心。在第一层有公共区和散步区；第二层有一个社区和一个公园，并且都是露天的；第三层大约1 500英尺高，有花园和社

399

区中心，用于娱乐，并在其周围设有工作和生活区；再上一层则是住宅。所有的服务设施，包括电梯、加热系统和排污排气系统，都设在这座城市的中央。

索莱里设计了十多个这样的巨型结构，其设计是如此的大胆，在各种乌托邦的城市规划中也是少见的，因此似乎没有人会严肃对待他的设计。批评者拒绝他的设计，认为那就是巨大的蜂房。索莱里则反驳这些批评，认为与今天的城市相比，他设计的这些城市还是"袖珍的"。它们只占很少的土地，并可以把周边乡村解放出来，供人们享受，给乡村一个回归自然的机会。他让大家想象一下，如果洛杉矶——这座无序扩张的城市现在已经占地470平方英里——的人口被安置在10到12个他所设计的通天巨塔中，而这些通天巨塔彼此之间又十分分散，那么我们就不用修建那么多的城市快道和高速公路，也没有了雾霾，剩下的只有那美丽的南加利福尼亚。不过可以肯定的是，这类城市的建设费用将是一个天文数字，没有哪个人敢冒险投资修建这样的城市。在亚利桑那州一处小规模的实验性生态建筑阿科桑地（Arcosanti）中，可以看到索莱里的部分想法。

## 4. Try-2004

日本清水（shimizu）公司是一家领导性的建筑与设计公司，关于生态建筑提出了一种大胆的设想，即修建一座规模宏大的巨城金字塔 Try-2004，比埃及吉萨大金字塔还要高12倍，如果建成的话，那它一定是地球上最大的建筑。清水公司说，这样的一座巨城金字塔可以建在东京湾，高度超过1.2英里，基座面积达到3平方英里。整个结构可以包括8大层，相互堆叠而成，总面积估计达到34平方英里。每一层都由几个更小的金字塔构成，而每个小金字塔的规模都相当于拉斯维加斯的卢克索大酒店（Luxor Hotel，又称金字塔酒店，地处维加斯大道的南端，以古埃及文化为主题，外形就像一座巨大的金字塔），1~4层民商合用，5~8层作为研究中心、休闲设施和旅馆酒店（Shimz 2011）。

这座巨城金字塔包括24万套住宅，最多可供75万人居住，此外还有办公与商业设施，可以雇用80万人来上班。这些住宅与办公室可以构成80层高的摩天大楼，悬在空中，通过巨型桁架的建筑方法而依附在主金字塔的支撑结构上。城市中的交通方式则包括自动单体舱，通过管道快速穿行，当然也使用升降机和自动楼梯。不过，随着日本人口的快速下降，加之修建这种惊人规模的超级结构成本高昂和需要漫长的时间，我们这代人要看到这种建筑的建成，恐怕是不可能了。

还有，也许我们不应如此武断地否定上述各种设想。莫斯科的规划者已经通过了一项设计，要在离克里姆林宫只有4.5英里远的纳加梯诺（Nagatino）半岛上修建巨城水晶岛。在设计中，它是一个半独立的城市，总高度大约为1 500英尺，楼层面积是五角大楼的4倍。这个超级结构就像一个巨大的透明拱棚，有多达3 000个酒店房间和900套服务式公寓，还有一家电影院、一座剧场、一家博物馆、多家购物广场、一座运动综合馆以及一所可以容纳500名小学生的国际学校（Parfitt 2008）。

## 5. 乌托邦的局限

这些规划乌托邦，具有很多我们在新城运动中发现的共同局限。首先，它们在经济上是不可行的，哪儿有那么多钱来修建它们呢。其次，很多规划都假定每个人都会明白他们概念的基本逻辑，并支持它的那些空想者提出来的僵化建议。最后，从社会学的角度看，这样的规划似乎是无知的，根本不考虑社会因素。正如有的学者所指出的，这些乌托邦规划者都是建筑设计师，他们认为改变物理世界就会自动地改变社会世界，但漂亮的设计并非必然就能解决诸如种族偏见或贫困之类的社会问题（Hall & Tewder-Jone 2011）。

不过，归根到底，社会还是需要乌托邦的思想者。从他们的作品中，我们可以看到他们都是自然意识的倡导者。他们挑战我们关于城市的思想，指出各种严重的问题，刺激人们去思考和寻找我们这些"庸人俗人"几乎不能理解的各种解决方案。

## 五、更聚焦的城市规划

乌托邦规划者的问题在于，他们的规划太过宏大，不具有可行性。城市往往是十分复杂的现象，我们不可能像设计程序控制电脑那样来控制城市。而另外一些规划者则主张只有那些关注城市生活的某个有限区域——例如一个社区或一处公园——的城市规划，才会真的起作用。我们永远也不可能对作为一个整体的城市进行操纵和管理，但可以在某个时间内规划城市中的某个片区。

### 1. 城市人行道与邻里社区

自20世纪60年代以来，出现了一种更为流行的趋势，那就是人们日益抛弃那些大规模的、综合性的城市规划看法。引领这一趋势者，就是《美国大城市的死与生》（*The Death and Life of Great American Cities*1993；初版于1961）一书的作者雅各布斯。雅各布斯认为，城市最伟大的价值在于其多样性：城市的"生命"在于其无数的互动和对街道、公园、人行道和社区的多重使用。那些削弱这种品质的任何事情（诸如某些综合性的规划），都会导致城市走向"死亡"。在根本意义上说，城市的生命从来都不是被规划出来的，而是城市中的人们在满足自己的需要和解决自己的问题的同时创造了城市。

我们以人行道为例。首先，在任何充满生命力的城市中，一条人行道的用途都远远超过了方便行人通过的意义。那些面临人行道的门前台阶，是邻居们闲坐与相互眺望的地方，正如街角是"闲逛之地"一样。其次，在人行道上的生活起了一种公共监督的作用，通过它人们彼此相互了解，并辨别和监视陌生人。雅各布斯指出，在街道生活丰富的地区，犯罪率往往很低。再次，人行道是孩子们探索他们的邻里社区，锻炼他们自己，理解城市社会生活规则的重要环境。最后，街道生活使人们对社区产生共同体意义感，南费城、纽约的东南区、新奥尔良的法国区，以及旧金山的海特阿斯伯里区的居民，都维持着基于其街道生活的一种积极身份认同。

总之，雅各布斯支持地方规划的创新，但不

喜欢宏大的设计。她说，城市规划者所应做的，就是促进城市的多样性和活力，剩下的事情就让当地的人去做。那么，有时最少的规划，就是最好的规划。下页的"城市趋势"专栏是简·雅各布斯对一个城市规划委员会提出的建议。

### 2. 广场与公园

当然，并非所有人都与简·雅各布斯一样，认为城市规划只应关注和聚焦特定的城市区域。某些人赞同我们并不需要对整个城市进行规划的同时，也认为我们的规划还是应该比雅各布斯所许可的更综合一些。

纽约市公园委员会委员奥古斯特·赫克舍用 402 了两年的时间来研究诸如奥马哈、达拉斯、辛辛那提、布法罗、罗彻斯特、密尔沃基之类的城市。他认为城市的活力到底如何，与城市如何组织其空间存在莫大的关系：

> 每个城市都是属于它自己的地方，它的独特性在很大程度上取决于结构与空隙、建筑与空间之间的变换替代所创造的不同模式。大量的绿色空间、公园和林荫道路、河堤和水滨区，使城市有了一种内聚力，进而使城市居住者产生他们是一个整体的情感……公共空间所体现的，就是城市生活的实质品质——一种在不经意性之间灵活地使人们形成共同体情感的能力（Heckscher 1978：4）。

赫克舍认为，在诸如北美那些主要关注经济目标的城市中，广场、公园、建筑艺术和艺术品对城市生活具有更加重要的价值。这些事物提醒人们，对于城市生活而言，除了经济目标之外，还有"其他重要的东西"。广场为人们提供了自然的会面空间，也为诸如政治集会、音乐会等更加正式的事件和活动提供重要的环境。它们是一种重要的城市结构，为人们提供休养身心的场所。位于新奥尔良法国区的杰克逊广场，就是这样一种重要的场所。而辛辛那提的喷泉广场、旧金山的联盟广场、多伦多的市政厅广场、费城的里滕豪斯广场、纽约的华盛顿广场，也都是这样

401

## 简·雅各布斯：为了活力而规划

如果我们的规划目标是提高城市的活力，那么请各位想一下，城市规划在一开始必须对准的那些对象。

为了城市活力而进行的规划，必须刺激和促进遍布大城市每个街区的人们之间以及我们之间的多样性；这是一个城市经济活力、社会活力和吸引力不可否认的基础。这了做到这一点，规划者必须诊断出各个区域要产生多样性还缺少什么，然后尽其所能地弥补这种不足。

为了城市活力而进行的规划，必须促进地方街道邻里之间建立和维持持续的社会网络。拥有和经营这些非正式网络的人，在维护城市公共空间安全和对待陌生人的过程中，能够做得更好。因此，这些网络是一种资产而不是

一种威胁，可以使民众对公共空间中的孩子们进行不经意的监管。

为了城市活力而进行的规划，必须防止城市边界出现真空（城市边缘土地空置），因为这种空置往往会具有破坏性的影响；并且必须促进人们与城市街区形成身份认同，特别是使人们在街区中形成有助于人们克服大城市生活之艰难以及缓解无法逃避的各种实际问题的、规模足够大的、各不相同的内部与外部的丰富联系。

为了城市活力而进行的规划，必须创造条件劝说很大一部分本地居民——不管他们可能是谁——在经过较长时间之后，仍然选择居住在原处，使这里的人口多样性得到稳定的提高，使老居民和那些被吸引进来的新来者形成一个稳定的共同体，从而最

终实现消除贫民窟的目标。

为了城市活力而进行的规划，必须扭转对多样性的自我破坏和毁灭，必须改变人们滥用金钱所导致的灾难性后果，而把多样性与财富转换成建设性的力量。我们一方面要阻止可能出现的对多样性的破坏，另一方面要鼓励更多的城市区域为人们实现其梦想提供良好经济环境，从而实现这个目标。

为了城市活力而进行的规划，必须使城市确立明确的秩序，我们应通过促进和宣扬城市运行秩序，而不是通过阻碍或违背它来实现这一个目标。

资料来源：Jane Jacobs, *The Death and Life of Great American Cities*（New York：Random House, 1993），pp.531–532.

城市趋势

的重要场所。

公园也同样重要。萨拉·米勒（Sara Miller 2003）在美国第一个城市公园——纽约中央公园，位于曼哈顿岛的北半部，占地 843 英亩左右，现在仍然犹如城市中所保留的一个美丽乡村——落成仪式发言中，对此进行了详尽阐述。实际上，在美国的每个大城市中，都找得到这样一处相似的公共空间，只不过可能没有中央公园那么著名罢了。亚特兰大有皮埃蒙特公园（占地 185 英亩），芝加哥有格兰特公园（占地 305 英亩），圣地亚哥有巴波亚公园（占地 1 158 英亩），温哥华有史丹利公园（占地 1 000 英亩），洛杉矶有格里菲斯公园（占地 4 063 英亩）。凤凰城有美国最大的城市公园——南山公园（占地 16 283 英亩），而费城有最大的前汽车时代的公

园——费尔蒙特公园（占地 4 079 英亩）。

威廉·H·怀特在对城市空间进行研究时，发现很多人完全是在街道上成长起来的。他观察了曼哈顿市中心的西格拉姆广场，并写道："在晴朗的日子里，这里会坐上 150 人左右，他们一边晒着日光，一边野餐和闲聊——漫不经心地闲聊、说一些'空洞无聊的、家长里短的事情'。"（Whyte 2001：14；初版于 1980）而且，威廉·H·怀特指出：

人们来到这些人群聚集、充满活力的地方。而且他们是有意选择到这些地方来的，不是要逃避城市，而是要分享城市……这会产生多重的影响，而且这些影响是巨大的。它不仅影响了使用这些城市空间的一小群人，还影响了那些经过他

们并间接感受和欣赏这一群人的更多的人，以及那些知道和了解这些人的更多的人，使他们对城市产生好感。对一个城市而言，这样的空间是无价的，不管代价如何，都应保留下来（Whyte 2001：100–101）。

## 3. 场所营造

1975 年，在雅各布斯的"街上之眼"和威廉·H·怀特的"公共空间为创造社会生活提供了核心要素"等思想的基础上，公共空间项目组织（the Project for Public Spaces, PPS）组织成立了。这个组织的目的，是要采取多种方法来设计、规划和管理公共空间——这个组织把该过程叫做场所营造。场所营造过程要求必须了解在特定空间中生活、工作和玩乐的人们的需要与期待，然后根据他们的需要和期待来为那个特定空间塑造共同的看法（vision）。

公共空间项目组织充分重视草根的参与，其优势就在于可以阻止开发商和规划设计者建造那些"主要考虑汽车交通的街道、很少被人们使用的公园和广场，以及孤立而利用率低下的项目"（PPS 2011）。人们与规划者形成一个集体，提出

◎ 公共空间项目组织是一种非营利性组织，其建议把纽约的阿斯特坊（Astor Place）——两个社区之间的闲置空地——变成一个支持和展示城市能够提供的最好事物的窗口。请注意上下两图中街道设计的变化，那就是扩大了行人区，增加了人行道的舒适度。

◎ 上图是纽约市以前的西百老汇，其街景枯燥乏味，步行通道很少。下图则是改良后的西百老汇，车道被改窄，人行道则变宽，而就这么一点小小的改变，使之成了一个更具活力之地。其空间更安全，并得到了更好的规划，环境明显更为舒适，人们在这里进行的活动也明显更多。

403

共同的愿景，进而形成视某个场所为一个（社会的和物理的）整体的看法，而不再孤立地关注这个整体中的某些片段或层面。公共空间项目鼓励人们重新检视日常生活环境及人们在其中的体验，以便进一步改善公园、市中心、水滨和广场、邻里社区、街道、市场、校园、公共建筑等场所（PPS 2011）。

公共空间项目组织认为，街道的设计实际上是十分简单的事情，如果你的规划和设计倾向于汽车和马路，那么你就会看到更多的车子与马路，如果你围绕你的邻里社区进行规划和设计，那么这个地方的人就会更多。而伟大街道的品质，包括它们的身份与形象、舒适感，是兴趣

活动的聚集地，有可步行的空间、充满吸引力的街边利用、多样的选择，以及存在多样使用群体而非为某个群体独占或用途单一（PPS 2007）。346~349 页的图片，为我们提供了经由公共空间项目组织改良后的一些街道的设计。

纽约时代广场就是一个经由公共空间项目组织改良的公共空间的著名例子。时代广场（第3章所讨论的一种商业促进区）聘请该组织来改善和营造这个地方的公共空间。该组织通过系统的观测技术，诸如延时影像分析、活动测绘、追踪和入户调查等，对这个街区进行了详尽的调查研究。然后他们通过分析发现，这个街区存在的问题之一，就是广场缺少舒适感、行人严重拥堵、

404

◎ 纽约的肯梅尔广场是小意大利、包厘街（Bowery）、中国城和苏豪区（Soho）等几个人口流动性很高的社区的结合处，其呆板的外表通过一些空间营造的简单步骤就可以改变：拓宽人行道，拓宽"光光的街道转角"，清楚地标示出人行横道以及十字路口的过渡区域，增加人行道上的舒适设施。

场面混乱，以及"街景低劣庸俗"（Times Square Alliance 2011）。该组织提出的改进建议，就是对街道进行重新规划，促进步行交通，并设计了各种提高舒适性的设施，以改善人们的体验，还增加了新的公共空间节目诸如表演和街边集市等。

在时代广场的"蝴蝶结"处（Bowtie，第七大道 42 街与 47 街之间的百老汇所在地），该组织进行了试验性的改进，而这个试验在安全与交通上取得了很大的成功，以至于市政当局最终把它们固定下来。在这两条大街之间，汽车再也不

◎ 纽约的格兰大街，是一条毫无特色的街道，除了仅仅是一个汽车仓库或泊车场外，便乏善可陈了（见上图）。但是，我们可以对它进行重新规划和设计，设立人行道以及更有利于社会互动的街道，从而使之成为对商店与居民来说都更有价值的邻里空间。

能驶来驶去了；那些小巷子现在被漆成了绿色，改成了步行广场，有椅子，路边开有咖啡馆，而汽车的减少使污染下降了40%。在47街建立了一处露天看台，有27级红宝石色的钢化玻璃台阶，可以容纳1 000人就座，而人们在这里可以进行全景式观察，一个多世纪以来吸引了无数游客（Huff Post 2011b；Dunlap 2008）。

## 4. 节日市场空间

405

马里兰州哥伦比亚城的缔造者劳斯，把他后半生的精力都投入了中等规模的城市再生和改造项目。他所进行的塑造空间的努力，大都获得了极大的成功，并引起了人们的广泛关注。这些项目既不是诸如哥伦比亚城那样的无所不包的综合项目，也不是雅各布斯所宣扬的那种小规模的地方性项目。他的那些规划考虑了整个城市的需要，但又把改造区域限定在城市中较小的空间范围内。劳斯建造了很多中等规模的"节日市场空间"，其中最著名的包括波士顿的法尼尔厅（Faneuil Hall）综合体、纽约的南街海港、费城的东市、巴尔的摩的港口广场、圣路易斯的联合车站、波特兰的拓荒者广场、新奥尔良的江景市场，以及密尔沃基的格兰大街购物中心。

所有这些项目都是对 20 世纪 70 年代和 80 年代日益恶化的内城各区进行重要改造和重新利用。让劳斯担忧的是，美国人已与可怕的、拥挤的和破旧的内城区一起生活了如此之长的时间，与无序扩散、混乱不堪的郊区生活了如此之长的时间，以至于他们可能已经下意识地接受了这种状况，认为这种状况既是必然的又是无法避免的。他担心人们再也不会意识到城市原来还可以再美一些、再人性化一些，再也不会相信城市还真的能够响应和满足他们的需求与渴望（Olsen 2004）。

因此，劳斯着手工作起来。在改造之前，波士顿的法尼尔厅街区想有多俗丽就有多俗丽。在革命战争年代，法尼尔厅街区处于这个城市的中心位置，但到处是破旧不堪的仓库，并一直延伸到港口。没有人居住在这里，只有一些工商企业留了下来。总而言之，这个地方简直就是"贫困潦倒、孤独无助"。

但是今天，这个地方已经完全变了。那些老仓库被保留了下来，但内部已经全部现代化了。法尼尔厅也以同样的方式被修葺一新。这里现在食品商店林立，相互连接，有足球场那么长。两侧都是步行区，安有长椅，设有露天饮食区以及街头音乐艺术表演区。两侧那些修葺一新的老仓库被改造成了精品店。在夏天的所有日子里，这里总是充满了各种人群——本地人、旅游者和来自郊区的客人。如果从这个地区的制高点俯瞰或从港口瞭望，我们就可以看到经由劳斯改造后这个地方的运行状况：这个地方的新建筑模仿了老

建筑的风格，或者与老建筑十分和谐地融合在一起。也许最重要的是，这个地方中各种工业企业还赚了大钱。法尼尔厅项目的成功，刺激了波士顿整个城市中心的再开发。他还在很多其他城市实施了各种改造项目，并且也取得了同样的成功。

不过，也有一些批评者指责说，劳斯的成功在于他取悦了城市地区中那些较富有的人，他并没有给穷人带来什么好处。这种指责在某种程度上是正确的，但是劳斯的变革，把那些正在崩溃的内城区转变成繁荣的、富有活力的城市空间，还是有助于缓解大城市面临的那些严重问题的。

# 六、城市规划面临的现实

我们不管对城市规划最终持有什么不同的看法和立场，塑造城市都迫使我们必须与各种传统、各种既得利益集团以及环境状况做长期的斗争。这样的现实既是一种障碍，又为我们提供了一种机遇。

## 1. 经济与政治

任何对城市面貌的激进改变，都很少能脱离其根基多远。在英国，霍华德只是建立了两个花（田）园城市，但新城建设即使得到了政府的支持，人们的努力仍是有限的。在美国，新泽西的雷德朋项目由于财政紧张而夭折，哥伦比亚新城和瑞斯顿也由于同样的原因而经历了诸多艰难。怀特的广亩城市，部分是由于费用高昂，部分是设计过于鲁莽和大胆，因此从来就没有开工建设。在自由市场经济中，很少有城市规划能够在很大程度上超越工商集团的利益，这真是让人吃惊的现实。

还有，地方政治往往也会使城市规划陷入泥淖，因为各种地方利益集团为了自己的目的而彼此争斗。有时候甚至是小小的规划项目，也会变得极其复杂，而让政府那些民选官员退避三舍，不愿介入，因为他们担心会因此被选民疏远。

## 2. 价值观的重要性

最后，城市规划还是一个价值观问题：哪个来规划和为谁而规划才是关键的问题。上文已经指出，城市规划体现着某种文化价值观。在天主教罗马（Catholic Rome），城市规划往往颂扬的是教会；在君主制的法国，城市规划颂扬的是国王；在纽约市，城市规划是为促进某些人对具有无上权力的美元的追求。

任何城市规划者的作品都或明或暗地体现着某种价值观。甘斯（Gans 1962）在评论雅各布斯的《美国大城市的死与生》一书时指出，雅各布斯是她所生活的那个社区的典型产物，因为她抱怨说，城市规划在绝大多数的情况下都不是由人民来决定的。甘斯则问道，西方人包括美国人除了抱怨说我们需要更多地考虑和强调个人外，难道不应该做些什么来为地方创造性让路吗？

同样，我们大多数人由于信守个人主义和个人创造性等价值观，而完全反对那些要求我们服从于群体的、更加综合性的城市规划。的确，也许北美城市规划的独特之处，就是一直缺少综合性的规划。自17世纪以来，大多数北美城市的开发，很少有政府机构的介入和干预。但是，也有诸如波特兰、俄勒冈和多伦多等值得注意的例外。大部分的州政府机构对它们的城市都没有总体的规划，因为它们的居民不需要它们。如果像劳斯这样的私人投资者不能够使我们城市变得更好，那么大多数人似乎甘心与那些不良后果一起生活。

现在，很多学者与实践从业者的关注点都放在了私人进行的、以市场为基础的规划项目上，并希望以此处理和应对城市经济问题与各种社会病，主张公共生活与商业生活的很多领域都不需要政府的介入（Beito, et al. 2009）。在现代生活中，由非政府部门高效地提供道路、桥梁、教育、住房、社会福利、土地使用规划、商业法律，甚至政策与犯罪惩罚的例子，十分丰富。私人的、自治的飞地，以及大规模的产业共同体，具有复杂的物质基础设施和服务，诸如芝加哥的工业制造区，这些都挑战政府可以改善共同体生活的正统观念，而认为在城市规划中私人部门可以发挥很大的作用。

然而，美国与加拿大的一些城市，表明了良好的政府规划可以为城市创造活力。这些城市包括波特兰、旧金山、西雅图、温哥华等，它们在公众意见调查和民意测验中往往会被列入"最好"的城市名单中。另一个满足所有这些品质的城市就是多伦多，多伦多的规划成功地解决了城市多样性和城市无序扩张所产生的问题。下面是本书最后一个案例研究，指出了多伦多是城市规划的优秀样板。

# 七、案例研究：安大略省多伦多市

多伦多吸引了来自发展中国家的大量移民，而且领取政府救济的人也日益增多；但是，多伦多的学校教育系统和金融的稳定性，比相同条件下的很多美国城市都要强大得多。虽然多伦多与很多其他城市一样，郊区与城市边缘地带日益扩张，但它的内城仍然十分强大，充满了活力。这个地区的增长模式，不以浪费环境资源为代价，交通系统也更为高效。因为它更依赖于公共交通。为什么多伦多比其他地区类似的城市更为成功？正如我们下文将要讨论的，答案就在于，多伦多是从一种大城市视角来治理城市和制定相关政策的，这使得多伦多能够以更加综合的方式来处理城市空间开发和各种生活质量问题，以及有更多的资源可供它使用。

## 1. 自然地理环境

多伦多位于安大略湖的北岸，除了3~4英里长的岛屿外几乎全是平原，这些岛屿是因古冰川湖易洛魁湖的湖岸线隆起而形成的，陡然之间地势就抬高了大约40英尺。多伦多的街道呈现为网格设计，但沿湖岸两边街道则不是这种设计。一条铁路与一条高速公路把湖滨与城中心分开。其中央商务区主要包括布卢尔大街、皇后大道和杨奇大街，而中心金融区设在旧市政广场的南半部、邻近国王大街和海湾大街的地方。加拿大国家电视塔（CN Tower，高 1 815 英尺）与多伦多 - 道明（Dominion）中心、多伦多商业法庭大楼、加拿大第一广场一起，支配着城市的天际线，所有这些建筑的高度，都在 50 层以上。

在中央商务区北边，有一处时尚的购物中心。而安大略省议会大楼和多伦多大学，则坐落在布卢尔大街南边的一片树木高大茂密、草坪众多的区域中，这片区域因为美如公园而闻名。多伦多最具吸引力的居民区之一就是紧挨城市中心的罗斯代尔（Rosedale），它是一个老社区，多风，街道两旁大树成行，并坐落着独特的住宅。城市中心又有很多吸引力十足的街道，街道两旁是高度适中的、精心规划和设计的建筑。

## 2. 历史

多伦多地区最早的居民是塞内卡族印第安人，后来又是米西索加印第安人。在 17 世纪，多伦多因为处于古代印第安人向西到密西西比、向北到西姆科（Simcoe）湖和巨大荒原地带的要道交叉口，从而成为重要的交通要冲，并逐渐兴起成为一个贸易前站。18 世纪，法国在这里修起三座堡垒，1759 年英国人打败法国人后，这些堡垒都被破坏了。在美国独立战争期间及其以后的一段时间内，大约有 4 万亲英分子逃离美国来到多伦多定居。

1787 年，加拿大总督多彻斯特勋爵，从三个印第安部落首领那里通过和平谈判购得 25 万英亩土地，来作为未来安大略的首府。在 1795 年，多伦多的名字变成了约克，美国军队在 1812 年战争中夺取了这个当时大约有 700 居民的小定居点。到 1834 年，这个地方的人口增长到 9 000 人，并恢复了多伦多的名字。

在 19 世纪 50 年代，大干线铁路（Grand Trunk）和大西部铁路（Great Western）的建成通车，促进了这个地方的迅猛发展。多伦多作为一个货物集散港口日益繁荣起来，把来自各地的农产品、矿产品和木材运送到其他地方。不久后，这个城市的工业化得到了进一步的快速发展，生产了加拿大超过一半的制造品。这个城市通过兼并附近村庄和乡镇，到 1900 年面积扩大了一倍。到了 1930 年，多伦多大都会区已经包括了一个中心城市、四个市内商业区（利赛德、米米科、新多伦多和韦斯顿）、三个村（福雷斯特山庄、长枝和斯旺西），以及五个小城镇地区（怡陶碧谷、东约克、北约克、士嘉堡和约克）。

## 3. 大都会政府的产生

20 世纪 30 年代的"大萧条"使多伦多遭遇了严重的财政困难，这种状况一直持续到 1945 年二战结束。多伦多缺少资金，无法给城市边远地区修建供水与排污系统，因此这个城市随着人口的增长，市政负担也日益严重。渥太华市政委员会在调查和综合各种意见后，于 1953 年提议，将上述 13 个地区进行合并，建立一种联合政府。这在当时的北美是一种独特的现象。同年通过了大都会多伦多法案，把多伦多大都会区统一起来，成立了由 25 人组成的市政委员会，其任务就是找到处理诸如税收、教育、交通、城市扩张等大家共同关注的问题的办法。这种联合政府形式，能够提供比单独的每个地区都要多的信用贷款，并因此增强了对各种公共项目的财政资助的力度。这种大城市系统的重要特征之一，就是市政委员会的成员由民选的市长、市参议员或行政规划区的实际控制者构成，确保了大都会区联合政府中央机构与地方行政区划单位之间能够实现良好的沟通和高水平的协调合作。

这个大都会市政委员会运转得很好。它授权建设新的学校、对旧的学校进行改造，引入一种区域性公园系统以控制未来的开发。它通过改造旧的道路或修建新的道路和高速公路，形成了一个优秀的高速公路系统，另外还修建了一个新的机场，从而极大地改善了大都会区的交通。其结果是，多伦多的交通运输系统现在包括了一个由网格状的有轨电车、汽车和三条地下轻轨线路构成的网络，以及一个地面轻轨交通系统，这两个系统共同承担着整个大都会从中心到四周的 2/3 的交通。大都会的交通网络又与快速交通线沿线的那些雇用大量员工的工商企业以及新建住宅区联结在一起，把工人从周围的地区运送到城市中心地区。

1967 年，多伦多大都会区进行了重组，把 13 个地区减少为 6 个地区，并把市政委员会的席位从 25 个增加到 33 个。市政委员会极大地拓展了教育和社会服务方面的职责，并增加了其他方面的职责，诸如提供救护车和图书馆服务、城市改造、废物处理等。此外，重组后的市政委员会还通过修建更高效的供水与污水处理系统，在很大程度上解决了供水与污水处理问题。

1998 年，多伦多的 6 个地区——东约克、怡陶碧谷、北约克、士嘉堡、约克和以前的多伦多——共同组成了大城市多伦多，各个地区政府被合并为一个多伦多市政府。城市的职责、税收、房产税基都被重新调整，但所有这些都没有削弱城市对居民和工商业的服务功能。虽然新的多伦多市政府对行政管理进行了集中，但仍然保留了社区委员会以处理那些完全属于社区层次的事务，地方公共市政与社会服务仍然由地方社区提供和负责。

这种重组使多伦多能够动员各种资源，提出一个协调的规划来促进城市与郊区学校的发展。多伦多由于实现了空间和资源的平均分配与利用，从而避免了其附近的城市底特律中的犯罪泛滥、教育与社会服务紧张等问题。

## 4. 城市规划的两个阶段

自 20 世纪 50 年代之初到 70 年代早期，多伦多的城市规划体现出支持全面开发的态度，以及对现代主义规划原理的支持。这种规划方法强调土地使用的功能分区、大众化的基础设施（特别是城市高速公路），以及老城区的重新开发（Filion 1995）。

在这一阶段，城市的官员界定了一定数量的已经衰老和破败的街区，然后拆除这些街区，以便为高速交通、公共住宅项目、私人高层公寓的开发腾出空间，或者把它们改成市中心的商业区。但破碎机的落锤和推土机根本不考虑官员们所指定的区域中那些既有的社区邻里，从而推平了城市宝贵的遗产，破坏了诸如亚历山大公园、东边的罗斯霍尔梅路、圣詹姆斯敦以及丽晶公园

（Regent Park）等名胜。规划者认为这些旧社区是两种现代社区——郊区与快速重新开发的市中心区——之间的障碍（Caulfield 1994：7）。

亚历山大公园充分说明了这种现代主义城市规划方法的恶果，而这种规划方法在北美其他城市中也经常可以看到。亚历山大公园过去是一种综合利用区域，有老的居民住宅和各种商业活动，并与这个城市其他部分联系在一起。但是随着 20 世纪 60 年代这个社区被拆除并重新修建起公共住宅建筑，这个区域也就逐渐沦为一处孤立的、实际上难以渗透的贫民窟（Caulfield 1994：11–13）。

多伦多的官员与地方开发商一直在不断推掉那些杰出的建筑地标，并用"高效的"现代建筑取而代之，把工人们强行圈入其中，直到地方活动团体开始起来反抗城市政府的改造规划为止。改革者们指出美国内城已经衰落，多伦多应该"以人民为导向"和注重保护既有的社区，才能避免美国城市曾经犯下的错误。他们的主张很有说服力，并成功地保护了诸如西边的罗斯霍尔梅路、老市政厅、多伦多岛、圣三一大教堂、联合车站以及特里凡宫（Trefann Court）等。这种"文化上的坚持和抵制"，对于推广第二阶段的规划——后现代主义的内城开发——起了重要的作用，而后现代城市主义是对传统城市形式以及社会和文化异质性的一种颂扬（Caulfield 1994：97）。

后现代主义运动在成为支配性力量之前就与现代主义运动平行存在了许多年，而自 20 世纪 60 年代晚期以来，多伦多市政委员会就开始完全支持后现代主义运动，阻止对大多数内城社区的现代主义式的重新开发。后现代主义的规划者们在响应雅各布斯和芒福德的反现代主义视角的同时，开始强调多样化的、小规模的城市社会组织结构的好处，以及保护老建筑的重要性。不过，具有讽刺意味的是，既有建筑的保护与修葺又导致了社会多样性的损失，因为只有中上收入阶层才能够买得起这种位于内城的修葺一新的住宅，也希望能够更快地到达市中心，进入郊区无法提供的、更吸引人的城市环境中，而先前居住的工人阶层与少数族群不得不离开这里（Bell 2011）。

现在，让我们来看看亚历山大公园的最新

*411*

情况。政府职员和顾问与当地居民见面讨论后，多伦多社区住宅建设局（Toronto Community Housing）的官员们在 2010 年宣布了一项野心勃勃的重振计划。自 2012 年开始，300 多处土褐色的联排别墅式的商品房被拆除，而代之以混合收入型住宅。这里还有 473 套既有住宅将被修复，新的地下停车场、商业与零售场所也在修建之中，也会增加更多的绿色空间。并且，在这个地方的附近还将修建大约 1 500 套分户出售的高层公寓、十多幢联排别墅。因为第一批住宅建在原来的停车场和以前空置的土地上，在这里居住的人们可以直接从他们的旧房子搬入新房子，因此没有任何原居民被赶走。然后那些旧建筑将会逐次被拆除，原居民也将逐次搬进新居，而这个过程将会持续 15 年以上（Donovan 2011）。

## 5. 今天的多伦多

通过规划的改革与从大都会着手进行的通盘治理，多伦多已经成为北美一座极具活力、环境十分安全的城市。正如雅各布斯曾经指出的，它是"一个运行良好的城市"。它是加拿大最佳旅游目的地，也是加拿大的金融中心和北美的第三大金融中心。它是北美城市中光纤通信电缆最长的城市，还拥有北美城市中最长的地下步行交通系统，这个系统把 1 200 家商店和饭店、50 处公共行政大楼、6 家大酒店，以及一些娱乐中心联结在一些（Toronto 2011）。

多伦多还是世界上最具文化多样性的城市之一，它吸引了整个加拿大外国移民的 1/4。因此整个城市中有一半居民都是外国移民，这个比例比北美任何其他城市都要高得多。除了来自大洋洲的移民（太平洋和南太平洋上的民族）外，近年来世界每个国家至少都有一万移民来到多伦多。2006 年的人口普查发现，这里生活着至少 200 个不同族群的居民。在这个城市中，将近一半的人（47%），我们一看就知道是少数族群，而在 2001 年这个比例还只有 43%。南亚人（12%）现在已经超过了华人（11.4%），成为这里人口最多的少数族群，而黑人只占 8.4%。在 2001 年到 2006 年之间，人口增长最快的少数族群是拉美裔。正如我们上文提到过的，随着中心城市吸引了大多数的中上收入阶层，二战后北约克、士嘉堡和约克的那些郊区已经成为主要的外国移民居住地。

多伦多也是一个重要的文化中心。这座城市为人们提供着芭蕾舞、音乐会、电影、歌剧和戏剧等文化大餐。它是英语世界仅次于伦敦和纽约的第三大戏剧中心。这里还是多伦多管弦乐队所在地，有三家大剧院、众多的小型实验剧院，还有安大略艺术馆、安大略皇家博物馆、安大略科学中心以及一家动物园。这座城市是第三大电视电影制作中心，因此被称为"北方的好莱坞"。多伦多的高等教育机构包括安大略艺术学院、莱尔逊工艺研究院、多伦多大学和约克大学。这里有很多职业球队，从而增加了这个城市的激情与活力，其中包括多伦多猛龙篮球队、多伦多枫叶冰球队、多伦多蓝鸟棒球队、阿尔戈英雄橄榄球队、多伦多足球俱乐部队等。与任何充满活力的其他城市一样，多伦多还有众多的著名饭店、精品时装店、电影院，以及各种节日、展览和娱乐活动（Toronto 2011）。

当然，多伦多并非没有任何问题。交通日渐拥堵、住房日益短缺、一半的人在半英里范围内都难以找到一家购物店，是这个城市存在的三个主要的问题（Connor 2010）。为了解决诸如此类的问题，这座城市正在实施其"官方规划"——多伦多市的变化和发展规划，其把社会、环境和经济发展放在优先的地位（参见下页的"城市风光"专栏）。该规划的主要目标是：（1）保护和传承过去的宝贵遗产；（2）对老化的需要更新的地区进行投资改造；（3）确保新的开发符合当地特点；（4）对居民社区周围的工业进行搬迁，改变原有工业土地用途，以增强社区活力（Toronto 2011）。多伦多的领导者已经意识到，以民众为导向的精心规划，对于将来的多伦多长期保持青春活力十分重要。

## 多伦多未来规划

下文摘自一个官方主要规划的导言部分。这个官方规划是在2002年提出来的，是在经过公众讨论和得到民众认可后被官方采纳的规划，2007年这个规划又进行了修订。这个规划为多伦多市设计了未来30多年的发展。

要建设一个成功的多伦多，意味着我们不得不就我们如何发展进行持续的决策。我们必须看到我们这些决策之间的联系性，理解我们这些决策的后果。我们必须整合环境的、社会的和经济的视角来进行决策。我们必须在不损害后代人满足其需要的能力的前提下，满足我们今天的需要。

并不存在纯粹地方性的决策或者完全孤立的决策。我们当中的每一个人，每天都要对生活在何处、工作在何处、去何处玩乐和购物以及如何旅行进行决策。它们似乎都是个人的微观的决策，但是加在一起并经过一定时间之后，这些决策的后果就会影响每个人的生活品质。这就是规划如此重要的原因……

这个规划应该是成功的城市建设的依据。进行通盘的考虑是规划诸如多伦多这样的城市最基本的要求。而要进行通盘的考虑，就意味着我们在进行决策时要看到、理解、考虑所有的联系，意味着我们有时

要想出各种不同的备选方案，意味着我们必须寻找到那些最能体现整合、平衡和相互依赖的方案，那些能够获得社会、环境和经济收益的方案。

我们不可能孤立地对多伦多进行单独的规划，不可能期望多伦多独自应对城市发展的那些消极后果。城市生活质量往往要基于所在社区的地方条件，而这些地方条件反过来又要受到发生在更大区域中的事件的影响。空气、水、公共服务和区域内的交通运输系统的质量，都会影响我们工作与居住社区中的生活品质。我们必须对多伦多发展与变革的方式进行管控，以使其与我们的社区发展和变革方式相融，因为我们在很多方面都是不可分割地联系在一起的。

建设一个成功的城市，意味着要选择那些能够提高我们生活品质的决策。这样，随着我们的城市逐渐发展和成熟，我们就能够创造更美丽的环境、更健康和更有活力的社区，以及更大的繁荣……

为了保持在当今全球经济中的经济竞争力，一个城市的各个职能部门不仅必须运行良好，还必须是美丽的、有活力的、安全的、包容的。伟大的城市并不是偶然的产物——它们是被规划和设计出来的，是大家一起协奏而成的乐章，由

私人部门进行的开发和由公共部门进行的开发应相互促进，从而创造具有凝聚力的社区、邻里和街区。优秀的城市设计不仅是一种美的装饰，更是城市建筑不可分割的要素。优秀的城市设计是一种优秀的事业，是优秀的社会政策。

市民的自豪感是具有传染性的。我们的城市的公共与私人部门应作为伙伴一起工作，以创造一个伟大的城市，实现多伦多建筑设计与城市设计的潜能。城市公共部门可以发挥其组织、设计、维修与改善街道、公园和公共建筑的功能。私人部门则可以发挥修建那些强化这些公共空间的建筑和风景的功能。这种规划要求公共部门与私人部门共同努力制定高质量的建筑设计、风光设计和城市设计，并使这些设计符合高效节能的标准。

那些美丽的、舒适的、安全的、可方便进入的、就在身边的街道、公园、公共空间和公共建筑是城市的共同的核心资产。正是这些公共空间把人们吸引到一起，在社区层次、城市层次和区域层次创造强大的社会纽带。它们把我们的公共形象传达给世界，并把我们联结成一个城市。它们为我们设定了节日、游行和公共生活的舞台，也为我们日常的、偶然的际遇设定了舞台。总之，

是公共空间创造了城市共同体。

本规划意识到，好的设计对创造一个伟大城市极其重要。一个城市伟大不伟大，是根据它的广场、公园、街道等公共空间，以及构造和形成这些公共空间的建筑的外在面貌与内在品质来判断的。人们之所以要涌入某个城市，不仅是要享受城市文化，也是要逛其街道、探索其公园和广场、享受其街道生活、购物和观察城市的人流。城市吸引人们前来做客的那些共同特征和品质，也使城市成为伟大的生活之地。

这些城市的共同特征和品质有哪些？那就是格调高雅、人口密集、土地综合利用、不同收入水平的人居住在同一个社区，以及公共交通和行人使城市充满活力。

伟大的城市不仅要有伟大的建筑，而且这些建筑还要一起发挥作用，以创造出伟大的街道、广场、公园等公共空间。伟大的城市给人以启迪，也让人惊叹。不管是在那些布满活力十足的商店和处处可见的咖啡店的繁忙购物大街上，在那些亲切宜居、树木成行的小径

里，还是在那些中央商务区的宏大公共广场中，你都会看到它们实际上是长期精心规划和设计的产物。那些建筑，包括公共建筑和私人建筑，相互作用而共同为人们创造了城市这一更大的户外"房间"。

资料来源：City of Toronto, *Toronto Official Plan*（October 2009）.Accessed online at http://www.toronto.ca/planning/official_plan/pdf_chapter1-5/chapters1_5_dec2010.pdf on April 16, 2012.

## 八、概要

古代的、中世纪的和现代的城市，即使不是全部，也至少有一部分，是通过对其空间布局和结构的人为规划而演进的。这种规划解决了很多城市问题（安全保卫、供水、卫生、交通和休闲活动），宣扬了统治精英的思想（雕像、建筑、广场和公园），反映了各种文化理念（各种宗教或商业建筑，或者扩张的路线方向）。

在19世纪晚期，出现了两种城市设计理念，并影响了很多建筑设计师和规划设计者。1893年芝加哥世界博览会上建筑师博翰所展示的设计作品，开启了整个北美的城市美化运动。在英国，霍华德则把他的"花（田）园城市"概念付诸实施，在20世纪初修建了莱奇沃思和韦尔恩新城。在美国，新泽西的雷德朋是人为规划新城的第一个例子，虽然其新城从来没有最终建成，但为其他各地广泛修建的新城起了样板的作用。作为居住、工作、休闲活动中心的新城，在那些具有强大而久远的中央政府规划传统的国家，比在更加强调个人主义与家庭规则的美国，要成功得多。

诸如柯布西耶设计的"光辉城市"、赖特设计的"广亩城市"和日本清水公司设计的"Try-2004"等，都是想修建一个新的中心城市，但在实践上都是乌托邦。不过它们确实挑战了我们关于城市的很多想法，促使我们思考更大胆的方案来解决城市问题。美国新奥尔良灾后重建，原本为我们制定一个完善的城市规划设计并改善那里的居住和生活质量提供了难得的机会，但可惜的是这个城市没有借此机会进行更大胆的创新。相反，这个城市的行为，与雅各布斯所说的"让社会中的人们自我决定"的想法更为一致。

而在其他的很多地方，城市规划者往往更为关注城市中某个更小的片区——城市的社区、公共空间、水滨区域和历史区域——的规划设计，目的是复兴旅游、休闲和各种经济活动，同时使城市变得更有吸引力。经济、政治与文化价值观也是十分重要的因素，会影响城市规划设计能做什么和不能做什么。虽然大多数城市都希望通过良好的城市规划来把握自己的命运，但多伦多给人们留下的印象尤为深刻，因为它有一个着眼于未来的整体性的和综合性的规划。

# 九、结论

我们真的可以说某种城市规划（理念）总是比另一种城市规划（理念）更为有效吗？我们下面就对这个问题做一简要的评论，并以此结束本章和全书。

首先，所有证据都表明，改变一个社会的物理外貌，并不会自动地重塑社会生活。在那些把旧的城市世界进行颠倒的新城——从霍华德设计的莱奇沃思，到劳斯设计的哥伦比亚城，再到卢希奥·考斯塔（Lucio Costa）设计的巴西利亚——中，那些新建筑和街区已经又成了很多老问题的家园，这些问题包括后果严重而影响深远的族群偏见、阶层之间的敌视，以及环境的污染。在物理上改变城市，虽然有时是必需的，但似乎并不足以实现规划者所预设的理想环境。最好的规划应是善的社会学与扣人心弦的建筑艺术的完美结合。

其次，20世纪以来的所有规划试验，都没有真正实现它们的最初目标。那些新城并没有解决大城市中存在的那些问题，相反还产生了他们自己无法解决的新问题。那些乌托邦的设计让我们内心激动，但没有给我们提供真正的解决方案。而着眼于在小范围内进行规划设计的那些努力，诸如雅各布斯、赫克舍、赖特和劳斯所进行的那些规划实践，是一种有益的探索，但往往使那些严重的城市问题诸如失业、贫困等原封不动、一如既往地存在。

最后，我们必须时刻认识到，城市规划往往面临残酷的现实。几乎所有的规划都会受制于经济与政治的考虑。如果费用太高，政府就不会实施这种规划。如果规划是由富人资助而提出的，那么它可能对穷人没有多大好处。一些人所需要的，可能正是另一些人所抵制的。那些城市规划者，如果他们想有机会实现他们的规划，就必须首先成为老道的政客。

要使我们的城市有一个美好的未来，我们必须对其进行规划。不过，我们的规划又必须把两种互相矛盾的因素——规划者塑造城市环境的愿望与民众选择自己需要的自由——整合起来。我们还必克服只考虑地方利益的倾向，必须考虑整个区域、整个大都会区的需要。城市和郊区并不是彼此孤立地存在的，它们的命运是不可分割地联系在一起的，因为很多影响生活质量的问题都超越了二者之间的边界。还有，在21世纪，如果要确保一个城市的活力，规划者与公众就必须对城市生活的问题与机会达成一种共识，甚至需要我们从过去那些乌托邦的思想者那里吸取某些思想和理念。

正如城市要努力确定它们的未来一样，人们也必须扪心自问，必须拷问他们的领导者：为什么我们应对城市进行规划？哪些问题规划者会比民众处理得更好？规划到底对谁有好处？而对生活在城市中的所有人的健康与福祉的关切，应主导我们关于这些深层问题的讨论。只要我们以这样的目标和关切——这种关切在今天多伦多人的城市生活中十分明显——为导向，为之努力奋斗，那么我们迟早会实现让所有市民共享的那种城市美景和愿望。

*415*

## 关键术语

生态建筑

城市美化运动

花（田）园城市

城市乌托邦

绿色地带

新城

场所营造

# 网络活动

1. 登录 http://www.slideshare.net/metroplanning/project-for-public-spaces-streets-as-places，查阅公共空间项目组织对如何规划与改善公共空间提供的一系列有趣的幻灯片。

2. 登录 http://digitalurban.com/2008/01/virtual-purdue-future-city-animation.html，查看那些忽视了社会环境的建筑设计的例子（20世纪70年代的城市改造常常如此）。在此可以找到一个关于未来土耳其城市的动画短片。观看这个短片，了解城市的各种景点和古迹，那些方便步行、可以进行各种活动、人们可以到处看看的场所，以及公共交通和各种活动是如何消失的。我们从这个短片中也会获得一丝希望，那就是它指出这绝对不是城市的未来。

# 参考文献

ABBOTT, CARL, AND JOY MARGHEIM. 2008. "Imagining Portland's Urban Growth Boundary: Planning Regulation as Cultural Icon." *Journal of the American Planning Association* 74: 196–208.

ABC NEWS. 2000. "Crime Fears Linger." Accessed at http://www.abcnews.go.com/sections/politics/DailyNews/poll000607.html on September 23, 2002.

ABRAHAMSON, MARK. 2004. *Global Cities*. New York: Oxford University Press.

ADDAMS, JANE. 2010a. *The Spirit of Youth and the City Streets*. New York: General Books; originally published 1909.

———. 2010b. *The Second Twenty Years at Hull House*. New York: General Books; originally published 1930.

———. 2011. *Twenty Years at Hull House*. Readaclassic. com; originally published 1910.

AGNEW, ROBERT. 1992. "Foundation for a General Strain Theory of Crime and Delinquency." *Criminology* 30: 47–87.

ALDERSON, ARTHUR S., AND JASON BECKWITH. 2004. "Power and Position in the World City System." *American Journal of Sociology* 109: 811–51.

ALEXANDER WOOLLCOTT. 2011. *Answers.com*. Accessed at http://www.answers.com/topic/alexander-woollcott on July 14, 2011.

ALONSO, WILLIAM. 1960. "A Theory of the Urban Land Market." Accessed at http://www.scribd.com/doc/6485508/A-Theory-of-the-Urban-Land-Market-Alonso on July 14, 2011.

ALONZO, ALEX. 2008. "18th Street: Gang in Los Angeles." Accessed at http://www.streetgangs.com/hispanic/18thstreet on July 25, 2011.

ALVAREZ, LIZETTE. 2009. "The Ironbound: Importing a Slice of Portugal." *New York Times*, December 24, p. MB3.

AMERICA 2050. 2011. "Urban Growth in the Northeast Megaregion." Accessed at http://www.america2050.org/northeast.html on August 13, 2011.

AMERICAN LUNG ASSOCIATION. 2011. *State of the Air 2011*. Accessed at http://www.stateoftheair.org/2011/assets/SOTA2011.pdf on August 12, 2011.

ANDERSON, ELIJAH, AND DOUGLAS S. MASSEY. 2001. *Problem of the Century: Racial Stratification in the United States*. New York: Russell Sage Foundation.

ANJEC. 2011. "Urban/Developed Communities." *Association of New Jersey Environmental Commissions*. Accessed at http://www.anjec.org/UrbanDevComm.htm on August 16, 2011.

ARCHBALD, DOUGLAS A. 2004. "School Choice, Magnet Schools, and the Liberation Model: An Empirical Study." *Sociology of Education* 77 (October): 283–310.

ARMSTRONG, WARWICK, AND T. G. MC GEE. 2007. *Theatres of Accumulation: Studies in Asian and Latin American Urbanization*. New York: Routledge.

ATKINSON, ROWLAND, AND SARAH BLANDY, eds. 2006. *Gated Communities: International Perspectives*. New York: Routledge.

ATLANTA REGIONAL COUNCIL. 2007. *Regional Snapshot: Land Development in the Atlanta Region*. Accessed at http://www.atlantaregional.com on July 20, 2008.

AUSTIN, ALFREDO LOPEZ, AND LEONARDO LOPEZ LUJAN. 2006. *Mexico's Indigenous Past*. Norman: University of Oklahoma Press.

AUSTRALIAN CAPITAL TERRITORY. 2011. "Canberra's Economy." Accessed at http://www.business.act.gov.au/investing_in_canberra/canberras_economy on August 7, 2011.

AZAD INDIA FOUNDATION. 2010. "Poverty in India." Accessed at http://azadindia.org/social-issues/poverty-in-india.html on August 3, 2011.

BAGBY, R. MICHAEL, LENA C. QUILTY, AND ANDREW C. RYDER. 2008. "Personality and Depression." *Canadian Journal of Psychiatry* 53: 14–25.

BAGLI, CHARLES V. 2011. "Downtown's Rebirth, 10 Years and $24 Billion Later." *New York Times*, September 11, pp. NJ1, NJ4.

BALTZELL, E. DIGBY. 1987. *The Protestant Establishment*. New Haven, CT: Yale University Press; originally published 1964.

———. 1989. *Philadelphia Gentlemen: The Making of a National Upper Class*. New Brunswick, NJ: Transaction Publishers; originally published 1958.

BANFIELD, EDWARD C. 1970. *The Unheavenly City*. Boston: Little, Brown.

———. 1990. *The Unheavenly City Revisited*. Long Grove, IL: Waveland Press.

BANHAM, RAYNER. 2009. *Los Angeles: The Architecture of Four Ecologies*, 2nd ed. Berkeley: University of California Press; originally published 1973.

BANZHAF, H. SPENCER, WALLACE E. OATES, AND JAMES N. SANCHIRICO. 2010. "Success and Design of Local Referenda for Land Conservation." *Journal of Policy Analysis and Management* 29: 769–98.

BARNETT, JONATHAN. 2002. "Turning Edge Cities into Real Cities." *Planning* 68 (November): 10–13.

BEAUREGARD, ROBERT A. 2003. "City of Superlatives." *City & Community* 2 (September): 183–99.

———. 2006. *When America Became Suburban*. South Minneapolis, MN: University of Minnesota Press.

BEGUIN, GILES, AND DOMINQUE MOREL. 1997. *The Forbidden City: Heart of Imperial China*. London: Thames and Hudson, Ltd.

BEITO, DAVID T., PETER GORDON, AND ALEXANDER TABARROK, eds. 2009. *The Voluntary City: Choice, Community, and Civil Society*. Oakland, CA: Independent Institute.

BELL, BRANDON. 2011. *Perspectives on Urban Toronto*. Raleigh, NC: Lulu.

BELL, WENDELL, AND MARION BOAT. 1957. "Urban Neighborhoods and Informal Social Relations." *American Journal of Sociology* 62: 391–98.

BELLAH, ROBERT N., RICHARD MADSEN, WILLIAM M. SULLIVAN, ANN SWIDLER, AND STEVEN M. TIPTON. 1985. *Habits of the Heart: Individualism and Commitment in American Life*. New York: Harper & Row.

BELLUSH, JEWEL. 2000. *Urban Renewal: People, Politics, and Planning*. Garden City, NY: Doubleday.

BEMBRY, JAMES X., AND DONALD F. NORRIS. 2005. "An Exploratory Study of Neighborhood Choices among Moving to Opportunity Participants in Baltimore, Maryland." *Journal of Sociology and Social Welfare* 32 (December): 93–107.

BENTHAM, MARTIN. 2011. "Foreign-Born Workers Take One in Five Jobs." *Evening Standard* (May 26).

BERMAN, DAVID. 1997. "Shopping on the Edge." *Canadian Business*, October 31, pp. 72–79.

BINGHAM, RICHARD, AND ZHONGCAI ZHANG. 2001. *The Economies of Central-City Neighborhoods*. Boulder, CO: Westview Press.

BLAKELY, EDWARD J., AND MARY GAIL SNYDER. 1999. *Fortress America: Gated Communities in the United States*, New Ed. Washington, D.C.: Brookings Institution Press.

BLAU, JUDITH R., AND PETER M. BLAU. 1982. "The Cost of Inequality: Metropolitan Structure and Criminal Violence." *Sociological Quarterly* 27: 114–29.

BONNES, MIRILIA, MARINO BONAIUTO, AND ANNA PAOLA. 1991. "Crowding and Residential Satisfaction in the Urban Environment: A Contextual Approach." *Environment and Behavior* 23 (September): 531–52.

BOOKCHIN, MURRAY. 1996. *The Limits of the City*, 2nd rev. ed. Toronto: Black Rose Books.

BORJAS, GEORGE J. 2004. "The Economic Consequences of Immigration." *Journal of Catholic Social Thought* 1: 137–55.

BORSUK, ALAN. 2007. "A Toast to Sherman Park." Accessed at http://www.jsonline.com/realestate/29288129.html on July 25, 2011.

BOUMA-DOFF, WENDA. 2007. "Involuntary Isolation: Ethnic Preferences and Residential Segregation." *Journal of Urban Affairs* 29: 289–309.

BRAINARD, LAEL, AND LEONARDO MARTINEZ-DIAZ. 2009. *Brazil as an Economic Superpower? Understanding Brazil's Changing Role in the Global Economy*. Washington, D.C.: Brookings Institution Press.

BRASWELL, GEOFFREY E., ed. 2004. *The Maya and Teotihuacan: Reinterpreting Early Classic Interaction*. Austin, TX: University of Texas Press.

BREAN, HENRY. 2012. "Low Snowpack Signals Water Crisis at Lake Mead." *Las Vegas Review-Journal*, January 23, p. 1.

BREMER, FREDERIKA, ADOLPH BENSON, AND CARRIE CATT. 2007. *America of the Fifties: Letters of Fredrika Bremer*. Carlisle, MA: Applewood Books.

BRENNAN, MORGAN. 2011. "Moscow Leads Cities with the Most Billionaires." *Forbes* (May 17). Accessed at http://www.forbes.com/2011/05/17/cities-with-most-billionaires.html on August 3, 2011.

*Britannica Book of the Year.* 2011. Chicago: Encyclopedia Britannica.

BROKAW, TOM. 2002. *NBC Nightly News*, June 27.

BROOKINGS INSTITUTION. 2003. *Back to Prosperity: A Competitive Agenda for Renewing Pennsylvania*. Washington, D.C.: Brookings Institution Press.

BROOKS, DAVID. 2001. *Bobos in Paradise: The New Upper Class and How They Got There*. New York: Simon & Schuster.

BROOKS, VAN WYCK. 2005. *The Flowering of New England, 1815–1875*. New York: AMS Press, Inc.; originally published 1936.

BROWN, LOUISE. 2008. "Urban Schools Shortchanged: Report." *Toronto Star* (April 4), p. A08.

BRUCE, J. M. 1970. "Intergenerational Occupational Mobility and Visiting with Kin and Friend." *Social Forces* 49: 117–27.

BRYANT, M. DARROL. 2001. "Some Notes on Muslims in Canada and the US." Accessed at http://www.renaissance.com.pk/Seprefl2y1.html on September 1, 2011.

BUCKLEY, JACK, AND MARK SCHNEIDER. 2009. *Charter Schools: Hope or Hype?* Princeton, NJ: Princeton University Press.

BULMER, MARTIN. 1986. *The Chicago School of Sociology*. Chicago: University of Chicago Press.

BURCHELL, ROBERT, ANTHONY DOWNS, SAHAN MUKHERJI, AND BARBARA MCCANN. 2005. *Sprawl Costs: Economic Impacts of Unchecked Development*. Washington, D.C.: Island Press.

BURCHFIELD, KERI B. 2009. "Attachment as a Source of Informal Control in Urban Neighborhoods." *Journal of Criminal Justice* 37: 45–54.

BURN, A. R. 1970. *Greece and Rome*. Glenview, IL: Scott, Foresman.

BUSH, LARRY. 2011. "San Francisco: Delay Housing Enforcement." *CitiReport*. Accessed at http://www.citireport.com/2011/03/sf-delay-housing-enforcement/ on July 28, 2011.

BUTLER, TIM. 2007. "Re-urbanizing London Docklands: Gentrification, Suburbanization or New Urbanism?" *International Journal of Urban and Regional Research* 31 (December): 759–81.

———. 2008. "In the City But Not of the City?" *International Journal of Social Research Methodology* 11 (April): 141–49.

BUTLER, TIM, AND LEES, LORETTA. 2006. "Super-gentrification in Barnsbury, London: Globalisation and Gentrifying Elites at the Neighbourhood Level." *Transactions of the Institute of British Geographers* NS31, 467–87.

BYRON, ROBERT. 2007. *The Road to Oxiana*. New York: Oxford University Press.

CAHALAN, SUSANNAH. 2008. "Code of Honor: New in-the-Money ZIP Beats Our 10021." *New York Post*, May 12, p. 3.

CALHOUN, CRAIG, ed. 2007. *Sociology in America: A History*. Chicago: University of Chicago Press.

CALHOUN, JOHN B. 1962. "Population Density and Social Pathology." *Scientific American* 206: 139–48.

CALLOW, ALEXANDER B., JR. 1982. *American Urban History: An Interpretive Reader with Commentaries*, 3rd ed. New York: Oxford University Press.

CARCOPINO, JEROME. 2008. *Daily Life in Ancient Rome: The People and City at the Height of the Empire*. New Haven, CT: Carcopino Press.

CARNOY, MARTIN, REBECCA JACOBSEN, LAWRENCE MISHEL, AND RICHARD ROTHSTEIN. 2005. *The Charter School Dust-Up: Examining the Evidence on Enrollment and Achievement*. New York: Teachers College Press.

CARP, BENJAMIN. 2009. *Rebels Rising: Cities and the American Revolution*. New York: Oxford University Press.

CARTER, J. SCOTT, LALA CARR STEELMEN, LYNN M. MULKEY, AND CASEY BORCH. 2005. "When the Rubber Meets the Road: Effects of Urban and Regional Residence on Principle and Implementation Measures of Racial Tolerance." *Social Science Research* 34 (June): 408–25.

CASTELLS, MANUEL. 1982. *City, Class, and Power*. New York: Palgrave Macmillan.

———. 1985. *The City and the Grass Roots*. Berkeley: University of California Press.

———. 1992. *The Informational City*. Malden, MA: Wiley-Blackwell.

———. 2000. *The Rise of the Network Society*. Malden, MA: Wiley-Blackwell.

CASTLEDEN, RODNEY. 2005. *The Mycenaeans*. New York: Routledge.

CAULFIELD, JON. 1994. *City Form and Everyday Life: Toronto's Gentrification and Critical Social Practice*. Toronto: University of Toronto Press.

CENTER FOR EDUCATION REFORM. 2011. "2011-2012 National Charter School and Enrollment Statistics." Accessed at http://www.edreform.com on April 14, 2012.

CENTRAL INTELLIGENCE AGENCY. 2011. *World Factbook*. Accessed at https://www.cia.gov/library/publications/the-world-factbook/ on August 4, 2011.

CHANG, BAO. 2011. "Automobile Ownership to Exceed 100m by Year's End." *China Daily* (July 23). Accessed at http://www.chinadaily.com.cn/cndy/2011-07/23/content_12966765.htm on July 23, 2011.

CHAPMAN, DAVID W., AND JOHN R. LOMBARD. 2006. "Determinants of Neighborhood Satisfaction in Fee-Based Gated and Nongated Communities." *Urban Affairs Review* 41 (July): 769–99.

CHARLES, CAMILLE Z. 2000. "Neighborhood Racial-Composition Preferences: Evidence from a Multiethnic Metropolis." *Social Problems* 47: 379–98.

CHASE-DUNN, CHRISTOPHER, AND SALVATORE J. BABONES. 2006. *Global Social Change: Historical and Comparative Perspectives*. Baltimore: Johns Hopkins University Press.

CHESAPEAKE BAY FOUNDATION. 2011. *Water Quality Issues: Land Use*. Accessed at http://www.cbf.org/page.aspx?pid=611 on August 15, 2011.

CHESAPEAKE ECO-CHECK. 2011. *Chesapeake Bay Health Report Card: 2010*. Accessed at http://www.eco-check.org/reportcard/chesapeake/2010/overview on August 15, 2011.

CHILDE, V. GORDON. 2003. *Man Makes Himself.* Philadelphia: Coronet Books.

CHOWDHURY, DEBASISH ROY. 2007. "Right Moves Being Made on Wealth Disparity." *China Daily*, October 16. Accessed at http://www.chinadaily.com.cn/opinion/2007-10/16/content_6728538.htm on April 14, 2012.

CHRISTALLER, WALTER. 1966. *Central Places in Southern Germany.* Englewood Cliffs, NJ: Prentice Hall; originally published 1933.

CITY OF NEW YORK. 2011. "NYC Statistics." Accessed at http://www.nycgo.com/articles/nyc-statistics-page on August 14, 2011.

CITY OF PORTLAND. 2011. "Elements of Vitality: Results of the Downtown Plan." Accessed at http://www.portlandonline.com on April 7, 2012.

CITY OF SPOKANE PLANNING SERVICES DEPARTMENT. 2011. "Long Range Planning." Accessed at http://www.spokaneplanning.org/longrange.html on August 16, 2011.

CITY OF TORONTO. 2009. *Profile of Low Income in the City of Toronto.* Accessed at http://www.toronto.ca/demographics/pdf/poverty_profile_2010.pdf on April 14, 2012.

CITY-DATA.COM. 2011. Accessed on July 25, 2011.

CLAGHORN, KATE HOLLADAY. 2011. "The Foreign Immigrant in New York City." Accessed at http://www.tenant.net/Community/LES/clag1.html on August 13, 2011.

CLEVELAND, WILLIAM L., AND MARTIN BUNTON. 2009. *A History of the Modern Middle East,* 4th ed. Boulder, CO: Westview Press.

CNN. 2008. "Developing Cities and Pollution." Accessed at http://www.cnn.com/2008/WORLD/asiapcf/03/09/eco.cities/index.html on July 28, 2008.

COHEN, ADAM, AND ELIZABETH TAYLOR. 2001. *American Pharaoh: Mayor Richard J. Daley.* Boston: Back Bay Books.

COMMUNITY ASSOCIATIONS INSTITUTE. 2011. "Industry Data: National Statistics." Accessed at http://www.caionline.org/info/research/Pages/default.aspx about/facts.cfm on April 7, 2011.

CONANT, JENNET. 2003. *Tuxedo Park.* New York: Simon & Schuster.

CONFERENCE BOARD OF CANADA. 2011. "Hot Topic: Canada Inequality." Accessed at http://www.conferenceboard.ca/hcp/hot-topics/canInequality.aspx on July 24, 2011.

CONLIN, MICHELLE. 2008. "Suddenly It's Cool to Take the Bus." *Business Week,* April 23. Accessed at http://www.businessweek.com/magazine/content/08_18/b4082000049320.htm on April 7, 2012.

CONNOR, KEVIN. 2010. "Great City, But Still With Its Problems." *Toronto Sun,* October 5. Accessed at http://www.torontosun.com/news/torontoandgta/2010/10/04/15579776.html on August 8, 2011.

CORCORAN, DAVID. 2003. "Restaurants: Unbound in Ironbound, *New York Times,* July 20, p. NJ10.

COUNCIL ON AMERICAN-ISLAMIC RELATIONS. 2011. Accessed at http://www.cair.com/Home.aspx on April 14, 2012.

COWIE, JEFFERSON, AND JOSEPH HEATHCOTT. 2003. *Beyond the Ruins: The Meanings of Deindustrialization.* Ithaca, NY: Cornell University Press.

CQ PRESS. 2011. "City Crime Rankings 2010-2011." Accessed at http://os.cqpress.com/citycrime/2010/citycrime2010-2011.htm on July 29, 2011.

CURLEY, ALEXANDRA M. 2008. "A New Place, a NEW Network? Social Capital Effects of Residential Relocation for Poor Women." Pp. 85–103 in *Networked Urbanism,* edited by Taja Blokland and Mike Savage. Burlington, VT: Ashgate Publishing.

CURRAN, DAN. 2003. "Sherman Park Still One of Milwaukee's Most Vibrant Areas." Accessed at http://www.onmilwaukee.com/visitors/articles/shermanpark

.html on June 23, 2008.

CURRY, AARON, CARL LATKIN, AND MELISSA DAVEY-ROTHWELL. 2008. "Pathways to Depression: The Impact of Neighborhood Crime on Inner-City Residents in Baltimore, Maryland, USA." *Social Science & Medicine* 67 (July): 23–30.

CURTIS WHITE, KATHERINE J., AND AVERY M. GUEST. 2003. "Community Lost or Transformed? Urbanization and Social Ties." *City & Community* 2 (September): 239–59.

DANA, RICHARD HENRY. 2001. *Two Years Before the Mast.* New York: Random House Modern Library; originally published 1862.

DE JONG, IAIN. 2000. "Devolution Hits Housing in Canada." *Shelterforce Online.* Accessed at http://www.nhi.org/online/issues/113/dejong.html on July 25, 2011.

DEAR, MICHAEL J. 2001. *The Postmodern Urban Condition.* Malden, MA: Wiley-Blackwell.

DE KESEREDY, WALTER S. 2009. "Canadian Crime Control in the New Millennium: The Influence of Neo-Conservative US Policies and Practices." *Police Practice and Research* 10: 305–16.

DEMOGRAPHIA. 2011. "New York (Manhattan) Wards: Population & Density 1800-1910." Accessed at http://www.demographia.com/db-nyc-ward1800.htm on August 13, 2011.

DIALA, CHAMBERLAIN C., AND CARLES MUNTANER. 2003. "Mood and Anxiety Disorders Among Rural, Urban, and Metropolitan Residents in the United States." *Community Mental Health Journal* 39: 239–52.

DICKENS, CHARLES. 1853. *Bleak House.* London: Chapman and Hall.

———. 1860. *Great Expectations.* London: Chapman and Hall.

———. 2008. *Hard Times.* New York: Signet Classics; originally published 1854.

———. 2010. *American Notes.* New York: General Books; originally published 1842.

DIERS, JIM. 2004. *Neighbor Power: Building Community the Seattle Way.* Seattle: University of Washington Press.

DILLON, DAVIS. 2003. "Addison Circle Park Gives Suburb a Hub." *Dallas News,* December 17, p. E14.

DIXON, TRAVIS L. 2008. "Crime News and Racialized Beliefs: Understanding the Relationship between Local News and Perceptions of African Americans and Crime." *Journal of Communication* 58 (March): 106–25.

DOMHOFF, G. WILLIAM. 2011. "Wealth, Income, and Power." Accessed at http://sociology.ucsc.edu/whorulesamerica/power/wealth.html on July 23, 2011.

DOMÍNGUEZ, SILVIA, AND CELESTE WATKINS. 2003. "Creating Networks for Survival and Mobility: Social Capital among African-American and Latin-American Low-Income Mothers." *Social Problems* 50 (February): 111–35.

DONOVAN, VINCENT. 2011. "Alexandra Park Community Yearns for a Facelift." *The Star* (May 23). Accessed at http://www.thestar.com/news/article/995831 on August 8, 2011.

DOS PASSOS, JOHN. 1969. "San Francisco Looks West." Pp. 484–89 in *City Life,* edited by Oscar Shoenfeld and Helen MacLean. New York: Grossman; originally published 1944.

DOSS, KELLY R., AND WILLIAM T. MARKHAM. 2004. "The Sprawl Problem in Guilford County." Accessed at http://nc.sierraclub.org/piedmont/excom/sprawl_guilford_2004.pdf on August 16, 2011.

DOUGLAS, GEORGE H. 2004. *Skyscrapers: A Social History of the Very Tall Building in America.* Jefferson, NC: McFarland & Company.

DOWNS, TONY. 2011. "Next Office Building Boom Still Years Away." (May 1). Accessed at http://nreionline.com/property/office/real_estate_next_office_

building/ on August 13, 2011.

DUANY, ANDRES, JEFF SPECK, AND MIKE LYDON. 2009. *The Smart Growth Manual*. New York: McGraw-Hill.

DUESTERBERG, THOMAS J., AND ERNEST H. PREEG. 2004. *U.S. Manufacturing: The Engine for Growth in a Global Economy*. Westport, CT: Praeger.

DUNLAP, DAVID W. 2008. "Atop the New TKTS Booth, Ruby-Red Stairs with a View of the Great White Way." *New York Times*, October 17, p. 29.

DURKHEIM, EMILE. 1997. *The Division of Labor in Society*. New York: Free Press; originally published 1893.

EAKIN, MARSHALL C. 2007. *The History of Latin America: Collision of Cultures*. New York: Palgrave Macmillan.

ECONOMIC TIMES. 2011. "India's Middle Class Population to Touch 267 Million in 5 Years," February 6. Accessed at http://articles.economictimes.indiatimes.com/2011-02-06/news/ on August 3, 2011.

ECONOMIST. 2011. "Greening the Concrete Jungle," September 3. Accessed at http://www.economist.com/node/21528272 on September 5, 2011.

EIESLAND, NANCY L. 2000. *A Particular Place: Urban Restructuring and Religious Ecology in a Southern Exurb*. New Brunswick, NJ: Rutgers University Press.

EITLE, DAVID. 2009. "Dimensions of Racial Segregation, Hypersegregation, and Black Homicide Rates." *Journal of Criminal Justice* 37: 28–36.

EL NASSER, HAYA. 2006. "Mich. Pulling Itself out of Slump." *USA Today*, April 25, p. A3.

ELLEN, INGRID GOULD, AMY E SCHWARTZ, AND IOAN VOICU. 2007. "The Impact of Business Improvement District on Property Values: Evidence from New York City." *Brookings-Wharton Papers on Urban Affairs* 8: 1–31.

EMAAR. 2011. "Downtown Dubai." Accessed at http://www.emaar.com/index.aspx?page=emaaruae-downtownburj on August 7, 2011.

ENGELS, FRIEDRICH. 2009. *The Condition of the Working Class in England*, trans. by Florence Kelly Wischenewetsky. Springfield, MA: Seven Treasures Publications; originally published 1844.

ESHBAUGH, ELAINE M., JACQUES LEMPERS, AND GAYLE L. LUZE. 2006. "Objective and Self-Perceived Resources as Predictors of Depression among Urban and Non-Urban Adolescent Mothers." *Journal of Youth and Adolescence* 35 (October): 839–47.

ESHERICK, JOSEPH W., PAUL G. PICKOWICZ, AND ANDREW G. WALDER, eds. 2006. *China's Cultural Revolution as History*. Stanford, CA: Stanford University Press.

EVANS, GARY W., SUSAN SAEGERT, AND REBECCA HARRIS. 2001. "Residential Density and Psychological Health among Children in Low-Income Families." *Environment and Behavior* 33 (March): 165–80.

FABBI, NADINE. 2003. *Early Black Canadian History*. Accessed at http://www.k12studycanada.org/files/EarlyBlackCanadianHistory.pdf on August 31, 2011.

FAJNZYLBER, PABLO, DANIEL LEDERMAN, AND NORMAN LOAYZA. 2002. "Inequality and Violent Crime." *The Journal of Law & Economics* 45 (April): 1–40.

FARGANIS, JAMES. 2007. *Readings in Social Theory: The Classic Tradition to Post-Modernism*, 5th ed. New York: McGraw-Hill.

FARRELL, CHAD R. 2008. "Bifurcation, Fragmentation, or Integration? The Racial and Geographic Structure of US Metropolitan Segregation, 1990–2000." *Urban Studies* 45 (March): 467–99.

FEDERAL BUREAU OF INVESTIGATION. 2011. *Crime in the United States—2010*. Accessed at http://www.fbi.gov/about-us/cjis/ucr/crime-in-the-u.s/2010/crime-in-the-u.s.-2010 on April 14, 2012.

FEDERAL RESERVE BOARD. 2011. "Surveying the Aftermath of the Storm: Changes in Family Finances from 2007 to 2009," 2011–17 (March).

FEDERATION OF CANADIAN MUNICIPALITIES. 2010. *Mending Canada's Frayed Social Safety Net: The Role of Municipal Governments*. Ottawa: FCM.

FILION, PIERRE. 1995. "City Form and Everyday Life: Toronto's Gentrification and Critical Social Practice." *Journal of the American Planning Association* 61 (Spring): 281–82.

FISCAL POLICY INSTITUTE. 2009. "Immigrants and the Economy." New York: Fiscal Policy Institute.

FISCHER, CLAUDE S. 1975. "Toward a Subcultural Theory of Urbanism." *American Journal of Sociology* 80: 1319–41.

———. 1995. "The Subcultural Theory of Urbanism: A Twentieth-Year Assessment." *American Journal of Sociology* 102 (November): 543–77.

FISCHER, CLAUDE S. et al. 1996. *Inequality by Design: Cracking the Bell Curve Myth*. Princeton, NJ: Princeton University Press.

FLORIDA, RICHARD. 2008. *Who's Your City? How the Creative Economy Is Making Where to Live the Most Important Decision of Your Life*. New York: Basic Books.

———. 2011. "Foreclosures Still Concentrated in Sunbelt Cities." *The Atlantic*, January 28. Accessed at http://www.theatlantic.com/business/ on September 5, 2011.

FOGELSON, ROBERT M. 2003. *Downtown: Its Rise and Fall, 1880–1950*. New Haven, CT: Yale University Press.

FORTUNE. 2011. "Global 500." Accessed at http://money.cnn.com/magazines/fortune/global500/2010/countries/US.html on June 7, 2011.

FRANKLIN, TRAVIS W., CORTNEY A. FRANKLIN, AND TRAVIS C. PRATT. 2006. "Examining the Empirical Relationship between Prison Crowding and Inmate Misconduct: A Meta-Analysis of Conflicting Research." *Journal of Criminal Justice* 34 (July–August): 401–12.

FRASER, STEVEN. 1995. *The Bell Curve Wars: Race, Intelligence, and the Future of America*. New York: Basic Books.

FREY, WILLIAM H. 2011. "Melting Pot Cities and Suburbs: Racial and Ethnic Change in Metro America in the 2000s." Washington, D.C.: Brookings. Accessed at http://www.brookings.edu/~/media/Files/rc/papers/2011/0504_census_ethnicity_frey/0504_census_ethnicity_frey.pdf on April 14, 2012.

FRISBY, CRAIG L. 1996. "The Use of Multidimensional Scaling in the Cognitive Mapping of Cultural Difference Judgments." *School Psychology Review* 25: 77–93.

FU, VINCENT K. 2001. "Racial Intermarriage Pairings." *Demography* 38: 147–59.

GALLUP. 2010a. "Nearly 4 in 10 Americans Still Fear Walking Alone at Night," November 5. Accessed at http://www.gallup.com/poll/144272/Nearly-Americans-Fear-Walking-Alone-Night.aspx on July 29, 2011.

———. 2010b. "Americans Still Perceive Crime as on the Rise," November 18. Accessed at http://www.gallup.com/poll/144827/Americans-Perceive-Crime-Rise.aspx on July 29, 2011.

GANS, HERBERT. 1962. "City Planning and Urban Realities." *Commentary* 33: 170–75.

———. 1967. *The Levittowners*. New York: Penguin.

———. 1968. "Urbanism and Suburbanism as Ways of Life: A Re-evaluation of Definitions." Pp. 170–95 in *Metropolis Center and Symbol of Our Time*, edited by Philip Kasinitz. New York: New York University Press, 1995.

———. 1982. *The Urban Villagers: Group and Class in the Life of Italian Americans*. New York: Free Press; originally published 1962.

———. 1991. "Urbanism and Suburbanism as Ways of Life: A Re-evaluation of Definitions." Pp. 51–69 in *People, Plans, and Policies: Essays on Poverty, Racism, and Other National Urban Problems*. New York: Columbia University Press.

GARDNER, AMY. 2008. "Plan to Remake Tysons Corner Envisions Dense Urban Center." *Washington Post*, May 29, p. A1.

GARREAU, JOEL. 1991. *Edge City*. New York: Doubleday Anchor.

GASPERS, KAREN. 2006. "Keeping an Eye on One Another." *Family Safety & Health* 64: 10–12.

GEISSE, G., AND F. SABATINI. 1988. "Latin American Cities and Their Poor." Pp. 322–27 in *The Metropolitan Era*, edited by M. Dogan and J. Kasarda. Newbury Park, CA: Sage.

GERTNER, JON. 2005. "Chasing Ground." *New York Times Magazine*, October 16, p. 46.

GIBBONS, DEBORAH, AND PAUL M. OLK. 2003. "Individual and Structural Origins of Friendship and Social Position Among Professionals." *Journal of Personality & Social Psychology* 84: 340–51.

GIOVANNINI, JOSEPH. 1983. "I Love New York and L.A., Too." *New York Times Magazine*, September 11, pp. 145, 147–49.

GIS.COM. 2011. "What is GIS?" Accessed at http://www.gis.com/content/what-gis on July 6, 2011.

GLAAB, CHARLES N., AND A. THÉODORE BROWN. 1983. *A History of Urban America*, 3rd ed. New York: Macmillan.

GOLDBERGER, PAUL. 1989. *City Observed*. New York: Vintage.

GOODY, JOAN, AND ROBERT CHANDLER. 2010. *Building Type Basics for Housing*, 2nd ed. New York: Wiley.

GORMAN, S. 2003. "Labor Pain." *Washington Monthly* 35 (September): 20.

GOTTDIENER, MARK. 2001. *The Theming of America*, 2nd ed. Boulder, CO: Westview Press.

GOTTDIENER, MARK, AND JOE FEAGIN. 1988. "The Paradigm Shift in Urban Sociology." *Urban Affairs Quarterly* 24: 163–87.

GOTTDIENER, MARK, AND RAY HUTCHISON. 2010. *The New Urban Sociology*, 4th ed. Boulder, CO: Westview Press.

GOTTMANN, JEAN. 1966. *Megalopolis*, 3rd ed. Cambridge, MA: MIT Press.

GRABE, MARIA ELIZABETH, AND DAN G. DREW. 2007. "Crime Cultivation: Comparisons across Media Genres and Channels." *Journal of Broadcasting and Electronic Media* 51: 147–71.

GRATZ, ROBERTA BRANDES. 2010. *The Battle for Gotham: New York in the Shadow of Robert Moses and Jane Jacobs*. New York: Nation Books.

GRAY, ROBERT. 1997. *A History of London*. New York: Barnes & Noble Books.

GREEN, ROBERT L. 1977. *The Urban Challenge: Poverty and Race*. Chicago: Follett.

GREENFIELD, GERALD M. 1994. *Latin American Urbanization*. Westport, CT: Greenwood Publishing Group.

GREER, SCOTT. 1998. *The Emerging City: Myth and Reality*. New Brunswick, NJ: Transaction Publishers; originally published 1962.

GREGOR, ALISON. 2012. "10 Superexclusive Gated Communities." Accessed at http://realestate.msn.com/ on April 7, 2012.

GREGOR, EDWARD J., AND MARY GAIL SNYDER. 1999. *Fortress America: Gated Communities in the United States*, new ed. Washington, D.C.: Brookings Institution Press.

GREGORY, JAMES N. 2007. *The Southern Diaspora: How the Great Migrations of Black and White Southerners Transformed America*. Chapel Hill: University of North Carolina Press.

GUEST, AVERY M., JANE K. COVER, ROSS L. MATSEUDA, AND CHARIS E. KUBRIN. 2006. "Neighborhood Context and Neighboring Ties." *City & Community* 5 (December): 363–85.

HABITAT FOR HUMANITY. 2011. *Habitat for Humanity Fact Sheet*. Accessed at http://www.habitat.org/how/factsheet.aspx on July 28, 2011.

HAGLER, YOAV. 2009. "Defining US Megaregions." *Regional Plan Association*. Accessed at http://www.america2050.org/ on September 5, 2011.

HALL, EDWARD. 1990. *The Hidden Dimension*. Chapter 13, pp. 165–180. New York: Anchor; originally published 1966.

HALL, PETER. 1984. "Geography." Pp. 21–36 in *Cities of the Mind*, edited by Lloyd Rodwin and Robert M. Hollister. New York: Plenum.

HALL, PETER, AND MARK TEWDWR-JONE. 2011. *Urban and Regional Planning*, 5th ed. London: Routledge.

HAMBLIN, DORA JANE. 1973. *The First Cities*. New York: Little, Brown.

HAMNETT, CHRIS. 2003. *Unequal City: London in the Global Arena*. London: Routledge.

———. 2009. "City Centre Gentrification: Loft Conversions in London's City Fringe." *Urban Policy and Research* 27 (September): 277–87.

HANFF, HELENE. 1995. *Apple of My Eye*. Kingston, RI: Moyer Bell Ltd.

HARGREAVES, STEVE. 2011. "Gas Prices Push Consumers to the Train." *CNN Money*, May 12. Accessed at http://money.cnn.com/2011/05/12/news/economy/gas_prices_public_transit/index.htm on August 16, 2011.

HARRIS, CHAUNCEY D., AND EDWARD L. ULLMAN. 1945. "The Nature of Cities." *Annals* 242: 7–17.

HARVEY, DAVID. 1992. *The Condition of Postmodernity*. New York: Wiley-Blackwell.

HAWLEY, CHRIS. 2004. "Trying to Exorcise Mexico's 'Little Devils'." *Arizona Republic*, December 20. Accessed at http://www.azcentral.com/specials/special03/articles/1220electricity.html on August 9, 2005.

HEATHER, PETER. 2007. *The Fall of the Roman Empire: A New History of Rome and the Barbarians*. New York: Oxford University Press.

HECKSCHER, AUGUST. 1978. *Open Spaces: The Life of American Cities*. New York: Harper & Row.

HEILBRONER, ROBERT L., AND WILLIAM S. MILBERG. 2011. *The Making of Economic Society*, 13th ed. Englewood Cliffs, NJ: Prentice Hall.

HEILPRIN, JOHN. 2005. "Groups: Sprawl Threatens Plants, Animals." *Associated Press*, January 11.

HENLY, JULIA R., SANDRA K. DANZIGER, AND SHIRA OFFER. 2005. "The Contribution of Social Support to the Material Well-Being of Low Income Families." *Journal of Marriage and Family* 67: 122–40.

HERNÁNDEZ, RAMONA, AND FRANCISCO L. RIVERA-BATIZ. 2003. *Dominicans in the United States: A Socioeconomic Profile, 2000*. New York: CUNY Dominican Studies Institute.

HERRNSTEIN, RICHARD J., AND CHARLES MURRAY. 1996. *The Bell Curve: The Reshaping of American Life by Differences in Intelligence*. New York: Free Press.

HERSKOVITS, MELVILLE J. 2007. *The Human Factor in Changing Africa*. Whitefish, MT: Kessinger Publishing.

HESS, BETH B., ELIZABETH W. MARKSON, AND PETER J. STEIN. 1996. *Sociology*, 5th ed. Boston: Allyn & Bacon.

HEVESI, DENNIS. 2005. "The Boom Spreads: This House Is Valued at." *New York Times*, August 7, p. RE1.

HIGH LINE. 2011. Accessed at http://www.thehighline.org/ on August 14, 2011.

HIGLEY, STEPHEN R. 2011. "High Income Urban Neighborhoods." Accessed at http://higley1000.com/ on July 25, 2011.

HIPP, JOHN R. 2010. "A Dynamic View of Neighborhoods: The Reciprocal Relationship between Crime and Neighborhood Structural Characteristics." *Social Problems* 57: 205–30.

HISE, GREG, MICHAEL J. DEAR, AND ERIC H. SCHOCKMAN, eds. 1996. *Rethinking Los Angeles*. Thousand Oaks, CA: Sage Publications.

HOCH, CHARLES, AND ROBERT A. SLAYTON. 1990. *New Homeless and Old: Community and the Skid Row Hotel*. Philadelphia: Temple University Press.

HÖFLICH, JOACHIM R. 2006. "The Mobile Phone and the Dynamic between Private and Public Communication: Results of an International Exploratory Study." *Knowledge, Technology, & Policy* 19 (Summer): 58–68.

HOHENBERG, PAUL M., AND LYNN HOLLEN LEES. 1996.

*The Making of Urban Europe, 1000–1950,* 2nd ed. Cambridge, MA: Harvard University Press.

HOLMAN, JAMES. 2008. "Portland Area Population Projected to Hit 3.85 Million by 2060." *Oregon Environmental Times,* June 7, p. 1.

HOLMES, GEORGE, ed. 2002. *The Oxford History of Medieval Europe.* New York: Oxford University Press.

HOMELESSNESS RESEARCH INSTITUTE. 2012. *The State of Homelessness in America 2012.* Washington, D.C.: National Alliance to End Homelessness.

HONDURAS WEEKLY. 2008. "A Case for Honduran Street Children and Their Survival against the Odds," October 8. Accessed at http://hondurasweekly.com/ on July 17, 2011.

HOUSTON. 2011. Accessed at http://www.houstontx.gov/abouthouston/houstonfacts.html on July 6, 2011.

HOWARD, EBENEZER. 2007. *Garden Cities of To-Morrow.* New York: Routledge; originally published 1898.

HOWELL, JOSEPH T. 1990. *Hard Living on Clay Street: Portraits of Blue-Collar Families.* Long Grove, IL: Waveland Press.

HOYT, HOMER. 1939. *The Structure and Growth of Residential Neighborhoods in American Cities.* Washington, D.C.: Federal Housing Administration.

HUANG, WEISHAN. 2010. "Immigration and Gentrification: A Case Study of Cultural Restructuring in Flushing, Queens." *Diversities* 12: 56–69.

HUFFINGTON POST. 2010. "Los Angeles Tops Nation in Air Pollution." *Huff Post Lost Angeles.* Accessed at http://www.huffingtonpost.com/2010/04/28/los-angeles-tops-nation-i_n_555249.html on July 5, 2011.

———. 2011a. "Upper East Side." *Huff Post New York.* Accessed at http://www.dnainfo.com/20110713/uppereast-side/hotel-once-home-famous-single-ladies-could-become-landmark on July 25, 2011.

———. 2011b. "Bloomberg: Times Square Pedestrian Plaza Improving Air Quality." Accessed at http://www.huffingtonpost.com/2011/04/13/bloomberg-times-square-pe_n_848806.html on August 10, 2011.

HUMAN RIGHTS WATCH 2008. "Street Children." Accessed at http://www.hrw.org/children/street.htm on June 16, 2008.

IOFFE, GRIGORY, AND TATYANA NEFEDOVA. 2001. "Land Use Changes in the Environs of Moscow." *Area* 33: 273–86.

INNOVATION NJ. 2011. "NJ Ranks 4th in Innovative Companies." Accessed at http://innovationnj.net/page_id=409 on June 7, 2011.

INSTITUTE FOR CHILDREN AND POVERTY. 2009. *Pushed Out: The Hidden Costs of Gentrification* (Spring). Accessed at http://www.icphusa.org/PDF/reports/ICPReport_Pushed Out.pdf on July 26, 2011.

IRWIN, JOHN. 1977. *Scenes.* Beverly Hills, CA: Sage.

ISBELL, WILLIAM H., AND HELAINE SILVERMAN, eds. 2006. *Andean Archaeology III: North and South.* New York: Springer.

JACOBS, JANE. 1993. *The Death and Life of Great American Cities.* New York: Random House; originally published 1961.

JARRETT, ROBIN L., STEPHANIE R. JEFFERSON, AND JENELL N. KELLY. 2010. "Finding Community in Family: Neighborhood Effects and African American Kin Networks." *Journal of Comparative Family Studies* 41: 299–328.

JOSEPH, MARK L., ROBERT J. CHASKIN, AND HENRY S. WEBBER. 2007. "The Theoretical Basis for Addressing Poverty through Mixed-Income Development." *Urban Affairs Review* 42 (January): 369–409.

JUBILEE LINE EXTENSION. 1997. "Archaeological Excavation at London Bridge." Accessed at http://www.jle.lul.co.uk/arch/index.htm on August 5, 2005.

JUN, MYUNG-JIN. 2004. "The Effects of Portland's Urban Growth Boundary on Urban Development Patterns and Commuting." *Urban Studies* 41 (June): 1333–48.

KAMIN, BLAIR. 1995. "Unifying Cities." *Chicago Tribune,* June 19, p. B1.

KARIM, JAMILLAH. 2006. "Ethnic Borders in American Muslim Communities." Pp. 121–48 in *Constructing Borders/Crossing Boundaries: Race, Ethnicity, and Immigration,* edited by Caroline Brettell. Lanham, MD: Lexington Books.

KAUFMAN, JOANNE M., CESAR J. REBELLON, SHEROD THAXTON, AND ROBERT AGNEW. 2008. "A General Strain Theory of Racial Differences in Criminal Offending." *The Australian and New Zealand Journal of Criminology* 41 (December): 421–37.

KAYA, YUNUS. 2010. "Globalization and Industrialization in 64 Developing Countries, 1980–2003." *Social Forces* 88: 1153–82.

KAZIN, ALFRED. 1997. *A Walker in the City,* reprint ed. New York: MJF Books.

KEATS, JOHN. 1956. *The Crack in the Picture Window.* New York: Ballantine Books.

KEISTER, LISA A. 2000. *Wealth in America: Trends in Wealth Inequality.* New York: Cambridge University Press.

KELLY, JOHN. 2005. *The Great Mortality: An Intimate History of the Black Death, The Most Devastating Plague of All Time.* New York: HarperCollins.

KEMP, BARRY J. 2006. *Ancient Egypt: Anatomy of a Civilization,* 2nd ed. New York: Routledge.

KERBER, LINDA K. JANE SHERRON DE HART, AND CORNELIA H. DAYTON. 2010. *Women's America: Refocusing the Past,* 7th ed. New York: Oxford University Press.

KEYES, RALPH. 1999. *The Wit and Wisdom of Oscar Wilde.* New York: Gramercy Books, Random House.

KHOURY, PHILIP S. 2004. "Syrian Urban Politics in Transition." Pp. 429–65 in *The Modern Middle East,* edited by Albert Hourani, Philip S. Khoury, and Mary C. Wilson. London: I.B. Tauris and Company.

KIPLING, RUDYARD. 2011. *From Sea to Sea and Other Sketches: Letters of Travel.* New York: Cambridge University Press; originally published 1899.

KLEIN, MILTON M. 2005. *The Empire State: A History of New York.* Ithaca, NY: Cornell University Press.

KNEPPER, CATHY D. 2001. *Greenbelt, Maryland: A Living Legacy of the New Deal.* Baltimore, MD: The Johns Hopkins University Press.

KNIGHT, LOUISE W. 2010. *Jane Addams: Spirit in Action.* New York: W.W. Norton & Company.

KOBELL, RONA. 2011. "Privatizing the Chesapeake." *Reason* 43: 31–37.

KOEGEL, PAUL, M. AUDREY BURNAM, AND JIM BAUMOHL. 1996. "The Causes of Homelessness." Pp. 24–33 in *Homelessness in America,* edited by Jim Baumohl. Westport, CT: Oryx Press.

KORT-BUTLER, LISA A., AND HARTSHORN, KELLEY J. SITTNER. 2011. "Watching the Detectives: Crime Programming, Fear of Crime, and Attitudes about the Criminal Justice System." *Sociological Quarterly* 52: 36–55.

KOWINSKI, WILLIAM SEVERINI. 2002. *The Malling of America.* Philadelphia: Xlibris.

KRAUSS, CLIFFORD. 2008. "Gas Prices Send Surge of Riders to Mass Transit." *New York Times,* May 10, pp. A1, A15.

KRIVO, LAUREN, RUTH PETERSON, AND DANIELLE KUHL. 2009. "Segregation, Racial Structure, and Neighborhood Violent Crime." *American Journal of Sociology* 114: 1765–1802.

KRUGER, DANIEL J., THOMAS M. REISCHL, AND GILBERT C. GEE. 2007. "Neighborhood Social Conditions Mediate the Association between Physical Deterioration and Mental Health." *American Journal of Community Psychology* 40: 261–71.

KRYSAN, MARIA. 2002. "Community Undesirability in Black and White: Examining Racial Residential Patterns through Community Perceptions." *Social Problems* 49: 521–43.

KUNSTLER, JAMES. 1996. "Home from Nowhere." *Atlantic* (September): 43–66.

KWON, HEE-KYUNG, VIRGINIA S. ZUIKER, AND JEAN W. BAUER. 2004. "Factors Associated with the Poverty Status of Asian Immigrant Householders by Citizenship Status." *Journal of Family and Economic Issues* 25 (Spring): 101–20.

LANE, GINNY G. AND AMY E. WHITE. 2010. "The Roots of Resegregation: Analysis and Implications." *Race, Gender & Class* 17: 81–101.

LARRIVIERE, JAMES B., AND CHARLES O. KRONCKE. 2004. "A Human Capital Approach to American Indian Earnings: The Effects of Place of Residence and Migration." *The Social Science Journal* 41: 209–24.

LASEN, AMPARO. 2003. *A Comparative Study of Mobile Phone Use in Public Places in London, Madrid and Paris*, Digital World Research Centre, University of Surrey.

LAWAL, NIKE S., MATTHEW N. O. SADIKU, AND ADE DOPAMU, eds. 2004. *Understanding Yoruba Life and Culture.* Trenton, NJ: Africa World Press.

LAWLOR, JULIA. 2004. "The Ironbound: A Home Away From Home for Immigrants." *New York Times,* January 11, Section 11, p. 5.

LE, PHUONG. 2011. "Puget Sound Oysters Affected by Pollution in Washington State," July 10. Accessed at http://www.huffingtonpost.com/2011/07/10/ on August 15, 2011.

LE CORBUSIER. 1967. *The Radiant City.* New York: Grossman–Orion; originally published 1933.

———. 1987. *The City of Tomorrow and Its Planning.* Mineola, NY: Dover Publications; originally published 1927.

LEE, MATTHEW, AND TERRI L. EARNEST. 2003. "Perceived Community Cohesion and Perceived Risk of Victimization: A Cross-National Analysis." *Justice Quarterly* 20: 131–57.

LEFEBVRE, HENRI. 1992. *The Production of Space.* Malden, MA: Wiley-Blackwell.

———. 2003. *The Urban Revolution.* Minneapolis, MN: University of Minnesota Press; originally published 1970.

LEI, FU. 2010. "Shantytowns Face Hard Home Truths." *China Daily,* December 13. Accessed at http://www.chinadaily.com.cn/usa/2010-12/13/content_11692723.htm on August 4, 2011.

LEPORE, STEPHEN J., AND GARY W. EVANS. 1991. "Social Hassles and Psychological Health in the Context of Chronic Crowding." *Journal of Health and Social Behavior* 32 (December): 357–67.

LESLIE, JACQUES. 2008. "China's Pollution Nightmare Is Now Everyone's Pollution Nightmare." *Christian Science Monitor,* March 19, p. 9.

LEVITT, DAVID M. 2011. "1st NYC Office Building Boom since '80s," May 23. Accessed at http://www.newsday.com/classifieds/real-estate/1st-nyc-office-building-boom-since-80s-1.2894818 on August 13, 2011.

LEVY, CLAIRE. 2008. "Urban Sprawl Drives Up the Cost of Living." *Denver Post,* August 10. Accessed at http://www.denverpost.com/opinion/ci_10132477 on August 15, 2011.

LEWINBERG, FRANK. 2011. "The St. Lawrence Neighbourhood: A Lesson for the Future." Accessed at http://archives.chbooks.com/online_books/eastwest/068.html on July 25, 2011.

LEY, DAVID. 2006. "Explaining Variations in Business Performance Among Immigrant Entrepreneurs in Western Canada." *Journal of Ethnic and Migration Studies* 32 (July): 743–64.

LI, LILLIAM M., ALISON DRAY-NOVEY, AND HAILI KONG. 2008. *Beijing: From Imperial Capital to Olympic City.* New York: Palgrave Macmillan.

LICHTER, DANIEL T., AND MARTHA L. CROWLEY. 2002. "Poverty in America: Beyond Welfare Reform." *Population Bulletin* 57 (June).

LIEBOW, ELIOT. 2003. *Tally's Corner,* 2nd ed. Lanham, MD: Rowman & Littlefield.

LIKE, TOYA Z. 2011. "Urban Inequality and Racial Differences in Risk for Violent Victimization." *Crime & Delinquency* 57 (May): 432–57.

LINK, BRUCE G., AND JO C. PHELAN. 1995. "Social Conditions as Fundamental Causes of Disease," *Journal of Health and Social Behavior,* Extra Issue: 80–94.

LINKON, SHERRY LEE, AND JOHN RUSSO. 2003. *Steeltown USA: Work and Memory in Youngstown.* Lawrence: University Press of Kansas.

LIVERANI, MARIO. 2006. *Uruk: The First City.* London: Equinox Publishing.

LOFLAND, LYN. 1985. *A World of Strangers: Order and Action in Urban Public Spaces.* Prospect Heights, IL: Waveland Press.

LOGAN, JOHN, AND HARVEY MOLOTCH. 2007. *Urban Fortunes: The Political Economy of Place,* 2nd ed. Berkeley: University of California Press.

LOGAN, JOHN R., AND BRIAN J. STULTS. 2011. "The Persistence of Segregation in the Metropolis: New Findings from the 2010 Census." *US 2010 Project.* Accessed at http://www.s4.brown.edu/us2010/Data/Report/report2.pdf on April 20, 2012.

LONDON & PARTNERS. 2011a. "Overseas Visitors to London Spend More Than £8.6 Billion in 2010 as Capital Bucks UK Trend." Accessed at http://www.londonandpartners.com/media-centre/press-releases/2011/ on June 1, 2011.

———. 2011b. "London Remains Top City in Europe for International Investment." Loc. cit.

LOS ANGELES TIMES. 2011. "Pico-Union." Accessed at http://projects.latimes.com/mapping-la/neighborhoods/neighborhood/pico-union/ on July 25, 2011.

LOURY, GLENN C. 2010. "Crime, Inequality & Justice." *Daedalus* 139 (Summer): 134–40.

LOVEJOY, PAUL E. 2000. *Transformations in Slavery: A History of Slavery in Africa.* New York: Cambridge University Press.

LUCK, TIFFANY M. 2008. "The World's Dirtiest Cities." *Forbes Magazine.* Accessed at http://www.forbes.com/2008/02/26/pollution-baku-oil-biz-logistics-cx_tl_0226dirtycities.html on December 13, 2008.

LUNDBLAD, KAREN SHAFER. 1995. "Jane Addams and Social Reform: A Role Model for the 1990s." *Social Work* 40 (September): 661–69.

LYDERSEN, KARI. 2011. "Cabrini-Green to Exit with Poetry and Lights." *New York Times,* March 26, p. A25.

LYNCH, KEVIN. 1976. *What Time Is This Place?* Cambridge, MA: MIT Press.

———. 1982. *The Image of the City.* Cambridge, MA: MIT Press; originally published 1960.

MACIONIS, JOHN J. 2008. *Sociology,* 12th ed. Upper Saddle River, NJ: Prentice Hall.

MACIVER, ROBERT. 2011. "The Great Emptiness." Pp. 48–55 in *The Pursuit of Happiness.* New York: Literary Licensing; originally published 1962.

MACLEOD, JAY. 2008. *Ain't No Makin' It,* 3rd ed. Boulder, CO: Westview Press.

MAGEE, PETER. 2005. *Excavations at Tepe Yahya, Iran, 1967–1975: The Iron Age Settlement.* Cambridge, MA: Peabody Museum Press.

MAIR, CHRISTINA, ANA V. DIEZ-ROUX, AND JEFFREY D. MORENOFF. 2010. "Neighborhood Stressors and Social Support as Predictors of Depressive Symptoms in the Chicago Community Adult Health Study." *Health & Place* 16: 811–9.

MAIR, CHRISTINE A., AND R. V. THIVIERGE-RIKARD. 2010. "The Strength of Strong Ties for Older Rural Adults; Regional Distinctions in the Relationship between Social Interaction and Subjective Well-Being." *International Journal of Aging and Human Development* 70: 119–43.

MALLACH, ALAN. 2010. *Bringing Buildings Back: From Abandoned Properties to Community Assets*, 2nd ed. New Brunswick, NJ: Rutgers University Press.

MANTOUX, PAUL. 2006. *The Industrial Revolution in the Eighteenth Century*. New York: Routledge.

MARX, KARL, AND FRIEDRICH ENGELS. 1976. *The German Ideology*. New York: International Publishers; originally published 1846.

MASSEY, DOUGLAS S., AND NANCY A. DENTON. 1993. *American Apartheid: Segregation and the Making of the Underclass*. Cambridge, MA: Harvard University Press.

MATARRESE, LYNNE. 2005. *History of Levittown, New York*. New York: Levittown Historical Society.

MATEI, SORIN, SANDRA J. BALL-ROKEACH, AND JACK L. QIU. 2001. "Fear and Misperception of Los Angeles Urban Space: A Spatial-Statistical Study of Communication-Shaped Mental Maps." *Communication Research* 28 (August): 429–63.

MATHER, MARK, KELVIN POLLARD, AND LINDA A. JACOBSEN. July 2011. "First Results from the 2010 Census." Washington, D.C.: Population Reference Bureau.

MAYER, MIRA. 2004. "The Dropout Rates of Mexican Students in Two California Cities." *Research for Educational Reform* 9: 14–24.

MCCABE, JAMES D., JR. 2010. *Lights and Shadows of New York Life*. Minneapolis, MN: Filiquarian Publishing; originally published 1872.

MCCALL, PATRICIA L, AND KAREN F. PARKER. 2005. "A Dynamic Model of Racial Competition, Racial Inequality, and Interracial Violence." *Sociological Inquiry* 75: 273–93.

MCKENZIE, EVAN. 2011. "Beyond Privatopia: Rethinking Residential Private Government." New York: Urban Institute.

MECHTENBERG, JERRY, AND RONALD C. KRAMER. 2008. "State Crime and Christian Resistance: The Prophetic Criminality of Philip Berrigan and Elizabeth McAlister." *Contemporary Justice Review* 11 (September): 249–70.

MENDOZA, CRISTOBAL. 2006. "Transnational Spaces Through Local Places, Mexican Immigrants in Albuquerque." *Journal of Anthropological Research* 62 (Winter): 539–61.

MERLE, RENAE. 2010. "Minorities Hit Harder by Foreclosure Crisis." *Washington Post*, June 19, p. A12.

MERTON, ROBERT K. 1968. *Social Theory and Social Structure*. New York: Free Press.

METROPOLITAN WASHINGTON AIRPORTS AUTHORITY. 2011. "Dulles Metrorail Project Overview." Accessed at http://www.dullesmetro.com/about/index.cfm on August 17, 2011.

MIAMI. 2011. Accessed at http://www.miamigov.com on July 6, 2011.

MIDDLETON, JENNIE. 2010. "Sense and the City: Exploring the Embodied Geographies of Urban Walking." *Social & Cultural Geography* 11 (September): 575–96.

MILLER, D. W. 2000. "The New Urban Studies." *Chronicle of Higher Education*, August 18, pp. A15–16.

MILLER, SARA CEDAR. 2003. *Central Park, An American Masterpiece: A Comprehensive History of the Nation's First Urban Park*. New York: Harry N. Abrams Publishing.

MILLS, AMY. 2007. "Gender and Mahalle (Neighborhood) Space in Istanbul." *Gender, Place and Culture* 14 (June): 335–54.

MIRANNE, KRISTINE B., AND ALMA H. YOUNG, eds. 2010. *Gendering the City*. Lanham, MD: Rowan & Littlefield.

MNS. 2011. "Manhattan Rental Market Report." Accessed at http://www.mns.com/manhattan_rental_market_report on August 13, 2011.

MOLOTCH, HARVEY. 1976. "The City as a Growth Machine." *American Journal of Sociology* 82: 309–33.

———. 2002. "School's Out: A Response to Michael Dear." *City & Community* 1 (March): 39–43.

MONEY. 2010. "Best Places to Live." Accessed at http://money.cnn.com/magazines/moneymag/bplive/2010/top100/ on August 7, 2011.

MONGABAY. 2011. "The Poorest and Wealthiest Places in the United States." Accessed at http://wealth.mongabay.com/tables/100_income_zip_codes.html on August 14, 2011.

MONTI, DANIEL J. 1999. *The American City: A Social and Cultural History*. New York: Blackwell.

MONTREAL. 2011. Accessed at http://ville.montreal.qc.ca/ on July 6, 2011.

MORGAN, KATHLEEN, SCOTT MORGAN, AND RACHEL BOBA. 2011. *City Crime Rankings 2011–2012*. Washington, D.C.: CQ Press.

MORRIS, DAVID. 2008. *Self-Reliant Cities: Energy and the Transformation of Urban America*. Accessed at http://www.ilsr.org/pubs/selfreliantcities.pdf on June 4, 2011.

MORRIS, JAN. 2003. *The World: Travels 1950–2000*. New York: W.W. Norton & Company.

MORSE, RICHARD J., AND JORGE E. HARDOY, eds. 1993. *Rethinking the Latin American City*. Washington, D.C.: Woodrow Wilson Center.

MOTE, F. W. 2003. *Imperial China 900–1800*. Cambridge, MA: Harvard University Press.

MULLER, THOMAS. 1994. *Immigrants and the American City*. New York: NYU Press.

MUMFORD, LEWIS. 1991. *The City in History: Its Origins, Its Transformations, and Its Prospects*, New ed. New York: Penguin Books; originally published 1961.

MURPHY, RHODES. 2007. "City as a Mirror of Society." Pp. 186–204 in *The City in Cultural Context*, edited by John A. Agnew, John Mercer, and David E. Sophen. New York: Routledge.

NAQUIN, SUSAN. 2000. *Peking: Temples and City Life, 1400–1900*. Berkeley: University of California Press.

NARCONON INTERNATIONAL. 2010. "Narconon Programs Helping Traumatized Street Children in Latin America," September 27. Accessed at http://drugfree.narconon.org/2010/09/27/ on April 14, 2012.

NASAR, JACK L., JENNIFER S. EVANS-COWLEY, AND VICENTE MANTERO. 2007. "McMansions: The Extent and Regulation of Super-Sized Houses." *Journal of Urban Design* 12: 339–58.

NATIONAL CENTER FOR EDUCATION STATISTICS. 2009. *Digest of Education Statistics*, Table 100.

———. 2011. *The Condition of Education 2011*, Indicator 27. Accessed at http://nces.ed.gov/programs/coe/pdf/coe_cps.pdf on July 28, 2011.

NATIONAL CENTER FOR HEALTH STATISTICS. December 7, 2011. "Deaths: Final Data for 2008." *National Vital Statistics Reports* 59 (10).

NATIONAL CRIME RECORDS BUREAU. 2010. *Crime in India 2009*. New Delhi, India: Ministry of Home Affairs.

NEUWIRTH, ROBERT. 2004. *Shadow Cities: A Billion Squatters, A New Urban World*. London: Routledge.

NEWBURN, TIM, AND TREVOR JONES. 2007. "Symbolizing Crime Control: Reflections on Zero Tolerance." *Theoretical Criminology* 11: 221–43.

NEW YORK CITY. 2011. "Murder in New York City 2010." Accessed at http://www.nyc.gov/html/nypd/downloads/pdf/analysis_and_planning/2010_murder_in_nyc.pdf on July 30, 2011.

NEW YORK CITY DEPARTMENT OF CITY PLANNING. 2006. *New York City Population Projections by Age/Sex & Borough 2000–2030*. Accessed at http://www.nyc.gov/html/dcp/pdf/census/projections_report.pdf on August 13, 2011.

NEW YORK CITY ECONOMIC DEVELOPMENT COUNCIL. 2011a. "The New Industrial NYC." Accessed at http://

www.nycedc.com on August 14, 2011.

———. 2011b. "Economic Snapshot: A Summary of New York City's Economy." Accessed at http://www.nycedc.com on August 13, 2011.

NEW YORK CITY OFFICE OF THE MAYOR. 2011. "Announce New Nightly Program to Accelerate the Constructions Approval Process and Spur Economic Development Citywide." Press Release, May 3.

NEW YORK TIMES. 1983. "St. Louis Reports 3 Attacks, and Nobody 'Gets Involved'." August 18, p. D16.

NEW YORK TIMES. 1984. "Caller Reported an Attack During Assault on Woman." December 3, p. B10.

NEWMAN, KATHERINE S. 2000. *No Shame in my Game: The Working Poor in the Inner City.* New York: Vintage.

NEWMAN, OSCAR. 1996. *Creating Defensible Space.* Washington, D.C.: U.S. Department of Housing and Urban Development.

NEWS24.COM. 2003. "Girl Raped on Busy Street," March 6. Accessed at http://www.news24.com/News24/World/News/on July 17, 2005.

NICHOLAS, DAVID. 2003. *Urban Europe, 1100–1700.* New York: Palgrave Macmillan.

NICOLAIDES, BECKY M. 2002. *My Blue Heaven: Life and Politics in the Working-Class Suburbs of Los Angeles, 1920–1965.* Chicago: University of Chicago Press.

NICHOLLS, WALTER J. 2011. "The Los Angeles School: Difference, Politics, City." *International Journal of Urban & Regional Research* 35: 189–206.

OGBU, JOHN. 2003. *Black Students in an Affluent Suburb: A Study of Academic Disengagement.* Mahwah, NJ: Lawrence Erlbaum.

O'HANLON, SEAMUS AND CHRIS HAMNETT. 2009. "Deindustrialisation, Gentrification and the Reinvention of the Inner City: London and Melbourne, c.1960–2008." *Urban Policy and Research* 27 (September): 211–16.

OLSEN, JOSHUA. 2004. *Better Places, Better Lives: A Biography of James Rouse.* Washington, D.C.: Urban land Institute.

OREGON BREWERS GUILD. 2011. Accessed at http://www.oregonbeer.org/portland-metro/ on April 7, 2012.

PAMPALON, ROBERT, DENIS HAMEL, MARIA DE KONINCK, AND MARIE-JEANNE DISANT. 2007. "Perception of Place and Health: Differences between Neighbourhoods in the Québec City Region." *Social Science & Medicine* 65 (July): 95–111.

PARFITT, TOM. 2008. "Moscow Rises to Foster's Space-Age Vision." *The Guardian,* January 4. Accessed at http://www.guardian.co.uk/world/2008/jan/04/architecture.uk on August 8, 2011.

PARK, ROBERT E. 1964. *Race and Culture.* In *The Early Sociology of Race and Ethnicity,* Vol. VI., edited by Kenneth. Thompson, NY: Routledge, 2005.

———. 1984. "The City: Suggestions for the Investigation of Human Behavior in the Urban Environment." Pp. 1–46 in *The City,* reprinted, edited by Robert E. Park and Eugene W. Burgess. Chicago: University of Chicago Press; originally published 1916.

PARRILLO, VINCENT N. 2011. *Strangers to These Shores,* 10th ed. Boston: Allyn and Bacon.

PASTERNAK, JUDY. 1998. " 'Edge City' Is Attempting to Build a Center." *Los Angeles Times,* January 1, p. 5.

PATTAVINA, APRIL, JAMES M. BYRNE, AND LUIS GARCIA. 2006. "An Examination of Citizen Involvement in Crime Prevention in High-Risk Versus Low-to-Moderate-Risk Neighborhoods." *Crime & Delinquency* 52: 203–31.

PETERS, ARNO. 2002. *Hammond Compact Peter's World Atlas.* Union, NJ: Hammond World Atlas Corporation.

PETRY, ANN. 1998. *The Street.* Boston: Houghton Mifflin; originally published 1946.

PEW HISPANIC CENTER. 2011a. "Demography." Accessed at http://pewhispanic.org/topics/?TopicID=1 on April 14, 2012.

———. 2011b. "The Toll of the Great Recession," July 26. Accessed at http://pewhispanic.org/reports/report.php?ReportID=145 on September 5, 2011.

PHILIPS, KEVIN. 2003. *Wealth and Democracy: A Political History of the American Rich.* New York: Broadway Books.

PIIPARINEN, RICHEY. 2011. "The Cleveland Comeback: Version 5.0." Accessed at http://rustwire.com/2011/04/04/the-cleveland-comeback-version-5-0/ on August 13, 2011.

PISELLI, FORTUNATA. 2007. "Communities, Places, and Social Networks." *American Behavioral Scientist* 50 (March): 867–78.

PLOEGER, NANCY. March 15, 2002. "Six Months Later." New York: Manhattan Chamber of Commerce.

POPULATION REFERENCE BUREAU. 2011. *2011 World Population Data Sheet.* Washington, D.C.: Population Reference Bureau.

PORT OF NEW ORLEANS. 2011. Accessed at http://www.portno.com/pno_pages/about_overview.htm on July 7, 2011.

PORTÉS, ALEJANDRO. 1977. "Urban Latin America: The Political Condition from Above and Below." Pp. 59–70 in *Third World Urbanization,* edited by Janet Abu-Lughod and Richard Hay, Jr. Chicago: Maaroufa.

POSSEHL, GREGORY L. 2003. *The Indus Civilization: A Contemporary Perspective.* Lanham, MD: AltaMira Press.

POUNDS, NORMAN. 2005. *The Medieval City.* Westport, CT: Greenwood Press.

POWELL, KIMBERLY. 2010. "Making Sense of Place: Mapping as a Multisensory Research Method." *Qualitative Inquiry* 16 (7): 539–55.

POWELL, RICHARD. 2006. *The Philadelphians,* 50th anv. ed. Medford, NJ: Plexus Publishing.

PROJECT FOR PUBLIC SPACES. 2007. "Streets as Places." Accessed at http://www.slideshare.net/metroplanning/project-for-public-spaces-streets-as-places on April 20, 2012.

———. 2011. Accessed at http://www.pps.org/ on August 10, 2011.

PUTNAM, ROBERT D. 2001. *Bowling Alone: The Collapse and Revival of the American Community.* New York: Simon & Schuster.

PUU, TÖNU. 2010. *Mathematical Location and Land Use Theory: An Introduction,* 2nd ed. New York: Springer.

QUINN, JAMES. 2010. "US Home Seizures by Banks Close to Record." *Daily Telegraph,* August 13, p. 8.

RABAN, JONATHAN. 1998. *Soft City,* reprint ed. London: Harvill Press.

RAINWATER, LEE. 2006. *Behind Ghetto Walls: Black Families in a Federal Slum.* New Brunswick, NJ: Aldine Transaction; originally published 1970.

RAMSDEN, EDMUND. 2011. "From Rodent Utopia to Urban Hell." *Journal of the History of Science in Society* 102 (December): 659–88.

RAVITCH, DIANE. 2010. *The Death and Life of the Great American School System.* New York: Basic Books.

REALTYTRAC. 2011. "National Real Estate Trends." Accessed at http://www.realtytrac.com/trendcenter/trend.html on July 24, 2011.

REGIONAL PLAN ASSOCIATION. 2011. "America 2050: A Prospectus." Accessed at http://www.america2050.org/pdf/America2050prospectus.pdf on June 7, 2008.

REGUS MEDIA CENTRE. 2011. "Poor Air Quality Threatens Hong Kong's Competitive Edge," May 31. Accessed at http://www.regus.presscentre.com/Press-Releases/ on August 4, 2011.

REUTERS. 2007. "Iron Age and Roman Discoveries at Olympic Site," November 28. Accessed at http://

uk.reuters.com/article/2007/11/28/uk-britain-olympics-romans-idUKL2868027820071128 on May 26, 2011.

RICE, MICHAEL. 2004. *Egypt's Making: The Origins of Ancient Egypt 5000–2000 BC,* 2nd ed. New York: Routledge.

RIESMAN, DAVID. 1958. "The Suburban Sadness." Pp. 375–408 in *The Suburban Community,* edited by William Dobriner. New York: G.P. Putnam's Sons.

RIIS, JACOB. 1957. *How the Other Half Lives.* New York: Hill and Wang; originally published 1890.

ROBERS, SIMONE, JIJUN ZHANG, AND JENNIFER TRUMAN. 2010. *Indicators of School Crime and Safety: 2010* (NCES 2011-002/NCJ 230812). National Center for Education Statistics, U.S. Department of Education, and Bureau of Justice Statistics, Washington, D.C.

ROBERTS, BRYAN R. 2005. "Globalization and Latin American Cities." *International Journal of Urban and Regional Research* 29: 110–23.

ROBERTS, SAM. 2009. "N.Y. Poverty Data Paint Mixed Picture." *New York Times,* September 29, p. A31.

———. 2010a. "Census Data Shows, in New Ways, How the Recession Hit New Yorkers." *New York Times,* September 29, p. A22.

———. 2010b. "In Harlem, Blacks Are No Longer a Majority." *New York Times,* January 6, p. A16.

———. 2011a. "Slower Racial Change Found in Census of City." *New York Times,* July 29, p. A22.

———. 2011b. "As Effects of Recession Linger, Growth in City's Poverty Rate Outpaces the Nation's." *New York Times,* September 22, p. A23.

ROBSON, GARRY, AND TIM BUTLER. 2001. "Coming to Terms with London: Middle-Class Communities in a Global City." *International Journal of Urban & Regional Research* 25 (March): 70–86.

RODRIGUEZ, CLARA E. 1996. "The Puerto Rican Community in the South Bronx: View from Within and Without." P. 507, in *Sociology,* 5th ed., edited by Beth B. Hess, Elizabeth W. Markson, and Peter J. Stein. Boston: Allyn and Bacon.

ROESSNER, JANE. 2000. *A Decent Place to Live: From Columbia Point to Harbor Point.* Boston: Northeastern University Press.

ROETT, RIORDAN. 2011. *The New Brazil,* rev. ed. Washington, D.C.: Brookings Institution Press.

ROMIG, KEVIN. 2005. "The Upper Sonoran Lifestyle: Gated Communities in Scottsdale, Arizona." *City & Community* 4 (March): 67–86.

ROUSSEAU, FRANCOIS, AND LIONEL STANDING. 1995. "Zero Effect of Crowding on Arousal and Performance: On 'Proving' the Null Hypothesis." *Perceptual and Motor Skills* 81 (August): 72–74.

ROW, D. K. 2011. "Interpreting Oregon's Population Shift from the 2010 Census," April 11. Accessed at http://www.oregonlive.com/pacific-northwest-news/index.ssf/2011/ on July 19, 2011.

ROXBURGH, SUSAN. 2009. "Untangling Inequalities: Gender, Race and Socioeconomic Differences in Depression." *Sociological Forum* 24: 357–81.

SAGAN, CARL. 2005. *The Dragons of Eden.* New York: Black Dog & Leventhal Publishers.

ST. CLAIRE, CLYDE, AND ROBERT CLYMER. 2000. "Racial Residential Segregation by Socioeconomic Status." *Social Science Quarterly* 81: 701–15.

SALT LAKE CITY. 2011. Accessed http://www.saltlakecityutah.org/salt_lake_demographics.htm on July 6, 2011.

SAMPSON, ROBERT J. 2002. "Studying Modern Chicago." *City & Community* 1: 45–48.

SAMUELSON, ROBERT J. 2011. "The Jobs Mismatch." *Washington Post,* June 20, p. A17.

SANCHEZ, THOMAS W., ROBERT E. LANG, AND DAWN M. DHAVALE. 2005. "Security Versus Status?" *Journal of Planning Education and Research* 24: 281–91.

SANDBURG, CARL. 1944. *Chicago Poems.* New York: Harcourt Brace Jovanovich.

SANDERS, JERRY. 2000. "Racial and Ethnic Minorities in San Diego, United States." *Policing and Society* 10: 131–41.

SASSEN, SASKIA. 2001. *The Global City: New York, Tokyo, and London,* 2nd ed. Princeton: Princeton, NJ University Press; originally published 1991.

———. 2002. *Global Networks: Linked Cities.* London: Brunner-Routledge.

———. 2006. *Cities in a World Economy,* 3rd ed. Thousand Oaks, CA: Pine Forge Press.

SAULNY, SUSAN. 2007. "At Housing Project, Both Fear and Renewal." *New York Times,* March 17, p. A20.

SCHEIN, VIRGINIA E. 1995. *Working from the Margins: Voices of Mothers in Poverty.* Ithaca, NY: Cornell University Press.

SCHEMO, DIANA JEAN. 2006. "Federal Program on Vouchers Draws Strong Minority Support." *New York Times,* April 6, pp. A1, A20.

SCHOMP, VIRGINIA. 2005. *Ancient Mesopotamia: The Sumerians, Babylonians, and Assyrians.* New York: Franklin Watts.

SCHRANK, DAVID, TIM LOMAX, AND SHAWN TURNER. 2010. *The 2010 Urban Mobility Report.* Accessed at http://tti.tamu.edu/documents/mobility_report_2010.pdf on August 16, 2011.

SCHWIRIAN, KENT P., F. MARTIN HANKINS, AND CAROL A. VENTRESCA. 1990. "The Residential Decentralization of Social Status Groups in American Metropolitan Communities, 1950–1980." *Social Forces* 68: 1143–63.

SCHULTZ, DAVID. 2011. "New Potomac River Bridge? Don't Count on It." WAMU 88.5, June 2. Accessed at http://wamu.org/news/11/06/02/new_potomac_river_bridges_dont_count_on_it.php on August 16, 2011.

SCOBEY, DAVID M. 2003. *Empire City: The Making and Meaning of the New York City Landscape.* Philadelphia: Temple University Press.

SCOTT, ALLEN J. 1980. *The Urban Land Nexus and the State.* London: Pion.

———. 1988. *Metropolis.* Berkeley: University of California Press.

———. 2001. *From Chicago to L.A.: Making Sense of Urban Theory.* Thousand Oaks, CA: Sage Publications.

SHIHADEH, EDWARD S., AND DARRELL J. STEFFENSMEIER. 1994. "Economic Inequality, Family Disruption, and Urban Black Violence: Cities as Units of Stratification and Social Control." *Social Forces* 73 (December): 729–51.

SHIMZ CORPORATION. 2011. "TRY 2004: The 'Pyramid City in the Air' Concept." Accessed at http://www.shimz.co.jp/english/theme/dream/try.html on August 8, 2011.

SIDES, JOSH. 2006. *L.A. City Limits: African American Los Angeles from the Great Depression to the Present.* Berkeley: University of California Press.

SIEMENS. 2011. *U.S. and Canada Green Cities Index.* Accessed at http://www.siemens.com on September 5, 2011.

SIGELMAN, LEE, AND JEFFREY R. HENIG. 2001. "Crossing the Great Divide: Race and Preferences for Living in the City Versus the Suburb." *Urban Affairs Review* 37: 3–18.

SILVERMAN, ELI B. 2004. " 'Zero Tolerance' in Police Activity." *Inchiesta* 34: 18–22.

SIMMEL, GEORG. 1964. "The Metropolis and Mental Life." Pp. 409–24 in *The Sociology of Georg Simmel,* edited by K. Wolff. New York: Free Press; originally published 1905.

SISKIND, PETER. 2006. "Suburban Growth and Its Discontents." Pp. 161–82 in *The New Suburban History,* edited by Kevin M. Kruse and Thomas J. Sugrue. Chicago:

University of Chicago Press.

SJOBERG, GIDEON. 1965. *The Preindustrial City.* New York: Free Press.

SKIDMORE, THOMAS E., PETER H. SMITH, AND JAMES N. GREEN. 2010. *Modern Latin America,* 7th ed. New York: Oxford University Press.

SKRENTNY, JOHN D. 2006. "Law and the American State." *Annual Review of Sociology* 32: 213–44.

SMALL, MARIO LUIS. 2007. "Racial Differences in Networks: Do Neighborhood Conditions Matter?" *Social Science Quarterly* 88 (June): 320–43.

SOJA, EDWARD W. 2000. *Postmetropolis: Critical Studies of Cities and Regions.* New York: Wiley–Blackwell.

SORKIN, MICHAEL, ed. 1992. *Variations on a Theme Park: The New American City and the End of Public Space.* New York: The Noonday Press, Farrar, Strauss and Giroux.

SOUTH, SCOTT J., KYLE CROWDER, AND ERICK CHAVEZ. 2005. "Geographic Mobility and Spatial Assimilation among U.S. Latino Immigrants." *International Migration Review* 39 (Fall): 577–607.

SOUTHERN CALIFORNIA ASSOCIATION OF GOVERNMENTS. 2008. *Final 2008 Regional Transportation Plan: Making the Connections.* Accessed at http://www.scag.ca.gov/rtp2008/final.htm on July 21, 2008.

SOWELL, THOMAS. 1977. "New Light on Black I.Q." *New York Times Magazine,* March 27, p. 57.

SPAIN, DAPHNE. 1992. *Gendered Spaces.* Chapel Hill: University of North Carolina Press.

SPECTORSKY, A. C. 1957. *The Exurbanites.* New York: Berkley.

SPENGLER, OSWALD. 2004. *The Decline of the West.* New York: Vintage; originally published 1928.

SPILLIUS, ELIZABETH BOTT. 2008. *Family and Social Network,* 2nd ed. New York: Routledge.

SROLE, LEO. 1972. "Urbanization and Mental Health: Some Reformulations." *American Scientist* 60: 576–83.

STACK, CAROL. 1997. *All Our Kin: Strategies for Survival in a Black Community.* New York: Basic Books.

STANNARD, DAVID E. 1993. *American Holocaust: The Conquest of the New World.* New York: Oxford University Press.

STARK, ANDREW. 2002. *Conflict of Interest in American Public Life.* Cambridge, MA: Harvard University Press.

STARK, MIRIAM T. 2006. *Archaeology of Asia.* Malden, MA: Blackwell.

STATISTICS CANADA. 2007a. "The African Community in Canada." *Profiles of Ethnic Communities in Canada.* Ottawa: Minister of Industry.

———. 2007b. "The Chinese Community in Canada." *Profiles of Ethnic Communities in Canada.* Ottawa: Minister of Industry.

———. 2007c. "The Filipino Community in Canada." *Profiles of Ethnic Communities in Canada.* Ottawa: Minister of Industry.

———. 2007d. "The East Indian Community in Canada." *Profiles of Ethnic Communities in Canada.* Ottawa: Minister of Industry.

———. 2007e. "The Vietnamese Community in Canada." *Profiles of Ethnic Communities in Canada.* Ottawa: Minister of Industry.

———. 2007f. "The Japanese Community in Canada." *Profiles of Ethnic Communities in Canada.* Ottawa: Minister of Industry.

———. 2007g. "The Korean Community in Canada." *Profiles of Ethnic Communities in Canada.* Ottawa: Minister of Industry.

———. 2007h. "The Latin American Community in Canada." *Profiles of Ethnic Communities in Canada.* Ottawa: Minister of Industry.

———. 2007i. "The Arab Community in Canada." *Profiles of Ethnic Communities in Canada.* Ottawa: Minister of Industry.

———. 2008. *Aboriginal Peoples in Canada in 2006: Inuit, Métis, and First Nations, 2006 Census.* Ottawa: Minister of Industry.

———. 2011a. "Income of Canadians." Accessed at http://www.statcan.gc.ca/daily-quotidien/110615/dq110615b-eng.htm on July 24, 2011.

———. 2011b. Accessed at http://www.statcan.gc.ca on August 12, 2011.

STEELE, JEFFREY. 1998. "Profile: Gage Park." *Chicago Tribune,* July 24, p. 16.

STEFFENS, LINCOLN. 2009. *The Shame of the Cities.* Charleston, SC: BiblioBazaar; originally published 1904.

STEIN, CLARENCE. 1972. *Toward New Towns for America.* Cambridge, MA: MIT Press.

STEIN, ROBIN. 2006. "Furor over 'Work Force Housing.'" *North Pinellas Times,* December 5, p. 1.

STEINBECK, JOHN. 1962. *Travels with Charley: In Search of America.* New York: Franklin Watts.

STEINHAUER, JENNIFER. 2002. "Once Vilified, Squatters Will Inherit 11 Buildings." *New York Times,* August 20, p. A1.

STEPICK, ALEX, GUILLERMO GRENIER, MAX CASTRO, AND MARVIN DUNN. 2003. *This Land Is Our Land: Immigrants and Power in Miami.* Berkeley: University of California Press.

STIFFLER, LISA. 2011. "Scientists Zero In on Culprits behind Puget Sound Water Problems." *Crosscut News,* June 6. Accessed at http://crosscut.com/2011/06/06/puget-sound/20978/ on August 15, 2011.

STILL, BAYRD. 1999. *Mirror for Gotham: New York as Seen by Contemporaries from Dutch Days to the Present,* 2nd ed. New York: Fordham University Press.

STEWART, NIKITA. 2005. "Muslims Find Room to Grow in D.C.'s Outer Suburbs." *The Washington Post,* August 1, p. A1.

STONEBACK, DIANE. 2005. "Ironbound Ambiance: Historic District in Newark, N.J., Is Packed with the Tasty, the Spicy and All Good Things Portuguese." *Allentown Morning Call,* June 26, p. F1.

STRAUS, RYANE MCAULIFFE. 2010. "Measuring Multi-Ethnic Desegregation." *Education and Urban Society* 42: 223–42.

STRICKER, FRANK. 2007. *Why America Lost the War on Poverty—And How to Win It.* Chapel Hill: University of North Carolina Press.

SUISMAN, DOUGLAS R. 1990. *Los Angeles Boulevard: 8 X-Rays of the Body Politic.* Princeton, NJ: Princeton Architectural Press.

SUTTLES, GERALD. 1974. *The Social Order of the Slum.* Chicago: University of Chicago Press.

———. 1984. "The Cumulative Texture of Local Urban Culture." *American Journal of Sociology* 90: 283–304.

SWAIN, CAROL M., ed. 2007. *Debating Immigration.* New York: Cambridge University Press.

SYDENSTRICKER-NETO, JOHN. 2011. *Environmental Sociology.* Accessed at http://www.socialresearchmethods.net/Gallery/Neto/Envsoc1.html on August 16, 2011.

SZE, LENA. 2010. "Chinatown Then and Neoliberal Now: Gentrification Consciousness and the Ethnic-Specific Museum." *Identities: Global Studies in Culture and Power* 17 (5) (September): 510–29.

TAEUBER, KARL, AND ALMA TAEUBER. 2009. *Residential Segregation and Neighborhood Change.* Piscataway, NJ: Aldine Transaction; originally published 1965.

TALEN, EMILY. 2006. "Neighborhood-Level Social Diversity." *Journal of the American Planning Association* 72: 431–46.

TAMMEMAGI, HANS. 2008. "Progressive Portland: A Model for Smart Growth with Many Lessons for Vancouver." *Vancouver Sun,* October 21, p. B1.

TARTARO, CHRISTINE, AND MARISSA P. LEVY. 2007. "Density, Inmate Assaults, and Direct Supervision Jails." *Criminal Justice Policy Review* 18 (December): 395–417.

TAYLOR, GRAHAM ROMEYN. 2010. *Satellite Cities: A Study of Industrial Suburbs*. New York: General Books; originally published 1915.

TEAFORD, JON C. 2006. *The Metropolitan Revolution: The Rise of Post-Urban America*. New York: Columbia University Press.

THAXTON, RALPH A., JR. 2008. *Catastrophe and Contention in Rural China*. New York: Cambridge University Press.

THILL, JEAN-CLAUDE, AND DANIEL Z. SUI. 1993. "Mental Maps and Fuzziness in Space Preferences." *The Professional Geographer* 45 (August): 264–76.

THOMAS, JUNE, JOHN SCHWEITZER, AND JULIA DARNTON. 2004. *Mixed-Income Neighborhoods in Grand Rapids: A Summary of Findings*. East Lansing: Michigan State University.

THORP, ROBERT L. 2006. *China in the Early Bronze Age: Shang Civilization*. Philadelphia: University of Pennsylvania Press.

TIAN, GUANGJIN, JIANGUO WU, AND ZHIFENG YANG. 2010. "Spatial Pattern of Urban Functions in the Beijing Metropolitan Region." *Habitat International* 34 (April): 249–55.

TIMES SQUARE ALLIANCE. 2011. "Times Square Bowtie." Accessed at http://www.timessquarenyc.org/facts/bowtie.html on August 10, 2011.

TIMMER, DOUG A., D. STANLEY EITZEN, AND KATHRYN D. TALLEY. 1994. *Paths to Homelessness: Extreme Poverty and the Housing Crisis*. Boulder, CO: Westview Press.

TITA, GEORGE E., TRICIA L. PETRAS, AND ROBERT T. GREENBAUM. 2006. "Crime and Residential Choice: A Neighborhood Level Analysis of the Impact of Crime on Housing Prices." *Journal of Quantitative Criminology* 22 (4) (December): 299–317.

TOCQUEVILLE, ALEXIS DE. 2004. *The Old Regime and the French Revolution*, Vol. 1. Chicago: University of Chicago Press; originally published 1856.

TODARO, MICHAEL P., AND STEPHEN C. SMITH. 2011. *Economic Development*, 11th ed. Upper Saddle River, NJ: Prentice Hall.

TÖNNIES, FERDINAND. 2003. *Community and Society*. Mineola, NY: Dover Publications; originally published 1887.

TORONTO. 2011. Accessed at http://www.toronto.ca/toronto_facts/diversity on August 8, 2011.

TORONTO STAR. 2010. "Windy City Blows Us Away: Waterfront and Parks Make Chicago Seem a Century Ahead of Toronto," August 21, p. T1.

TORREY, BARBARA BOYLE. 2004. "Urbanization: An Environmental Force to be Reckoned With." Washington, D.C.: Population Reference Bureau.

TOYBOX. 2011. "Street Children Facts." Accessed at http://www.toybox.org.uk/street_children_facts.html on July 17, 2011.

TRIMET. 2011. *Facts About TriMet*. Accessed at http://trimet.org/pdfs/publications/factsheet.pdf on September 5, 2011.

TSAKALOTOS, EUCLID. 2004. "Homo Economicus, Political Economy, and Socialism." *Science & Society* 68: 137–60.

UCLA DEPARTMENT OF URBAN PLANNING. 1998. *The Byzantine-Latino Quarter*. Accessed at http://www.sppsr.ucla.edu/blq/home.html on July 11, 2005.

UNAIDS AND WORLD HEALTH ORGANIZATION. 2010. *UNAIDS Report on the Global AIDS Epidemic: 2010*. Geneva: UNAIDS.

UN-HABITAT. 2010. *State of African Cities 2010*. Accessed at http://www.unhabitat.org/documents/SOAC10/SOAC-PR1-en.pdf on April 16, 2012.

———. 2011. *State of the World's Cities 2010/11*. Accessed at http://www.unhabitat.org on July 15, 2011.

UNITED NATIONS ENVIRONMENT PROGRAMME. 2009. *Bangkok Assessment Report on Climate Change*. Accessed at http://www.unep.org/dewa/pdf/BKK_assessment_report2009.pdf on April 16, 2012.

———. 2011a. "Street Children by Country." Accessed at http://www.yapi.org/street/ on July 17, 2011.

———. 2011b. "Fast Pace of African Urbanization Affecting Water Supplies and Sanitation." Accessed at http://www.unep.org/Documents.Multilingual/Default.asp?DocumentID=664&ArticleID=8666&l=en on August 6, 2011.

UNITED NATIONS FOOD AND AGRICULTURE ORGANIZATION. 2010. *Poverty in Europe*. Accessed at http://www.fao.org/docs/eims/upload/263500/Poverty in Europe1.pdf on April 16, 2012.

UNITED NATIONS POPULATION DIVISION. 2012. *World Urbanization Prospects: 2011 Revision*. Accessed at http://www.esa.un.org/unpd/wup/index.htm on April 16, 2012.

UNIVERSITY OF VIRGINIA LIBRARY. 2011. *Letter to Dr. Benjamin Rush, September 23, 1800*. Accessed at http://etext.virginia.edu/toc/modeng/public/JefLett.html on June 2, 2011.

URBAN ECOLOGY. 2011. Accessed at http://www.urbanecology.org/mission.htm on July 6, 2011.

URBAN INSTITUTE. 2005. "Understanding Community Change: A Look at Low-Income Chicago Neighborhoods in the 1990s." Accessed at http://www.urban.org/uploadedPDF/311151_understanding_community_change.pdf on April 14, 2012.

URBAN TITAN. 2011. "The Most Dangerous Cities in the World." Accessed at http://urbantitan.com/the-10-most-dangerous-cities-in-the-world-in-2012/ on April 16, 2012.

U.S. BUREAU OF JUSTICE STATISTICS. 2011a. *Homicide Trends in the United States, 1980-2008: Annual Rates for 2009 and 2010*. Accessed at http://bjs.ojp.usdoj.gov/content/pub/pdf/htus8008.pdf on April 21, 2012.

———. 2011b. *Criminal Victimization in the United States, 2008 Statistical Tables*. Accessed at http://bjs.ojp.usdoj.gov/index.cfm?ty=pbdetail&iid=2218 on April 21, 2012.

U.S. Census Bureau. 2009. *Characteristics of the Foreign-Born Population by Nativity and U.S. Citizenship Status*, Table 1.13.

———. 2010a. *Current Population Survey: Annual Social and Economic Supplement*, Table POV41.

———. 2010b. *Nativity Status and Citizenship in the United States: 2009*, October, ACSBR/09-16.

———. 2011a. *Profile of General Population and Housing Characteristics: 2010*.

———. 2011b. *American Factfinder 2*. Accessed at http://factfinder2.census.gov/faces/nav/jsf/pages/index.xhtml on April 14, 2012.

———. 2011c. "U.S. Census Bureau Delivers Michigan's 2010 Census Population Totals." Accessed at http://www.census.gov/newsroom/releases/archives/2010_census/cb11-cn106.html on July 19, 2011.

———. 2011d. *Income, Poverty, and Health Insurance Coverage in the United States, 2010*. Washington, D.C: U.S. Government Printing Office.

———. 2012. *Statistical Abstract of the United States: 2012*. Washington, DC: U.S. Government Printing Office.

U.S. CONFERENCE OF MAYORS. 2011. *Hunger and Homelessness Survey*. Accessed at http://www.usmayors.org on April 14, 2012.

U.S. DEPARTMENT OF EDUCATION. 2010. *Education for Homeless Children and Youths*. Accessed at http://www.ed.gov/programs/homeless/ index.html on July 26, 2011.

U.S. DEPARTMENT OF HOUSING AND URBAN DEVELOPMENT. 2011. *American Housing Survey*, Table 2-8, p. 25. Accessed at http://www.census.gov/prod/2011pubs/h150-09.pdf on April 7, 2012.

U.S. ENVIRONMENTAL PROTECTION AGENCY. 2001. "Threats to Wetlands." Accessed at http://www.epa.gov/owow/wetlands/pdf/threats.pdf on April 7,

2012.

U.S. Geological Survey. 2006. "Flood Hazards—A National Threat." Accessed at http://pubs.usgs.gov/fs/2006/3026/2006-3026.pdf on April 7, 2012.

U.S. Office of Immigration Statistics. 2011. *2010 Yearbook of Immigration Statistics*. Washington, D.C.: U.S. Government Printing Office.

Vale, Lawrence J. 2007. *From the Puritans to the Projects: Public Housing and Public Neighbors*. Cambridge, MA: Harvard University Press.

Vesselinov, Elena. 2008. "Members Only: Gated Communities and Residential Segregation in the Metropolitan United States." *Sociological Forum* 23 (September): 536–65.

Vevea, Rebecca, and Crystal Yednak. 2011. "New School Board Tackles Familiar Worries." *New York Times*, April 29, p. A23.

Vidich, Arthur, and Joseph Bensman. 2000. *Small Town in Mass Society*, rev. ed. Champaign, IL: University of Illinois Press; originally published 1958.

Wacquant, Loïc J. D. 1997. "Three Pernicious Premises in the Study of the American Ghetto." *International Journal of Urban & Regional Research* 21: 341–53.

Wagmiller, Robert L. 2007. "Race and the Spatial Segregation of Jobless Men in Urban America." *Demography* 44 (August): 539–62.

Wahab, Mallika. 2003. "Bangladesh Slums Demand Access to Clean Water." *International Journal of Humanities and Peace* 19: 46–47.

Walberg, Herbert J. 2007. *School Choice: The Findings*. Washington, D.C.: Cato Institute.

Waldinger, Roger, and Michael I. Lichter. 2003. *How the Other Half Works: Immigration and the Social Organization of Labor*. Berkeley: University of California Press.

Wallerstein, Immanuel. 2004. *World-Systems Analysis: An Introduction*. Durham, NC: Duke University Press.

Walton, John. 1981. "The New Urban Sociology." *International Social Science Journal* 33: 374–90.

Ward, Steven V. 1998. *Selling Places: The Marketing and Promotion of Towns and Cities 1850–2000*. London: Spon Press, Taylor & Francis Group.

Warner, Sam Bass, Jr. 1978. *Streetcar Suburbs*, 2nd ed. Cambridge, MA: Harvard University Press/MIT Press.

Washington Post. 2009. "Where the Money Will Go to Transform Tysons Corner," November 7, p. A22.

Waterfield, Robin. 2006. *Athens: A History, From Ancient Ideal to Modern City*. New York: Basic Books.

Wayman, Jeffrey C. 2002. "Student Perceptions of Teacher Ethnic Bias: A Comparison of Mexican American and Non-Latino White Dropouts and Students." *High School Journal* 85: 27–37.

Wayne, Gary. 2011. *The Universal CityWalk*. Accessed at http://www.seeing-stars.com/Shop/CityWalk.shtml on July 14, 2011.

Webb, Mary, and Jackie Tee, eds. 2011. *Jane's Urban Transport Systems 2011–2012*. Surrey, UK: Jane's Information Group.

Weber, Max. 1968. *The City*. New York: Free Press; originally published 1921.

Wenke, Robert J. 2007. *Patterns in Prehistory: Humankind's First Three Million Years*, 5th ed. New York: Oxford University Press.

Wheeler, Julia. 2008. "Raw Sewage Threat to Booming Dubai." *BBC News*, October 13. Accessed at http://news.bbc.co.uk/2/hi/middle_east/7663883.stm on August 7, 2011.

Whitford, Josh. 2006. *The New Old Economy: Networks, Institutions, and the Organizational Transformation of American Manufacturing*. New York: Oxford University Press.

Whitmeyer, Joseph M. 2002. "A Deductive Approach to Friendship Networks." *Journal of Mathematical Sociology* 26: 147–65.

Whittle, Chris. 2005. *Crash Course*. New York: Penguin Riverhead.

Whyte, Martin K., and William L. Parish. 1987. *Urban Life in Contemporary China*, reprint ed. Chicago: University of Chicago Press.

Whyte, William Foote. 1993. *Street Corner Society*, 3rd ed. Chicago: University of Chicago Press; originally published 1943.

———. 2001. *The Social Life of Small Urban Spaces*. New York: Project for Public Spaces; originally published 1980.

———. 2002. *The Organization Man*. Philadelphia: University of Pennsylvania Press; originally published 1966.

Wickham, Dewayne. 2010. "Fixing Education Is More Important than Revamping Health Care." *USA Today*, March 23, p. A21.

Widholm, Paula. 2005. "Chicago Is Back on the Upswing." *National Real Estate Investor* 47 (Fall): 34–38.

Wiese, Andrew. 2004. *Places of their Own: African American Suburbanization in the Twentieth Century*. Chicago: University of Chicago Press.

———. 2005. "Robbins, IL." *The Encyclopedia of Chicago*. Chicago: Chicago Historical Society.

Wilkes, Rima, and John Iceland. 2004. "Hypersegregation in the Twenty-First Century." *Demography* 41: 23–36.

Williams, Timothy. 2008. "Mixed Feelings as Change Overtakes 125th Street." *New York Times*, June 13, p. B1.

Willie, Charles, and Howard Taylor. 1995. "The Bell Curve Debate." Panel discussion at Eastern Sociological Society annual meeting, Philadelphia, March.

Wilson, David, and Andrew E. G. Jonas. 1999. *The Urban Growth Machine*. Albany: SUNY Press.

Wilson, Thomas C. 1991. "Urbanism, Migration, and Tolerance: A Reassessment." *American Sociological Review* 56 (February): 117–23.

Wilson, William J. 1990. *The Truly Disadvantaged*, reprint ed. Chicago: University of Chicago Press.

———. 2010. "Why Both Social Structure and Culture Matter in a Holistic Analysis of Inner-City Poverty." *Annals of the American Academy of Political and Social Science* 629: 200–19.

Wilson-Doenger, Georjeanna. 2000. "An Exploration of Sense of Community and Fear of Crime in Gated Communities." *Environment & Behavior* 32: 597–611.

Winks, Robin W. 2000. *The Blacks in Canada: A History*, 2nd ed. Montreal: McGill–Queen's University Press.

Wirth, Louis. 1938. "Urbanism as a Way of Life." *American Journal of Sociology* 44 (July): 1–24.

———. 1964. *On Cities and Social Life*. Chicago: University of Chicago Press.

Wirth, Louis, and Albert J. Reiss. 1981. *On Cities and Social Life: Selected Papers*. Chicago: University of Chicago Press.

Wolbrecht, Christina, Karen Beckwith, and Lisa Baldez, eds. 2008. *Political Women and American Democracy*. New York: Cambridge University Press.

Wolfe, Tom. 1998. "Atlanta's Edge Cities." *A Man in Full*. New York: Farrar, Straus and Giroux.

Wolfinger, Nicholas H. 1995. "Passing Moments: Some Social Dynamics of Pedestrian Interaction." *Journal of Contemporary Ethnography* 24 (October): 323–40.

Wolfgang, Ben. 2011. "States Leaving Feds Behind on School Reforms." *Washington Times*, April 29, p. 3.

Wolinsky, Julian. 2004. "What Follows the Millennium?" *Railway Age* 205 (July): 27–29.

World Health Organization. 2010. *Progress on Sanitation and Drinking Water: 2010 Update*. Geneva: World Health Organization.

Yelp.Com. 2011. "Tower City Center." Accessed at http://www.yelp.com/biz/tower-city-center-cleveland on August 13, 2011.

YEN, HOPE, AND BEN NUCKOLS. 2012. "Urban Chinatowns Wan as Asians Head to Suburbs." *Huff Post DC*, January 19. Accessed at http://www.huffingtonpost.com/2012/01/19/urban-chinatowns-decline_n_1217122.html on April 14, 2012.

ZHOU, MIN. 2003. "Urban Education: Challenges in Educating Culturally Diverse Children." *Teachers College Record* 105 (May): 208–25.

———. 2009. "How Neighbourhoods Matter for Immigrant Children: The Formation of Educational Resources in Chinatown, Koreatown, and Pico Union, Los Angeles." *Journal of Ethnic & Migration Studies* 35 (August): 1153–79.

ZIA, HELEN. 2001. *Asian American Dreams: The Emergence of an American People*. New York: Farrar, Straus and Giroux.

ZIELENBACH, SEAN. 2005. "Understanding Community Change: A Look at Low-Income Chicago Neighborhoods in the 1990s." *Neighborhood Change in America*. Washington, D.C.: The Urban Institute. Accessed at http://www.urban.org/publications/311151.html on July 25, 2011.

ZUKIN, SHARON. 1993. *Landscapes of Power: From Detroit to Disney World*. Berkeley: University of California Press.

# 版权说明

# 译后记

城镇化是促进当前我国进一步发展的重要动力，是实现经济、社会、政治、文化和生态五位一体建设的重要途径。但是，我国一些地方以简单的人口集中和房地产开发为特征的传统城镇化模式，不仅没有促进持续发展，反而加剧了各种社会矛盾和问题。因此，党和政府提出了新型城镇化的概念，主张要走新型城镇化的道路。对于什么是新型城镇化、如何进行新型城镇化建设，党和政府进行了详尽的阐述，学界已经进行了广泛的研究，各级政府也已经进行了多样的实践探索。但是，我国距离新型城镇化的真正实现还有很长的距离。因此，我们有必要考察世界各国城市化的历史，特别是把握当代西方发达国家城市发展趋势，及时全面汲取其经验教训；也有必要考察西方学术界关于城市的研究理论，深化我们对于城市本身以及城市化的全面认识。本书回顾了城市发展历史，分析了城市问题与趋势，系统地清理了西方城市理论谱系和城市研究的各种学科视角，强调了城市规划的重要性。尽管本书主要是围绕北美城市展开介绍和论述，但其中很多思想和观点对于我国新型城市化建设具有重要的启迪意义。

本书翻译分工如下：

姚伟：全书统译、统校。

李昌国：第1章、第10章。

王佳：第2章、第3章、第14章。

白洁：第4章、第6章、第11章。

范传吉：第5章、第9章。

王康盈：第7章、第8章。

张玉琪：前言、第12章、第13章。

在本书的翻译过程中，中国人民大学出版社宋义平先生提供了大力支持，中国社会科学院杜丽红女士为本书相关术语的译法提供了宝贵意见，在此谨表谢忱！本书文责译者自负。

译者

2014年冬于西南科技大学科大花园

图书在版编目（CIP）数据

城市社会学：城市与城市生活：第6版 /（美）马休尼斯，（美）帕里罗著；姚伟等译. — 北京：
中国人民大学出版社，2015.4

书名原文：Cities and Urban Life: 6th edition

ISBN 978-7-300-20722-3

Ⅰ. ①城… Ⅱ. ①马… ②帕… ③姚… Ⅲ. ①城市社会学 Ⅳ. ①C912.81

中国版本图书馆CIP数据核字（2015）第021971号

社会学译丛

**城市社会学：城市与城市生活（第6版）**

[美] 约翰·J·马休尼斯（John J. Macionis）　　文森特·N·帕里罗（Vincent N. Parrillo）　著

姚伟　王佳　等　译

Chengshi Shehuixue: Chengshi yu Chengshi Shenghuo

| | | | | |
|---|---|---|---|---|
| 出版发行 | 中国人民大学出版社 | | | |
| 社　　址 | 北京中关村大街31号 | | 邮政编码 | 100080 |
| 电　　话 | 010-62511242（总编室） | | 010-62511770（质管部） | |
| | 010-82501766（邮购部） | | 010-62514148（门市部） | |
| | 010-62515195（发行公司） | | 010-62515275（盗版举报） | |
| 网　　址 | http:www.crup.com.cn | | | |
| 经　　销 | 新华书店 | | | |
| 印　　刷 | 北京七色印务有限公司 | | | |
| 规　　格 | 215mm×275mm　16开本 | | 版　次 | 2016年1月第1版 |
| 印　　张 | 24.25插页2 | | 印　次 | 2020年8月第3次印刷 |
| 字　　数 | 621 000 | | 定　价 | 79.00元 |